NomosBibliothek

Die Lehrbuchreihe bietet Studierenden der Sozial- und Geisteswissenschaften ausgezeichnete Einführungen in die jeweilige Fachdisziplin. Klar strukturiert und in verständlicher Sprache vermitteln die Bände grundlegende Fachinhalte und fundiertes Expertenwissen. Sie sind ideal geeignet zum Einstieg in das Studium und zur sicheren Prüfungsvorbereitung – ein unentbehrliches Handwerkszeug für alle angehenden Sozial- und Geisteswissenschaftler:innen.

Werner J. Patzelt

Politikwissenschaft

Einführung

Onlineversion
Nomos eLibrary

Die Deutsche Nationalbibliothek verzeichnet diese Publikation in
der Deutschen Nationalbibliografie; detaillierte bibliografische
Daten sind im Internet über http://dnb.d-nb.de abrufbar.

ISBN 978-3-8487-7535-4 (Print)
ISBN 978-3-7489-3384-7 (ePDF)

1. Auflage 2023
© Nomos Verlagsgesellschaft, Baden-Baden 2023. Gesamtverantwortung
für Druck und Herstellung bei der Nomos Verlagsgesellschaft mbH & Co.
KG. Alle Rechte, auch die des Nachdrucks von Auszügen, der fotomechanischen Wiedergabe und der Übersetzung, vorbehalten. Gedruckt auf
alterungsbeständigem Papier.

Vorwort zur Neuausgabe

Die erste Auflage meiner „Einführung in die Politikwissenschaft" schrieb ich im Winter 1991/92, ganz zu Beginn meiner Tätigkeit als Inhaber des an der TU Dresden neu errichteten Lehrstuhls für Politische Systeme und Systemvergleich. Damals hatte ich Studierende und neu auszubildende Gemeinschaftskundelehrer vor mir, denen es – gar nicht lange nach dem Zusammenbruch der DDR – am Zugang zu politikwissenschaftlicher Fachliteratur fehlte. Nötig schien da ein Überblickswerk zu sein, das in das Anliegen, in die fachliche Perspektive und in den methodischen Ansatz der Politikwissenschaft einführte sowie einen sachlichen Überblick zu deren Teilfächern verschaffte. Das gelang anscheinend recht gut, denn im Jahr 2013 erlebte das Werk – erschienen im Passauer Wissenschaftsverlag Rothe – seine siebte Auflage. In jeder bis dahin kamen neue Textteile hinzu, um nämlich Darstellungslücken zu schließen oder erfahrungsgemäß Missverstandenes näher auszuführen. Dadurch wuchs der Umfang von einst rund 360 Seiten auf am Ende gut 640 Seiten an, mit Schwerpunkt auf der vergleichenden Systemlehre sowie auf der empirischen und normativen Methodenlehre.

An diese Neuausgabe machte ich mich einerseits als Emeritus ohne weitere Lehrverpflichtungen, andererseits als hauptberuflicher Forschungsdirektor einer Brüsseler Denkfabrik, und also im Licht jahrzehntelanger akademischer und politischer Erfahrungen. Weil der Text zu kürzen war, musste bislang Behandeltes entfernt werden, lässt sich aber weiterhin dank seitengenauer Verweise in der 7. Auflage finden. Ansonsten entfielen alle Literaturhinweise in den Fußnoten, das Glossar sowie der prüfungsvorbereitende Fragenkatalog. Gestrichen wurden auch die ‚Praktischen Ratschläge'; sie mag die jetzt lehrende Politikwissenschaftlergeneration erteilen. Die Ausführungen zur Methodenlehre wurden, veranschaulicht durch viele praktische Forschungsbeispiele, ausgelagert in mein – 2020 im Nomos-Verlag erschienenes – Lehrbuch der Parlamentarismusforschung.

Das hier vorliegende Buch wendet sich an Studierende, die ihr politikwissenschaftliches Studium beginnen oder sich auf Prüfungen vorbereiten, desgleichen an die Lehrenden politisch bildender Fächer an Schulen und Hochschulen. Wer erfahren will, wie meine eigene akademische Lehre zu alledem ausgesehen hat, der findet im Internet umfangreiche Videodokumentationen dazu.[1] Alles in allem gilt weiterhin mein Satz aus einer der Vorgängerauflu-

---

1 Im Internet leicht auffindbar mit den Suchbegriffen „Patzelt Vorlesungen Video", handelt es sich um 14 Vorlesungen zur Einführung in die Politikwissenschaft und in die Systemlehre, um zwölf Vorlesungen über Staatlichkeit und Demokratien im Vergleich, sowie um sechs Vorlesungen zur empirischen Sozialforschung und zu deren wissenschaftstheoretischen Grundlagen. Die Initiative zu diesen Dokumentationen ging von meinem langjährigen Mitarbeiter Dr. Christoph Meißelbach aus, der auch die technische Durchführung überwachte. Viele der Ausführungen aus jenen Vorlesungen finden sich vertieft in einer 21-

gen: „Insgesamt habe ich mich bemüht, jenes Buch vorzulegen, das ich als Student selbst gern gelesen hätte – oder wenigstens, zu meinem Besten, hätte lesen sollen". Möge es weiterhin vielen Studierenden und denen, die sie lehren, als zielführender Wegweiser dienen!

Brüssel, im März 2023
Werner J. Patzelt

---

teiligen Reihe halbstündiger Interviews, die unter dem Titel ‚Politik im 21. Jahrhundert' im Sommer 2022 Robert Rauhut vom katholischen Sender EWTN mit mir führte. Sie sind nach erstmaliger Ausstrahlung über die folgende Mediathek aufrufbar: https://vimeopro.com/ewtn/politik-im-einzundzwanzigsten-jahrhundert.

Inhaltsverzeichnis

Kapitel 1: Was ist Politikwissenschaft? 11
I. Politik 11
II. Politikwissenschaft und politisches Alltagswissen 14
III. Wissenschaftliche Aussagen 18
IV. Wissenschaftliche Spielregeln 23
V. Forschungserschwerende Merkmale politischer Wirklichkeit 25
    1. Komplexität politischer Wirklichkeit 25
    2. Geschichtlichkeit politischer Wirklichkeit 26
    3. Das ‚konkurrierende Selbstwissen' des Forschungsgegenstands 30
    4. Die ‚Verbundenheit des Politikwissenschaftlers mit seinem Gegenstand' 31

Kapitel 2: Politische Theorie und Ideengeschichte 37
I. Politische Theorie und Politikwissenschaft 37
II. Politische Ideengeschichte 38
    1. Zum Stellenwert dieses Teilfaches 38
    2. Weiße Flecken eurozentrischer Ideengeschichte 39
    3. Anfänge europäischen politischen Denkens: die griechisch-römische Antike 41
    4. Neue Impulse: Europas Prägung durch das Christentum 42
    5. Ein neuer Akzent: Empirie vs. Ethik 48
    6. Ein neuer Bezugsrahmen: der Staat 48
    7. Neue Möglichkeiten für ‚gute Ordnung': Liberalismus, Demokratie, Utopie 49
    8. Gegenwelten zum Liberalismus: Konservatismus, Sozialismus, Faschismus 52
    9. Die Suche nach ‚neuen Synthesen' 54
III. Ideengeschichte als Geschichte politischer Problemstellungen 56
    1. Leitfragen und Methodik des ideengeschichtlichen Studiums 56
    2. Was ist der Zweck von Politik, was ist politisch gut? 58
    3. Wer soll regieren? 60
    4. Wie soll regiert werden? 63
        a. Die ‚richtige Staatsform' 63
        b. Die Rolle von Recht in der Politik 66
            (1) Naturrecht in systematischer Perspektive 66
            (2) Naturrecht in historischer Perspektive 66
            (3) Rechtspositivismus 69
            (4) Politisch funktionalisierte Gesetzlichkeit 70
            (5) Rechtsstaatlichkeit 71
    5. Wann darf man sich gegen politische Herrschaft auflehnen? 74

IV.	Politisches Alltagsdenken und systematische politische Theorie	79
	1. Politisches Alltagsdenken	79
	2. Systematisches politisches Denken und politische Theorie	80
V.	Politikwissenschaftliche Theorie	82
VI.	Politische Philosophie	95
VII.	Erbe und Weiterführung: Politikwissenschaft und ihre Geschichte	97

Kapitel 3: Politische Systeme und Systemvergleich — 111

I.	‚Politische Systeme' als politikwissenschaftliches Teilfach	111
II.	Grundlagen politikwissenschaftlicher Systemanalyse	112
	1. Das allgemeine Systemmodell und das ‚politische System'	112
	2. Systemelemente als Variablen	116
III.	Der Vergleich politischer Systeme	122
	1. Zweck und Missverständnisse des Systemvergleichs	122
	2. Logik und Methodik des Systemvergleichs	124
	3. Probleme und Grenzen von Vergleichbarkeit	128
IV.	Arten politischer Systeme	131
	1. Eine mehrdimensionale Typologie	131
	2. Wichtige Typen politischer Systeme	136
	a. Der liberale demokratische Verfassungsstaat	137
	(1) Was ist ein ‚liberaler demokratischer Verfassungsstaat'?	137
	(2) Arten von Regierungssystemen	139
	(3) Arten von Demokratie	142
	b. Die totalitäre Diktatur	147
	c. Formen autoritärer Herrschaft	152
V.	Der Wandel politischer Systeme	157
	1. Revolutionen und ihre Ursachen	158
	a. Revolutionsursachen	158
	b. Einflüsse auf den Gang der Entwicklung	162
	c. Die Auslösung der Revolution	165
	d. Phasen einer Revolution	166
	2. Nichtrevolutionäre Formen von Systemwandel	168
	a. Grundbegriffe und ihr Kontext	168
	b. Zwischen Diktatur und Demokratie	170
	c. Demokratieverfall	175
	d. Die Dynamik von Diktaturen	176
	e. Staatszerfall	178
VI.	Strukturierende Prinzipien politischer Systeme	182
	1. Lehren aus der Evolution politischer Systeme	182
	a. Sozialität und Xenophobie	182
	b. Der Wert von ‚Staatlichkeit'	184
	c. Möglichkeiten der Bändigung von Staatsmacht	186
	(1) Rechtsstaatlichkeit	186
	(2) Gewaltenteilung	191

		(3) Demokratie	197
		(4) Liberalismus	199
	2.	Grundkonzeptionen ‚guter Ordnung': Monismus vs. Pluralismus	200
		a. Vorstellungen vom Gemeinwohl	200
		b. Politikmonopol vs. Konfliktmodell mit Minimalkonsens und Mehrheitsprinzip	204
		c. Konsequenzen für den Staatsaufbau	214
	3.	Föderalismus und vertikale Systemintegration	218
		a. Geschichtliche Erscheinungsformen	218
		b. Grundbegriffe zur Analyse föderaler Systemintegration	226
		c. Strukturprinzipien föderaler Systemintegration	228
		d. Vor- und Nachteile von Föderalismus	235
VII.	Strukturen und Funktionen im politischen Prozess	237
	1.	Bürger, politische Kultur und politische Sozialisation	238
	2.	Politische Eliten und politische Rekrutierung	242
	3.	Interessengruppen	246
	4.	Parteien	254
	5.	Wahlen, Wahlsysteme, Wahlverhalten, Wahlkämpfe	267
	6.	Repräsentation und Parlamentarismus	274
		a. Repräsentation	274
		b. Parlamentarismus	280
		c. Parlamentarische Strukturen	286
		d. Opposition und ihre Alternativen	291
		e. Parlamentsfunktionen	294
		(1) Die Wahlfunktion, ausgeprägt als ‚Regierungsbildung'	294
		(2) Die Kontrollfunktion	297
		(3) Die Gesetzgebungsfunktion	305
		(4) Die Vernetzungs- und Kommunikationsfunktion (‚Repräsentationsfunktion')	310
	7.	Regierung und Verwaltung	314
		a. Was ist Regierung?	314
		b. Regierungsstrukturen	318
		c. Prägefaktoren des Regierens	323
		d. Regierungstechnik und Politikprogramme	327
		e. Politikfeldanalyse	334
	8.	Massenmedien und soziale Medien	337
		a. Die wirklichkeitskonstruktive Bedeutung von Medien	338
		b. Politisch wichtige Merkmale von Medienwirklichkeit und Massenkommunikation	344
		c. Medialisierung von Politik als Kontrollproblem	353
VIII.	Forschungsfelder politikwissenschaftlicher Systemanalyse im Überblick	356

Kapitel 4: Internationale Beziehungen — 369

I. Zentrale Fragestellungen und deren geschichtliche Prägefaktoren — 369
   1. Friedensstiftung — 369
   2. Einhegung von Gewalt — 371
   3. Die Entstehung der ‚Weltgesellschaft' — 376
   4. Internationale und transnationale Strukturbildung — 378

II. Untersuchungsgegenstände und Arbeitsgebiete — 383
   1. Akteure internationaler Beziehungen — 384
   2. Strukturen internationaler Beziehungen — 391
   3. Prozesse und Formen internationaler Politik — 397
      a. Prägefaktoren außenpolitischer Willensbildungs- und Entscheidungsprozesse — 398
      b. Formen internationaler Politik — 402
   4. Die Arbeitsgebiete des Faches im Überblick — 406

III. Großtheorien und ‚Schulen' — 409
   1. Ein Überblick — 409
   2. (Neo-)Realismus — 413
   3. Institutionalismus und Liberalismus — 417
   4. (Sozial-)Konstruktivismus — 421
   5. Politisch-ökonomische Analyse — 425

IV. Forschungsansätze — 430
   1. Grundsätzliches — 430
   2. Analyseebenen und Topik — 431
      a. Klärung der wichtigsten Untersuchungsebenen — 433
      b. Topische Analyse der wichtigsten Untersuchungsdimensionen — 434
   3. Konstellationsanalyse — 437

Nachwort: Das Erlebnis politikwissenschaftlicher Kompetenz — 443

Literaturverzeichnis — 447

Stichwortregister — 451

Personenregister — 461

Kapitel 1: Was ist Politikwissenschaft?

Die Politikwissenschaft ist die Wissenschaft von der Politik. Bezeichnungen wie ‚Politische Wissenschaft' oder gar ‚Wissenschaftliche Politik' verunklaren das und sollten deshalb vermieden werden.[1] Fehlweisend ist auch der immer noch weit verbreitete Name ‚Politologie'. Dieses Kunstwort wurde nach dem Vorbild von Bezeichnungen wie ‚Soziologie', ‚Geologie' oder ‚Psychologie' geprägt. Seinen griechischen Wortbestandteilen nach bezeichnet es die ‚-logie' vom ‚polītes', d.h. die Wissenschaft vom *Bürger*. Somit als ‚Bürgerkunde' zu übersetzen, erfasst dieser Begriff nur einen Teil des Gegenstandsbereichs der Politikwissenschaft. Will man das Fach mit einem auf ‚-logie' endenden Wort bezeichnen, so wäre allein die – in den Niederlanden gebrauchte – Bezeichnung ‚Politikologie' korrekt. Sie ist aber unschön und unnötig, da ihr der deutsche Name ‚Politikwissenschaft' völlig entspricht.

I. Politik

Gegenstand der Politikwissenschaft ist die Politik. Das ist *jenes menschliche Handeln, das auf die Herstellung und Durchsetzung von allgemein verbindlichen Regelungen und Entscheidungen (d.h. von ‚allgemeiner Verbindlichkeit') in und zwischen Gruppen von Menschen abzielt.*[2]

Beim politischen Handeln wirken immer Macht, Ideologie, Normen und Kommunikation eng zusammen. *Macht* ist – so schon Max Weber (1864–1920) – die Chance, in einer sozialen Beziehung den eigenen Willen auch gegen Widerstreben durchzusetzen, ganz gleich, worauf diese Chance beruht. Ausgeübt wird Macht freilich nicht nur als Durchsetzungsmacht, sondern auch als Verhinderungsmacht sowie als Prägung bereits jener Begriffe und Denkweisen, anhand welcher erörtert werden kann, was wohl durchgesetzt oder verhindert werden soll. *Ideologie* ist eine solche Vorstellung von der Beschaffenheit und Funktionsweise der zu gestaltenden (Operations-) Wirklichkeit, die mit deren Beschaffenheit oder Funktionsweise zwar nicht übereinstimmt,[3] dem eigenen Handeln aber dennoch – oft sogar aggressiv-widerspruchsabweisend – als „Perzeptionswirklichkeit" so zugrunde gelegt wird, als tue sie das. Ideologie ist politisch höchst folgenreich, denn wenn Menschen von einer bestimmten ‚Situationsdefinition' ausgehend handeln, dann sind die Folgen ihres Handelns selbst dann real, wenn die Situationsdefiniti-

---

1 Zu den Problemen alternativer Bezeichnungen der Politikwissenschaft siehe S. 19 der 7. Aufl. meiner ‚Einführung in die Politikwissenschaft'.
2 Als Diskussion alternativer Politikbegriffe und gründliche Erläuterung des hier verwendeten Politikbegriffs siehe S. 20–28 der 7. Aufl. meiner ‚Einführung in die Politikwissenschaft'.
3 Wie unten gezeigt wird, besteht eine zentrale Aufgabe von Wissenschaft darin, unzutreffende Aussagen über die Wirklichkeit zu entdecken und durch besser mit ihr übereinstimmende Aussagen zu ersetzen.

on ganz irreal war.[4] *Normen* sind einesteils formale und informale Regeln, die dem eigenen Handeln zugrunde gelegt werden und auf diese Weise zur Entstehung sowie Aufrechterhaltung von Rollen und Rollenstrukturen wie Organisationen oder Institutionen beitragen. Anderntteils sind Normen jene Teile von gesellschaftlichen Wissensbeständen und Denkmustern, entlang welcher das Handeln anderer gedeutet und mit eigenem Handeln beantwortet wird. *Kommunikation* wiederum ist jener Kitt, der eine Gesellschaft zusammenhält (so Norbert Wiener, 1894–1964). Das gilt nicht nur für die persönliche Kommunikation, sondern ebenso für jene Kommunikation, die über Presse, Hörfunk, Fernsehen, Webseiten oder soziale Medien erfolgt. Diese vier als MINK-Schema[5] leicht zusammenzudenkenden Begriffe erfassen somit wichtige Dimensionen aller Politik, die bei jeder Analyse politischer Sachverhalte oder Vorgänge sorgfältig zu erkunden sind.

Ebenso verhält es sich mit jenen vier Aufgaben, die jedes lebende System dauerhaft zu erfüllen hat. Leicht ist zu erkennen, dass sie sich gerade auch jenen Systemen stellen, die dem Bereich der Politik zugehören, etwa den Parteien, Parlamenten oder ganzen Staaten. Es geht stets um die Anpassung an jene immer wieder wechselnden Anforderungen, die aus den politischen, gesellschaftlichen, wirtschaftlichen, kulturellen oder natürlichen Umwelten an ein System gestellt werden; es geht um das übliche Bestreben, selbstgesetzte oder auferlegte Ziele zu erreichen; es geht darum, als Akteur den eigenen Zusammenhalt sowie die Kohärenz des eigenen Handelns zu wahren; und es geht um die Sicherung der Wirkungskraft und der Nachhaltigkeit jener kulturellen Muster und Wertleitungen, die das eigene Handeln prägen. Bezeichnet man diese Aufgaben – im Anschluss an Talcott Parsons (1902–1979) – mit den Buchstaben A für *adaptation*, G für *goal attainment*, I für *integration* und L für *latent pattern maintenance*, so lassen sich auch diese vier funktionalen Dimensionen von Politik als ‚AGIL-Schema' leicht im Gedächtnis behalten.[6]

Natürlich geht es bei der Herstellung und Durchsetzung allgemein verbindlicher Regeln und Entscheidungen immer um konkrete *Inhalte*, die wegen bestimmter Interessen, besonderer Aufgaben oder bevorzugter Problemlösungen allgemein verbindlich gemacht werden sollen. Das sind einesteils die Inhalte konkreter ‚Politikprogramme' (engl. ‚policies') samt deren Ergebnissen auf dem jeweils gestalteten ‚Politikfeld' (engl. ‚policy area'). Anderntteils handelt es sich um jene Interessen und Zwecksetzungen, Problemdefinitionen und Gestaltungsideen, Wertvorstellungen und Weltanschauungen, die

---

4 Das ist eine Formulierung des berühmten ‚Thomas-Theorems', benannt nach dem amerikanischen Soziologen W.I. Thomas (1863–1947).
5 Eine ausführliche Darstellung dessen, was die vier Grundbegriffe des MINK-Schemas konkret meinen, desgleichen ihrer praktischen analytischen Anwendung, findet sich auf S. 38–47 der 7. Aufl. meiner ‚Einführung in die Politikwissenschaft'.
6 Zum AGIL-Schema und seiner Verwendung siehe ausführlich S. 51–54 der 7. Aufl. meiner ‚Einführung in die Politikwissenschaft'.

solchen Politikprogrammen zugrunde liegen. Damit rücken auch jene Widersprüche und Konflikte ins Blickfeld der Politikwissenschaft, die zwischen verschiedenen Politikprogrammen und ihren Motiven oder Anliegen bestehen. Jene Handlungsprozesse wiederum, bei denen – angeleitet von vielerlei Motiven und Interessen – darum gerungen wird, bestimmte Inhalte anstelle anderer Inhalte allgemein verbindlich zu machen, heißen *politischer Prozess* (engl. ‚politics'). Besonders wichtig sind jene *Willensbildungsprozesse*, in deren Verlauf geklärt wird, was genau allgemein verbindlich gemacht werden soll; sind solche *Entscheidungsprozesse*, bei denen entsprechende Beschlüsse gefasst und Regeln gesetzt werden; und sind die *Implementationsprozesse*, mittels welcher getroffene Entscheidungen in konkret wirkende Maßnahmen umgesetzt werden. Es ist klar, dass Willensbildungs- und Entscheidungsprozesse sehr oft die Form eines *Konflikts* annehmen – und Implementationsprozesse stets dann, wenn sie den Widerstand von ‚Betroffenen' auslösen.

Offensichtlich läuft alles hier einschlägige formelle und informelle Handeln innerhalb oder seitens von Organisationen bzw. Institutionen ab. Diese werden ‚politische *Strukturen*' genannt (engl. ‚polity'). Unmittelbar durch formale und informale Normen ausgestaltet und letzten Endes von jenen politischen Inhalten geprägt, die ihnen – wie etwa politische Werte – als Sinn, Zweck oder Leitidee zugrunde liegen, sind sie gleichsam das ‚Flussbett' politischer Prozesse. Strukturen können zwar grundsätzlich und vollständig, selten aber schon hier und jetzt tiefgreifend verändert werden.[7] Deshalb liegt es nahe, dass man sie seitens der Politikwissenschaft oft wie ‚Naturtatsachen' behandelt, die schlicht ‚gegeben sind'. Das trifft die zentrale Eigenschaft von politischen Strukturen aber gerade nicht. Sie sind nämlich – samt den sie tragenden Inhalten – *nur zeitweise stabile ‚Prozessprodukte',* hervorgebracht und aufrechterhalten, doch gegebenenfalls auch verändert oder zerstört, in vielerlei Ketten von aufeinander bezogenen Handlungen. Das aber heißt: Politische *Inhalte* und *Strukturen* bestehen gerade so lange, wie die sie hervorbringenden und sie aufrechterhaltenden – also ‚wirklichkeitskonstruktiven' – politischen Prozesse ihrerseits weiterlaufen.[8]

An unterschiedlichen Einschätzungen dessen, was einer Erhaltung wert wäre, oder welche Risiken mit welchen Veränderungen wirklichkeitskonstruktiver Prozesse einhergingen, entsteht immer wieder Streit zwischen ‚Konservativen' und ‚Progressiven'. Das ist nicht erst seit der Französischen Revolution so, die für Europas politische Selbstverständigung und für die Themen noch der heutigen Politikwissenschaft überaus wichtig war. Denn schon zur Zeit

---

[7] Beispielsweise kann man Behörden, Parteien, Parlamente und ganze Regierungssysteme durchaus völlig umgestalten, doch in der Regel nur langfristig und unter Ausnutzung günstiger Gelegenheiten, etwa anlässlich einer Revolution.
[8] Zu den grundlegenden Einsichten des (Sozial-)Konstruktivismus, der diesem Buch insgesamt zugrunde liegt, siehe S. 47–51 sowie 479–483 der 7. Aufl. meiner ‚Einführung in die Politikwissenschaft'.

der römischen Republik entfaltete sich solcher Streit zwischen jenen, die an den ‚Sitten der Alten' – dem *mos maiorium* – festhalten wollten, sowie denen, die Lust auf Neuerungen hatten, also welche die *rerum novarum cupido* hegten. Und in der chinesischen Tradition begegnen wir solchem Streit in der Auseinandersetzung zwischen den auf soziale Harmonie ausgehenden Konfuzianern und ihren – oft dem autoritären Legalismus zuneigenden – Gegnern, die zum Zweck der Ausübung starker, willkürlicher Umgestaltungsmacht auf Befehl, Gehorsam und abschreckende Strafen setzten. Allein schon eine erste, knappe Entfaltung des Politikbegriffs führt somit in Kernbereiche politischen Streits und politikwissenschaftlicher Reflexion.

II. Politikwissenschaft und politisches Alltagswissen

Was aber ist ‚Wissenschaft'?[9] Bester Verständnisschlüssel ist es, sie als den Versuch einer Emanzipation ‚aus den Fesseln des gesunden Menschenverstandes' zu begreifen, d.h. als ein Bestreben, dort weiterzukommen, wo einen das eigene Alltagswissen sowie die geläufigen Alltagstheorien im Stich lassen.[10] Deshalb gibt es auch keinerlei Bedarf an wissenschaftlichen Bemühungen, solange für eine Beschäftigung mit Politik die unmittelbar zugänglichen Informationen oder die Fähigkeiten des ‚gesunden Menschenverstandes' ausreichen. Es ist sogar peinlich, wenn mit viel Aufwand ein weiteres Mal herausgefunden und gar als Neuigkeit hingestellt wird, was ein jeder informierte politische Praktiker oder Beobachter schon längst wusste. Hingegen braucht es politikwissenschaftliche Arbeit sehr wohl in den folgenden Fällen:

- Man beschäftigt sich mit Sachverhalten, für die sich der ‚gesunde Menschenverstand' in der Regel nicht interessiert, etwa damit: ‚Welche Argumente sprechen für, welche gegen die Annahme, es gäbe vorstaatliche Menschenrechte?'
- Es gibt ohne besondere Bemühungen einfach keine Informationen, um eine bestimmte Frage zu beantworten, z.B. die folgende: ‚Welche Stimmenanteile würden die einzelnen politischen Parteien bekommen, wenn am nächsten Sonntag Bundestagswahl wäre?'
- Der ‚gesunde Menschenverstand' reicht nicht aus, um eine bestimmte Frage hier und jetzt zu beantworten, etwa diese: ‚Mit welcher Priorität

---

9 Ausführlich zum Folgenden siehe S. 69–147 der 7. Aufl. meiner ‚Einführung in die Politikwissenschaft'.

10 Im Einzelnen gibt es drei Wege einer Emanzipation vom Alltagsdenken: jenen der *Wissenschaft*, der *Kunst* und der *Religion*. Typisch für misslingende Emanzipationsversuche ist das Verlangen, das Alltagsdenken *gleichzeitig* in alle drei Richtungen zu verlassen, etwa: mittels Wissenschaft religiöse Überzeugungen zu ‚untermauern', oder sich in der Wissenschaft einen Religionsersatz zu suchen, oder sich vom ästhetischen Eindruck eines Arguments so sehr bannen zu lassen, dass die Frage nach dessen Stimmigkeit und Begründetheit als kleingeistig gilt. All das kommt in politischen Diskursen immer wieder vor, weshalb Politikwissenschaftler sich umsichtig von solchen Fehlern fernhalten sollten.

müssten in China welche Maßnahmen ergriffen werden, um sowohl die politische Stabilität des Regierungssystems zu sichern als auch dessen Rechtsstaatlichkeit herzustellen?'
- Der fragliche Sachverhalt ist so komplex, dass zwar erste, wohl annäherungsweise empirisch wahre Aussagen auf der Grundlage des ‚gesunden Menschenverstandes' zu formulieren sind, dennoch aber tiefer greifende oder besser abgestützte Aussagen erwünscht wären, z.B.: ‚Wie lässt sich im Staat X eine Inflation vermeiden?'
- Der Sachverhalt, über den man zutreffende Aussagen benötigt, ist zu kompliziert, als dass innerhalb der Kompetenzen des ‚gesunden Menschenverstandes' Aussagen mit dem Anspruch erarbeitet werden könnten, auch wirklich zu stimmen, etwa: ‚Wie hängt die Besteuerung von Zinserträgen mit der internationalen Wettbewerbsfähigkeit einer Volkswirtschaft zusammen?'
- Aussagenzusammenhänge sind zu komplex, als dass ihre Stimmigkeit auf der Grundlage allein Kompetenzen des ‚gesunden Menschenverstandes' überprüft werden könnte, etwa: ‚Ist folgendes Argument für (oder gegen) Waffenlieferungen in Krisengebiete schlüssig: ...?'
- Es ist erwünscht oder notwendig, die schon auf der Ebene von Alltagswissen und ‚gesundem Menschenverstand' möglichen Aussagen in *größere* Zusammenhänge einzubetten, weil dann erst die ‚Gestalt' des interessierenden Gegenstands oder Problems sichtbar wird. Beispielsweise will man wissen, ob sich allgemeine Ursachen für den Verfall von freiheitlichen politischen Ordnungen hin zu diktatorischen Regierungsweisen angeben lassen. Dann wird man nicht damit zufrieden sein, nur die einem gerade bekannten Fälle zu schildern, sondern man wird herauszufinden versuchen, ob diese vielleicht nur jeweils besondere Erscheinungsweisen von allgemeinen Wirkungszusammenhängen sind.

In allen diesen Fällen besteht Bedarf an (Politik-)Wissenschaft genau dann, wenn man sich aus teils zwingenden, teils zumindest guten Gründen nicht länger mit jenen Aussagen zufrieden geben will, die man schon im Rahmen seines (politischen) Alltagswissens formulieren kann. Außerdem – und diesen Fällen schon vorausliegend – machen drei *Merkmale des Alltagsdenkens* ohnehin die mittels seiner aufgebauten Wirklichkeitsbilder problematisch und legen *von vornherein* eine Emanzipation aus den Fesseln des ‚gesunden Menschenverstands' nahe:

- Das Alltagsdenken ist *unreflektiert selektiv*. Es wählt die Gegenstände und die Dauer seiner Aufmerksamkeit aus, ohne bewusst auf die verwendeten Auswahlkriterien zu achten bzw. ohne sich Rechenschaft darüber abzulegen, ob die benutzten Auswahlkriterien nicht möglicherweise wichtige Merkmale des betrachteten Gegenstandes wegfiltern. Im Einzelnen sind drei Selektionsstufen zu unterscheiden: Niemand *kann* alles wahrnehmen,

was es jeweils gibt und was womöglich wichtig oder immerhin interessant wäre; niemand *nimmt* alles wahr, was er im Prinzip wahrnehmen könnte; und von dem, was er jemals wahrgenommen hat, *vergisst* jeder das meiste wieder.
Obwohl dieser mehrstufige Filterprozess, der zu unzulänglichen Perzeptionswirklichkeiten führt, jedermann bekannt sein könnte, achtet kaum jemand in praktisch folgenreicher Weise auf ihn und auf seine Konsequenzen. Vor allem im Bereich des politischen Wissens und der persönlichen politischen Meinung bedenkt im Alltagsleben kaum jemand, wie problematisch allein schon jene Grundlagen eigener Ansichten und Aussagen sein können, die etwa durch die genutzten Medien, den persönlichen Erfahrungskreis sowie durch Zufallskontakte geformt werden.[11] Die Politikwissenschaft wirkt entsprechenden Fehleinschätzungen der tatsächlichen Lage durch einen bewussten, Verzerrungen möglichst vermeidenden Umgang mit unvermeidlicher Selektivität entgegen. Am ausgefeiltesten geschieht dies durch die Befolgung der Regeln für eine zufalls-, quoten- oder theoriegeleitete Auswahl von Untersuchungsfällen.[12]

- Das Alltagsdenken ist *unreflektiert perspektivisch*. Natürlich ist *jeder* Blick auf Wirklichkeit ein perspektivischer: Eine Stadt wirkt vom Flugzeug aus anders als vom Fluss her, der sie durchzieht; und sie sieht anders aus von einer ihrer Straßen als beim Blick vom Turm der Kathedrale. Dennoch ändert sich ihre Beschaffenheit überhaupt nicht, wie verschieden auch immer man sie betrachten mag. Ebenso ist es beim Blick auf

---

11 Aus der unreflektierten Selektivität des Alltagsdenkens ergeben sich oft zwei Fehlschlüsse. Der eine heißt ‚individualistischer Fehlschluss' und besteht darin, aus bekannten Einzelfällen auf die Gesamtheit jener Fälle zu schließen, von denen nur einige wenige bekannt sind. Spiegelbildlich dazu verläuft der ‚ökologische Fehlschluss': Aus – wirklichem oder vermeintlichem – Wissen über Durchschnittsmerkmale einer ganzen Gruppe wird geschlossen, jedes einzelne Element der Gruppe weise genau jene Eigenschaften auf, die sich an der Gruppe insgesamt finden.

12 Verfügt man über eine Zufallsstichprobe (d.h. über eine solche Auswahl, bei der jedes Element der interessierenden ‚Grundgesamtheit' – etwa aller deutschen Staatsangehörigen ab 18 Jahren – die gleiche Chance hatte, in die Stichprobe zu gelangen, wobei nur der Zufall darüber entschied, welche Elemente tatsächlich in die Stichprobe gelangten), so kann man von der Stichprobe solche Schlüsse auf die Grundgesamtheit ziehen, die *mit angebbarer Wahrscheinlichkeit wahr* sind. Die eine Form eines solchen Schlusses sind ‚Parameterschätzungen', d.h. Schätzungen von Merkmalen der Grundgesamtheit auf der Grundlage von Stichprobendaten. Die andere Form des Schlusses sind ‚Signifikanztests'. Bei ihnen lässt sich herausfinden, mit welcher Wahrscheinlichkeit man die Stichprobenbefunde erhalten würde, wenn sie in der Grundgesamtheit gerade nicht vorfindbar wären. Weil sie im Unterschied zu anderen Formen von Stichproben genau diese Möglichkeiten bieten, sind *Zufallsstichproben* – und nur sie – *verlässlich* ‚repräsentative' Stichproben. Anders formuliert: Nichts anderes als sorgfältig sichergestellter Zufall bei der Auswahl von Untersuchungseinheiten ermöglicht die Repräsentativität einer Stichprobe sowie mathematisch begründete Schlüsse von ihr auf die Grundgesamtheit. Allerdings erweisen sich auch Quotenstichproben in vielerlei praktischer Hinsicht den Zufallsstichproben als gleichwertig.

die politische Operationswirklichkeit: Je nach bevorzugter Betrachtungsperspektive entstehen recht verschiedene Perzeptionswirklichkeiten, also ganz im Wortsinn ‚Welt-Anschauungen', die in der Regel als Unterschiede in den politischen Meinungen zutage treten. Doch obwohl dieser Tatbestand wohlbekannt ist, wird seine Ursache, die *Standortgebundenheit und Perspektivität* aller Erfahrung vom ‚gesunden Menschenverstand' in der Regel *nicht* bedacht – und wird noch seltener ein bewusster, erkundender Perspektivenwechsel vermieden. Die Politikwissenschaft wirkt entsprechenden Einseitigkeiten oder Blindstellen durch einen bewussten Umgang mit forschungsleitenden Begriffen und Theorien entgegen.[13]

- Das Alltagsdenken ist seinem Benutzer fast immer *selbstverständlich*. Dessen durch Selektivität und Perspektivität gezogene Grenzen und Besonderheiten merkt der Benutzer meist nicht und interessiert sich auch nicht für sie. Erfährt er dann Dinge, die nicht in sein Weltbild passen, so zweifelt er eher an einer solchen Nachricht als an der Qualität seiner Perzeptionswirklichkeit. Die Politikwissenschaft wirkt solcher oft fehlweisender Selbstverständlichkeit durch die Vermittlung systematischer Wissenschaftstheorie und Methodenlehre entgegen.

Ohne immer wieder neue Anstrengungen hin zur Emanzipation kraft politikwissenschaftlicher Kompetenz wirken diese drei Merkmale des Alltagsdenkens als schlechte Wegweiser gerade dann, wenn es besonders komplizierte Merkmale deer *politischen* Operationswirklichkeit zu erkennen und zu verstehen gilt. Tatsächlich besteht die höchst wichtige *kritische*, auf *Aufklärung* abzielende Aufgabe der Politikwissenschaft genau darin, politisches Alltagswissen und politische Theorien aller Art auf Blindstellen, Vorurteile und Täuschungen sowie auf logisch oder empirisch falsche Aussagen zu überprüfen, derartigen Vorstellungen und Einstellungen bessere Alternativen entgegenzustellen sowie dafür zu werben, dass diese statt des jeweils mitgebrachten Alltagswissens benutzt werden. Dank politikwissenschaftlicher Arbeit sollen also die Voraussetzungen dafür geschaffen werden, möglichst viele *ideologische* Durchführungsmittel der Konstruktion politischer Wirklichkeit und politischer Ordnung durch solches Wissen zu ersetzen, das aus *Kritik und Korrektur* des Alltagsdenkens hervorgegangen ist, d.h. durch ‚kritisches Ordnungswissen'.

Alle diese Gedanken legen den nachstehend erläuterten Begriff von Wissenschaft nahe. Zwar gibt es – wie beim Politikbegriff – auch von Wissenschaft vielerlei Definitionen. Doch erneut ist eine solche zu bevorzugen, die zu-

---

13 Der Arbeitsprozess, durch den ein abstrakter, theoretischer Begriff in solche konkreten Begriffe übersetzt wird, mit denen sich real Beobachtbares erfassen lässt, heißt ‚Operationalisierung'. Falls jene konkreten Begriffe, in welche man einen abstrakten Begriff übersetzt hat, wirklich genau dasjenige erfassen, was der abstrakte theoretische Begriff meinte, liegt eine ‚valide' Operationalisierung bzw. ‚Validität' vor.

gleich klar und umfassend ist. Es lässt sich zeigen, dass dies für die folgende Definition gilt:

> *Wissenschaft ist jenes menschliche Handeln, das auf die Herstellung solcher Aussagen abzielt, die jenen Aussagen an empirischem und logischem Wahrheitsgehalt überlegen sind, welche schon mittels der Fähigkeiten des ‚gesunden Menschenverstandes' formuliert werden können.*

Dieser Begriff von Wissenschaft stellt Forderungen, die nur scheinbar bescheiden sind. Eben dadurch setzt er setzt sich klar von Positionen ab, welche von Wissenschaft *mehr* verlangen als eine *Überschreitung* der Grenzen des ‚gesunden Menschenverstandes'. Solche Wissenschaftsbegriffe fordern nämlich die Begründbarkeit, Beweisbarkeit oder gar Wahrheit aller Aussagen, die als wissenschaftlich gelten sollen. Es lässt sich aber zeigen, dass in der Vergangenheit viele Aussagen solche Kriterien durchaus nicht erfüllt haben, die dennoch aus guten Gründen als wissenschaftlich behandelt wurden. Die beste Lehre hieraus scheint zu sein, dass man von Wissenschaft von vornherein nicht mehr verlangen soll, als bestenfalls geleistet werden kann – dass man aber zugleich kompromisslos auf der Erfüllung der unverzichtbaren Minimalforderungen zu bestehen hat.

III. Wissenschaftliche Aussagen

Der Kern von Wissenschaft ist die Erarbeitung von *Aussagen*. Solche lassen sich über politische Inhalte, Prozesse und Strukturen offenbar *von jedermann* formulieren. Diesen Jedermanns-Aussagen haben die durch wissenschaftliches Vorgehen hervorzubringenden Aussagen allerdings zweifach überlegen zu sein:

- Erstens sollen sie ‚*empirisch wahr*' sein. Vollständiger empirischer Wahrheitsgehalt liegt dann vor, wenn eine Aussage genau jene Beschaffenheit eines Sachverhalts behauptet, die tatsächlich vorliegt.[14] Beispielsweise ist die Aussage ‚Der britische Monarch hat keinen Einfluss auf die Regierungspolitik' genau dann wahr, wenn der britische Monarch wirklich keinen Einfluss auf die Regierungspolitik hat; andernfalls ist die Aussage empirisch *falsch*. Bisweilen lässt sich allerdings nicht (mehr) präzise angeben bzw. feststellen, in welchem Umfang eine Aussage mit jenen Tatsachen übereinstimmt, auf die sie sich bezieht. Das ist etwa bei der folgenden

---

14 Der Gegenstand, auf den sich eine Aussage bezieht, heißt ihr ‚empirischer Referent'. Der soeben formulierte Wahrheitsbegriff ist Kern der sogenannten ‚Korrespondenztheorie der Wahrheit'. Den erfolgreichen Nachweis, dass eine Aussage wahr ist, nennt man ‚Verifikation' (von lat. ‚verus', d.h. wahr). Umgekehrt liegt eine Falsifikation (von lat. ‚falsus', d.h. falsch) im Fall des Nachweises vor, dass eine Aussage empirisch falsch ist. Lassen sich Aussagen, deren *Wahrheitsgehalt* sich nicht beweisen lässt, *trotz* aller Falsifikationsversuche auch nicht als *falsch* nachweisen, dann nennt man sie ‚bekräftigt' und behandelt sie bis auf weiteres wie wahre Aussagen.

Aussage der Fall: ‚Die Entscheidung, sich zum Römischen Kaiser krönen zu lassen, wurde Karl d. Gr. aufgedrängt'. Bei solchen Aussagen spricht man abschwächend vom *vermutlichen empirischen Wahrheitsgehalt* einer Aussage. Er soll möglichst groß sein, wird aber in der Praxis – je nach dem oft nicht genau bekannten Grad der Übereinstimmung einer Aussage mit ihrem empirischen Referenten – größer oder geringer sein.

- Neben die Forderung, Wissenschaft habe empirisch wahre Aussagen zu formulieren und eben dadurch – gerade bei komplexen Sachverhalten – über die Leistungsfähigkeit des ‚gesunden Menschenverstandes' hinauszugehen, tritt eine weitere: Wissenschaft strebt *‚logisch wahre'* Aussagen an. ‚Logischer Wahrheitsgehalt' liegt dann vor, wenn Aussagen bzw. Gefüge von Aussagen keinerlei Denk- und Ableitungsfehler enthalten, also keine logischen Widersprüche aufweisen.[15] Bei Einzelaussagen und kurzen Argumenten ist das meist leicht zu bewerkstelligen. Schwieriger wird das bei komplexen Gedankenführungen. Hier ist es keineswegs eine triviale Aufgabe, mehr als der ‚gesunde Menschenverstand' zu leisten.

Im Übrigen gewährleistet der *logische* Wahrheitsgehalt einer Aussage noch lange nicht deren *empirische* Wahrheit. Diese letztere kann allein durch den Vergleich von Aussagen mit der tatsächlichen Beschaffenheit ihres empirischen Referenten ermittelt werden, d.h. mit jenem Ausschnitt aus der Wirklichkeit, auf den sich eine Aussage bezieht.[16] Wird dabei etwas als Tatsache behauptet, was gar nicht zum tatsächlich vorliegenden Sachverhalt passt, dann wird dieser Widerspruch, der eine Aussage *empirisch falsch* macht, auch dadurch nicht geheilt, dass die unwahre Aussage aus anderen Aussagen *logisch korrekt* abgeleitet wurde. Vielmehr wird es dann so sein, dass bereits eine der empirischen Ausgangsaussagen eines logisch korrekten Arguments empirisch falsch war. Die Logik stellt nämlich nur sicher, dass der Wahrheits- oder Falschheitsgehalt von den Ausgangspunkten einer Argumentation, d.h. von deren ‚Prämissen', unverändert auf die abgeleiteten Schlussfolgerungen übertragen wird. Empirisch falsche konkrete Aussagen legen deshalb Zweifel an jenen allgemeineren, d.h. ‚theoretischen' Aussagen nahe, aus denen sie sich logisch korrekt ergeben.

---

15 Einige Jahre lang war in der Politikwissenschaft das folgende, sich als ‚dialektisch' ausgebende Argument modisch: ‚Wenn man eine Aussage über einen Widerspruch formuliert und diese Aussage wirklich den Tatsachen entsprechen soll, dann muss auch die Aussage selbst einen Widerspruch enthalten'. Mit diesem Argument wollte man sich von der Pflicht zu logisch korrekter Gedankenführung befreien. Leicht erkennt man heute, wie albern dieser Gedanke ist: Natürlich muss eine zutreffende Aussage über einen Widerspruch ihrerseits ebenso wenig widersprüchlich sein, wie eine Aussage über ein Verbrechen ihrerseits eine verbrecherische Aussage ist.
16 Natürlich haben auch Begriffe einen empirischen Referenten. Allerdings kann ein Begriff – anders als eine Aussage – nicht wahr oder falsch sein, sondern nur nützlich oder unnütz, bzw. blickerweiternd oder blickbeschränkend.

Deshalb kann auch in der Politikwissenschaft logisches Argumentieren niemals das empirische Forschen ersetzen. Allerdings bestechen politische Ideologien oft durch eine so überzeugend daherkommende Gedankenführung, dass empirisch falsche Ausgangspunkte eines vorgebrachten Arguments wirkungsvoll verdeckt werden. Nicht minder schwere Fehler als durch die Verführungskraft erwünschter Argumente entstehen außerdem, wenn die beim Argumentieren verwendeten Begriffe ihrerseits schon so definiert wurden, dass sich aus ihrer logisch tadellosen Anwendung genau das ergibt, was man zu beweisen wünscht. In diesem Fall wird man schlicht zum Opfer eines Zirkelschlusses. Beide Fehler kommen nicht nur bei politischen Diskursen, sondern auch beim politikwissenschaftlichen Argumentieren immer wieder vor. Also kann man sich bei der Entwicklung eigener logischer Denk- und Kritikkompetenz gar nicht genügend Mühe geben.

Doch allein schon empirisch wahre Aussagen zu formulieren, ist nur bisweilen leicht, viel häufiger aber schwierig. Dies zeigen die folgenden Beispiele, die vom Trivialen zum wirklich Herausfordernden aufsteigen:

- ‚Der deutsche Bundeskanzler heißt ...'
- ‚Die Kompetenzen zwischen Bund und Ländern sind in Deutschland wie folgt verteilt: ...'
- ‚Wahlsystem und Parteienstruktur hängen in demokratischen Staaten wie folgt zusammen: ...'
- ‚Die wesentlichen Faktoren für den Zusammenbruch der kommunistischen Herrschaft in Polen waren: ...'
- ‚Kriege haben im Allgemeinen die folgenden Ursachen: ...'
- ‚Der Nord/Süd-Konflikt lässt sich wie folgt beilegen: ...'

Beim Aufstieg von der ersten zur letzten Aussage kommt der gesunde Menschenverstand auch von politisch sehr beschlagenen Leuten offensichtlich an seine Grenzen. Ähnliches erlebt man beim Aufstieg von den einfacheren zu den schwierigeren Arten jener Aussagen, welche die Politikwissenschaft insgesamt zu erarbeiten vermag. Insgesamt sind das ...

- *Beschreibungen* von (politischen) Inhalten, Prozessen und Strukturen, z.B.: ‚Historischer Materialismus meint: ...'; ‚Der Kalte Krieg verlief in folgenden Phasen: ...'; ‚Das britische Regierungssystem ist wie folgt aufgebaut: ...'.
- *Aussagen über Zusammenhänge* von (politischen) Inhalten, Prozessen und Strukturen, also ‚Wenn/Dann-Aussagen' oder ‚korrelative Aussagen' bzw. einfach ‚Zusammenhangsaussagen'. Ein Beispiel für eine einfache Zusammenhangsaussage lautet: ‚Wenn ein Regierungschef das Vertrauen seiner Anhänger verliert, dann wird sein Rücktritt oder Sturz wahrscheinlich'. Hingegen ist das folgende ein Beispiel für eine halbwegs komplexe (bedingte) Zusammenhangsaussage: ‚Wenn es in einem Staat ein Mehrheits-

wahlrecht in Ein-Personen-Wahlkreisen gibt, dann weisen die Parteien dieses Staates – (falls auch noch folgendes gegeben ist: ...) – mit p % Wahrscheinlichkeit die folgenden Merkmale auf: ...'.[17]

- *Erklärungen* des Werdens, Bestehens, Wandels und Vergehens sowie der Zusammenhänge zwischen (politischen) Inhalten, Prozessen und Strukturen, z.B.: ‚Die Sowjetunion brach auseinander, weil ...'.
- *Prognosen* über künftige Entwicklungen von (politischen) Inhalten, Prozessen und Strukturen bzw. über kommende Ereignisse, etwa: ‚Falls weiterhin gilt, dass ..., dann wird bei der Bundestagswahl im nächsten Monat – mit p % Wahrscheinlichkeit – es zu den folgenden Stimmenanteilen jener Parteien kommen: ...'.
- *Werturteile* über (politische) Inhalte, Prozesse und Strukturen sowie über deren (prognostizierte) Entwicklungen, z.B.: ‚Es ist gut, wenn es in einem Staat Opposition gibt, weil ...'.[18]

---

17 Der statistische Fachbegriff für einen ‚Zusammenhang' lautet ‚Korrelation'. Einen Zusammenhang zu entdecken, ist etwas anderes, als ihn auch schon zu erklären. Im Übrigen kann ein entdeckter Zusammenhang zwischen A und B auch nur scheinbar sein, nämlich durch eine bislang unbeachtete Drittvariable C verursacht werden. Dann wirkt wie ein Zusammenhang zwischen A und B, was in Wirklichkeit nur *parallele* Zusammenhänge zwischen A und C sowie B und C sind. Bei Zusammenhangsbehauptungen muss man deshalb ‚Dritteinflüsse' so gut wie möglich auszuschließen versuchen.

18 Werturteile sind sehr komplexe Aussagengefüge. Ihr Kern besteht darin, dass eine Aussage über eine Regel oder über einen vorliegenden bzw. immerhin vorgestellten Sachverhalt so mit einem Wertmaßstab – d.h. mit stark verdichteten Aussagen einer normativen Theorie – verbunden wird, dass anhand dieses Wertmaßstabes unter Angabe von überprüfbaren Gründen ausgesagt werden kann, wo jene Regel bzw. jener Sachverhalt zwischen ‚gut' und ‚schlecht' zu verorten ist. Das gesamte Argument, welches zu einem Werturteil führt, kann – und soll – logisch wahr sein; und sofern dieses Argument Aussagen über Tatsachen einschließt, haben auch diese Aussagen empirisch wahr zu sein. Ein Wertmaßstab hingegen kann *nicht* ‚wahr' oder ‚falsch' sein, sondern nur logisch bzw. empirisch besser oder schlechter *begründet*. Deshalb gibt es auch keine ‚wahren Werturteile' oder ‚falschen Werturteile', sondern nur besser bzw. schlechter begründete Werturteile. Das zentrale – freilich nicht einzige – Kriterium zur Beurteilung der Begründung eines Werturteils bzw. des ihm zugrunde liegenden Wertmaßstabs ist dessen ‚normative Brauchbarkeit'. Sie liegt dann vor, wenn ein vom Werturteil als gut ausgegebenes Handeln in der Wirklichkeit, wie sie besteht, zu solchen Folgen zu führen verspricht, die – anhand des gleichen Wertmaßstabs – ebenfalls als gut zu bewerten sind. Die Kernaufgabe *normativer Forschung* besteht deshalb darin, die normative Brauchbarkeit von Werturteilen zu überprüfen. Dabei spielen – wie das folgende Beispiel zeigt – empirische Aussagen eine entscheidende Rolle. Wenn nämlich ein Wertmaßstab alle Gewaltanwendung als schlecht und jeglichen Gewaltverzicht als gut ausweisen sollte, dann würde man bei der Überprüfung der normativen Brauchbarkeit dieses Wertmaßstabs – und der anhand seiner getroffenen Werturteile über konkretes politisches Handeln – danach fragen, mit welcher Wahrscheinlichkeit in einer Welt, in der es nicht nur friedliche ‚Tauben' gibt, sondern auch angriffslustige ‚Falken', der Verzicht von ‚Tauben' auf die Anwendung von Gewalt auch die ‚Falken' zum gleichen Verzicht bringen würde – oder ob eigenes gewaltfreies Verhalten von Tauben nicht ganz im Gegenteil immer mehr Falken zur Gewaltanwendung bei dann geringeren Transaktionskosten einladen und somit gerade das Gegenteil dessen bewirken würde, was der verwendete Wertmaßstab doch als gut

- *Handlungsanweisungen* hinsichtlich (politischer) Inhalte, Prozesse und Strukturen sowie bezüglich von deren (prognostizierten) Entwicklungen, z.B.: ‚Weil eine Erweiterung der EU aus den folgenden Gründen gut ist (Gründe: …), und weil diese Gründe – mit p % Wahrscheinlichkeit – auf die folgenden Beitrittskandidaten zutreffen (Kandidaten: …), sollte die EU die folgenden Neumitglieder aufnehmen: …'.[19]

Beschreibungen, Zusammenhangsaussagen, Erklärungen und Prognosen sind *empirische Aussagen*; ihren empirischen Wahrheitsgehalt kann man – mehr oder minder zuverlässig – durch Erkundung der Tatsachen prüfen.[20] *Rein* empirische Aussagen können Beschreibungen und Zusammenhangsaussagen sein. Doch bei Erklärungen – und gar erst bei Prognosen – braucht es auch noch so viele theoretische Argumentationen, dass hier stets auch der *logische* Wahrheitsgehalt jener Aussagengefüge überprüft werden muss. Werturteile und Handlungsanweisungen sind hingegen *normative Aussagen*. Solche können gerade *nicht* irgend etwas zwischen ‚wahr' und ‚falsch' sein, sondern nur irgend etwas zwischen ‚normativ brauchbar' und ‚normativ unbrauchbar'.[21] Doch, weil die zu ihnen führenden Argumente nicht nur logisch konsistent sein müssen, sondern vielfach auch empirische Aussagen benutzen, die ihrerseits wahr zu sein haben, ist empirische Forschung für die Erarbeitung bzw. Überprüfung normativer Aussagen keineswegs unnötig, sondern sogar eine unabdingbare Voraussetzung.[22]

---

ausgibt. Falls man also mehr leisten will, als einfach die eigene Meinung mitzuteilen, geht es bei Debatten etwa um die Forderung ‚Frieden schaffen ohne Waffen!' stets um die normative Brauchbarkeit des jener Forderung zugrunde liegenden Wertmaßstabes, der hier seinerseits ins Werturteil gemündet ist, dass alle Waffen und jegliches Soldatentum ganz einfach schlecht wären.

19 Handlungsanweisungen verbinden ein Werturteil mit einer Wenn/Dann-Aussage. Deren Dann-Komponente wird dabei für gut erklärt, woraufhin sich ihre Wenn-Komponente als Soll formulieren lässt. Während die solchermaßen ‚normativ aufgeladene' Wenn/Dann-Aussage empirisch wahr oder empirisch falsch sein kann, ist das ‚aufladende' Werturteil nur irgend etwas zwischen ‚normativ brauchbar' und ‚normativ unbrauchbar'. Also können auch Handlungsanweisungen insgesamt nicht ‚wahr' oder ‚falsch' sein, sondern ihrerseits ebenfalls nur ‚(eher) brauchbar' oder ‚(eher) unbrauchbar'. Neben fahrlässigen Einschätzungen dieser Zusammenhänge besteht ein weiterer Fehler beim Umgang mit Werturteilen und Handlungsanweisungen im sogenannten ‚naturalistischen Fehlschluss'. Dieser besteht darin, dass aus dem Vorliegen eines Sachverhalts gefolgert wird, dieser Sachverhalt sei auch gut und solle deshalb gesichert werden.

20 Im Einzelnen siehe zu empirischen Aussagen S. 90–95 der 7. Aufl. meiner ‚Einführung in die Politikwissenschaft'.

21 Im Einzelnen siehe zu normativen Aussagen sowie zum ‚Werturteilsstreit' S. 96–100 und S. 130–136 der 7. Aufl. meiner ‚Einführung in die Politikwissenschaft'.

22 Zum konkreten Ablauf theoretischer, empirischer und normativer Forschungsprozesse siehe S. 194–217 der 7. Aufl. meiner ‚Einführung in die Politikwissenschaft'.

IV. Wissenschaftliche Spielregeln

Empirische Aussagen erarbeitet man dadurch, und den *empirischen* Wahrheitsgehalt von Aussagen überprüft man dahingehend, dass man Informationen über die Beschaffenheit des jeweiligen empirischen Referenten einholt (,Datenerhebung') und diese Informationen sodann auswertet (,Datenanalyse', ,Dateninterpretation').[23] Konkret studiert man – angeleitet von Vermutungen des ,gesunden Menschenverstandes', d.h. den sogenannten ,Alltagstheorien', oder von (politik-)wissenschaftlichen Theorien – jene *Dokumente*, welche die gesuchten Informationen enthalten, *befragt* man sachkundige oder aus anderen Gründen interessierende Auskunftspersonen, *beobachtet* man Sachverhalte geeigneter Art oder verfährt man auf andere zweckdienliche Weise, etwa *experimentell oder quasi-experimentell*.[24] Indem man – wiederum angeleitet von Alltagstheorien oder von wissenschaftlichen Theorien – die gewonnenen Informationen aufzeichnet, *erzeugt* man ,Daten'. Diese bereitet man anschließend in für die Weiterarbeit geeigneter Weise auf und wertet sie aus. Aus dem Ergebnis der Datenanalyse,[25] durchgeführt oft im Wechselspiel von Hermeneutik und Statistik,[26] gewinnt man einerseits neue empirische Aussagen und schließt man andererseits auf den Wahrheitsgehalt der überprüften empirischen Aussagen. Eine empirische Aussage, die man einem Überprüfungsprozess unterzieht, heißt ,Hypothese'. Am Ende des Überprüfungsprozesses kann eine Hypothese bestätigt, bekräftig oder als falsch nachgewiesen sein.

Den *logischen* Wahrheitsgehalt von Aussagen und Aussagengefügen zu überprüfen bzw. ihn herzustellen, ist eine der Aufgaben ,theoretischer Forschung'.

---

23 Dabei hat man bewährte Regeln zu beachten, die ihrerseits sicherstellen, dass Daten unabhängig von der Person oder gar Laune des Forschenden erhoben und ausgewertet werden. Nur dann kann man sich nämlich auf sie bei der weiteren Arbeit verlassen. Ist das sichergestellt, dann liegen ,reliable' Daten vor bzw. besteht ,Reliabilität'.
24 Zu den politikwissenschaftlichen Methoden der Datenerhebung siehe S. 151–167 der 7. Aufl. meiner ,Einführung in die Politikwissenschaft'. Erhebt der Forscher selbst jene Daten, die er zur Beantwortung seiner Forschungsfrage benötigt, spricht man von ,Primärforschung'. Falls es ausreicht, bereits vorhandene Forschung und deren Ergebnisse auszuwerten, spricht man von ,Sekundäranalyse'.
25 Zu den politikwissenschaftlichen Methoden der Datenanalyse siehe S. 168–194 der 7. Aufl. meiner ,Einführung in die Politikwissenschaft'.
26 Statistik wird betrieben auf der Grundlage von einfachen und gemeinsamen Häufigkeitsverteilungen oder von Messungen, bei denen jenen Wirklichkeitsmerkmalen, die man untersucht, Ziffern zugewiesen werden. Je nach dem Informationsgehalt dieser Ziffern unterscheidet man Messungen auf dem Niveau der ,Nominalskala' (Informationsgehalt: ,1 und 2 sind verschieden'), auf dem Niveau der ,Ordinalskala' bzw. ,Rangskala' (Informationsgehalt: ,23 ist größer als 5'), auf dem Niveau der ,Intervallskala' (Informationsgehalt: ,Die Differenz zwischen 10 und 22 ist ebenso groß wie die Differenz zwischen 64 und 76') und auf dem Niveau der ,Verhältnisskala' (Informationsgehalt: ,44 ist doppelt so viel wie 22'). Natürlich darf man beim Gebrauch von Statistik nur jene Rechenoperationen vornehmen, die vom Informationsgehalt der verwendeten Ziffern gedeckt sind.

Sie rekonstruiert die Struktur von Argumentationen und nutzt sodann die Logik als diagnostisches Instrument, d.h. als ‚Organon der Kritik'.[27] Theoretische Forschung, welche *Aussagen* zu ihrem Untersuchungsgegenstand macht, ist offensichtlich ‚eine Ebene höher' angesiedelt als es jene Aussagen sind, die sie analysiert. Diesen Unterschied in den Ebenen der jeweiligen Aussage bezeichnet man durch das Begriffspaar ‚Objektebene' und ‚Meta-Ebene': Auf der *Objektebene* befinden sich jene empirischen Aussagen oder theoretischen Argumentationen, über welche man auf der *Meta-Ebene* in Form von ‚Meta-Aussagen' spricht.[28]

Alltagssprachlich verdichten lassen sich wichtige Spielregeln von Forschung und Wissenschaft wie folgt:

- Um nicht durch Missverständnisse unnötig Zeit zu verlieren, auch um effiziente Kritik und Kontrolle überhaupt erst zu ermöglichen, braucht es eine präzise und verständliche Sprache. Dazu gehören klare Definitionen und übersichtliche Argumentationen.
- Um vorgelegte Forschungsergebnisse leicht auf ihre grundlegende Perspektivität und Selektivität prüfen zu können, braucht es die Offenlegung von wissenschaftstheoretischen Grundannahmen, erkenntnisleitenden Interessen und gegebenenfalls argumentationsprägenden politischen Positionen.
- Um den Kontext vorgetragener Aussagen richtig einschätzen zu können, braucht es Querverweise auf benachbarte oder bestrittene wissenschaftliche Positionen sowie Kennzeichnungen der Quellen eigener Argumente.
- Um mitgeteilte Forschungsergebnisse auf die Qualität ihres Erarbeitungsprozesses beurteilen zu können, braucht es Ausführungen zur Methodik von Datenerhebung und Datenanalyse.
- Um die Überzeugungskraft neuer Ergebnisse bewerten zu können, braucht es bei deren Erarbeitung entweder bewährte Methoden oder sorgfältige Begründungen dafür, warum von solchen Methoden gegebenenfalls abgewichen wird.
- Um Kritik und Kontrolle praktisch wirksam zu machen, braucht es die Bereitschaft, Arbeitsergebnisse zu publizieren und sie wechselseitig zur Kenntnis nehmen, sie bei wahrgenommener Fehlerhaftigkeit klar zu kritisieren sowie auf vorgetragene Kritik sich dann auch argumentierend einzulassen.

---

27 Wenn nicht die Verwendung eines anderen Logiksystems vereinbart wurde, gilt stets die sogenannte ‚zweiwertige Logik' als ‚Geschäftsgrundlage' des Argumentierens und Überprüfens. ‚Zweiwertige' Logik heißt: Eine Schlussfolgerung ist entweder richtig oder inkorrekt, eine Aussage entweder wahr oder falsch. Mit dieser Logik arbeitet auch der ‚gesunde Menschenverstand'.

28 Auf der Objektebene bewegt man sich beispielsweise, wenn man über Politik diskutiert; die Analyse dieser Diskussion führt zu Aussagen auf der Meta-Ebene der Politikwissenschaft; und durch eine Erläuterung der Analysevorgänge mit dem Werkzeug der Methodologie wird die Meta-Meta-Ebene politischer Debatten erreicht.

Doch leider werden gerade in der Politikwissenschaft immer wieder die folgenden Versuche unternommen, eigene Aussagen gegen Kritik wie folgt zu *immunisieren*:

- Aussagen werden unklar formuliert, um es einerseits dem Leser schwer zu machen, die vorgebrachten Behauptungen klar zu verstehen, und um es andererseits dem Autor zu erleichtern, Kritik durch geschickte Uminterpretation seiner Aussagen gegenstandslos zu machen.
- Behauptungen werden durch Bezugnahme auf ‚Autoritäten' und ‚Klassiker' begründet statt dadurch, dass man ihren logischen bzw. empirischen Wahrheitsgehalt plausibel macht und zur Kritik stellt.
- Es wird verlangt, man dürfe keine ‚äußerlichen Kriterien' an die vorgebrachten Behauptungen herantragen, sondern könne diese nur nachvollziehend ‚aus sich selbst heraus verstehen'.
- Man lehnt überhaupt die Vorstellung ab, der Wahrheitsgehalt von Aussagen lasse sich durch logische Analyse bzw. empirische Überprüfung ermitteln.

Wer solche Immunisierungsstrategien benutzt, disqualifiziert sich als Politikwissenschaftler. Umgekehrt qualifiziert man sich als ein solcher, indem man nachweislich die folgenden Regeln befolgt:

- Kontrolliere und korrigiere die Perspektivität deiner Betrachtungsweisen!
- Kontrolliere und korrigiere die Selektivität deiner Informationsgrundlagen!
- Formuliere deine Aussagen so, dass man sie gut verstehen und leicht auf ihren empirischen und logischen Wahrheitsgehalt überprüfen kann!
- Korrigiere falsche Aussagen – und zwar nicht stillschweigend, sondern ebenso kenntlich, wie sie einst formuliert wurden!

V. Forschungserschwerende Merkmale politischer Wirklichkeit

1. Komplexität politischer Wirklichkeit

Bei der Hervorbringung, Stabilisierung, Umformung oder Destruktion politischer Wirklichkeit wirken sehr viele Menschen ganz unterschiedlicher Persönlichkeit und freien Willens zusammen. Auf äußerst verschiedenen Gebieten werden Sinndeutungen und Handlungen aufeinander abgestimmt und politische Rollengefüge hervorgebracht, aufrechterhalten, verändert oder zerstört. Die dem politischen Handeln jeweils zugrunde gelegten Wissensbestände und Sinndeutungen können kulturell, historisch, regional, biographisch sowie je nach sozialer Schicht der Akteure ganz verschieden sein, weshalb sich in den jeweils hervorgebrachten politischen Strukturen ganz verschiedener Sinn ausdrücken kann. Außerdem sind die Prozesse der Hervorbringung, Aufrechterhaltung, Benutzung, Veränderung und Zerstörung jener Strukturen mannigfach miteinander vernetzt, verlaufen mit wechselnden Störungen und wandeln sich immer wieder. Politische Wirklichkeit lässt deshalb meist jene Klarheit und Übersichtlichkeit vermissen, die viele natur- und geisteswissenschaftliche Forschungsgegenstände haben. Einfachheit und Überschaubarkeit können auch nicht leichthin in der Weise hergestellt werden, dass man jene Ausschnitte politischer Wirklichkeit, mit denen man sich befassen will, eben beliebig ‚zurechtschneidet' und möglichst verkleinert, da man dergestalt leicht seinen Gegenstand zerstückelt[29] und dann rasch zu einseitigen, stark verzerrten und ziemlich irreführenden Aussagen gelangt. Man muss sich deshalb damit abfinden, dass politische Wirklichkeit ein äußerst komplizierter Gegenstand ist, den sich angemessen zu vergegenwärtigen erhebliche Geisteskraft erfordert, und dass die Politikwissenschaft das menschliche Verlangen nach klaren, einfachen, schnell zu erarbeitenden und leicht nachvollziehbaren Aussagen nur selten befriedigen kann. Das frustriert gar nicht wenige Studierende und bringt sie teils zur Verhärtung ihrer ins Studium mitgebrachten Alltagsvorstellungen, teils zum faktischen, wenngleich semesterlang nicht formellen, Abbruch ihres Studiums.

2. Geschichtlichkeit politischer Wirklichkeit

Politische Wirklichkeit ist ein *Produkt vielfältiger, störanfälliger Prozesse*. Ist politische Wirklichkeit über einen bestimmten Zeitraum stabil, weist sie also kaum Wandel, vielleicht gar Stillstand auf, so ergibt sich dies keineswegs aus einem Mangel an ‚wirklichkeitskonstruktiven Prozessen', sondern nur daraus, dass es routinemäßig gelingt, dem politischen Handeln in aller Selbstverständlichkeit immer wieder *dieselben* Sinndeutungen so zugrunde zu legen, dass politische Strukturen verlässlich reproduziert werden. Wegen der Komplexität politischer Wirklichkeit und der Störanfälligkeit ihrer Konstruktion wird dies allerdings nur in Ausnahmefällen erreichbar sein.

Häufiger wird es sich so verhalten, dass die in der politischen Wirklichkeit auftretenden Konflikte und Anpassungserfordernisse zum Wandel von sozialen bzw. politischen Strukturen sowie der sie hervorbringenden kulturellen Muster führen. Oft wird es schwer möglich sein, Wissensbestände und Deutungsroutinen, Rollenorientierungen und Rollenerwartungen im Lauf der Generationenfolge so weiterzugeben, dass die zu einer bestimmten Zeit bestehende politische Wirklichkeit auch noch von der nachfolgenden oder der übernächsten Generation rekonstruiert bzw. reproduziert wird. Ferner werden neue technische Möglichkeiten vielerlei Änderungen sozialer und

---

29 Von einem Parlament wird man beispielsweise wenig verstehen, wenn man es nicht im Kontext des gesamten politischen Systems betrachtet, in dem es steht, oder wenn man den Blick einengt auf dessen Abgeordnete oder auf ausgewählte parlamentarische Strukturen (wie Ausschüsse oder Arbeitskreise).

V. Forschungserschwerende Merkmale politischer Wirklichkeit

wirtschaftlicher Strukturen hervorrufen sowie bislang unbekannte Probleme erzeugen, und es werden neue Gedanken alte Selbstverständlichkeiten zum Verblassen bringen. All dies wälzt dann auch politische Wirklichkeit um. In der Regel ist sie deshalb in Veränderung begriffen. Eben das bezeichnet der Begriff der ‚Geschichtlichkeit'. Solche Geschichtlichkeit politischer Wirklichkeit stellt die Politikwissenschaft vor folgende Probleme:

- Jeder zu einem gegebenen Zeitpunkt beschriebene Zustand politischer Wirklichkeit ist nur ein Zwischenergebnis andauernden Wandels. Die Beschaffenheit eines bestimmten Zustands politischer Wirklichkeit ist deshalb erst vor dem Hintergrund jener Prozesse richtig zu begreifen, in denen dieser Zustand sich formte und in deren Verlauf er sich auch umformen wird. Diesen Wandel in seine analytische Arbeit einzubeziehen, heißt Politikwissenschaft ‚in historischer Perspektive' zu betreiben.[30] Somit ist es unverzichtbar, dass ein Politikwissenschaftler stets die Geschichtlichkeit seines Gegenstands in Rechnung stellt und seine Aussagen in historischer Perspektive reflektiert.[31]

- Aussagen über Zustände politischer Wirklichkeit stimmen nur so lange mit den Tatsachen überein, wie diese sich nicht wandeln. Dieser triviale Zusammenhang hat zu erheblichen Problemen im Selbstverständnis von Sozial- und Politikwissenschaftlern geführt. Vor allem legte er die Behauptung nahe, es sei ausgeschlossen, dass die Politikwissenschaft zu halbwegs verallgemeinerbaren Aussagen über politische Wirklichkeit gelange. Politische Wirklichkeit sei nämlich zu jeder Zeit anders, weswegen man sie nur in ihrer jeweils *individuellen* Eigenart beschreiben und verstehen könne (‚idiographisches Vorgehen'[32]). Stattdessen *allgemeine* Aussagen über deren Beschaffenheit anzustreben (‚nomothetisches Vorgehen'[33]), hieße deshalb,

---

30 Aus der zweifellos begründeten Forderung, politische Wirklichkeit stets in historischer Perspektive zu untersuchen, wird bisweilen die überzogene Ansicht abgeleitet, über *vergangene* politische Wirklichkeit ließen sich kraft ‚historischen Abstands' zutreffende Aussagen erarbeiten, weshalb eine verlässliche Wissenschaft von der Politik nur als *historische* Erforschung politischer Wirklichkeit und allenfalls noch als – systematisch-theoretisch inspirierte –, Zeitgeschichte' möglich wäre. Die solchen Aussagen zugrunde liegenden Argumente sind zwar ernst zu nehmen. Doch es darf nicht übersehen werden, dass die Politik für *praktische* Zwecke gerade über die *zeitgenössische* politische Wirklichkeit *möglichst* zutreffende Aussagen benötigt. Ihretwegen sind aus ‚mangelndem historischen Abstand' resultierende Fehlerquellen der solche Aussagen liefernden Wissenschaften schlechterdings in Kauf zu nehmen.

31 Aus diesem Grunde ist es zumindest wünschenswert, wenn nicht im Grunde unverzichtbar, dass ein Politikwissenschaftler auch gründliche historische Kenntnisse erwirbt, die ihn umso eher vor Fehlschlüssen bewahren werden, je *weniger* sie sich auf die Zeitgeschichte oder auf die Neuere Geschichte beschränken.

32 Von griech. ‚idios', d.h. eigentümlich, und ‚gráphein', d.h. schreiben. Leider wird nicht selten auch der etymologisch ganz falsche Begriff ‚ideographisch' benutzt, der sich vom griechischen Wort ‚idéa', d.h. Idee, ableitet. ‚Ideographie' ist also die Beschreibung von Ideen, ‚Idiographie' hingegen die Beschreibung von Eigentümlichkeiten.

33 Von griech. ‚nómos', d.h. Gesetz, und ‚títhesthai', d.h. aufstellen.

‚den historischen Charakter politischer Wirklichkeit zu verfehlen'. Stimmte diese Behauptung, so ließe sich aus der Geschichte politischer Inhalte, Prozesse und Strukturen nichts lernen, und nichts Vergangenes hätte Aussagekraft für Gegenwart und Zukunft. Dann freilich wäre auch schwer zu erkennen, welchen Nutzen die Politikwissenschaft für die Bewältigung aktuell anstehender politischer Probleme haben könnte, da sie gründlich ja immer nur das bereits Geschehene zu untersuchen vermag.

- Doch tatsächlich lässt sich die Frage, ob die Geschichtlichkeit politischer Wirklichkeit die Formulierung allgemeiner Aussagen über Politik zulasse, *nicht vorweg entscheiden*. Vielmehr müssen immer wieder *fallweise zutreffende* Antworten auf diese Frage erarbeitet werden. Zu diesem Zweck müssen – erstens – Aussagen über politische Wirklichkeit grundsätzlich so formuliert werden, dass stets klar ist, auf welchen zeitlich, räumlich oder sachlich abgegrenzten Zustand politischer Wirklichkeit sie sich beziehen. Zweitens können Aussagen über die Beschaffenheit politischer Wirklichkeit, die deren Zustand zu *verschiedenen* Zeitpunkten betreffen, daraufhin *verglichen* werden, ob, in welchen Bereichen und mit welcher Schnelligkeit sich politische Wirklichkeit tatsächlich verändert hat. Drittens können auf der Grundlage solcher Vergleiche gegebenenfalls allgemeine(re) Aussagen erarbeitet und auf ihren Nutzen für die Bewältigung zeitgenössischer politischer Probleme beurteilt werden.

Bisweilen wurde versucht, die Anerkennung der Geschichtlichkeit politischer Wirklichkeit mit dem Wunsch, auch in der Politikwissenschaft allgemeine(re) Aussagen zu formulieren, in der Weise zu verbinden, dass folgendes Ziel gesetzt und für erreichbar gehalten wurde: Man habe die ‚Gesetze des Geschichtsprozesses' aufzudecken, d.h. zu beschreiben, zu erklären und anhand ihrer dann vorherzusagen, welche Richtung die Entwicklung politischer Wirklichkeit ‚mit Notwendigkeit nehmen müsse'. Der Reiz des Glaubens an solche ‚Geschichtsgesetze' besteht darin, dass sie einen Schlüssel zur klaren Deutung komplexer geschichtlicher Wirklichkeit versprechen: ‚Geschichtsgesetze' gäben an, wie die vielfältigen Prozesse der Hervorbringung und Wandlung politischer Wirklichkeit zusammenwirkten, welchen Sinn diese Prozesse ausdrückten, und auf welches Ziel sie ‚mit objektiver Notwendigkeit' zuliefen. Wäre derlei möglich, so ließe sich anhand bekannter ‚Gesetze des Geschichtsprozesses' tatsächlich die jeweils zeitgenössische Wirklichkeit nach Maßgabe des ‚historisch Notwendigen' bewerten, könnte stets der ‚fortschrittliche Standpunkt' in Auseinandersetzungen um die Gestaltung der Gegenwart und Zukunft festgestellt sowie mit ‚wissenschaftlich begründeter Parteilichkeit' bezogen werden, und ließen sich untrügliche handlungsleitende Prognosen über die künftige Entwicklung erstellen. Genau das war die große Hoffnung des Historischen Materialismus und des ‚Wissenschaftlichen Kommunismus', die beide sich im Besitz des Wissens um solche ‚Geschichtsgesetze' glaubten und darin der ‚bürgerlichen' Politikwissenschaft überlegen sahen.

Zweifellos ist es sinnvoll, in der Geschichte nach ‚Trends' von Prozessen, nach ‚Mustern' von Ereignissen, nach ‚Rhythmen' von Abfolgen, nach ‚Stufenfolgen' von Entwicklungen oder nach dem Zusammenwirken von Zufall[34] und Pfadabhängigkeit zu fahnden. Findet man derlei, dann kann man auch zutreffende Beschreibungs-, Zusammenhangs- und Erklärungsaussagen über das alles formulieren. *Ob* es solche Sachverhalte gibt, und ob Aussagen über sie zutreffend sind, lässt sich aber nicht *vorweg* entscheiden. Ferner ist zwar nicht zu bestreiten, dass man nur dann etwas ‚aus der Geschichte lernen' kann, wenn es gelingt, zutreffende Aussagen über solche Sachverhalte zu formulieren. Doch es ist falsch, Aussagen über *bisherige* ‚Trends', ‚Muster', ‚Rhythmen' oder ‚Stufenfolgen' als ‚allgemeine Geschichtsgesetze' zu deuten.

Erstens ist es nämlich immer der Wissenschaftler selbst, der durch die *Auswahl* seines Untersuchungsmaterials und durch die *Interpretation* seiner Ergebnisse derartige ‚Trends' usw. entdeckt. Selbst wenn seine Aussagen mit den von ihm untersuchten Sachverhalten übereinstimmen, lassen sie sich deshalb nicht in überzeugender Weise als ein ‚Gesetz' deuten, das ‚Geschichte und Gesellschaft regiert'. Man kann nämlich nie ausschließen, dass Fehler bei der Auswahl und Auswertung des Untersuchungsmaterials bloß den *Anschein* erzeugen, es gäbe ein bestimmtes ‚Geschichtsgesetz', bzw. dieses sei so und nicht anders zu formulieren. Allerdings ist diese Überlegung kein grundsätzliches Argument gegen den Versuch, durch politikwissenschaftliche Forschung ‚Geschichtsgesetze' aufzudecken. Ein solches findet sich vielmehr in einer zweiten Überlegung.

Alle Aussagen über ‚Trends', ‚Muster' usw. sind nämlich Aussagen über *vollzogenen* Wandel politischer Wirklichkeit. Deutet man sie hingegen als ‚Geschichtsgesetze', so wird behauptet, auch *zukünftiger* Wandel werde derlei aus der Vergangenheit abgeleiteten Merkmale aufweisen. Wandel politischer Wirklichkeit ist aber das Ergebnis eines gemeinsamen Handelns von Menschen, die bestimmte Wissensbestände und Sinndeutungen benutzen. Folglich behaupten ‚Geschichtsgesetze', auch über *künftige* Wissensbestände und Sinndeutungen von Menschen könne man zutreffende Aussagen formulieren. Doch einerseits lassen sich künftige Wissensbestände und Sinndeutungen, von denen doch die Art künftiger Wandlungen politischer Wirklichkeit abhängen wird, nicht vorhersehen; und andererseits können Menschen auf Vorhersagen künftigen Wandels in Form solcher Sinndeutungen und Handlungen reagieren, die eben jene Voraussetzungen *zerstören*, von deren Gegebenheit die Richtigkeit der Vorhersage abhängt. Die Hoffnung, es ließen sich ‚Gesetze des Geschichtsverlaufs' formulieren, kann deshalb nicht aufrechterhalten werden. Also sollte die Politikwissenschaft die Suche nach ihnen einstellen. Bezüglich der Vergangenheit muss man es einfach mit Aussagen

---

34 Der lateinische Begriff für Zufall ist ‚Kontingenz' und wird so definiert: ‚Kontingent' sind Ereignisse, die weder notwendigerweise auftreten noch unmöglich sind.

über die *bisherigen* ‚Trends', ‚Muster' usw. bewenden lassen, während man sich bezüglich der Zukunft mit solchen Prognosen über das *wahrscheinlich* zu Erwartende begnügen muss, die ihrerseits nur fehlbare und auf ihre Voraussetzungen oft verändernd wirkende Hinweise darstellen.

3. Das ‚konkurrierende Selbstwissen' des Forschungsgegenstands

Politische Wirklichkeit wird von Menschen hervorgebracht, die dabei – in Form ihrer im Lauf der Sozialisation entstandenen ‚Alltagstheorien' – teils individuelle, teils mit anderen geteilte Wissensbestände und Deutungsmuster benutzen. Deshalb ist gemeinsam mit Politik immer schon Wissen über deren Inhalte, Prozesse und Strukturen vorhanden, denn natürlich wissen politisch handelnde Personen über ihr eigenes Denken, Fühlen, Wollen und Handeln sowie über viele Rahmenbedingungen und über manche Folgen ihres Tuns in großem Umfang Bescheid. Alle diese Wissensbestände liefern ihnen die ‚Durchführungsmittel' bzw. ‚Ressourcen' solcher wirklichkeitskonstruktiver Praktiken, mittels welcher gemeinsame politische Wirklichkeit dann auch hervorgebracht wird. Sie alle haben sich im Allgemeinen schon *bewährt* und erscheinen ihren Nutzern deshalb wie ‚alternativlos verlässlich'. Solche Wissensbestände bezeichnet man fachsprachlich als ‚(politisches) Alltagswissen', umgangssprachlich als ‚gesunden Menschenverstand' (engl. ‚common sense').

Wann immer ein Politikwissenschaftler an ‚politische Wirklichkeit' als seinen Gegenstand herantritt, begegnet er folglich Wissensbeständen und Deutungsmustern, in denen eine Fülle von zutreffenden und bewährten, doch meist auch von verzerrenden und falschen Aussagen über politische Wirklichkeit bereits verfügbar ist. Diese Wissensbestände, besessen und genutzt von Leuten, die Politik gestalten oder Politik erleiden, sind dem Gegenstand ‚politische Wirklichkeit' auch gar nicht ‚äußerlich', sondern *gehören unauflöslich zu ihm*. Es werden nämlich gerade anhand solchen politischen Alltagswissens politische Sinndeutungen und Handlungen im Alltagsleben aufeinander abgestimmt, politische Rollen hervorgebracht und eingenommen, politische Organisationen und Institutionen aufgebaut sowie aufrechterhalten. Meist sind die jeweils verfügbaren Bestände an politischem Alltagswissen der jeweils bestehenden politischen Wirklichkeit *angepasst*; oft gibt es aber auch erhebliche Unterschiede zwischen der politischen Wirklichkeit, wie sie tatsächlich besteht, und ihrer im politischen Alltagswissen fixierten Wahrnehmung.

Jedenfalls treten die Ergebnisse politikwissenschaftlicher Arbeit immer wieder in Konkurrenz mit solchem Alltagswissen, das die Hervorbringer politischer Wirklichkeit längst über sich besitzen. Dies führt einerseits zu einem Problem angehender Politikwissenschaftler. Als kompetente Mitglieder jener politischen Wirklichkeit, in der sie erwachsen wurden, verfügen sie ja schon über *Common-Sense*-Wissen um deren Beschaffenheit. Was kann also dazu verleiten, nach zusätzlichen, gar anderslautenden Aussagen über die bereits vertraute politische Wirklichkeit zu suchen? Andererseits entsteht dergestalt ein Problem für jene Leute, die im politikwissenschaftlich untersuchten Ausschnitt politischer Wirklichkeit leben und handeln. Sie werden nun nämlich mit Aussagen über ihre Lebenswelt und über sich selbst konfrontiert, die sich entweder mit ihrem Alltagswissen decken oder diesem mehr oder minder stark widersprechen. *Decken* sich politikwissenschaftliche Aussagen mit ihrem Alltagswissen, so gelten sie als trivial: Man fragt sich, weswegen jemand ‚wissenschaftlich herausfinden' muss, was ohnehin ‚ein jeder weiß'. *Unterscheiden* sich politikwissenschaftliche Aussagen aber vom politischen Alltagswissen, so erlebt man dies oft keineswegs als eine ‚nicht-triviale Neuentdeckung', sondern viel häufiger als ‚falsche' – oder wenigstens ‚sonderbare' – Sichtweise bzw. als ‚irreführende Konkurrenz' zu dem, was man in aller Selbstverständlichkeit bereits ‚als richtig weiß'. Deshalb ist es praktisch oft schwer, sich eine mögliche Überlegenheit politikwissenschaftlicher Aussagen im Vergleich mit jenen vorzustellen, die bereits auf der Grundlage des Alltagswissens und des gesunden Menschenverstandes zu formulieren sind,[35] und hieraus nähren sich weit verbreitete Zweifel am Wissenschaftscharakter der Politikwissenschaft.

4. Die ‚Verbundenheit des Politikwissenschaftlers mit seinem Gegenstand'

In diesem Merkmal, das vielfältig mit den Schwierigkeiten des ‚konkurrierenden Selbstwissens' verflochten ist, sind vier Problembereiche verknüpft:

- Auch der Politikwissenschaftler teilt in der Regel das Selbstwissen seines Untersuchungsgegenstandes. Einerseits besitzt er dadurch einen wichtigen, oft unverzichtbaren Schlüssel zu dessen Verständnis und Untersuchung. Andererseits kann gerade dieses Selbstwissen beim Politikwissenschaftler den Gedanken daran ersticken, es ließen sich über politische Wirklichkeit Aussagen erarbeiten, die dem, was einem schon sein gesunder Menschenverstand sagt, in irgendeiner Weise *überlegen* wären. Weil dies so ist, erhielt die Politikwissenschaft ihre neuen Impulse immer wieder in Zeiten des Umbruchs, in denen die Selbstverständlichkeit des ‚Selbstwissens politischer Wirklichkeit über sich' erschüttert war.

---

35 Eine bezeichnende Ausnahme stellen demoskopisch gewonnene Aussagen dar, zumal wenn sie der Planung oder Führung von Wahlkämpfen zugrunde gelegt werden. In diesem Fall gibt es ein unmittelbar praktisches Motiv von Politikern, über ihr *Common-Sense*-Wissen hinauszugehen. Spätestens der Wahltag wird ohnehin zeigen, ob die eigenen handlungsleitenden Einschätzungen von Präferenzen und Akzeptanzbereitschaften der Wähler stimmten; und deshalb ist es rational, das eigene Wissen schon *vor* dem Wahltag bestmöglich der tatsächlich bestehenden Lage anzupassen, um nämlich vielleicht doch noch wirkungsvoll auf sie Einfluss nehmen zu können.

- Der Pfad einer ‚Emanzipation aus der Selbstverständlichkeit politischen Alltagswissens' wird eher durch aktuell anstehende Probleme und Schwierigkeiten gewiesen, die persönliche Betroffenheit erzeugen, als durch die Erfordernisse kontinuierlicher politikwissenschaftlicher ‚Kleinarbeit'. Deshalb wird oft nicht beharrlich genug an Einzelfragen solange weitergearbeitet, bis sich wirklich befriedigende Antworten geben lassen. Vielmehr drängen die tatsächlich herausfordernden politikwissenschaftlichen Aufgaben sich in Form jeweils aktueller politischer Probleme nachgerade auf, während sich anschließend das Interesse an ihrer tatsächlichen Bewältigung im selben Maße verflüchtigt, in dem sich die aktuelle Problemlage ändert. Der politikwissenschaftlich erarbeitete Wissensbestand bleibt solchermaßen an die Entwicklungsmuster politischer Wirklichkeit gekettet, und angesichts der Schnelligkeit des gemeinsamen Wandels von aktueller politischen *und* politikwissenschaftlichen Problemen lebt die Politikwissenschaft dann weithin von den ohnehin vorhandenen Einsichten des politischen Alltagsdenkens und politischer Alltagstheorien.
- Politikwissenschaftliche Forschung muss von ihrem Gegenstand auch *geduldet* werden. Wenn politische Sachverhalte nicht in Erfahrung gebracht werden können, oder wenn über sie kein freier Meinungsaustausch möglich ist, dann kann Politikwissenschaft ganz einfach nicht entstehen. Und wenn weder der Staat noch private Geldgeber Politikwissenschaftler finanzieren, vermag sich das Fach nicht zu halten. Allein schon die *Existenz* von Politikwissenschaft hat deshalb eine bestimmte Beschaffenheit politischer Wirklichkeit zur Voraussetzung und bildet diese in eben jener Form ab, in der Politikwissenschaft jeweils möglich ist. Auf diese Weise wirkt der Gegenstand der Politikwissenschaft ganz offensichtlich auf diese zurück.
- Allerdings wirkt auch die Politikwissenschaft verändernd auf politische Wirklichkeit ein, wobei es nützlich ist, ‚kleine' und ‚große' Rückwirkungen auseinanderzuhalten. ‚Im Kleinen' verlangen Forschungsmethoden wie Befragung, teilnehmende Beobachtung und Experiment ein unmittelbares Zusammenwirken von Politikwissenschaftler und untersuchten Personen. Dergestalt kann die Beschaffenheit des untersuchten Ausschnitts politischer Wirklichkeit durch den Akt des Forschens selbst verändert werden: Leute finden sich auf Sachverhalte und Handlungsweisen aufmerksam gemacht, die ihnen bislang verborgen blieben; sie verändern nun ihre Sinndeutungen und Handlungsweisen; und deren Wandel ändert dann die Prozesse der Reproduktion politischer Inhalte und Strukturen, so dass sich schließlich auch ein Teil politischer Wirklichkeit umformen kann. ‚Im Großen' werden politikwissenschaftliche Forschungsergebnisse – Wahlprognosen, Aussagen über den gesellschaftlichen Wertewandel, Befunde über die Wirkungsweisen verschiedener Wahlsysteme usw. – oft Bestandteil des ‚Selbstwissens politischer Wirklichkeit' und können dadurch, vor allem in Form einer sich selbst bestätigenden oder widerlegenden Prognose, als Faktor der Veränderung politischer Wirklichkeit fungieren.

Allerdings puffert die Sprachgrenze zwischen politikwissenschaftlicher Fachterminologie und Alltagssprache viele derartige Rückwirkungseffekte von vornherein ab.

Deshalb darf man beide Rückwirkungen der Politikwissenschaft auf ihren Gegenstand nicht überschätzen. Dennoch ziehen sie ernst zu nehmende Probleme sowie Chancen nach sich. Erstens müssen politikwissenschaftliche Aussagen ihretwegen oft komplexer sein als die Aussagen etwa der Naturwissenschaften, da sie gegebenenfalls auch Aussagen über jene ‚Rückwirkungen' enthalten müssen, falls sie praktisch nützlich sein sollen. Zweitens müssen alle Rückwirkungen der Politikwissenschaft auf ihren Gegenstand *ethisch verantwortet* werden. Zwar hat die Politikwissenschaft bislang keine Aussagen von der Brisanz atomwissenschaftlicher oder gentechnologischer Forschungsergebnisse erarbeitet. Dennoch lassen sich drei Bereiche derartiger Rückwirkungen nennen: Politikwissenschaftliche Publikationen tragen zur Verfestigung oder zum Verblassen von politischen Weltbildern und Wertvorstellungen bei; Politikwissenschaftler beteiligen sich unter Berufung auf fachwissenschaftliche Kompetenz an öffentlicher Diskussion und politischer Willensbildung; und bei der Benutzung von Forschungsmethoden wie Interview, teilnehmende Beobachtung und Experiment wirken sie auf die untersuchten Personen ein. Töricht wäre es freilich, solche Folgen einer aufgrund der Natur der Sache ganz unbeseitigbaren Verbundenheit des Politikwissenschaftlers mit seinem Gegenstand eine ‚unzulässige Vermischung von Wissenschaft und Politik' zu nennen.

Kontrollfragen:

(1) Politik

- Was ist Politik?
- Welche Rolle spielen in der Politik jene Prozesse, Sachverhalte und Umstände, die von den Begriffen der Macht, der Ideologie, der Normen und der Kommunikation bezeichnet werden?
- Welche Rolle spielen für politische Organisationen und Institutionen die Aufgaben der Anpassung an jeweils neue Herausforderungen, der Zielverwirklichung, der Sicherung eigenen Zusammenhalts und der Aufrechterhaltung tragender kultureller Muster?
- Wie wirken politische Inhalte, politische Prozesse und politische Strukturen zusammen?

(2) Wissenschaft von der Politik

- Was ist Wissenschaft?
- Über welche Merkmale des Alltagswissens sollte man dank der Möglichkeiten von Wissenschaft hinauszugelangen versuchen?

- Was ist Politikwissenschaft?
- Wann besteht Bedarf an (politik-)wissenschaftlichen Aussagen?
- Welche Anforderungen sollen (politik-)wissenschaftliche Aussagen erfüllen?
- Welche Herausforderungen stellen die Komplexität sowie die Geschichtlichkeit politischer Wirklichkeit der Politikwissenschaft?
- Welche Herausforderungen stellen das ‚konkurrierende Selbstwissen des Forschungsgegenstandes' sowie die ‚Verbundenheit des Politikwissenschaftlers mit seinem Gegenstand' der Politikwissenschaft?

(3) (Politikwissenschaftliche) Forschung

- Was meint ‚empirische Wahrheit', was ‚logische Wahrheit'?
- Was ist eine ‚Theorie'?
- Welche Arten von empirischen Aussagen gibt es?
- Welche Arten von normativen Aussagen gibt es?
- Was meint ‚normative Brauchbarkeit'?
- Was versteht man unter ‚empirischer Forschung', was unter ‚normativer Forschung'?
- Was sind die politikwissenschaftlichen Methoden der Datenerhebung?
- Was sind die politikwissenschaftlichen Methoden der Datenanalyse?
- Was ist Validität, was Reliabilität?
- Was sind zentrale Spielregeln (politik-)wissenschaftlicher Forschung?
- Was sind zentrale (politik-)wissenschaftliche Immunisierungsstrategien, und warum sollte man sie unterlassen?

Empfehlungen für weiterführende und vertiefende Lektüre:

(1) Allgemein

- Achour, Sabine/Bicling, Hans-Jürgen/Massing, Peter/Schieren, Stefan/Varwick, Johannes (Hrsg.) (2022): Kursbuch Politikwissenschaft I. Grundkenntnisse und Orientierung. 2., aktual. Aufl., Frankfurt: UTB GmbH, Wochenschau Verlag.
- Berg-Schlosser, Dirk/Stammen, Theo (2013): Politikwissenschaft. Eine grundlegende Einführung. 8. Aufl., Baden-Baden: Nomos.
- Bernauer, Thomas/Jahn, Detlef/Kritzinger, Sylvia/Kuhn, Patrick M./Walter, Stefanie (2022): Einführung in die Politikwissenschaft. 5., umfassend überarb. Aufl., Baden-Baden: Nomos.
- Capano, Giliberto / Verzichelli, Luca (2023): The fate of political scientists in Europe. Cham: Springer International Publishing / Palgrave MacMillan.

- Hofmann, Wilhelm/Dose, Nicolai (2010): Politikwissenschaft. 2., überarb. Aufl., Konstanz: UVK, Stuttgart: UTB GmbH.
- Lauth, Hans-Joachim/Wagner, Christian (Hrsg.) (2020): Politikwissenschaft. Eine Einführung. 10., aktual. Aufl., Paderborn: UTB GmbH, Verlag Ferdinand Schöningh.
- Münkler, Herfried (2003): Politikwissenschaft. Ein Grundkurs. Reinbek bei Hamburg: Rowohlt Taschenbuch Verlag.
- Patzelt, Werner J. (2013): Einführung in die Politikwissenschaft. 7., erneut überarb. u. stark erw. Aufl., Passau: Wissenschaftsverlag Rothe.
- Pelinka, Anton/Varwick, Johannes (2010): Grundzüge der Politikwissenschaft. 2., aktual. Aufl., Stuttgart: UTB GmbH, Köln/Wien u.a.: Böhlau.
- Stykow, Petra/Vrdoljak, Tihomir (2020): Politikwissenschaftlich arbeiten. Paderborn: Fink, Stuttgart: UTB GmbH.

(2) Forschungsmethoden

- Behnke, Joachim/Baur, Nina/Behnke, Nathalie (2010): Empirische Methoden der Politikwissenschaft. 2., aktual. Aufl., Stuttgart: UTB GmbH, Paderborn: Verlag Ferdinand Schöningh
- Pohlmann, Markus (2022): Einführung in die Qualitative Sozialforschung. Konstanz: UVK Verlag, UTB GmbH
- Prainsack, Barbara/Pot, Mirjam (2021): Qualitative und quantitative Methoden in der Politikwissenschaft. Wien: UTB GmbH.
- Tausendpfund, Markus (2018): Quantitative Methoden in der Politikwissenschaft. Eine Einführung. Wiesbaden: Springer.

Kapitel 2: Politische Theorie und Ideengeschichte
I. Politische Theorie und Politikwissenschaft

Worum geht es bei der ‚Politischen Theorie'? Um die ‚Geschichte politischer Ideen'? Um ‚Politische Philosophie'? Um zeitgenössische politische Theorien wie Liberalismus, Konservatismus, Sozialismus, Ökologie oder ‚Wokeismus'? Und welchen Stellenwert hat es, sich mit ‚Politischer Theorie' zu befassen? Ist sie wertvoll vor allem als Einstieg und Propädeutik? Oder ist sie jenes ‚Gewölbe', das den ganzen Bau der Politikwissenschaft stabilisiert und ihm eine markante Gestalt gibt?[1] Ohne auf Einzelheiten einzugehen, lässt sich der politikwissenschaftliche Stellenwert des Teilfachs ‚Politische Theorie' so umreißen:

- ‚Politische Theorie' leistet zunächst einmal die Selbstreflexion der Politikwissenschaft und schafft auf diese Weise wichtige Grundlagen für die Teilfächer der Systemlehre und der Internationalen Beziehungen. Sie leistet dies umso besser, je mehr sie – historisch entfaltet und sozialwissenschaftlich reflektiert – die ‚kollektive Erinnerung' der Politikwissenschaft birgt. Die findet sich als *Ideengeschichte* dokumentiert. Mit Blick auf die jeweils eigene Zeit wird ferner als *systematisches politisches Denken* immer wieder neu aufbereitet, was im Lauf der Jahrhunderte an überdauernden Einsichten zusammengetragen wurde.

- Weil Theorien der Ausgangspunkt, das Durchführungsmittel und das angestrebte Ergebnis aller Forschung in den ‚konkreten' Teilfächern der ‚Systemlehre' und der ‚Internationalen Beziehungen' sind, ist Politikwissenschaft stets *auch* im Teilfach ‚Politische Theorie' beheimatet. Beide ‚empirischen Teilfächer' inspirieren sich immer wieder aus der ‚Politischen Theorie', und beide tragen umgekehrt durch ihre Ergebnisse zu diesem Teilfach bei, desgleichen zu dessen – zumal in Gestalt Politischer Philosophie – synthesebildender Reflexion.

- Außerdem dient das Teilfach ‚Politische Theorie' als sozusagen ‚Anker' der Politikwissenschaft. Denn während in den Disziplinen der ‚Systemlehre' und der ‚Internationalen Beziehungen' jeweils *aktuelle* Probleme, Gegenstände und Theorien im Vordergrund der Arbeit stehen, hält das Teilfach ‚Politische Theorie' jene – oft über Jahrhunderte reflektierten –, ‚Großtheorien' bereit, aus denen zeitgenössische Forschungen immer wieder Anregungen erhalten können, und es verwaltet jene ‚Gussformen' des Denkens und Interpretierens, in denen die durch aktuelle Forschung gewonnenen Befunde sich zu allgemein nutzbaren Kenntnissen modellieren lassen.

---

[1] Der Verfasser vertritt die letztere Position; siehe dazu S. 496–503 in der 7. Aufl. meiner ‚Einführung in die Politikwissenschaft'.

II. Politische Ideengeschichte

1. Zum Stellenwert dieses Teilfaches

Politische Ideengeschichte als Disziplin[2] befasst sich mit der Geschichte des systematischen politischen Denkens sowie seiner jeweiligen Wurzeln, und zwar sowohl derer im praktischen politischen Alltagsdenken als auch jener in der wissenschaftlichen Theorieproduktion über Politik. Nachgerade ist es das Rückgrat des Teilfachs ‚Politische Theorie', diese Dreiheit von politischem Alltagsdenken, systematischem politischen Denken und politikwissenschaftlicher Theorie in *begriffs*geschichtlicher, *theorie*geschichtlicher, *geistes*geschichtlicher, *mentalitäts*geschichtlicher, *sozial*geschichtlicher, *institutionen*geschichtlicher und *problem*geschichtlicher Perspektive zu erfassen. Dabei gilt es vor allem, die Entwicklungen und die politische Wirkungsmacht historischer wie zeitgenössischer Ausprägungsformen des *systematischen politischen Denkens* herauszuarbeiten und zu erklären. Das ist aus zwei Gründen wichtig:

- Aus den Tatsachen von etwa Konflikt und Krieg, von Herrschaft und Regieren, von politischer Auflehnung und von politischen Mitwirkungsansprüchen ergaben sich, quer durch die Jahrhunderte, immer wieder ähnliche Probleme der Erfüllung politischer Aufgaben und der Ausgestaltung politischer Ordnung. Mit ihnen sowie mit geeigneten Lösungsmöglichkeiten befassten sich immer wieder herausragende Persönlichkeiten und Intellektuelle ihrer Zeit. Es wäre ignorant und brächte eine wichtige Quelle von Inspiration, Aufklärung und Kritik zum Versiegen, wenn man über deren Problemsichten, Erwägungen und Lösungsvorschläge hinweggehen wollte, oder wenn man jene Erfahrungen mit alledem unbeachtet ließe, die sich in jahrhunderte- oder jahrtausendelangen politischen Diskursen niedergeschlagen haben. Viel besser ist es, die Ideengeschichte als Schatzhaus zu pflegen und zu nutzen, als Archiv oder Arsenal von schon durchdachten politischen Problemstellungen, von Denkwerkzeug, das zu deren Bearbeitung geeignet ist, und von – gelungenen, spannungsreichen oder gescheiterten – Lösungsvorschlägen. Überdies entfalteten viele Denkfiguren, die einst unter je besonderen Handlungsbedingungen geschaffen wurden (etwa jene von Souveränität und Volkssouveränität, von Repräsentation und Gewaltenteilung), eine Art intellektuelles Eigenleben, das sie unabhängig von den jeweils konkreten Zeitumständen machte und ihrerseits zu Prägefaktoren späterer Entwicklungen werden ließ.

- Es zeigt sich beim Blick zurück viel klarer als bei dem auf die eigene Zeit, wie politisches Denken sowohl von breiteren Bevölkerungsschichten als auch der Eliten einesteils mit technischen, wirtschaftlichen, gesell-

---

2 Um sprachlicher Einfachheit willen wird im Folgenden die *Disziplin* ‚Geschichte der politischen Ideen' immer dann einfach ‚politische Ideengeschichte' genannt und gleichsam mit ihrem *Gegenstand* kurzgeschlossen, wenn derlei nicht in Missverständnisse führen kann.

schaftlichen, kulturellen und politischen *Rahmenbedingungen*, andernteils mit politischen *Gestaltungsaufgaben* zusammenhängt. Spiegelt man also zeitgenössische Problemlagen in ihnen verwandten historischen Problemlagen, so gelingt eine überaus nützliche Verfremdung beim anschließenden Blick auf die eigene Zeit. Solche Verfremdung erlaubt es, unbedachter Selbstverständlichkeiten innezuwerden, wie sie so oft der geistigen Verarbeitung aktueller Probleme zugrunde liegen und dabei, nicht selten, zu Fesseln beim kreativen Nachdenken über Möglichkeiten von deren Lösung werden. Historische Aufklärung über das Zusammenspiel von politischem Sein und politischem Bewusstsein durchlüftet und stimuliert deshalb eine politikwissenschaftliche Forschung, die sich zwar aus guten Gründen immer wieder der eigenen Zeit anschmiegt, die dabei aber leicht die Fähigkeit zum Denken in grundlegenden Alternativen und zu einer solchen Kritik verliert, die das – gegebenenfalls – ‚falsche Ganze' treffen mag.

Das alles sollten sich Studierende der Politikwissenschaft in zweierlei Weise erschließen: einesteils als Überblick zur Geschichte systematischen politischen Denkens insgesamt, anderteils als Geschichte einzelner politischer Problemstellungen sowie der mit ihnen verwobenen Begriffe bzw. Argumentationsmuster. Letztere sind empirisch in *Diskursen* auffindbar. Das sind Gefüge von *Aussagen* zu einem *Thema oder Problem*, die ihrerseits *hinwirken* auf *Situationsdefinitionen* sowie auf als ratsam ausgegebene *Handlungen*, oder die mit den Vertretern anderer Positionen um das alles *ringen* – ganz gleich, ob bemüht um Rationalität, ob ausgehend auf emotionale Wirkungen und die dafür dienlichen Inszenierungsmöglichkeiten nutzend, oder ob vorgebracht im Bestreben, durch die eine oder andere Form vermachteter Kommunikation ein bestimmtes Wirklichkeitsverständnis als Grundlage einer kollektiven Situationsdefinition durchzusetzen. Natürlich sind Diskurse umso besser untersuchbar, je mehr *Textmaterial* greifbar ist, das in ihrem Vollzug entstand. Zur Vergangenheit hin wird zwar solches Textmaterial seltener. Doch in der Regel wird nicht unwichtiger, was es erschließt.

2. Weiße Flecken eurozentrischer Ideengeschichte

Das kulturelle Gedächtnis der – weitestgehend westlich, d.h. europäisch-nordamerikanisch geprägten – Politikwissenschaft setzt in der Regel mit Platon (427–347) und Aristoteles (384–322) ein. Ausgehend von der griechisch-römischen Zivilisation nimmt es dann seinen Erinnerungsweg über das christlich geprägte abendländische Mittelalter hin zur Neuzeit, die in den Religionskriegen des 16. und 17. Jahrhunderts ihre Gestalt findet. Für das späte 18. Jahrhundert macht es einen Abstecher in Englands amerikanische Kolonien und in die entstehenden USA. Ansonsten aber bleibt es europa-fixiert, bis es sich ab der zweiten Hälfte des 20. Jahrhunderts an US-dominierten Denkfiguren ausrichtet und eigene Traditionen in deren Licht betrachtet. Den Blick auf die gesamte Erde weitet das politische Denken eigentlich

Kapitel 2: Politische Theorie und Ideengeschichte

nur im Umfang, in dem der Globus vom europäischen – und später vom amerikanischen – Imperialismus geprägt sowie anhand europäisch verwurzelter Denkfiguren erschlossen wurde. Tatsächlich ist entlang dieses Wegs eine überaus reiche und inspirierende Geschichte politischen Denkens kennenzulernen, und zwar durchaus die historisch bislang wirkungsmächtigste Entfaltung politischer Theorie.

Dennoch ignoriert die Politikwissenschaft nur zu ihrem eigenen Nachteil die Grundmuster des politischen Denkens in vorstaatlichen Ordnungsformen, wie sie vielfach etwa im vorkolonialen Afrika bestanden und noch bis ins frühe 20. Jahrhundert fassbar waren, desgleichen die reichhaltigen Traditionen des politischen Denkens in China[3] und Indien, im pharaonischen Ägypten und im alten Persien, in den weiteren frühen Hochkulturen des Fruchtbaren Halbmonds (Palästina, Syrien, Mesopotamien)[4] sowie die – in der Gegenwart besonders aktuelle – politische Theorie der unterschiedlichen Strömungen des Islam.[5] Deren politisch-ideengeschichtliche Reichtümer sind für das westliche politische Denken noch lange nicht ausreichend geborgen, gelangten erst schattenhaft in den für uns selbstverständlichen politisch-ideengeschichtlichen Horizont Europas oder verblassten innerhalb seiner wieder. Das geschah trotz der Werke von Wissenschaftlern wie Max Weber (1864–1920), Leo Strauss (1899–1973) oder Eric Voegelin (1909–1985), die sich – geschichtlich und interkulturell vergleichend – in vorbildlich breiter Weise auch mit nicht-westlichem oder vor-westlichem politischen Denken und seinen Folgen beschäftigt haben. Es wäre überaus wertvoll, wenn eine neue Generation von Politikwissenschaftlern sich der Globalisierung und dem Multikulturalismus so neugierig öffnete, dass im Studium erworbene kulturhistorische und philologische Kompetenzen es ihnen ermöglichten, dem Teilfach ‚Politische Theorie' die noch ungehobenen Schätze nicht-westlichen politischen Denkens endgültig zu erschließen und die politische Ideengeschichte aus ihrer ‚westlichen Engführung' zu befreien.

---

3 Im Grunde kennt man in der westlichen Politikwissenschaft aus der chinesischen politischen Geistesgeschichte nur einige Überlegungen von Konfuzius (551–479 v.Chr.), der in Ostasien allerdings eine politisch-geschichtsmächtige Wirkung entfaltete wie kaum ein einzelner europäischer politischer Denker. Politisch wichtige Überlegungen aus dem chinesischen Daoismus, Legalismus oder gerade dem Neokonfuzianismus liegen leider meist außerhalb des Horizonts westlicher Politikwissenschaftler.
4 Bedauerlicherweise scheinen die schlechte Überlieferungslage diesbezüglich aussagefähiger Dokumente bzw. ungelöste Entzifferungsprobleme uns das politische Denken der präkolumbianischen Hochkulturen Mittel- und Südamerikas (noch) vorzuenthalten.
5 Geprägt ist sie vor allem vom Koran, dem – nach islamischer Lehre: von Gott über den Erzengel Gabriel in arabischer Sprache geoffenbarten – Buch des Propheten Mohammed (570–632), von den ‚Hadithen' (d.h. den sonstigen überlieferten Aussagen des Propheten) und von Beispielen aus Mohammeds eigenem Verhaltens, die Aufschluss über seine Lehre geben. Ausgelegt wird das alles in mehreren, durchaus miteinander konkurrierenden ‚Rechtsschulen' des Islam.

3. Anfänge europäischen politischen Denkens: die griechisch-römische Antike

Noch ist das aber nur ein Wunsch. Also sollte ein westlich geprägter Politikwissenschaftler sich wenigstens in seiner eigenen Tradition systematischen politischen Denkens auskennen. Zu ihr gehört zunächst einmal das antike Wurzelwerk selbst zeitgenössischen politischen Denkens, gehören zumal die um die Frage nach der ‚richtigen' politischen Ordnung zentrierten Theorien von Platon, Aristoteles und Cicero (106–43). Vor allem die damals entwickelten Ideen von Gerechtigkeit und ‚gutem Leben' als Ziel von Politik sowie einer – zum Zweck politischer Stabilität und Steuerungseffizienz – aus monarchischen, aristokratischen und demokratischen Elementen ‚gemischten' Verfassung verloren sich eigentlich nie wieder. Ebenso wenig tat das der dem klassischen Griechenland entstammende Gedanke, eigentlich nur in kleinräumigen Lebenswelten – nämlich im Rahmen der Polis – lasse sich menschliche Existenz unentfremdet und voll entfalten.

Nicht minder aber prägte kommendes politisches Denken die zunächst von den hellenistischen Reichen (vor allem denen der Makedonen, Seleukiden und Ptolemäer), sodann vom Römischen Imperium glaubhaft gemachte Vorstellung, im Grunde ließen sich alle zivilisierten Menschen in einer gemeinsamen politischen Ordnung friedensstiftend und zum wechselseitigen Vorteil zusammenschließen sowie anhand von Einsichten in die ‚natürlichen Gesetze' menschlicher Existenz und menschlichen Zusammenlebens gut regieren. Im Grunde ist dieser Gedanke heute aktueller denn je und liegt wichtigen ‚Theorieschulen' des Teilfachs Internationale Politik zugrunde. Doch nach Jahrhunderten einer selbstverständlichen ‚Globalisierung' im Mittelmeerraum beraubten im 5. Jahrhundert die Eroberung der Westhälfte des Römischen Reiches durch germanische Völker sowie die Erosion der (ost-)römischen Herrschaft, die von Kaiser Justinian (482–565, Kaiser seit 527) im Westen für nur kurze Zeit und auch gar nicht vollständig wiederhergestellt wurde, das politische Denken jenes größeren politischen Ordnungsrahmens, auf den es sich zuvor in aller Selbstverständlichkeit bezogen hatte. In der seither – und bis vor kurzem – Europa prägenden Welt konkurrierender Reiche, mit zunächst ganz problematischer Herrschaftssicherung und dann jahrhundertelang ohne klar strukturierte ‚Staatsgewalt', sah sich das politische Denken vor völlig neu zu verstehende Sachverhalte und vor auch ganz anders zu lösende Probleme gestellt, als sie in der antiken Welt mit den Ordnungsformen zunächst der Polis, dann der ‚multinationalen' Großreiche und schließlich des Römischen Imperiums bestanden.

4. Neue Impulse:
Europas Prägung durch das Christentum

Wesentlich wurde diese neue, ‚abendländische' Welt vom Christentum geprägt, und zwar sowohl von dessen kirchlich organisierter Form als *politisch beispielgebendem Institutionengefüge* wie auch von dessen Weltsicht und Lehre als *Quelle neuartigen politischen Denkens*. Institutionell sowie mit seiner Botschaft in die Antike zurückreichend, wurde das Christentum obendrein zur wichtigsten – und bis zur Gegenwart führenden – Brücke zwischen Altertum und Mittelalter. An die Stelle der im römischen Westreich in der Spätantike mehr und mehr zerfallenden staatlichen Ordnungsstrukturen traten die institutionellen Strukturen der christlichen, das west- wie oströmische Reichsgebiet bald überschreitenden und gerade darin ‚katholischen'[6] Kirche(n), die sich mit den neuen germanischen, in (Süd-)Osteuropa auch slawischen und magyarischen Herrschaftseliten zum wechselseitigen Vorteil arrangierte.[7] Von einer so bedeutenden gesellschaftlichen, politischen und

---

6 Von griech. ‚katà hólon', d.h. auf das Ganze bezogen, nämlich zunächst auf das ganze, ab Kaiser Konstantin (270/288–337) christlich werdende Römische Reich, später auf die ganze bekannte Erde.

7 Politisch-kulturell folgenreich bis heute, entwickelten sich die oströmische, unter enger kaiserlicher Aufsicht stehende Kirche sowie die weströmische Kirche, die dank räumlicher Ferne des Kaisers zu einem großen Maß an institutioneller Selbstbestimmung gelangen konnte, im Lauf schon weniger Jahrhunderte stark auseinander. 1054 wurde der Bruch zwischen beiden auch formell vollzogen und bestand bis 1964 fort. Zu ihm trug die Sprachgrenze zwischen dem griechischen Osten und dem lateinischen Westen ebenso bei wie die höchst unterschiedliche Entwicklung, die jene Personengruppen nahmen, welche die jeweilige Kirche trugen und prägten. Im Osten, dem noch viele Jahrhunderte lang ganz stabil fortbestehenden ‚Byzantinischen Reich', waren das neben dem ‚einfachen Volk', dessen Zusammensetzung und Bildungswelt sich durch die slawische Einwanderung in den Balkan stark änderte, insbesondere eingesessene Elitegruppen (v.a. lokale Notabeln, Staatsbeamte, Klosterklerus, Intellektuelle), die weiterhin in der antiken Bildungstradition standen. Im westlichen Reichsteil aber, von dem große Gebiete zunächst der germanischen, dann der arabischen Eroberung und schließlich vielerlei normannischen Eroberungszügen anheimfielen, bestanden die Trägergruppen der Kirche aus der wegen germanischer Invasionen verarmenden eingesessenen Bevölkerung, aus den zuwandernden, oft nur äußerlich ‚christianisierten' barbarischen Germanenstämmen, und – vor allem – aus deren kriegerischen Eliten. Letztere ‚feudalisierten' die Rekrutierungsstrukturen der westlichen Kirche sowie den inneren Aufbau, brachten in das – aus einer Unterschichtenreligion hervorgegangene – Christentum der Spätantike ihre kriegerischen Werte ein (vom Rollenmodell des ‚christlichen Ritters' bis hin zum Leitbild eines Kreuzzugs als ‚kämpferischer Pilgerreise'), und veränderten dadurch das abendländische Christentum tiefgreifend. Entsprechend unterschiedlich waren auch die politischen Konsequenzen der beiden großen Christianisierungsbewegungen des frühen Mittelalters. Die eine ging von Konstantinopel aus nach Bulgarien sowie nach Russland und prägt bis heute große Teile des slawischen Europas in einer heute ‚vormodern' anmutenden Weise. Die andere ging sehr oft von eben erst christianisierten germanischen Territorien aus, ließ gerade im Missionsgebiet vielerlei barbarische Kulturmuster und im Kern heidnische Glaubenspraxen fortbestehen und bereitete, durch spätere Reaktionen auf deren Folgen, über einen sehr langen Zeitraum jenen Religionskriegen die Bühne, aus denen nach einigen Jahrhunderten der moderne europäische Staat entstand.

wirtschaftlichen Machtorganisation getragen, wurde die politische Theorie des Christentums im Lauf einiger Jahrhunderte für die gesamte europäisch beeinflusste Welt prägend.

Im Kern den ‚Evangelien'[8] als Lehre des Jesus von Nazareth (6 v.Chr.[9]– 30 n.Chr.) entstammend, wurde die politische Theorie des Christentums mit weitestreichenden Folgen angelegt und weiterentwickelt in Briefen, die der Apostel Paulus (gest. 62/68) an eine Reihe christlicher Gemeinden im östlichen Reichsgebiet und in Rom schrieb. In der westlich-lateinischen Christenheit wurde die politische Theorie des Christentums erstmals im Werk des Augustinus v. Hippo (354–430) systematisch entfaltet, welches seinerseits das theologische und theologisch-politische Schrifttum der folgenden Jahrhunderte tief prägt. In den Schriften des Thomas v. Aquin (1225–1274) wurde die politische Theorie des Christentums dann mit der Politiktheorie des Aristoteles verbunden, die im Lauf des Hochmittelalters im lateinischen Westen wieder bekannt wurde. Es war gerade auch dieser Rückgriff auf eine in sich bereits sehr überzeugende politische Theorie, der die so weiterentwickelte, christliche Politiktheorie erst recht intellektuell attraktiv machte und sie, über das christlich geprägte Bildungssystem, für viele weitere Jahrhunderte im Einflussbereich der westlichen Kirchen wirkungsmächtig werden ließ.

Aus dem christlichen Erbe wurden dabei vor allem fünf Ideen zu bis heute nachwirkenden Gussformen westlichen Denkens über Politik:

- Erstens war das eine religiöse Begründung der Naturrechtslehre: Jeder Mensch habe als Geschöpf Gottes persönliche Rechte, die ihm niemand nehmen dürfe. Noch bis zur Präambel des deutschen Grundgesetzes prägt diese Sichtweise die Hauptströmungen westlichen politischen Denkens. Sie scheint sich im Umkreis medizinischer und kommerzieller Verwertungsmöglichkeiten von Gentechnologie derzeit aufzulösen, zugleich aber auch neue Verteidiger zu finden.

---

8 Von griech. ‚eu angélion', d.h. gute Nachricht, meist seitens des römischen Imperators. Im christlichen Bereich versteht man darunter die – meist aus dem späten ersten nachchristlichen Jahrhundert stammenden – Beschreibungen des Lebens, der Werke und der Lehren Jesu. Vier von den christlichen Kirchen als authentisch akzeptierte Evangelien, eine kurze Geschichte der Tätigkeit der Anhänger Jesu nach dessen Kreuzigung (‚Apostelgeschichte') sowie eine Reihe von Briefen einiger Apostel an frühe Christengemeinden werden zusammenfassend als ‚Neues Testament' bezeichnet. Sie bilden – gemeinsam mit dem ‚Alten Testament' – die Grundlage aller Theorien des Christentums. Als ‚Altes Testament' versteht man die dem Altertum entstammenden heiligen Schriften des Judentums, welche im Wesentlichen fünf – rein traditionell – dem Moses (14./13. Jh. v.Chr.) zugeschriebene Bücher sowie eine Reihe historischer und prophetischer Bücher umfassen.
9 Die merkwürdige Angabe, Jesus sei einige Jahre ‚vor Christus' geboren, geht auf einen inzwischen erkannten Fehler des Abtes Dionysius Exiguus (500–560) zurück, der im Auftrag von Papst Johannes I. (470–526, Papst seit 523) die heute übliche, um die Geburt Jesu gelagerte Zeitrechnung erarbeitete.

- Zweitens war das der Glaube, das viel wichtigere, da *ewige* Leben des ‚eigentlichen', nämlich ‚inneren' Menschen (d.h. der ‚Seele') ereigne sich erst nach der Zeit von dessen vergänglichem irdischen Leben, das notwendigerweise mit dem physischen Tod des ‚äußeren' Menschen (‚Leib') ende.[10] Die Welt so anzuschauen hat unter anderem zur Folge, dass alle im physischen Leben konkret erfahrbare ‚weltliche' Herrschaft als biographisch vorübergehend gelten kann, als – im Unterschied zum ‚Reich Gottes' – einen ‚letzten Einsatz' an Unterstützung oder Widerstand im Grunde nicht lohnend, auch als – sogar in ihrer Ausprägung als schlechte Herrschaft – so lange hinnehmbar, wie eine Lebensführung möglich bleibt, die das viel wichtigere ‚Heil der Seele' nicht gefährdet.[11] Deshalb ließ – und lässt – sich das Christentum mit sehr verschiedenen politischen Systemen verbinden, ohne in ihnen je aufzugehen. Es gilt einerseits ganz einfach: ‚Man muss dem Kaiser [d.h. der jeweiligen politischen Autorität] geben, was des Kaisers ist, und man muss Gott geben, was Gottes ist' (so Jesus nach Matthäus 22, 21). Und es gilt andererseits im Konfliktfall als Entscheidungsregel: ‚Man muss Gott mehr gehorchen als den Menschen' (so Petrus nach Apostelgeschichte 5, 29). Damit aber war von vornherein ein komplexes institutionelles Verhältnis zwischen Regierungssystem und organisierter Religion vorgezeichnet (‚Zwei-Reiche-Lehre'), dessen intellektuelle Durchdringung – wie noch gezeigt wird – recht zielstrebig zu politisch höchst folgenreichen Gewaltenteilungslehren führen konnte.

- Drittens wurde – überaus folgenreich entfaltet bei Augustinus und wiederum im Vordergrund stehend bei Thomas Hobbes (1588–1679) – politische Herrschaft als notwendige Folge der Fähigkeit des Menschen zum Bösen aufgefasst (‚Sündhaftigkeit des Menschen', ‚Erbsünde'). Politische Unfreiheit mochte deshalb als Korrektiv menschlicher Unvollkommenheit, tyrannische Herrschaft gar als ‚gerechte Strafe' Gottes für menschliche Bosheit in Erwägung gezogen werden. Politik konnte somit als ein ziemliches *Übel* gelten, das vom freilich noch größeren Übel – nämlich der menschlichen Schlechtigkeit – auf Erden ganz zwangsläufig hervorgerufen werde. So gesehen, verlor politische Tätigkeit jeden sie ihrer selbst willen anziehend machenden, für einen Bürger an sich schon erstrebenswerten Wert. Sie wurde vielmehr zu einer von Gott einer Minderheit übertragenen Aufgabe, bei deren Erfüllung durchaus Schlechtes getan, dann aber auch vor Gott persönlich verantwortet werden musste – mit allen Risiken für das Seelenheil und das ewige Leben eines Machthabers.

---

10 Diesen Glauben teilt mit dem Christentum der Islam. An der bis in den politischen Selbstmordterrorismus hineinreichenden Hingabebereitschaft von dessen radikalen Anhängern ist leicht zu erkennen, wie sehr man sich täuscht, wenn man als absurd auffassbare Theorien einer Religion auf der Grundlage eines solchen, *von außen* gefällten Urteils auch für ‚politisch irrelevant' hält.

11 Dem im Rahmen der Polis entstandenen und *diese* als Ort des ‚guten' Lebens auffassenden griechischen Denken konnte nichts fremder sein.

- Hinzu kam viertens – und später für die Entstehung von Verfassungsstaatlichkeit und Gewaltenteilungslehre äußerst wichtig – die Vorstellung, Gottes Wirklichkeit und sein aller irdischen Ordnung *vorausliegendes* Herrschaftsrecht seien auf Erden durch die Institution der *Kirche* repräsentiert, so dass aller legitimen – und deshalb auch in ihrer Eigenständigkeit sehr wohl zu akzeptierenden – staatlichen Gewalt *dennoch* von vornherein die Schranke kirchlicher Gewalt gesetzt sei. Als ,Zwei-Gewalten-Lehre' bzw. ,Zwei-Schwerter-Lehre' wurde dies von Papst Gelasius I. (?-496, Papst seit 492) gegenüber dem amtierenden Kaiser Anastasios I. (430–518, Kaiser seit 491) sowie dem in Italien regierenden ostgotischen König Theoderich (454–526, König seit 493) klar ausformuliert. Dieses Argument begründete einen eigenständigen, sich normativ – wenn auch meist kontrafaktisch – mitunter sogar den höheren Rang zuschreibenden Machtanspruch der Kirche. Auf diese Weise wurde das Abendland und sein politisches Denken von vornherein von einer *Dualität* von Machtstrukturen geprägt, wie sie weder der byzantinische noch der islamische oder der chinesische Kulturkreis kannten. Im Spannungsfeld *beider* Mächte mussten dann, um der Sicherung des Friedens willen, Vereinbarungen über Zuständigkeiten, Befugnisse und Spielregeln gefunden werden, was alles im Lauf der Zeit die Denkfiguren der Gewaltenteilung und praktizierten Verfassungsstaatlichkeit auch von Seiten der Religion her begründen konnte.[12]
- Fünftens gehört zu den folgenreichsten Bestandteilen der politischen Theorie des Christentums eine Vorstellung, die ihre Sprengkraft seit der von Martin Luther (1483–1546) angestoßenen Reformation entfaltete und vor allem im englischen Bürgerkrieg des 17. Jahrhunderts politisch wirksam wurde. Nach ihr steht ein Mensch allein schon dank seiner inneren Nachfolge Jesu *unmittelbar* zu Gott, bedarf diesbezüglich durchaus nicht ,vermittelnder' Institutionen, und muss gerade um seines Seelenheils willen die völlige Eigenverantwortung – und darum Freiheit – seiner innersten Überzeugungen beanspruchen. An die Seite, später an die Stelle, dieser religiösen Begründung von *Glaubens*freiheit brauchte dann im Grunde nur noch die säkulare[13] Begründung der *Gedanken*freiheit treten, um gleich welchen Institutionen – religiösen wie politischen – jeglichen begründungslosen und somit der Kritik entzogenen Anspruch darauf zu nehmen, in Überzeugungsfragen vormundschaftlich tätig zu werden. Damit war der Weg zur Aufklärung gebahnt und das Tor geöffnet zu anfangs

---

12 Bis heute liegt hierin eine der wichtigsten politiktheoretischen Differenzen zwischen dem Christentum und dem Islam.
13 ,Säkularität' ist das Ergebnis von *Säkularisierung*. Letzter meint als analytischer Begriff den (europäischen) Prozess der Verdrängung religiöser Denkweisen und kirchlicher Institutionen aus einesteils dem ,rationalen öffentlichen Diskurs', andernteils aus der Sphäre von Staat und Politik. Ursprünglich war ,Säkularisierung' allerdings ein kirchenrechtlicher Begriff dafür, dass ein Ordenspriester in den Status eines Weltpriesters überwechselte. Das Wort selbst kommt von lat. ,saeculum', d.h. Zeit, Zeitgeist.

innerer, dann persönlicher und kommunikativer, schließlich auch zu politischer und sich in selbstverantwortetes Handeln umsetzender Freiheit.

Dem für das westliche politische Denken so wichtig gewordenen, christlich intonierten Dreiklang von Naturrecht, Gewaltenteilung und der – wenigstens für sich selbst beanspruchten – Glaubensfreiheit fügte die institutionell-kirchliche Tradition der westlichen Kirchen überdies das Denken in den Kategorien von *geschriebener Verfassung* und *Repräsentation* hinzu. Das *Verfassungsdenken* entfaltete sich im Kirchenrecht sowie in den ‚Regeln' der ‚multinationalen' Mönchsorden (vor allem bei den Benediktinern, Zisterziensern, Dominikanern und Franziskanern). Man kann sogar die aus dem frühen 12. Jahrhundert stammende ‚Carta Caritatis' der Zisterzienser als die erste Verfassungsurkunde Europas auffassen, da sie das Zusammenleben des zisterziensischen Ordensverbandes regelte. Lange also bevor im ‚staatlichen' Bereich wieder geschriebenes Recht zum Durchführungsmittel von Herrschaft und Verwaltung wurde, leistete das – und zwar ganz in der Kontinuität römischen Rechtslebens – die Kirche. Besonders wichtig wurde die vom norditalienischen Benediktinermönch Gratian um 1140 zusammengestellte ‚Concordantia discordantium canonum', eine Sammlung und systematisierende Durchdringung von rund 3800 kirchlichen Rechtsakten. Unter der Bezeichnung ‚Decretum Gratiani' diente sie bis zum frühen 20. Jahrhundert als Grundlage des römischen Kirchenrechts (‚kanonisches Recht'). Noch folgenreicher wurde, dass das kanonische Recht gemeinsam mit dem römischen Recht, so wie dieses in der ersten Hälfte des 6. Jahrhunderts unter Kaiser Justinian systematisiert worden war,[14] an den neu entstehenden europäischen Universitäten gelehrt und deshalb – gemeinsam mit dem römischen Recht – zur Prägeform des späteren *staatsrechtlichen Denkens* in Europa wurde. Das Schrifttum zur ‚Kanonistik', der Wissenschaft vom ‚kanonischen Recht', ist somit – neben dem theologischen Schrifttum – der zweite Textkorpus, der die so wirkungsmächtige politische Theorie des mittelalterlichen Christentums enthält.

Institutionelles Denken anhand des Begriffs der *Repräsentation* war der Kirche ferner von ihren auf das 2. Jahrhundert zurückgehenden, auch mit den Provinziallandtagen des römischen Reiches zusammenhängenden Konzilien[15] und Synoden[16] her vertraut, desgleichen aus der Praxis der multinationalen Mönchsorden, die sich über ein Repräsentativsystem von ‚Provinzialkapiteln' und ‚Generalkapiteln' regierten. Das kirchliche Repräsentationsdenken

---

14 Nämlich im ‚Codex Constitutionum' (einer Gesetzessammlung), in den ‚Digesta' (einem juristischen Literaturüberblick) und in den ‚Institutiones' (einem Lehrbuch für Studierende).
15 Von lat. ‚concilium', d.h. Versammlung. Dieser Begriff wurde vor allem in der lateinischsprachigen Reichshälfte verwendet.
16 Von griech. ‚sýnodos', d.h. Zusammenkunft, Versammlung. Dieser Begriff wurde vor allem in der griechischsprachigen Reichshälfte verwendet.

gipfelte im ersten europäischen Verfassungsstreit um die Autoritätsverteilung zwischen Parlament und Monarchen. Das war der – vor allem auf den Konzilien von Konstanz (1414–1418) und Basel (1431–1449) ausgetragene – Streit um den Konziliarismus. Der ordnete die Autorität eines Konzils jener des Papstes über. Derlei fand einen vehementen Befürworter in Johannes v. Segovia (1395–1458) und einen ausgewogenen Theoretiker in Nikolaus von Kues (Nicolaus Cusanus, 1401–1464). In der Folgezeit wurden die Grundgedanken des Konziliarismus revolutionär im protestantischen Bereich aufgegriffen, vor allem in England sowie in den amerikanischen Neu-England-Staaten. Der Leitgedanke war, dass christliche Gemeinden sich über ihre eigenen Vertretungskörperschaften (‚Gemeindeversammlung', ‚Synode') zu regieren hätten, aus denen auch alle im Dienst der Gemeinde nötigen Ämter – etwa das Bischofsamt – hervorgehen müssten. Diese Denkfigur ließ sich dann leicht über den Bereich kirchlicher Strukturen hinaus verallgemeinern: Auch alle *staatlichen* Ämter hätten, wenn schon nicht aus Urwahlen, so doch mindestens aus Vertretungskörperschaften der Regierten hervorzugehen. Damit war eine Grundüberzeugung des modernen parlamentarischen Regierungssystems formuliert.

Zwar verleitet die seit der amerikanischen und französischen Revolution in immer mehr Staaten durchgesetzte Trennung von Staat und Kirche, desgleichen die Säkularisierung bzw. das Schwinden christlicher kultureller Prägungen, sehr viele Politikwissenschaftler dazu, politisches Denken allein der Sphäre des politischen Systems zuzuschreiben und insbesondere christliches Denken als weitgehend unwichtig für das Verständnis westlicher politischer Kulturen und Strukturen anzusehen. Doch das ist eine völlige Fehlwahrnehmung der tatsächlichen Sachlage. In Wirklichkeit sind nämlich – wie einst Carl Schmitt (1888–1985) betonte – überaus viele, auch heute noch aktuelle politische Konzepte und Prinzipien im Wesentlichen *säkularisierte* christliche bzw. kirchliche Konzepte und Prinzipien. Ein noch näherer Blick auf die Tatsachen zeigt allerdings, dass zumal die institutionellen unter jenen christlich-kirchlichen Konzepten und Prinzipien im Grunde schon solche der antiken Staatskunst waren. Von denen eignete sich die römische Kirche immer mehr an, als sie seit Kaiser Konstantin (geb. zwischen 272 und 285, Kaiser von 306 bis 337) sowie nach der germanischen Eroberung der Westhälfte des Römischen Reiches mangels anderer effektiver Institutionen immer mehr ‚staatliche' Funktionen zu übernehmen hatte. Das (westliche) Christentum vermittelt auf diese Weise – über das von ihm geprägte Mittelalter hinweg – das neuzeitlich-europäische politische Denken mit jenem der europäisch-vorderasiatisch-afrikanischen Antike. *Ohne* Kenntnis des Christentums und seiner religiösen sowie institutionellen Ideen sind jedenfalls Herkunft, Prägung und Potenz des neuzeitlichen politischen Denkens nicht wirklich zu begreifen.

5. Ein neuer Akzent: Empirie vs. Ethik

Einer der Begründer des wirklich neuzeitlichen politischen bzw. politikwissenschaftlichen Denkens verstand sich allerdings gar nicht als ein systematischer politischer Theoretiker, sondern legte nur mit praktisch geschultem ‚gesunden Menschenverstand' dar, was er als aktiver Politiker zu Florenz sowie als Leser der Werke des Titus Livius[17] an erfolgreicher Herrschaftstechnik kennengelernt hatte. Das war Niccolò Machiavelli (1469–1527), den in erster Linie das Wie-es-gemacht-wird von Politik interessierte. Für den Zweck und die Rechtfertigung von Politik, auch für politische Werte als ihr *Ziel*, interessierte er sich nur nachrangig sowie ihm Rahmen zeitgenössischer Selbstverständlichkeiten. Es reichte ihm als plausibler Leitgedanke, dass Menschen sich möglichst freiheitlich, dabei aber wirksam regieren (lassen) sollten. Sein – durch und durch empirisches – Thema was sodann, auf welche Weise tatsächlich *wirksam* regiert werden könne. Deshalb interessierten ihn Werte, und insbesondere deren Vorblendung und Anschein, vor allem als *Mittel zum Zweck*. Diese Themenstellung und derlei Interesse hat man Machiavelli später immer wieder zum Vorwurf gemacht. Nicht aus heutiger, wohl aber aus zeitgenössischer Sicht ist das auch verständlich: Weniger vom Soll als vom *Ist* des Politischen zu sprechen, galt *vor* der Zeit einer sich ganz selbstverständlich als *empirisch* verstehenden Politikwissenschaft nicht nur – aufgrund der Eigenschaften des Gegenstands – als anstößig, sondern erschien einem jeden, der fest und ausschließlich in normativen Bahnen dachte, leicht wie eine *Aufforderung* zu zweckvollen politischen Verbrechen. In den Schwierigkeiten, die jemand bei der Begegnung mit Machiavelli hat, wird deshalb bis heute sichtbar, ob und wie weit er mit der *empirischen* Aufgabe der Politikwissenschaft zurechtkommen wird, *funktionslogische Zusammenhänge* politischen Handelns ausfindig und sozialtechnologisch *nutzbar* zu machen.

6. Ein neuer Bezugsrahmen: der Staat

Klar normativ-auffordernden Charakter hatten hingegen die großen, systematischen politischen Theoriegebäude, in denen später Jean Bodin (1530–1596), Johannes Althusius (1557–1638), Thomas Hobbes (1588–1679), Samuel v. Pufendorf (1632–1694) und John Locke (1632–1704) ihre Lösungsvorschläge für die ordnungspolitischen Herausforderungen ihrer Zeit vorlegten. Praktische Politik und politisches Denken sahen sich nämlich vor die Aufgabe gestellt, angesichts der – durch die Reformation zwar nicht verursachten, sehr wohl aber ausgelösten – Vielzahl von Religions- und Bürgerkriegen in

---

17 Titus Livius, 59/64 v. Chr.-17 n. Chr., war ein römischer Historiker, der eine berühmte, wenn auch leider nicht vollständig überlieferte, Geschichte Roms von der Gründung der Stadt bis zur Zeit des Kaisers Augustus schrieb. Machiavelli stützte seine Politikanalysen nicht nur auf persönliche zeitgeschichtliche Erfahrungen als aktiver florentinischer Politiker, sondern sehr stark auch auf die ersten zehn Bücher dieser Geschichte, welche die Zeit von der Stadtgründung bis einschließlich der Kriege gegen die Samniten behandeln.

Europa zielführende Wege zur Wiederherstellung von Sicherheit und Frieden zu finden. Angesichts einer Problemlage ähnlich der, auf welche einst – nach dem Zerfall des westlichen ‚Universalkaisertums' – Marsilius v. Padua (1275–1343) mit einer auf mittelalterliche Verhältnisse abgestimmten Theorie von Möglichkeiten politischer Friedenssicherung geantwortet hatte, ging es um die Begründung einer *starken politischen Zentralgewalt* (‚Souveränität'), die sich durch wirksame Machttechnik nicht nur *faktisch* erhalten könne, sondern die auch als *zu Recht* und *vernünftigerweise* bestehend gelten würde. Solcher Begründung dienten vor allem die Denkfiguren eines – als Rechtsfiktion unterstellten –, ‚Gesellschaftsvertrags' bzw. ‚Herrschaftsvertrags'. Diese sollten wechselseitige Pflichten und – noch ziemlich asymmetrische – Rechte von Herrscher und Untertanen begründen. Der aus den europäischen Religionskriegen entstehende Absolutismus sowie der neuzeitliche Staat fand hierin seine *rationale* Rechtfertigung, die eben *nicht* allein von einem ‚gottgegebenen Herrschaftsrecht' der Könige ausging. Wie sich darüber hinaus auch noch Stabilität *zwischen* politischen Systemen und ihren Souveränen schaffen ließe, war die zentrale Frage von Hugo Grotius (1583–1645). Desgleichen verlangte der auf die portugiesischen, spanischen, holländischen, englischen und französischen Entdeckungsreisen nach Afrika, Asien und Amerika folgende Kolonialismus Antworten auf die Frage, welche Lehren wohl aus den politischen Gegebenheiten der neu in den europäischen Gesichtskreis getretenen Völker abzuleiten seien, und wie die Beziehungen zu ihnen auszugestalten wären. Solche Antworten erarbeitete, neben einer christlichen Staatslehre, etwa Francisco Suárez (1548–1617).

7. Neue Möglichkeiten für ‚gute Ordnung': Liberalismus, Demokratie, Utopie

Nach dem Ende der europäischen Religions- und Bürgerkriege waren dann die Voraussetzungen des modernen Staates geschaffen. In dessen – über Jahrzehnte allmählich gefestigtem Gehäuse – wurde eine folgenreiche Verschiebung der Prioritäten systematischen politischen Denkens möglich. Denn nicht nur stabil und wirksam sollte fortan die politische Ordnung sein, sondern auch noch *in sich vernünftig* sowie *vernunftbegabten Menschen gemäß*. Zu wichtigen Themen der – in Deutschland etwa von Christian Wolff (1679–1754) und Immanuel Kant (1724–1804) vertretenen – *politischen Theorie der Aufklärung* wurden deshalb Naturrecht und Bürgertugend, Autonomie des Einzelnen und Toleranz seitens des Staates, ferner Rechtsstaatlichkeit und rationale Verwaltungsführung, obendrein Gewaltenteilung und Republikanismus. Tatsächlich wandelte sich vielerorts der Absolutismus zum aufgeklärten Absolutismus, und zwar nicht nur herrschaftstechnisch, sondern auch auf der Ebene systematischen und normativen politischen Denkens der den Staat tragenden aristokratischen und bürgerlichen Eliten.

Angesichts all dessen konnte es zu einem vorrangigen Anliegen politischen Denkens werden, die in neu gewonnener Stabilität etablierten Herrschaftsformen vergleichend von ihren vielfältigen natürlichen und soziomoralischen Voraussetzungen her zu verstehen, um auf diese Weise die institutionellen Möglichkeiten einer vernünftigen, gemäßigten Regierungsweise („gouvernement modéré") ausfindig zu machen. Diesem Thema widmete sich folgenreich etwa der Baron Charles-Louis de Secondat, genannt Montesquieu (1689-1755). Seine Ideen zur Gewaltenteilung und zur Sicherung eines freiheitlichen Regimes, ganz wesentlich auch die ähnlichen Gedanken von John Locke, wie sie später John Stuart Mill (1806-1873) entschieden weiterführte, wurden zu Grundlagen des – der Aufklärung entsprossenen – *Liberalismus*. Zu dessen wichtigsten Vertretern zählten in Deutschland Wilhelm v. Humboldt (1767-1835), Carl v. Rotteck (1775-1840) und Karl Theodor Welcker (1790-1869). In der ‚liberalen Staatslehre' finden sich seine zentralen, bis heute wirkungsmächtigen Ideen im Einzelnen ausgearbeitet.

Schon vor dem europäischen Siegeszug des Liberalismus, der Deutschland nach der nicht umfassend gelungenen Revolution von 1848/49 aber ziemlich aussparte, wurden dessen Ideen zur wichtigen Inspiration für die Anführer der amerikanischen Revolution und die Väter der US-Verfassung. Auf der Grundlage solcher Ideen formulierten 1787/88 drei Amerikaner[18] in der Debatte um die neu zu schaffende US-Verfassung in einer Reihe von Zeitungsartikeln – heute ‚Federalist Papers' genannt[19] – jene Grundgedanken des US-Verfassungsdenkens und liberalen Staatsverständnisses, die das amerikanische politische Denken und – als normativer Untergrund – die amerikanische Politikwissenschaft bis heute prägen. Über die seit Jahrzehnten währende internationale Dominanz der letzteren, und mehr noch durch die vielfache Vorbildrolle der US-Verfassung nach dem Zweiten Weltkrieg, wurde dieses Staats- und Verfassungsverständnis weltweit beispielgebend sowie einflussreich. Lange zuvor schon hatte es nachhaltig auf den europäischen Kontinent zurückgewirkt, wo doch auch die Wurzeln solcher Ideen lagen. Insbesondere Alexis de Tocqueville (1806-1873) wurde zum einflussreichen Theoretiker sowohl der Chancen wie auch der Gefährdungen einer – erstmals in den USA – für eine Massengesellschaft etablierten Demokratie. Persönliche Freiheit zu sichern, Demokratie aufzubauen und dabei eine Diktatur der Mehrheit zu verhindern: Zu diesen überaus anspruchsvollen Zielen war bis ins 19. Jahrhundert ein politisches Denken vorgedrungen, das bei Bodin und Hobbes zwei Jahrhunderte vorher als Ringen um wenigstens die *Stabilität* einer Herrschaftsordnung begonnen hatte.

---

18 Nämlich Alexander Hamilton (1755–1804), John Jay (1745–1829) und James Madison (1751–1836). Sie schrieben anspielungsreich unter dem Pseudonym ‚Publius'. Gemeint war damit Publius Valerius Poplicola (?-503 v. Chr.), ein von Plutarch (45–125) biographisch verewigter vorbildlicher und beliebter Konsul der Römischen Republik.

19 ‚Federalists' wurden in der damaligen amerikanischen Verfassungsdiskussion die Parteigänger einer stark bundesstaatlichen, also über die bisherige Konföderation entschieden hinausgehenden Verfassung genannt.

Zwar ebenfalls demokratische, unmittelbar der Aufklärungsphilosophie verpflichtete, doch alles andere als liberale Leitgedanken legte Jean-Jacques Rousseau (1712–1778) seinem einflussreichen Werk und – über dessen Wirkungsgeschichte – auch der Französischen Revolution zugrunde. Rousseau ging es um politische Freiheit auf der Grundlage einer – durch einen Gesellschaftsvertrag – *künftig zu verwirklichenden Gleichheit*, auf der Basis von *identitärer Demokratie*, sowie auf dem Fundament der immer wieder gelingenden Schaffung eines *von allen Partikularinteressen gereinigten Gemeinwillens* (,volonté générale' vs. ,volontés particulières'). Das war ein rasch in den Bereich politischer Utopie[20] führendes Projekt. Politische Utopien sind Fiktionen von Gesellschaften und politischen Systemen, die ihrer eigenen Zeit und deren Leitideen eine als besser behauptete Alternative gegenüberstellen und, von dieser geleitet, Systemkritik leisten sowie zum Engagement für besserndes politisches Handeln aufrufen. In *dieser* Hinsicht gehören zu Rousseaus großen Vorläufern Thomas Morus (1477–1535) und Tommaso Campanella (1568–1639), zu seinen Nachfolgern im 19. Jahrhundert vor allem die Theoretiker des Anarchismus (etwa Pierre-Joseph Proudhon, 1809–1865, und Michail A. Bakunin, 1814–1876) sowie die Autoren des Sozialismus und Kommunismus (vor allem Karl Marx, 1818–1883, und Friedrich Engels, 1820–1895).

Nicht wenige politische Theorien, zumal utopischen Anspruchs und im Bannkreis sozialistischen Denkens, haben seit der Französischen Revolution unter dem Banner einer Vorstellung von Demokratie, die auf eine *Identität* von Regierten und Regierenden, von Volk und Führern, von Massen und Avantgarde setzte, mehr oder minder offen an Rousseaus Denkfiguren angeknüpft, haben dabei alle Zweifel an der normativen Brauchbarkeit ihrer Leitideen subjektiv zurückgewiesen und objektiv bestätigt, und haben – aufgrund des Antiliberalismus eines solchen Selbst- und Sendungsbewusstseins – diktatorischen Regimen Vorschub geleistet. Im 20. Jahrhundert hat solches politisches Denken, entfaltet vor allem als Real- und Nationalsozialismus, wichtige und bevölkerungsstarke Staaten zum Totalitarismus verführt. Das geschah umso leichter, je mehr eine alltagspraktisch-idealistische Begeisterung für das ,eigentlich Gute' sich auf philosophische und wissenschaftliche Lehrmeinungen berufen konnte, die in ,objektiven Ideen' das ,politisch unzweifelhaft Gute' geborgen sahen, oder welche die Doppelgeschichte von politischem Denken und politischer Strukturbildung als Geschichte der ,Entfaltung eines objektiv richtigen Welt- und Entwicklungsprinzips' ausgaben,

---

20 Von griech. ,tópos', d.h. Ort, und griech. ,ou', d.h. nicht. Als ,Utopia', d.h. als einen Nicht-Ort, als ein rein fiktives Land, betitelte Thomas Morus (1478–1535) eine 1516 erstmals veröffentlichte Schrift, welche zur Grundlage einer ganzen, nach ihr bezeichneten Tradition ,utopischen' – und dabei meist höchst systematischen – politischen Denkens wurde. Während man die Vorstellung von einer schönen Zukunft eine ,Utopie' nennt, versteht man unter einer ,Dystopie' die Vorstellung von einer schrecklichen Zukunft.

und die – so motiviert – in konkreten oder ‚konkret-utopischen'[21] Staatswesen die ‚Wirklichkeit der sittlichen Idee' oder die ‚objektiv höchstentwickelte Form politischer Ordnung' verwirklicht glaubten.[22] Solche unmittelbar zur Identifikation einladenden Denkfiguren des ‚Deutschen Idealismus' (politisch folgenreich formuliert vor allem von Georg Wilhelm Friedrich Hegel, 1770–1831) konnte man anschließend – wie von Karl Marx und Friedrich Engels geschichtsmächtig unternommen – ‚vom Kopf auf die Füße' stellen. Damit war für säkularisierte, philosophisch-materialistische Gruppen politischer Aktivisten und für ganze Gesellschaften eine politische Theorie ‚guter Ordnung' geschaffen, die an idealistischer Begeisterungskraft und an einer Attraktivität, die seelische Tiefenschichten ansprach, jener Rolle keineswegs nachstand, die im Lauf der abendländischen Ideen- und Politikgeschichte immer schon die Religion als ‚politische Religion' gespielt hatte.

8. Gegenwelten zum Liberalismus: Konservatismus, Sozialismus, Faschismus

Jedenfalls war seit der Mitte des 19. Jahrhunderts im Grunde jene Konfliktstruktur wiedergekehrt, die rund zweieinhalb Jahrhunderte zuvor im Zeitalter der Religionskriege das Denken in den Begriffen von ‚Souveränität' und ‚starker Staatsmacht' hervorgebracht hatte. Es muss deshalb nicht wundern, dass schon die ersten Anzeichen einer künftigen Gefährdung der mühsam genug erreichten politischen Stabilität zumal jene Beobachter des politischen Zeitgeschehens alarmierten, die zwar sehr wohl eine *gemäßigte* Regierungsweise, doch – als deren Voraussetzung – eine auf jeden Fall *stabile* Herrschaftsordnung wünschten. Eine solche aber setzt das Einfrieren oder Verblassen jener Konflikte voraus, die ‚politische Religionen' erfahrungsgemäß mit sich bringen. Außerdem braucht jedes ‚gouvernement modéré' einen ordnungssichernden Minimalkonsens jenseits aller Überzeugungskonflikte. Zunächst der Liberalismus, dann die Demokratie und ohnehin alle egalitären Utopien schienen aber vielen Zeitgenossen die erreichte Stabilität zu gefährden. Also wurde das rechte Verhältnis von ordnungssichernden Reformen einerseits und von stabilitätsgefährdenden politischen Bestrebungen andererseits zu einem zentralen Thema systematischen politischen Denkens. Im Grunde galt das schon für alle Bemühungen des 18. Jahrhunderts, den Absolutismus zum *aufgeklärten* Absolutismus zu machen. Erst recht wurde dies zum Angelpunkt politischen Denkens angesichts – und dann im Nachgang – der Französischen Revolution, in welcher sich, für Europa erstmals im gro-

---

21 Konkret-utopisch meint, dass etwas zwar so lange utopisch ist, wie man sich nicht entschlossen an seine Verwirklichung macht, dass es aber zur konkreten Wirklichkeit werden kann, wenn man sich mit Willens- und Tatkraft dafür einsetzt. Macht wird dann zum zentralen Mittel der – und sei es nur imaginierten – Verwirklichung bzw. Absicherung des zuvor Utopischen.
22 Für Hegel war dies der moderne preußische Staat, für Kommunisten lange Zeit die Sowjetunion.

ßen Maßstab, politische Utopie in praktische Politik und zeitweise in totalitäre Herrschaft umgesetzt hatte. In der Definition des eigenen Verhältnisses vor allem zur Französischen Revolution und zu deren Leitideen, insbesondere der Freiheit und der Gleichheit, in minderem Maße aber auch in der eigenen Positionierung zur englischen und zur amerikanischen Revolution, kristallisierte sich in Europa der bis ins 20. Jahrhundert hinein wirkungsmächtige Rivale des intellektuell wie realpolitisch so erfolgreichen Liberalismus heraus. Das war der *Konservatismus*.

Er war aber nicht nur eine *Reaktion* auf die revolutionären Umwälzungen zumal in Frankreich, nicht bloß eine Ablehnung des dortigen Geschehens und eine – oft radikale – Verneinung von dessen tragenden Ideen. Von derartigem ‚reaktionären' Denken unterschied sich konservatives Denken in der Regel darin, dass es die Errungenschaften gesicherter Staatlichkeit und gemäßigter Regierungsweise unbedingt bewahren wollte, doch unabweisbare Anpassungen und Modernisierungen – voller Skepsis gegenüber utopischen Visionen – unter der Voraussetzung akzeptierte, dass sie vorsichtig und mit Augenmaß vorgenommen wurden. Im Hintergrund solchen Denkens stand meist das Bild einer ‚natürlichen Ordnung', die durch gegliederte Vielfalt, stabile Hierarchie und kleine Entwicklungsschritte gekennzeichnet sei, und die in alledem auch der sozialen sowie politischen Ordnung als Vorbild dienen könne. In solcher Weise vom *Ansatz* her liberales Gedankengut mit einer utopiekritischen Grundeinstellung verbindend, und *deshalb* die Französische Revolution samt ihren rationalistisch-individualistischen Leitideen ablehnend, wurden Edmund Burke (1729–1797) in England, François Chateaubriand (1768–1848) in Frankreich, später in Deutschland Friedrich Julius Stahl (1802–1861), zu Stamm- und Übervätern des politischen Konservatismus. Diesen macht das Beharren auf Realismus und Skepsis seither zum Widerlager *aller* utopisch inspirierten politischen Theorien.

Zu jenen gesellte sich seit der Mitte des 19. Jahrhunderts als *gemeinsamer* Gegner von Liberalismus und Konservatismus der – ganz wesentlich von Karl Marx und Friedrich Engels geprägte – *Sozialismus* bzw. *Kommunismus*. Als theoretische Grundlage der sozialistischen Parteien und später der realsozialistischen Staaten wurde er in seinen Ausprägungen als Marxismus-Leninismus, als Stalinismus sowie als Maoismus im 20. Jahrhundert zu einer der gestaltungsmächtigsten politischen Theorien, die es je gab. Wie auch immer im Einzelnen ausgeformt, erlebte diese Theorie in der europäischen Politikwissenschaft der 1970er Jahre sogar eine zweite, doch eher akademische Blüte. Und mit liberalen Ideen vielfach ausgesöhnt, wurden vom Sozialismus des 19. Jahrhunderts abgeleitete *sozialdemokratische* Ideengebäude im 20. Jahrhundert, sogar bis über die Schwelle des 21. Jahrhunderts hinaus, zur Grundlage des Regierungshandelns vieler Staaten in West-, Süd- und Nordeuropa. Der orthodoxe Marxismus-Leninismus hingegen versank mit dem Zusammenbruch der realsozialistischen Staatenwelt nach 1989/90 in die Bedeutungslosigkeit, wenngleich er – in chinesisch-asiatische Traditionen eingebettet – als Selbstdarstellungsdoktrin in China oder Nordkorea fortlebt.

Im Zusammenhang der – oft machtpolitisch stillgelegten – wirtschaftlichen, gesellschaftlichen, kulturellen und politischen Modernisierungskrisen des 19. Jahrhunderts entstanden in mehreren europäischen Staaten außerdem stark *autoritäre* politische Theorien, meist aus reaktionären, oft aber auch aus konservativen Wurzeln, die sich an der Gegnerschaft zunächst zum Liberalismus, sodann zum Sozialismus bzw. Kommunismus aufrankten. Solchen Mustern politischen Denkens gesellte sich nicht selten – und zumal im deutschen Sprach- und Kulturraum – ständestaatliches, normativ-geopolitisches und sozialdarwinistisch-rassistisches Gedankengut hinzu. Angesichts der Krise der europäischen Demokratien nach dem Ersten Weltkrieg wurden solche autoritären politischen Theorien als ‚Faschismen'[23] über viele Jahrzehnte wirkungsmächtig, in Spanien sogar bis zur Mitte der 1970er Jahre. Unter den europäischen Faschismen tat sich dabei der deutsche Nationalsozialismus, zwischen 1933 und 1945 an der Macht, durch sein neuheidnisches Ausscheren aus allen humanen Spuren europäischer Kulturgeschichte, durch seinen radikalen Rassismus, seine amoralische Aggressivität, seinen technischen Perfektionismus, seine verbrecherische Effizienz und seinen letztlich nihilistischen Fanatismus in einzigartiger Weise hervor. Ihn niederzuringen, führte zu einem machtpolitisch vernünftigen und weltanschaulich höchst absonderlichen Bündnis von liberalen Staaten mit der stalinistischen Sowjetunion. Nach dem Auseinanderbrechen dieser Allianz wurde im westlichen Teil Europas mehr und mehr der US-amerikanische Liberalismus zur dominanten politischen Theorie. Ihr schlossen sich die – den Realsozialismus zunächst scharf zurückweisenden und zeitweise von Karl Poppers (1902–1994) Sozialphilosophie sehr beeindruckten – sozialdemokratischen Bewegungen Europas bis zu jener Grenze an, welche ihnen immer wieder ihre Weltanschauung zog, die ihrerseits auf einen starken Staat und auf eine weitgehend gewerkschaftlich mitbestimmte Wirtschaft setzte.

9. Die Suche nach ‚neuen Synthesen'

Zumal in Deutschland war nach dem vom Nationalsozialismus bewirkten Zivilisationsbruch der alte, *anti*liberale Konservatismus um seine Selbstgewissheit und um einen Großteil seiner Attraktivität gebracht. Dazu trug auch bei, dass dessen Wahrnehmung eher von Verwandtschaftsverhältnissen zwischen der – inhaltlich sehr vielfältigen – Anhängerschaft einer ‚Konservativen Revolution' gegen die Weimarer Republik und dem aufsteigenden Nationalsozialismus geprägt war als von der Tatsache, dass zumal religiös verankerter

---

23 Benannt nach jenen – auf altrömische Herrschaftssymbole zurückgehenden – Rutenbündeln (lat. ‚fasces', ital. ‚fasci'), welche die Symbole der ersten – 1922 in Italien – an die Macht gelangten ‚faschistischen' Partei waren.

Konservatismus dem regierenden Nationalsozialismus weitgehend feindlich gegenüberstand. In Reaktion auf den nationalsozialistischen Zivilisationsbruch wurde jedenfalls zum Konsens eines *neuen*, im fortan mehr und mehr liberal geprägten Deutschland sich zeitweise entwickelnden Konservatismus die Befürwortung von materiellem Rechtsstaat (‚wertgebundene Ordnung'), von politischem Pluralismus, von repräsentativer Demokratie und von sozialer Marktwirtschaft. Bundesdeutscher Konservatismus unterstützte also weitgehend gerade jene *liberalen* Forderungen des 19. Jahrhunderts, denen sich der damalige Konservatismus so heftig entgegengestemmt hatte. Deshalb gibt es überaus gute Gründe dafür, den derzeitigen – nicht nur bundesdeutschen – Konservatismus als *Liberalkonservatismus* zu bezeichnen und ihn eher hinsichtlich seiner *inhaltlichen Unterschiede* zum Konservatismus des 19. Jahrhunderts zu verstehen als entlang der Kontinuität seines *Namens*.

Zur Herausforderung des – sich unter verschiedenen Namen in der ganzen westlichen Staatenwelt verbreitenden – Liberalkonservatismus, doch auch des Sozialismus und zumal der Sozialdemokratie, wurden seit den 1970er Jahren politische Argumentationsmuster, die sich um *ökologische* Konzepte formten, zumal um die Leitbegriffe der ‚Nachhaltigkeit' bzw. ‚aufrechterhaltbaren Entwicklung' (‚sustainable development').[24] Auf einem langen Weg in die Parlamente, durch die Parlamente und in die Regierungen hinein sortierten sich deren – damals meist jugendliche, bis heute vor allem akademisch ausgebildete – Trägergruppen danach, wie Ökologie mit Marktwirtschaft, sozialer Gerechtigkeit, einem durchsetzungsfähigen Staat sowie mit einem auch Gewalt einschließenden Widerstand gegen Regierungsmaßnahmen ins rechte Verhältnis gebracht werden solle. Je nach Antwort auf diese Fragen kann sich ökologisches politisches Denken dann an anarchistische und sozialistische, doch auch an liberale und konservative Diskurstraditionen anschließen. In Form der ‚Politischen Ökologie' haben sich ökologische Anliegen inzwischen auch mit solchen der Politischen Ökonomie verbunden.

Der Liberalismus wiederum radikalisierte sich auf mannigfache Weise beim Versuch, innerhalb von Wirtschafts-, Gesellschafts- und Staatsstrukturen, die er selbst geprägt hatte, weiterhin ein klares Profil zu behalten. Es vollzog sich eine solche liberale Radikalisierung nicht nur hin auf einen besonders starken *Invidualismus* (‚So etwas wie Gesellschaft gibt es nicht; es gibt nur Einzelne und ihre Interessen!'), der seinerseits zur ‚Identitätspolitik' im Dienst von Minderheitengruppen führte. Sondern diese liberale Radikalisierung führte auch zu einem fast grenzenlosen *Wertrelativismus* (‚Das Richtige ist für jeden Einzelnen etwas Anderes!') sowie zu einem – oft ‚Neoliberalismus'

---

24 Eine der Initialzündungen war der 1972 publizierte Bericht an den ‚Club of Rome' über die ‚Grenzen des Wachstums', eine andere die Ablehnung nicht nur der militärischen, sondern auch der friedlichen Nutzung der Kernkraft, da man um die ihretwillen nötigen Sicherheitsmaßnahmen herum einen wieder durch und durch illiberalen ‚Atomstaat' entstehen sah.

genannten – *Wirtschaftsliberalismus*, der vor allem auf eine Ökonomisierung möglichst vieler Gesellschaftsbereiche und auf eine individuelle, gerade nicht kollektive, Nutzenmaximierung setzte („Staatsaufgabe ist es vor allem, die Freiheit der Wirtschaft zu sichern!").

Dagegen wandte sich seit den 1980er Jahren eine bald als ‚Kommunitarismus' bezeichnete und politisch wie politikwissenschaftlich sehr einflussreiche Bewegung. Autoren wie Alasdair MacIntyre (1929–), Amitai Etzioni (1929–), Charles Taylor (1931–), Michael Walzer (1935–), Benjamin Barber (1939–2017) und Michael Sandel (1953–) führten vor Augen, dass ein zum Selbstzweck werdender Liberalismus eine Gesellschaft zerstört. Also braucht es Grenzen für ihn. Solche lägen vor allem in der Bewahrung von Familie und stabilen Nachbarschaften, in gemeinsamen Werten, Moralvorstellungen und Traditionen, sowie in praktizierter Bürgertugend, zu der auch die Übernahme wirksamer politischer Verantwortung innerhalb demokratischer Strukturen gehöre. Offensichtlich richtet sich das alles nicht gegen die großen Errungenschaften des Liberalismus, sondern gegen deren programmatische Übertreibung und gemeinschaftsgefährdende Übernutzung. Das wiederum erlaubt unmittelbar den Brückenschlag zu konservativen Überzeugungen und zu ökologischen Visionen. Auf diese Weise schließt sich gleichsam ein Kreis europäischer bzw. westlicher Ideengeschichte. Das ‚gute Leben' in einer autarken, mit vernünftigen Institutionen ausgestatteten Bürgergesellschaft war nämlich schon die aristotelische Vorstellung vom Zweck und von einer überzeugenden Rechtfertigung politischer Ordnung.

III. Ideengeschichte als Geschichte politischer Problemstellungen

1. Leitfragen und Methodik des ideengeschichtlichen Studiums

Die Geschichte politischer Ideen deutend verstehen zu wollen, verlangt zwar den Blick auf ihr Ganzes und auf dessen Werden. Doch hermeneutisch[25] getragen von einem solchen Blick aufs Ganze ist es überaus erkenntnisträchtig, *einzelnen Problemen* nachzugehen, die in der Geschichte politischen Denkens immer wieder behandelt wurden. Vor allem ist es lohnenswert, jene oft unterschiedlichen, doch mitunter auch gleichartigen Lösungsvorschläge miteinander zu *vergleichen*, die zu jenen Problemen vorgebracht wurden. Geht man solchermaßen die Geschichte politischer Ideen *thematisch* durch, so bietet sich eine Gliederung etwa nach den folgenden Fragen an:[26] Was ist der Zweck von Politik, was ist politisch gut? Wer soll regieren? Wie soll regiert werden? Wann darf man sich gegen politische Herrschaft auflehnen?

---

25 Der Begriff der ‚Hermeneutik' kommt von griech. ‚hermeneúein', d.h. auslegen oder erklären, und bezeichnet die Lehre bzw. Praxis des Interpretierens bzw. Verstehens.
26 Die hier gegebene Darstellung folgt in ihren Grundzügen der Gliederung des 1998 erstmals erschienenen Buches von John Morrow (1931–2019) über die politische Ideengeschichte mit dem Titel ‚The history of political thought. A thematic introduction'.

Den *einzelnen Autoren* wiederum, die sich einst zu diesen Fragen äußerten und – als kanonisierte ‚Klassiker' dann wirkungsmächtig – das systematische politische Denken zu jenen Themen formten und voranbrachten, nähert man sich am besten mit den folgenden *Leitfragen:*

- Was war die zeitgenössische Problemlage, vor deren Hintergrund sich der Autor mit seinen Themen auseinandersetzte?
- Welchen sozialen Schichten, welchen politischen Gruppierungen stand er nahe? Welche Interessen prägten also möglicherweise – oder tatsächlich – seine Wahrnehmung der erörterten Probleme, desgleichen seine Weise, über Lösungen nachzudenken?
- Auf welcher Erfahrungs- und Wissensgrundlage führte er seine Arbeiten durch, d.h.: Was konnte er wissen, was nur vermuten? Und wie ging er bei seinen Arbeiten methodisch vor? Wie prägten also sowohl die Vorzüge als auch die Schwachpunkte seiner Methodik seine Ergebnisse?
- Aus welchen Schriften besteht sein Werk? Was sind deren zentrale Fragestellungen, Begriffe, Argumentationsmuster und Antworten? Und an welche Adressaten richtet sich der Autor?
- In welche Theorietraditionen stellte sich der Autor mit welchen Folgen? Von welchen anderen Positionen aber grenzte er sich wie und aus welchen Gründen ab?
- Was war das Menschenbild des Autors? Von welchen Eigentümlichkeiten von Menschen meinte er, man müsse sie bei der Ausgestaltung politischer Ordnung, bei der Formulierung politischer Inhalte und beim politischen Handeln unbedingt berücksichtigen?
- Was hielt er im Übrigen für gut, was im Besonderen für das *politisch Gute*? Und auf welche Weise kam er auf solcher Grundlage zu welchen konkreten Werturteilen und Handlungsanweisungen?
- Und schließlich: Auf welcher Grundlage können *wir* welches Urteil über das theoretische, gegebenenfalls auch politische Werk des Autors fällen, und wie fällt dieses Urteil dann aus?

Ein gründliches und fruchtbares Studium der politischen Ideengeschichte sollte also *in drei Schritten* erfolgen:

- Erstens ist ein Gesamtbild der Traditionen des europäisch-westlichen *und* des sonstigen, zumal asiatischen und islamischen, politischen Denkens zu erarbeiten.
- Zweitens sollte – ausgehend vom nachstehenden Überblick – Wissen um die geistes-, sozial- und politikgeschichtlichen Grundzüge der Diskussion um heute noch wichtige Problemstellungen systematischen politischen Denkens erworben werden.
- Drittens sollte wenigstens für jene *wichtigsten* ‚Klassiker', auf die sich das zeitgenössische politische Denken immer noch bezieht, anhand des oben

präsentierten Katalogs gegenstandserschließender Fragen so viel Vertrautheit mit deren Zeit, Person und Werk erarbeitet werden, dass man in deren Spiegel sich selbst und das *eigene* politische Denken erkennen sowie kritisch-distanziert betrachten kann. Dafür lauten die Leitfragen so: Wie und wie sehr wird die eigene politische Weltanschauung geprägt von welchen bejahten oder abgewiesenen Denktraditionen, von welchen geteilten und bestrittenen Interessen, von welchem akzeptierten oder abgelehnten Menschenbild, und von welchen – wie gut oder wie schlecht begründeten – Vorstellungen von dem, was man selbst für gut oder schlecht, für politisch richtig oder politisch falsch hält?

Nachbar- wie Hilfsdisziplinen einer so betriebenen politikwissenschaftlichen Ideengeschichte sind die Philosophie-, Geistes- und Literaturgeschichte, desgleichen die Sozial- und die Verfassungsgeschichte, und ebenfalls die Wissens- und Wissenschaftssoziologie. Bisweilen gerät die politikwissenschaftliche Unterdisziplin der Ideengeschichte allerdings in so enge Berührung mit ihren historiographischen Nachbardisziplinen, dass sie ihrerseits zu einem vor allem dokumentierenden und archivalischen Unterfangen wird.[27] Dann sinkt ihr Nutzen für die Politikwissenschaft. Am größten ist er, wenn ein klarer *Gegenwartsbezug* der unternommenen ideengeschichtlichen Forschungen gegeben ist. Die folgenden Fragen illustrieren einen solchen Gegenwartsbezug: Woher kommen welche zeitgenössischen politischen Denkweisen? Welche Erfahrungen sind in sie eingeflossen? Welche Schwachpunkte heutiger politischer Anschauungen wurden im Grunde längst erkannt? Birgt vielleicht bereits die Geschichte des politischen Denkens manche Antworten auf gegenwärtige Fragen? Welche heute interessanten Antworten auf offene Fragen aus der Geschichte des politischen Denkens lassen sich durch zeitgenössische Forschungen finden?

2. Was ist der Zweck von Politik, was ist politisch gut?

Bei der Suche nach Argumenten zum ‚politisch Guten' und somit Zweck von Politik sind – erstens – die vielen Erörterungen ‚richtiger' und ‚guter'

---

27 Diese Gefahr setzt – im Rahmen wissenschaftlicher Arbeitsteilung – keineswegs den Wert jener wichtigen Aufgabe herab, die darin besteht, die Werke bedeutender Autoren aus der Geschichte der Politikwissenschaft immer wieder durch (kritische) Ausgaben und Kommentare aufs Neue zu erschließen. Ebenso ist es eine Daueraufgabe, das politische Denken ‚klassischer' Autoren im Licht zeitgenössisch wichtiger Fragen zu untersuchen, darzustellen und daraufhin zu prüfen, welche Einsichten für die jeweilige Gegenwart ihm nutzbringend abzugewinnen wären. Arbeitsteilige Spezialisierung auf solche Aufgaben führt dann dazu, dass manche Politikwissenschaftler Experten für Aristoteles oder Augustinus, Hobbes oder Hegel, Machiavelli oder Marx, Locke oder Lenin, Platon oder Popper bzw. einer bestimmten Epoche oder Strömung politischen Denkens werden (etwa des Sozialismus oder Liberalismus). Dann neigen sie allerdings leicht dazu, die *Gesamtheit* der Politikwissenschaft vor allem in der Perspektive ‚ihres' Klassikers, ‚ihrer' Epoche oder ‚ihrer' Theorietradition wahrnehmen, was allzu leicht zu gegenstandsunangemessenen Urteilen führt.

politischer *Ordnung* durchzugehen. In der abendländischen Tradition reichen sie von den antiken Diskussionen bei Platon und Aristoteles über die von Augustinus und Thomas v. Aquin geprägte christliche Tradition bis zu den Souveränitätslehren von Bodin, Grotius und Hobbes, und dann weiter zu republikanischen Ordnungskonzeptionen, wie sie in Frankreich Jean-Jacques Rousseau, in Deutschland Immanuel Kant oder in England Thomas H. Green (1836–1882) ausgearbeitet haben. Überdies sind hier einesteils die autoritären ‚rechten' Antworten auf die Frage nach der ‚richtigen' politischen Ordnung einzubeziehen, wie sie – mit großen Unterschieden untereinander – etwa Thomas Carlyle (1795–1881), Charles Maurras (1868–1952), Benito Mussolini (1883–1945) und Adolf Hitler (1889–1945) vorgelegt haben, anderenteils die – oft der Tradition politischer Utopie verpflichteten – ‚linken' Konzeptionen des Sozialismus und Kommunismus (Karl Marx, Friedrich Engels) sowie, zwischen ‚links' und ‚rechts' changierend, die des ökologischen politischen Denkens.

Zweitens ist für die Frage nach dem ‚politisch Guten' und seiner politischen Verwirklichbarkeit der Diskurs um politisch wünschenswerte *Tugenden* wichtig. Platon und Aristoteles sind auch hier die antiken Ausgangspunkte. Den christlichen Diskurs über politische Tugenden prägen bis heute Thomas v. Aquin, Martin Luther und Johannes Calvin (1509–1564), den republikanischen immer noch Immanuel Kant und – im angelsächsischen Bereich – Thomas H. Green. Bei John Rawls (1921–2002) und im – ganz wesentlich auch von dessen Werk provozierten – Kommunitarismus finden sich die derzeit wichtigsten Ausprägungen jenes Diskurses. Eine Sonderstellung, nachgerade Außenseiterstellung, nimmt im Tugenddiskurs Niccolò Machiavelli ein. Ihm war nämlich – im Unterschied zur gesamten Tradition – die *Funktion* politischer Tugenden noch wichtiger als deren ethischer *Wert*.

Der dritte hinsichtlich des ‚politisch Guten' und des Zwecks von Politik ideengeschichtlich aufzuarbeitende Problemkomplex lagert sich um die Frage nach der politischen Sicherung von *Freiheit*. In der klassischen republikanischen Tradition sind Marsilius v. Padua und – in diesem Zusammenhang oft übersehen – Niccolò Machiavelli zentrale Autoren. Regeln und Formen von Politik konzipierten – *von einer ‚natürlichen Freiheit' des Menschen her* – später John Locke, Thomas Paine (1737–1809) und John Stuart Mill (1806–1873). Den umgekehrten Weg, nämlich *hin zur zu schaffenden* Freiheit durch den für sie *konstitutiven* und *darum* auf eine bestimmte Form festzulegenden Staat, schlugen Jean-Jacques Rousseau, Georg Friedrich Wilhelm Hegel und Karl Marx vor. Eine utopische Lösung des Freiheitsproblems boten die Klassiker des Anarchismus an, nämlich Pierre-Joseph Proudhon, Michael A. Bakunin, Max Stirner (1806–1856) und Peter Kropotkin (1842–1921). Teil des Freiheitsdiskurses ist natürlich auch die Erörterung des Spannungsfeldes zwischen Freiheit und Gleichheit, geleistet unter anderem im Werk von

Friedrich August v. Hayek (1899–1992), Hannah Arendt (1906–1975) und John Rawls (1921–2002).

Den vierten Strang von Diskursen über den Zweck von Politik und das ‚politisch Gute' webte die Auseinandersetzung darüber, wie durch Politik *Wohlfahrt und Lebensglück* gesichert werden könnten. Nach der Antike und außerhalb der Tradition christlicher politischer Theorie war das weitgehend ein neuzeitliches Thema. Gesicherte Staatlichkeit, eine ausreichende ökonomische Basis und das Aufklärungsdenken voraussetzend, blühte diese Diskussion im frühen Utilitarismus auf,[28] vor allem bei David Hume (1711–1776) oder William Paley (1743–1805). Sie fand ihren Höhepunkt bei Jeremy Bentham (1748–1832), John Stuart Mill und Henry Sidgwick (1838–1900). Als Grundanliegen des Sozialismus wurde wohlfahrtsstaatliches Denken später zum Angelpunkt sozialdemokratischer politischer Theorie, gewann in Gestalt europäischer Sozialstaatlichkeit ihren konkreten institutionellen Ausdruck und schlug darin den Bogen zurück zur politischen Theorie des um ‚gute Policey' und um das ‚Wohl der Untertanen' bemühten deutschen – zumal protestantischen – Fürstenstaates.

3. Wer soll regieren?

Diese Zentralfrage aller Politik kann im Grunde nur drei ganz klare Antworten finden: Regieren soll *einer* (Monarchie, Diktatur), sollen *wenige* (Aristokratie, Elitenherrschaft), oder sollen – möglichst *viele* (Republik, Demokratie). Platon und – noch mehr – Aristoteles haben in der Antike die Vor- und Nachteile sowie die Funktionslogik solcher politischer Systeme durchdacht, die auf jenen drei Antworten beruhen. Aristoteles kam dabei zum Befund, dass jede dieser drei Antworten nach einiger Zeit zu einem Regime führe, das entarten werde: die Monarchie zur Tyrannis, die Aristokratie zur Oligarchie, die Politie/Demokratie zur Ochlokratie. Jede Herrschaftsform sei deshalb instabil und mache eine Alternative attraktiv: die Herrschaft eines Einzelnen die von vielen, die von vielen die Herrschaft aller, und die dann irgendwann wieder die einer einzelnen, starken Führungspersönlichkeit. Auf diese Weise komme es stets zu einem – sich selbst überlassen – nie endenden ‚Kreislauf der Verfassungen'. Den anzustrebenden Ausweg schien Aristoteles, Cicero und Polybios (200–120) eine aus monarchischen, aristokratischen und republikanischen Elementen ‚gemischte Verfassung' zu bieten.

Doch als am ‚natürlichsten' erschien dem hellenistischen und später dem römisch-imperialen politischen Denken die Idee der *Monarchie*. Nicht anders war es im mittelalterlichen politischen Denken. Dabei wurde meist – etwa bei Thomas v. Aquin – klar zwischen gerechtem Königtum und ungerechter Tyrannei (‚Despotie') unterschieden. Im späteren Zeitalter der

---

28 Von lat. ‚utilitas', d.h. Nützlichkeit.

Religions- und Bürgerkriege wurde die Monarchie mehr und mehr von einer ‚natürlichen' Herrschaftsform (so noch aufs deutlichste in England Robert Filmer, 1588–1653, später in Frankreich Jacques Bénigne Bossuet, 1627–1704) umgedeutet zu einer ‚vernunftnotwendigen' Herrschaftsform. Das unternahmen vor allem – anhand von Argumentationen, die um das Konzept der Souveränität gelagert waren – Jean Bodin und Thomas Hobbes. Auch entlang von utilitaristischen Argumenten ließ sich – allerdings unter Bindung an rationale Zwecksetzungen – für ‚Macht aus einer Hand' argumentieren, etwa beim Abbé de Saint-Pierre (1658–1743) oder bei Jeremy Bentham.

Machtpolitisch durchgesetzt und durch so geprägte Theorien gerechtfertigt, fand sich die europäische, oft absolutistische Monarchie aber rasch in ihren Ordnungsprinzipien und Geltungsansprüchen nachdrücklich herausgefordert durch das Aufklärungsdenken mit seinen Naturrechts- und Gewaltenteilungslehren. Obwohl sie den letzteren im 19. Jahrhundert als ‚konstitutionelle' Monarchie durchaus gerecht wurde, kam es alsbald zur endgültigen Infragestellung der monarchischen Herrschaftsform. Dazu führten die immer stärker aufkommenden Lehren von der Volkssouveränität sowie jene Selbstverständlichkeit, die seit der Französischen Revolution das Demokratieprinzip gewann. Späte Verteidiger gewann die Monarchie allerdings noch einmal im – zumal deutschen – romantischen Denken, ferner im antiliberalen Konservatismus (etwa bei Joseph de Maistre, 1753–1821), und schließlich noch tief im 20. Jahrhundert beim französischen katholischen Royalisten Charles Maurras. Hingegen ganz ohne Herleitung aus der Tradition europäischer Monarchie kamen die faschistischen und kommunistischen Diktaturen des 20. Jahrhunderts aus, die eine mehr oder minder offene Ein-Personen-Herrschaft teils aus Überzeugung, teils aufgrund der konkreten Umstände praktizierten. Zumal faschistisches Denken wollte im charismatischen Führerprinzip sogar die höchste Form von Demokratie erkennen, die der liberalen Repräsentativdemokratie weit überlegen sei: Der wahre Wille des Volkes werde nun einmal vom genialen Einzelnen am besten erkannt und dann tatkräftig verwirklicht. Demokratie und Diktatur waren so zusammengeführt, letztlich auf den von Rousseau angelegten Wegen.

Schon die antiken Theoretiker der ‚gemischten Verfassung' (Aristoteles, Cicero und Polybios) hatten auf den Wert *aristokratischer* Elemente für den Aufbau eines stabilen, leistungsfähigen Staatswesens hingewiesen. Deren Vorteile – vor allem im Rahmen einer Monarchie – erörterten später Thomas v. Aquin, Niccolò Machiavelli, James Harrington (1611–1677) und Montesquieu. Mit dem Aufstieg von Ständeversammlungen und Parlamenten als wichtigen politischen Institutionen boten sich für eine ‚Herrschaft der Wenigen' dann auch ganz neue Formen, und zwar zunächst für den immer noch machtvollen Erbadel, später für die aus Bürgertum und Arbeiterklasse aufsteigenden politischen Funktionseliten. Zum späteren Diskurs über eine sinnvolle Rolle des traditionellen aristokratischen Elements politischer Ordnungsformen trugen vor allem Edmund Burke, François Chateaubriand und Benjamin Constant (1767–1830) bei, zu jenem über die angemessene Rolle moderner Funktionseliten John Stuart Mill, Vilfredo Pareto (1848–1923) und Gaetano Mosca (1858–1941). Die Aufgabe von Elitegruppen speziell bei der Herbeiführung und Durchsetzung sozialer, zumal kommunistischer, Revolutionen erörterten Auguste Blanqui (1805–1881) und – besonders wirkungsmächtig gekoppelt mit dem Konzept einer von ‚Berufsrevolutionären' geführten ‚Partei neuen Typs' – Wladimir Iljitsch Lenin (1870–1924). Eine Sonderrolle nimmt in diesem Diskurs Friedrich Nietzsche (1844–1900) ein, aus dessen Elitedenken, das Liberalismus und Demokratie verachtete, mittels des Konzepts eines ‚Übermenschen' der Bogen zur Begründung auch einer rassistischen Diktatur geschlagen werden konnte.

Republikanisches, auf die Herrschaft *vieler* setzendes Denken fand seine früheste Entfaltung im Rahmen der griechischen Polis und seinen ersten großen Theoretiker in Aristoteles. Ihren Begriff gewinnt diese Linie politischen Denkens aus der – allerdings durch und durch aristokratischen – altrömischen Republik.[29] In Europa regte sich republikanische politische Theorie wieder in der Erfahrungswelt der norditalienischen Stadtstaaten der Frührenaissance. Folgenreich bis heute wurde republikanisches Denken dann seit der Mitte des 17. Jahrhunderts, als – ‚Levellers' genannte[30] – Publizisten und Politiker, die auf der Seite des im englischen Bürgerkrieg siegreichen Parlamentsheeres standen, Fragen der parlamentarischen Repräsentation, der Legitimitätsgrundlagen politischer Ordnung und des richtigen Gebrauchs politischer Macht erörterten (etwa Richard Overton, 1631–1664). Seither verlor sich in der Geschichte westlichen politischen Denkens niemals wieder der Gedanke, dass alle Regierungsgewalt sich von den Regierten herleiten müsse. In der amerikanischen und der französischen Revolution wurde das zur tragenden Idee, ausgearbeitet in Amerika von Persönlichkeiten wie Thomas Paine (1737–1809) und James Madison (1751–1817), in Frankreich vom Marquis de Condorcet (1743–1794) und dem Abbé Emmanuel Joseph Sieyès (1748–1836). Aus republikanischem Denken erwuchs schließlich die Konzeption *neuzeitlicher Demokratie*, welche den Kreis der zur politischen Beteiligung zugelassenen Bevölkerungsteile immer weiter ausdehnte. Am Beginn dieser Entwicklung standen, mit noch sehr einschränkenden Vorstellungen vom

---

29 ‚Est igitur res publica res populi', legt Cicero in seiner Schrift ‚De re publica' dem Scipio Africanus als Definition in den Mund: Die Republik ist die Sache des Volkes – aber nicht eines jeden Zusammenwirkens (‚coetus') von Menschen, sondern ‚juris consensu et utilitatis communione sociatus', also verbunden auf der Grundlage gemeinsamer Rechtsnormen und gemeinsamen Nutzens, wobei für beides praktisch erprobte Elitegruppen zu sorgen haben.

30 Der Name der ‚Levellers' erschließt sich aus seiner Entstehung als kritischer Kampfbegriff ihrer Gegner: Man klagte sie eines extremen Egalitarismus an, nämlich der für das 17. Jahrhundert ungeheuerlichen Absicht, gesellschaftliche und politische Unterschiede ‚auf ein einziges Level zu bringen', sie also einzuebnen.

sinnvollerweise politisch zu beteiligenden Personenkreis, Denker wie James Mill (1773–1836) und Benjamin Constant; zu ihnen gesellten sich dann – die demokratietheoretische Argumentation immer weiter schärfend – Autoren wie Alexis de Tocqueville, John Stuart Mill und Leonard T. Hobhouse (1864–1929). Im sozialistischen und sozialdemokratischen Denken (etwa bei Robert Owen, 1771–1858, oder Eduard Bernstein, 1850–1932) fand dann die Argumentation zur Ausweitung der an Politik zu beteiligenden Bevölkerungskreise über alle sozialen Grenzen hinaus ihren Abschluss.

4. Wie soll regiert werden?

Antworten auf diese Frage finden sich in den Diskursen einesteils um die richtige Staatsform, andernteils um die Rolle von Recht bzw. Naturrecht in der Politik. Die erste Gruppe von Diskursen ist um die Frage gelagert, welche strukturellen Arrangements und institutionellen Mechanismen geschaffen werden sollten, um gewissermaßen ‚von außen' her gutes Regieren zu gewährleisten. Bei der zweiten Gruppe von Diskursen geht es um die Gestaltung guten Regierens ‚von innen' her, nämlich ausgehend von jenen Normen, an die sich Regierende und Regierte entweder oder – um des Gemeinwohls willen – sich wenigstens binden sollten. Beide Gruppen von Diskursen hängen eng mit schon überblickten Denktraditionen sowie untereinander zusammen.

a. Die ‚richtige Staatsform'

Tragende Ideen selbst noch des neuzeitlichen Verfassungsstaates wurden schon in den antiken Debatten um eine ‚*gemischte Verfassung*' entwickelt. Später wurden sie auf der Suche nach sinnvollen Formen konkreter Gewaltenteilung ausgearbeitet. In der Antike betonten Aristoteles aus dem griechischen, Cicero und Polybios aus dem römischen Erfahrungshorizont den Wert einer Verfassung, die – in einem funktionslogisch günstigen ‚Mischungsverhältnis' – aus monarchischen, aristokratischen sowie das Volk einbeziehenden Elementen bestehe und, eben dadurch, die Gefahr von revolutionären Verfassungskreisläufen banne. Nach der Dominanz monarchischen Denkens in der römischen Kaiserzeit und im Mittelalter wurde die Vorstellung von einer ‚gemischten Verfassung' – auch vermittelt über Thomas v. Aquin – vor allem wieder in den Republiken der italienischen Renaissance aktuell. Niccolò Machiavelli und seine Zeitgenossen Francesco Guicciardini (1438–1540) sowie Donato Gianotti (1492–1573) sind dafür zentrale Autoren. Wie Guicciardini und Gasparo Contarini (1483–1542) bewunderte auch rund ein Jahrhundert später James Harrington (1611–1677) insbesondere die Institutionen der Republik Venedig, wollte – wie Machiavelli – aus historisch erwiesener Staatsklugheit lernen, und entwickelte angesichts der intellektuellen Herausforderungen des englischen Bürgerkrieges ein Konzept gemischter Verfassung zur Wiedergewinnung und Sicherung politischer Stabilität. Die wichtigsten Eigentümlichkeiten und Vorzüge einer Mischverfassung legten am Fall der – höchst unübersichtlichen – politischen Struktur des Heiligen Römischen Reiches ferner Henning Arnisaeus (1575–1636) und Johannes Limnaeus (1592–1665) dar, die beide herausragende Vertreter der – ‚Reichspublizistik‘ genannten – staatswissenschaftlichen Analyse dieses Reiches waren.

Das Erbe dieser Tradition politischen Denkens, die politische ebenso wie soziale Rang- und Machtunterschiede unmittelbar mit einem Hebelwerk wechselseitiger politischer Kontrolle verbinden wollte, traten später die Theoretiker der *Gewaltenteilung* an. Weniger bei Locke, doch sehr stark bei Montesquieu war Gewaltenteilung sozialintegrativ grundiert. Sie nahm aber bereits jenen funktionalen Charakter an, der diesem Konzept bis heute eigen ist: Es geht um die Sicherung persönlicher Freiheit durch mäßigende Hemmung der Staatsgewalt (‚gouvernement modéré‘). Ein zentrales Thema der Autoren der ‚Federalist Papers', zumal von James Madison, war es später, die Freiheit nicht nur gegen übermächtige Monarchen oder aristokratische Eliten zu sichern, sondern sie auch – bei Geltung demokratischer Ordnungsprinzipien – gegen die Herrschaftsansprüche einer *Mehrheit* zu schützen. Obendrein noch effizientes Regieren zu ermöglichen, persönliche Freiheit also sowohl mit Demokratie als auch mit wirksamen staatlichen Institutionen zu verbinden, wurde dann zum wichtigen politischen Anliegen der nachrevolutionären USA.

Diese ‚amerikanische Entfaltung‘ des Demokratiekonzepts, gekennzeichnet durch repräsentative Demokratie und Gewaltenteilung, steht bis heute in Konkurrenz zur von Jean-Jacques Rousseau gewiesenen ‚französischen Entfaltung‘ des Demokratiekonzepts. In dieser letzteren Tradition ist es überaus attraktiv, die Rollenteilung in Regierende und Regierte durch möglichst viel ‚direkte Demokratie‘ einzuebnen, etwa durch vielerlei plebiszitäre Instrumente oder durch die Vereinigung aller Staatsmacht in der Hand eines – vorzugsweise vom Volk direkt gewählten – ‚großen Menschen‘. Von diesem muss man sich allerdings versprechen, er werde ‚den wahren Willen des Volkes' verwirklichen, gleich ob als Einzelner oder als Führer einer eben dies verheißenden Bewegung. Den in der französischen Revolution auf der Grundlage solcher Vorstellungen gemachten Erfahrungen stellte Benjamin Constant dann ein auf Gewaltenteilung setzendes Konzept zur Ausgestaltung repräsentativer Regierungsweise gegenüber, welches in den französischen und europäischen Verfassungsdebatten des 19. Jahrhunderts eine wichtige Rolle spielen sollte.

Theorien der gemischten Verfassung oder der Gewaltenteilung setzen nun aber stets voraus, dass jenes Grundproblem der Politik schon gelöst ist, welches im Aufbau *überhaupt funktionstüchtiger* politischer Strukturen besteht. Es zeigten allerdings wiederkehrende finanzielle und dynastische

Funktionsprobleme des spätmittelalterlichen ‚dualistischen Ständestaates' mit Herrschaftsbefugnissen, die zwischen dem Monarchen und den ‚Ständen' (Adel, Prälaten,[31] Städte, mitunter auch Bauern) sehr vielfältig und oft sehr unübersichtlich aufgeteilt waren, dass diese bisherige Lösung des politischen Ordnungsproblems brüchig oder immerhin unzureichend geworden war. Vor allem erwies das die von der Reformation bewirkte konfessionelle Zerrissenheit der ‚geistlichen Gewalt' gegenüber den Repräsentanten der ‚weltlichen Gewalt'. Sie führte nämlich in Religions- und Bürgerkriege, in denen sich bestehende gesellschaftliche, wirtschaftliche und ethnische Spannungen entlang konkurrierender Antworten auf die Frage nach dem ‚wahren' Glauben auskristallisierten und entluden. Die weltliche Gewalt war, um diese herausfordernden Probleme bewältigen zu können, in dieser Lage zunächst einmal auf ihre repressiven oder aggressiven Mittel angewiesen. Doch die beschleunigten oft nur den Zerfall von bislang stabilisierenden Rahmenbedingungen. Also hatten Könige und Fürsten, Gelehrte und Publizisten neue Wege zu finden, um wirksame politische Institutionen aufzubauen sowie nachhaltigen Glauben an deren Legitimität zu stiften.

Im römisch-deutschen Reich wies den Weg hierzu jenes auf friedliche Streitbeilegung, Kompromisse und ‚Ausklammern' unlösbarer Probleme angelegte Verfassungssystem, das der Westfälische Frieden von 1648 geschaffen hatte. In Frankreich und England gingen die Theoretiker des Absolutismus einen sehr anderen Weg, und zwar geleitet vom Konzept der ‚Souveränität'.[32] Dieses nämlich rechtfertigte die Rolle einer ‚obersten und von rechtlichen Bindungen freien Gewalt gegenüber Bürgern und Untertanen'.[33] Damit schufen sie gleichsam einen argumentationsgeschichtlichen Sperrriegel zwischen den älteren Wünschen nach der Einrichtung einer gemischten Verfassung und den neueren nach einem System der Gewaltenteilung. Erster wichtiger Theoretiker der souveränen, absoluten, beim Monarchen liegenden Staatsgewalt war Claude de Seyssel (1450–1520); ihren Gipfel fand diese Ausprägung systematischen Denkens aber bei Jean Bodin und Thomas Hobbes. In neuer Weise griffen dann wieder im 19. und 20. Jahrhundert die Theoretiker und Praktiker des sozialistischen Staates bzw. der Diktatur des Proletariats – allen voran Lenin, Stalin und Mao Zedong (1893–1976) – die Vorstellung auf, die Staatsmacht müsse in *einer* Hand liegen, und staatliche Politik müsse unbedingt aus *einem* Guss gestaltet sein. Nur dann könne sie nämlich die

---

31 Mit diesem Begriff bezeichnet man in diesem Zusammenhang kirchliche Würdenträger wie (Fürst-)Bischöfe und Äbte.
32 Von lat. ‚superiōritas', d.h. Übermacht, Überlegenheit.
33 So eine wörtliche Übersetzung der klassischen Definitionsformel von Souveränität als ‚summa in cives ac subditos legibusque absoluta potestats'. Der Begriff des Absolutismus kommt von dieser Denkfigur, leitet er sich doch vom lateinischen Wort ‚absolūtus' her, d.h. abgelöst, abgetrennt, freigestellt – nämlich von jenen rechtlichen Bindungen, die der Souverän seinerseits, um der Friedenssicherung willen, seinen Bürgern und Untertanen auferlegt.

Verwirklichung des – dank wissenschaftlicher Einsicht bekannten – ‚politisch Guten' garantieren und erfolgreich sein bei der – zu Recht alle Widerstände brechenden – Durchsetzung dessen, was zu tun geschichtlich notwendig wäre.

b. Die Rolle von Recht in der Politik

Diese zweite Gruppe von Antworten auf die Frage danach, wie denn regiert werden solle, handelt vom Recht, von seinen Quellen und von seiner konkreten Rolle für die Politik. Man kann jene Antworten gliedern in die Lehren vom Naturrecht, vom positiven Recht, von der politisch funktionalisierten ‚Gesetzlichkeit' sowie von der Rechtsstaatlichkeit.

(1) Naturrecht in systematischer Perspektive

Die Lehren vom ‚Naturrecht' gehen bis in die Antike zurück. Sie wurden von Thomas v. Aquin systematisch mit der christlichen Theologie verbunden, nahmen einen großen Aufschwung in der Zeit der Aufklärung, rechtfertigten die großen Revolutionen in Amerika und Frankreich, wurden vom Historismus und Rechtspositivismus in die Defensive gedrängt, erlebten in der Auseinandersetzung mit den Diktaturen des 20. Jahrhunderts einen neuen Aufschwung und gelten seit dem Siegeszug des liberalen Relativismus als intellektuell überholt. Allerdings empfangen sie seit einiger Zeit neue Impulse aus der Evolutionären Ethik sowie aus der Soziobiologie. Tatsächlich erlauben es gerade diese beiden Forschungszweige, jene so wichtigen Fragen nach der *Natur des Menschen*, nach dem *Naturzustand* menschlicher Beziehungen, desgleichen nach den Folgen all dessen für ‚richtiges Recht' und ‚gute Ordnung', nun auch auf breiter *empirischer* Grundlage zu erörtern, also über jene bloße *Theoriearbeit* hinauszugehen, mit der diese Fragen in der philosophischen Anthropologie sowie von vielen Klassikern des politischen Denkens beantwortet wurden. Schwierig macht die Naturrechtslehren einesteils, dass die Frage nach den Quellen eines möglichen ‚Naturrechts' auch geradewegs zur politikwissenschaftlich gar nicht beantwortbaren Frage danach führt, ob Gott existiert und irgend etwas mit den Grundlagen des Rechts zu tun hat. Andernteils bleibt oft unklar, was mit Begriffen wie ‚Naturrecht', wie ‚natürliche Rechte' oder wie ‚Gesetze der menschlichen Natur' im politiktheoretischen Diskurs überhaupt gemeint sein soll.[34]

(2) Naturrecht in historischer Perspektive

Das antike Naturrechtsdenken, entfaltet vor allem bei Platon, Aristoteles und Cicero, wandte sich gegen die Vorstellung, alle Rechtsnormen seien im

---

34 Als einführende Erörterung der hier wichtigen Überlegungen siehe S. 525–528 in der 7. Aufl. meiner ‚Einführung in die Politikwissenschaft'.

Grunde nur konventionell. Geglaubt wurde gerade nicht, dass es sich beim Recht stets nur um ein von Menschen gesetztes ‚positives' Recht handele, auf das sich – in modernen Begriffen – ein Rechtsstaat als rein ‚formaler' Rechtsstaat dann eben auch beschränken müsse. Vielmehr wurden die dem menschlichen Handeln und der es prägenden Politik zugrunde zu legenden Rechtsnormen tatsächlich auf die ‚Natur des Menschen' zurückgeführt. Diese ‚Natur des Menschen' ließ sich – wie bei Platon – psychologisch begründen, wie bei Aristoteles empirisch-induktiv erschließen und dann teleologisch deuten, oder – wie bei Cicero und überhaupt in der stoischen Philosophie – als durch Nutzung der menschlichen Vernunft erkennbar behaupten. Letzteres gelinge deshalb, weil – so später auch Samuel v. Pufendorf – die menschliche Vernunft *und* die Natur des Menschen göttlichen Ursprungs und darum im Grunde gleichartig wären.[35] Durch den Gebrauch der Vernunft ließen sich also auf ‚natürlichen Gesetzen' beruhende Rechtsnormen und somit Herrschaftsformen und Herrschaftsweisen ausfindig machen, die der menschlichen Natur angemessen sind. Verhält sich das aber so, dann erlaubt solches Wissen nicht nur eine faktische Stabilität politischer Ordnungsformen, sondern auch noch einen Übereinklang zwischen den natürlichen Individualinteressen der Regierten und dem – von den Regierenden zu verwirklichenden – Gemeinwohl. So entsteht belastbare Legitimität einer politischen Ordnung.

In die Rolle Gottes, die in allen diesen Diskursen als nicht wegzudenken galt, trat mit dem Siegeszug des Christentums eben dessen Gottesvorstellung. Das Rechtssystem des römischen Reiches wurde deshalb mehr und mehr mit den Leitvorstellungen der seit dem 4. Jahrhundert allmählich hegemonial werdenden christlichen Religion vereinbar gemacht. Zu erheblichen theoretischen wie praktischen Problemen führte allerdings nach der Eroberung der westlichen Reichshälfte durch germanische Völker die Aufgabe, die einer ‚göttlichen Offenbarung' zugeschriebenen Gesetzesvorstellungen des Alten und Neuen Testaments mit sowohl den Stammesrechten dieser – ihre eigenen Herrschaftsordnungen begründenden – Völker als auch mit der traditionellen Rechtssetzungsbefugnis von deren Königen in Verbindung zu bringen. Zwei der Lösungen dieses Problems wurden geschichtsprägend: die des Augustinus (‚Weltliche Herrschaft ist ein – leider nötiges – Domestizierungsmittel für den zum Bösen neigenden Menschen'), und die des Papstes Gelasius I. (Zwei-Schwerter-Lehre mit Dominanz der geistlichen Gewalt in den ‚wichtigeren', nämlich den religiösen Dingen). Doch beide waren, systematisch gesehen, nicht viel mehr als argumentative Notbehelfe. Eine überzeugende Lösung schuf erst – im Rückgriff auf Aristoteles – Thomas v. Aquin. Der arbeitete eine ‚Abschichtung' von göttlichem Gesetz, Naturgesetzen und allein

---

35 Dies ist – ersetzt man nur die Denkfigur vom ‚göttlichen Ursprung' durch jene einer ‚gemeinsamen evolutionären Herkunft' – genau der Grundgedanke der Evolutionären Erkenntnistheorie.

von Menschen gemachten Gesetzen aus, und verwies das jeweils ‚niedrigere' Recht in die Schranken des ihm übergeordneten Rechts. Positives Recht hatte also die Vorgaben vernunfterkannter ‚natürlicher Gesetze' zu beachten (letztere abzielend auf die Bewahrung der Schöpfung, auf die Weitergabe des Lebens und auf sittliches Verhalten), und diese waren wiederum im Licht von Gottes Verhaltenserwartungen zu verstehen, die auf eine ewige Seligkeit der Menschen abzielten.

Mit solchen Verhaltenserwartungen muss der Mensch nichtsdestoweniger auf der Grundlage seiner natürlichen Freiheit umgehen, also vor allem jener Freiheit, fallweise eher Gutes oder eher Böses tun zu können. Für eine ihre Legitimität von Gott ableitende, in Gottes Auftrag auch um das Seelenheil der Regierten besorgte politische Ordnung, wie sie im Europa des Mittelalters und der frühen Neuzeit überall bestand, rückte damit in den Mittelpunkt der unbedingt zu beantwortenden Fragen das Verhältnis zwischen der ‚natürlichen Freiheit' des Einzelnen und jenen Rechtsnormen, welche die jeweilige Regierung setzen durfte, setzen sollte, gar setzen musste – und zwar nicht nur um des Seelenheils der Regierten willen, sondern auch, um gesellschaftlichen Zusammenhalt und politische Stabilität angesichts eines Dauerzustandes von Streit, Verblendung und Rebellion unter Adel, Bürgern und sonstigen Untertanen zu sichern. Noch stark in den Spuren von Thomas v. Aquin bewegte sich mit Erwägungen hierzu Francisco Suárez. Den Weg hin zu einer argumentativen Säkularisierung der Theorie natürlicher Rechte beschritten später Hugo Grotius und Samuel Pufendorf. Bei Thomas Hobbes galten ‚natürliche Gesetze' schließlich als funktionslogische Zusammenhänge, in deren Zusammenhang die Rechtsfigur des Herrschaftsvertrags – und zwar mit vernünftigen Gründen – die natürliche Freiheit des Einzelnen um dessen Sicherheit willen reduzieren konnte. Das konnte reichen bis zur nur noch im Seeleninneren zu bewahrenden Gewissensfreiheit. Immerhin sah Hobbes das Recht zur Auswanderung aus einem Herrschaftsgebiet vor, in dem das Leben nicht mehr als lebenswert erschien. Doch vom Gedanken an die Sicherung überhaupt *stabiler* Herrschaft völlig in Beschlag genommen, sah Hobbes keinerlei Möglichkeit, eine Herrschaftsordnung durch eine ihr *vorgängige* Rechtsordnung in ihren äußeren Gestaltungsansprüchen zu beschränken.

Einen solchen Weg wies geschichtsmächtig aber John Locke. Insbesondere aus dem Recht des Einzelnen, um seiner Freiheit und Selbstentfaltung willen gesichertes Eigentum zu besitzen, leitete er eine Theorie von ‚natürlichen Rechten' der Menschen ab, die ihrerseits in einer klaren Verbindung zu rational einsehbaren ‚natürlichen Gesetzen' des gesellschaftlichen Zusammenlebens stünden. Solche Rechte der Regierten machte er wiederum zur Richtschnur für den Aufbau eines legitimen staatlichen Institutionengefüges. Dessen Kennzeichen sind eine vertragsbegründete, gewaltenteilende und gesetzesgebundene politische Autorität samt dem Anspruch der Regierten entweder auf eine Sicherung ihrer Freiheit durch die Regierenden oder auf einen politischen Umsturz, wenn ein Regime die natürlichen Rechte der Bürger verletzen oder nur unzulänglich wahren sollte. Diesen Gedanken bauten, je nach aktuellen politischen Problemlagen, die politischen Denker des Liberalismus und der Aufklärungszeit weiter aus: Thomas Jefferson (1743–1826) etwa in der amerikanischen Unabhängigkeitserklärung von 1776, die Autoren der ‚Erklärung der Menschen- und Bürgerrechte' gleich 1789 zu Beginn der Französischen Revolution, ein wenig später dann in Frankreich der Marquis de Condorcet, in den USA Thomas Paine.

Während unter den radikalen Demokraten und den frühen Sozialisten sich das Denken in naturrechtlichen Begriffen noch bis weit ins 19. Jahrhundert hielt, hatten die konservativen Kritiker der Französischen Revolution in Frankreich, England und Deutschland das *revolutionäre*, zur Forderung zumal nach Freiheit und Gleichheit führende Potential naturrechtlichen Denkens rasch erkannt. Deshalb begannen sie die Vorstellung eines ‚Naturrechts' nicht nur als politisch gefährlich, sondern auch als *wissenschaftlich unfundiert* zu bekämpfen. Als besonders wirkungsvoll erwies sich dabei die im 19. Jahrhundert zumal in Deutschland überaus einflussreiche Position des Historismus, die sich ebenfalls – vor allem bei Friedrich Carl v. Savigny (1779–1861) und seinen Nachfolgern – als ‚Historische Schule der Rechtswissenschaft' entfaltete. Nach ihr besteht das Recht im Wesentlichen aus Rechts*überzeugungen*, die sich ihrerseits aber – abhängig von variierenden gesellschaftlichen Bedürfnissen – im Lauf der Zeit wandeln. Wenn es aber im Recht keine überhistorischen Konstanten gibt, dann hat auch die ganze Rede von einem über der staatlichen Gesetzgebung stehenden ‚Naturrecht' keinerlei Sinn.

(3) Rechtspositivismus

Noch von einer anderen Seite her wurde das in den Revolutionen des 18. Jahrhunderts triumphierende Naturrechtsdenken seit dem späten 19. Jahrhundert um seine Überzeugungskraft gebracht, nämlich vom Rechtspositivismus. Nach dieser rechts- und politikwissenschaftlichen Lehre[36] kann allein vom – auf rechtsförmige Weise – *staatlich gesetzten* Recht (‚positives Recht', ‚kodifiziertes Recht') wirklich sicher sein, dass es sich um *Recht* handelt, also nicht einfach um rein subjektive, politisch bloß zweckvoll eingesetzte Wunschvorstellungen. Die prägenden Vertreter des deutschen Rechtspositivismus waren Carl Friedrich v. Gerber (1823–1891) und Paul Laband (1838–1918); seinen Höhepunkt fand er im Werk des Österreichers Hans Kelsen (1881–1973) und des Briten Herbert L.A. Hart (1907–1992). Politisch

---

36 Der rechts- und politikwissenschaftliche Positivismus darf nicht mit dem philosophischen und wissenschaftstheoretisch-methodologischen Positivismus verwechselt werden. Letzterer ist eine Lehre, die davon ausgeht, Erkenntnis sei allein auf der Grundlage sinnlicher Wahrnehmung möglich und bedürfe nicht einer vorausgehenden theoretischen oder begrifflichen Strukturierung des Wahrnehmungsfeldes.

brisant ist hier bereits die angeratene Blickverengung der Rechtswissenschaft: Sie habe sich allein mit den Rechtsnormen und deren systematischer Struktur zu befassen, desgleichen mit deren Geltung als stimmiger Teil eines hierarchischen Rechtssystems, und obendrein mit deren tatsächlicher Wirksamkeit, ihrerseits zurückgehend auf Autorität oder Zwangsausübung bei der Durchsetzung des Rechts. Hingegen gehe die Analyse der *Motive* hinter der Setzung von Rechtsnormen die Rechtswissenschaft nichts an, und ebenso verhalte es sich mit den *Folgen* einer Anwendung jener Rechtsnormen. Die zwei letztgenannten Themen sind nun aber Kernanliegen der Naturrechtslehre und einer konsequentialistischen Ethik. Dem entgegen verlangte der Rechtspositivismus, die Rechtswissenschaft solle das Recht weder mit Moral noch mit Gerechtigkeit verwechseln, sondern es einfach als ein – gekonnt zu handhabendes – *Instrument* in der Hand des Gesetzgebers untersuchen.

Im Rahmen eines solchen positivistischen, rein formalen und allein auf die ‚Legalität' beschränkten Rechtsverständnisses, das vom bei Thomas v. Aquin formulierten Schichtenbau des Rechts nur noch dessen unterste Stufe kennt, ließ sich – bei gegebenem politischem Willen – letztlich *alles* zum Recht machen, sofern nur die jeweils gültigen Formalien eingehalten wurden. In der Verwandlung der – auf ihre Wissenschaftlichkeit so stolzen – positivistischen Jurisprudenz der Weimarer Republik zum rechtsförmigen Werkzeug nationalsozialistischer Tyrannei zeigte sich dann, wie leicht der um alle naturrechtliche Denkfiguren verkürzte Positivismus sowohl seinen rechtssichernden Bankrott als auch moralischen Schiffbruch erleiden kann. Unter dem Eindruck des tatsächlich so Erfolgten entwickelte der deutsche Rechtsphilosoph Gustav Radbruch (1878–1949) im Jahr 1946 in einem Aufsatz über ‚Gesetzliches Unrecht und übergesetzliches Recht' eine weithin aufgegriffene konfliktlösende Formel: Zwar müsse man um der Rechtssicherheit willen immer wieder auch ungerechtes und unzweckmäßiges Recht hinnehmen; doch im Konflikt zwischen positivem Recht und Gerechtigkeit habe man sich genau dann – aber auch nur dann – gegen das Gesetz und für die Gerechtigkeit zu entscheiden, wenn das fragliche Gesetz in einem so unerträglichen Widerspruch zur Gerechtigkeit gerate, dass es als ‚unrichtiges Recht' gelten müsse, oder wenn es sich ohnehin nicht um jene Gleichheit kümmere, die den Kern der Gerechtigkeit ausmache. Damit war freilich wieder ein Leitgedanke der Naturrechtslehre erreicht. Diese erlebte denn auch in der deutschen Rechts- und Politikwissenschaft nach dem Zweiten Weltkrieg eine Renaissance. Heute, rund achtzig Jahre nach der schrecklichen Zeit des Nationalsozialismus, ist ihre Attraktivität wieder sehr abgeklungen.

(4) Politisch funktionalisierte Gesetzlichkeit

Wie in den faschistischen Regimen wurde auch in den realsozialistischen Staaten das Recht, desgleichen die Rechtsprechung, von einer Schranke zum *Werkzeug* des politischen Gestaltungswillens. Völlig wurde jeweils die

Leitüberzeugung des Positivismus zurückgewiesen, das für die Politik maßgebliche Recht erschöpfe sich im tatsächlichen *Normenbestand* des jeweiligen positiven Rechts. Doch ebenso wurde die Vorstellung abgelehnt, es könne ein unmittelbar mit der menschlichen Natur verbundenes – und deshalb vom Staat weder ‚gewährtes' noch von ihm abzuwandelndes oder gar legitimerweise zu entziehendes – *vorgeordnetes* Recht geben, das allen positiven Rechtsnormen überhaupt erst ihren Sinn verleihe und deshalb nicht nur staatliches Handeln, sondern auch alle staatliche Rechtsetzung prägen müsse. Statt mit solchen naturrechtlichen Gedanken das Recht als eine *Schranke* politischer Gestaltungsansprüche zu akzeptieren, wurde ganz im Gegenteil mittels zweier Denkfiguren das Recht zum – von den faktischen Machtträgern *frei* nutzbaren – *Gestaltungsmittel* von Politik gemacht.

Faschistische Regime kultivierten einerseits die Maxime ‚Der Führer erkennt das Recht und setzt es durch'. Auf der Grundlage einer solchen (Selbst-)Ermächtigung tritt dann in der Regel an die Seite eines womöglich sogar *formal weiterbestehenden* ‚Normenstaates' ein ganz von politischer Willkür geprägter ‚Maßnahmenstaat'.[37] Doch man kann andererseits auch den ‚Normenstaat' selbst, soweit politisch gewünscht, zum geschmeidigen Werkzeug politischen Gestaltungswillens machen. In den kommunistischen Staaten wurde das auf den Begriff der ‚sozialistischen Gesetzlichkeit' gebracht. Er war die Kurzformel für die folgende Überzeugung: Rechtsnormen dienen dazu, den Willen der geschichtsnotwendig regierenden kommunistischen Partei mittels der rechtsetzenden Funktion von Parlamenten und Gerichten rechtsförmig zu machen; deshalb müssen alle Rechtsnormen *parteilich* im Sinne *sozialistischer* Politik ausgelegt werden, sind aber keinesfalls als Abwehrmöglichkeiten gegenüber einem Vollzug der Diktatur des Proletariats misszuverstehen; und Gerichte dürfen deshalb gerade nicht unabhängig sein, wenn politisch Wichtiges verhandelt wird, sondern haben den Vorgaben der politischen Führung zu folgen. Vom Recht, das jahrhundertelang sogar an der ‚Natur des Menschen' verankert wurde, blieb hier nur seine formale Hülle, nämlich die ‚Gesetzlichkeit', die sich inhaltlich ganz mit dem jeweils politisch Gewünschten auffüllen ließ. In gewisser Weise war damit die utilitaristische Kritik am Konzept des Naturrechts aufgegriffen und höchst wirkungsvoll umgesetzt: Als Recht solle – so etwa Jeremy Bentham – nur das gelten, was für die Gesellschaft vorteilhaft wäre. Dann ist es freilich eine reine Machtfrage, wer seine Definition von gesellschaftlicher Nützlichkeit durchsetzt, und wer deshalb festlegen darf, was Recht und Gestaltungsaufgabe des Staates ist.

(5) Rechtsstaatlichkeit

Sowohl die utilitaristisch-parteiliche Zuspitzung der Rolle, die dem Recht in der Politik zugewiesen wird, als auch die dem Absolutismus zugrunde

---

37 Dieses Begriffspaar entwickelte Ernst Fraenkel (1898–1975) bereits in seiner 1941 erstmals erschienenen Studie über den nationalsozialistischen Staat.

liegende Vorstellung, eben um der Stabilitäts- und Friedenswahrung willen müsse es eine von rechtlichen Bindungen – und ohnehin vom Streit um sie – *freie* Instanz im Staatswesen geben, waren allerdings Ausnahmen und Brüche mit langen Traditionen der Geschichte des Denkens zur politischen Rolle des Rechts. Denn üblicherweise – und heute wieder – dominierte die Vorstellung, Macht solle *innerhalb* von *institutionell gesicherten* Grenzen ausgeübt werden, also regelgebunden unter der Herrschaft des Gesetzes. Bei Platon war dafür eine wichtige Begründung, das Recht müsse die ethischen und intellektuellen Defizite von Regierenden und Regierten kompensieren. Aristoteles wiederum betonte, dass gerade ein solches System große Vorzüge habe, in dem vernünftige und unparteiische Gesetze eine Art ‚neutrale Autorität' darstellten, welche auch die politischen Führer binde.

Für das mittelalterliche Denken war einesteils das Herrschaftsrecht von Königen unumstritten. Andernteils war bis zur – auf das 11. Jahrhundert zurückgehenden – praktischen Wiederentdeckung der Nutzungsmöglichkeiten römischen Rechts für die Herrschaftspraxis, und anschließend bis zu dessen allmählicher Rezeption in den europäischen Reichen, ebenso unumstritten, dass königliches Handeln sowohl durch die Beachtung überkommenen Gewohnheitsrechts als auch dadurch begrenzt sei, dass bei rechtlichen Neuerungen die Zustimmung der Regierten eingeholt oder wenigstens zum Ausdruck gebracht werden müsse. Mit der weiteren Unterscheidung von göttlichem Recht bzw. Naturrecht, das seinerseits den Monarchen binde, und dem positiven Recht, dessen Quelle niemand anderes als der Monarch sei, wurden die Rechtslage und die Argumentationsnotwendigkeiten noch komplizierter: Wann darf der Monarch nur gebunden durch Gesetze handeln, wann aber als jemand, der über ihnen steht? Und in welchem Verhältnis steht die jeweilige Rechtslage zum legitimen monarchischen Willen? Zur Klärung möglicher Antworten auf solche Fragen lieferten Thomas v. Aquin und Marsilius v. Padua wichtige Beiträge, konnten aber auch nicht die systematische Spannung zwischen den Rollen des Monarchen als Quelle von Recht und als Wahrer des auch ihm selbst vorgegebenen Rechts zum Ausgleich bringen. Eine Auflösung hin zur Herrschaft des – als *common law* überkommenen – Gesetzes auch über den Monarchen versuchte zwar Richard Hooker (1554-1600). In der aufkommenden Praxis – und in der sie rechtfertigenden Theorie – des Absolutismus setzten sich hingegen die Souveränitätslehren von Jean Bodin und Thomas Hobbes durch.

Der Weg gleichsam zurück zur verfassungsstaatlichen Bindung auch des Monarchen wurde dann wieder, und zwar auf der Grundlage einer dank des Absolutismus nunmehr unstritig einheitlichen Staatsgewalt, mit dem neuerlichen Aufkommen der Gewaltenteilungslehre im Zug der Aufklärung sowie dank der Umgestaltungswucht des Liberalismus eingeschlagen. Allenfalls persönlich mochte der Monarch noch über dem Gesetz stehen; alle von ihm ausgehende Autorität aber hatte sich unter der Herrschaft des

Rechts ins Werk zu setzen, keinesfalls aber als monarchische Willkürherrschaft. Dies zu sichern, sind – wie etwa von David Hume gezeigt wurde – ganz unterschiedliche Verfassungsgefüge geeignet, die sich mannigfachen gesellschaftlichen Eigentümlichkeiten anpassen lassen. Über Montesquieus Gewaltenteilungslehre und Benjamin Constants Konzeption konstitutioneller Regierung setzte sich schließlich die heute wohlbekannte Vorstellung des *Verfassungsstaates* durch. Der ist eine Vereinigung von Bürgern unter der – gewaltenteilig gesicherten – Herrschaft des Gesetzes bei Ausschluss jeglicher Willkürherrschaft. Im Deutschland des 19. Jahrhunderts konkretisierte sich diese Idee im Konzept des ‚Rechtsstaates', d.h. eines Staatswesens, in dem alles Herrschaftshandeln einer rechtlichen Grundlage bedarf, die auch ihrerseits rechtsförmig zustande kommen muss.

Als sich der Rechtsstaatsgedanke mit dem anti-naturrechtlichen Rechtspositivismus verband, wurde die Bindekraft des Rechtes gegenüber einer entschlossenen Instrumentalisierung des Rechtes allerdings geschwächt. Aus der Herrschaft des Gesetzes konnte so die Herrschaft der Herren der Gesetzgebung werden: deren Achtung der *Formen* des Rechts reiche völlig aus. Da diese Formen aber durch letztlich beliebige Inhalte aufgefüllt werden können, solange hinter ihnen nur die erforderliche Durchsetzungsmacht steht, ist ein rein positivistischer Rechtsstaat nichts mehr als ein bloß ‚formaler' Rechtsstaat, womöglich auch nur ein – politisch funktionalisierbares – ‚System der Gesetzlichkeit'. In Deutschland schufen, ganz im Geist des Positivismus, die Väter der Weimarer Reichsverfassung einen formalen Rechtsstaat. Der Nationalsozialismus konnte diesen ‚formalen Normenstaat' dann leicht durch seinen tatkräftig auf konkrete politische Zwecke ausgerichteten Maßnahmenstaat überlagern.

Daraus Lehren ziehend, wurde im bundesrepublikanischen Nachkriegsdeutschland als Gegenmodell das Konzept des ‚materiellen' Rechtsstaates verwirklicht. Er kennzeichnet sich dadurch, dass alles positives Recht in die vom überpositiven Naturrecht gezogenen Schranken verwiesen ist. ‚Legalität' reicht also letzten Endes nicht aus; es kommt auch auf die Legitimität der Inhalte an, die zum Inhalt von Gesetzen gemacht werden. Damit schritt die deutsche Rechts- und Staatstheorie jenen Weg aufs Neue aus, der in der Geschichte dieser Ideen schon mehrfach hin und her begangen worden war. Er führte von der Bindung des Inhabers von Herrschaftsgewalt an schon vorgegebenes Recht über die Anerkennung eines ‚Souveräns' als einzig realer Quelle zumal neuen Rechts hin zur Rückbindung selbst neuer Rechtsetzung an als ‚vorstaatlich' gedachtes Recht. Seit die dem Demokratieprinzip eben dadurch gezogenen rechtlichen Grenzen von der Mehrheit der Bevölkerung nicht länger akzeptiert werden, etwa im Bereich der Gesetzgebung zum Schwangerschaftsabbruch oder zum Embryonenschutz, wird wieder einmal eine Kehre eingeschlagen.

Je nachdem, welches Recht als vorstaatlich gedacht und wie es interpretiert wird, mag ein materieller Rechtsstaat obendrein schon von seinen Rechtsgrundlagen her bestimmte Gestaltungsaufgaben zugewiesen bekommen. In Deutschland können diese von den Verfassungsgerichten sogar als Gesetzgebungsaufträge formuliert werden. Etwa wird aus der Bindung aller staatlichen Gewalt an den Schutz der Menschenwürde der politische Auftrag zur Gestaltung und Aufrechterhaltung eines wirklich starken Sozialstaates abgeleitet. Auf diese Weise tritt nicht nur die herrschafts*begrenzende* Wirkung des Rechts in den Hintergrund, sondern führt die Rechtsordnung selbst zur *Ausdehnung* des als legitim geltenden staatlichen Gestaltungsanspruchs. Das mag eines Tages wieder zurück zum ‚vormundschaftlichen Staat' und zur erneuten Einengung persönlicher Freiheitsrechte auf der Grundlage eines vom Staat *a priori festgelegten Gemeinwohls* führen. Wie trotz aller Verlockungen, auf genau diese Weise Gerechtigkeit und Nachhaltigkeit zu verwirklichen, weiterhin die individuelle und die gesellschaftliche Freiheit gesichert werden können, ist eine nicht leicht zu beantwortende Frage. Höchst inspirierende Antworten auf sie gab Friedrich August von Hayek (1899-1992) in seiner – vor allem der liberalen Denktradition verpflichteten – Erörterung einer ‚Verfassung der Freiheit'.

5. Wann darf man sich gegen politische Herrschaft auflehnen?

Eine stabile politische Ordnung aufzurichten und sie als eine möglichst ‚gute Ordnung' auszugestalten, ist die zentrale Aufgabe der Politik. Dann liegt aber auch die Frage nahe, ob, unter welchen Umständen und wie weit eine politische Ordnung ihre legitime Bindewirkung gegenüber den Regierten auch verlieren kann, ob – und unter welchen Umständen – es also richtig sein mag, sich gegen ein bestehendes Regierungssystem aufzulehnen. In der Geschichte des politischen Denkens wurde diese Frage in drei Gruppen von Diskursen erörtert. Im einen ging es um den Aufstand gegen ungerechte oder illegitime Herrscher, im anderen um zivilen Ungehorsam sowie gewaltfreie Aufsässigkeit, und im dritten um eine normative Theorie der politischen Revolution.

In den Diskursen zum Aufstand gegen ungerechte oder illegitime Herrscher wurden immer wieder drei Themen behandelt: Unter welchen Bedingungen ist derlei angebracht? Welche Formen darf ein solcher Aufstand annehmen? Und wer ist zur Beteiligung an ihm berechtigt? In der mittelalterlichen politischen Theorie befassten sich mit solchen Fragen vor allem Thomas v. Aquin, Johannes v. Salisbury (1115/20–1180), Wilhelm v. Ockham (1285–1349) und Marsilius v. Padua. Kerngedanke war im Grunde stets, dass Menschen zwar eigentlich der von Gott über sie eingesetzten Obrigkeit Gehorsam schulden, dass sie jedoch dann zur Auflehnung – bis hin zur Ermordung eines Monarchen – berechtigt und gegebenenfalls sogar verpflichtet sein können, wenn ein Herrscher nicht mehr gerecht und gemäß göttlichem Gesetz regiert, sondern als Tyrann Willkürherrschaft betreibt. Ganz in dieser Traditionslinie stand dann auch die Haltung der Reformatoren zum Widerstandsrecht, zumal die von Martin Luther und von Johannes Calvin, wobei sich die Widerstandsproblematik allerdings um die Frage der Verpflichtung auf den rechten Glauben erweitert fand. Einesteils wurde im äußersten Fall Widerstand gegen einen Monarchen bejaht, wenn dieser dem falschen Glauben anhänge, die Ausübung der ‚richtigen' Religion – darin unterstützt von breiten Volksschichten oder nicht – unterbinde, und gegebenenfalls auch noch korrupt wäre. Andernteils stand – in der Tradition des politischen Denkens seit Paulus und Augustinus – ganz außer Zweifel, dass es außerhalb von Ausnahmesituationen zweifellos die Pflicht der Untertanen oder Bürger sei, auch einer schlecht regierenden Obrigkeit zu gehorchen.

Ein Ausweg aus diesem Dilemma bestand darin, das Recht zum Widerstand dann als eine *Pflicht von Amtsträgern* zum Einschreiten aufzufassen, wenn ein Herrscher ungerecht und tyrannisch zu regieren beginne. So gesehen, wird nämlich nicht Herrschaft als solche, sondern nur deren falsche oder inakzeptable Ausübung bekämpft – und das auch nicht revolutionär von jedermann, sondern bloß seitens der anerkannten Sachwalter von Recht und Gemeinwohl. Eine solche Vorstellung führt geradewegs zur Befürwortung der Rolle einer legitimen Opposition. Zunächst wurde dieser Gedanke – an seine Entfaltung bei Calvin anknüpfend – unter den französischen Protestanten wirkungsmächtig, nämlich bei ihrem Streit mit dem katholischen Königtum. Entfaltet wurde er bei den sogenannten ‚Monarchomachen' (griech. für ‚Königsbekämpfer'), nämlich bei François Hotman (1524–1590) und bei Théodore de Bèze (1519–1605). Bald fand er sich konsequenterweise auch mit der Ansicht verbunden, letztlich dürfe sich ebenfalls das Volk selbst auflehnen, wenn es nämlich tyrannisch, ungerecht und gemeinwohlwidrig regiert werde. Solche Gedanken griff dann John Locke auf, in dessen Version der Theorie des Gesellschafts- und Herrschaftsvertrags das neuzeitliche Widerstandsrecht seine bis heute gültige Form erhielt: Sobald die Herrschaft des Rechts endet, die freiheitssichernden politischen Institutionen anvertraut ist, beginnt Tyrannei – und damit auch die ohnehin nie aufgegebene Befugnis der Regierten, sich solcher Tyrannei nach eigenem Urteil zu widersetzen. Im Grundgesetz für die Bundesrepublik Deutschland nahm diese Idee die Form des Artikels 20,4 an, nach dem alle Bürger, falls andere Abhilfe nicht möglich ist, das Recht zum Widerstand gegen jeden haben, der es unternimmt, die freiheitliche demokratische Ordnung zu beseitigen.

Doch auch innerhalb einer insgesamt akzeptierten politischen Ordnung kann es vorkommen, dass Bürger gesetzmäßiges Regierungshandeln nicht nur für sachlich falsch, sondern auch für illegitim, d.h. für den Grundwerten und Grundprinzipien der politischen Ordnung widersprechend halten. Jenseits von Opposition, also über eine solche konkurrierende politische Beteiligung hinaus, die Politik- und Personalalternativen anstrebt, können dann ziviler Ungehorsam und gewaltfreie Aufsässigkeit wünschenswert oder gar notwendig werden. Warum und unter welchen Bedingungen derlei angebracht sein mag, findet sich erörtert bei Henry David Thoreau (1817–1862), Mahatma Gandhi (1869–1948) und Martin Luther King (1929–1968). Ein Staatswesen mit *praktizierter* Wertbindung sowie mit der Möglichkeit *wirksamer* Opposition wird zivilen Ungehorsam und gewaltfreie Aufsässigkeit in der Regel nicht nötig haben. Wo derlei aber dennoch vorkommt, ist dies ein starkes Anzeichen dafür, dass das Regierungssystem an Legitimationsproblemen leidet – entweder, weil es den eigenen Wertvorstellungen nicht gerecht wird, oder deshalb, weil größere Bürgergruppen aus ernstzunehmenden Gründen teils ihre politische Ordnung, teils angemessene Regeln für eigenes politisches Handeln verkennen.

Es kann allerdings auch sein, dass eine gegebene Herrschaftsordnung *insgesamt* abgelehnt wird, weshalb man glaubt, man müsse sie durch eine bessere ersetzen. Nicht bloß Widerstand gegen die jeweiligen Machtinhaber wird dann angestrebt, sondern es gilt, das System schlechthin zu bekämpfen. Einesteils die solche Wünsche hervorbringenden Umstände zu erörtern, andernteils das Verlangen nach Umsturz zu rechtfertigen, ist das Thema von (normativen) Theorien der Revolution. Auch sie haben eine lange Geschichte. Platon erörterte Revolutionen als Folgen des moralischen Niedergangs von Regierenden und Regierten, Aristoteles als Folgen des Strebens von Elitegruppen oder von breiten Volksschichten nach exklusiver Macht in einem Gemeinwesen. Auch Polybios oder Machiavelli diskutierten Revolutionen als Anzeichen und Folgen von Sozialpathologien in einer Gesellschaft bzw. in deren politischem Institutionensystem. Doch in allen diesen Fällen finden sich eher Erklärungen dafür, warum es *tatsächlich* zu Revolutionen kommt, als Argumentationen dahingehend, dass es um guter Zwecke willen zur Revolution kommen *sollte*.

Das änderte sich im Zeitalter der Reformation. Radikale Vertreter des Protestantismus bezeichneten im frühen 16. Jahrhundert, also dem Zeitalter der deutschen Bauernkriege, ein natürliches Herrschaftsrecht von Monarchen als unvereinbar mit dem christlichen Glauben. Stattdessen verlangten sie neue politische Ordnungsformen, bei denen die geistliche Autorität von den Gläubigen und deren Synoden, die politische Autorität aber von den Regierten und deren Vertretungskörperschaften ausgehen sollte. Im englischen Bürgerkrieg des 17. Jahrhunderts spielten solche Forderungen sogar eine zentrale Rolle. Auf deutlichste kamen sie in den Schriften der Levellers zum Ausdruck. Politisch wirkungsmächtig werdend, führten solche Ideen in Europa – gerade auch über Englands ‚Glorreiche Revolution' von 1688 – einesteils zum Verfassungsstaat, der auf eine demokratische Repräsentativverfassung gegründet ist. Andernteils dienten sie seit dem frühen 19. Jahrhundert als Anknüpfungspunkte für das entstehende revolutionär-sozialistische Denken. Im Übrigen konnten auch aus den Theorien zum ‚Herrschaftsvertrag' sowie zum Naturrecht revolutionäre Ideen abgeleitet und gegen den herrschenden Absolutismus ins Feld geführt werden. In Amerika unternahmen das etwa James Otis (1725–1783), Thomas Paine und die Autoren der Unabhängigkeitserklärung, in Frankreich der Abbé Sieyès und Maximilien Robespierre (1758–1794).

Vollends die Erfolge der Revolutionen in Amerika und Frankreich machten normative revolutionäre Theorien in ganz Europa attraktiv. Genau das ließ, im Gegenzug, reaktionäres und konservatives Denken auskristallisieren. Doch zu den die Ideen von Republikanismus und bürgerlicher Freiheit musste sich im Grunde nur noch die Vorstellung gesellen, Gerechtigkeit verlange nicht nur nach Gleichheit vor dem Gesetz, sondern auch nach *sozialer* Gleichheit, um die bis fast zum Ende des 20. Jahrhunderts währende Mobilisierungskraft revolutionären sozialistischen Denkens auszulösen. Im 19. und beginnenden 20. Jahrhundert wurde sie angefacht durch jene Massenarmut, welche zumal in den Urbanisierungszentren die Industrielle Revolution unübersehbar begleitete, und ab der Mitte des 20. Jahrhunderts auch noch von jenem Reiz, den revolutionäres sozialistisches Denken gerade auf Intellektuelle ausübte. Die letzteren zog auch die große linksrevolutionäre Tradition Europas an, in die man sich gerne stellte. Schon im Jahr 1796, also noch während der Französischen Revolution, unternahm François-Noël (‚Gracchus') Babeuf (1760–1797) einen sozialistisch motivierten Putschversuch, der in die ‚Gründungsmythen' der sozialistischen und kommunistischen Bewegungen eingehen sollte. Karl Marx und Friedrich Engels arbeiteten um die Mitte des 19. Jahrhunderts eine sich als wissenschaftlich verstehende Grundlage revolutionärer Theorien aus. Davon inspiriert, setzten sich rund eineinhalb Jahrhunderte lang sehr viele weltweit die revolutionäre Beseitigung des bürgerlichen Verfassungsstaates auf kapitalistischer Grundlage zum zentralen politischen Ziel. In Frankreich verband Auguste Blanqui (1805–1881) jakobinische sowie revolutionär-sozialistische Gedanken mit der Idee geheimer, auf Umsturz hinarbeitender Gesellschaften. Und der Russe Wladimir Iljitsch Lenin koppelte einige Jahrzehnte später, aus ähnlichen praktischen Motiven, die Analysen von Marx und Engels mit einer – an Machiavellis ‚Technikerblick' erinnernden – machtorientierten Lehre von der Rolle einer ‚Partei der Berufsrevolutionäre' und von jenen Aufgaben, die es bei einer kommunistischen Revolution anzupacken gelte.

Gegen diese nicht nur gemäß ihrem Inhalt, sondern auch gemäß der angeratenen Machttechnik rein revolutionäre Ausrichtung sozialistischer Theorie wandte sich in Deutschland vor allem Karl Kautsky (1854–1938). Er glaubte, die revolutionären Anliegen der Arbeiterklasse und ihrer Partei(en) ließen sich auch – und wesentlich humaner – durch die Erringung parlamentarischer Mehrheiten in stabilen Demokratien verwirklichen. Solches Einspuren materiell revolutionären Denkens auf eine verfassungskonforme Streitaustragung im Rahmen einer demokratisch-pluralistischen Ordnung wurde sogleich als ‚Revisionismus'[38] oder ‚Sozialdemokratismus' gebrandmarkt. Das etikettierte selbst aufrichtige Sozialisten oder Kommunisten als ‚Renegaten',[39] d.h. als zentrale Feinde jener ‚orthodoxen'[40] Marxisten-Leninisten, die sich nach der Russischen Oktoberrevolution, während der vielfachen, großen ‚Säuberungen' in der Sowjetunion sowie durch den sowjetischen Nachkriegsimperialismus bis 1989 als die wichtigsten Verwirklicher kommunistisch-revolutionärer Theorie durchsetzten. Zum ‚praktischen Theoretiker' der etablierten, unbedingt auf Selbstsicherung bedachten und gleichwohl dauerhaft sich als revolutionär verstehenden sozialistischen Staatsmacht wurde in der Sowjetunion Josef Stalin (1879–1953).

Auf die Durchsetzung und machtpolitische Sicherung der kommunistischen Revolution im ganz anders geprägten China passte Mao Zedong (1893–1976) die von Marx, Engels, Lenin und Stalin entwickelten Vorstellungen an. In einem handlichen, roten Buch zusammengefasst, wirkten die ‚Mao-Ideen' in den späten 1960er und 1970er Jahren auch stark auf die akademische Szene der westlichen Demokratien ein. Aus eigenen Wurzeln, nämlich Aufklärungsdenken mit dem Marxismus und der Psychoanalyse zusammenführend, war dort als möglicher Kristallisationspunkt revolutionären Denkens ohnehin schon von Max Horkheimer (1895–1973) und von Theodor W. Adorno (1903–1969) die ‚Kritische Theorie' entwickelt worden. Getragen von der sogenannten ‚Frankfurter Schule', deren Impulse nach 1968 die bundesdeutschen Intellektuellen nachhaltig beeinflussten, ging es ihr darum, dass die westlichen (‚bürgerlich-kapitalistischen') Gesellschaften nicht einfach nur empirisch erforscht oder von ihren prägenden Ideen her gedeutet werden sollten. Vielmehr sollten auch deren Herrschafts-, Unterdrückungs- und Verblendungsmechanismen aufgedeckt sowie – ausgehend von der Leitvorstellung eines selbstbewussten, vernünftigen Menschen – praxiswirksam kritisiert werden. Langfristiges Ziel dieses Vorhabens war es, unnötige Herrschaft von Menschen über Menschen – darunter gerade auch die Herrschaft ‚des Kapitals' – abzubauen, um an die Stelle des Bestehenden endlich das ‚eigentlich Mögliche' zu setzen. Im Werk von Herbert Marcuse (1898–1979) fand sich das alles dann kapitalismuskritisch-revolutionär verdichtet. Offen blieb freilich, wer als ‚revolutionäres Subjekt' agieren könne: die akademisch-intellektuelle Avantgarde – oder die Arbeiterklasse. An der beobachtete man nämlich eine zur ‚Systemaffirmation' führende ‚Verblendung durch Konsum'. Vom theoretisch wie praktisch erhofften Brückenschlag zwischen Intellektuellen und Arbeitern, der aber außerhalb kommunistischer Parteien weitestgehend eine Utopie blieb, handelten in der zweiten Hälfte des 20. Jahrhunderts vor

---

38 Von lat. ‚revisere', d.h. auf etwas einen zweiten Blick werfen, es (dann) in Frage stellen.
39 Von lat. ‚renegāre', d.h. etwas (z.B. eine frühere Überzeugung) ablegen, abstreiten.
40 Von griech. ‚orthós', d.h. richtig, und ‚dóxa', d.h. Ansicht, Lehre.

allem die – erst nach seinem Tode veröffentlichten – Schriften des italienischen Kommunistenführers Antonio Gramsci (1891–1937).

Neben dem vor allem die Westhälfte Europas sowie Nordamerika umspannenden Liberalismus war jedenfalls in der zweiten Hälfte des 20. Jahrhunderts ein Gemenge aus revolutionärem Marxismus, Sozialismus und Kommunismus zu einer politischen Theorie geworden, die weltweit Geltung beanspruchte und umfangreiches Engagement auslöste. Gefördert hatten das nicht nur der (Mit-)Sieg der Sowjetunion im Zweiten Weltkrieg sowie der Erfolg der kommunistischen Revolution in China, sondern ganz wesentlich auch die Entkolonialisierung und der weltweite akademische bzw. publizistische Protest gegen einen Kapitalismus, der zur – damals noch semi-globalen – Weltgeltung gelangt war. Im Anschluss an die in den 1960er Jahren überaus populären Werke von Frantz Fanon (1925–1961) wurden die Staaten der ‚Dritten Welt' als das *Proletariat* der ‚internationalen Gesellschaft' aufgefasst und – gefördert von der Sowjetunion bzw. China – zur gleichen revolutionären Auflehnung gegen den ‚westlich-kapitalistischen Imperialismus' aufgerufen, wie sie innerstaatlich – mit Erfolg meist nur bis 1989/1990 – die kommunistischen Parteien geleistet hatten.

Der Zusammenbruch des Realsozialismus hat dieser Linie revolutionärer Theorie ein – zumindest vorläufiges – Ende gesetzte. Jetzt sind es einesteils wieder die Ideen der Menschenrechte und der politischen Freiheit, welche im Einflussbereich ‚des Westens' zur Rechtfertigung von innerstaatlichem Umsturz und von dessen internationaler Unterstützung herangezogen werden. Andernteils ist es das Streben nach ‚richtiger' Staatsleitung und Politik, welches vielerlei revolutionäre Kräfte entfacht und stärkt. Die motivierenden Inhalte reichen derzeit vom Wunsch, an die Stelle von ‚westlicher Dekadenz' die Prägung aller Politik durch Gottes – im Koran geoffenbartes – Wort zu setzen, bis hin zur Forderung nach einer völligen Umkehr von bisherigen Lebensweisen um des Klimaschutzes und um der Biodiversität willen. Auf alle diese Weisen ist revolutionäres politisches Denken damit wieder bei seinen Ursprüngen in den Zeiten von Reformation und Aufklärung angelangt.

IV. Politisches Alltagsdenken und systematische politische Theorie

1. Politisches Alltagsdenken

Selbst der Politik fernstehende Menschen besitzen im Rahmen ihres Alltagsdenkens mehr oder minder klare, nicht selten auch richtige Vorstellungen von Politik. Diese benutzen sie für die Zwecke ihrer Alltagskommunikation. Solches *politische Alltagsdenken*, durch Gebrauch verfestigt und in Geltung gehalten, wird von Menschen als Grundlage der alltäglichen Konstruktion und Reproduktion ihrer politischen Wirklichkeit genutzt. Es ist deshalb eine überaus wichtige politikwissenschaftliche Forschungsaufgabe, die strukturierenden Begriffe und strukturierten Wissensbestände dieses Alltagsdenkens ausfindig zu machen, deren soziale bzw. regionale Verteilung samt ihren Trägerschichten zu erkunden, sowie die Quellen, die Verbreitungswege und das Werden seiner Begriffe, Deutungsmuster und Diskursstränge zu ergründen. Das alles sind einesteils normale Arbeiten im Bereich und Umfeld der politikwissenschaftlichen Systemforschung bzw. der politischen Soziologie, etwa bei der Analyse von politischer Kultur, politischer Sprache, politischer Kommunikation und politischer Sozialisation. Andernteils besteht das politische Alltagsdenken vielfach aus abgesunkenem Ideengut systematischen politischen Denkens oder auch politikwissenschaftlicher Theoriebildung. Das gilt etwa für die weithin verwendeten Begriffe – samt den sie begleitenden Argumenten – der Gewaltenteilung, der Demokratie oder der sozialen Gerechtigkeit. Dann aber liegt es nahe, dass sich auch das Teilfach ‚Politische Theorie' mit *politischem Alltagsdenken aus Vergangenheit und Gegenwart* zu befassen hat und dabei teils empirisch-bestandsaufnehmende, teils begriffs- und ideengeschichtliche, teils normativ-kritisierende Forschung betreibt.

2. Systematisches politisches Denken und politische Theorie

Politisches Alltagsdenken wird mitgeprägt von den konkreten Interessenlagen seiner Träger, wie sie in aktuellen politischen Konflikten geformt und in politischen Diskursen praktisch wirksam werden. Insbesondere beschaffen Publizisten, für die Formulierung von Theorie begabte politische Akteure sowie praktisch gesinnte Analytiker der Politik durch ihre mediale Tätigkeit dem politischen Alltagsdenken – insbesondere jenem von politischen Diskurs- und Funktionseliten – immer wieder besondere, den konkreten politischen Problemlagen angepasste Narrative,[41] systematisieren deren Begriffe und Deutungsmuster und entwickeln sie zweckdienlich weiter.[42] Aus einem – nicht selten diffusen – ‚politischen Denken im Alltag' wird so das oft überaus zugespitzte, interessengeleitete, perspektivische und selektive ‚Alltagsdenken von politisch Aktiven', etwa von Politikern. Und da nicht selten auch Angehörige intellektueller Eliten – Künstler, Literaten, Philosophen, Sozialwissenschaftler usw. – an jeweils aktuellen politischen Debatten teilnehmen, bringen sie mitunter ihre eigene fachwissenschaftliche, denkerische oder redeprägende Kompetenz in eine politische Diskussion ein. Bisweilen tun sie das mit so großer Sprachgewalt und Argumentationskraft, dass ihre Denkfiguren und

---

41 Von lat. ‚narrāre', d.h. erzählen. Ein ‚Narrativ' ist eine Rahmenerzählung, die aneinandergereihte Informationen zu einem größeren – und möglichst stimmigen oder überzeugenden – Ganzen verbindet.

42 Ein entscheidender Schritt in der Entwicklung des politischen Denkens war die Erfindung und die – immer weitere Kreise einbeziehende – Verbreitung von Schrift. Nicht nur waren die nunmehr zu verfassenden und zur Kenntnis zu nehmenden Texte ein neues Herrschaftsinstrument. Sondern es erzeugten jene Texte auch ihrerseits neue Themen politischen Denkens und machten dieses obendrein generationenübergreifend reflexiv. So entstand ein jetzt einige Jahrtausende übergreifenden Diskurs über Politik, der seinerseits ein sehr wichtiger Gegenstand des Teilfachs ‚Politische Theorie' ist.

Debattenformeln diskursprägend und zur intellektuellen Grundausstattung auch von professionellen Politikbeobachtern und Politikern werden.

So entstehen – mitunter wissenschaftlich fundierte, oft klar parteiische – Netzwerke politischer Begriffe und Argumentationen, und desgleichen ganze Gebäude *systematischen politischen Denkens*, die eng mit politischen Gestaltungsabsichten verbunden sind. Dergestalt wurden in der intellektuellen Auseinandersetzung mit den Religions- und Bürgerkriegen des 16. und 17. Jahrhunderts die Lehren von der Souveränität und vom Gesellschafts- bzw. Herrschaftsvertrag formuliert; auf diese Weise beriefen sich die amerikanischen Revolutionäre auf John Locke, die französischen auf Jean-Jacques Rousseau; und so entwickelte sich in Reaktion auf die Französische Revolution das Denkgebäude des *Konservatismus*, aus dem heraus sich jene bekämpfen ließen, welche – gerüstet mit Argumentationsmustern des *Liberalismus* – die Ideen und Gestaltungsabsichten der Revolutionen in England, den späteren USA und in Frankreich weitertrugen. Und sowohl aus menschlicher Empörung über die verelendenden Folgen der Industriellen Revolution als auch aus sozialwissenschaftlichen Analysen der sie bewirkenden Kräfte entstand die dritte, bis heute wirkungsmächtige Strömung systematischen politischen Denkens: der *Sozialismus*.

Mitunter eignen sich politische Praktiker solche wissenschaftlichen Theorien, die ihnen als nützlich erscheinen, ausdrücklich auch als *politische* Theorie an. So geschah es etwa seitens der Anführer und Popularisierer des real existierenden Sozialismus mit der Marx'schen Theorie. Auf diese Weise kann auch (politik-)wissenschaftliche Theorie ihrerseits zum Kristallisationspunkt von Ideologie werden, letztere hier verstanden als eine Weltanschauung, die Wissenschaftscharakter beansprucht. Zumindest im Rückblick auf die *Wirkungs*geschichte von Theorien lässt sich deshalb mitunter kein klarer Trennstrich zwischen wissenschaftlichen und politischen Theorien ziehen. In solchen Fällen mag sogar über die politische Praxis behauptet werden, sie sei nicht nur auf systematisches politisches Denken, sondern sogar ausdrücklich auf ‚die Wissenschaft' gegründet. Das mag auch immer wieder so sein – insbesondere dann, wenn Politiker bereitwillig wissenschaftliche Begriffe oder Argumente aufgreifen, sie zum Bestandteil ihres politischen Denkens machen und sie anschließend auch noch ihrem politischen Gestalten zugrunde legen. In Deutschland geschah das so etwa mit dem Konzept der ‚Sozialen Marktwirtschaft' oder mit den Begriffen des ‚Pluralismus' und der ‚pluralistischen Demokratie', die verfassungsrechtlich fixiert und in der Verfassungspraxis auch realisiert wurde. Solches systematische politische Denken, dessen politisch meist klar Partei ergreifende Strömungen ihrerseits oft ‚politische Theorien' genannt werden, ist natürlich ebenfalls ein zentraler Gegenstand der Politikwissenschaft. Es ist immerhin genau das ‚Durchführungsmittel' jener alltäglichen Konstruktion politischer Wirklichkeit, die von politischen Aktivisten, Eliten und deren Anführern geleistet wird.

V. Politikwissenschaftliche Theorie

Weil *systematisches* politisches Denken und *politische Theorien* zentrale Mittel der Hervorbringung politischer Strukturen und der Sicherung oder Zerstörung ihrer Legitimität sind, stellen sie auch einen wichtigen Gegenstand der *empirischen* politikwissenschaftlichen Analyse dar. Das gilt insbesondere im Rahmen von Untersuchungen zur jeweiligen politischen Kultur eines politischen Systems. Überdies sind politische Theorien – derzeit etwa Konservatismus, Liberalismus, Sozialismus, Ökologismus oder ‚Wokeismus' – herausragende Gegenstände *normativer* Systemanalyse. Bei solchen Denkgebäuden, die politischen Gestaltungsabsichten nicht nur entwachsen sind, sondern ihnen auch weiterhin dienen sollen, ist gerade deren *normative Brauchbarkeit* von besonderem Belang. Ganz gleich, ob man sie in empirischer oder in normativer Hinsicht untersucht: Stets sind politische Theorien ein *zentraler* Gegenstand der Politikwissenschaft im Allgemeinen und ihres Teilfachs ‚Politische Theorie' im Besonderen.

Üblicherweise wird man bei der Analyse politischer Theorien deren intellektuelle und soziale *Geschichte* nachzeichnen, ihre geistesgeschichtlichen Voraussetzungen und jeweils aktuellen Kristallisationspunkte untersuchen, ferner ihre Trägergruppen und Propagatoren erkunden, sowie ihre – gegebenenfalls bis heute reichende – Wirkungsmacht mitsamt deren Folgen darlegen. Die Ergebnisse solcher Studien können rein beschreibend sein. Sie können aber auch zu erklären versuchen, was unter welchen Umständen welche politischen Theorien wodurch für wen wie anziehungsstark und wofür wirkungsmächtig werden ließ. Auf diese Weise wird über Theorie als *Gegenstand* von Forschung dann Theorie als *Ergebnis* von Forschung erarbeitet. Solche Theorie heißt ‚politikwissenschaftliche Theorie'.[43] Hat eine solche nicht Personen oder soziale Strukturen oder politische Prozesse zum Gegenstand, sondern ihrerseits Theorien, so liegt eine (politikwissenschaftliche) ‚Meta-Theorie' vor. Die darf man keineswegs mit jener Theorie verwechseln, auf die sie sich als ihrem Gegenstand bezieht. Beispielsweise muss eine Theorie über die Lehren des Marxismus-Leninismus ebenso wenig eine ‚marxistisch-leninistische Theorie sein, wie eine Theorie über die Lehren des Nationalsozialismus ihrerseits eine ‚faschistische Theorie' zu sein braucht.

Allerdings fehlt es beim Umgang mit politischen Theorien nicht selten an jener *Distanz*, die politikwissenschaftliche *Forschung* zu politischen Inhalten von einer *alltäglichen Benutzung* empirischer bzw. normativer Aussagen unterscheidet. Doch ohne solche Distanz wird man vom *politikwissenschaftlichen* Theoretiker, der politisch wichtige Sachverhalte auf ihr Vorliegen oder politische Theorien auf ihre normative Brauchbarkeit überprüft sowie aus seinen Ergebnissen weiterführende Theorien ableitet, allzu leicht zum eher

---

43 Zur politikwissenschaftlichen Theorieforschung siehe S. 548–550 in der 7. Aufl. meiner ‚Einführung in die Politikwissenschaft'.

politischen Theoretiker, der sich mit seinem Überblick und seinem Argumentationsvermögen an politischen Debatten in politischer Gestaltungsabsicht beteiligt. Im am wenigsten nützlichen Fall wird er sogar zum bloß ‚politisierenden' Theoretiker, der seine wissenschaftliche Autorität im Grunde nur parteiisch oder parteipolitisch funktionalisiert. Zwar ist nichts davon grundsätzlich so zu kritisieren, als handele es sich um ganz Ungehöriges. Doch man sollte sich im Klaren darüber sein, dass es weder der Praxis noch der Wissenschaft *bestmöglich* hilft, wenn man die Fallhöhe zwischen *politischem* Denken und politik*wissenschaftlicher* Theorieanwendung allzu sehr verringert. Deshalb muss man als Politikwissenschaftler die so häufige Spannung zwischen dem persönlichen politischen Urteil und der professionellen analytischen Distanz zum beurteilten Gegenstand schlicht aushalten. Doch nicht einfacher wird diese Aufgabe dadurch, dass viele ‚Klassiker' der Politischen Theorie – etwa Platon und Popper, Aristoteles und Hobbes – sich zwar durchaus nicht als bloß *politisierende* Theoretiker verstanden haben, sondern als *wissenschaftliche* Theoretiker der Politik, dass sie im Rückblick aber sehr wohl auch als *politische* Denker mit markanter politischer Langfristwirkung kenntlich werden. Dass Lehrbücher der Ideengeschichte sie oft ohnehin als ‚politische Denker' etikettieren, erschwert es erst recht, ‚politische Theorie' von ‚politikwissenschaftlicher Theorie' zu trennen, oder solche Wissenschaftler, die im Gewand von Theoriebildung *politisieren*, von theoriebildenden Politik*wissenschaftlern* zu unterscheiden.

Ohnehin werden – und zwar in großer Selbstverständlichkeit – die Arbeiten selbst zeitgenössischer Sozial- und Politikwissenschaftler dem Strom der politischen Ideengeschichte zugeordnet, sobald ihre Begriffe und Denkfiguren große Wirkungskraft entfaltet haben und weitgehend zum Gemeinbesitz derer geworden sind, die sich theoretisch-analytisch mit Politik befassen. Deshalb findet man in Abhandlungen zu den ‚Hauptwerken der politischen Theorie' nicht nur Autoren wie Max Weber (1864–1920), Karl Jaspers (1883–1969), Carl Schmitt (1888–1985), Hermann Heller (1891–1933) und Hannah Arendt (1906–1975) abgehandelt, sondern auch Niklas Luhmann (1927–2000) und Jürgen Habermas (1929–), Bertrand de Jouvenel (1903–1987) und Raymond Aron (1905–1983), Norberto Bobbio (1909–2004) und Giovanni Sartori (1924–2017), Robert Dahl (1915–2014) und Robert Nozick (1938–2002). Wie schon seit Jahrhunderten wird also immer weiter zum Bestandteil der politischen Ideengeschichte, was zu seiner Zeit als politikwissenschaftliche Theorie behandelt wurde. Also muss sich auch die politikwissenschaftliche Theorieforschung keineswegs auf die Analyse und Auswertung zeitgenössischer, sich selbst als politikwissenschaftlich ausweisender Theorien beschränken, sondern besitzt den gesamten Korpus jener Schriften als Gegenstand, in denen Politik analysiert wird.

Ansonsten lässt sich ein Überblick zu den derzeit verwendeten, abstrakteren politikwissenschaftlichen Theorien anhand des folgenden zweidimensionalen Merkmalsraums schaffen:

- Wo haben politikwissenschaftliche Theorien im Schichtenbau politischer Wirklichkeit ihren empirischen Referenten? Befindet er sich eher auf der *Mikro*ebene oder auf der *Makro*ebene?
- Sind politikwissenschaftliche Theorien eher darauf angelegt, die Eigentümlichkeiten und das Handeln von individuellen bzw. institutionellen *Akteuren* zu erfassen? Oder konzentrieren sie sich insbesondere auf jene *Systemzusammenhänge*, von denen alles Handeln – und zwar auch ‚hinter dem Rücken' der Handelnden – geprägt wird?

Entlang dieser zwei Dimensionen lassen sich grob vier Gruppen von politikwissenschaftlichen Theorien unterscheiden:

- *Mikroanalytische Akteurstheorien:* Zu ihnen zählen der individualistische Behaviorismus, mehr oder minder lebensweltanalytische oder interaktionistische Handlungstheorien, sowie die Rational Choice-Ansätze.
- *Makroanalytische Akteurstheorien:* Hier ist vor allem auf die Institutionentheorie hinzuweisen, ferner auf Theorien von Konsens, Konflikt und Krisen, die auf konfligierende oder kooperierende Organisationen bzw. Staaten als Handlungseinheiten abheben, sowie auf kommunikationsanalytische Ansätze.
- *Makroanalytische Systemtheorien:* Teils noch den Akteurstheorien zuzuordnen, gehen in diesen Bereich die Theorien von Eliten in Theorien zu Elitenetzwerken über, desgleichen in Theorien zu – innerhalb von Elitenetzwerken ablaufenden – Entscheidungsprozessen. Ferner gehören zu diesem Bereich der theoriegliedernden Vier-Felder-Tafel die – auch strukturalistischen und funktionalistischen – Systemtheorien samt ihren klassischen Vorgängern wie den Staatstheorien. Nicht zuletzt sind hier die politikwissenschaftlich einschlägigen Theorien aus dem Bereich der Neuen Politischen Ökonomie angesiedelt.
- *Mikroanalytische Systemtheorien:* Zu erwähnen ist hier vor allem die – einst in der ‚Kritischen Theorie' unternommene – Verbindung marxistischer und psychoanalytischer Ansätze, desgleichen das weite Feld jener Theorien grundlegender Legitimationsprozesse, die auf Analysen lebensweltprägender kultureller Wissensbestände bzw. Diskursstrukturen abzielen.

V. Politikwissenschaftliche Theorie

Im Einzelnen lassen sich einige der derzeit am weitesten verbreiteten politikwissenschaftlichen Theorien so umreißen:[44]

- *Handlungstheorien:* Sie betrachten (politisches) Handeln von den – gegebenenfalls auch durch Lebensweltanalysen näher erschlossenen – Wissensbeständen, Sinndeutungen, Situationsdefinitionen und Absichten der Handelnden her, welch letztere von Einzelpersonen bis zu Kollektivakteuren wie Parteien oder Staaten reichen können. Einesteils ist dabei greifbar zu machen, von welchen Rationalitätsvorstellungen und Präferenzstrukturen sich die Handelnden möglicherweise leiten lassen; andernteils ist Handeln stets von jenen – hinsichtlich ihrer Prägefaktoren aufzuklärenden – Interaktionssituationen her nachzuvollziehen, in die es eingebettet ist. Handlungstheorien mit jeweils unterschiedlichen Fokussierungen haben u.a. Max Weber, Talcott Parsons und Jürgen Habermas entwickelt, desgleichen Autoren im Theoriebereich des Symbolischen Interaktionismus (etwa George Herbert Mead, 1863–1931, oder Erving Goffman, 1922–1982) sowie der Ethnomethodologie (etwa Harold Garfinkel, 1917–2011). Von Handlungstheorien ausgehend wird die – gegebenenfalls autopoietische[45] – Entstehung von Rollen und Rollenstrukturen gut erklärbar, und somit von sozialer bzw. politischer Wirklichkeit. Offenkundig liegt allen systemanalytischen Erläuterungen dieses Lehrbuchs Handlungstheorie zugrunde. Über die den Behaviorismus prägenden *Verhaltens*theorien gehen *Handlungstheorien* (ihrerseits zum ‚Behavioralismus' führend) in der Weise hinaus, dass sie ausdrücklich die Dimension jenes *Sinnes* einbeziehen, den Handelnde ihren Handlungen zugrunde legen, und der von den Adressaten von Handlungen dann auch – nämlich als Grundlage der eigenen Reaktion – zu erkennen versucht wird. Der detaillierten Analyse von Rationalitätsvorstellungen und folgenreichen Rationalitätskalkülen, die Handlungen zugrunde liegen oder mittels welcher Handlungen zutreffend immerhin beschrieben werden können, widmen sich die Rational Choice-Ansätze. Offensichtlich sind Handlungstheorien *allgemeine* sozialwissenschaftliche Theorien, die bei Anwendung auf politische Inhalte, Prozesse und Strukturen dann eben politikwissenschaftlich genutzt werden.

- *Rational Choice-Ansätze und Spieltheorie:* Hier geht es um die – mathematisch möglichst klar formulierte – Analyse rationaler Wahlhandlungen,

---

44 Wie über die nachstehenden Theorien ihrerseits Forschung zu betreiben ist, also ‚politikwissenschaftliche Theorieforschung', wird ausgeführt auf S. 548–550 der 7. Aufl. meiner ‚Einführung in die Politikwissenschaft'.

45 Von griech. ‚autós', d.h. selbst, und griech. ‚poieín', d.h. machen. Am besten übersetzt man ‚autopoietisch' mit ‚sich selbst strukturierend', auch ‚sich selbst organisierend', oder – in einer starken Begriffsverwendung – mit ‚sich selbst schaffend'. Das Konzept der Autopoiese stammt vom chilenischen Neurobiologen Humberto Maturana (1928–2021); in den deutschen Sozialwissenschaften wurde es populär, nachdem es der Soziologe Niklas Luhmann übernommen und um es herum seine Theorie sozialer Systeme (neu) aufgebaut hatte.

desgleichen um die Untersuchung von deren nicht selten kontra-intuitiven Folgen, sobald *längere* Handlungsketten oder gar Gefüge *mehrerer* rational zusammenwirkender Akteure betrachtet werden. Solche Gefüge wechselseitig aufeinander bezogener Handlungen mehrerer Akteure heißen ‚Spiele'. Die Pointe solcher Ansätze besteht darin, dass es ihnen wenig darauf ankommt, *einzelne* Handlungen von Akteuren so zu beschreiben, wie sie die Akteure *selbst* sehen und *bewusst* zu formen versuchen, sondern dass angestrebt wird, das *durchschnittliche* Handeln klar umrissener Akteursgruppen in deutlich umrissenen *Situationen* mit möglichst *wenigen* und *einfachen* Annahmen zu beschreiben – und zwar so, dass sich *verlässliche Prognosen* über das auch künftige Handeln solcher Akteursgruppen in ähnlichen Situationen formulieren lassen. Gewissermaßen wird hier – ideengeschichtlich in der Tradition des Utilitarismus – nach jener Funktionslogik menschlicher Handlungen gesucht, die sich sogar ‚hinter dem Rücken der Akteure' durchsetzt. Die Hintergrundannahme solcher Theorien besteht darin, dass Menschen – bei angeborener und üblicherweise auch genutzter Vernunft – es schaffen, anhand von ihnen bekannten Anreizen bzw. Kosten für bestimmte Handlungen zu solchen Kosten/Nutzen-Kalkülen zu gelangen, die im Einzelnen zwar unbewusst bleiben können, sich aber nachzeichnen und oft auch überlegt einsetzen lassen. Von solchen Kosten/Nutzen-Kalkülen her lassen sich anschließend Regelmäßigkeiten ihres Verhaltens erklären.

Einesteils auf begrifflicher Ebene in Gestalt der um Taktik und Strategie zentrierten Kriegswissenschaft sowie der Theorie des Schachspiels schon sehr alt,[46] anderenteils seit dem 18. Jahrhundert in mathematischen Theorien von Strategiespielen auch formal behandelbar, wurden rationale Wahlhandlungen zwischen den späten 1920er und frühen 1940er Jahren von John v. Neumann (1903–1957) und von Oskar Morgenstern (1902–1977) in Gestalt der mathematischen ‚Spieltheorie' analysierbar gemacht. Zunächst vor allem genutzt bei Fragestellungen, die sich mit ökonomischen Kategorien angehen lassen (‚Theorie kollektiver Güter', ‚public choice'), oder bei Problemen im Umkreis militärstrategischer Überlegungen (‚rationale Konflikt- und Kooperationsstrategien', ‚Drohungs- und Abschreckungskalküle', ‚Dynamik von Rüstungswettläufen'), erlangten derartige Untersuchungen unter den Namen *rational choice* und *positive political theory* seit über dreißig Jahren große Bedeutung in den allermeisten Bereichen der politikwissenschaftlichen Systemanalyse, wenn auch in Europa klar weniger als in den USA. Die bearbeiteten Themen reichen von der Analyse von Abstimmungsverhalten (‚strategisches Wählen') und von Koalitionsbildungen über die Untersuchung der Abläufe und Ergebnisse von Entscheidungspro-

---

46 Auch die Ausführungen von Thomas Hobbes zu den ‚Naturgesetzen' in seinen Schriften ‚De Cive' und ‚Leviathan' lesen sich wie eine frühe Rational Choice-Analyse, die zwar ‚more geometrico' vorgenommen, doch noch nicht wirklich mathematisiert wurde.

zessen oder Verhandlungsrunden („Gerechtigkeit', ,Nullsummenspiele' vs. ,Nichtnullsummenspiele') bis hin zur Erklärung der Bildung bestimmter Typen von Institutionen („Transaktionskostenansatz', ,Neue Institutionelle Ökonomie'). Auch populationsdynamische Entwicklungen und Evolutionsprozesse lassen sich spieltheoretisch gut modellieren.

Typisch für diese Art der Theoriebildung und Theorieverwendung sind mathematische Modelle zur Erfassung von Präferenzkalkülen mit oder ohne vollständige Information der Handelnden, ,Auszahlungsmatrizen' – also Aufstellungen von Gewinnchancen und Verlustrisiken – in Verbindung mit wahrscheinlichkeitstheoretischen Überlegungen, mengentheoretische Betrachtungsweisen und graphentheoretisch-räumliche Modelle zur Lokalisierung von bei rationalem Verhalten im Durchschnitt zu erwartenden Entscheidungen. Vorzüglich eignen sich solche formalen Modelle für zwei Zwecke. Erstens zwingen sie dazu, ansonsten leicht implizit bleibende Annahmen zu explizieren, und sie halten dazu an, sich die weitreichenden, mitunter ganz unerwarteten Folgen der eigenen Prämissen vor Augen zu führen. Zweitens erlauben sie – gerade aufgrund ihres *zugleich* präzisen *und* abstrakten Charakters – überaus weitgespannte Vergleichsanalysen. Zu den bei ihrer Verwendung anfallenden ,Kosten' gehören erheblicher Aufwand für wirkliche Meisterschaft im Umgang mit den verfügbaren mathematischen Kalkülen, Verständnisschwierigkeiten auf Seiten von nicht entsprechend ausgebildeten, doch ihrerseits die Mehrheit stellenden Politikwissenschaftlerinnen und Politikwissenschaftlern, sowie – und vor allem – die rasch ansteigende Komplexität der zu handhabenden Modelle, sobald realistische, nicht für Demonstrationszwecke sehr vereinfachende Annahmen über die zu beschreibenden, zu erklärenden oder zu prognostizierenden Forschungsgegenstände getroffen werden, vor allem solche über die Rahmenbedingungen *tatsächlich* praktizierter Rationalität. Dazu gehören nämlich ,inkonsistente Präferenzhierarchien' und individuell begrenzte Fähigkeiten zum rationalen Entscheiden (,bounded rationality'). Lange Zeit gehörten Rational Choice-Ansätze zwar zu den methodisch attraktivsten und intellektuell prestigeträchtigsten Theoriebereichen der Politikwissenschaft. Zum allseits verwendeten Standard sind sie aber dennoch nicht geworden.

- *Institutionentheorie*: Institutionen als verhaltensregulierende und Erwartungssicherheit erzeugende soziale Regelsysteme sind gleichsam der ,natürliche' Gegenstand der Politikwissenschaft. Immerhin gewann diese ihre Impulse immer wieder aus der Sorge um die Krisen, um den Bestand oder um die nötige Neuschaffung von politischen Institutionen. Reflexionen über Regierungen und Verwaltungen, Parlamente und Parteien, Verfassungen und Rechtsordnungen erzeugen so gewissermaßen von selbst gegenstandsspezifische Institutionentheorien, deren empirischer Referent dann sowohl konkrete Regelwerke als auch die Muster von regelkonformem oder – bemessen an jenen Regeln – von sozialpathologischem Verhalten sind. Leicht wird solche Institutionentheorie deshalb zu einer normativ gemeinten Darlegung des tatsächlichen und ‚richtigen' Funktionierens einer Institution. Derartiger ‚alter Institutionalismus', wie ihn die traditionelle Systemanalyse und Regierungslehre praktizierten, geriet seit den 1960er Jahren unter erhebliche Kritik und wurde zeitweise durch den am Verhalten oder an den Sinndeutungen individueller Akteure ansetzenden Behaviorismus bzw. Behavioralismus verdrängt, desgleichen durch Konflikttheorien. Der in Reaktion hierauf seit gut drei Jahrzehnten entwickelte ‚neue Institutionalismus' der Politikwissenschaft geht – nicht zuletzt durch die Verbindung von Institutionen- und Evolutionstheorie mit dem Sozialkonstruktivismus – über jene Grenzen seines Vorläufers weit hinaus.

Einesteils fasst er Institutionen – von Rational Choice-Ansätzen ausgehend – als aufgrund der Optimierung von Transaktionskosten vorteilhafte und *deshalb* zustande kommende Sozialarrangements auf (‚Institutionenökonomie', ‚politische Ökonomie der Institutionen'), gerät darin aber leicht in ein ungünstiges Verhältnis von nötigem theoretisch-methodischem Aufwand und praktischer Aussagekraft der Ergebnisse. Andernteils analysiert der ‚neue Institutionalismus' seine Gegenstände – insbesondere, wenn entfaltet als der Handlungstheorie benachbarte ‚institutionelle Analyse' – als um ein Bündel von (gegebenenfalls auch widersprüchlichen) *Leitideen* gelagerte *Erwartungs- und Rollenstrukturen*. Zur besonderen Pointe wird dabei die Beobachtung, dass solche Arrangements ihre Ordnungsprinzipien und Geltungsansprüche gegenüber den Mitgliedern und Adressaten der jeweiligen Institution auch noch *symbolisch verdichtet zum Ausdruck bringen* (etwa durch architektonisch-bildnerische Selbstdarstellung, durch Rituale oder durch institutionell geregelte Diskurse), und zwar mit der Folge, dass Institutionen sich über solche kommunikativen Rekurse auf seelisch-emotionale Tiefenschichten menschlichen Handelns weiter *stabilisieren*. Diesem Stabilisierungszweck dient oft auch die – gegebenenfalls fiktive – Unterstellung von zielbewussten Gründungsakten, von ungebrochenen und deshalb ‚heute noch' verpflichtender Traditionen, desgleichen eine ‚eigentlich immer schon gegebener' Gültigkeit des von der jeweiligen Institution beförderten Anliegens. Das alles leistend, übernehmen Institutionen sowohl für sich selbst als auch oft noch hinsichtlich der für sie wichtigen Umwelt eine – an Leitidee(n) oder Leitdifferenz(en) ausgerichtete – *Doppelaufgabe* von Integration und Steuerung. In deren Dienst erfüllen sie – manifest oder latent – mittels ‚institutioneller Mechanismen' instrumentelle und symbolische Funktionen. Hinsichtlich politischer, d.h. auf die Herstellung und Durchsetzung allgemein verbindlicher Regelungen und Entscheidungen angelegter Institutionen sind sowohl die Wichtigkeit als auch die Störanfälligkeit der Erfüllung dieser Doppelaufgabe offensichtlich. Im Übrigen unterhalten nicht wenige Institutionen zur alltäglichen Erfüllung ihrer Aufgaben eine eigene ‚Institutionsorganisation', bei deren

Untersuchung die jeweils einschlägigen organisationssoziologische Theorien mit der Institutionentheorie verbunden werden.

Funktionstüchtige Institutionen – gleich ob politische, rechtliche,[47] gesellschaftliche, wirtschaftliche oder kulturelle Institutionen – entziehen durch die Erfüllung ihrer Steuerungs- und Integrationsaufgaben gesellschaftlichen Entwicklungsprozessen nicht nur Freiheitsgrade rein zufälliger Möglichkeiten, sondern sie stellen nachgerade ‚Dämme' im Prozess geschichtlichen Werdens ebenso dar, wie sie künftigen Entwicklungen ‚Pfade' öffnen oder ‚Gehäuse' zur geschützten Entfaltung anbieten. In solchen Zusammenhängen wird die institutionelle Dialektik der *Sicherung* von Chancen durch *Beschneidung* alternativer Chancen deutlich. Obwohl Institutionen auf diese Weise sehr wichtige Prägefaktoren gesellschaftlicher und politischer Entwicklung sind, bleiben sie zugleich stets deren von Krisen, Verfall und Zerstörung bedrohte *Prozessprodukte*. Interessant an Institutionen sind somit nicht nur ihre – traditionell betrachteten – Steuerungs- und Integrationsleistungen, ihre Performanz und ihre Wirkung. Vielmehr ist von ganz besonderem Interesse auch, wie sie sich im Spannungsfeld zwischen Wandel und Dauer über mehrere *Generationen* ihrer Mitglieder und Adressaten hinweg *erhalten* können. In diesem Zusammenhang ist es überaus erkenntnisträchtig, im Schichtenbau der Wirklichkeit Institutionen als *Evolutionsergebnisse* zu betrachten und nach der in ihnen jeweils geborgenen ‚phylogenetischen Erfahrung' von Sozialorganisation und von politischem Systemdesign zu fragen. An dieser Stelle, dem Arbeitsgebiet der evolutionären Spieltheorie, überschneiden sich also Forschungsinteressen von evolutionstheoretischer Institutionenforschung und von Rational Choice-Ansätzen.

- *Konsens-, Konflikt- und Krisentheorien:* Institutionen und ‚Mega-Institutionen' wie Staaten, die ihrerseits ganze Gefüge von Institutionen umfassen, geraten immer wieder in Konflikte und Krisen. Welche Voraussetzungen, Muster und Folgen solche Konflikte und Krisen haben können, sowie unter welchen Umständen derlei Störungen – oder gar Pathologien – auch ohne Gefahr für den Gesamtbestand einer Institution oder eines Systems bleiben können, womöglich beidem sogar zu nützen, ist Gegenstand einer weiteren Gruppe von politikwissenschaftlich wichtigen Theorien.
  - Im Rahmen der Pluralismustheorie, wie sie etwa Ernst Fraenkel ausarbeitete, wird auf der Grundlage der Befürwortung von Interessenvielfalt und Konflikt betont, von welchen Dimensionen und Graden eines *Grundkonsenses* (‚nichtstreitiger Sektor', bestehend aus Wert-, Verfahrens- und Ordnungskonsens) es abhängt, dass überhaupt eine Vielzahl

---

[47] Für ein Verständnis sowohl der Zusammengehörigkeit als auch der Verschiedenheit politischer und rechtlicher Institutionen ist das auf Maurice Hauriou (1856–1929) zurückgehende Begriffspaar von ‚institution-personne' vs. ‚institution-chose' nützlich, also von aus Personen bestehenden Institutionen wie Parlamenten oder Gerichtshöfen, und von ‚Sachinstitutionen' wie einst dem Lehnsrecht oder jetzt dem Erbrecht.

von Konflikten ohne Gefährdung des Gesamtsystems ausgetragen werden kann. (Normative) Diskurstheorien – wie die von Jürgen Habermas – geben Hinweise darauf, wie ein solcher Grundkonsens ohne Beschneidung von Konfliktmöglichkeiten aufrechterhalten werden kann, und wie sich generell die Legitimität von (politischen) Institutionen auf Dauer stellen lässt. Korporatismus- und Neokorporatismustheorien, wie sie etwa Arend Lijphart (1936–) oder Gerhard Lehmbruch (1928–2022) vorgelegt haben, thematisieren umgekehrt, unter welchen Umständen und mit welchen Folgen sich Konflikte durch institutionalisierte Verhandlungssysteme vermindern oder gar stilllegen lassen, wodurch große gesellschaftliche Konserwartungen und auch Konsensmöglichkeiten hinsichtlich akzeptabler Inhalte und Regeln bei der dennoch nötigen Austragung von Interessenkonflikten entstehen.

- *Konflikte* sind aus normaler Interessenvielfalt entspringende Grundtatsachen sozialer bzw. politischer Wirklichkeit. Sie sind auch der gleichsam tiefste Grund für die Entstehung von Politik bzw. von politischen Systemen. Allenthalben sind sie obendrein zentrale Antriebskräfte gesellschaftlicher und politischer Entwicklung. Sie werden hinsichtlich ihrer Ursachen, Ausprägungsformen, Ablaufphasen, Nutzungs-, Gestaltungs- und Beilegungsmöglichkeiten seit den 1950er Jahren von einer Reihe von Konflikttheorien thematisiert, etwa von Lewis A. Coser (1913–2003) und Ralf Dahrendorf (1929–2009) oder im Rahmen der Pluralismustheorie. Diese Theorien unterscheiden sich unter anderem darin, wo sie die zentralen *Konfliktursachen* sehen (z.B. in Klassenkonflikten oder in sozialstaatlichen Verteilungskonflikten); welche *Träger von Konflikten* sie in den Mittelpunkt der Aufmerksamkeit rücken (etwa Einzelpersonen, Wirtschaftsunternehmen, Interessengruppen, Parteien, Klassen oder ganze Staaten); in welche weiterführenden *Argumentationszusammenhänge* sie die Konfliktanalyse stellen (z.B. in Theorien zur Erklärung der Beschaffenheit von Parteiensystemen als Ausdruck verfestigter gesellschaftlicher Konfliktlagen, oder in Theorien, die das Zustandekommen von Revolutionen erklären); und wie sie Konflikte *bewerten* (z.B. als zu beseitigende Störungen von eigentlich anzustrebenden Gerechtigkeits- und Gleichgewichtszuständen, oder als den unvermeidlichen, außerdem Intelligenz- und Partizipationsressourcen ausschöpfenden, Ausdruck der dezentralen Selbststeuerung einer selbstbewussten Bürgergesellschaft).
- Sowohl aus machtpolitisch stillgelegten oder verschleppten als auch aus ausgetragenen Konflikten können *Krisen* entstehen. Unter solchen versteht man Durchgangsstadien von Prozessen politischer Willensbildung und Entscheidungsfindung, die sich dramatisch zuspitzen und von beschleunigten Handlungsabfolgen sowie von Erwartungen geprägt werden, die sich immer entschiedener auf die Notwendigkeit rascher, eigentlich gleich welcher ‚Lösungen' festlegen. Krisen können im Zu-

sammenbruch von Ordnungsstrukturen ebenso wie im Um- oder Neubau institutioneller Arrangements enden, im Austausch von Führungs- und Folgepersonal ebenso wie in der Stärkung der Machtstellung von Krisenakteuren. Vor allem bei der Analyse internationaler Beziehungen, zumal von zu Kriegsausbrüchen führenden Handlungsketten, sind Krisentheorien wichtig. Sie befassen sich üblicherweise mit den Ursachen, den Arten, den Verlaufsmustern und den Steuerungsmöglichkeiten von Krisen.

- *Kommunikations- und Diskurstheorien:* Sie erfassen die (Macht-)Strukturen, die (taktischen) Prozesse und die Inhalte des Austauschs von Informationen und Sinndeutungen zwischen den am politischen Prozess beteiligten Akteuren. Dabei geht es nicht zuletzt um deren integrative oder desintegrative Wirkung für eine politische Gemeinschaft und ihre ‚öffentliche Meinung', desgleichen um die wirklichkeitskonstruktive Dynamik auch lediglich vorgestellter und bloß diskursiv in Geltung gehaltener ‚Wirklichkeiten', etwa von Ideologie. Solche Theorien politischer bzw. politisch relevanter Kommunikation – vorgelegt etwa von Jürgen Habermas oder Niklas Luhmann, von Karl W. Deutsch (1912–1992) oder von Elisabeth Noelle-Neumann (1916–2010) – heben auf massenmediale Kommunikation ebenso ab wie auf die lebensweltlich-alltagspraktische Kommunikation, auf Kommunikationsprozesse *in* Organisationen und Institutionen ebenso wie auf solche *zwischen* ihnen, auf verbale Kommunikation nicht minder als auf symbolische Kommunikation, die sich ihrerseits bildnerischer, musikalischer, szenischer oder sonstiger zeichenhafter Mittel bedient. Kommunikationstheorien führen einesteils Konflikt- und Krisentheorien, Verhandlungs- und Entscheidungstheorien, Konsens- und Legitimierungstheorien weiter, da sie genau die ‚Durchführungsmittel' dessen thematisieren, worum es in diesen Theorien geht. Andernteils münden sie – aus dem gleichen Grund – in komplexe Theorien der Fremd- und Selbststeuerung gesellschaftlicher und politischer Prozesse.

- *Theorien zu Eliten, Elitenetzwerken und Entscheidungsprozessen:* Auch Institutionen und Megainstitutionen handeln stets durch Einzelne. Selbst anonym erscheinende Systemstrukturen bestehen aus Individuen und werden von solchen aufrechterhalten und geführt. Solche – als Einzelpersonen oft ziemlich folgenlos austauschbare – Inhaber von Führungspositionen, derartige – mit oder ohne formale Position – in Entscheidungsprozessen wichtige Personen, werden als Angehörige einer (Funktions-)Elite bezeichnet. Elitetheorien – von Max Weber, Robert Michels (1876–1936), Vilfredo Pareto und Gaetano Mosca bis hin zu C. Wright Mills (1916–1962), Lewis J. Edinger (1922–2008), Dietrich Herzog (1936–2012), Robert D. Putnam (1941–), Joni Lovenduski (1945–) und Pippa Norris (1953–) – befassen sich, unter anderem, mit den individuell-angebotsseitigen und den strukturell-nachfrageseitigen Prägefaktoren der Rekrutierung in solche Elitepositionen, mit der Sozialisation künftiger Inhaber von Elitepositionen, mit den Sozial- und Individualmerkmalen von Eliteangehörigen, mit deren gesellschaftlichen und politischen Funktionen sowie mit der Dynamik und den Prägefaktoren des individuellen oder kollektiven Austauschs der Inhaber von Elitepositionen. Der Verbund komplexer gesellschaftlicher, wirtschaftlicher, kultureller und politischer Systeme wird im Übrigen – zumal unter freiheitlichen Bedingungen – meist nicht von einzelnen, hegemonialen Elitegruppen gesteuert, sondern von – oft eher konkurrierend als hierarchisch gegliederten – *Elitenetzwerken*. Deren Strukturen, Genesen, Transformationen, Weiterverzweigungen in die Basis und Umwelt einer Gesellschaft, desgleichen deren Transaktionen, sind Gegenstand der Theorien zu Elitenetzwerken. Politikwissenschaftlich interessieren besonders die Formen, Prägefaktoren und Dynamiken jener Willensbildungs- und Entscheidungsprozesse, die innerhalb von Elitenetzwerken ablaufen. Konkret wird solches Interesse nicht zuletzt in der Politikfeldanalyse, die sich zunehmend dem Studium von ‚Policy-Netzwerken' widmet.

- *Systemtheorie:* Meist handlungstheoretisch fundiert, oft institutionentheoretisch konkretisiert und in der Regel kommunikationstheoretisch ausdifferenziert, liegen Systemtheorien heute einem Großteil der politikwissenschaftlichen Arbeit zugrunde. Für die Systemlehre, ein Stück weit auch für das Teilfach ‚Internationale Beziehungen', ist Systemtheorie – gleich in welcher ihrer Spielarten zwischen Talcott Parsons, David Easton (1917–2014) und Niklas Luhmann – nachgerade die Grundlagentheorie. Innerhalb dieser Theorie richtet sich der Blick insbesondere auf Strukturen, auf Funktionen sowie auf das wechselseitige prozessuale und instrumentelle Zusammenwirken von Funktionen und Strukturen, und zwar gerade auch bei den Austauschprozessen zwischen dem untersuchten System und der für es wichtigen Umwelt, d.h. seiner ‚Nische'. In Gestalt *strukturalistischer* Theorien – von Claude Lévy-Strauss (1908–2009) über Michel Foucault (1926–1984) bis hin zu Jacques Derrida (1930–2004) – weitet sich der systemtheoretisch-strukturfunktionalistische Blick vergleichend auf Strukturen und strukturelle Verwandtschaften quer durch alle Bereiche menschlicher Existenz: von Sozialstrukturen und Verwandtschaftsverhältnissen über sprachliche und symbolische, diskursive sowie kulturelle Strukturen bis hin zur vernetzten Genealogie und methodisch reflektierten ‚Archäologie' all dessen. In Gestalt von Theorien der (autopoietischen) Strukturierung und Wirklichkeitskonstruktion – z.B. bei Niklas Luhmann, Anthony Giddens (1938-), Peter Berger (1929–2017) und Thomas Luckmann (1927–2016) sowie im Bereich der Ethnomethodologie – werden die Prozesse der Bildung, Reproduktion und Transformation *realer* gesellschaftlicher, wirtschaftlicher und politischer Strukturen thematisiert. *Funktionalistische* Theorien – von Herbert Spencer (1820–1903) und Émile Durkheim (1858–1917) über Bronislaw Malinowski (1884–1942) und Alfred R. Radcliffe-Brown (1881–1955) bis hin zu Robert K. Merton (1910–2003), Talcott Parsons, Niklas Luhmann, David Easton und Gabriel A. Almond (1911–2002)

– konzentrieren sich auf jene Leistungen, welche als Subsystem betrachtete Strukturen für das sie umbettende System erbringen. Außerdem gehen sie den Wechselwirkungen zwischen Funktionsanforderungen und Strukturbildung nach, womit sie die ansonsten leicht abstrakt bleibenden Kategorien von Systemtheorie und Strukturalismus auf unmittelbar wichtige Fragestellungen zu beziehen erlauben und erhebliches forschungspraktisches Potential bergen. Vielfältig dem Werk Max Webers verbunden, inzwischen zum nachgerade selbstverständlichen Paradigma politikwissenschaftlicher Analyse geworden, hat die Systemtheorie in der deutschen Politikwissenschaft – weniger in der deutschen Staatsrechtslehre – jene Kategorien und Argumentationsfiguren stark in den Hintergrund gedrängt, mit denen einst die Allgemeine Staatslehre – entfaltet etwa von Georg Jellinek (1851–1911), Hermann Heller (1891–1933), Hans Kelsen, Rudolf Smend (1882–1975) und Carl Schmitt – den Gegenstand der ‚Politischen Systemlehre' zu vermessen verstand. Es wäre bestimmt vorteilhaft, dieses analytische Instrumentarium für die Politikwissenschaft zurückzugewinnen und mit dem international dominierenden Systemdenken zu verbinden.

- *Theorien der Neuen Politischen Ökonomie:* Hier geht es nicht nur – wie in der älteren Politischen Ökonomie – um die Analyse der wirtschaftlichen Grundlagen von Politik, die – etwa bei Karl Marx – auch noch als weitgehend determinierende Basis des kulturellen und politischen ‚Überbaus' einer Gesellschaft aufgefasst wurden. Vielmehr werden – oft entlang von Rational Choice-Ansätzen – grundlegende Denkweisen wirtschaftswissenschaftlicher Analyse zur Beschreibung und Erklärung jener politischen Prozesse, Strukturen und Inhalte herangezogen, aus denen politische Systeme entstehen bzw. bestehen. Letztlich liegen solchen Theorien – neben der Annahme (begrenzt) rationalen Verhaltens von Akteuren, die unter einschränkenden Handlungsbedingungen bei oft gegebenem Informationsmangel nicht selten unklar geordnete Präferenzen verwirklichen wollen – zwei Erklärungsmodelle gesellschaftlicher bzw. politischer Strukturbildung zugrunde. Das sind die Tauschtheorien (‚Transaktionsanalyse') und die Vertragstheorien. Die ersteren befassen sich – im Anschluss etwa an David Hume und Adam Smith (1723–1790) – mit der Entstehung, den Voraussetzungen und der Funktionsweise von Märkten. Kategorien wie Angebot, Nachfrage, Preis und Transaktionskosten werden dabei teils in ursprünglicher wirtschaftswissenschaftlicher, teils in metaphorischer oder übertragener Bedeutung für die Analyse der Entstehung und Wirkungsweise politischer Institutionen fruchtbar gemacht. Vertragstheorien – ideengeschichtlich zurückgehend auf Thomas Hobbes, John Locke, Jean-Jacques Rousseau und Immanuel Kant, politisch-ökonomisch weitergeführt etwa von James M. Buchanan (1919–2013) und Gordon Tullock (1922–2014) – erklären politische Struktur- und Institutionenbildung ausgehend von rationalen Interessenlagen vieler Einzelner. Entfaltet hat sich die Neue Politische Ökonomie seit den 1950er Jahren vor allem als Wohlfahrtsökonomik (mit dem praktisch-politisch wichtigen Nachweis durch Kenneth J. Arrow, 1921–2017, dass es kein zu widerspruchsfreien kollektiven Entscheidungen führendes Verfahren geben kann, das minimalen demokratischen Grundsätzen entspricht); als – auf Joseph A. Schumpeter (1883–1950) zurückgehende, von Anthony Downs (1930–2021) ausgeführte – ‚ökonomische Theorie der Politik‘, die sich vor allem mit Fragen der Parteienkonkurrenz und des Wählerverhaltens befasst; als – von Mancur Olson (1932–1998) ausgearbeitete – Logik kollektiven Handelns, welche die Gefahr der Übernutzung öffentlicher Güter angesichts pluralistischer Interessenkonkurrenz und einer Rationalität von politischem Absentismus aufweist (,Trittbrettfahrerproblematik‘, ‚Dilemma der Allmende‘); sowie als – vor allem um das Konzept der ‚Transaktionskosten‘ gelagerte – Organisations- und Institutionenökonomie etwa bei Ronald H. Coase (1910–2013), William A. Niskanen (1933–2011) und Oliver E. Williamson (1932–2020).

- *Legitimationstheorien:* Wie ist es möglich, dass in vielen Tausenden von Alltagssituationen immer wieder unter Tausenden von Menschen der Glaube an die Rechtmäßigkeit der über sie ausgeübten Herrschaft in Geltung gehalten werden kann? Wie kommt es, dass sich Akzeptanz oder gar Unterstützung eines politischen Institutionensystems reproduzieren lassen, oder dass es zumindest eine revolutionäre Stimmung zu verhindern gelingt, *obwohl* es in der Regel dauernd zu politischen Steuerungsdefiziten, Regierbarkeitsproblemen, Skandalen und selbst grundlegenden Konflikten kommt, die man nicht einzufrieden vermag? Mit solchen Fragen befassen sich ‚Legitimationstheorien‘. Sie beziehen – wie etwa bei Jürgen Habermas – ‚Lebenswelt‘ und ‚System‘ aufeinander, thematisieren alltagspraktische Performanzwahrnehmungen des politischen Systems zwischen ‚good governance‘ und ‚Staatsversagen‘, führen derlei auf – gegebenenfalls psychoanalytisch erschlossene – Tiefenstrukturen menschlicher Umweltbewertung zurück, oder heben – zumal im Anschluss an die ‚Kritische Theorie‘ und ehedem vor allem anhand marxistischer Denkfiguren – auf die Stiftung eines ‚Verblendungszusammenhangs‘ seitens der real Regierenden ab, der die Bürgerschaft dahingehend ruhigstellt, dass dem alltagspraktischen Legitimitätsglauben nicht reale Erfahrungen, sondern – u.a. massenmedial vermittelte – Ideologieproduktionen zugrunde liegen.
In diesem Zusammenhang gewinnt die theoretische Erfassung und Analyse der Konstruktion und Durchsetzung von solchen Begriffen und Sprachspielen besondere Bedeutung, die eine einmal geprägte Lebensform, institutionelle Praxis oder politische Kultur – gegebenenfalls auch kontrafaktisch – als ‚natürlich‘ oder ‚schlechterdings richtig‘ erscheinen lassen. Als ‚Konstruktivismus‘ wurden solche Theorien in der Philosophie etwa von Paul Lorenzen (1915–1994) entfaltet, wissenssoziologisch radikalisiert beispielsweise von Heinz v. Foerster (1911–2002) und in die Systemanalyse folgenreich eingeführt von Niklas Luhmann. Die vom Konstruktivismus erfassten Prozesse sind deshalb legitimationsanalytisch so wichtig, weil

sich oft die Verwendung von im Grunde ganz beliebig konstruierten Begriffen und Sprachspielen als ‚politisch korrekt' normieren lässt, während – sogar nur unterstellte – Verstöße gegen deren Verwendungsvorschriften dafür genutzt werden können, andere als ‚Außenseiter' des ‚normalen' gesellschaftlichen Diskurses zu etikettieren und dann, mit mehr oder minder krassen Methoden, aus den zuvor gemeinsamen Diskursen auszugrenzen. Die Konstruktion und machtgestützte *Durchsetzung* von – gar noch sanktionsbewehrten – politischen Sprachspielen wird dann zum Prozess der Konstruktion, Legitimierung und Sicherung politischer Wirklichkeit. Ihn klärt einesteils als Realprozess die ethnomethodologische Analyse wirklichkeitskonstruktiver Praktiken (‚politics of reality'). Andernteils widmet sich der literarische und sozialwissenschaftliche Dekonstruktivismus – ersterer begründet von Paul de Man (1919–1983), letzterer von Jacques Derrida – der Analyse und Aufsprengung eben jener Sprachspiele, die legitimatorisch eingesetzt werden und zunächst die Kommunikationseliten, anschließend auch breitere Bevölkerungsschichten vom Blick auf Alternativen der Systemgestaltung abhalten können. Dabei geht es in der Regel um die Explikation und Infragestellung des in legitimierenden Sprachspielen bislang als ganz selbstverständlich Implizierten, um die Herausarbeitung der oft kunstvoll verdeckten Brüche und Blindstellen im Hintergrund oder Fundament legitimierender Diskurse, sowie um die Nutzung der befreienden Wirkung eines Perspektivenwechsels – letztlich also um genau das, was Theorieforschung ausmacht und worin sie besteht.

VI. Politische Philosophie

So wie die ‚Politische Theorie' gewissermaßen die Krönung der Politikwissenschaft sein kann, ist die Politische Philosophie der Gipfel dieses Teilfachs. Sie wird unternommen, wenn an solchen *Synthesen* des jeweils verfügbaren politischen und politikwissenschaftlichen Wissens und Reflexionsstandes gearbeitet wird, die in umfassender Perspektive *praktische* Probleme der Ausgestaltung politischer Ordnung und der Steuerung politischer Prozesse lösen wollen, und die ihre Problemlösungsvorschläge in den Zusammenhang eines grundlegenden Nachdenkens über die Eigentümlichkeiten des Menschen und seiner Ordnungsformen stellen. Die Werke von Platon und Aristoteles in der Krise der attischen Polis, von Augustinus in der Krise der römischen Zivilisation, von Hobbes in der Krise der europäischen Religionskriege oder von John Rawls zu den Wertgrundlagen heutiger freiheitlicher Gesellschaften sind markante Beispiele der Politischen Philosophie. Typischerweise schlägt diese – anhand theoretischer Forschung – die Brücke von für wahr gehaltenen empirischen Aussagen hin zu Werturteilen und zu Handlungsanweisungen. Dabei beginnt sie oft mit Begriffen und Denkfiguren, anhand welcher sich politische Wirklichkeit über sich selbst verständigt, und lässt ihre Erörterungen – wie komplex auch immer sie werden mögen – in wieder allgemein verständliche Aussagen münden.

Gliedern lassen sich die wichtigsten Leitfragen und die von ihnen formulierten zentralen Herausforderungen Politischer Philosophie anhand des berühmten philosophischen Fragenkatalogs von Immanuel Kant:[48]

- *Was ist der Mensch?* Welche Voraussetzungen für welche Ausgestaltung politischer Systeme bringt er mit? Welche politischen Ordnungsformen sind seiner Natur angemessen und können mit Aussicht auf Erfolg und Dauerhaftigkeit angestrebt werden? – Bei der Erarbeitung von Antworten auf diese Fragen führt von der Politischen Philosophie eine breite Brücke über die Philosophische Anthropologie hin zur allgemeinen sozial- und kulturwissenschaftlichen Anthropologie – und dann zur naturwissenschaftlichen Anthropologie sowie zur allgemeinen Evolutionsforschung.
- *Was dürfen wir politisch hoffen?* Mit welchen Unzulänglichkeiten von Regierenden und Regierten, mit welchen Paradoxien beim Versuch, bestimmte Werte zu verwirklichen, haben wir zu rechnen? Welche Risiken politischer Ordnungsbildung und politischen Handelns sind zu bedenken? Mit welchen politischen Tugenden (z.B. Klugheit, Mäßigung, Stärke, Bescheidenheit, Vorsicht …) kann man versuchen, diese Probleme zu bewältigen? – Beim Unternehmen, auf diese Fragen Antworten zu finden, erweisen sich vor allem die in den Teilfächern ‚Politische Systeme' und ‚Internationale Beziehungen' erarbeiteten Ergebnisse als hilfreich, desgleichen gründliche Kenntnisse der Wirtschafts-, Gesellschafts-, Kultur- und Institutionengeschichte.
- *Was sollen wir politisch tun?* Welche Konzeption des politisch Guten, welche Werte sollen wir politischen Systemen zugrunde legen? Was wären für die politische Praxis tragfähige Konzeptionen etwa von Freiheit, Gerechtigkeit, Gleichheit, Glück? Wie soll mit Gewalt als Mittel der Politik umgegangen werden? – Bisweilen formen sich Antworten auf solche Fragen als ideengeschichtliche Studien aus. Doch weiter führt es, wenn sie die Gestalt normativer politikwissenschaftlicher Forschung annehmen und am Ende ihrer Argumentationen klare Werturteile und Handlungsanweisungen formulieren. Nicht genug kann betont werden, *dass dieses normative Anliegen einer der wichtigsten Antriebe politikwissenschaftlicher Arbeit ist.* Zwar motiviert sich Politikwissenschaft auch aus intellektueller Neugier, und die kann ihre Befriedigung recht einfach in zutreffenden empirischen Theorien politischer Wirklichkeit findet. Doch wirkungsmächtiger und motivierender ist oft ein Interesse an der Aufrichtung oder Erhaltung von funktionstüchtigen, vernünftigen und außerdem humanen politischen Ordnungen. Deshalb mündete in der Geschichte der Politikwissenschaft immer schon ein Großteil politikanalytischer Arbeit in Antworten auf die Frage danach, was angesichts konkreter politischer Herausforderungen

---

48   Kants Frage ‚Was können wir wissen?' gehört auch in der Politikwissenschaft zur Wissenschafts- und Methodenlehre.

im Licht des vermutlich Möglichen und wünschbar Guten getan werden sollte. Bei solchen Forschungen kann der jeweilige Reflexionsstand in Disziplinen wie Ethik und Moralphilosophie sehr nützen.

Auf diese alten Fragen hat die Politische Philosophie immer wieder zeitgenössische Antworten zu geben. Soweit diesem Forschungsbereich entsprungene Arbeiten über das Mediensystem popularisiert werden, gewinnen sie mitunter sogar große, meinungsbildende Bedeutung. Und je besser solche Arbeiten sowohl aus dem Brunnen der Ideengeschichte als auch aus jenem des zeitgenössischen politikwissenschaftlichen Forschungsstandes schöpfen, umso hilfreicher werden sie sein. Anhand der Einsichten Politischer Philosophie lassen sich jedenfalls alle aktuell auftretenden politischen Ordnungsvorstellungen zielgerichtet auf ihre Prämissen und Folgerungen überprüfen, vielleicht sogar verbessern. Auf diese Weise entsteht ‚kritisches Ordnungswissen', welches allen Arten politischer Strukturbildung, Prozesssteuerung und eigener Beteiligung zugrunde gelegt werden kann. Solche eigene Beteiligung nimmt zunächst die Form systematischer *Ideologie-, Gesellschafts- und Systemkritik* an und kann, über eine *öffentliche Wirksamkeit* von Politikwissenschaftlern, später sogar zur *Übernahme politischer Aufgaben* führen. Solchermaßen zielt die Politische Philosophie auf eine wirklich *praktische* Wissenschaft von der Politik.

VII. Erbe und Weiterführung: Politikwissenschaft und ihre Geschichte

Die Politikwissenschaft gilt manchen immer noch als ein ‚neues Fach' bzw. als eine ‚Modedisziplin'. Dabei beruft sie sich immer wieder auf Platon (427–347 v. Chr.) oder Aristoteles (384–322 v. Chr.) als ihren Gründervätern und schreibt sich so eine Geschichte von rund 2400 Jahren zu. Wie kommt es zu derart unterschiedlichen Wahrnehmungen dieses Faches? Vereinfacht kann man sagen, dass die moderne Politikwissenschaft in gleich zwei, ihrerseits recht komplizierten Entwicklungssträngen wurzelt. Die eine Entwicklungslinie ist die – bereits dargestellte – *denkerische Auseinandersetzung mit Politik*,[49] die andere die *empirische Erforschung politisch bedeutsamer Sachverhalte*. Beides stand sowohl zueinander als auch zur jeweiligen politischen Praxis in wechselvollen, schwierigen Beziehungen. Überdies prägte das im Lauf der Jahrhunderte sich grundlegend wandelnde Wissenschaftsverständnis die jeweils als intellektuell zureichend erachtete Weise der Befassung mit Politik.

Unabhängig davon brauchten politische Entscheidungsträger immer schon Informationen über die von ihnen regierten Gesellschaften und über deren Umwelt. Aus der Geschichte sind die alle zwei Jahre stattfindenden Felder- und Goldzählungen im ägyptischen Alten Reich (2650–2190 v. Chr.) bekannt, auch quasi-statistische Erhebungen aus dem alten China und dem an-

---

[49] Hierzu siehe auch S. 55–57 in der 7. Aufl. meiner ‚Einführung in die Politikwissenschaft'.

tiken persischen Großreich, desgleichen Volkszählungen aus dem Römischen Reich. Instruktionen für aufzuzeichnende Beobachtungen auf Reisen,[50] auf Gesandtschaften und auf Spionagemissionen sind weitere Beispiele für die Erfüllung praktischer Wünsche nach politischer Sachkunde. Dem gleichen Zweck dient die Nutzung verfügbaren Sachverstands durch die Heranziehung geeigneter Berater sowie die Vergabe von Recherche- oder Forschungsaufträgen. Bei alledem hängt von drei Bedingungen ab, inwiefern solche Wünsche und Bedürfnisse wirklich zur Entstehung einer empirischen *Politikwissenschaft* führen können: von der grundsätzlichen Möglichkeit, politische Sachverhalte *systematisch* in Erfahrung bringen und *öffentlich* zu erörtern; von der Art des jeweils zeitgenössischen *Wissenschafts- und Methodenverständnisses*; und von der Möglichkeit, politische Tatsachenforschung auch zu *institutionalisieren*.

Solange Kenntnisse über politisch bedeutsame Sachverhalte als Geheimwissen der Regierenden (,arcana imperii') betrachtet und behandelt wurden, konnte ohnehin kein von Wahrheitssuche und Kritik geprägter Arbeitszusammenhang entstehen, der auf eine systematische Erfassung und Auswertung politischer Tatsachen ausging. Nun galten aber – mit wenigen Ausnahmen – während der gesamten bekannten Geschichte, und zwar hin bis zur europäischen Aufklärung, die konkreten Gegenstände und Praktiken der Staatskunst als Dinge, die vor den Untertanen geheimzuhalten seien. Weil es folglich sowohl am Zugang zum Untersuchungsmaterial als auch am Recht fehlte, sich mit ihm frei zu befassen, konnte eine empirische Wissenschaft von der Politik nicht entstehen, obwohl es immer wieder Ansätze systematischer Bestandsaufnahmen politisch wichtiger Sachverhalte gab. Die rein denkerische Auseinandersetzung mit Problemen politischer Ordnung und ihrer Rechtfertigung war solchermaßen das *Maximum* einer Einmischung von Untertanen in die Vorgänge praktischer Politik. Erst mit der Aufklärung und mit der Entwicklung bürgerlicher Öffentlichkeit wurden politische Sachverhalte Gegenstand sowohl dokumentierender Publizität als auch kritischer Erörterung. Eben das schuf eine erforderliche *Voraussetzung* für das Aufkommen von Politikwissenschaft als empirischer Tatsachenforschung.

Zweitens hing es von den jeweils zeitgenössischen Wissenschaftsvorstellungen ab, ob die Beschreibung und Untersuchung von Tatsachen als Wissenschaft gelten konnte, oder ob im Rahmen des gemeinsamen Wissenschaftsverständnisses nicht schon die *Vorstellung* einer Sinnhaftigkeit empirischer Forschung fehlte. Die Ansichten darüber, was Wissenschaft sei und zu tun habe, wandelten sich in der europäischen Geschichte aber tiefgreifend. Dieser Wandel prägte erst recht die Geschichte der Politikwissenschaft. Zwar gab

---

50 Zwischen dem 16. und dem 18. Jh. gab es zu solchen ‚informationssammelnden Reisen' sogar eine Art eigener Wissenschaft, die den Namen ‚Apodemik' erhielt (von griech. ‚apodemein', d.h. reisen).

es in der Antike eine hochentwickelte Technik, die faktisch auf empirischer Forschung gründete. Technisches Können wurde jedoch dem Handwerk, nicht der Wissenschaft zugerechnet. Entsprechend lag der Gedanke fern, Beschreibungen politischer Sachverhalte und durch Vergleich gewonnene Einsichten in deren Zusammenhänge könnten etwas anderes sein als höchstens *Voraussetzung* einer ‚eigentlichen' Wissenschaft von der Politik. Als solche verstand man nämlich die Erarbeitung von Aussagen über jenes unveränderliche ‚Wesen' der Dinge, das *hinter* deren – sich wandelnden – empirisch fassbaren ‚Erscheinungen' liege. Diese letzteren festzustellen reiche deshalb für ein angemessenes Verhältnis von Politik keineswegs; vielmehr gelte es, die Schicht jener bloßen ‚Phänomene' denkerisch zu übersteigen, sie also – ganz im lateinischen Wortsinn – zu ‚transzendieren'. Einmal auf diese Weise ‚philosophisch' zur Erkenntnis des ‚Wesens' ihrer Gegenstände gelangt, etwa von Macht und Herrschaft, müsse Wissenschaft darlegen, welches Handeln solchem ‚Wesen' wohl angemessen sei. Eben diese Einsichten hätten Wissenschaftler anschließend in Form von klaren Aussagen über das *Gesollte* darzulegen. Sie hätten also – beispielsweise – Aussagen über die *anzustrebende* Form von Herrschaft und über den *richtigen* Gebrauch von Macht zu erarbeiten. Hingegen sei es ‚wahrer Wissenschaft' unwürdig, Gegebenes bloß zu *beschreiben* und dergestalt die Wirklichkeit durch deren ‚zusätzliche' Beschreibung nur gleichsam zu ‚verdoppeln'; stattdessen komme es darauf an, die Wirklichkeit zum Besseren zu *verändern*. Obwohl also bereits Aristoteles eine Vielzahl von griechischen stadtstaatlichen Verfassungen sammelte sowie einsichtsreich verglich und somit als Gründervater *auch* der empirischen, vergleichenden Politikforschung angeführt werden kann, entstand diese in der Antike eben doch nicht. Die dem Aufstieg empirischer Politikforschung hinderlichen Vorstellungen von Wissenschaft waren allerdings nicht auf die Antike beschränkt, sondern wurden bis einschließlich unserer Gegenwart immer wieder populär, wenn auch in unterschiedlicher Gestalt und weltanschaulicher Einbettung.

Etwa konnte sich eine empirische Politikwissenschaft auch im Mittelalter nicht entwickeln. Das ‚Wesen' von Mensch und Welt galt nämlich als dank biblischer Offenbarung hinlänglich bekannt. Also war dieses Wissen nur noch in der Weise näher zu erkunden, dass man die Heilige Schrift sowie die Lehren von Kirchenvätern und ausgewählten antiken Autoren immer besser verstand und auslegte. Erst recht festigte sich die Vorstellung von Wissenschaft als einer rein denkerisch zu bewältigenden Aufgabe, als die Scholastik als Hauptströmung abendländischer Gelehrsamkeit den christlichen Glauben eng mit der aristotelischen Philosophie verbunden hatte. Nur gegen großen intellektuellen Widerstand war in einer solchen Lage die Vorstellung durchzusetzen, dass wohl auch die systematische *Beobachtung* von Menschen, Natur und Welt ein sehr guter, womöglich gar besserer Weg sei, dies alles verlässlich kennenzulernen.[51] Erst als nach Beginn der Neuzeit der moderne, theoretische mit empirischer Forschung verschränkende Wissenschaftsbegriff zunächst wenigstens bezüglich der Erforschung der *Natur* durchgesetzt war, konnte ein solches Wissenschaftsverständnis allmählich auch für die Beschäftigung mit gesellschaftlichen und *politischen* Sachverhalten attraktiv werden. Das aber war die Voraussetzung dafür, sich überhaupt eine ‚empirische Politikwissenschaft' vorstellen zu können.

Doch selbst heute ist eine dem neuzeitlichen Wissenschaftsbegriff verpflichtete empirische Politikforschung noch nicht allgemein akzeptiert. Mit der im Deutschland des ausgehenden 19. Jahrhundert ersonnenen und dann im ganzen westlichen Kulturkreis verbreiteten Entgegensetzung von Natur- und Geisteswissenschaften wurde nämlich die Behauptung popularisiert, soziale wie politische Sachverhalte ließen sich gerade *nicht* entsprechend den Gegebenheiten der Natur durch Beobachtung, Aufzeichnung der Beobachtungen und Auswertung dieser ‚Daten' erforschen. Bei einer intellektuellen Auseinandersetzung mit Politik sei vielmehr ein ihr ‚Wesen' anzielendes *philosophisches* Bemühen, seien auf das ‚Verstehen' politischer Ideen und Sachverhalte ausgerichtete Anstrengungen alternativlos angemessen. Hingegen könne Forschung in der Art der Naturwissenschaften die Oberfläche sozialer und politischer Phänomene nicht durchdringen, weil doch die Letzteren allein durch – vom Analytiker dann eben nachzuvollziehende – Sinndeutungen der gemeinsam Handelnden erzeugt würden. Mit dem jahrzehntelangen Siegeszug der ‚wissenschaftlichen Weltanschauung der Arbeiterklasse', nämlich des Marxismus bzw. Marxismus-Leninismus, kam noch ein weiteres Argument hinzu. Sein Kern war: Nur vom *historisch richtigen Standpunkt* aus, den eben die Lehren von Marx und Engels herausgearbeitet hätten, ließen sich Wirtschaft, Gesellschaft und Politik richtig erkennen, während die Beobachtung und Analyse tatsächlicher politischer Gegebenheiten – als bloße ‚Wirklichkeitsverdoppelung' – wenig für ein Begreifen anstehender politischer Gestaltungsaufgaben bringe und schon gar nicht dafür geeignet sei, die ohnehin als wahr behaupteten kritischen, prognostischen und handlungsanleitenden Einsichten der ‚Klassiker des Marxismus-Leninismus' zu widerlegen. Wissenschaftstheoretische Argumente ganz verschiedener Herkunft und Intention erschwerten dergestalt die Entstehung von Politikwissenschaft als *empirischer* Erforschung politisch bedeutsamer Sachverhalte und zwangen sie zu einem sehr verwickelten Werdegang.

Drittens bedurfte es erst einmal geeigneter organisatorischer und institutioneller Grundlagen, um politischer Tatsachenforschung überhaupt jene Kon-

---

51 Literarisch ist dieser Widerstand einprägsam gestaltet in der 4. Szene von Bertolt Brechts ‚Leben des Galilei': Während Galilei die Existenz der Jupitertrabanten mittels eines Blicks durch das Fernrohr – also *empirisch* – glaubhaft machen will, bestehen die zur Klärung dieser Frage beigezogenen Experten – ein Philosoph und ein Mathematiker – auf einem allein anhand von *Argumenten* geführten Disput.

tinuität zu geben, die aus ganz praktischen Gründen eine zwingende Voraussetzung für das Entstehen einer wissenschaftlichen Disziplin ist. Keimzellen für die Institutionalisierung empirischer Politikforschung waren die im neuzeitlichen Staat entstehenden Verwaltungen, in denen regelmäßig Infrastruktur, Bevölkerungsaufbau, Wirtschaftskraft und Steueraufkommen eines Landes beobachtet wurden. Im Lauf des 19. Jahrhunderts wurden für diese, weithin statistischen Zwecke, eigene Behörden gegründet, später auch besondere Institute für die laufende Dokumentation und Analyse der verschiedensten Politikbereiche. Um solches Wissen den – meist juristisch oder wirtschaftswissenschaftlich ausgebildeten – administrativen und wirtschaftlichen Eliten nahezubringen, auch um für wissenschaftlichen Nachwuchs zu sorgen, wurden überdies an den Universitäten geeignete Lehrstühle eingerichtet bzw. entsprechende Fachhochschulen gegründet. Nach und nach etablierte sich empirische Politikforschung auf diese Weise auch an universitätseigenen Einrichtungen. Doch bis heute ist es so, dass ein sehr großer Teil empirischer Politikforschung, v.a. die Meinungs- und Wahlforschung, *außerhalb* der Universitäten an staatlichen oder privaten Instituten betrieben wird.

Vereinfacht man die Darstellung der Sachlage, so lässt sich die von den genannten Faktoren geprägte Geschichte empirisch orientierter Politikforschung für Deutschland dahingehend umreißen, dass sie sich im Wesentlichen nach dem Dreißigjährigen Krieg gemeinsam mit dem damals aufkommenden neuzeitlichen Fürstenstaat sowie der modernen Wissenschaftsauffassung entwickelte. Es ging nämlich um die Erarbeitung zutreffender Aussagen über solche Sachverhalte, die dem sich festigenden Staat als zur Durchführung seiner Innen-, Wirtschafts- und Außenpolitik wichtig erschienen. Außerdem brauchte der aufkommende Staat Beamte, die seine wachsenden finanziellen und administrativen Probleme bewältigen konnten. In Deutschland richteten die Landesherren, vor allem die protestantischen, darum an ihren Universitäten *praxisorientierte* Lehrstühle für Staatsrecht, Verwaltungs- und Finanzwissenschaften ein. Das waren die sogenannten ‚Kameralwissenschaften'. Außerdem entfaltete sich an den Universitäten die Befassung mit politischen Tatsachen und praktischen politischen Problemen einerseits als ‚Statistik', nämlich als Lehre von den wichtigsten geographischen, wirtschaftlichen und organisatorischen Merkmalen von Staaten.[52] Andererseits entwickelte sie sich als Lehre von der ‚guten Policey', d.h. von der richtigen, auf Wohlfahrt und öffentliche Ordnung ausgerichteten Staatsverwaltung und

---

52 Dieser alte Begriff der Statistik, in dem die vergleichende Beschreibung von Staaten nachklingt, ist aus dem Sprachgefühl weitestgehend verschwunden und findet sein Echo allenfalls im Begriff der ‚Amtlichen Statistik'. Diese meint die von Staats wegen geleistete, meist territorial vergleichende Beschreibung wichtiger Merkmale eines Landes und ist die Aufgabe von statistischen Landesämtern. Ansonsten wird Statistik heute verstanden als ein für die empirische Forschung überaus nützlicher Zweig der Mathematik, in gedanklicher Engführung auch als alternative Bezeichnung für Tabellen oder Graphiken (z.B. „Ich habe hier 'mal eine Statistik, die ...").

Staatswirtschaft. Die solchen Studien gewidmeten Fächer wurden ‚Politische Wissenschaften' genannt, wovon heute noch der von (Staats-)Wirtschaftlichen Fakultäten verliehene Titel eines Doktors ‚rerum politicarum' (Dr. rer.pol.) zeugt.

Im Lauf der Zeit entwickelten sich diese ‚Politischen Wissenschaften' auseinander und verselbständigten sich in die heute noch bestehenden Disziplinen der rechts- und wirtschaftswissenschaftlichen Fakultäten (etwa: Staatswirtschaft als Vorläuferdisziplin moderner Finanzwissenschaft, Staatsrecht und Staatslehre, Verwaltungsrecht, Völkerrecht, Wirtschaftspolitik). Das gemeinsame Band einer ‚Gesamten Staatswissenschaft' oder von ‚Staatswirtschaftlichen Fakultäten' konnte sie nur noch kurze Zeit zusammenhalten, und die Politikwissenschaft als eine um die Zusammenschau aller Aspekte und Erscheinungsformen von Politik bemühte Disziplin ging unter.

Vor allem die Geschichtswissenschaft, ein Stück weit aber auch die entstehende Soziologie sowie die Politische Geographie, letztere auch in Gestalt von ‚Auslandskunde' und ‚Geopolitik', übernahm seit dem 19. Jahrhundert die Aufgabe, diese getrennten Forschungsgebiete wieder zusammenzuführen. Zumal die Geschichtswissenschaft konnte bis zu einem gewissen Grad die Rolle einer synoptischen und integrierenden ‚Wissenschaft von der Politik' übernehmen. Die dann freilich notwendige Brücke zur Gegenwart und aktuellen Politik schlugen die ‚politischen Geschichtsschreiber' (in Deutschland etwa Friedrich Christoph Dahlmann [1785–1860], Heinrich v. Sybel [1817–1895], Heinrich v. Treitschke [1834–1896] und später Friedrich Meinecke [1862–1954]). Wie die um Gesellschaftsveränderung bemühten Pioniere der Soziologie sowie die politischen Geographen bzw. ‚Geopolitiker' taten sie das allerdings nicht selten durch eine Verschmelzung wissenschaftlicher Arbeit mit jenen zeitgenössischen politischen Ideologien, die sie persönlich bevorzugten und oft auch ihrer historiographischen, soziologischen oder geographischen Arbeit zugrunde legten. Das Band zwischen Politik- und Geschichtswissenschaft zerschnitt dann der *Historismus*,[53] welcher von der Letzteren zu erforschen verlangte, ‚wie es eigentlich gewesen ist', und dabei die Vermengung empirisch historischer Aussagen mit theoretisch-verallgemeinernden Aussagen ablehnte.

Ein weiterer Pfad jenes Entwicklungsweges der Politikwissenschaft, der auf die praktischen Bedürfnisse des neuzeitlichen Staates zulief, führte zur modernen empirischen Sozialforschung. Die stellt bis heute der empirischen Po-

---

53 Keinesfalls dürfen *Historismus* und *Historizismus* verwechselt werden. Historismus meint den Versuch, geschichtliche Gegebenheiten als einzigartige, individuelle Hervorbringungen letztlich unvorhersehbarer geschichtlicher Prozesse aus sich heraus zu verstehen. Unter ‚Historizismus' versteht man hingegen den Glauben, Geschichte habe einen erkennbaren, notwendigen Verlauf und lasse sich anhand von ausfindig zu machenden ‚Geschichtsgesetzen' erklären, aus denen wiederum aktuelle politische Handlungsaufgaben abgeleitet werden könnten.

litikwissenschaft ihr methodisches Werkzeug bereit. Im 17. Jahrhundert kam als ‚vergleichende Staatenkunde' die schon erwähnte ‚Statistik' auf, in deren Namen solcher Ursprung immer noch kenntlich ist. Ihr ging es um die quantitative Beschreibung politisch wichtiger Merkmale verschiedener Staaten sowie darum, praktisch nützliche Zusammenhänge zwischen diesen Merkmalen aufzudecken. Als ‚Universitätsstatistik' hatte sie bald akademischen Rang; als ‚politische Arithmetik' und ‚Moralstatistik' verband sie absichtsvoll Wissenschaftlichkeit und Praxisorientierung. Seit dem späten 19. Jahrhundert nahm dann die Bereitstellung mathematischer Modelle zur Auswertung der erhobenen Informationen (verbunden mit Namen wie Karl Pearson, 1857–1936, und Ronald A. Fisher, 1890–1962) einen steilen Aufschwung, desgleichen die Wahrscheinlichkeitstheorie, welche eine auf Verallgemeinerungen abzielende Arbeit mit Stichproben ermöglichte. Obendrein wurde die Durchführung sozialwissenschaftlicher bzw. statistischer Erhebungen zu einem wichtigen Hilfsmittel politischer Entscheidungsvorbereitung. Allerdings war es in erster Linie die im 19. Jahrhundert entstehende Soziologie, die sich der sogenannten ‚empirischen Sozialforschung' annahm, während die – damals akademisch untergegangene – Politikwissenschaft die ihrer Entwicklung geschuldete Trennung von einer ihrer eigenen Wurzeln immer noch nicht so recht überwunden hat. Insgesamt mündete auch diese Entwicklungslinie moderner Politikwissenschaft in eine Zersplitterung jener Disziplinen, die sich empirisch mit politischen Prozessen, Strukturen und Inhalten befassen.

Folglich stimmt trotz ihrer weit über zweitausendjährigen (Vor-)Geschichte der Eindruck, die heute betriebene Politikwissenschaft sei eine relativ junge Disziplin. In der hat sich allerdings ein international recht ähnliche Grundzüge aufweisendes Verständnis ihrer Fragestellungen, Gegenstände und Methoden entwickelt. Zwar bildeten sich mehrere nationale Varianten heraus, auf die vom geschilderten deutschen Fall durchaus abweichende Vorgeschichten zuliefen. Doch unzweifelhaft ist es die US-amerikanische Traditionslinie der Politikwissenschaft, welche zur Gussform der modernen Wissenschaft von der Politik wurde.

Schon die amerikanischen Verfassungsväter verstanden ihr Tun dahingehend, dass sie sich von den zu ihrer Zeit bestbegründeten Einsichten der ‚political science' leiten ließen. Dergestalt schufen sie von vornherein jene beiderseits offene Verbindung zwischen praktischer Politik und Politikwissenschaft, die ganz selbstverständlich den Werdegang der US-amerikanischen Politikwissenschaft prägte. Ausgerechnet als in Deutschland sich die ‚Politischen Wissenschaften' in gänzlich verselbständigte Fächer auseinanderentwickelt hatten, wurden an Universitäten der USA seit dem letzten Drittel des 19. Jahrhunderts die ersten ausdrücklich politikwissenschaftlichen Fachbereiche gegründet.[54] In ihnen verbanden sich von vornherein die *beiden* oben beschriebenen Entwicklungslinien der europäischen Beschäftigung mit Politik. Zugleich wirkten in Großbritannien und in Deutschland[55] erarbeitete Ansätze bzw. Forschungsergebnisse der verselbständigten ‚Politischen Wissenschaften' über eine breite Rezeption stark auf die aufblühende, die gewonnenen Befunde integrierende amerikanische Politikwissenschaft ein. Das bahnte dieser von Anfang an den Weg zur Internationalität. Von John W. Burgess (1844–1931) über Charles E. Merriam (1874–1953) bis zu Harold Lasswell wandte sich die amerikanische Politikwissenschaft außerdem rasch konkreten politischen Gestaltungsaufgaben zu und nahm, nicht zuletzt solchen Praxisnutzens wegen, an der Entwicklung und praktischen Verwendung von Methoden der entstehenden empirischen Sozialforschung starken Anteil. So konnte in den USA aus *allen* Traditionen, und dank deren *Verschmelzung*, eine Politikwissenschaft ganz neuer Prägung entstehen. Besonders stark gefördert wurde sie später durch das Wirken europäischer Emigranten, welche die nationalsozialistische Gewaltherrschaft nach Amerika vertrieb.[56] Nach dem Zweiten Weltkrieg brachten viele von diesen ihre amerikanischen Erfahrungen nach Europa zurück und schufen so vollends die Grundlage einer international konsens- und kooperationsfähigen Politikwissenschaft.

Doch auch in Deutschland kam es seit dem ausgehenden 19. Jahrhundert vereinzelt zum Aufbau von Institutionen, die – meist außerhalb der Universitäten – einer solchen ‚Wissenschaft von der Politik' eine Heimstatt gaben, welche die alten ‚Politischen Wissenschaften' zusammenführte und sowohl auf Praxisnutzen als auch auf Synthesen abzielte. Beispielsweise wurde 1908 die ‚Zeitschrift für Politik', 1920 in Berlin die ‚Deutsche Hochschule für Politik' gegründet, an welcher im Lauf der Jahre Persönlichkeiten wie der spätere Bundespräsident Theodor Heuss (1884–1963) oder Rechts- und Politikwissenschaftler wie Hermann Heller (1891–1933) und Arnold Bergstraesser

---

54 Im Jahr 1900 konnte man bereits an einem halben Dutzend amerikanischer Universitäten einen politikwissenschaftlichen Doktorgrad erwerben; 1903 gab es in den USA rund 1000 sich als Politikwissenschaftler bezeichnende Akademiker. Den auch rein quantitativen Vorsprung der amerikanischen Politikwissenschaft – zu Beginn der 1980er Jahre arbeiteten beispielsweise gut 15.000 Politikwissenschaftler an amerikanischen Hochschulen und Forschungseinrichtungen – konnten andere Wissenschaftskulturen nicht mehr aufholen. Diesen Vorsprung verfestigen natürlich die Dominanz des Englischen als Wissenschaftssprache sowie die Tatsache, dass zur Ausbildung eines europäischen oder asiatischen Politikwissenschaftlers in der Regel ein Studienaufenthalt in den USA gehört. Das macht in vielen Fällen die amerikanische Politikwissenschaft zu einer zweiten, wenn nicht gar alsbald erstrangigen ‚intellektuellen Heimat'.
55 Dessen Hochschulwesen galt damals weltweit als vorbildlich.
56 Zu diesem Personenkreis gehören u.a. Arnold Brecht (1884–1974), Heinz Eulau (1915–2004), Ernst Fraenkel (1898–1975), Carl Joachim Friedrich (1901–1984), Hans Kelsen (1881–1973), Herbert Marcuse (1898–1979), Hans Morgenthau (1904–1980), Fritz Neumann (1900–1954), Siegmund Neumann (1904–1962) und Eric Voegelin (1901–1985).

(1896–1964) lehrten.[57] Außerdem bildete in der Rechtswissenschaft die – seit dem 19. Jahrhundert gepflogene – Forschungsrichtung und Literaturgattung der ‚Allgemeinen Staatslehre' die intellektuelle Keimzelle einer erneuerten, einheitlichen, wenn auch nicht auf empirische Forschung gegründeten Politikwissenschaft. Die nationalsozialistische Diktatur setzte dann der Freiheit einer gerade anhebenden politikwissenschaftlichen Forschung und Lehre ihr Ende, traf dabei eher auf Anpassungsbereitschaft als auf Widerstand und zwang viele geradlinige Politikwissenschaftler zur Emigration.

Nach dem Krieg konnte eine Wissenschaft von der Politik in der DDR ebenso wenig wie in den anderen realsozialistischen Staaten entstehen. Als ihr Ersatz und Zerrbild diente der ‚Wissenschaftlicher Kommunismus' genannte Bereich des Marxismus-Leninismus. In der Bundesrepublik Deutschland indessen kam es, wie in den anderen freien Staaten Europas auch, ab 1949 zu einer meist vom amerikanischen Vorbild inspirierten und – in Deutschland – oft von rückkehrenden deutschen Emigranten getragenen Wiederentstehung einer auf Synopse und Integration setzenden Politikwissenschaft.[58] Allerdings gab es große Widerstände jener Disziplinen zu überwinden, die aus den alten ‚Politischen Wissenschaften' hervorgegangen waren und nun argumentierten, ein eigenes Fach ‚Politikwissenschaft' greife in ihre Zuständigkeitsbereiche ein, stelle eine nicht funktionstüchtige ‚Super-Disziplin' dar und sei deshalb entweder unnötig oder werde zum Ausgangspunkt leichtfertiger politischer Ideologien. Zumal die letztere Befürchtung sollte sich später bewahrheiten.

Der seit Beginn der 1950er Jahre an den westdeutschen Universitäten verankerten und dort 1952 ganze zehn Hochschullehrerstellen umfassenden Politikwissenschaft waren zunächst zwei Hauptaufgaben gestellt. Als ‚Demokratiewissenschaft' sollte sie die Bedingungen und Möglichkeiten erforschen, in Deutschland endlich eine stabile Demokratie aufzubauen; und als der *re-education* dienende ‚Politische Bildung' sollte sie dazu beitragen, dass nicht auch die zweite deutsche Republik als ‚Demokratie ohne Demokraten' scheitere. Seit der Einführung von Schulfächern wie Sozial- oder Gemeinschaftskunde in den 1960er Jahren geschah Letzteres ganz wesentlich auch als Ausbildung von Lehramtsstudierenden. Innerwissenschaftlich förderte eine auf politische Bildung ausgerichtete Vorstellung von Politikwissenschaft die Beschäftigung einesteils mit Institutionen, andernteils mit den sie tragenden und rechtfertigenden Ideen. Im Lauf der Zeit traten dann jene juristischen, historischen und philosophischen Orientierungen zurück, die bei den frühen Vertretern des Faches aufgrund ihres akademischen Werde-

---

57 Nach 1945 wurde die im Nationalsozialismus aufgelöste Deutsche Hochschule für Politik wiedergegründet und ging später als Otto-Suhr-Institut in die Freie Universität Berlin über. Dort wurde sie zur wichtigsten Keimzelle der neuen deutschen Politikwissenschaft.
58 Es wurde beispielsweise die ‚Deutsche Hochschule für Politik' 1949 wieder eröffnet. Als ergänzendes Studienfach an Universitäten wurde die Politikwissenschaft erstmals 1952 eingerichtet, als eigenständiges Studienfach rund zehn Jahre später.

gangs vorgeherrscht hatten. Ebenso schwand jene dem Selbstverständnis als ‚Politische Bildung' entspringende politikwissenschaftliche Institutionenkunde, die – zugleich beschreibend und normativ – das Bild der Disziplin mitgeprägt hatte. Getragen von den Auswirkungen der auf Verhaltensanalyse, Systemtheorie, Strukturfunktionalismus und empirisch-sozialwissenschaftliche Methoden setzenden ‚behavioral revolution' in der US-amerikanischen Politikwissenschaft, entwickelte sich die Politikwissenschaft auf breiter Front zu einer empirisch-sozialwissenschaftlichen Disziplin mit starkem Sinn für die Notwendigkeit, letztlich alle Aspekte der Erforschung von Politik zur Synthese zu bringen. Allerdings verkümmerte dabei mehr und mehr das – so lange für die Wissenschaft von der Politik grundlegende – Interesse an den Zielen politischer Ordnung, am Zweck von Politik, am Wertgehalt politischer Inhalte. Empirische Wissenschaftlichkeit wurde gleichsam erkauft mit dem Abschieben normativer Fragen in ideengeschichtliche sowie aktuell-politische Diskussionen. In diese Lücke stieß die wertgeladene Kulturrevolution der ‚Achtundsechziger'.

Als Alternative zu den seinerzeit wie selbstverständlich geltenden Wertorientierungen ‚bürgerlicher' Politikwissenschaft erlebte damals das im Westen neu entdeckte marxistische Gedankengut eine fruchtbare Renaissance. Vielfach wurde es als einzig mögliche Grundlage einer das bloße Beschreiben übersteigenden Analyse von Politik ausgegeben. Die empirische Politikwissenschaft mit ihrer verkümmerten Wertereflexion wirkte im Vergleich dazu als ‚affirmativ', d.h. als Legitimations- und Verteidigungsinstanz der bestehenden Verhältnisse. Die galt es zu überwinden durch eine ‚kritische' Politikwissenschaft, die ihre Maßstäbe aus einer zwar meist marxistisch inspirierten, vom Ansatz her aber aristotelischen Vision einer guten Wirtschafts-, Gesellschafts- und Staatsordnung gewann. Über dem Streit zwischen ‚affirmativer' und ‚kritischer', zwischen ‚konventioneller' und ‚radikaler', zwischen bloß ‚empirischer' und auch politisch ‚emanzipatorischer' Politikwissenschaft zersplitterte alsbald das Fach. Modische Attraktivität, verbunden mit erheblicher Publizität, führten gleichwohl zu einem großen Zulauf von Studierenden zur – oft bewusst so genannten – ‚Politischen Wissenschaft'.[59] Doch diese Anziehungskraft verdankte sich, wie im Fall der Soziologie, wohl weniger der Disziplin selbst als vielmehr ihren Gegenständen: Politik war in jenen politisierten und zugleich gestaltungseuphorischen Zeiten äußerst attraktiv. Überdies änderten jene außergewöhnlichen Stellenausweitungen, die im Zug des damaligen Hochschulausbaus in sehr kurzer Zeit erfolgten,[60] die Zusammensetzung der Fachvertreter erheblich. Sehr schnelle Karrieren wurden

---

59 Von knapp 1500 – meist in Berlin – Studierenden im Jahr 1965 stieg im folgenden Jahrzehnt die Anzahl von Politikwissenschaftsstudenten tatsächlich doppelt so stark an wie die Zahl der Studierenden insgesamt.
60 In den 1970er und anfangs der 1980er Jahre kam es zu einer Verdreifachung (!) der politikwissenschaftlichen Professuren auf damals 273 Stellen.

möglich, mehr als nur einmal getragen eher vom kritisch-emanzipatorischen Zeitgeist als von solider wissenschaftlicher Arbeit. Nicht wenige Politikwissenschaftler fragten sich deshalb, ob solchem quantitativen Aufschwung auch ein Zuwachs an Qualität entspreche. Alles in allem geriet die Politikwissenschaft zu Beginn der 1970er Jahre zunächst in eine Phase der Euphorie und großen Selbstbewusstseins (1973 etwa als ‚institutionalisierte Oppositionswissenschaft'), sodann aber in eine tiefe Krise ihres Selbstverständnisses,[61] ihrer wissenschaftlichen Maßstäbe und ihres Ansehens.

Die Folgen dieser Krise belasteten sie lange, behinderten die Entwicklung eines professionellen ‚Wir-Gefühls' und machten es ganzen Generationen von Studierenden schwer, sich im Fach anders als dahingehend zurechtzufinden, dass man sich einem politisch geistesverwandten Hochschullehrer oder einer entsprechenden studentischen Gruppierung anschloss. Seit den 1980er Jahren hatte dann eine gewisse Konsolidierung samt Wiedergewinnung von wissenschaftlichen Standards eingesetzt. Das befähigte die deutsche Politikwissenschaft nach der Wiedervereinigung dazu, sich rasch in der vormaligen DDR an Universitäten und Bildungseinrichtungen zu verankern sowie in den neuen Bundesländern aufs Neue die (Neben-)Rolle einer Demokratiewissenschaft zu übernehmen.

Kontrollfragen:

(1) Grundsätzliches

- Worum geht es im Teilfach ‚Politische Theorie'?
- Was versteht man unter ‚politischem Alltagsdenken' im Unterschied zu ‚politischer Theorie'?
- Was versteht man unter ‚politikwissenschaftlicher Theorie'?
- Wie kann man politikwissenschaftliche Theorien gliedern, und was sind die derzeit gebräuchlichsten politikwissenschaftlichen Theorien?
- Was ist ‚Politische Philosophie'?
- Welchen Wert hat es für einen Politikwissenschaftler, sich mit politischer Ideengeschichte zu befassen?
- Wie erschließt man sich systematisch das Werk eines ‚Klassikers' aus der politischen Ideengeschichte?

(2) Politische Ideengeschichte

- Welche weißen Flecken finden sich im ideengeschichtlichen Wissen westlicher Politikwissenschaftler besonders oft?

---

61 Zum damaligen Streit zwischen den ‚drei Schulen' – ‚normativ-ontologisch' vs. ‚empirisch-analytisch' vs. ‚historisch-dialektisch' – siehe S. 217–225 in der 7. Aufl. meiner ‚Einführung in die Politikwissenschaft'.

Kapitel 2: Politische Theorie und Ideengeschichte

- Was ist der Beitrag der griechisch-römischen Antike zur politischen Theorie?
- Was ist der Beitrag des Christentums zur politischen Theorie?
- In welchen Zusammenhängen kamen Denkfiguren auf wie die vom politischen Ziel/Mittel-Verhältnis, vom Staat und von der Souveränität, vom Gesellschafts- und vom Herrschaftsvertrag?
- In welchen Zusammenhängen kamen Denkfiguren auf wie die der Utopie, des Liberalismus und der Demokratie?
- In welchen Zusammenhängen kamen Denkfiguren auf wie die des Konservatismus, des Sozialismus und des Faschismus?
- In welchen Zusammenhängen kamen Denkfiguren auf wie die des Liberalkonservatismus, des Ökologismus und des Kommunitarismus?
- Was sind die ideengeschichtlich wichtigsten Denkfiguren vom Zweck der Politik und vom ‚politisch Guten'?
- Was sind die ideengeschichtlich wichtigsten Antworten auf die Frage, wer regieren soll?
- Was sind die ideengeschichtlich wichtigsten Antworten auf die Frage, wie eine ‚richtige Staatsform' aussehen könne?
- Was sind die ideengeschichtlich wichtigsten Antworten auf die Frage, welche Rolle denn das Recht in der Politik spielen solle – teils als Naturrecht, teils als positives Recht, teils als bloße ‚Gesetzlichkeit'?
- Was sind die ideengeschichtlich wichtigsten Antworten auf die Frage, unter welchen Umständen man sich gegen politische Herrschaft auflehnen darf?

(3) Geschichte der Politikwissenschaft

- Was sind die Grundzüge der Geschichte der Politikwissenschaft im Allgemeinen?
- Was sind die Grundzüge der Geschichte der Politikwissenschaft in Deutschland?

Empfehlungen für weiterführende und vertiefende Lektüre:

- Alemann, Ulrich von/Basedahl, Nina/Graeßner, Gernot/Kovacs, Sabrina (2022): Politische Ideen im Wandel der Zeit. Von den Klassikern zu aktuellen Diskursen. Opladen: Verlag Barbara Budrich.
- Becker, Michael/Schmidt, Johannes/Zintl, Reinhard (2021): Politische Philosophie. 5., aktual. Aufl., Stuttgart: UTB GmbH, Paderborn: Verlag Ferdinand Schöningh.
- Bevc, Tobias (2019): Politische Theorie. 3., überarb. Aufl., Stuttgart: UTB GmbH, München: UVK Verlag.

- Bröckling, Ulrich/Feustel, Robert (Hrsg.) (2012): Das Politische denken. Zeitgenössische Positionen. 3., unv. Aufl., Bielefeld: transcript Verlag.
- Fahr, Oskar (Hrsg.) (2000): Politisches Denken Chinas in alter und neuer Zeit. Münster u.a.: Lit.
- Hafez, Farid (2014): Islamisch-politische Denker. Eine Einführung in die islamisch-politische Ideengeschichte. Frankfurt u.a.: Lang.
- Ladwig, Bernd (2022): Moderne politische Theorie. Fünfzehn Vorlesungen zur Einführung. 3., überarb. Aufl., Frankfurt: UTB GmbH, Wochenschau Verlag.
- Llanque, Marcus (2012): Geschichte der politischen Ideen. Von der Antike bis zur Gegenwart. München: Beck.
- Morrow, John (1998): History of political thought. A thematic introduction. Basingstoke u.a.: Macmillan.
- Münkler, Herfried/Straßenberger, Grit (2016): Politische Theorie und Ideengeschichte. München: Beck.
- Reese-Schäfer, Walter (2007): Klassiker der politischen Ideengeschichte. Von Platon bis Marx. München/Wien: Oldenbourg.
- Schaal, Gary S./Heidenreich, Felix (2016): Einführung in die politischen Theorien der Moderne. 3., erw. u. vollst. überarb. Aufl., Stuttgart: UTB GmbH, Opladen: Verlag Barbara Budrich.
- Zweierlein, Cornel (2020): Politische Theorie und Herrschaft in der Frühen Neuzeit. Göttingen: Vandenhoeck & Ruprecht.

Kapitel 3: Politische Systeme und Systemvergleich

I. ‚Politische Systeme' als politikwissenschaftliches Teilfach

In gewisser Weise bildet das Teilfach ‚Politische Systeme' den Kernbereich der Politikwissenschaft. Es hat nämlich – zunächst einmal – jenen kleinstmöglichen *Handlungsraum* zum Gegenstand, in dem es zum Aufbau von Ordnungsstrukturen kommt, in deren Rahmen verlässlich allgemein verbindliche Entscheidungen getroffen und durchgesetzt werden. Dieser Handlungsraum reicht von der altsteinzeitlichen Jäger- und Sammlerhorde über die jungsteinzeitliche Siedlung bis hin zu jenen (Stadt-)Staaten und Reichen mit Schriftkultur, bei denen Historiker die ‚eigentliche' Geschichte anfangen lassen, um sie von der ‚Ur- und Frühgeschichte' abzugrenzen. Auch behandelt das Teilfach ‚Politische Systeme' jenen *Erfahrungsraum*, in dem man Politik üblicherweise zum ersten Mal zur Kenntnis nimmt, und innerhalb dessen sich politische Partizipation gut organisieren lässt. Das ist das jeweils eigene Land. Dort befinden sich in der Regel solche politischen *Strukturen*, in denen – um politischer Inhalte willen – politische Prozesse ablaufen.

Ein sehr besonderes Strukturgebilde dieser Art ist als ‚Staat' bekannt: Auf einem klar abgegrenzten Gebiet *(‚Staatsgebiet')* wird für eine bestimmte Gruppe von Menschen – einesteils für das ‚*Staatsvolk'*, andernteils für die dort lebenden Ausländer – verlässlich allgemeine Verbindlichkeit hergestellt und durchgesetzt *(‚Staatsgewalt')*.[1] Derlei ist durchaus keine ‚Naturtatsache', die nicht weiter erklärungsbedürftig wäre, sondern ist eine – überaus voraussetzungsreiche – *kulturelle Leistung*. Weder gab es immer schon Staaten noch findet sich in allen Teilen der Erde eine ununterbrochene Tradition der Staatlichkeit. Stattdessen ist das Scheitern und der Zerfall von Staaten – etwa solchen, die zur Zeit des Imperialismus oder der Entkolonialisierung geschaffen wurden – immer wieder eine wichtige Herausforderung für politisches Handeln. Auch ist die heute bekannte Form des Staates im Grunde erst rund vierhundert Jahre alt und trat an die Stelle ziemlich anders strukturierter Herrschaftssysteme. Derzeit entwickeln sich außerdem auf ‚überstaatlicher' Ebene – d.h. als Suprasysteme von Staaten – neue Formen von politischen Systemen, und zwar nicht nur supranationale Regierungssysteme von der Art der Europäischen Union, sondern auch funktional äquivalentes ‚Regieren ohne Regierung'. Beispiele dafür sind ‚internationale Regime' wie der Internationale Währungsfonds oder die Welthandelsorganisation. Jedenfalls sind viele politische – und politisch wichtige – Strukturen offensichtlich keine staatlichen Strukturen.

Die Politikwissenschaft tut deshalb gut daran, die von ihr untersuchten politischen Strukturen nicht einfach auf den Begriff des Staates oder ‚staatlicher

---

1 Diese ‚Drei-Elemente-Lehre' von Staatlichkeit entfaltete, folgenreich bis heute, der deutsche Staatsrechtler Georg Jellinek (1851–1911) in seiner 1900 erschienenen ‚Allgemeinen Staatslehre'.

Strukturen' zu bringen. Dann aber braucht sie einen anderen Begriff, als dessen bloßer *Unter*begriff sich jener des Staates herausstellen wird. Dieser überwölbende Zentralbegriff, in die Politikwissenschaft ganz wesentlich eingebracht von David Easton (1917–2014), ist der des ‚politischen Systems'. In der Philosophie seit Jahrhunderten üblich, ist der Systembegriff als Begriff empirischer Wissenschaften im frühen 20. Jahrhundert aus der Biologie hervorgegangen und seit Jahrzehnten in allen Sozialwissenschaften überaus populär.

II. Grundlagen politikwissenschaftlicher Systemanalyse

1. Das allgemeine Systemmodell und das ‚politische System'

Abstrakt ist ein System[2] aufzufassen als eine Menge von ‚Elementen' beliebiger Art, zwischen denen Beziehungen (‚Relationen') bestehen. Solche ‚Elemente' können innerstaatlich etwa Menschen oder Organisationen sein, zwischenstaatlich z.B. Staaten oder nationale Niederlassungen internationaler Unternehmen. Beispiele für ‚Relationen' wären innerstaatlich jene sozialen Rollen, die verschiedene Personen verbinden, oder die wechselseitigen Beziehungen zwischen unterschiedlichen Organisationen und Institutionen.[3] Ein Muster solcher Relationen nennt man eine ‚Struktur'.[4] Beispiele wären eine Rollenstruktur (bzw. ein ‚Rollenbündel') wie eine (Groß-)Familie, desgleichen die Verflechtungen der internationalen Finanzmärkte. Indem man selbst – für einen konkreten Zweck – einen Teilbereich solcher Strukturen von anderen Strukturen oder Elementen abgrenzt, hebt man ein bestimmtes ‚Strukturgefüge' von einer ‚Umwelt' ab. Eine solche *analytisch von ihrer Umwelt abgehobene Struktur* nennt man ein ‚System'. Beispiele wären stabile (Klein-)Familien, Organisationen wie Parteien oder Parlamente, doch natürlich auch ein Staat, ein internationales Unternehmen, desgleichen die EU. Obwohl Systeme zweifellos in der Wirklichkeit vorkommen (etwa als Maschine, Biotop, Pflanze, Tier, Mensch, Verein, Partei, Staat usw.), ist die genaue Festlegung dessen, was *jeweils* – also im Licht einer *konkreten* Frage- oder Problemstellung – als System *verstanden* werden soll, und wie für *diesen*

---

2 Von griech. ‚sýstema', d.h. Vereinigung, Zusammenstellung, bzw. von griech. ‚syntíthesthai', d.h. etwas zusammenstellen. Es gibt ziemlich verschiedene Akzentuierungen des im Folgenden dargestellten Grundmodells politikwissenschaftlicher Systemtheorie, auf die sich hier aber nicht eingehen lässt.
3 Eine Institution ist ein Arrangement von sozialen Strukturen, das seine Ordnungsprinzipien und Geltungsansprüche von einer Leitidee bzw. Leitdifferenz (oder einem Bündel von Leitideen bzw. Leitdifferenzen) herleitet und dann auch symbolisch zum Ausdruck bringt. Mit Maurice Hauriou (1856–1929), einem der französischen Begründer der Institutionentheorie, kann man *institutions-personnes* von *institutions-choses* unterscheiden. Die ersteren bestehen aus Personen und sozialen Strukturen; die letzteren sind durch Rechtsnormen erzeugte ‚Angebote' für bestimmte, dank solcher ‚Angebote' dann auch sehr feste Sozialstrukturen, beispielsweisen die Institutionen ‚Privateigentum' oder ‚Familie'.
4 Von lat. ‚strūere', d.h. zusammenlegen, errichten.

Zweck die Grenze zwischen System und Umwelt zu ziehen ist, eine mehr oder minder sinnvolle *Entscheidung des Untersuchenden*.

Zwischen einem System und seiner Umwelt[5] bestehen die folgenden Beziehungen:

- Das System empfängt aus seiner Umwelt gleichwelche Dinge, etwa Ressourcen oder Informationen (‚Input').
- Es verarbeitet Input innerhalb seiner Grenzen (‚Transformation'), etwa: Eine Regierung setzt an sie herangetragene gesellschaftliche Regelungsinteressen in Rechtsverordnungen oder Gesetzentwürfe um. Die Fähigkeit eines Systems, Input aufzunehmen und auf ihn zu reagieren, heißt ‚Responsivität'.[6] Sie liegt beispielsweise vor, wenn eine Regierung unterschiedliche Interessen aufnimmt und bei der Vorbereitung von Gesetzen versucht, ihnen durch Kompromissbildung gerecht zu werden.
- Das System entlässt Dinge (etwa Informationen, Regelungen, Entscheidungen über die Zuweisung von Ressourcen) in seine Umwelt (‚Output'). Nimmt ein System Input gezielt auf und erzeugt es Output zweckgerichtet so, dass dessen Auswirkungen (‚Outcome') zur Verwirklichung angestrebter Ziele führen sollen, so spricht man von ‚Steuerung'.
- Die Umwelt kann gleich wie auf den Output des Systems reagieren. Stets ist es deshalb aufschlussreich, bei den Auswirkungen des (Steuerungs-)Handelns von Systemen die *erwarteten* Folgen von (politischen) Entscheidungen und Maßnahmen mit den *unerwarteten* Folgen zu vergleichen, bzw. die geplanten Folgen mit den ungeplanten Folgen.
- Sofern die Reaktionen der Umwelt wiederum zum Input des Systems werden, liegt ‚Rückkopplung' vor (engl. ‚feed back').
- Verstärkt oder vermehrt ein System aufgrund der Rückkopplung seine bisherige Verhaltensweisen, so spricht man von ‚positiver' (d.h. verhaltensverstärkender) Rückkopplung; mindert oder stoppt das System aufgrund der Rückkopplung bisherige Verhaltensweisen, so heißt dies ‚negative' (d.h. verhaltensabmindernde) Rückkopplung.
- Indem sich positive oder negative Rückkopplung ereignet und ein System in Abhängigkeit einesteils von seinen Zielvorstellungen, andernteils von den Reaktionen seiner Umwelt den Output verändert, wird der Kreislauf von Input, Output, Outcome und Rückkopplung zu einem *dynamischen* Kreislauf, den das System durch eigenes Verhalten zu *regeln* (auch: zu steuern) versuchen kann (‚Regelkreislauf', ‚Steuerungskreislauf').

---

5 Mitunter ist es sinnvoll die allgemeine Umwelt eines Systems (etwa des Weltalls als Umwelt eines Menschen) von jener Umwelt zu unterscheiden, die für dieses System auch wirklich wichtig ist (wie für einen Menschen die von ihm einzuatmende Luft). Den für ein System überlebenswichtigen Teil der Umwelt nennt man die ‚Nische' jenes Systems.

6 Von lat. ‚respondēre', d.h. auf etwas antworten.

Natürlich kann man auch *innerhalb* eines Systems *Teil*bereiche von dessen Strukturgefüge betrachten und sie dergestalt von *deren* – gegebenenfalls innerhalb des Gesamtsystems befindlicher – ‚Umwelt' abgrenzen. In diesem Fall hebt man ‚Subsysteme'[7] hervor, etwa eine Partei oder einen Verband innerhalb eines Staates. Umgekehrt kann man ein System als Subsystem eines *übergeordneten* Systems betrachten, welches letztere dann ‚Suprasystem'[8] heißt. Dieses setzt üblicherweise dem jeweils untergeordneten System *Rahmenbedingen*, die dessen Entwicklung prägen. Jene *Leistungen*, die ein System für ein Subsystem erbringt (ein System für sein Suprasystem), werden die ‚Funktionen'[9] dieses Systems genannt. Beispielsweise erfüllt eine Brille für ihren Träger die Leistung, seine Sehkraft zu verbessern, und die Buchhaltungsabteilung erbringt für ein Unternehmen die Dienstleistung der Finanzkontrolle.

Strukturen, bei denen sich keinerlei von ihnen erbrachte Leistungen erkennen lassen, nennt man ‚afunktional'; solche, die andere Systemstrukturen bei der Erfüllung ihrer Funktionen stören, ‚dysfunktional'.[10] Funktionen lassen sich im Übrigen danach unterscheiden, ob sie manifest oder latent erfüllt werden. *Manifest*[11] ist eine Funktion bzw. ihre Erfüllung, wenn schon die Leitidee des (Sub-)Systems, das sie erbringt, solche Leistungen als dessen Zweck ausweist. Manifest sind Funktionen oder Funktionserfüllungen aber auch dann, wenn die Akteure oder Adressaten eines (Sub-)Systems sie beabsichtigen, erwarten oder wenigstens in Rechnung stellen. Alle anderen Funktionen, die ein (Sub-)System *zusätzlich*, doch *unbeachtet* zu seinem in seiner Leitidee (oder in seinen Leitideen) verankerten Zweck erfüllt, oder welche es im *Widerspruch* hierzu *ohne* darauf gerichtete Erwartungen bzw.

---

7 Von lat. ‚sub', d.h. unter.
8 Von lat. ‚supra ', d.h. oberhalb.
9 Von lat. ‚fungi', d.h. etwas ausführen, verwalten.
10 Insbesondere bei Institutionen ist es hilfreich, darüber hinaus auch noch ‚instrumentelle' und ‚symbolische' Funktionen zu unterscheiden. *Instrumentelle* Funktionen sind Dienstleistungen, die eine Institution ihren Akteuren bzw. Adressaten in Erfüllung des Zwecks der Institution erbringt, über den zunächst einmal – doch nicht allein – die Leitidee oder Leitdifferenz jener Institution, bzw. das Bündel ihrer Leitideen und Leitdifferenzen, Auskunft gibt. Durch die Erfüllung ihrer instrumentellen Funktionen sichern Institutionen ihren Bestand sozusagen von ihrer Steuerungsaufgabe her, indem sie Effizienz entfalten und sich ihren Akteuren und Adressaten als nützlich erweisen. *Symbolische* Funktionen sind hingegen jene Leistungen, die Institutionen für ihre Akteure bzw. Adressaten mit dem Ziel der Sicherung jener Geltungsansprüche und Ordnungsprinzipien erbringen, die ihrerseits den – oben angesprochenen – Zweck der Institution und die Zweckhaftigkeit ihrer Ordnungsarrangements als wertvoll bzw. glaubhaft erscheinen lassen. Genau durch die Erfüllung symbolischer Funktionen sichern Institutionen ihren Bestand von ihrer (intra- und extra-institutionellen) Integrationsaufgabe her, indem sie die Tiefenschicht emotionaler Verbundenheit ansprechen, etwa von Repräsentations- und Legitimationsglauben.
11 Von lat. ‚manifestus', d.h. offenbar, augenscheinlich.

Aufmerksamkeit des allergrößten Teils ihrer Akteure oder Adressaten erfüllt, heißen *latente* Funktionen.[12]

Nicht selten erfüllt in einem System A eine Struktur X dieselbe Funktion wie die Struktur Y für das System B. Dann nennt man die Funktionen X und Y ‚funktional äquivalent' bzw. bezeichnet man die eine Struktur als ein ‚funktionales Äquivalent'[13] der anderen Struktur. Ein Staatspräsident ist beispielsweise in seiner Rolle als Staatsoberhaupt einem König funktional äquivalent. Falls umgekehrt dieselbe Struktur verschiedene Funktionen erfüllt bzw. erfüllen kann, nennt man sie ‚multifunktional' bzw. spricht von der ‚Multifunktionalität' einer Struktur. Etwa dient eine Straße sowohl dem Verkehr als auch der Aufnahme von Versorgungsleitungen, oder es dient in Deutschland das Amt des Parlamentarischen Staatssekretärs sowohl der Entlastung eines Ministers als auch der ‚politischen Austarierung' einer Regierung. Da einesteils *Funktionen oft zusammen mit jenen Strukturen entstehen*, welche diese Funktionen dann – mitunter sehr unerwartet – erfüllen, weil andernteils aber nicht selten auch bewusst zur Erfüllung erwünschter Funktionen *dafür dienliche Strukturen geschaffen* werden, sind Funktion und Struktur eng aufeinander bezogen. Strukturen begreift man deshalb am besten, indem man die Funktionen versteht, welche mit ihnen wuchsen bzw. derentwegen sie aufgebaut wurden. Indem man über die Strukturen und Funktionen einzelner (Sub- oder Supra-)Systeme hinaus auch noch deren wechselseitige bzw. hierarchische *Vernetzungen* betrachtet, also die *Regelkreisläufe* des jeweiligen Input und Output sowie die zwischen den Systemen entstehenden *Rückkopplungen*, führt man eine ‚Systemanalyse' durch.

Über die wenigen angegebenen Beispiele hinaus lässt sich diese abstrakte Perspektive des Systemdenkens auf Strukturgefüge *aller* Art anwenden, deshalb auch sozialwissenschaftlich *konkretisieren* und auf den Begriff des ‚sozialen Systems' bzw. ‚politischen Systems' zuspitzen.[14] Das geschieht, indem man jene Strukturen und Prozesse aus ihren umbettenden Zusammenhängen heraushebt, in denen auf allgemein verbindliche Regeln und Entscheidungen über Inhalte hingewirkt bzw. um sie gerungen wird. Bei dieser Fokussierung des Blicks entstehen Begriffe wie ‚zentrales politisches Entscheidungssystem' bzw. ‚Regierungssystem', wozu etwa Regierungen, Parlamente und Parteiführungen gehören, oder Begriffe wie ‚intermediäres System' für Organisationen und Institutionen zur Vernetzung zwischen dem zentralen politischen Entscheidungssystem und einer Gesellschaft. Zu solchen gehören Parteien, Interessengruppen und sonstige zivilgesellschaftliche Organisationen, desglei-

---

12 Von lat. ‚latēre', d.h. verborgen sein. Zwei Beispiele machen anschaulich, worum es geht: Parteistiftungen dienen latent als soziales Netz für aus ihren Ämtern ausscheidende Politiker, und deutsche Universitäten hatten lange Zeit die weitgehend verkannte Aufgabe, durch Aufnahme möglichst vieler Abiturienten die Jugendarbeitslosigkeit zu mindern.
13 Von lat. ‚aequum valēre', d.h. das Gleiche wert sein.
14 Siehe hierzu S. 230–236 in der 7. Aufl. meiner ‚Einführung in die Politikwissenschaft'.

chen die Medien, und zwar unabhängig davon, ob es sich um die ‚klassischen' Medien wie Presse, Hörfunk und Fernsehen handelt, oder um die neuen ‚sozialen Medien' bzw. insgesamt um die Vermittlungs- und Vernetzungsmöglichkeiten des Internets.

Es kann einem Regierungssystem gelingen, den für politische Systeme typischen Kreislauf – nämlich: Forderungen aus der Gesellschaft, Bearbeitung dieser Forderungen im Regierungssystem, Ablehnung von Forderungen oder deren Umsetzung in verbindliche Entscheidungen, Auswirkung solcher Entscheidungen in der Gesellschaft, gesellschaftliche Reaktionen hierauf ...) so zu gestalten und zu steuern, dass in der Gesellschaft eine *aus freien Stücken entgegengebrachte Unterstützung* des politischen Systems und seiner Institutionen wächst sowie erhalten bleibt. Dann ist ‚Legitimität'[15] geschaffen. Dieser Begriff meint die *Geltung von Herrschaft als rechtens*. Derlei liegt vor, wenn in einer Gesellschaft die ehrlich gehegte und aufrichtig bekundete Ansicht vorherrscht, das sie steuernde politische System bestehe zu Recht oder leiste Unterstützenswertes. Misslingen Legitimierungsprozesse, so kommt es zu Legitimationsproblemen bzw. Legitimitätslücken, auf welche ein politisches System entweder mit Reformen oder mit Repressionsmaßnahmen reagieren kann.

Legitime politische Systeme, die verlässliche Responsivität mit Offenheit für freie bürgerschaftliche Partizipation verbinden,[16] sind in der Regel ziemlich stabil und haben gute Chancen darauf, zeitweise Funktionsstörungen ohne Gefahr für ihre Akzeptanz zu überstehen. Illegitime Systeme hingegen – also solche, deren Herrschaftsausübung nicht aus freien Stücken als rechtens und unterstützenswert angesehen wird, und in denen Legitimitätsglaube seitens der Regierten eher zur Schau gestellt als wirklich gehegt wird – geraten leicht in Existenzkrisen, die sich allenfalls dank des Einsatzes von Zwangsmitteln überdauern lassen, sobald ihre Output-Leistung sehr gering wird und Systemalternativen in Reichweite geraten.

2. Systemelemente als Variablen

Nur auf den ersten Blick gibt diese Beschreibung den politischen Kreislaufprozess in einer ‚westlichen Demokratie' wieder. Denn auf den zweiten Blick wird klar, dass man sämtliche Systemelemente und Systemprozesse als *Variablen* auffassen kann, die in der Wirklichkeit eben verschiedene Ausprägungen annehmen. So gehandhabt, dient das Systemmodell als ein jederzeit verfügbarer Schlüssel zum Verständnis sowohl der Funktionslogik politischer Systeme als auch der Aufgaben politikwissenschaftlicher Systemforschung.

---

15 Von lat. ‚legitimus', d.h. richtig, rechtmäßig.
16 Das wird meist auf den Begriff der ‚Input-Legitimität' gebracht. Wenn hingegen ein politisches System vor allem wegen seiner Ordnungs- und Verteilungsleistungen als legitim erachtet wird, spricht man von ‚Output-Legitimität'.

Zunächst einmal können bereits jene *Gesellschaften*, für die ihre politischen Systeme allgemein verbindliche Regelungen und Entscheidungen herstellen bzw. durchsetzen, sehr verschieden sein. Daraus ergeben sich dann große Unterschiede hinsichtlich der Art und des Grades jener allgemeinen Verbindlichkeit, die ein politisches System für ‚seine' Gesellschaft zu produzieren hat. Eine Gesellschaft kann schon rein zahlenmäßig *größer oder kleiner* sein, wobei sie im letztgenannten Grenzfall vielleicht sogar ohne ein besonders ausgeprägtes politisches System auskommen mag, da innerfamiliäre Autoritätsstrukturen für die Herstellung allgemeiner Verbindlichkeit ausreichen können. Eine Gesellschaft kann auch *einfacher oder komplexer* aufgebaut sein, was dem politischen Subsystem dieser Gesellschaft ganz unterschiedlich anspruchsvolle Steuerungsaufgaben stellt und irgendwann die Herausbildung fester, überpersönlicher, auf Dauer gestellter politischer Strukturen vorteilhaft macht.

Auch können die *Art und Anzahl der gesellschaftlichen Subsysteme* sowie deren *gesellschaftliche Bedeutung* höchst unterschiedlich sein. Dies stellt dem jeweiligen politischen System dann ganz verschiedene Regelungsaufgaben und setzt seiner Tätigkeit mannigfaltige Rahmenbedingungen. Die folgenden Fragen zeigen, worum es geht: Welche sozialen und wirtschaftlichen Funktionen erfüllt die Institution der Familie bzw. des Familienverbandes? Gibt es – wie bei einer Gesellschaft des europäischen Mittelalters – im Wesentlichen nur landwirtschaftliche Betriebe und Handwerksbetriebe, oder gibt es – wie in einer modernen Gesellschaft – auch Großkonzerne und international tätige Unternehmen? Welche Rolle spielt Religion in einer Gesellschaft, und in welchem Verhältnis stehen die Institutionen ‚organisierter Religion' zu jenen des politischen Systems? Gibt es ein Netzwerk an Verbänden, über das die verschiedensten Interessen an das politische System herangetragen werden können? Gibt es Parteien, über welche Privatleute die Möglichkeit haben, Ämter im politischen System zu erlangen, bzw. auf welchen anderen Wegen gelangt man zu politischer Macht?

Stark unterscheiden können sich von Gesellschaft zu Gesellschaft ebenfalls die *Erwartungen an die Leistungen des politischen Systems* sowie die *Vorstellungen der Regierten vom ihnen zukommenden Platz* im politischen System. Etwa können es Menschen für selbstverständlich erachten, dass vom politischen System – als ‚Sozialstaat' oder ‚Daseinsvorsorgestaat' – ein großer Teil ihres Lebens materiell abgesichert wird. Darüber hinaus können sie ihre obersten politischen Führer – den Pharao als ‚lebenden Gott', den christlichen König als ‚Herrscher von Gottes Gnaden' – auch als verantwortlich für die Verankerung ihres Lebens in transzendenten Zusammenhängen ansehen. Und sie können ihre Rolle als die eines ‚treuen Untertans' einer ‚von Natur aus notwendigen Obrigkeit' auffassen. Menschen können das politische System aber auch als eine Art ‚Unternehmen' betrachten, das für sie Güter wie Schutz nach außen, Sicherheit im Inneren, Freiheit und verlässliche Rahmenbedingungen persönlichen Strebens nach *selbstdefiniertem* Lebensglück hervorbringen soll, sich ansonsten aber nicht in die Rechte und Entscheidungen seiner Bürger einzumischen hat. Dementsprechend können sie geneigt sein, politische Beteiligungsmöglichkeiten für selbstverständlich zu halten, von ihnen aber nur gemäß persönlichen Kosten/Nutzen-Erwägungen Gebrauch zu machen.

Natürlich kann auch das *politische System* selbst höchst unterschiedlich gestaltet sein, etwa hinsichtlich von Komplexität, Kontrolle und Konzentration. Ein politisches System sehr geringer Komplexität liegt offenbar vor, wenn es – wie im Fall einer ‚Häuptlingsverfassung' – im Wesentlichen aus dem Oberhaupt der führenden Familie eines Stammes und aus dessen Beratern besteht, die als ‚Älteste' obendrein den Anführer mit den regierten Familienclans verbinden. Dann ist es unnötig, im politischen System ein besonderes ‚zentrales politisches Entscheidungssystem' zu errichten. Ein ziemlich komplexes politisches System liegt hingegen vor, wenn etwa Parlamente und Regierungen, Verwaltungen, Parteien und Verbände eine vernetzte Funktionseinheit bilden. Ein wichtiger Schritt zur Steigerung der Komplexität eines politischen Systems ist stets die Entstehung von *politischer Repräsentation*: Im Zug gesellschaftlicher Arbeitsteilung kann die Befugnis, allgemeine Verbindlichkeit herzustellen, einer kleinen Gruppe von ‚Stellvertretern' bzw. ‚Treuhändern' anvertraut werden, im Anschluss woran es mehr oder minder komplizierte Vernetzungssysteme und besondere Kommunikationsprozesse zwischen einerseits den Repräsentanten und den Repräsentierten, andererseits zwischen den Repräsentanten und den Inhabern unmittelbarer Regierungsmacht braucht.

In der Unterscheidungsdimension von Kontrolle können die Inhaber politischer Macht einerseits weitgehend freie Hand bei der Herstellung allgemein verbindlicher Entscheidungen haben. Absolut regierende Fürsten, Revolutionsführer oder Diktatoren aller Art sind Beispiele hierfür. Andererseits kann das politische System so aufgebaut sein, dass die Inhaber politischer Macht einander kontrollieren bzw. von den Regierten kontrolliert werden. Beispiele sind die verschiedenen Formen von Gewaltenteilung oder die Bindung politischer Macht an Mandate, die – stets nur auf Zeit – immer wieder in freien Wahlen errungen werden müssen. Die können dann ihrerseits auch noch von konkurrierender Willensbildung in einem pluralistischen Parteien-, Verbände- und Mediensystem geprägt werden.

Hinsichtlich seines Konzentrationsgrades kann ein politisches System so organisiert sein, dass es im regierten Gesellschaftssystem nur einen einzigen Kreislauf von politischem Input, Transformation, Output, Outcome und Rückkopplung gibt. Dann liegt ein ‚unitarisches' (oder ‚zentralistisches') Regierungssystem vor. Unter den freiheitlichen Systemen war dafür – vor seiner Regionalisierung in den 1980er Jahren – das seit der Revolution zentralistische Frankreich ein gutes Exempel. Beispiele für unfreiheitliche Systeme dieser Art sind der absolutistische Fürstenstaat oder die durch ‚demokratischen Zentralismus' regierten politischen Systeme des ehedem real existierenden Sozialismus. Es kann die Befugnis zur Herstellung allgemeiner Verbindlichkeit aber auch auf Subsysteme verlagert und das System auf diese Weise dezentralisiert werden. Dann stellen beispielsweise Gemeinden und Städte nach dem Prinzip der kommunalen Selbstverwaltung für ihren regionalen Zuständigkeitsbereich auf ausgedehnten Handlungsfeldern allgemeine Verbindlichkeit her, während Aufgaben, die auf kommunaler Ebene nicht erfüllbar sind, auf höhere Ebenen verlagert werden, etwa auf die Ebene von Ländern, von Nationalstaaten oder von supranationalen Organisationen. In einem dergestalt vom Prinzip der ‚Subsidiarität'[17] geprägten politischen System laufen viele *voneinander abgehobene* und gleichwohl auf verschiedenste Weise *vernetzte* Prozesse der Herstellung allgemeiner Verbindlichkeit ab. Solche ‚Politikverflechtung' samt ‚Mehr-Ebenen-Regierung' führt zu enormer und mitunter schwer bewältigbarer Komplexität eines politischen Systems führt.

Ferner können die *Input-Strukturen* eines politischen Systems mannigfaltig ausgeprägt sein. Politische Prozesse laufen etwa ganz anders ab, wenn in einer Gesellschaft Kommunikations-, Versammlungs- und Vereinigungsfreiheit bestehen und es auch wirklich ein dichtes Netz an Vereinen, Verbänden, Bürgerinitiativen und Parteien gibt, als wenn die politische Betätigung der Bürger von Staats wegen kontrolliert wird sowie die Gründung von Vereinen, Interessengruppen und Parteien der vorherigen staatlichen Zustimmung bedarf. Ebenso können die Wege, auf denen ein politisches System seine Entscheidungen konkret umsetzt, also seine *Output-Strukturen*, sehr verschieden sein. Herrschaft mag beispielsweise als persönliches Beziehungsgeflecht zwischen König und Vasallen oder Herren und Hintersassen organisiert sein. Das politische System und die zu regierende Gesellschaft können aber auch über einen vielfältig gegliederten Verwaltungsapparat verschränkt sein, was Herrschaft als mehr oder minder anonymes Verwaltungshandeln erfahrbar macht. Der Verwaltungsapparat wiederum kann Eigengewicht haben und sich ein Stück weit selbst führen; er kann aber auch ein bloßes Vollzugsorgan sein. Ebenfalls kann die Verwaltung korrupt und untüchtig, umgekehrt aber auch von loyaler Pflichterfüllung und Effizienz geprägt sein, was jeweils zu erheblichen Unterschieden in der Funktionsweise eines politischen Systems und zu ganz unterschiedlichen Beziehungen zwischen politischem System und regierter Gesellschaft führt. Das Gerichtswesen schließlich kann von staatlichen oder politischen Weisungen abhängig sein (etwa als ‚sozialistische Gesetzlichkeit') bzw. gar einen König oder Führer zum ‚obersten Gerichtsherrn' haben; es kann aber auch unabhängige Gerichte geben, die möglicher-

---

17 Von lat. ‚subsidium', d.h. Beistand, Rückhalt.

weise – wie ein Verfassungsgericht – sogar den Gesetzgeber kontrollieren und korrigieren können.

Natürlich werden politische Prozesse nachhaltig auch davon beeinflusst, ob und welche *Kommunikationsmittel* verfügbar sind, wer auf sie Zugriff hat und wie sie ihre Rolle im politischen System verstehen. Es macht beispielsweise einen sehr großen Unterschied, ob – wie in mittelalterlichen Dörfern – politische Maßnahmen nur durch Weitererzählen und obrigkeitliche Bekanntmachung zur Kenntnis kommen, oder ob über sie in Fernsehen, Hörfunk, Presse und in vielfältigen sozialen Medien berichtet wird, was jedem Interessierten leicht zu öffnende ‚Fenster zur politischen Wirklichkeit' verfügbar macht. Ein nicht minder großer Unterschied für den Prozess politischer Willensbildung besteht, wenn einesteils die Massenmedien vom politischen System angeleitet und kontrolliert werden, wenn sie andernteils nach dem Ermessen freier Journalisten und konkurrierender Verleger berichten oder kommentieren, oder wenn – wie seit etlichen Jahren – nennenswerte Teile der Bevölkerung das Vertrauen in die sachliche Verlässlichkeit massenmedialer Kommunikation verlieren und sich vor allem auf das verlassen, was in den Filterblasen und Echokammern der von ihnen genutzten sozialen Medien als Tatsache oder als ‚selbstverständliche' Tatsachendeutung gilt.

Außerdem weisen jene *Spielregeln* eine große Variationsbreite auf, nach denen die Elemente eines politischen Systems zusammenwirken.[18] Die folgenden Fragen verweisen auf die wichtigsten Grundmöglichkeiten der Verfassungsgestaltung:[19]

- Liegt dem politischen System die Vorstellung zugrunde, es habe die Regierten als Personen zu behandeln, die mit vorstaatlichen, d.h. vom Staat nicht ‚gewährten', sondern von ihm ganz einfach zu respektierenden *Menschenrechten* ausgestattet sind, vor allem mit den Rechten auf Leben, Freiheit, Eigentum und Streben nach *selbstdefiniertem* Glück, wobei alle Rechte des Staates ihre Grenzen an den Rechten der Bürger finden? Liegt dem politischen System überdies die Vorstellung zugrunde, es bestehe überhaupt *nur* zum Zweck der Sicherung von Rechten seiner Bürger? Oder gelten die Rechte der regierten Menschen als *vom Staat gewährt*, so dass der Staat diese Rechte dann entziehen darf, wenn der Untertan nicht mehr fügsam der Obrigkeit gehorcht? Gilt als Zweck des politischen Systems vielleicht gar die Erfüllung bestimmter ‚geschichtlicher Aufgaben', derentwegen die Rechte der derzeit lebenden Menschen nun eben zurückstehen müssen?
- Liegt dem politischen System die Vorstellung zugrunde, Herrschaft dürfe nur *treuhänderisch* im Auftrag der Regierten ausgeübt werden (‚Volkssou-

---

18 Eingehaltene ‚Spielregeln' stellen die *Verfassung* eines politischen Systems dar und werden heute oft rechtstechnisch in einer *Verfassungsurkunde* festgehalten.
19 Komplexere Fragestellungen politikwissenschaftlicher Systemanalyse finden sich beschrieben auf S. 241f der 7. Aufl. meiner ‚Einführung in die Politikwissenschaft'.

veränität'), so dass die Regierenden ihr Handeln stets vor der Bevölkerung zu *rechtfertigen* haben (‚Verantwortlichkeit der Regierung'), weshalb alle Inhaber politischer Ämter sich regelmäßig freien Wahlen stellen müssen (‚demokratisches Repräsentationsprinzip')? Oder werden die Befugnisse und Spielregeln der Ausübung politischer Macht dahingehend begründet, dass die ‚Obrigkeit' eben von Gott eingesetzt sei, oder dass die Regierenden um nachgerade jeden Preis eine bestimmte geschichtliche Mission zu erfüllen hätten, oder dass die politische Macht ohnehin nur einer besonderen Dynastie oder Gesellschaftsgruppe zukomme?

- Gilt es als richtig und erstrebenswert, dass die politische Macht *aufgeteilt* wird durch den prinzipiell allen Bevölkerungskreisen möglichen Zugang zu politischen Ämtern (‚*soziale* Gewaltenteilung'); durch *Konkurrenz* verschiedener politischer Akteure wie etwa Parteien und Verbände (‚*dezisive*[20] Gewaltenteilung', ‚Pluralismus'[21]); durch Verteilung von Regelungsbefugnissen gemäß dem *Subsidiaritätsprinzip* auf verschiedene Ebenen wie Kommunen, Länder, Staaten oder supranationale Organisationen (‚*vertikale* Gewaltenteilung'); durch ein System *wechselseitig kontrollierender Zuständigkeiten* bei der Herstellung allgemeiner Verbindlichkeit, wie es die Aufteilung von Macht auf Regierungen, Parlamente und Gerichte darstellt (‚*horizontale* Gewaltenteilung', Existenz von ‚Veto-Spielern'[22]); oder durch Anvertrauung politischer Ämter nur auf Zeit (‚*temporale* Gewaltenteilung')? Oder wird es in einem politischen System für erstrebenswert gehalten, dass alle Macht an einer Stelle *konzentriert* ist, etwa in der Person des Herrschers oder bei der Führungsgruppe einer Partei?

- Wird die Durchsetzung allgemeiner Verbindlichkeit von der Vorstellung geprägt, der Staat habe sich beim Umgang mit seinen Bürgern an klare Gesetze zu halten (‚Rechtsstaatlichkeit' sowie ‚Gesetzmäßigkeit der Verwaltung'), die jedermann gleich zu behandeln haben, und worüber unabhängige Gerichte wirksam wachen? Oder liegt dem politischen Prozess die Ansicht zugrunde, das Recht sei vor allem ein Mittel zum jeweils anzustrebenden politischen Zweck, weshalb man es als technische ‚Gesetzlichkeit' durchaus zielgerichtet und parteilich anwenden solle (‚Willkürherrschaft')?

- Gilt es als richtig und unverzichtbar, dass *mehrere* Träger unterschiedlicher politischer Gestaltungsabsichten sich so organisieren, dass sie sodann um Unterstützung seitens der Bevölkerung sowie um – zu politischer Macht führende Wählerstimmen – konkurrieren können (‚Mehrparteienprinzip')? Mündet diese Ansicht sogar in die Vorstellung, der Staat selbst habe, so gut es geht, für die Chancengleichheit konkurrierender Parteien zu sorgen? Oder liegt dem politischen System die Vorstellung zugrunde, alle politische Kompetenz und Gestaltungskraft solle in einer einzigen

---

20 Von lat. ‚decīdere', d.h. entscheiden.
21 Von lat. ‚plūres', d.h. mehrere.
22 Von lat. ‚veto', d.h. ich verbiete.

politischen Bewegung gebündelt werden, mit welcher zu konkurrieren lediglich eine Minderung von deren Leistungsfähigkeit und somit eine Schwächung des Staatswesens bewirke?
- Gilt es als erstrebenswert, dass auch die in der politischen Konkurrenz *unterlegenen* Kräfte und Organisationen sich *weiterhin* politisch betätigen können? Liegt dem politischen System überdies das Prinzip zugrunde, solche Kräfte sollten die jeweils Regierenden öffentlichkeitswirksam *kritisieren*, sie durch institutionell abgesicherten politischen Einfluss *kontrollieren* – und darüber hinaus der Bevölkerung sachliche wie personelle *Alternativen unterbreiten*? Gehört es zu den wechselseitig akzeptierten Spielregeln, dass einstweilen unterlegene Parteien oder Politiker bei einer weiteren Wahl eben doch an die Macht gelangen dürfen – und dass sie anschließend in aller Selbstverständlichkeit darauf verzichten, den nunmehr unterlegenen Parteien oder Politikern die Möglichkeit zu nehmen, ihrerseits eines Tages wieder an die Macht zu kommen? Gehört also das Recht auf Bildung und Ausübung von *Opposition* zu den grundlegenden Prinzipien eines politischen Systems? Oder gilt Opposition als überflüssig, da alle sinnvollen und unterstützenswerten Anliegen ohnehin von den Regierenden berücksichtigt würden? Gilt vielleicht Opposition sogar als gefährlich und auszuschalten, da sie den Staat an der Verwirklichung politisch erwünschter Ziele hindere?

III. Der Vergleich politischer Systeme

1. Zweck und Missverständnisse des Systemvergleichs

Jeder weiß, was ‚Menschenkenntnis' ist: Es genügen wenige Informationen über einen Menschen, oft sogar ein knapper Kontakt oder ein kurzes Gespräch, um sich von ihm ein solches Bild zu machen, das in der Regel stimmt. Der Vergleich von politischen Systemen hat im Grunde kein anderes Ziel, als – analog zur ‚Menschenkenntnis' – zur ‚Systemkenntnis' zu führen. Doch leider kommt es beim Systemvergleich durch unbedachten Sprachgebrauch immer wieder zu einem folgenreichen Missverständnis. Es besteht darin, dass man ‚vergleichbar' für ‚ähnlich' hält, dann auch ‚unvergleichbar' für ‚verschieden', sowie ‚Vergleichen' für ‚Gleichsetzen'. Doch in Wirklichkeit meint ‚vergleichbar' nur, dass man zwei oder mehr Dinge miteinander *vergleichen kann*; und das Ergebnis eines Vergleichs wird sehr oft die Einsicht sein, dass die verglichenen Dinge eben *verschieden* sind.

Entsprechend nimmt die Behauptung, man *könne* einen Vergleich durchführen (es bestehe also ‚Vergleichbarkeit'), durchaus nicht das *Ergebnis* des Vergleichs vorweg. Indem man aber – wie in der Alltagssprache üblich – die Worte ‚vergleichbar' und ‚ähnlich' als bedeutungsgleich verwendet, bringt man eine sachlich ganz ungedeckte Feststellung vor: Aus einer Behauptung über *Vergleichbarkeit* wird eine über *Ähnlichkeit* oder gar *Gleichheit*. Noch schlimmer kommt es, wenn zwar nicht der Sprecher, sehr wohl aber der Hörer die Worte ‚vergleichbar' und ‚gleich' durcheinanderbringt. Dann nämlich wird sich der Hörer oft gegen ‚Gleichsetzungen' verwahren, die der Sprecher überhaupt nicht vorgebracht hat, da er nur ‚Vergleichbarkeit' behauptete und das Ergebnis des Vergleichs noch offenließ. Derlei Missverständnisse mögen auf den ersten Blick harmlos anmuten. Sie sind es aber nicht. Das zeigt etwa das folgende Beispiel.

Der Sprecher A behauptet, die Alltagspraktiken politischer Repression in Nationalsozialismus und Realsozialismus seien weitgehend gleich, woraufhin der Hörer B erzürnt argumentiert, wegen der Unvergleichbarkeit von Nationalsozialismus und Realsozialismus sei die Behauptung von A ‚unzulässig'. Dem Sprecher A wird auf diese Weise das Unterfangen verwehrt, seine Behauptung durch die *versuchsweise Erkundung* von Ähnlichkeiten zwischen nationalsozialistischen und realsozialistischen Repressionsmaßnahmen möglicherweise zu begründen. Dergestalt wird die Erörterung einer *empirischen Aussage*, die sich bei näherer Prüfung als wahr *oder* falsch erweisen könnte, mit einem *Tabu* belegt. Auf diese Weise wird Wissenschaft durch ein Denk- und Argumentationsverbot um ihre Möglichkeit gebracht. Dies ist umso übler, als dem Argument von B – falls der nicht einfach die Aussagen eines anderen glaubt und ohne eigene Sachkunde bloß wiederholt – doch genau das zugrunde liegt, was er dem Sprecher A verbieten will: Gerade durch einen *Vergleich* konnte er ja zur Aussage kommen, Nationalsozialismus und Realsozialismus seien so verschieden, dass eine Gleich*setzung* ihrer Repressionspraktiken falsch sei.

Im noch besten Fall eines solchen Missverständnisses redet man aneinander vorbei und vergeudet Zeit. Im schlimmeren, der bei politischen und politikwissenschaftlichen Diskussionen aber gar nicht selten ist, werden überdies mehr oder minder weitgehende Denk- und Argumentationstabus begründet. Sie zu kritisieren oder gar gegen sie zu verstoßen, stempelt einen dann mit dem folgenden Trick zum politischen oder wissenschaftlichen Außenseiter: Ein ‚aufgeklärter' oder ‚woker', ein ‚kritischer' oder ‚gerecht und billig denkender' Mensch *‚weiß'* einfach, dass bestimmte Dinge ‚verschieden sind'; deshalb braucht er sich dessen gar nicht erst durch einen tatsächlichen Vergleich zu versichern. Ebenso ‚weiß' er, dass manche Sachverhalte ‚sich einfach nicht vergleichen lassen', weswegen ‚es zu falschen Ergebnissen führen *müsste'*, wenn man sie trotzdem vergliche. Wer dann dennoch – und gar auf der Grundlage eines ‚unmöglichen Vergleichs' – zu anderen Ansichten kommt als man selbst, der *kann* somit gar nicht Recht haben. Und als Wissenschaftler oder gar als Mensch ‚disqualifiziert' er sich in diese Lage genau deshalb, weil er ‚das nicht merkt'. Alsbald wird man einen Vergleich mit der Formel einleiten, zwar wisse man schon, dass man eigentlich nicht vergleichen könne, aber ... Eine solche Lahmlegung von ernsthaft vorgenommenen Systemvergleichen ist umso nachteiliger, als so gut wie alle *nicht* bloß dokumentierenden und beschreibenden Aussagen über Politik, deren Kenntnis ganz wesentlich die Kompetenz eines Politikwissenschaftlers ausmacht, durch vergleichendes Vorgehen erarbeitet werden.

2. Logik und Methodik des Systemvergleichs

Ein Vergleich beginnt damit, dass man eine Frage hat, die nur durch einen Vergleich beantwortet werden kann. Beispielsweise möchte man wissen, durch welches Wahlsystem (hier genannt die ‚unabhängige Variable') sich ein besonders enger Kontakt zwischen Abgeordneten und Bevölkerung bewirken lässt (hier genannt die ‚abhängige Variable'). Um diese Frage beantworten zu können, muss man sich – erstens – überlegen, welche Wahlsysteme diesbezüglich verschiedene Wirkungen zeitigen könnten, und hat dann sowohl die Arten dieser Wahlsysteme als auch die Arten ihrer Wirkung durch geeignete Begriffe zu erfassen. Auf diese Weise legt man ‚Vergleichskategorien' fest (auch genannt: ‚Vergleichsvariablen'). Zweitens muss man feststellen, in welchen Ländern jene Wahlsysteme angewendet werden und ihre unterschiedlichen Wirkungen zu beobachten sind. Diese Länder kommen dann als ‚Vergleichsfälle' in Frage. So vorgehend, leitet man aus einer *Forschungsfrage* einesteils die *Vergleichskategorien*, andernteils die *Vergleichsfälle* ab.

Natürlich müssen diese drei Elemente eines Vergleichs gut zusammenpassen. Es ist abwegig, Vergleichskategorien zu wählen, die mit der zu beantwortenden Frage nichts zu tun haben. Nicht minder abwegig wäre es, Vergleichsfälle zu betrachten, die sich in den interessierenden Merkmalen nicht unterscheiden (etwa: *nur* Länder mit relativem Mehrheitswahlrecht), die für die abhängige Variable irrelevant sind (etwa: politische Systeme ohne Wahlen oder ohne gewählte Abgeordnete), oder für welche sich die erforderlichen Daten gar nicht beschaffen lassen. Hat man sich nach einer Festlegung sinnvoller Vergleichskategorien und erkenntnisträchtiger Vergleichsfälle aber beispielsweise entschlossen, den Kontakt zwischen Abgeordneten und Bevölkerung anhand von zwei Indikatoren zu messen sowie sechs Länder anhand von drei Merkmalen von Wahlsystemen zu vergleichen, die für unterschiedliche Grade der Bürgernähe von Abgeordneten wichtig sein könnten (etwa: ‚relative Mehrheitswahl vs. Verhältniswahl', ‚Größe der Wahlkreise' sowie ‚Wichtigkeit von Parteien'), so wird der Vergleich in folgender Weise durchgeführt:

- Man betrachtet jeden Vergleichsfall anhand jeder Vergleichskategorie[23] und stellt fest, welche Ausprägung er pro Vergleichskategorie besitzt.
- Man stellt entlang jener Ausprägungen fest, in welcher Weise sich die Vergleichsfälle pro Vergleichskategorie unterscheiden bzw. einander ähnlich sind.

---

23 Vergleicht man *zwei* Untersuchungsfälle anhand *einer* Vergleichskategorie, so wird intuitiv deutlich, warum man eine Vergleichskategorie das ‚tertium comparationis' nennt, nämlich das ‚dritte Element eines Vergleichs'.

- Man prüft, und zwar hermeneutisch oder anhand anderer dafür geeigneter Methoden der Datenanalyse, ob es – hinsichtlich einzelner, mehrerer oder aller Vergleichskategorien – wohl *Muster* von Ähnlichkeiten oder Verschiedenheiten unter den Vergleichsfällen gibt.
- Solche Muster – oder deren Fehlen – im Blick, beantwortet man seine Forschungsfrage.

Natürlich kann man auch einfach *aus Interesse* an Vergleichsfälle herantreten und gewissermaßen intuitiv, also mit ‚alltagspraktischer Hermeneutik‘, nach jenen inhaltlichen Dimensionen suchen, entlang welcher man die Untersuchungsfälle vergleicht. Doch selbst beim induktiven Herangehen ist die Fruchtbarkeit eines Vergleichs ganz abhängig vom Zusammenpassen der Vergleichsfälle sowie der – mehr oder minder intuitiv benutzten – Vergleichskategorien mit jener Fragestellung, die man in der Auseinandersetzung mit seinen Vergleichsfällen vielleicht überhaupt erst *entwickelt* und anschließend zu beantworten versucht. Sich als Fragestellung einfach nur vorzunehmen ‚Was ist gleich, was ist verschieden?‘ führt jedenfalls zu *keinem* sinnvollen Vorgehen und schon gar nicht zu *nützlichen* Ergebnissen, da ja Tausende von Dingen auf Gleichheit oder Verschiedenheit betrachtet werden könnten.

Im methodischen Idealfall beginnt ein Vergleich jedenfalls mit einer *Modellbildung*, die von einer präzisen Fragestellung sowie von klarer Theorie angeleitet wird. Man bildet zu diesem Zweck, etwa anhand eines Pfeilmodells,[24] alle zu betrachtenden unabhängigen, abhängigen und intervenierenden Variablen samt ihren vermuteten Wechselbeziehungen ab. Die unabhängigen und die abhängigen Variablen sind später die unmittelbaren *Vergleichskategorien*. Die ‚intervenierenden‘ Variablen hingegen, deren empirische Referenten die ‚Störfaktoren‘ des interessierenden Zusammenhangs zwischen unabhängigen und abhängigen Variablen darstellen, geben wichtige Hinweise darauf, *welche Vergleichsfälle* man auswählen, wie man sie beim Vergleich in *Vergleichsgruppen* anordnen und welche *zusätzlichen* Daten man gegebenenfalls erheben muss.

Offenbar liefert ein Vergleich nur dann aussagekräftige Ergebnisse, wenn sich die beobachteten Unterschiede in den abhängigen Variablen der Vergleichsfälle tatsächlich auf die betrachteten unabhängigen Variablen zurückführen lassen. Da aber solche Zusammenhänge oft von weiteren Faktoren überlagert werden,[25] nämlich von den – durch ‚intervenierende‘ Variablen zu erfassenden – ‚Störfaktoren‘, muss man entweder die Vergleichsfälle so auswählen, dass sie hinsichtlich solcher Störfaktoren einander gleich bzw. ähnlich sind, oder muss man die Vergleichsfälle nach den Ausprägungen der intervenierenden Variablen so gliedern, dass man deren Überlagerungs- und

---

24 Zu Modellen im Allgemeinen und zu Pfeilmodellen im Besonderen siehe S. 112–116 der 7. Aufl. meiner ‚Einführung in die Politikwissenschaft‘.
25 Genau deshalb formuliert man alltagssprachlich: ‚Jeder Vergleich hinkt!‘

Störeffekte datenanalytisch abschätzen kann. Legt man einen Vergleich genau so an, dann erweist er sich als Seitenstück zu den Experimenten der Natur- und Technikwissenschaften. Tatsächlich werden alle politikwissenschaftlichen Quasi-Experimente, z.b. die durch Auswertung geschichtlicher Fakten vollzogenen ‚historischen Experimente', als von derlei Modellen angeleitete *Vergleiche* durchgeführt. Weil sich – bei sorgsam ‚ausgeschalteten' (d.h. ‚kontrollierten') Störvariablen – die Unterschiede der Vergleichsfälle hinsichtlich einer abhängigen Variable (z.B. der Dichte des Kontakts zwischen Abgeordneten und Bevölkerung) auf Unterschiede in den unabhängigen Variablen (z.B. dem Wahlsystem) zurückführen lassen, können durch solche Vergleiche auch kausale Hypothesen wirkungsvoll überprüft werden.

Je nach der zu beantwortenden inhaltlichen Fragestellung wird man diese *stets gleiche Logik* von Vergleichsuntersuchungen entweder *konkordanzanalytisch* oder *differenzanalytisch* anwenden. Das führt – aufgrund unterschiedlicher Fragestellungen – zu jeweils anderen Prioritäten bei der Auswahl der Vergleichsfälle sowie zu eher abstrakteren oder eher konkreteren Vergleichskategorien:

- *Konkordanzanalytisch*[26] geht man vor, wenn sich die zu beantwortende Frage darauf richtet, was selbst unter ganz verschiedenen Umständen oder in ganz verschiedenen (politischen) Systemen immer noch gleich ist. Man will also ‚Invarianten' identifizieren, ‚allgemeine' Strukturen oder Ursachen feststellen, ‚Typisches' herausfinden. Solche Fragestellungen gibt es vor allem im Bereich der politikwissenschaftlichen Grundlagenforschung. Geht man ihnen nach, dann muss man einesteils möglichst *verschiedene* Untersuchungsfälle vergleichen (also mit *heterogenen* Stichproben arbeiten), und muss man andernteils die Vergleichskategorien ziemlich *abstrakt* halten, also ‚auf der Abstraktionsleiter ziemlich weit nach oben steigen '. Ein solches Vorgehen liegt beispielsweise vor, wenn man die Gemeinsamkeiten der Verfahren in Vertretungskörperschaften verschiedenster Art ausfindig machen will und deshalb in seine Untersuchung die kirchlichen Konzilien, die Generalkapitel von Mönchsorden ebenso wie europäischen Ständeversammlungen einbezieht, zudem auch föderative Regierungskonferenzen aller Art sowie moderne Parlamente. Wem jene abstrakten Vergleichskategorien unbekannt sind, derentwegen sich so unterschiedliche Untersuchungsfälle vergleichen lassen, der kommt verständlicherweise – doch eben ganz zu Unrecht – zur Vermutung, hier sei ‚Unvergleichbarkeit' gegeben. Die in diesem Fall meist vorgetragene Behauptung, zwei Untersuchungsfälle wären ‚nicht vergleichbar', sagt deshalb oft mehr über die (unzulängliche) Kompetenz eines Kritikers aus als über die Sinnhaftigkeit eines (kritisierten) Vergleichs.

---

26 Von lat. ‚concordāre', d.h. übereinstimmen.

- *Differenzanalytisch*[27] geht man hingegen vor, wenn die zu beantwortende Frage darauf abzielt, was sogar unter ganz ähnlichen Bedingungen immer noch verschieden ist, und welche Ursachen es dafür geben mag. Man sucht also nach sehr *besonderen* Strukturen und Ursachen. Solche Fragestellungen ergeben sich oft aus einem unmittelbar praktischen Anliegen, etwa aus dem Wunsch, Ansatzpunkte zur Beseitigung von Arbeitslosigkeit zu finden, wofür man aus Erfahrungen in soziökonomisch gleichartigen Ländern zu lernen versucht. Als Folge dessen muss man einander ähnliche Fälle vergleichen, also mit möglichst *homogenen* Stichproben arbeiten. Das erlaubt es dann auch, bei der Begriffsbildung auf der Abstraktionsleiter ziemlich weit unten stehenzubleiben und recht gegenstandsnahe Vergleichskategorien zu verwenden. Diese können mitunter sogar der politischen Alltagssprache entnommen sein, was anschließend die Kommunikation mit politischen Praktikern sehr erleichtert. Weil deshalb – ganz im Unterschied zu konkordanzanalytischen Vergleichen – sich Vergleiche differenzanalytischer Art dem Alltagsdenken überaus leicht erschließen, stellen sehr viele sich unter einem Vergleich ganz intuitiv ein differenzanalytisches Verfahren vor. Und weil bei *diesem* die Vergleichsfälle in der Tat einander recht ähnlich sein müssen, wirkt für den ‚gesunden Menschenverstand' die Behauptung auch so einleuchtend, dass *Vergleichbarkeit* ganz allgemein die *Ähnlichkeit* der Vergleichsfälle voraussetze.

Das oben besprochene Missverständnis geht im Kern also darauf zurück, dass dem ‚gesunden Menschenverstand' oft sowohl die Fragestellungen als auch jene abstrakten Vergleichskategorien fremd sind, die konkordanzanalytisches Vergleichen erfordern und es auch ermöglichen. Statt sich aber aus den Fesseln seines Alltagsdenkens zu befreien, wird dann meist ‚intellektuell blockiert' und konkordanzanalytisches Vorgehen eben abgelehnt.[28] Zu solchen Denkblockaden führt nicht zuletzt, dass es sehr unterschiedliche ‚Formen von Ähnlichkeit' gibt, die man nur zum eigenen analytischen Nachteil miteinander gleichsetzt. Doch wer eben nur eine einzige Form von Ähnlichkeit kennt, wird sich verständlicherweise gegen Vergleichsanordnungen sträuben, deren Erkenntniszweck sich auf eine ihm (noch) unbekannte Form von Ähnlichkeit richtet.

Erfahrungsgemäß sträuben sich gegen solche Vergleiche vor allem jene, denen bereits die Begriffe fehlen, mit denen sich *unterschiedliche* Arten von Ähnlichkeit präzise benennen, klar auseinanderhalten und anschließend systematisch vergleichen ließen. Tatsächlich gibt es nicht weniger als fünf sehr

---

27 Von lat. ‚differĕntia', d.h. Unterschied, Verschiedenheit.
28 Bildhaft ausgedrückt: Dass man ‚Äpfel und Birnen *nicht* miteinander vergleichen kann', wird in der Regel jener behaupten, der einfach übersieht, dass beides *Früchte* sind, und dem schon gleich gar nicht die *Frage* einfällt, welche der beiden Früchte wohl transportempfindlicher wäre.

unterschiedliche ‚Arten von Ähnlichkeiten'. *Homologien* sind Strukturen, die einander darin ähnlich sind, dass sie gemeinsame Vorgängerstrukturen haben – gerade so, wie der Deutsche Bundestag und die Volkskammer der DDR beide vom Weimarer Parlamentarismus herkamen. *Analogien* sind hingegen Strukturen unterschiedlicher Herkunft, auf die der Anpassungsdruck gleichartiger Funktionsanforderungen verähnlichend gewirkt hat. Auf diese Weise sind etwa viele Parteien einander in ihrem Funktionieren auch dann ziemlich ähnlich, wenn sie ganz unterschiedliche Ursprünge oder Ziele haben. *Homo-Analogien* liegen dort vor, wo gleiche Funktionsanforderungen auf Strukturen gleichen Ursprungs wirken, also somit gleichsam ‚doppelte Ähnlichkeit' besteht. Das ist der Fall mit den meisten westeuropäischen Parlamenten, die üblicherweise sowohl von den frühneuzeitlichen Ständeversammlungen ‚abstammen' als auch in ähnliche Systemumwelten – und somit Funktionsanforderungen – von pluralistischen Mediendemokratien eingebettet sind. *Homodynamien* wiederum sind gleichartige Fähigkeiten von Menschen, etwa ihre Neigung, angesichts von anstehenden Problemen zu ratschlagen oder sich, bis auf Weiteres, einer gemeinsamen Führung zu unterstellen. Aus solchen gleichartigen Fähigkeiten entstehen dann ähnliche Strukturen, die ihre Ähnlichkeit aber weder gemeinsamen Vorgängerstrukturen noch inhaltlich gleichartigen Funktionsanforderungen verdanken, sondern allein gleichen angeborenen Fähigkeiten. *Homonomien* schließlich sind vergleichsweise einfache Sozialstrukturen, etwa Arbeitsgruppen oder Ausschüsse, die – aufgrund von Homodynamien – immer gleichartig geschaffen werden und sich dann sehr ähnlich in solchen übergreifenden Strukturen finden, die ihrerseits weder homologe noch analoge Ähnlichkeit teilen. Offensichtlich lässt sich viel Streit über ‚hinkende Beispiele' oder ‚falsche Analogien' genau dann schlichten, wenn man zur Erfassung des Ähnlichen und Unähnlichen diese fünf Begriffe verwendet.[29]

3. Probleme und Grenzen von Vergleichbarkeit

Grenzen der Vergleichbarkeit ergeben sich nur aus zwei Gründen. Erstens kann das die *Unzugänglichkeit von Vergleichsfällen* sein. Beispielsweise möchte man in eine Analyse des Zusammenhangs zwischen der Form der Herrschaftslegitimation und der Entfaltung bürokratischer Herrschaft unter den vergleichend untersuchten historischen politischen Systemen nicht nur das pharaonische Ägypten und das China der Han-Dynastie einbeziehen, sondern auch die sumerischen Stadtstaaten und das Inka-Reich. Wenn sich nun aber – aufgrund der Quellenlage oder des Forschungsstandes – so wenig Datenmaterial zum Aufbau und zum Funktionieren der Verwaltungsstrukturen in den sumerischen Stadtstaaten oder der Legitimationsformen im Inka-Reich beschaffen lässt, dass man die empirischen Referenten der Vergleichs-

---

29 Zu komplexeren Fragen der vergleichenden Systemforschung siehe S. 249f der 7. Aufl. meiner ‚Einführung in die Politikwissenschaft'.

kategorien für diese Vergleichsfälle einfach nicht wirklichkeitsnah erfassen kann, dann sind solche Vergleichsfälle mit den anderen Vergleichsfällen ganz im Wortsinn ‚unvergleichbar'. Solche Unvergleichbarkeit liegt aber nicht daran, dass ein Vergleich grundsätzlich unmöglich oder sinnlos wäre, sondern nur daran, dass einige Vergleichsfälle der Forschung aufgrund der Datenlage unzugänglich sind.

Zweite Ursache kann der Mangel an tauglichen Vergleichskategorien sein. Man möchte beispielsweise die mittleren Lebenshaltungskosten in vierzig zeitgenössischen Staaten miteinander vergleichen. Es zeigt sich, dass zwar für jeden Vergleichsfall Indexwerte der mittleren Lebenshaltungskosten vorliegen. Bei näherer Betrachtung stellt sich aber heraus, dass die Indexwerte der mittleren Lebenshaltungskosten in vielen der zu vergleichenden Staaten sehr unterschiedlich berechnet werden und ganz verschiedene Vorstellungen davon widerspiegeln, was zu den Lebenshaltungskosten gehört. Rein technisch kann man in diesem Fall trotzdem einen Vergleich durchführen. Doch die verglichenen Zahlenwerte werden dann vor allem über verschiedene *Vorstellungen* von ‚Lebenshaltungskosten' informieren, nicht aber darüber, wie *unterschiedlich teuer* eine ‚mittlere Lebenshaltung' in den verglichenen Staaten tatsächlich ist. Wenn man also nicht über Vergleichskategorien verfügt, die für alle Untersuchungsfälle *dasselbe* erfassen, wird auch das Ergebnis des Vergleichs wenig erkenntnisträchtig sein. Oft meint man deshalb mit der missverständlichen Redeweise, zwei Dinge seien ‚nicht vergleichbar', eigentlich nichts anderes, als dass ein Vergleich zwar technisch möglich ist, aufgrund des Fehlens gleichartiger Vergleichskategorien aber nicht zu erkenntnisträchtigen Ergebnissen führen wird.

Weil es bei der vergleichenden Forschung darum geht, *Zusammenhangs-, Erklärung- und Prognosewissen* über die Beschaffenheit politischer Wirklichkeit zu erarbeiten, sollten die jeweiligen Befunde in solche Theorien eingehen, die möglichst verlässlich verallgemeinerbar sind. Folglich müssen einerseits diese Theorien anhand *so vieler Fälle* erstellt werden, dass man ziemlich sicher sein kann, bei der Theoriebildung nichts Wichtiges *übersehen* zu haben, oder sie müssen an einer größeren Anzahl politischer Systeme auf ihre Verallgemeinerbarkeit überprüft werden. Andererseits ist die Vorbedingung empirisch *verlässlicher* Verallgemeinerbarkeit, dass die Auswahl der Untersuchungsfälle nach solchen Regeln vollzogen wurde, die zu ‚repräsentativen Stichproben' führen.[30] Doch beide Forderungen sind in der Praxis nicht leicht zu erfüllen. Das besondere Problem der vergleichenden Systemforschung besteht oft in einem gewissen *Mangel* an Untersuchungsfällen, dessentwegen die individu-

---

30 Eine repräsentative Stichprobe ist eine solche Stichprobe, bei der alle Elemente der jeweils interessierenden ‚Grundgesamtheit' die gleiche Chance haben, in die Stichprobe zu gelangen, und allein der Zufall darüber entscheidet, welche Elemente wirklich in die Stichprobe aufgenommen werden.

ellen Besonderheiten der wenigen verfügbaren Einzelfälle leicht das ihnen Gemeinsame überdecken und dergestalt Verallgemeinerbares unidentifizierbar machen. Einesteils kommen bestimmte Arten von politischen Systemen, zu denen man solche Aussagen formulieren will, die über vergleichende Beschreibungen hinausgehen, einfach *selten* vor. Bis zur Mitte des 20. Jahrhunderts war das etwa bei Staaten mit einer freiheitlichen demokratischen Grundordnung der Fall. Andernteils gibt es zwar oft viele Systeme, deren vergleichende Untersuchung zu verallgemeinerbaren Ergebnissen führen könnte. Etwa sind autoritäre Herrschaftsordnungen sehr häufig. Allerdings sind solche Systeme immer wieder so schlecht *dokumentiert*, dass die vergleichende Forschung aus Mangel an beschreibenden Vorarbeiten bestimmte Untersuchungen eben doch nicht durchführen kann. Das setzt auch einer theoriegeleiteten Zusammenstellung von Vergleichsfällen oft enge Grenzen.

Plausiblerweise liefert vergleichendes Vorgehen umso aussagekräftigere Ergebnisse, je günstiger das sogenannte *n/v-Verhältnis* des Untersuchungsmaterials ist. Dabei steht ‚n' für die Anzahl der Vergleichsfälle, ‚v' für die Anzahl der Vergleichskategorien bzw. Vergleichsvariablen. Vergleicht man etwa *zwei* Fälle nach *vielen* Variablen, so wird sich Besonderes naturgemäß viel schwerer von Allgemeinem abheben lassen, als wenn man beispielsweise *viele* Fälle nach *zwei* Variablen vergleicht. Aus genau diesem Grund kommt die vergleichende Erforschung politischer Systeme oft nicht über ‚parallele Beschreibungen' *weniger* Fälle hinaus, d.h. über solche Beschreibungen, die einfach nur *anhand gleicher Vergleichskategorien gegliedert* sind. Dann aber gelangt man schwerlich zur Erarbeitung von wirklich verallgemeinerbaren Aussagen. Im Übrigen steht man bei der vergleichenden Erforschung politischer Systeme vor der Wahl, entweder *sekundäranalytisch* zu verfahren, also ‚Meta-Analysen' zu betreiben, oder *eigenständige Datenerhebungen* durchzuführen. Im ersten Fall wird man bereits verfügbare Studien zu den Untersuchungsfällen auswerten, im anderen Fall die erforderlichen Daten durch Dokumentenanalyse, Befragung oder Beobachtung selbst zusammentragen. Bei wenigen Untersuchungsfällen wird man – geleitet von den Vergleichsvariablen – oft parallele Beschreibungen der Vergleichsfälle anfertigen und diese dann hermeneutisch auswerten. Bei vielen Untersuchungsfällen wird man Kalkulationstabellen oder – nach gemeinsamen Variablen gegliederte – Datenbanken zu den Merkmalen der Vergleichsfälle aufbauen und das gesammelte Datenmaterial anschließend mit (insbesondere) statistischen Verfahren auswerten. Alles in allem kommt man bei der Vergleichsforschung umso rascher voran, je mehr man auf Sekundäranalysen oder bereits verfügbare Daten[31] bauen kann, also je weniger Arbeitskraft man in neue, eigene Erhebungen investieren muss.

---

31 Zugang zu vielerlei politikwissenschaftlich hilfreichen Datenbanken findet man u.a. über folgende Webseiten: http://rzblx10.uni-regensburg.de/dbinfo/dbliste.php?bib_id=ubtu

IV. Arten politischer Systeme

1. Eine mehrdimensionale Typologie

Trotz des Fehlens einer allgemein akzeptierten Theorie zentraler Merkmale politischer Systeme[32] haben sich beim Systemvergleich immer wieder vier Leitvariablen als besonders nützlich und erkenntniserschließend erwiesen, die im deutschen Sprachraum einst Manfred Hättich (1925–2003) lehrbuchartig zusammengestellt hat. Nach ihm sind Politische Systeme zu vergleichen nach ihrer *Herrschaftsstruktur*, nach der Art der in ihnen ablaufenden *Willensbildungsprozesse*, nach dem Umfang des praktizierten politischen *Gestaltungsanspruchs*, sowie nach der ‚*Offenheit*' bzw. ‚*Geschlossenheit*' der drei vorgenannten Merkmale. Die ersten drei Kategorien lassen sich zu einem überaus anschaulichen Merkmalsraum zusammenstellen, aus dem sich anschließend eine Typologie[33] politischer Systeme sowie der von ihnen zu steuernden Gesellschaften ergibt:

---

e&colors=31&ocolors=40&lett=f&gebiete=17 (Universitätsbibliothek Tübingen); https://www.ipsa.org/page/ipsaportal (Portal der International Political Science Association) sowie https://www.sub.uni-hamburg.de/recherche/ihr-fachgebiet-bei-uns/p-s/politikwissenschaft.html.

32 In der Regel sind Gliederungen verbreitet, die sich knapp und griffig formulieren lassen. Allen voran trifft das auf die Systemtypologie des Aristoteles zu: Es regiert einer, regieren wenige oder regieren viele; in jedem dieser Fälle kann gut oder schlecht regiert werden; und also gibt es sechs Grundformen politischer Systeme, nämlich Monarchie/Tyrannis, Aristokratie/Oligarchie, Politie/Demokratie. Mit der Gliederungsdimension der Anzahl der (Mit-)Regierenden können natürlich auch andere Gliederungsdimensionen verbunden werden, etwa die Unterscheidung zwischen ‚republikanischer', d.h. auf Gewaltenteilung gründender Regierungsform, und der ‚Despotie'. Verfährt man – wie etwa Immanuel Kant – auf diese Weise, so erhält man wiederum sechs Grundformen politischer Systeme: konstitutionelle/absolute Monarchie, verfasste Aristokratie/Oligarchie, demokratischer Verfassungsstaat/despotische Demokratie. Mit dem Verblassen monarchischer Macht vom wirkungsvollen ‚Regieren' hin zum symbolischen ‚Herrschen' gewann die Unterscheidung von (formaler) ‚Staatsform' und (effektiver) ‚Herrschaftsform' eine gliedernde Bedeutung. Das hat u.a. zur Folge, dass auch ein *monarchischer* Staat wie England als *demokratische* Herrschaftsform klassifiziert werden kann, obwohl auf den ersten Blick eine Monarchie das Gegenteil einer Demokratie zu sein scheint und das historisch auch war. In einer weiteren Version dieser Unterscheidung von Herrschafts- und Staatsform lässt sich die Gliederungsdimension der ‚Herrschaftsform', unter der die konkreten *Machtverhältnisse* erfasst werden, mit der Gliederungsdimension des ‚Regierungssystems' koppeln, auf welcher die konkreten – formalen oder informalen – *Institutionenordnungen* abgebildet werden. Die nachfolgende Typologie folgt diesem Ansatz, erfasst aber bereits die ‚Herrschaftsform' dreidimensional.

33 Eine ‚Typologie' ist eine systematische Zusammenstellung von ‚Typen'. Ein ‚Typ' ist seinerseits eine Konfiguration von Merkmalsausprägungen gleich welcher Sachverhalte, die man – wofür auch immer – besonders hervorhebt. Wird eine *tatsächlich* vorkommende Konfiguration als Typ definiert, spricht man von einem *Realtyp*; hebt man eine gegebenenfalls gar nicht in der Wirklichkeit vorkommende Konfiguration hervor, mit welcher man anschließend tatsächlich auftretende Konfigurationen in Beziehung setzt, so liegt ein *Idealtyp* vor. ‚Ideal' ist dabei nicht als ‚besonders wertvoll' oder als ‚vorbildlich' aufzufassen, sondern meint: ‚bloß in der Vorstellung des Analytikers für seinen

- Die *Herrschaftsstruktur* eines politischen Systems kann *monistisch*[34] oder *gewaltenteilend* sein. Der erste Fall liegt vor, wenn es nur ein einziges Machtzentrum gibt, z.B. einen souveränen Fürsten, einen schrankenlos herrschenden Diktator oder die Führung einer kollektiv die gesamte Macht ausübenden Einheitspartei. Der zweite Fall ist gegeben, wenn die politische Macht auf verschiedene staatliche Organe aufgeteilt ist, die einander in Schach halten und kontrollieren. Dies liegt beispielsweise vor, wenn Regierung und Parlament Kernbereiche eigener Zuständigkeit haben und bei der Herstellung allgemeiner Verbindlichkeit aufeinander angewiesen sind, oder wenn Beschlüsse eines Parlaments von einem Verfassungsgericht überprüft und aufgehoben werden können. Jedes politische System kann irgendwo auf dem Kontinuum zwischen monistischer und gewaltenteilender Herrschaftsstruktur angesiedelt sein. Allerdings mag es schwerfallen, klare Indikatoren für die *genaue* Lage eines politischen Systems auf diesem Kontinuum anzugeben.
- Die *Willensbildung* in einem politischen System kann *monopolisiert* oder *konkurrierend* sein. Im ersten Fall hat eine bestimmte politische Gruppe oder Organisation das Monopol darauf, die Willensbildungs- und Entscheidungsprozesse zu gestalten. Das ist beispielsweise gegeben, wenn eine Einheitspartei in einem politischen System die Führungsrolle ausübt, die staatliche Macht den Anweisungen einer Kirche folgt oder eine Gruppe von Meinungsführern die intellektuelle Hegemonie ausübt und in dieser Rolle wirksam festlegt, was ‚politisch korrekt' ist und deshalb öffentlich verlangt werden darf, ohne zur Ausgrenzung des Fordernden zu führen. Im zweiten Fall konkurrieren verschiedene Interessengruppen und Parteien, Bürgerinitiativen, Medien und Politiker in wechselnden Bündnissen um die Chance, als Ergebnis offen ausgetragener Konflikte die eigenen Absichten politisch durchsetzen zu können. Politische Systeme mit mehreren chancengleichen Parteien, frei zu gründenden Interessengruppen und freien Massenmedien, die *durch offene Konkurrenz Pluralismus konstituieren*, verwirklichen diesen Fall. Zwischen monopolisierter und konkurrierender Willensbildung als den Endpunkten eines Kontinuums lässt sich jedes politische System verorten, wenn auch im Einzelfall die Feststellung des sachlich angemessenen Platzes schwierig sein mag.
- Der *praktizierte politische Gestaltungsanspruch* kann *unbegrenzt* oder *begrenzt* sein. Im ersten Fall versucht das politische System, die Gesellschaft nach einheitlichen, oft neuen Grundsätzen vollkommen durchzugestalten. Beispiele sind Bemühungen, von Staats wegen eine bestimmte Religion

---

Untersuchungszweck angenommen'. Idealtypen sind im Grunde abstrakte Modelle, in denen man konkret Beobachtbares so verortet, dass man mit den auf diese Weise sichtbar gemachten Strukturen und Zusammenhängen anschließend Gedankenexperimente durchführen kann.
34 Von griech. ‚mónos', d.h. allein, einzig.

nicht nur für das öffentliche Leben, sondern auch für den Privatbereich verpflichtend zu machen, oder Versuche, eine neue Weltanschauung mit ihr eigentümlichen Verhaltensregeln als allgemein verbindlich durchzusetzen. Ganz unabhängig von den konkreten Inhalten, die dergestalt durchgesetzt werden sollen, gibt es als unmittelbare Folge solcher Versuche bald keinen ganz selbstverständlich nutzbaren gesellschaftlichen und persönlichen Freiraum mehr, greift doch nun das politische System anleitend und kontrollierend nach eigenem Ermessen in die gesellschaftlichen Subsysteme ein. Im zweiten Fall, dem des beschränkten staatlichen Gestaltungsanspruchs, nimmt das politische System seine Versuche der Herstellung allgemeiner Verbindlichkeit auf jene Minima zurück, die gerade noch auszureichen scheinen, um eine Gesellschaft mit sie integrierenden und ihre Funktionstüchtigkeit sichernden Normen zu versorgen. Solche Minima umfassen oft die Konkretisierung grundlegender Menschen- und Bürgerrechte durch das Prinzip des materiellen Rechtsstaats sowie die Absicherung politischer Konkurrenz und Opposition durch das Prinzip des Pluralismus. Auch auf diesem Kontinuum zwischen totalem und minimalem Gestaltungsanspruch kann jedes politische System je nach seinem Steuerungsverhalten eingeordnet werden, wobei die dafür erforderliche Indikatorenbildung umstritten sein mag.

Mit diesen drei Dimensionen lässt sich der im Abbildung 1 dargestellte dreidimensionale Merkmalsraum aufspannen. Anhand seiner kann eine erste typologische Gliederung politischer Systeme erstellt werden. Zunächst einmal lassen sich rein gedanklich alle möglichen Kombinationen der Ausprägungen von Herrschaftsstruktur, Willensbildung und praktiziertem Gestaltungsanspruch durchgehen und daraufhin befragen, wie groß die Chancen sind, mittels ihrer stabile politische Systeme mit legitimitätsstiftenden Regelkreisen aufzubauen. Entsprechende Fragen könnten lauten: Lässt sich ein unbegrenzter staatlicher Gestaltungsanspruch mit konkurrierender Willensbildung vereinbaren? Oder: Was alles muss staatlicher Gestaltung vorbehalten bleiben, wenn eine monistische Herrschaftsstruktur aufrechterhalten werden soll? Ergebnis solcher Überlegungen ist ein theoretisch begründeter Erwartungshorizont, der durch den zweiten Arbeitsschritt überprüft und ausgefüllt wird.

Denn nun sind anhand zutreffender Beschreibungen von Herrschaftsstruktur, Willensbildungsprozess sowie praktiziertem Gestaltungsanspruch möglichst viele historische und zeitgenössische politische Systeme in diesem dreidimensionalen Merkmalsraum zu verorten. Geschieht dies anhand tauglicher Indikatoren, so lassen sich aus den Häufungen bestimmter Merkmalskombinationen *Realtypen* politischer Systeme ableiten. Selbstverständlich können die einzelnen Realtypen nach der differenzanalytischen Methode so lange weiter untergliedert werden, bis eine – für den konkreten Forschungs- oder Einteilungszweck ausreichende – mehrstufige Typologie vorliegt. Politische Systeme mit gewaltenteilender Herrschaftsstruktur kann man etwa nach der Beschaffenheit ihres zentralen politischen Entscheidungssystems in parlamentarische Demokratien, (semi-)präsidentielle Regierungssysteme und Konkordanzdemokratien untergliedern, politische Systeme mit monopolisierter Willensbildung versuchsweise in Ein-Parteien-Diktaturen, Militärdiktaturen sowie das persönliche Regiment charismatischer Führer.

Erarbeitet man eine dahingehend differenzierte Realtypologie auf der Grundlage aller bekannten historischen und zeitgenössischen politischen Systeme, so gewinnt die Feststellung, welche Kombinationen von Merkmalsausprägungen besonders häufig oder besonders selten vorkommen, enorme Aussagekraft. Man kann dann nämlich *auf politischer Erfahrung gründende* hypothetische Schlüsse hinsichtlich der *tatsächlichen* Möglichkeiten ziehen, bestimmte Merkmalsausprägungen miteinander zu kombinieren. So kommt man – wenigstens bisherigen – funktionslogischen Notwendigkeiten oder Unmöglichkeiten auf die Spur. Durch einen Vergleich der praktisch beobachteten Häufigkeiten von Merkmalskombinationen mit den zuvor theoretisch gewonnenen Erwartungen, woran sich der letzteren Korrektur anschließen mag, erhält man die Grundlagen einer praxisnützlichen Theorie von Konstruktionsmöglichkeiten politischer Ordnung.

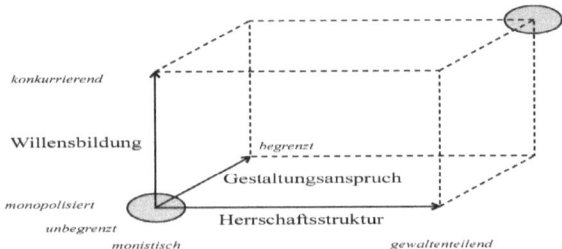

Abb. 1:   Ein dreidimensionaler Merkmalsraum zum Vergleich politischer Systeme

Eine vierte, in Abbildung 1 nicht dargestellte Leitvariable zur Einteilung politischer Systeme ist jene der ‚Offenheit' bzw. ‚Geschlossenheit' von Herrschaftsstruktur, Willensbildung bzw. politischem Gestaltungsanspruch.[35] Diese vierte analytische Dimension lässt sich an ihren ‚Schnittstellen' mit den drei anderen Dimensionen so beschreiben:

- Eine geschlossene *Herrschaftsstruktur* liegt vor, wenn der Zugang zu politischen Ämtern einem bestimmten Personenkreis vorbehalten ist, in den man allenfalls durch Geburt oder Kooptierung, etwa über ein Nomenkla-

---

35   Wie die drei anderen Leitvariablen ist auch diese als eine *stetige* angelegt: ‚Geschlossenheit' und ‚Offenheit' sind Pole, zwischen welchen sich ein Kontinuum erstreckt, auf dem politische Systeme anhand geeigneter Indikatoren zu verorten sind.

tursystem, aufgenommen wird. Adelige oder proletarische Abkunft, der Besitz einer bestimmten Hautfarbe oder die Zugehörigkeit zu einer bestimmten Religionsgemeinschaft als jeweilige Voraussetzung für die Übernahme politischer Ämter sind Beispiele. Offene Herrschaftsstrukturen liegen indessen vor, wenn politische Partizipation und der Zugang zu den Schaltstellen der Macht im Prinzip jedermann offensteht und man sich allein in chancengleicher Konkurrenz mit jenen anderen durchsetzen muss, die dasselbe Ziel anstreben.

- Geschlossene *Willensbildung* ist gegeben, wenn politische Artikulationsmöglichkeiten nicht jedermann zugänglich sind. Offene Strukturen der Willensbildung liegen hingegen vor, wenn jeder die Chance hat, sich kraft eigenen Entschlusses und mittels ihm folgender Aktivität in die politische Willensbildung einzubringen.
- Geschlossene *Gestaltungsansprüche* sind gegeben, wenn eine freie Diskussion über die Inhalte und Grenzen dessen, was das politische System allgemein verbindlich gestalten soll, nicht zulässig oder möglich ist. Ein Bereich dessen, was dem politischen Streit entzogen ist ('nichtstreitiger Sektor'), wird dabei durch Tabus bzw. Argumentations- oder Denkverbote gesichert, also durch Gebote und Verbote 'politischer Korrektheit'. Demgegenüber zeichnen sich offene Gestaltungsansprüche dadurch aus, dass die Inhalte politischer Gestaltung sowie die Grenzen dessen, was man vom politischen System verbindlich geregelt wünscht, frei und kontrovers erörtert werden können. Dergestalt liegt ein äußerst großer 'streitiger Sektor' vor. Nur ein *eng* umgrenzter Konsens über grundlegende gemeinsame *Werte*, über jeweils geltende *Spielregeln* der Konfliktaustragung sowie über die beim Streit zu nutzenden *Institutionen* sorgt dafür, dass der Streit über politische Gestaltungsansprüche am Ende zur Herstellung allgemeiner Verbindlichkeit, nicht aber zur Blockierung des politischen Systems führt.

Ein Gesellschaftssystem, in dem ein offener Zugang zur Herrschaftsstruktur und Willensbildung sowie offene Diskussionen über alle der Politik anzuvertrauenden Gestaltungsansprüche nicht nur möglich, sondern auch selbstverständlich sind, nennt man – im Anschluss an einen berühmten Buchtitel von Karl R. Popper (1902–1994) – eine 'offene Gesellschaft'. Demgegenüber bezeichnet 'geschlossene Gesellschaft' ein Gesellschaftssystem, in dem der Zugang zur Herrschaftsstruktur und Willensbildung beschränkt sowie viele mit allgemeiner Verbindlichkeit zu versehenden Gestaltungsansprüche der offenen Auseinandersetzung entzogen sind. Anhand dieser dreifachen Beziehung zwischen einer Gesellschaft und ihrem politischen Subsystem lassen sich wiederum alle Gesellschaften mittels geeigneter Indikatoren auf dem Kontinuum zwischen offener und geschlossener Gesellschaft verorten. Beim Vergleich ganzer Gesellschaften als den Suprasystemen politischer Ordnungsformen geht die politikwissenschaftliche Analyse anschließend in die allgemeine soziologische Forschung über.

2. Wichtige Typen politischer Systeme

Im dreidimensionalen Merkmalsraum der Abbildung 1 sind offenbar die beiden *Extremkombinationen* der Ausprägungsmöglichkeiten eines politischen Systems besonders interessant:

- Systeme mit gewaltenteilender Herrschaftsstruktur (genannt ‚Verfassungsstaat'), konkurrierender Willensbildung unter möglicher Einbeziehung aller Bürger (‚demokratisch') und (sehr) begrenztem politischen Gestaltungsanspruch (‚liberal'). Sie heißen ‚liberaler demokratischer Verfassungsstaat'.

- Systeme mit einer (weitgehend) monistischen Herrschaftsstruktur (‚Diktatur'[36]), mit (für alle praktischen Zwecke) monopolisierter Willensbildung (‚autokratisch'[37]) und mit (zeitweise) unbegrenztem politischen Gestaltungsanspruch (‚totalitär'[38]). Ein solches politisches System heißt ‚totalitäre Diktatur'.[39]

Verortet man zeitgenössische und historische politische Systeme in jenem Merkmalsraum, so erweist sich allerdings eine dritte, ihrerseits sehr vielfältige Gruppe von Kombinationsmöglichkeiten der Ausprägungen jener drei Variablen als praktisch viel wichtiger, da sie die Mehrzahl der je bestehenden Systeme beschreibt. Sie sind gekennzeichnet durch eine (ziemlich) monistische Herrschaftsstruktur (‚Diktatur'), durch (ziemlich) monopolisierte Willensbildung ohne Einbeziehung aller Bürger (‚oligarchisch'[40]), und durch

---

36 Die Diktatur war eine in der altrömischen Republik verfassungsmäßig vorgesehene Regierungsweise für den Notstandsfall: Für sechs Monate wurde die oberste und unbeschränkte Gewalt durch Senatsbeschluss einer einzelnen Person übertragen; nach sechs Monaten erlosch dieses Amt und konnte nicht verlängert werden. Im heutigen kritisch-abwertenden Sinne des Begriffs ‚Diktatur' benutzte man von der Antike bis weit in die frühe Neuzeit die Begriffe ‚Despotie' oder ‚Tyrannei'.

37 Von griech. ‚autós', d.h. selbst, und ‚krateîn', d.h. herrschen. ‚Autokrator' (d.h. Selbstherrscher) war einer der Titel des oströmisch-byzantinischen Kaisers. Autokratie ist seither die Bezeichnung für Herrschaftsformen, bei denen der maßgebliche politische Wille sich auf eine einzige Person oder Elitegruppe konzentriert.

38 Von lat. ‚tótus', d.h. umfassend, ganz.

39 In den 1970er und 1980er Jahren galt der Begriff des Totalitarismus als antiquiert und ideologieverdächtig, da er die Beschaffenheit politischer Systeme unabhängig von ihren *inhaltlichen* Zielsetzungen angibt. Dergestalt konnte er vergleichend sowohl auf die nationalsozialistische Diktatur als auch auf realsozialistische Staaten angewandt werden. Da eine derartige analytische Gleichbehandlung oder – gar ein Vergleich von National- und Realsozialismus – wegen jenes moralischen Kredits nicht erwünscht war, den in der Zeit der Entspannungspolitik realsozialistische Staaten und ihre Ideen genossen, wurde der diesen ermöglichende Totalitarismusbegriff mit einem Tabu belegt. Dieses schwand erst mit dem Zusammenbruch der realsozialistischen Systeme, die alsbald auch in der Alltagssprache der von ihnen einst Betroffenen erneut als totalitär bezeichnet wurden. Allerdings drohte anschließend dieser pauschale alltagssprachliche Wortgebrauch den Totalitarismusbegriff unscharf und analytisch unergiebig zu machen.

40 Von griech. ‚olígoi', d.h. wenige, und ‚árcheîn', d.h. herrschen.

einen (weitgehend) auf die Sicherung von Herrschaft begrenzten politischen Gestaltungsanspruch. Solche Systeme heißen traditionell ‚autoritäre[41] Herrschaft', seit einigen Jahren auch ‚hybride[42] Herrschaft'. Anders als bei den beiden ‚Extremtypen' gibt es hier eine nicht leicht zu überblickende Fülle von strukturell höchst unterschiedlichen Erscheinungsformen. Das liegt daran, dass sowohl die totalitäre Diktatur als auch der liberale demokratische Verfassungsstaat besonders erklärungsbedürftige *Ausnahmen* menschlicher Regierungsweise sind, die nur unter eher seltenen Bedingungen entstehen und sich erhalten können. Autoritäre Herrschaftsordnungen sind hingegen unter fast allen Umständen zu hervorzubringen und sehr lebensfähig. Entsprechend mannigfaltige Formen nehmen sie an.

a. Der liberale demokratische Verfassungsstaat

(1) Was ist ein ‚liberaler demokratischer Verfassungsstaat'?

Im Wesentlichen auf die freiheitlichen Revolutionen des 17. und 18. Jahrhunderts in England, den USA und Frankreich zurückgehend, verbreitete sich dieser äußerst voraussetzungsreiche und auch deshalb vergleichsweise seltene Typ eines politischen Systems erst im 20. Jahrhundert in größerer Anzahl. Die ihn erfassenden Begriffe sind wie folgt zu verstehen:

- ‚*Liberal*' meint im hier einschlägigen Sinn, dass sich der Staat hinsichtlich der zu regierenden Gesellschaft und der Gestaltungsfreiheit ihrer Bürger als *subsidiär* versteht. Normative Eckpunkte aller Systembildung sind dabei der *einzelne Bürger* und die von *selbstbestimmten Bürgergruppen* konstituierte *Gesellschaft*. Diese legt selbst fest, welche Aufgaben das politische System in ihrem Auftrag und als Form gesellschaftlicher Arbeitsteilung übernehmen soll. Sie bestimmt auch – jederzeit rückholbar – über jenen Umfang, den politische Gestaltungsansprüche annehmen dürfen. Im Grenzfall wird vom politischen System nicht mehr verlangt, als Vertrags- und Rechtssicherheit im Inneren sowie Schutz nach außen zu gewährleisten, was zu einem ‚schlanken Staat' führt, gleichsam zu liberaler ‚Minimalstaatlichkeit'. Allerdings wird der dem politischen System anvertraute Gestaltungsanspruch umso größer, je mehr eine Gesellschaft sich ihr politisches System als einen ‚Sozialstaat' oder gar als einen umfassenden ‚Daseinsvorsorgestaat' wünscht. Je nach dem Stellenwert des Sozialstaatsprinzips rückt ein politisches System somit vom liberalen Pol eines politischen Systems mit sehr geringem politischen Gestaltungsanspruch hin zu einem Staatswesen mit immer umfassenderen Gestaltungsansprüchen im Dienst

---

41 Von lat. ‚au(c)tōritas', d.h. Vollmacht, Einfluss, Ansehen.
42 Von lat. ‚hybrida', d.h. Mischling. Gemeint ist, dass solche Systeme sowohl Elemente der Diktatur als auch solche der Demokratie enthalten, sich also typologisch zwischen den Extremtypen des liberalen demokratischen Verfassungsstaats und der totalitären Diktatur befinden.

der Bürger, wobei es sich bis hin zum ‚wohlmeinenden Obrigkeitsstaat' entwickeln kann.

- ‚*Verfassungsstaat*' meint, dass die politische Macht derart auf verschiedene Machtträger aufgeteilt ist, dass kein Machtträger unabhängig oder unkontrolliert von einem anderen handeln kann. Das zwingt dann allen Inhabern politischer Macht auf, sich an gemeinsame Spielregeln zu halten. Die Folge ist – bewerkstelligt über wechselseitige Kontrollmöglichkeiten und Gegengewichte (‚checks and balances') – ein ‚gemäßigtes Regieren', im Begriff des Barons von Montesquieu (1689–1755): ein *gouvernement modéré*. Durch Gewaltenteilung gesicherte und dann gemeinsam akzeptierte Regeln des politischen Spiels nennt man eine ‚Verfassung'. Ein Verfassungsstaat ist somit ein Staat, der eine Verfassung *in diesem Sinn* besitzt. Jene Regeln können, als grundlegende Rechtsnormen eines politischen Systems, in einer Verfassungsurkunde niedergelegt sein. Das bringt rechtstechnisch etliche Vorteile. Eine Verfassungsurkunde *allein* sichert aber keineswegs, dass derartige Spielregeln auch eingehalten werden. Außerdem kann in einer Verfassungsurkunde – wie etwa jener der DDR von 1968/74 – niedergeschrieben sein, dass es eben *keine* Aufteilung politischer Macht auf unterschiedliche Machtträger, sondern eine führende Partei mit ausschließlichem Leitungsrecht in allen staatlichen, gesellschaftlichen, wirtschaftlichen und kulturellen Belangen geben soll. Die Existenz einer Verfassungsurkunde macht einen Staat also noch lange nicht zum Verfassungsstaat. Umgekehrt kann ein Verfassungsstaat sehr wohl *ohne* Verfassungsurkunde auskommen, wie das seit Jahrhunderten im Vereinigten Königreich der Fall ist.

- ‚*Demokratisch*' meint, dass jedes Gesellschaftsmitglied[43] – wenigstens ab einem bestimmten Lebensalter – das Recht hat, sich nach eigenem Ermessen und gemäß persönlich definierten Mitwirkungs- und Gestaltungsabsichten an der konkurrierenden politischen Willensbildung zu beteiligen. Das beginnt mit Kommunikations-, Versammlungs- und Organisationsfreiheit und reicht über das aktive Wahlrecht bis zum passiven Wahlrecht, was alles in freier Konkurrenz mit anderen auszuüben ist, welche dieselben Rechte in Anspruch nehmen. Gesellschaften mit zwar noch nicht voll

---

43 Es gibt immer wieder politische Systeme, welche das Mitwirkungsrecht nur *Teilen* der auf einem Staatsgebiet dauerhaft ansässigen Bevölkerung zusprechen und in diesem Sinn ‚geschlossene' Systeme sind. Im direktdemokratischen Athen waren etwa Frauen und Sklaven von der politischen Mitwirkung ausgeschlossen, in den europäischen Repräsentativdemokratien bis nach dem Ersten Weltkrieg überall die Frauen, in den USA rechtlich bis zum Ende des Bürgerkriegs die Sklaven und faktisch bis in die 1960er Jahre hinein ein großer Teil der in den Südstaaten lebenden Afroamerikaner. Je nach dem zahlenmäßigen Verhältnis zwischen der zur demokratischen Mitwirkung berechtigten und der von ihr faktisch ausgeschlossenen Bevölkerung lassen sich politische Systeme mit demokratischer Willensbildung als ‚defekte Demokratien' oder als ‚partiell demokratisierte Autokratien' bezeichnen.

entfalteter Demokratie, bei denen aber schon nennenswerte Gruppen von Bürgern sich politisch beteiligen können und vielerlei Inhalte politischer Gestaltung konkurrierend thematisiert werden, also Gesellschaften mit ‚Konkurrenz' und ‚Partizipation', bezeichnet man mit einem von Robert A. Dahl (1915–2014) eingeführten Begriff als ‚Polyarchien'. Grundsätzlich lässt sich Demokratie definieren als eine solche institutionelle Ordnung eines politischen Systems, in welcher die Regierenden nicht allzu weit oder nicht allzu lange von dem abweichen können, was die Regierten zu akzeptieren bereit sind. Falls nennenswerte Gruppen von Regierten nicht nur den Eindruck haben, trotz allseits anerkannter demokratischer Regeln verhalte sich das in der Praxis eben doch anders, und falls sie sich anschließend mit Protesten dagegen auflehnen, entsteht von unten her ‚Populismus'.[44]

Aus der Verbindung von Verfassungsstaatlichkeit und Demokratieprinzip folgt in der politischen Praxis meist, dass die Menge dessen, was der Staat allgemein verbindlich zu gestalten vermag, nicht mehr unbeschränkt groß sein kann. Immer nämlich gibt es Einspruchsmöglichkeiten und müssen erst einmal Mehrheiten für ein konkretes Gestaltungsvorhaben organisiert werden. Beides macht es in politischen Systemen mit pluralistischer Interessenkonkurrenz erfahrungsgemäß nicht leicht, sehr viele sehr aktiv und tiefgreifend in das Privatleben eindringende Dinge allgemein verbindlich zu regeln. Insofern sichern gewaltenteilende Herrschaftsstruktur und konkurrierende Willensbildung, dass sich der politische Gestaltungsanspruch meist in Grenzen hält, und dass diese Grenzen gegebenenfalls auch wieder enger gezogen werden können. Allerdings mag, aus genau den gleichen Gründen, ein späterer Rückbau von einst mit breitem Konsens eingeführten politischen Gestaltungsansprüchen auch besonders schwierig sein. Sichtbar wird das allenthalben bei Versuchen, sozialstaatliche Umverteilungsmaßnahmen wieder zurückzunehmen.

Im Übrigen umfasst der Typ des liberalen demokratischen Verfassungsstaates eine Vielzahl von ihn konkretisierenden Ausprägungen. Deren wichtigste Gliederungsmöglichkeiten sind die nachstehenden.

(2) Arten von Regierungssystemen

Je nach Ausgestaltung des Verhältnisses zwischen Parlament und Regierung entstehen vier hauptsächliche Typen des *Regierungssystems*. Geht die Regierung aus dem Parlament hervor und kann sie von diesem abgesetzt werden,

---

44 Populismus ist gleichsam der ‚hässliche Bruder' von Demokratie. Zu seinen Kennzeichen gehören Vorstellungen dahingehend, es müssten ‚wir da unten' uns gegen ‚die da oben' wehren; gehört der Glaube, dass ‚wir da unten' – anders als ‚die da oben' – den ‚wahren Volkswillen' kennen; gehört eine Vorliebe für demagogisch vereinfachte Argumente; und gehören oft genug Anführer, die solches Protestpotential als ‚politische Unternehmer' zum eigenen Vorteil zu nutzen verstehen.

was zu verhindern stets eine enge Zusammenarbeit zwischen der Regierung und den sie tragenden Parlamentariern und Parlamentsfraktionen herbeiführt, so liegt – *erstens* – ein *parlamentarisches* Regierungssystem vor. Es besteht etwa in Großbritannien oder Deutschland. In einem parlamentarischen Regierungssystem ist die politische Macht bei der Regierung und den sie tragenden Parlamentsfraktionen konzentriert. Deshalb ist es unschädlich, wenn im parlamentarischen Regierungssystem das Staatsoberhaupt, da politisch eher machtlos, keine demokratische Legitimationsgrundlage besitzt. Somit ist es kein Zufall, dass europäische Monarchien in der Praxis meist ein parlamentarisches Regierungssystem aufweisen; vielmehr entwickelten sie sich angesichts zunehmender gesellschaftlicher Teilhabewünsche von einer konstitutionellen zur später parlamentarischen Monarchie. Zu Problemen mit dem Demokratieprinzip käme es im letzteren Regimetyp allerdings dann, wenn sich Monarchen nicht mehr mit der Rolle eines rein ‚ehrwürdigen' und letztlich subsidiären Verfassungselements zufriedengäben, sondern aktiv in die Tagespolitik einzugreifen und zum ‚wirksamen' Bestandteil einer Verfassung zu werden versuchten. Die Befugnis wirkungsvollen *Regierens* fällt nämlich dem Regierungschef zu. Der kann als Führer von zugleich Exekutivapparat, parlamentarischer Mehrheit und stärkster regierungstragender Partei sogar eine überaus starke Machtstellung erringen, die sich – bei großer öffentlicher Popularität des Regierungschefs – auch von der parlamentarischen Opposition kaum mehr kontrollieren lässt. Mitunter kann die parlamentarisch getragene Regierung ihr Verhältnis zu den regierungstragenden Parlamentsfraktionen dann sogar umkehren: Nicht mehr ist die Regierung der in den Staatsapparat hinein verlängerte Arm der – demokratisch gewählten – Parlamentsmehrheit, sondern es wird die Parlamentsmehrheit zur treuen Gefolgschaft eines von Massenmedien und öffentlicher Meinung getragenen Regierungschefs. Ein Ende dieses Prozesses einer Machtverlagerung von der Krone zum parlamentarisch getragenen ‚Ersten Minister' oder ‚Kanzler' ist dort erreicht, wo die Monarchie überhaupt abgeschafft wurde und an die Stelle des Monarchen ein gewähltes, auf staatsnotarielle und ‚repräsentative' Pflichten eingeschränktes republikanisches Staatsoberhaupt tritt.

Zweitens wurde dieser Prozess – typenbildend und bis heute folgenreich – im 18. Jahrhundert schon einmal in ganz anderer Weise zu Ende gebracht. Den im englischen Mutterland damals erreichten Gleichstand zwischen Krone und Parlament froren nämlich die Schöpfer der Verfassung der USA in der Weise ein, dass sie an die Stelle des Monarchen einen mittelbar vom Volk gewählten Staatspräsidenten setzten. Ihm gegenüber war das Parlament dann im weiteren Machtaufstieg gebremst, weil nämlich der US-Präsident von Anfang an, und ganz ungleich dem englischen König, über eine an demokratischem Gehalt dem Parlament ebenbürtige Legitimation verfügte. Es war somit der Weg versperrt für jene englische und später europäische Entwicklung, die das Staatsoberhaupt auf ‚repräsentative' Pflichten reduzierte und die politische Macht einer *vom Parlament* ausgehenden – und von diesem auch wieder abzusetzenden – Regierung in die Hände legte. Auf diese Weise blieb in den USA der Präsident auch der tatsächliche Chef der Regierung, während das Parlament auf seine – freilich sehr einflussreichen – Möglichkeiten der Gesetzgebung, Haushaltsbewilligung und Regierungskontrolle beschränkt blieb. Diesen im 18. Jahrhundert entstehenden, seit dem 19. Jahrhundert oft kopierten Typ eines Regierungssystems nennt man – wegen der markanten Stellung des Präsidenten – ein ‚*präsidentielles* Regierungssystem'. Es ist institutionengeschichtlich älter als das parlamentarische Regierungssystem und passt so gut zur ebenfalls im 18. Jahrhundert am – von Montesquieu missverstandenen – englischen Beispiel entwickelten Gewaltenteilungslehre, dass es bis heute von gar nicht wenigen für die ‚einzig richtige' Verwirklichung von Gewaltenteilung gehalten wird.

Eine *dritte* Möglichkeit der Ausgestaltung eines Regierungssystems besteht darin, die ganz unterschiedliche Funktionslogik von parlamentarischem und präsidentiellem Regierungssystem einfach zu ignorieren und den Versuch zu unternehmen, beide Systemtypen miteinander zu kombinieren. Zu diesem Zweck macht man durch entsprechende Verfassungsregelungen die Regierung *sowohl* vom Vertrauen des Staatsoberhauptes *als auch* von ihrer Tolerierung durch das Parlament abhängig. Je nach dem Einfluss auf die Regierung, der dabei dem Präsidenten oder dem Parlament zukommt, wird so – im Anschluss an die entsprechende Begriffsbildung von Maurice Duverger (1917–2014) – ein *semi-präsidentielles* (‚präsidentiell-parlamentarisches') oder ein *semi-parlamentarisches* (‚parlamentarisch-präsidentielles') Regierungssystem geschaffen. Beispiele sind Deutschland zur Zeit der Weimarer Republik und Frankreich in der V. Republik. Seine Funktionsschwierigkeiten offenbart dieser Systemtyp stets dann, wenn hinter dem Staatschef einerseits und der Parlamentsmehrheit andererseits *unterschiedliche* politische Mehrheiten stehen und die Regierung gewissermaßen zwei Herren dienen soll. Im schlimmsten Fall versickert dann die – zunächst an verantwortliche Institutionen gebundene – politische Macht im institutionellen Sumpf zwischen Parlament und Staatschef. Die ‚informellen Hebel' beider Institutionen, die unter solchen Umständen überaus wichtig werden, können dann von Intriganten zum eigenen Vorteil betätigt werden, was so errungene faktische Machtpositionen institutioneller Kontrolle entzieht. Im noch besten Fall, dem der V. Französischen Republik, funktioniert ein semi-präsidentielles Regierungssystem in Zeiten gleichartiger politischer Mehrheiten zwischen Staatspräsident und regierungstragender Parlamentsmehrheit wie eine ‚republikanische Monarchie', nämlich als *super*-präsidentielles Regierungssystem mit dem Präsidenten als einem kaum mehr zu kontrollierenden Führer von Staat, Regierung und Parlament. In Zeiten verschiedenartiger parteipolitischer Mehrheiten hinter Präsident und regierungstragender Parlamentsmehrheit funktioniert dieser Systemtyp hingegen wie ein parlamentarisches Regierungssystem. Weil der

Präsident aber durch demokratische Wahl persönlich zum Regieren legitimiert ist, wird dann erheblicher politischer und taktischer Streit zwischen Staatschef und Regierung entstehen sowie viel Arbeitskraft binden, die besser für gutes Regieren eingesetzt würde.

Viertens kann man durch die Verfassung oder durch Verfassungsbrauch vorsehen, dass alle – oder wenigstens die meisten – im Parlament vertretenen Parteien entsprechend ihrem Anteil an den parlamentarischen Mandaten auch in der Regierung vertreten sind. So entsteht eine *Allparteien-* oder *Proporzregierung*. Etliche österreichische Bundesländer sowie die Schweiz besitzen diesen Typ eines Regierungssystems,[45] welches den Gipfel einer – unten ausführlicher behandelten – *Konkordanz- bzw. Konsensdemokratie*, einer *Verhandlungsdemokratie* oder *Proporzdemokratie* darstellt.

(3) Arten von Demokratie

Auch je nach der konkreten Art und Weise, in welcher das Demokratieprinzip verwirklicht wird, entstehen unterschiedliche Typen von Regierungssystemen. In sehr kleinen Gesellschaften, wie sie selbst unter den griechischen Stadtstaaten eher Fiktion als Wirklichkeit waren, und die es in der heutigen Staatenwelt kaum mehr gibt, mag es sogar möglich sein, auf professionelle politische Amtsträger zu verzichten und eine Art von ‚Identität der Regierenden mit den Regierten' zu verwirklichen, etwa in Gestalt einer ‚Selbstregierung' des in kurzen Abständen versammelten Volkes (‚identitäre Demokratie'). Doch sobald Gesellschaften ausgedehnter und komplexer werden, bewährt sich die – unten noch ausführlich darzustellende – Verbindung des Demokratieprinzips mit dem Repräsentativsystem. Dann entsteht ‚repräsentative Demokratie'.

Allerdings kann man mit repräsentativer Demokratie sehr wohl ein System der *Volksgesetzgebung* koppeln. Je nach dem Gewicht, das solcher Volksgesetzgebung – zumal durch ihre Nutzungshäufigkeit und Vorauswirkungen – im Vergleich zur parlamentarischen Gesetzgebung zuwächst, entsteht ‚*plebiszitär*[46] *angereicherte parlamentarische Demokratie*' oder ‚*plebiszitäre Demokratie*'.[47] Noch viel folgenreicher als die Volksgesetzgebung sind im Übrigen solche Volksentscheide, die gerade nicht als Teil eines Volksgesetzgebungs-

---

45 Wer ein präsidentielles Regierungssystem dahingehend definiert, dass in ihm die Regierung nicht vom Parlament abgesetzt werden kann, muss auch ein Proporzsystem als dem Typ des präsidentiellen (!) Regierungssystems zugehörig ansehen, da in ihm die Regierung vom Parlament nicht abgesetzt und parteipolitisch verändert, sondern allenfalls personell umgestaltet werden kann. Eine solche Begriffsverwendung ist eher verwirrend als klar und deshalb nicht wünschenswert.

46 ‚Plebiszit' kommt von lat. ‚plebis scitum', d.h. Beschluss der Volksversammlung.

47 Zu ihr sowie zur ‚Referendumsdemokratie' siehe ausführlich S. 267–272 der 7. Aufl. meiner ‚Einführung in die Politikwissenschaft'.

verfahrens zustande kommen. Besonders große Vorauswirkung entfaltet dabei das in der Schweiz gebräuchliche *fakultative Gesetzesreferendum* (auch: ‚kassatives Referendum' oder ‚abrogatives Referendum').[48] Sein Leitgedanke besteht darin, ganz gemäß den Grundsätzen repräsentativer Demokratie die Entscheidung über Gesetze zunächst einmal dem Parlament zu überlassen, das letzte Wort über Gesetze aber – falls gewünscht - dem Volk vorzubehalten. Angewandt wird das fakultative Gesetzesreferendum so, dass nach dem ordnungsgemäßen parlamentarischen Abschluss eines Gesetzgebungsverfahrens es eine von der Verfassung festgelegte Frist gibt, in der Initiativgruppen aus der Bevölkerung – oft im Bündnis mit einer Partei oder einem Verband – die Möglichkeit haben, durch Sammlung einer von der Verfassung vorgeschriebenen Mindestanzahl von Unterschriften (‚Referendumsinitiative') eine Volksabstimmung über dieses Gesetz herbeizuführen. Bei dieser Volksabstimmung kann dann – je nach Verfassungslage: mit oder ohne Beteiligungsquorum bzw. Zustimmungsquorum[49] – das vom Parlament beschlossene Gesetz aufgehoben (‚kassiert') werden. Neben den fakultativen Gesetzesreferenden kann eine Verfassung auch noch *obligatorische*[50] Referenden vorsehen, also Volksentscheide, die grundsätzlich dann angesetzt werden *müssen*, wenn die Regierung oder das Parlament einen Staat auf einen bestimmten Weg bringen will. Oft betreffen sie Verfassungsänderungen, nicht selten Gebietsstandsveränderungen, innerhalb der EU in etlichen Fällen auch die Übertragung nationaler Hoheitsrechte auf eine neu errichtete supranationale Entscheidungsebene. Obligatorische Referenden sind ein besonders nützliches Mittel, um – gemäß dem Demokratieprinzip – die Politikerschaft davon abzuhalten, allzu weit von dem abzuweichen, was die Bevölkerung mehrheitlich zu akzeptieren bereit ist. Die ‚Vorauswirkung' dieses Instruments lässt sich so umreißen: Was immer zum Gesetz werden soll, muss ein *aufzwingbares* Referendum überstehen; deshalb tun Regierung und Parlament gut daran, sich nur auf ‚referendumsfeste' Entscheidungen einzulassen; und das verlangt danach, dass die politischen Elitegruppen nicht nur *untereinander* tragfähige Kompromisse schließen, sondern sich auch danach richten, was *in der Bevölkerung* mehrheitsfähig ist oder durch überzeugendes Argumentieren mehrheitsfähig gemacht werden kann. Zur Kehrseite dessen, seit langem in der Schweiz zu beobachten, gehören allerdings eine erhebliche Reaktionsträgheit und nur langsame Reformfähigkeit des politischen Systems in allen Bereichen, die dem obligatorischen Referendum unterworfen sind.

---

48 ‚Referendum' kommt von lat. ‚refèrre', d.h. etwas vortragen, vorlegen.
49 Ein ‚Beteiligungsquorum' schreibt vor, wie viele unter den Wahlberechtigten sich an einer Volksabstimmung beteiligen müssen, damit diese gültig ist. Ein ‚Zustimmungsquorum' legt fest, welcher Anteil der Abstimmenden bzw. der Wahlberechtigten gegen ein Gesetz (oder beim Verfahren der Volksgesetzgebung: für einen Gesetzentwurf) gestimmt haben muss, damit dieses Gesetz aufgehoben (bzw. bei der Volksgesetzgebung: zustande gekommen) ist.
50 Von lat. ‚oblīgere', d.h. jemanden zu etwas verpflichten.

Beides geht darauf zurück, dass Minderheiten bei Volksabstimmungen stets eine überaus große Verhinderungsmacht erlangen können.

Ganz anders als obligatorische Referenden oder fakultative Gesetzesreferenden, die von der Bevölkerung bzw. von deren Parteien und Verbänden ausgehen, wirken sich jene *fakultativen Sachreferenden* aus, die – je nach politischer Opportunität und Interessenlage – ein *Staatspräsident*, ein *Regierungschef*, eine *Regierung* oder eine *Parlamentsmehrheit* ansetzen kann. Dort nimmt nämlich die politische Initiative nicht mehr – wie beim fakultativen Gesetzesreferendum oder bei der Volksgesetzgebung – den Weg ‚von unten nach oben'. Dort muss auch nicht mehr, wie bei einem von der Verfassung zwingend vorgeschriebenen ‚obligatorischen Referendum', die Politikerschaft in jedem Fall akzeptieren, was die Mehrheit der unvermeidlich Abstimmenden will, weshalb man sich als Politiker besser hütet, einen solchen Kurs zu steuern, der bei einer Volksabstimmung am Mehrheitswillen scheiterte. Während also Volksgesetzgebung, fakultative Gesetzesreferenden und obligatorische Referenden völlig dem Demokratieprinzip entsprechen, verhält es sich ganz anders mit fakultativen Sachreferenden. Bei ihnen nämlich verläuft die Wirkungskette politischer Initiative schlicht ‚von oben nach unten'. Gleichsam wird dem Volk eine Verhaltensvorgabe gemacht, deren Erfüllung zeigen soll, dass es demokratischen Einklang zwischen den politischen Gestaltungsabsichten der politischen Führung und der Hinnahmebereitschaft der Bevölkerung gibt. Solche Demonstrationen sind typisch für autoritäre Diktaturen und sehr erwünscht von Politikern, die sich in einer Demokratie der Setzung von Grenzen durch Parlamentsmehrheiten oder den Mühen konkurrierender Willensbildung und pluralistischer Entscheidungsfindung entziehen wollen. Typischerweise werden Verträge oder Einzelfallentscheidungen, darunter nicht selten verfassungsdurchbrechende Amtszeitverlängerungen von Staatspräsidenten, zum Gegenstand solcher Referenden. Bei ihnen ist den Beteiligten meist klar, dass die konkret zur Abstimmung gestellte Frage gar nicht jene ‚eigentliche' Entscheidungsfrage ist, um die es in Wirklichkeit geht: nämlich darum, ob man dem das Referendum ansetzenden Staats- oder Regierungschef sein Vertrauen aussprechen will oder nicht. Karl Loewenstein (1891–1973) brachte derlei Praxis auf den Begriff des ‚plebiszitären Cäsarismus', d.h. einer *Diktatur im demokratischen Gewand*.

Außerdem dienen Sachreferenden, die von Staatspräsidenten, Regierungschefs und Parlamentsmehrheiten angesetzt werden, auch dazu, eigentlich *selbst* zu treffende – und bei der nächsten Wahl dann zu verantwortende – Entscheidungen an das Volk zu *delegieren*, sich also das Entscheiden und Regieren leichter zu machen. Letzteres ist das übliche Motiv jener *konsultativen Referenden*, die ohnehin keine bindende Wirkung entfalten. Sachlich sind sie ganz überflüssig, weil Bevölkerungswünsche sich jederzeit – und viel kostengünstiger – demoskopisch ermitteln lassen. Doch taktisch kann sich die Politikerschaft anhand des Ergebnisses eines – vielleicht auch noch mit einer manipulativen Fragestellung versehen – konsultativen Referendums sehr leicht um eine von ihr zu verantwortende Entscheidung drücken. Was bei solchen ‚von oben nach unten' wirkenden plebiszitären Instrumenten also beim ersten Blick wie ‚mehr Demokratie' wirkt, erweist sich auf den zweiten Blick als nichts anderes denn eine Mischung aus Verantwortungsscheu und demagogischem Gewinnstreben.

Insgesamt zeigt sich, dass es intellektuell viel zu schlicht ist, einfach ‚für' oder ‚gegen' plebiszitäre Instrumente zu sein. Ob sie der Demokratie dienen, hängt nämlich ganz davon ab, *wie sie ausgestaltet sind*. Gut für praktizierte Demokratie sind solche plebiszitären Instrumente, die ‚von unten nach oben' wirken, und schlecht sind jene mit der umgekehrten Wirkungsrichtung ‚von oben nach unten'. Weil außerdem die hier einschlägigen Zusammenhänge viel verwickelter sind, als sie zunächst zu sein scheinen, empfiehlt es sich, schon die verwendeten Begriffe zu schärfen. Besonders hilfreich ist es, nicht von plebiszitären ‚Elementen' zu sprechen, sondern von plebiszitären ‚Instrumenten', denn ‚Instrument' klingt von vornherein nach einem *Werkzeug*, dessen Gebrauch klar benennbare Probleme zu lösen hat. Ferner wäre es nützlich, die Gruppe der ‚von unten nach oben' wirkenden plebiszitären Instrumente und jene der ‚von oben nach unten' wirkenden plebiszitären Instrumente mit zwei unterschiedlichen Begriffen zu bezeichnen, also ‚Partizipationsinstrumente' von ‚Führungsinstrumenten' zu unterscheiden. Im Übrigen sollte man sich hüten, bei der Analyse plebiszitärer Ausgestaltungsmöglichkeiten von Demokratie differenzierungslos den Begriff der ‚direkten Demokratie' zu verwenden. Das noch geringste Missverständnis besteht darin, dass man ‚direkte' Demokratie als bestmögliche Ersatzform der in Flächenstaaten und bevölkerungsreichen Gesellschaften nicht möglichen ‚identitären' Demokratie ansieht. In diesem Fall legen die verwendeten Begriffe nahe, eine ‚direkte' Demokratie sei irgendwie ‚wertvoller' als eine bloß ‚indirekte' Demokratie, weshalb die repräsentative Demokratie nur eine ‚leider nicht zu vermeidende Notlösung' wäre. Auf diese Weise verkennt man alle jene Vorteile, die gerade das – unten zu erläuternde – Repräsentationsprinzip dem demokratischen Regieren eröffnet. Noch irreführender ist der populäre Brauch, unter ‚direkter Demokratie' ein politisches System zu verstehen, in dem nicht nur Mitglieder von Vertretungskörperschaften vom Volk gewählt werden, sondern ebenso die Inhaber vieler exekutiver Positionen und Richterstellen. Doch die Direktwahl von Staatspräsidenten oder Bürgermeistern erzeugt ganz andere Regelkreise des politischen Prozesses als jene, in denen Volksgesetzgebung und Referenden ihre Rollen spielen. Hier wird auf diese Weise gar noch der Typ des präsidentiellen Regierungssystems unter den Begriff der ‚direkten Demokratie' gezogen Am Ende mag man dann gerade ein solches politisches System für eine befriedigende Verwirklichung von Demokratie halten, in dem der Staatspräsident vom Volk gewählt wird und erhebliche Befugnisse besitzt; in dem die Regierung *sowohl* dem Parlament *als auch* dem volksgewählten Staatschef verantwortlich ist; und das außerdem ein ausgedehntes System der Volksgesetzgebung sowie solche Referenden kennt, die jederzeit vom Staats- oder Regierungschef, möglicherweise auch von parlamentarischen Minderheiten, herbeigeführt werden können. Ein so konstruiertes politisches System enthält allerdings so viele funktionslogische Reibungspunkte und ‚Sollbruchstellen', dass sein wirkungsvolles Funktionieren überaus glücklicher Umstände bedarf. Meist misslingt deshalb der Versuch, praktizierte Demokratie auf diese Weise zu mehren.

Je nach dem Ausmaß, in dem gesellschaftliche Konflikte in solche Konflikte umgesetzt werden, die auch *offen* in den Strukturen und Prozessen des politischen Systems ausgetragen werden, unterscheidet man im Übrigen *Konkurrenzdemokratien* von *Konkordanzdemokratien* (auch: ‚Verhandlungsdemokratien'). In den erstgenannten werden gesellschaftliche Konflikte meist über ein klares Konkurrenzverhältnis von Regierung und Opposition ausgetragen, wobei die Wähler je nach ihren Wünschen, wer sich im Konflikt durchsetzen soll, den konkurrierenden Kräften die eine oder andere Rolle zuweisen, und werden die politischen Eliten in der Regel kleinstmögliche Koalitionen bilden. Konkurrenzdemokratien sind ohne Risiko für die Funktionstüchtigkeit und den Bestand eines politischen Systems aber nur dort möglich, wo es einen belastbaren Werte-, Verfahrens- und Ordnungskonsens sowie eine Tradition fairen, gewaltfreien politischen Streits gibt. Wo derlei nicht verfügbar ist, werden gesellschaftliche Konflikte besser dadurch eingefriedet und bearbeitet, dass man alle machtpolitisch wichtigen gesellschaftlichen und politischen Kräfte in ein dauerhaftes, vielerlei ‚Paketlösungen' und ‚Geschäfte auf Gegenseitigkeit' ermöglichendes Verhandlungssystem einbindet sowie stets Kompromisse innerhalb eines – im Grunde – *Elitenkartells* herbeiführt. Das nennt man dann mitsamt seiner Praxis ‚Verhandlungsdemokratie', ‚consociational democracy'[51], ‚Neokorporatismus' oder ‚Elitenakkommodation'.

Gegebenenfalls kann man durch ein Proporzsystem, das Regierung, Verwaltungsapparat und letztlich die gesamte Gesellschaft durchzieht, den offen ausgetragenen politischen Streit sogar ganz unterbinden. Derlei mag über längere Zeit höchst stabilisierend wirken. Doch irgendwann wurde noch jede solche Konkordanz- und Konsensdemokratie mit ihren ‚versäulten' Partizipationsstrukturen zum Hemmschuh für wünschenswerte oder gar notwendige politische Reformen. Der sie allenthalben kennzeichnende Zwang zum Kompromiss auf der Grundlage des kleinsten gemeinsamen Nenners ruft nämlich als – den politischen Prozess erleichternde – Gegenreaktion meist hervor, dass klar abgegrenzte Politikfelder oder Gesellschaftsbereiche den einzelnen politischen Lagern sozusagen ‚zur eigenen Bewirtschaftung' zugewiesen werden, und dass man sich auch bei offenkundigen Missständen in derlei nicht

---

51 Diesen Begriff führte Arend Lijphart (1936–) in die Politikwissenschaft ein.

mehr ‚von außen' einmischt. So entstehen selbst in an sich offenen Gesellschaften nachgerade feudale Inseln mit Elitenkartellen, die auch durch freie Wahlen kaum mehr zu kontrollieren sind. Und schon im Vorfeld solcher Zustände bezahlt man einen weiteren hohen Preis für allzu konsensorientierte verhandlungsdemokratische Verfahren, weil eine demokratische Einflussnahme von ‚unten' auf deren Zielrichtungen und Ergebnisse überaus schwierig ist. Einesteils nämlich überlagern und präjudizieren ‚Runde Tische' (oder ‚Bündnisse für ...' bzw. ‚Konzertierte Aktionen') aller *faktischen,* auch *nicht* gewählten, Machtträger leicht die Willensbildung und Entscheidungsfindung in den von Wählervoten abhängigen parlamentarischen Institutionen. Das aber nimmt dem *Wähler* einen großen Teil seiner Kontrollmöglichkeiten. Und anderenteils erzeugen Verhandlungsstrukturen wegen des Gebots der Vertraulichkeit und Informalität stets Transparenzlücken, in denen sodann politische Verantwortung versickert. Das setzt dann die *öffentliche Meinung* als machtbegrenzenden Faktor außer Funktion.

b. Die totalitäre Diktatur

Totalitäre Diktatur – gekennzeichnet durch umfassenden politischen Gestaltunganspruch, monopolisierte Willensbildung und monistische Herrschaftsstruktur – ist ein insgesamt eher seltener Typ eines politischen Systems. Doch im 20. Jahrhundert war er durchaus verbreitet: Partiell das faschistische Italien, ganz und gar das nationalsozialistische Deutschland wurden totalitär regiert, ebenso über lange Zeiten ihrer Geschichte die Sowjetunion und ihre Satellitenstaaten, China bis zum Tode Maos, Kambodscha nach der Machtergreifung der Roten Khmer, Nordkorea bis heute, der Iran seit der islamischen Revolution. Die so rasche Verbreitung von totalitär regierten Staaten seit der Oktoberrevolution von 1917 führte vielfach zur Diagnose, hier handele es sich um eine typisch moderne Form eines politischen Systems. Das greift zu kurz, auch wenn in vormodernen Zeiten totalitäre Systeme tatsächlich selten waren und sogar für den anschaulichsten Fall – Frankreich während des Revolutionsterrors von 1793/94 – deren Zugehörigkeit zum Typ totalitärer Herrschaft durchaus bestritten wird. Tatsache ist allerdings, dass moderne Verkehrs-, Kommunikations- und Waffentechnik totalitäre Herrschaft leichter denn je realisieren ließen und wohl deshalb bewirkten, dass Totalitarismus zu einer Staatsform wurde, die das Bild des 20. Jahrhunderts prägte.

Nach Martin Drath (1902–1976) wird der Weg zu totalitärer Herrschaft dann eingeschlagen, wenn eine Gruppe von – in der Regel neu an die Macht gelangten – Politikern mit dem Versuch beginnt, einer Gesellschaft gegen ihr Widerstreben ein neues System handlungsleitender Werte aufzuzwingen. Motiv eines solchen Versuchs kann – wie in der Islamischen Republik Iran oder im Afghanistan der Taliban – religiöser Glaube sein, von dessen Wahrheitsgehalt und Heilsnotwendigkeit die (neuen) Machthaber und ihre Parteigänger so überzeugt sind, dass sie die Unterwerfung aller Bürger unter die von diesem Glauben vorgeschriebenen Denk-, Rede- und Verhaltensweisen verlangen. Religion wird auf diese Weise unmittelbar politisch. An die Stelle religiösen Glaubens kann – wie im kommunistischen Totalitarismus – auch die Überzeugung treten, eine bestimmte, als wissenschaftlich angesehene Lehrmeinung sei unfehlbar richtig und verlange es, die im Rahmen einer ‚wissenschaftlichen Weltanschauung' plausible Politik selbst unter Inkaufnahme revolutionärer Gewaltsamkeit durchzusetzen. Dann wird eine *rein* ‚politische Religion' zur Triebkraft bei der Herstellung und Durchsetzung allgemein verbindlicher Regelungen und Entscheidungen. Doch im Grunde reicht Folgendes für den Versuch, anderen selbst gegen ihr Widerstreben die praktische Beachtung neuer Vorstellungen vom Wahren und Richtigen aufzuzwingen: Man glaubt charismatischen Anführern oder einer auf Weltverbesserung ausgehenden politischen Bewegung, ihre jeweiligen Gestaltungs- und Gefolgschaftsansprüche seien gerechtfertigt, gar notwendig – und deshalb müssten sie, auch unter Inkaufnahme von Freiheitsverlusten oder Verbrechen, unbedingt durchgesetzt werden.

Aus welcher Motivation auch immer entsprungen: Das ‚*Primärphänomen*' des Totalitarismus besteht darin, eine Gesellschaft innerlich und äußerlich dadurch umzugestalten, dass man ihr – und sei es gegen Widerstand – ein neues Wertesystem einprägt bzw. aufzwingt. Es geht also um ‚voluntaristische'[52] Wirklichkeitskonstruktion' – und meist um ‚politischen Manichäismus'.[53] Ein solcher Versuch, nicht selten aus ethisch lobenswerten Motiven unternommen, führt regelmäßig zu umfassenden politischen Gestaltungsansprüchen. Regt sich angesichts ihrer nur Begeisterung und kein Widerstreben, so vollzieht sich eine freiwillige Gesellschaftstransformation. Dann gibt es keine Ansatzpunkte für die Entstehung totalitärer Herrschaft. Doch in der Regel werden die (neuen) Machthaber nun einmal auf Widerstreben stoßen. Unter solchen Umständen werden sie ihrem Ziel nur näherkommen, wenn sie erzieherische oder unterdrückerische Zwangsmittel einsetzen. Bislang

---

52 Von lat. ‚volūntas', d.h. Wille.
53 Unter ‚Manichaismus' versteht man eine dualistische Religion bzw. Welt- und Politiksicht, bei welcher ‚das Gute' (bzw. die Gruppe der ‚Guten') scharf ‚dem Bösen' (bzw. ‚den Bösen') gegenübergestellt wird. Die Bezeichnung geht zurück auf den persischen Religionsstifter Mani (auch: Manes oder Manichaeus, 216–271), der sich in der Tradition von Buddha, Zarathustra und Jesus sah. Seine Lehre verbreitete sich rasch im gesamten Römischen Reich und formte im christlichen Umfeld die ‚Gnosis'. Deren Kern ist die Überzeugung, Menschen könnten sich aus den Verstrickungen ihres Lebens und ihrer politischen, wirtschaftlichen und kulturellen Systeme herauslösen (also von alledem ‚erlösen'), indem sie zu ‚höheren Einsichten' gelangten und – ihnen entlang – sich vom jeweils Bestehenden radikal trennten. In solchen Traditionen lebten die Ideen von Mani auch nach dem Verschwinden des eigentlichen Manichäismus seit dem 5. Jahrhundert fort. Vermittelt über gnostische Bewegungen prägten sie während der gesamten europäischen Geistesgeschichte monistische Politikkonzepte und politische Religionen, im 19. und 20. Jahrhundert insbesondere das sozialistische und kommunistische politische Denken. Derzeit nehmen Gnosis bzw. Manichäismus die Form der ‚wokeness' an.

Selbstverständliches mag nun als falsch oder gar kriminell gelten; bisherige Nachbarn und Freunde sollen Feinde sein, von denen man sich zumindest distanzieren muss; rein äußerliche Anpassung – in Form der Teilnahme an Massendemonstrationen oder Unterstützungsaktionen oft genug eingefordert – darf nicht ausreichen; vielmehr soll das neue Wertesystem ganz aufrichtig und die eigene Persönlichkeit umformend angenommen werden, was es dann freilich auch öffentlich zu bezeugen gilt. Demonstrative Passivität macht einen deshalb zum Ziel erzieherischer Maßnahmen, offener Unwille zum Adressaten von Repression, Widerstand zum Opfer von Terror. Oft gelangen die neuen Machthaber trotz weit verbreiteter Fügsamkeit zum Urteil, große Teile der Gesellschaft *gäben nur vor*, mit ihnen zu sympathisieren oder die neuen Wertvorstellungen innerlich zu akzeptieren. Das wird oft wirklich so sein. Umso naheliegender und vernünftiger ist es dann aus der Warte der Machthaber, einesteils aktiv nach verborgenen Feinden der neuen Ordnung zu *suchen* – und andernteils keine Mühe zu sparen, den potentiellen Gegnern schon *im Vorhinein* jede Möglichkeit zu nehmen, in Erscheinung zu treten, Kritik zu üben oder gar Rechte einzufordern.

Aus diesem Versuch, passive Widerständigkeit zu brechen, offene Gegner zu vernichten sowie potentielle Feinde rechtzeitig zu entdecken und auszuschalten, entstehen die ‚*Sekundärphänomene*' des Totalitarismus. Sie beginnen mit der Ächtung Andersdenkender, der Beseitigung konkurrierender politischer Willensbildung (etwa durch das Verbot anderer Parteien und die Gleichschaltung von Verbänden) und setzen sich fort in der Zensur von Medien und Bildungseinrichtungen, in geheimdienstlicher Kontrolle öffentlicher und privater Kommunikation, sowie im exemplarischen Terror gegenüber Abweichlern. Der reicht von willkürlichen Anschlägen auf ihr Eigentum und ihre Gesundheit über angstschürende Verhaftungen und Schauprozesse bis hin zu einem einschüchternden System von Straflagern. In einem *voll* entwickelten totalitären System reichen diese Sekundärphänomene bis hin zu einer durch und durch monistischen Herrschaftsstruktur mit Beseitigung formaler wie informeller Gewaltenteilung, mit Zentralisierung aller politischen, polizeilichen, militärischen und administrativen Machtmittel, in der Regel auch mit einer Kommandowirtschaft, gegebenenfalls sogar unter Verstaatlichung der Produktionsmittel, was den Bürgern obendrein die materiellen Möglichkeiten von Widerständigkeit entziehen kann. Das alles – und mitunter gar nicht das Primärphänomen der Durchsetzung eines neuen Wertesystems – fällt zuallererst auf, wenn man an totalitäre Herrschaft denkt oder ihrer ansichtig wird. Allzu leicht erschöpft sich dann die Analyse von Totalitarismus in der Beschreibung – und im Vergleich – solcher Sekundärphänomene.

Doch sie sind eben nur die *Oberfläche* einer totalitären Diktatur. Motiviert, tatkräftig aufeinander bezogen, gerechtfertigt und zu einem kompetent gehandhaben Methodenkanon entschlossener Wirklichkeitskonstruktion werden sie allein durch das Primärphänomen des Totalitarismus, nämlich durch den Wunsch, einer für gut gehaltenen Sache auch und gerade dadurch zu dienen, dass man unverständigen, unverantwortlichen und – im Wortsinn – ‚reaktionären'[54] Widerstand bricht. Die Grundhaltungen und Grunderfahrungen, zu welchen dieser Zusammenhang zwischen dem Primärphänomen und den Sekundärphänomenen von Totalitarismus führt, umfassen seitens der Machtausübenden vielerlei Enthusiasmus und Genugtuung, seitens ihrer willigen Helfer Begeisterung und gutes Gewissen, seitens der Mitläufer und Zuschauer Sorgen um die Folgen und meist auch stille Dankbarkeit, nicht selbst zu den Opfern zu zählen. Auf Seiten derer, die sich eigentlich wehren wollen, gegen die sich der Terror richtet oder die zur Ausrottung vorgesehen sind, finden sich hingegen Angst, Verlassenheit und Hoffnungslosigkeit – in Ausnahmefällen aber auch die innere Kraft zum fallweisen oder systematischen Widerstand.

Keinesfalls darf man totalitäre Diktatur als einen *Zustand* auffassen, also sie als ‚statisch' missverstehen. Ganz im Gegenteil ist Totalitarismus die wohl dynamischste und wandelbarste aller Herrschaftsformen. Sie entsteht *nur* aus dem auf Kultur*revolution* und Gesellschaftstransformation ausgehenden *Veränderungs*willen politisch aktiver Gruppen und nimmt dann, je nach Einzelfall, einen der folgenden vier Entwicklungspfade:

- Wenn sich Teile der Gesellschaft aktiv gegen das neue Wertesystem und die entstehende, es absichernde Diktatur auflehnen, dann werden die (neuen) Machthaber zu immer radikaleren Mitteln der Repression und des Terrors greifen, um die Machtfrage (‚Wer wen?') in ihrem Sinne zu beantworten. Das bindet und verbraucht immer mehr Ressourcen, richtet also immer größere Kollateralschäden an. Etwa können – aufgrund ihres Widerstandes oder weil sie eben als Feinde des neuen Systems etikettiert wurden – wichtige Funktionseliten der Gesellschaft vertrieben oder ausgerottet werden. Oder es kann gerade die – im persönlich betroffen machenden Einzelfall ‚unnötige' – Radikalität und Inhumanität totalitärer Herrschaft zur Abwendung solcher Personen von der neuen politischen Elite führen, die zwar das neue Wertesystem unterstützen, doch nicht jede beliebige Weise hinnehmen, es gegen Widerstand durchzusetzen. Die Machthaber geraten auf diese Weise in eine *Radikalisierungsfalle*, in der sie entweder – wie Robespierre und seine Anhänger im revolutionären Frankreich von 1794 – den innenpolitischen Niedergang ihrer Macht erleben, wie die Roten Khmer 1979 einen außenpolitischen Sturz ihrer Herrschaft erfahren (damals aufgrund einer vietnamesischen Invasion), oder aus der sie einen der drei folgenden Auswege finden.

---

54 Von lat. ‚reāctio', d.h. Gegenbewegung, Gegenwirkung.

- Es können rational kalkulierenden Machthabern die Transaktions- und Opportunitätskosten ihrer radikalen Herrschaftspraxis zu hoch werden. Nachhaltige Störungen des Wirtschaftssystems oder der – allmählichem Entsetzen folgende – Verlust an freiwilliger Massenloyalität können ihnen vor Augen führen, dass der Grenznutzen einer raschen Durchsetzung des neuen Wertesystems immer mehr abnimmt. Das mag – wie 1921 im Fall von Lenins ‚Neuer ökonomischer Politik' – zu taktischer Mäßigung beim Versuch voluntaristischer Wirklichkeitskonstruktion führen, gegebenenfalls auch zum einstweiligen oder – wie in China nach Mao – auf Einsicht beruhenden Abbruch des Versuchs, eine ganze Gesellschaft gemäß dem ursprünglich handlungsleitenden neuen Wertesystem umzugestalten. Totalitäre Herrschaftspraxis klingt dann ab und kann sich bis zur autoritären Herrschaftsweise abmildern, freilich ohne alle Gewähr dafür, dass Totalitarismus nicht erneut auflebt, sobald veränderte Rahmenbedingungen das wieder möglich oder wünschenswert machen.
- Den Machthabern können auch die Ressourcen radikaler Politik und wirksamer Repression ausgehen. Etwa mag das Wirtschaftssystem zusammenbrechen, oder kann es im Terrorapparat zu abnehmender Loyalität kommen. Dann wird es sogar ohne Einsicht oder taktische Überlegungen immer geringere Anstrengungen geben, den ursprünglich umfassenden politischen Gestaltungsanspruch einzulösen. Wiederum klingt Totalitarismus zum praktizierten Autoritarismus ab, doch ebenfalls ohne jede Garantie dafür, dass das so bleibt.
- Verfangen sich die neuen Machthaber aber nicht in der Radikalisierungsfalle, sondern schaffen sie es aufgrund günstiger zeitgeschichtlicher Umstände, dank Unterstützung anderer Mächte oder mit taktisch-praktischer Klugheit ihre Herrschaft auf Dauer zu stellen, so steigen die Chancen dafür, dass – über zwei, drei Generationenwechsel – das ehedem neue Wertesystem wirklich zur Selbstverständlichkeit wird. Dann klingt Totalitarismus ebenfalls ab – und zwar deshalb, weil sein Primärphänomen zum *Erfolg* geführt hat und die Kristallisationspunkte seiner Sekundärphänomene *verschwunden* sind. Die Neukonstruktion von Wirklichkeit, die Transformation der Gesellschaft ist dann gelungen, und wiederum kann autoritäre Diktatur an die Stelle der totalitären Diktatur treten.

Die Errichtung und Ausübung totalitärer Herrschaft bedarf starken Glaubens an eine Religion, an eine wissenschaftliche Weltanschauung oder an charismatische Führer, sodann einer großen politischen Anstrengung und insgesamt einer für die Machtergreifung der neuen, revolutionären Elite günstigen politischen Situation. Solche Voraussetzungen treffen nicht oft zusammen. Deshalb entsteht Totalitarismus vergleichsweise selten. Nach einiger Zeit – für die Betroffenen und Opfer aber meist viel zu spät – wird Totalitarismus auch stets wieder zusammenbrechen oder sich in autoritäre Herrschaft wandeln. Solcher Übergang zum Autoritarismus wird allerdings meist nur partiell und selektiv erfolgen. ‚Partiell' meint, dass der staatliche Gestaltungsanspruch zuerst in macht- und kulturpolitisch weniger wichtigen Bereichen zurückgenommen wird; ‚selektiv', dass revolutionäre Wachsamkeit und exemplarischer Terror immer ausgedehntere Teile der Bevölkerung aussparen und sich am Ende nur noch auf solche Personen konzentrieren, auf die sich – aufgrund der Ideologie der Machthaber oder wegen tatsächlich unangepasstem Verhalten – das Misstrauen des Repressionsapparates richtet. Die europäischen realsozialistischen Staaten, darunter die DDR, nahmen diese Entwicklung. Solange in das so entstehende autoritäre System keine wirksamen rechts- und verfassungsstaatlichen Sicherungen eingebaut sind, ist zwar jederzeit die partielle oder vollständige Rückkehr zum Totalitarismus möglich. Doch es kann sich der entstandene Autoritarismus auch auf einen Verfassungsstaat hin entwickeln. So verlief seit 1989 der Weg vieler einst realsozialistischer Staaten.

Keinesfalls darf man aus der schrecklichen Herrschaftspraxis des Totalitarismus schließen, nur – oder gar in erster Linie – verbrecherische Ziele und unmoralische Absichten führten zu ihm. Zwar können sich menschliche Niedertracht, Gewalttätigkeit und offene Mordlust im Totalitarismus besonders gut entfalten. Doch die treibende Kraft der Errichtung totalitärer Diktatur besteht ganz im Gegenteil im festen Entschluss, das Gute zu verwirklichen und das Böse zu bekämpfen. ‚Wo aus guten Gründen gehobelt wird, da müssen einem die Späne nicht leidtun': Politik so zu sehen, ist die pragmatische Grundhaltung eines Menschen mit totalitärer Gesinnung. So nähren die Anführer ihre Motivation, die Täter ihr gutes Gewissen, die Mitläufer ihre Gleichgültigkeit. Dieser Zusammenhang ist bei *jeder* persönlichen Stellungnahme zu sich abzeichnender, zu bestehender oder zu vergangener totalitärer Herrschaft unbedingt ernstzunehmen: Edle Ziele und gute Absichten machen Totalitarismus nie weniger abscheulich; doch sie ziehen einen jeden zu totalitärer Diktatur hin, der vom Zweck glaubt, dass er die Mittel heiligt.

c. Formen autoritärer Herrschaft

Autoritäre Herrschaftsordnungen sind die häufigste Art politischer Systeme. Sie treten in vielerlei Gestalt auf. Stets kennzeichnen sie sich durch einen eher begrenzten staatlichen Gestaltungsanspruch, der von bloßer Herrschaftssicherung allerdings bis hin zum – totalitäre Herrschaft streifenden – Anliegen einer ‚Erziehungsdiktatur' oder ‚Entwicklungsdiktatur'[55] reichen kann. Üblicherweise besitzen autoritäre Ordnungen eine ziemlich monisti-

---

55 Als Entwicklungs- oder Erziehungsdiktatur wird ein autoritäres System bezeichnet, das eine bestimmte Richtung oder Geschwindigkeit wirtschaftlicher Entwicklung bzw. eine möglichst rasche und wirkungsvolle Umprägung von Denk- und Verhaltensweisen der Bürger als ein so vorrangiges Handlungsziel handhabt, dass um dieses Anliegens willen die Bandbreite geduldeter politischer Positionen einschränkt und allen Abweichungen vom gesollten Handeln diktatorisch begegnet.

sche Herrschaftsstruktur und pflegen eine überaus monopolisierte politische Willensbildung. Da freilich das Wirtschaftssystem – bei loyalem Verhalten seiner Eliten – in autoritären Herrschaftsordnungen erhebliche Autonomie genießen kann, entstehen rasch potentiell konkurrierende Elitegruppen und einander zumindest ein Stück weit in Schach haltende Machtzentren.

Die vielen zeitgenössischen und geschichtlichen Varianten autoritärer Herrschaft ordnet man am besten in einem dreidimensionalen Merkmalsraum, der durch die folgenden Variablen aufgespannt wird:

- *Grad der Machtteilung:* Der Grad der Machtteilung kann in modernen autoritären Herrschaftsformen vom Extrempol der Vorherrschaft einer einzigen Partei bis hin zum System einer Militärdiktatur reichen. Bei diesem Letzteren wird innerhalb der Militärorganisation gleichsam das Skelett der Macht aufrechterhalten, an dem sich andere – zumal wirtschaftliche – Machtträger so lange und vergleichsweise autonom festhalten können, wie sie nicht herausfordernd die politische Machtfrage stellen. Die Zwischenformen zwischen umfassender Einparteienherrschaft und auf den Repressionsapparat beschränkter Militärdiktatur lassen sich mit den folgenden Begriffen erfassen: hegemoniale Vorherrschaft einer Staatspartei in einem Mehrparteiensystem; korporatistische Interessenorganisation, bei welcher die Positionseliten einer Gesellschaft, die entlang ihrer Lebensbereiche oder Wirtschaftszweige organisiert ist, ein Machtkartell bilden; und bürokratisch-technokratischer Obrigkeitsstaat, bei dem Funktionseliten eine institutionelle Ordnung für konservierende oder modernisierende (!) Zwecke gegen Kontrolle und Partizipation abschirmen. In *traditionellen* Herrschaftsformen erstreckt sich dieses Kontinuum von der gesicherten, kompetenzreichen Alleinherrschaft eines Monarchen (wie des ägyptischen Pharao oder eines absolutistischen Königs) über die komplexen Machtschichtungen eines Feudalsystems (wie der des französischen Königreichs vor der Durchsetzung des Absolutismus) bis hin zur unsicheren Lage eines Usurpators oder eines Eroberers, der zwar die Mittel der Zwangsgewalt, nicht aber die wirtschaftlichen und organisatorischen Ressourcen eines Landes unter seine nachhaltige Kontrolle gebracht hat.
- *Grad der Ideologisierung:* Am einen Extrempol können die Regierenden den Versuch unternehmen, die Bevölkerung nachdrücklich für die Ziele der politischen Elite und für ihre Anführer zu gewinnen. Das nimmt die – anschaulich ‚Ideologisierung' zu nennende – Form an, durch Propaganda und Indoktrination ein für die Herrschenden und ihre jeweilige Politik günstiges Meinungsklima zu schaffen. Damit streifen sie wiederum die Leitgedanken und Praktiken totalitärer Regierungsweise. Am anderen Extrempol kann sich die Machtelite damit begnügen, die traditionellen Denk- und Verhaltensweisen der Bevölkerung zu respektieren, also bewusst entlang den Gegebenheiten der bestehenden politischen Kultur zu regieren. Dieser zweite Fall birgt kurz- und mittelfristig die geringsten

Risiken für die Herrschenden, erschließt bestmöglich die verfügbaren Legitimitätsressourcen und ist deshalb, aus völlig rationalen Gründen, für die meisten autoritären Systeme kennzeichnend. Typischerweise verbindet sich Autoritarismus also mit Konservatismus und pflegt überkommene Mentalitäten. Wo er aber modernisierend, etwa in Gestalt einer Erziehungsdiktatur auftritt, dort nähert sich Autoritarismus dem Pol der Ideologisierung. Das mag dann zur Spaltung der Gesellschaft über den einzuschlagenden Kurs führen, auch zu kaum mehr beherrschbaren Unruhen oder schließlich zum eigenen Sturz. So widerfuhr es der Modernisierungsdiktatur des Schahs von Persien, und in diese Gefahr geriet auch der aufgeklärte Absolutismus allenthalben.

- *Grad der Partizipation:* Hier reicht die Spannweite vom Versuch, mobilisierend und organisierend die Regierten mit möglichst viel Eigenmotivation für die Verwirklichung der staatlichen Ziele einzusetzen, bis hin zu einer Politik der Depolitisierung der Bevölkerung, die sich dann allein ihrem Privatleben widmen und von Politik aller Art fernhalten soll. Üblicherweise begnügt sich autoritäre Herrschaft mit der Apathie der Regierten und vermeidet tunlichst alles, was den Regierten politisches Handeln – gleich ob als notgeborene Revolte oder als rationales Partizipationsverlangen – wünschenswert machen könnte. Ein häufiger Mittelweg zwischen der Mobilisierung der Regierten und der Pflege ihrer Apathie besteht darin, der Bevölkerung verlässlicher Möglichkeiten zum Aufstieg in wirtschaftliche, technische, künstlerische, wissenschaftliche oder administrative Elitegruppen zu eröffnen, diese unter staatlicher Kontrolle korporativ zu organisieren, dort begrenzte Spielräume der Eigeninitiative zu sichern und sich beim Regieren sodann auf derlei Mitwirkung und Kreativität zu stützen. In dieser Dimension unterscheiden sich traditionelle und zeitgenössische Herrschaftsformen nur anhand der jeweils verfügbaren technischen und institutionellen Möglichkeiten, nicht aber in den Prinzipien der Herrschaftstechnik.

Anhand dieses dreidimensionalen Merkmalsraums lassen sich zunächst wieder zwei Extremmöglichkeiten identifizieren:

- Autoritäre Diktaturen mit Vorherrschaft einer proaktiven[56] Elitegruppe (entfaltet als moderne Partei oder als machtvoller Mitarbeiterkreis eines faktischen Alleinherrschers), mit ausdrücklicher Ideologisierung der Bevölkerung und mit praktizierter Massenmobilisierung. Diese autoritären Diktaturen, entfaltet als Entwicklungs- oder Erziehungsdiktaturen, gehen typologisch und real in totalitäre Diktaturen über. Umgekehrt nimmt das Abklingen von Totalitarismus in autoritäre Herrschaft meist gerade die

---

56 Das Kunstwort ‚proaktiv' meint überzeugt-energische, gekonnt gebündelte Aktivitäten und somit ein Handeln, das seine Gegenstände viel schärfer bearbeitet, als das der überkommene Begriff des ‚aktiven Tuns' ausdrückt.

Form an, dass zunächst die offene Massenmobilisierung, sodann die ernstgemeinte Ideologisierung und schließlich der faktische Machtanspruch der proaktiven Herrschaftselite zurückgenommen werden. Hier wird vom anderen Systemtyp her die ‚Schnittstelle' zwischen totalitärer Diktatur und autoritärer Herrschaft erreicht.

- Autoritäre Herrschaftsformen, in denen ein auf rein äußerliche Machtmittel angewiesener, in der Regel auf die Kontrolle über die Sicherheitskräfte beschränkter Machthaber die Regierten apathisch hält und sich legitimatorisch auf deren traditionelle Mentalität stützt. Solche autoritären Regime gehen in Herrschaftsordnungen über, die ‚sultanistisch' genannt werden.[57] *Sultanismus* kennzeichnet sich dadurch, dass die Ausübung politischer Herrschaft selbstzweckhaft dem Eigeninteresse der Herrschaftselite daran dient, an der Macht zu sein und die damit verbundenen Privilegien sowohl selbst zu genießen als auch innerhalb der eigenen Familienclans auf Dauer zu stellen. Dieser Begriff kennzeichnet somit den Übergangsbereich zwischen den Arten der Staatlichkeit und jenen Erscheinungsformen letztlich privater Machtbereiche, aus denen aller Wahrscheinlichkeit nach vor rund zehntausend Jahren *transpersonale*[58] politische Systeme entstanden.

Innerhalb jenes dreidimensionalen Merkmalsraums, und gewissermaßen in Gestalt einer vom Extrempol des Sultanismus hin zum Extrempol der Erziehungsdiktatur sich erstreckenden ‚Merkmalswolke', lassen sich dann alle konkreten Erscheinungsformen autoritärer Herrschaft verorten. Ihre – *nicht* nur zeitgenössischen – Formen reichen von (monarchischen) Militärherrschaften über ständestaatliche Autokratien, mobilisierende Erziehungsdiktaturen, reaktionäre Bewahrungsdiktaturen und Scheinpolyarchien aller Art bis hin zu prätotalitären Faschismen und zum posttotalitären konsultativen Autoritarismus.[59] Alles in allem beeindruckt allein schon die Anzahl autoritärer Systeme. Ihre Dominanz unter den menschlichen Herrschaftsformen ist eine Herausforderung insbesondere für jenes westliche politische Denken, das

---

57 Der arabische Begriff ‚sultan' meint ursprünglich eine moralische oder spirituelle Autorität. Seit dem 11. Jahrhundert wird er als Titel für muslimische Souveräne genutzt. Seine regimetypologische Verwendung, die mit jener Begriffstradition *nichts* zu tun hat, geht auf Juan Linz (1926–2013) zurück. Natürlich ist aber ein ‚Sultanat' als solches ebenso wenig im hier gemeinten Sinn sultanistisch wie eine Monarchie notwendigerweise antidemokratisch wäre.

58 Ein ‚transpersonales' politisches System ist eine Herrschaftsordnung, die über konkrete *Personen* und *deren* Rollen insofern hinausgeht, als sie ein *institutionelles* Gefüge von *Ämtern* ist, in welche letztlich *beliebige* (qualifizierte) Personen – gegebenenfalls auch nur auf Zeit – eintreten können. In der Mediävistik wurde dieser Begriff lange verwendet, um den europäischen Übergang vom feudalen ‚Personenverbandsstaat' des Früh- und Hochmittelalters hin zu der auf einer Standes- und Ämterordnung beruhenden ‚Staatlichkeit' des Spätmittelalters und der Neuzeit zu beschreiben.

59 Ob sich auch nicht-neuzeitliche unfreiheitliche Herrschaftsformen dem Typ autoritärer Herrschaft zuordnen lassen, wird diskutiert auf S. 280f der 7. Aufl. meiner ‚Einführung in die Politikwissenschaft'.

Freiheit und Demokratie für ganz ‚natürlich' hält. Doch weshalb ist autoritäre Herrschaft so häufig?

- Erstens beschränkt sich autoritäre Herrschaft sehr oft auf die Erhaltung bestehender Machtstrukturen oder auf die Errichtung und Sicherung eines organisatorischen Machtkerns gesellschaftlicher Ordnung. Sie verlangt also wenig anspruchsvolle, und deshalb – ganz im Unterschied zu den Vorbedingungen eines liberalen demokratischen Verfassungsstaates – sehr oft gegebene Systemvoraussetzungen. Aus diesem Grund zieht der Zusammenbruch eines demokratischen Verfassungsstaates in der Regel das Aufkommen einer autoritären Diktatur nach sich. Ebenso wird eine zusammenbrechende autoritäre Ordnung mit viel größerer Wahrscheinlichkeit durch eine alternative autoritäre Herrschaft als durch ein freiheitliches System ersetzt werden. Verständlicherweise regierten sich also die germanischen Eroberungsstaaten der Völkerwanderungszeit als autoritäre Ordnungen, desgleichen die ‚Personenverbandsstaaten' des Früh- und Hochmittelalters sowie viele post-koloniale Staaten des 20. Jahrhunderts. Und typischerweise bleibt – wenn alle anderen Formen organisierter politischer Macht zusammenbrechen – nur noch das Strukturgefüge einer halbwegs intakten Armee übrig, was Militärdiktaturen nachgerade zur letzten Bastion von Ordnung und zu einem der häufigsten Typen jener autoritären Herrschaft macht, die in gesellschaftlichen Krisen- und Zerfallszeiten entsteht.

- Zweitens kann die Entstehung autoritärer Herrschaft großen Teilen einer Bevölkerung durchaus willkommen sein. Das ist vor allem dann so, wenn Autoritarismus als Abmilderung der Exzesse totalitärer Herrschaft zustande kommt. Aus diesem Grund wurde in der Sowjetunion die Herrschaft von Chruschtschow nach Stalin, in China die von Deng nach Mao begrüßt. Willkommen ist autoritäre Führerschaft oft auch als in Aussicht gestellte ‚Entwicklungsdiktatur' und somit als Mittel zur Überwindung nationaler Machtlosigkeit. So verhielt es sich in der Türkei mit der Herrschaft Atatürks, in Ägypten mit der Nassers, in Syrien mit jener von Assad. Nicht zuletzt akzeptiert man autoritäre Ordnung erleichtert dann, wenn sie als alternativloser Ausweg aus bürgerkriegsähnlichen Umständen erscheint. So begann sowohl in der politischen Theorie und als auch in der Herrschaftspraxis der Siegeszug des Absolutismus nach den europäischen Religionskriegen, und so verfestigten sich die Diktaturen der PRI in Mexiko und Francos in Spanien.

- Drittens gibt es unter zwei Bedingungen auch wenig Anreize für die Regierten, eine autoritäre Ordnung in Frage zu stellen, sobald sie erst einmal errichtet ist und wirksam funktioniert. Einerseits wird – wie in ‚traditionellen' Herrschaftssystemen – kaum jemand etwas kritisch Bemerkenswertes oder ethisch Problematisches an einer halbwegs humanen autoritären Regierungsweise finden, solange ihm nicht das Denken anhand von Begriffen wie materieller Rechtsstaat, Gewaltenteilung, staatsbürgerliche Partizipation und Demokratie vertraut geworden ist. Deshalb können wohlgeordnete Autoritarismen wie die ‚Häuptlingsverfassungen' neolithischer oder eisenzeitlicher Kulturen, wie die autoritären Herrschaftssysteme des pharaonischen Ägypten, des kaiserlichen Rom, des Inkareichs oder des europäischen Absolutismus in ungebrochener Legitimität Jahrhunderte überdauern. Andererseits rät sogar angesichts bekannter Systemalternativen eine autoritäre Herrschaft ihren Untertanen erfolgreich dann von Auflehnungs- und Veränderungsversuchen ab, wenn sie verlässlicher Repression eine ausreichende, vielleicht sogar attraktive Daseinsvorsorge als Preis für politisches Wohlverhalten an die Seite stellt. So, nämlich als ‚wohlmeinender, vormundschaftlicher Obrigkeitsstaat', sicherten sich die autoritären Diktaturen von Franco in Spanien oder von Salazar in Portugal; entlang dieser Verheißung führte Pinochet die chilenische Diktatur; und so vermochten die realsozialistischen Staaten manche Jahrzehnte ihrer posttotalitären Phasen zu überdauern.

Es steht zwar außer Zweifel, dass die meisten politischen Systeme, die Menschen im Lauf ihrer Geschichte aufgebaut haben, autoritäre Herrschaftsformen waren. Indessen wäre die Folgerung kurzschlüssig, Autoritarismus müsse als die dem Menschen ‚von Natur aus angemessene' politische Ordnungsform gelten. Zwar lässt sich mit guten Gründen das folgende Argument vorbringen: Die im Evolutionsprozess erworbenen und jedermann angeborenen Fähigkeiten zum Sozialverhalten sind auf Kleingruppen beschränkt; demgemäß liegt es jenseits der ‚natürlichen Sozialkompetenz' des Menschen, ausgedehntere soziale Strukturen ohne stabilisierende Institutionen zu bilden; folglich sind alle komplexeren sozialen und politischen Strukturen höchst störanfällig und immer wieder von Funktionsuntüchtigkeit bedroht; und in den deshalb so häufigen Systemkrisen und Systemzusammenbrüchen gibt es kein *verlässlicheres* Steuerungsmittel, als dass sich alle – wie schon bei der Bewältigung von Krisensituationen in Kleingruppen – einem mit großen Befugnissen ausgestatteten Anführer unterstellen. Doch gegen dieses Argument steht, dass inzwischen große Teile der Erde tatsächlich von – mehr oder minder liberalen – demokratischen Verfassungsstaaten regiert werden, und dass deren Anzahl lange Zeit nicht geringer, sondern deutlich größer geworden ist. Es hat also den Anschein, als habe unsere Spezies in ihrer langen Erfahrung mit politischen Systemen durchaus gelernt, nach welchen Grundsätzen man nicht nur stabile, sondern auch freiheitliche Herrschaft aufbauen und sichern kann.

V. Der Wandel politischer Systeme

Wandel ist üblich für alle Strukturen in Natur, Kultur, Gesellschaft, Wirtschaft und Politik. Weil Systeme, die sich wandeln, stets mit ihren sich ebenfalls wandelnden Umwelten zusammenwirken, entstehen überdies ‚sekundäre Wandlungsprozesse', bei denen Neubildungen sowohl pfadabhängig vom schon Entstandenen geprägt werden als auch auf sich zufällig neu ergebende Möglichkeiten treffen.[60] Auf welche Weise dabei materielle Gegebenheiten mit kulturellen und institutionellen Strukturen zusammenwirken, wurde im 19. und 20. Jahrhundert in den Theorien zum Zusammenwirken von ‚Basis' und ‚Überbau' ausgeleuchtet.[61] Inzwischen liegt auch eine empirisch zutreffende Theorie der Systemevolution vor, die ebenfalls den Wandel von Institutionen und somit des harten Kerns politischer Systeme abdeckt.[62] Auf all das lässt sich aber nur verweisen, denn hier kann nur auf die Revolution als markantester Form von Systemwandel sowie auf dessen vielfältige evolutionäre Formen eingegangen werden.

1. Revolutionen und ihre Ursachen

Als Revolution versteht man die tiefgreifende Umgestaltung eines politischen Systems samt Austausch der obersten Schichten von dessen politischen Eliten. Es ist angebracht, anhand dieser Kriterien eine Revolution deutlich von einem ‚Staatsstreich', einem ‚Putsch' oder einer sogenannten ‚Palastrevolution' zu unterscheiden. Letzteres sind nämlich Formen eines Umsturzes, bei dem nur die oberste politische Führungsgruppe ausgewechselt, nicht aber das System insgesamt verändert wird. Im Übrigen hängt es ganz vom Widerstand der bisherigen Machthaber oder ihrer Unterstützer ab, ob – oder ob nicht – eine Revolution mit größerem Blutvergießen einhergeht. Deshalb ist die Anzahl der bei einem Umsturz Getöteten nur ein überaus oberflächliches Kriterium dafür, ob eine Revolution stattfand oder nur ein Putsch.

a. Revolutionsursachen

Die tieferen Ursachen einer Revolution sind stets solche Wandlungsprozesse an der Basis oder in der Umwelt eines politischen Systems, auf welche das System nicht rechtzeitig oder nicht wirkungsvoll dahingehend reagierte, dass es sich den neuen Zuständen in seiner Umwelt oder an seiner Basis angepasst hatte. Zum konkreten Anlass einer Revolution wird in der Regel eine – sich mitunter recht zufällig verschärfende – Systemkrise, zu deren aktueller Entwicklung oft auch inkompetentes oder provokatives Führungsverhalten der politischen Eliten beitragen mag.

Jene zur Revolution führenden Wandlungsprozesse können – so Chalmers Johnson (1931–2010) in seiner einflussreichen empirischen Revolutionstheorie – auf der einen Seite *exogen* sein, sich also in der *Umwelt* des politischen Systems vollzogen haben. In der *politischen* Umwelt mag ein Nachbarstaat

---

60 Hierzu siehe S. 325–328 der 7. Aufl. meiner ‚Einführung in die Politikwissenschaft'.
61 Hierzu siehe S. 328–331 der 7. Aufl. meiner ‚Einführung in die Politikwissenschaft'.
62 Hierzu siehe S. 338–344 der 7. Aufl. meiner ‚Einführung in die Politikwissenschaft'.

plötzlich aggressive Politik betreiben oder können neue Fernwaffen eine veränderte Macht- und Bedrohungslage geschaffen haben. In der *wirtschaftlichen* Umwelt mag es zu einer Krise des internationalen Wirtschafts- oder Finanzsystems gekommen sein, die alsbald auf das eigene Land durchschlug. In der *gesellschaftlichen* Umwelt mögen andere Länder ein immer stärkeres Bevölkerungswachstum erleben, was vor allem dann zu steigendem Einwanderungsdruck ins eigene Land führen kann, wenn dieses nicht nur gut erreichbar ist, sondern sich durch großen Wohlstand auch noch von Auswanderungsländern abhebt, die ihre Armut durch Bevölkerungswachstum noch weiter verschärfen. Auch kann es im Bereich der *natürlichen* Umwelt aufgrund von Klimawandel, von Erdbeben oder technischen Katastrophen zu völlig veränderten Rahmenbedingungen der sozioökonomischen Basis gekommen sein.

Nicht minder wichtig ist – auf der anderen Seite – *endogener* Wandel, also Wandel *im* Staat bzw. an dessen sozioökonomischer Basis. Es mag sich um *technischen* Wandel handeln, in dessen Folge neue Techniken die Strukturen der Arbeitswelt und der Gesellschaft verändern, es dergestalt zu Anpassungslücken zunächst zwischen neuen Produktivkräften und überkommenen Produktionsverhältnissen kommt, alsbald auch zwischen veränderter wirtschaftlich-gesellschaftlicher Basis und dem traditionellen politisch-institutionellen Überbau. Ebenso ist *wirtschaftlicher* Wandel oft sehr folgenreich: Inflation kann eine ganze Gesellschaft durcheinanderbringen; eine Volkswirtschaft mag – durch Koppelung von nachlassender Produktinnovation mit einer Steigerung der vom Käufer mitzutragenden Arbeitskosten – ihre internationale Konkurrenzfähigkeit verlieren. Ebenso stark schlagen Prozesse *gesellschaftlichen* Wandels durch: entstehende und sich stark verschärfende Klassenkonflikte, anhaltende Einwanderung ohne Lösung des Integrationsproblems, oder stetiger Geburtenrückgang samt ihm folgender Unterjüngung der Gesellschaft. Nicht zuletzt kann *kultureller* Wandel eine politische Herausforderung darstellen: Die handlungsleitenden Werte der bisherigen sozioökonomischen Basis mögen zerfallen; oder neue handlungsleitende Werte schichten sich im Generationenwechsel über sie, ohne mit dem bisherigen politischen System kompatibel zu sein. Pluralismus und Demokratie werden sich beispielsweise nicht mehr leicht aufrechterhalten lassen, wenn die Bevölkerungsmehrheit eine Lösung wichtiger Gegenwartsprobleme von den Vorschriften einer neuen politischen Religion oder vom ungebremsten Durchregieren politischer Anführer erhofft.

Zweifellos stellen exogene und endogene Wandlungsprozesse, zumal wenn sie einander verstärken, ein politisches System vor große Anpassungs- und Steuerungsaufgaben. An diesen mag das System aus den gleichen Gründen scheitern, die auch unter undramatischen Normalbedingungen zum Steuerungsversagen führen können: Das Regime weist eben Konstruktionsfehler oder Funktionsdefizite auf. Diese werden sich aber *besonders* verhängnisvoll auswirken, wenn das politische System durch *größere* Wandlungsprozesse von außen oder von innen her auch noch unter Druck gesetzt wird. Und selbst ohne Konstruktionsfehler wird es oft zu Funktionsdefiziten kommen. Zu ihnen führt besonders häufig die Fixierung größerer Teile von Politiker-, Journalisten- und Bürgerschaft auf ideologische Wunschvorstellungen. Diese nämlich ziehen irrtümliche Einschätzungen der zu gestaltenden Entwicklungen und falsche Beurteilungen der Lage nach sich. Allein schon eine selektive Wirklichkeitswahrnehmung im Lichte dessen, was man sich aufgrund eigener Wertprioritäten wünscht, reicht mitunter aus, um ‚falsches Bewusstsein' dieser Art zu erzeugen. Und hält man gerade in Zeiten raschen Wandels an bisherigen Sichtweisen allzu lange fest, etwa weil anderes Verhalten politische Anführer um ihre innerparteiliche Mehrheit brächte, oder man mit neuen Argumenten öffentliche Tabus einer ‚politisch korrekten' Lagebeurteilung verletzte, dann steigt das Risiko erst recht, dass dem politischen Handeln unzureichende oder schlicht falsche Wirklichkeitsvorstellungen zugrunde gelegt werden. Erst das offenkundige Scheitern einer falsch angelegten Politik mag dann zu Korrekturen der falschen Wirklichkeitsvorstellungen führen. Und selbst das ist nicht gewiss: Oft tröstet man sich mit dem Gedanken, die Idee der gescheiterten Politik sei doch eigentlich gut gewesen; aber unfähige oder korrupte Politiker hätten diese Idee allzu schlecht ausgeführt – weswegen es reiche, Spitzenpolitiker auszutauschen, während ein grundlegender Politikwechsel unnötig sei. Im Übrigen pflegen politische Lehren aus Versuch und Irrtum, oder gar aus der Geschichte, ohnehin rasch vergessen zu werden, zumal dann, wenn sie nicht länger ins aktuelle politische Wunschbild von Bürgerschaft oder Eliteangehörigen passen.

Zu Funktionsdefiziten des politischen Systems tragen ferner Verluste an Responsivität jener Organisationen oder Institutionen bei, die solche Responsivität eigentlich sichern sollten. Aus vielerlei Gründen kann es dazu kommen, dass Parteien, Interessengruppen und sogar die Massenmedien viel weniger Kritik an bestehenden Verhältnissen üben, auch viel weniger Initiative zur Bearbeitung neuer oder unbewältigter Probleme entwickeln, als das wünschenswert, angemessen und notwendig wäre. Entsprechend sinkt dann auch die Responsivitätsleistung von Regierungen und Parlamenten. Ohnehin wird seitens der Politikerschaft ein auf Neuorientierung und Veränderungsprogramme abzielender Input oft eher als ‚populistisch' abgeblockt denn gesucht, weil ansonsten eingefahrene Denkspuren verlassen, mühsam ausgehandelte Positionen verändert oder bisherige Verheißungen zurückgenommen werden müssten. Gar nicht selten wünscht auch ein Großteil der Bürgerschaft eher die Aufrechterhaltung eines ihr bequemen *status quo* als eine – meist unbequeme – Reaktion auf neue Probleme. Das gilt oft auch dann, wenn nur solche Denk- und Verhaltens*änderungen* dasjenige sichern könnten, was einem so sehr auszureichen scheint, dass man sich auf Neues lieber gar nicht einlässt. Nicht zuletzt ist die Politikerschaft oft eher mit

Tagesstreit und selbstbezüglichen Interessen befasst, als dass sie sich auch noch die Beschäftigung mit zwar langfristig wichtigen, doch hier und jetzt noch nicht unabweisbaren Problemen auf den Tisch zöge. Natürlich führt das alles, und zwar sogar unter den Bedingungen einer pluralistischen Demokratie, zum Verlust an praktizierter politischer Steuerungsleistung. Dieser Verlust fällt nur umso größer aus, je weniger Responsivitätsdruck – wie typischerweise in Diktaturen – die Politikerschaft erlebt, je mehr ein – unzureichend ausgestaltetes – politisches Institutionensystem ohnehin nur unter Reibungsverlusten funktioniert, oder je häufiger gewaltenteilige Systemstrukturen zur (wahl-)taktischen Politikblockade benutzt werden.

Je rascher und je umfangreicher sich dann exogene oder endogene Wandlungsprozesse vollziehen, umso schwieriger wird es für politische Entscheidungsträger, mit ihnen durch reformerisches Gestalten Schritt zu halten. Häufig kommt es in der Bevölkerung und der Politikerschaft auch noch zu grundsätzlicher oder langfristig unbeseitigbarer Uneinigkeit über die erforderlichen Zielsetzungen und Maßnahmen. Sollen – beispielsweise – in der Krise des Sozialstaates die staatlichen Leistungspflichten rechtlich abgesichert oder umgekehrt staatliche Leistungszusagen zurückgenommen werden? Verlangt eine Zeit hoher Arbeitslosigkeit die Verstärkung oder den Abbau von Kündigungsschutz? Sollen Aufstände mit einer Erfüllung der vorgetragenen Forderungen oder mit einer Niederschlagung der Revolte beantwortet werden? Dient beim Auftreten einer gefährlich anmutenden Regierung in einem Nachbarstaat dem zwischenstaatlichen Frieden eher der Versuch wirksamer Abschreckung – oder eher ein mit Beschwichtigungen einhergehendes Abwarten, ob der mögliche Gegner wohl wirklich zuschlagen will? Derlei Uneinigkeit über die Zielrichtung der tatsächlich zu ergreifenden Maßnahmen hält den notwendigen Politik- oder Systemwandel regelmäßig auf, und zwar mit umso mehr Risiko, je schlechter ein politisches System bereits funktioniert, und je weniger es seiner Basis und kulturellen Umwelt noch angepasst ist.

Entsteht dann wegen eines politisch unzureichend mitgestalteten Wandels oder aufgrund inkompetenter Anführer eine aktuelle Krise, in der rasche und klare Entscheidungen nötig wären, dann zeigt sich obendrein nicht selten: Man besitzt im Grunde nur ‚Schönwetter-Institutionen', die bloß so lange funktionieren, wie man sie nicht wirklich braucht. Supranationale Strukturen, ihrerseits doch zur Friedenssicherung geschaffen, versagen oft gerade in den Spannungsmonaten vor Kriegen, und ‚Bündnisse für Arbeit' zerbrechen insbesondere dann, wenn vom Austausch von Argumenten zum Aushandeln von Kompromissen übergegangen werden müsste. Nicht selten scheuen Parteien auch genau zu der Zeit davor zurück, Teil einer Regierungskoalition zu sein, wenn im Parlament Mehrheiten für unpopuläre Politik nötig wären. In parlamentarischen Regierungssystemen gehören zu den Folgen all dessen Regierungsinstabilität sowie weitere politische Steuerungsdefizite allenthalben. Im noch schlimmeren Fall gelingt sogar die friedliche Konfliktbeilegung durch mühsam ausgehandelte Mehrheitsentscheidungen nicht mehr: Die Minderheit weigert sich einfach hinzunehmen, dass sie sich nicht durchgesetzt hat. Vom zivilen bis zum bewaffneten Ungehorsam können dann die Aktionen der unterlegenen Minderheit reichen, vom Polizei- bis zum Militäreinsatz die Reaktionen einer Regierung. Möglicherweise ist auch schon im Vorfeld von derart sich krisenhaft zuspitzenden Entwicklungen bei Bürgerschaft und politischen Eliten die Vermittlung systemstabilisierender politischer Wertemuster und Verhaltensweisen immer weniger gelungen. Auf einem Boden von Heuchelei und Zynismus, der solche Unterspülungen überdeckt, wird die politische Auseinandersetzung aber besonders wenig konstruktiv oder gar problemlösend sein.

In einer derartigen Lage, wenn also eine Gesellschaft mit dem notwendigen Wandel politisch nicht zurechtkommt, kann es sich leicht ereignen, dass überdies zwei einander wirkungsvoll in Schach haltende politische Gruppierungen entstehen, sich ein Land also polarisiert oder sich seine Bevölkerung gar spaltet. Der eine Teil eine protestiert gegen den eingetretenen Zustand und verlangt mehr oder minder tiefgehende Veränderungen im und am System, um die wahrgenommenen Herausforderungen zu bestehen. Der andere Teil protestiert ebenfalls gegen die eingerissenen Zustände, propagiert aber eine ganz andere Problemlösung: Es gelte jenen Wandel zu stoppen, zu korrigieren, vielleicht sogar rückgängig zu machen, der zu den derzeitigen Problemen führte. Im schlimmsten Fall zerstreitet sich die gesamte Gesellschaft zwischen diesen beiden Gruppen; im kaum besseren Fall vergiften ihre Wortführer nur die öffentlichen Debatten. Doch das Resultat wird sterile Aufgeregtheit sein, im Kreis laufende Betriebsamkeit, mitunter auch eine melancholisch genossene Ruhe vor dem Sturm.

b. Einflüsse auf den Gang der Entwicklung

Wie es nun weitergeht, hängt sehr stark davon ab, über welche Institutionen ein politisches System verfügt, sowie davon, und auf welche Handlungsweisen bzw. ‚Steuerungsmuster' sich seine Eliten einlassen. Weil ohnehin auf Responsivität ausgelegt, sind die Institutionen pluralistischer Demokratie vergleichsweise gut geeignet, selbst unter der Bedrohung von Systemblockaden mit Wandel zurechtzukommen, ihn zu verarbeiten und sich in einer ihm entsprechenden Weise weiterzuentwickeln. Immerhin stellt schon die Leitidee eines solchen Systems in Aussicht, gerade durch Versuch und Irrtum gelte es zu lernen; und obendrein verlangen die Spielregeln pluralistischer Demokratie – Befürwortung offenen Werte- und Interessenstreits, Mehrheitsprinzip und Minderheitenschutz, öffentliche Regierungs- und Systemkritik – erfahrungsorientiertes Lernen auch wie alternativlos. Allerdings wird mitunter die Steuerungsfähigkeit pluralistischer Demokratien durch zwei mit diesem Systemtyp oft einhergehende Merkmale deutlich herabgesetzt.

Erstens kann das System allzu konsensabhängig sein: entweder aufgrund seiner Ausformung von Gewaltenteilung, die an vielen ‚Veto-Punkten' sehr vielen ‚Veto-Spielern' die Behinderung von Entscheidungsprozessen und die Verhinderung von Entscheidungen allzu leicht macht, oder wegen einer politischen Kultur, die – zumal engen – Mehrheitsentscheidungen den Konsens möglichst der meisten gesellschaftlichen Gruppierungen vorzieht. Eine solche Integration möglichst aller, die zu Normalzeiten überaus legitimitätssteigernd wirken kann, mag sich in Krisenzeiten als Hemmnis eines Regierens herausstellen, das nunmehr vor allem durch Effektivität legitimitätssichernd wirken könnte. Zweitens mögen – gerade aufgrund von konkordanzdemokratischen Traditionen – die formalen Institutionen eines politischen Systems durch informelle Strukturen der Entscheidungsfindung an den Rand gedrängt worden sein. Es mag etwa als illegitim gelten, dass eine Regierung *ohne* vorherigen Kompromiss mit den betroffenen Interessengruppen Gesetzentwürfe dem Parlament zuleitet, oder dass ein Parlament auch *gegen* Bevölkerungsmehrheiten entscheidet, die bei Demonstrationen symbolisch zum Ausdruck gebracht oder gar demoskopisch gemessen werden. Lassen sich dann die eingetretenen Interessenblockaden im Bereich der informellen Strukturen nicht auflösen, die formalen Institutionen aber nicht ohne große Legitimitätsrisiken für Entscheidungen nutzen, so wird ein demokratischer Verfassungsstaat ziemlich handlungsunfähig. Gar nicht selten folgt dann der kokettierende, ratlose oder eigennützige Ruf nach einer starken Hand, nach einer starken Führungspersönlichkeit und nach einem starken Staat, den Interessengruppen und Parteien nicht länger ‚am richtigen Regieren hindern' könnten. Ob aus Not, aus Übermut oder aus Machtsucht wirkt dann oft eine diktatorische Alternative zur pluralistischen Demokratie auf viele attraktiv.

In der Tat sind entschlossen und kompetent geführt Entwicklungsdiktaturen während ihrer Aufbruchsphase vorzüglich geeignet, mit endogenem oder exogenem Wandel zurechtzukommen. Sie können sogar größere institutionelle, wirtschaftliche und gesellschaftliche Veränderungen recht rasch herbeiführen. Doch ihre Aufbruchsphase währt meist nicht lange. Schnell kommen alle Merkmale autoritärer Herrschaft ins Spiel, welche die Responsivitätsleistung des politischen Systems drastisch herabsetzen: keine freie öffentliche Erörterung von Problemen und der Möglichkeiten ihrer Lösung; kein Responsivitätsdruck, weder über die öffentliche Meinung noch über freie Wahlen; sehr reduzierte Möglichkeiten, unter der politischen Elite durch Neubildungen politischer Koalitionen veränderte Gestaltungsakzente zu setzen. Autoritäre Diktaturen sind deshalb nur im Ausnahmefall gut geeignet, mit Wandel zurechtzukommen. Gerade – wenn auch nicht nur – in ihnen sind es außerdem oft einzelne politische Führer, die durch unbeständige, exaltierte oder schlichtweg törichte Politik weit über die ‚normalen Funktionsdefizite' ihres Regimes hinaus dessen Akzeptanz und Stabilität unterminieren.

Innerhalb der verfügbaren Institutionen und ihrer Verfahrensregeln hängt es im Übrigen sehr stark von den praktizierten Steuerungsmustern politischer

Eliten ab, wie gut ein politisches System mit den Herausforderungen endogenen oder exogenen Wandels fertig wird. Am wirkungsvollsten ist erfahrungsgemäß *Reformismus*, nämlich die zielstrebige, hartnäckig bewerkstelligte Herbeiführung der notwendigen und dann insgesamt eben systembewahrenden Reformen. Man kann das regelrecht auf die Formel bringen: ‚Der wahre Konservative ist ein Reformer!' In freiheitlichen Staaten bewirkt mitunter ein – oft durch Wahlen herbeigeführter – Regierungswechsel überständige Reformen, und häufig ist es auch ohne Regierungswechsel hilfreich, die Führer von Protestgruppen für Reformzwecke in die Regierungsverantwortung einzubinden. Um wirkungsvoll zu sein, verlangt das aber meist eine grundsätzliche Entscheidung darüber, in welcher Richtung dem Protest denn Rechnung getragen werden soll: mit einem Kurs hin auf entschlossenen Politik- und Institutionenwandel, oder hin zum Mildern, Bremsen und versuchten Stopp jener Wandlungsprozesse, welche die zu bewältigenden Probleme auslösten. Jedenfalls kann durch einen Regierungswechsel oder durch die Einbindung der Führer von Protestgruppen oft zielgerichtet die nötige Responsivitätssteigerung des Systems veranlasst werden, oder lässt sich wenigstens eine zeitverschaffende, symbolisch-befriedende Wirkung erzielen. Das alles ersetzt aber nicht die *Durchführung* notwendiger Reformen.

Noch weniger zielführend, wenn oft auch unvermeidbar, ist jene ‚Politik der pragmatischen Aushilfen', die man auf Deutsch ‚Durchwursteln' nennt; auf Englisch heißt sie ‚muddling through'. Bei ihr werden erkennbar weichenstellende Entscheidungen nach Möglichkeit vermieden, weil die dafür nötige Unterstützung von Eliten oder Bürgerschaft nicht in Aussicht steht. Stattdessen setzt man einesteils auf die Milderung der jeweils dringlichsten Folgeschwierigkeiten der ‚unlösbaren' grundsätzlichen Probleme und geht dabei, um möglichst wenig Widerstand auszulösen, nach Kräften auf eine Einigung zu Lasten Dritter aus. Andernteils versucht man es mit symbolischer Politik und hofft, durch aktionistische Oberflächenkosmetik, ablenkendes Themenmanagement und beeindruckende Darstellungsdramaturgie sowohl die öffentliche Wahrnehmung der Problemdimensionen als auch den auf der politischen Elite lastenden Erwartungsdruck zu mindern. Gar nicht selten sind solche Strategien sogar über längere Zeit erfolgreich – wenn auch nicht bei der realen Bewältigung der durch Wandel erzeugten Probleme, sehr wohl aber bei der Aufrechterhaltung einer Regierung oder eines politischen Systems, das sich erforderlichem Wandel oder schmerzhafter Reformpolitik zu entziehen versucht. Mittel- und langfristig wird sich die so verschleppte Krise aber nur verschärfen.

Nach allen Erfahrungen am wenigsten zielführend scheint das *Gegenprogramm* zum Reformismus oder zu einer ihn simulierenden ‚Politik der pragmatischen Aushilfen' zu sein. Dies ist das Beharren auf einem ‚harten Kurs', der sich dem Wandel widersetzt. Eine solche Haltung wird seit dem 19. Jahrhundert oft ‚konservativ' genannt. Außerdem ist sie für etablierte Diktaturen typisch, ganz gleich, ob sie sich von ihren Ideen her eher als politisch ‚links' oder als politisch ‚rechts' verstehen. Eine ‚Politik des harten Kurses' hat aber nur dann Chancen auf nachhaltigen Erfolg, wenn einesteils der Wandel wirklich nicht so dramatisch ist, wie ihn die auf Reformen ausgehenden Gruppen hinstellen, und wenn andernteils große Machtressourcen sowohl verfügbar sind als auch konsequent eingesetzt werden. Einmal eingeschlagen, verringert eine ‚Politik des harten Kurses' die politischen Handlungsspielräume außerdem drastisch. Erstens wirkt dann jedes Nachgeben wie ein Akt der Schwäche, was die politische Definition der jeweiligen Situation klar zum Nachteil derer verändert, die den ‚harten Kurs' fahren. Zweitens steht bei einem ‚harten Kurs' der politischen Elite nie jene Optionenvielfalt offen, die einen Kurs des Reformismus oder des ‚Durchwurstelns' kennzeichnet. Erweist sich der eingeschlagene Kurs dann als falsch, so ist es auch um die Autorität und Legitimität derer geschehen, die ihn so lange hielten, dann aber aufweichten oder verließen. Genau von daher kommt es, dass starre Regime nie so anfällig für Revolutionen sind wie zu jener Zeit, da sie beginnen, sich doch noch zu reformieren. Man sollte einen ‚harten Kurs' also nur in Erwägung ziehen, wenn es *sehr* wahrscheinlich ist, Wandlungsprozesse ließen sich stoppen, und wenn mit guten Gründen anzunehmen ist, die mehrheitlich gewünschten Reformen wirkten langfristig fatal.

Mitunter führt ohnehin keines der möglichen Steuerungsmuster – Reformismus, Einbindung der Führer von Protestgruppen, Politik der pragmatischen Aushilfen, ‚harter Kurs' – die notwendigen Anpassungen des Systems an seine veränderte Umwelt oder Basis herbei. In der dann meist unvermeidlichen Polarisierung zwischen denen, die immer entschiedener eine politische Wende oder gar einen Systemwechsel verlangen, und jenen, welche die auf einen Systemwandel hindrängenden Prozesse stilllegen oder wirkungslos machen wollen, können das politische System schlechthin und seine Elite insgesamt mehr und mehr ihre Autorität und Legitimität verlieren. Man traut dem Regime und seinen Akteuren dann keine Maßnahmen mehr zu, welche die Lage zum Besseren wenden könnten, und das ganze System gilt irgendwann nur noch als in Rechnung zu stellen, nicht länger aber als wünschenswert oder als zu Recht bestehend. Als Reaktion hierauf, oder schon im Vorfeld einer erkannten Entwicklung zum Autoritäts- und Legitimitätsverlust ihres Systems, mögen Vertreter eines ‚harten Kurses' sich entschließen, wiederum auf Systemerhaltung durch Repression zu setzen oder durch einen präventiven ‚Staatsstreich von oben' die am Horizont auftauchende Revolution doch noch abzuwenden. Dies kann in Einzelfällen durchaus erfolgreich sein.

c. Die Auslösung der Revolution

Es gibt aber keinerlei Gewähr dafür, dass ein präventiver ‚Staatsstreich von oben' die Revolution wirklich abwendet, oder dass sich die prekäre Autoritäts- und Legitimitätslage eines Regimes wieder normalisiert. Ist nämlich die Lage erst einmal so krisenhaft geworden, dann hängt alles im Grunde nur noch von drei Faktoren ab. Gibt es unter den Systemgegnern tatkräftige und entschlossene *Akteure*, welche – wie einst Lenin und seine Gefolgsleute – die Chance suchen und nutzen, selbst die Macht zu ergreifen? Findet sich – wie in der späten DDR in Form der Ablehnung von Gorbatschows Perestrojka – ein *Anlass*, der es vielen Trägern des alten Regimes und noch mehr Mitläufern plausibel oder gar ratsam macht, sich nun auch offen vom bisherigen System und seinen Eliten abzuwenden? Und kommt es dazu, *dass irgendein ‚Auslöser' jene Abschreckungslogik durchbricht*, mit der ein politisches System typischerweise gerade im Krisenfall seine fraglich werdende Autorität sichert? Es ist nämlich solange das Risiko recht gering, dass es trotz Legitimitäts- und Autoritätsverfalls des politischen Systems zur Revolution kommt, wie so gut wie jeder, der aufbegehrt, vom Staatsapparat ausfindig gemacht, festgesetzt sowie bestraft wird, und wie Unterdrückungsmaßnahmen – von einer Verwarnung über die Zerstörung bisheriger Existenzgrundlagen bis hin zur Inhaftierung und zur Hinrichtung mit oder ohne Prozess – von den Mitbürgern des exemplarisch Bestraften im Fall ähnlicher Verhaltensweisen auch selbst befürchtet werden müssen. Das Risiko einer Revolution, bzw. die Chance auf sie, steigt aber rasch und dramatisch, sobald sich erweist, dass vor kurzer Zeit noch hart geahndete Äußerungen und Handlungen nunmehr folgenlos bleiben oder gar breitere Zustimmung finden. Das war Ende Oktober 1918 so, als eine Meuterei auf deutschen Kriegsschiffen in Kiel nicht niedergeschlagen wurde, sondern Nachahmung in ganz Deutschland fand und rasch das Kaiserreich einstürzen ließ. Nicht anders war es anfangs Oktober 1989, als SED-feindliche Massendemonstrationen im Süden der DDR nicht kraftvoll unterbunden wurden, sondern sich über den ganzen Staat ausbreiteten und dessen Fundament aufsprengten. Es hängt freilich ganz von den Umständen ab, ob die Verweigerung eines Befehls durch einen Truppenteil, ob die gelungene Durchführung von Massendemonstrationen, ob die Besetzung eines wichtigen Regierungsgebäudes oder ob etwas völlig anderes als ‚Auslöser' einer Revolution dienen kann. Die Folge solchen Aufbegehrens werden aber hektische Maßnahmen der noch amtierenden Regierung sowie oft noch hektischere Organisationsaktivitäten derjenigen sein, die sich nun Hoffnungen auf eine politische Wende oder auf einen Systemwandel machen.

d. Phasen einer Revolution

Meist besteht die erste Phase der nun sich entwickelnden Revolution in bislang unerhörten Personalwechseln an der Staatsspitze und in bisher unvorstellbaren Maßnahmen raschen Systemumbaus. Da mögen jahrelang abgelehnte Forderungen der aufbegehrenden politischen Gruppierungen plötzlich erfüllt, mögen einige der Führer des Umsturzes gar in die Regierung aufgenommen werden. Mitunter endet eine Revolution damit auch schon, sozusagen im Anlauf oder auf halbem Weg. Mangelnde Tatkraft der Revolutionäre, kluges Taktieren ihrer Gegner oder Wankelmut der Öffentlichkeit können dazu führen. Häufiger aber ist es so, dass solche Veränderungen, zu denen es allzu spät und offenkundig nicht aus politischer Einsicht, sondern nur unter aktuellem Druck kommt, von großen Teilen der Revolutionäre und der sie unterstützenden Öffentlichkeit nicht mehr als ausreichend erachtet werden. Im Übrigen ist den alten wie den neuen politischen Eliten meist klar, dass alle Veränderungen so lange rückholbar sind, wie die Machtfrage nicht grundsätzlich und dauerhaft entschieden wurde. Deshalb werden die alten Eliten meist zu zeitgewinnenden Konzessionen bereit sein, die neuen Eliten aber stets gut daran tun, in einer zweiten Phase der Revolution den Umbau des Systems bis zur weitgehenden Entmachtung von dessen bisherigen Führern und Trägerschichten voranzutreiben. Typischerweise spalten sich über die Frage, wie weit dabei zu gehen sei, die Revolutionäre in ‚Gemäßigte' und in ‚Radikale'.

Eine in dieser zweiten Revolutionsphase möglicherweise zustande kommende Erhebung wichtiger Bevölkerungsteile mag mitunter – wie in der Französischen Revolution – die ‚Gemäßigten' über ihre ursprünglichen Ziele hinaus zum vollständigen Sieg über das bisherige System tragen. Eine solche Erhebung kann sich aber auch – wie in der Russischen Revolution – gegen eine ‚gemäßigte Revolutionsregierung' richten und statt ihrer nun die ‚Radikalen' an die Macht bringen. Natürlich mag eine Revolution auch in dieser Phase noch scheitern, nämlich so wie die deutsche Revolution von 1918/19 an den fortan erfolgreich gegen die ‚Radikalen' eingesetzten Machtmitteln von solchen ‚Gemäßigten', die sich mit den alten Eliten verbündet haben. Und natürlich kann die Revolution auch scheitern an den wiedererstarkten Führern des eigentlich schon überwunden geglaubten Systems, desgleichen an einer Intervention aus dem Ausland. Im letzteren Fall wird ein sich mit der Revolution verbindender Bürgerkrieg wahrscheinlich, der sich auch in andere Staaten ausbreiten mag.

Vielleicht folgt – wie im Zeitalter Napoleons – auf die siegreiche Revolution ein vom Land der Revolution ausgehender Expansionskrieg, welcher die siegreichen Revolutionsideen verbreitet; vielleicht stabilisiert sich die Revolutionsregierung aber auch nur im eigenen Land und durchläuft eine Phase totalitärer Diktatur, die – wie in der Islamischen Republik Iran – später in eine sehr autoritäre Herrschaft münden mag. Vielleicht kommt es – wie bei der portugiesischen Revolution der 1970er Jahre – nach einigen Wirren sogar zu einem stabilen demokratischen Verfassungsstaat. Welches Ergebnis solche End- und Nachspiele einer Revolution nehmen, hängt offenkundig ganz von den in entscheidenden Situationen nutzbaren inner- und zwischenstaatlichen Machtverhältnissen sowie vom Geschick und von der Tatkraft der beteiligten Akteure ab. In der zweiten Phase einer Revolution werden jedenfalls die handelnden Personen überaus wichtig, während im Vorfeld einer Revolution strukturelle Faktoren und in der ersten Revolutionsphase Ketten von Zufällen ausschlaggebend sind.

Abgeschlossen wird eine *erfolgreiche* Revolution dadurch, dass zentrale Institutionen und Regeln des politischen Systems so umgestaltet werden, dass sie sich in den Dienst der Interessen und Leitideen des neuen Systems stellen lassen, und dass man wichtige Träger des alten Regimes wirkungsvoll von staatlichen, gesellschaftlichen, wirtschaftlichen und kulturellen Machtpositionen entfernt wurden. Anschließend mögen mannigfaltige Anreize für die Masse der Bevölkerung geschaffen werden, sich mehr und mehr auf die neuen Verhältnisse einzulassen: akzeptanzsichernd durch Repression, legitimitätssichernd durch eine fühlbare Verbesserung der Lebensbedingungen. Nie ist aber im Vorhinein gewiss, ob eine Revolution zu besseren Zuständen oder gar zu mehr Freiheit führt. Manche Revolutionen leisteten zwar genau das; manch andere aber setzten an die Stelle eines freiheitlichen bzw. liberalisierbaren Systems nur eine totalitäre oder autoritäre Diktatur. Revolutionen sind deshalb nicht an sich gut oder schlecht, zu befürworten oder abzulehnen. Sie lösen häufig Probleme, die man geschickter durch Reformen bewältigte; sie schaffen meist Leid, welches man einander besser nicht zufügte; und mitunter sind sie schlicht der einzige Weg, Menschen von nicht hinzunehmender Unterdrückung zu befreien.

2. Nichtrevolutionäre Formen von Systemwandel

a. Grundbegriffe und ihr Kontext

Als *Regimewechsel* bezeichnet man die – revolutionären oder raschen evolutionären – Übergänge von freiheitlich-verfassungsstaatlichen zu diktatorischen Regimen, oder umgekehrt von Diktaturen zu freiheitlich-verfassungsstaatlichen Systemen. Der Begriff des *Systemwechsels* wird entweder synonym mit dem des Regimewechsels verwendet oder (häufiger) in einer weiteren bzw. (seltener) in einer engeren Fassung benutzt. In seiner *weiten* Bedeutung meint ‚Systemwechsel' mehr als einen bloßen Regimewechsel. Er deckt dann außerdem so Komplexes wie den Übergang von einer marktwirtschaftlichen zu einer planwirtschaftlichen Struktur ab, bzw. den Übergang von der letzteren zur ersteren, was beides mit einem Regimewechsel bisweilen tatsächlich einhergeht. Hingegen verwendet man den Begriff des Systemwechsels in seiner *engen* Bedeutung, wenn nur der Wechsel etwa des Regierungssystems oder des Wahlsystems angesprochen werden soll. *Transformation* wiederum meint klar mehr als einen Regime- bzw. Systemwechsel, schließt dieser Begriff doch jenen ganzen Prozess mit ein, in dem – entweder nach einem revolutionären Regimewechsel oder nach einem sehr rasch ablaufenden evolutionären Prozess – die gesamte politische, soziale, wirtschaftliche und kulturelle Struktur einer Gesellschaft insgesamt oder in wesentlichen Teilen umgeformt wird, und zwar ganz gleich, ob hin zu einer Diktatur oder hin zu einer Demokratie. Für speziell den letzteren Wandlungsprozess wird oft der Begriff der *Transition* verwendet.

Zumal seit den Demokratisierungswellen der 1970er Jahre (Griechenland, Portugal, Spanien), der 1980er Jahre in Lateinamerika und der 1990er Jahre in den zuvor realsozialistischen Staaten ist eine sehr umfangreiche politikwissenschaftliche Transformations- und Transitionsforschung entstanden, die vielfach auch als ‚Demokratisierungsforschung' oder als Forschung zur ‚demokratischen Konsolidierung' bezeichnet wird. Sie befasst sich einesteils mit den – auch von der Revolutionstheorie behandelten – Prozessen einer in Systemkrisen führenden Erosion eines alten Regimes, darunter auch mit entsprechenden Prozessen der ‚Liberalisierung', ferner mit den kontingenten, oft von ganz individuellen Personenkonstellationen abhängigen Ereignissen eines konkreten Systemwechsels, auch mit der – nicht selten schwierigen – Institutionalisierung des neuen Systems sowie mit dessen meist langwieriger Konsolidierung, gegebenenfalls auch mit der De-Konsolidierung und De-Institutionalisierung des zeitweise Erreichten. Anderntteils erarbeitet die Transformations- und Transitionsforschung Typologien der Verlaufsformen von Transformationsprozessern, etwa in Form der Unterscheidung einer ‚gradualistischen', einer ‚von unten (revolutionär) erzwungenen', einer ‚von den alten Eliten gelenkten / oktroyierten' sowie einer ‚ausgehandelten bzw. paktierten' Transformation. Ebenso gibt es ertragreiche Analysen erfolgversprechender Transformations- und Transitionsstrategien.

Als Rahmentheorien verwendet man in der Transitions- bzw. Transformationsforschung oft einzelne Varianten der Modernisierungstheorie, und zwar aufgrund der Hintergrundvermutung, dass Demokratie mitsamt ihren vielfältigen Voraussetzungen eine ‚höher' entwickelte Herrschaftsform und auch eine bessere Gesellschafts- bzw. Lebensform wäre, als es die unterschiedlichen Formen autoritärer Herrschaft sein könnten. Dafür spricht, dass zu den Vorbedingungen von Demokratie u.a. die von Talcott Parsons (1902–1979) in seiner Theorie der Gesellschaftsevolution betonte Ausdifferenzierung etwa von Rechtssystem, Märkten, Bürokratie oder sich einer sich selbst organisierenden Zivilgesellschaft gehört. Ebenso ließ sich – etwa von Seymour M. Lipset (1922–2006) – zeigen, dass die Entstehung von Demokratie des vorgängigen Aufkommens einer wohlhabenden Mittelschicht bedarf, was seinerseits entsprechende wirtschaftliche und technologische Entwicklungen zur Voraussetzung hat. Die Wirkungskette sieht dabei im Wesentlichen so aus, dass mit wachsendem Wohlstand steigende Bildung, mit dieser eine Zunahme von Rationalität sowie von Toleranz und damit dann auch die Entstehung jener Zivilgesellschaft einhergeht, in der allein Demokratie zu wurzeln vermag. In der Zivilgesellschaft sind anschließend, wegen des Wohlstands der sie tragenden Mittelschicht, vielfältige Machtressourcen geborgen, mit denen sich die jeweilige Politikerschaft besser schon aus Eigeninteresse arrangiert; und aus der Zivilgesellschaft heraus werden Interessen artikuliert, gegen die man unter den heutigen medialen Bedingungen lieber nicht anregiert. Das allseits oft befriedigende, nicht selten auch auf rationales Handeln gegründete Ergebnis eines solchen Zusammenwirkens unterschiedlicher und machtmäßig auch ins Spiel gebrachter Eigeninteressen kann dann – so die Pointe der vom finnischen Politikwissenschaftler Tatu Vanhanen (1929–2015) entwickelten ‚Machtdispersionstheorie' – eben Demokratie sein.

Solche Leitgedanken lagen auch den als ‚Washingtoner Konsens' bezeichneten, in den 1990er Jahren von Weltbank und Internationalem Währungsfonds tatkräftig ins Werk gesetzten Modernisierungsanstrengungen zugrunde, mit denen man allenthalben die Voraussetzungen für den Übergang zur Demokratie und für deren Stabilisierung zu schaffen hoffte. Es sollte nämlich die Macht von Regierungen und der jeweiligen Politikerschaft, auch deren Korrumpierbarkeit, durch die Privatisierung von Staatsunternehmen sowie eine Deregulierung des Wirtschaftslebens zugunsten von solchen Wirtschaftsakteuren beschränkt werden, die – eben dadurch in ihrer Macht begrenzt – auf freien und globalisierten Märkten agierten. Die Erwartung war, dass derlei Unternehmen, auch durch die fortan weltweite Ausnutzung komparativer Standort- und Kostenvorteile, soviel Wohlstand erzeugen würden, dass in den sich so reformierenden Ländern jene machtvolle Zivilgesellschaft entstünde, die ihrerseits Demokratie auf Dauer stellen und ‚gutes Regieren' erzwingen könne. Tatsächlich transformierte dieser Politikansatz die Weltwirtschaft und viele Staaten gründlich und verringerte vielfach drückende Armut. Doch selten führte das zu mehr Demokratie, sondern meist zu geschwächter Staatlichkeit und zur Übermacht jener internationalen Unternehmen und weltweit agierenden Banken, deren Manager hinsichtlich von Einfluss und vererbbarem Reichtum zu einer Art ‚internationaler Adel' geworden sind. Inzwischen wird um die Rückgewinnung politischer Steuerungsfähigkeit in der zum globalisierten Handlungsverbund transformierten Weltwirtschaft und Weltgesellschaft gerungen. Obendrein ist die Einsicht verarbeiten, dass nicht jede Art von Modernisierung auch der Demokratie dient.

b. Zwischen Diktatur und Demokratie

Die wohl analytisch spannendste Form von Systemwandel ist der Übergang von einer Diktatur zur Demokratie. Letztere ist eine extrem voraussetzungsreiche politische Ordnungsform, deren Vorbedingungen weder überall gegeben sind noch sich in einer verlässlich planbaren Weise schaffen lassen. Das legt die Vermutung nahe, die Entstehung von Demokratie werde oft in krisenhaften Prozessen erfolgen, womöglich geprägt durch Revolutionen oder durch von außen angestoßene bzw. erzwungene Systemveränderungen; und dies alles könne später auch zur Belastung einer mühsam errichteten Demokratie werden. Ferner ist zu erwarten, dass Demokratien immer wieder zusammenbrechen, falls sich ihre im konkreten Fall erforderlichen Grundlagen nicht als genügend tragfähig erweisen, oder wenn ihre Politikerschaft immer wieder versagt. Also wird es sehr oft ein ‚Oszillieren' zwischen – partiell verwirklichter – Demokratie und wiederkehrenden diktatorischen Steuerungsmustern geben. Auch mag sich politische Stabilität dem verdanken, dass faktisch eine Hybridform aus demokratischen und diktatorischen Systemelementen besteht. Dann kann man, je nach Betrachtungsperspektive oder erkennbarer Entwicklungsrichtung, von ‚defekten Demokratien' sprechen oder von ‚Autoritarismen mit Adjektiven', welch letztere solche Eigenschaften näher bezeichnen, die das autoritäre Regime mit Merkmalen von Demokratie verbinden.

Die Grundvoraussetzung bestandsfähiger Demokratie ist jedenfalls die *vorgängig* gelungene Stabilisierung eines wirkungsvollen Herrschaftssystems, wie sie nicht selten mit der Errichtung einer *stabilen* autoritären Diktatur einhergeht. Anhaltend *instabile* autoritäre Diktaturen haben nämlich noch nicht einmal jenes Zentralproblem gelöst, dessentwegen sie oft entstehen: die Sicherung effektiver Herrschaft. Erst eine solche wird man aber wirklich bändigen können. Die dafür geeigneten Maßnahmen sind leicht genannt, doch schwer mit Erfolg ergriffen: Es muss eine stabile autoritäre Diktatur durch die schrittweise Einführung von Rechts- und Verfassungsstaatlichkeit sowie von freien, periodischen Wahlen gemäßigt werden, und überdies hat man ihre bisherigen Untertanen zur selbstbestimmten Nutzung von Möglichkeiten politischer Teilhabe zu bringen. Gelangt die Bevölkerung obendrein zu einer reflektiert-kritischen Haltung gegenüber den Herrschaftsansprüchen und Herrschaftspraktiken ihrer Eliten, so ist ein demokratischer Verfassungsstaat geschaffen. Bis es – wenn überhaupt jemals – so weit ist, sind aber die Zeiten eines ‚Hybridregimes' oder einer ‚defekten Demokratie' zu überstehen. Dabei sind unter den Hybridformen mindestens drei zu unterscheiden:

- Eine erste Hybridform ist der *kompetitive Autoritarismus*. Er entsteht, sobald die regierende Elite sich so weit zurückzunehmen begonnen hat, dass auf manchen Politikfeldern sich Opposition zu formieren beginnt und die Regierung sich Sach- und Personalalternativen stellen muss. Schritte hierzu sind die Einrichtung eines – wenn auch noch gegängelten – Parlaments, die Einführung von – wenngleich manipulierten – Wahlen, die Konkretisierung von formaler richterlicher Unabhängigkeit (v.a. durch die Beschränkung von Korruption und das Unterlassen einer Einschüchterung der Richterschaft seitens der Regierung), sowie das Aufkommen von Medien, die sich immerhin fallweise der Zensur oder Selbstzensur entziehen.
- Weiter in Richtung auf Demokratie ist die Entwicklung gediehen, wo die Hybridform des *elektoralen Autoritarismus* besteht, also der (Wieder-)Wahlmechanismus zumindest eingeführt wurde. Wirkliche Demokratie aber gibt es erst dann, wenn der (Wieder-)Wahlmechanismus in der Praxis auch wirklich funktioniert. Indikatoren dafür sind: obligatorische – und sei es auch indirekte – Wahlen aller politischen Entscheidungsträger; das Vorhandensein realer Alternativen bei solchen Wahlen; freier Zugang

von Wählern und Kandidaten zu vielfältigen Informationsquellen; ein nicht sozial oder politisch eingeschränktes Wahlrecht; fairer Wahlkampf; freie, da geheime Stimmabgabe; wahrheitsgemäße Auswertung des Wahlergebnisses und dessen manipulationsfreie Umsetzung in die Ämterzuweisung; sowie reale Möglichkeiten der Gewählten, ihre Ämter auch anzutreten und anschließend *wirkungsvoll* auszuüben. Jeder Blick in das zeitgenössische Wahlgeschehen außerhalb der ‚westlichen Staatenwelt' zeigt, dass in sehr vielen Ländern hinter der Fassade von Demokratie der Fortbestand – zumindest partieller – autoritärer Herrschaft durch die Nutzung geeigneter Manipulationsmöglichkeiten gesichert wird.

- Schon an der Grenze zur ‚defekten Demokratie' steht der halbwegs stabile Typ eines genuin ‚*hybriden Regimes*'. Ein solches ist hinsichtlich der *Herrschaftslegitimation* dem Anspruch nach demokratisch und nutzt auch mehr oder minder freie Wahlen. Es setzt aber bevorzugt auf eine plebiszitäre Ausgestaltung von Demokratie, weil diese leichter personalisierbar und thematisch fokussierbar ist, und somit auch leichter ‚von oben her' gesteuert bzw. manipuliert werden kann, als es sich meist – nicht immer – mit einer repräsentativen Demokratie verhält. Im Kern geht es darum, Wahlen und Abstimmungen vor allem als Führungsinstrumente der Regierenden zu handhaben – und erst in zweiter Linie als Kontrollmöglichkeiten der Regierten. Hinsichtlich der *Herrschaftsausübung* erkennt man ein stabiles hybrides Regime daran, dass zwar auf der Grundlage von Rechtsvorschriften regiert wird, die in verfassungsmäßig vorgesehenen Verfahren von den zuständigen Institutionen hervorgebracht werden, dass aber nicht allgemeine Gesetze das zentrale Regierungsinstrument abgeben, sondern präsidiale Dekrete, Ermächtigungen oder Generalklauseln. Das alles stärkt die Exekutive und schwächt die Mitwirkungsmöglichkeiten der Regierten. Hinsichtlich der *Herrschaftsstruktur* gibt es in derlei hybriden Regimen zwar oft die durchaus anerkannte Legitimität der obersten Gerichte, doch in der Praxis eine nur sehr unvollkommene Kontrolle der Regierung durch horizontale Gewaltenteilung. Der *Herrschaftsumfang* schließlich ist in Hybridregimen wegen des Fehlens wirksamer legislativer Schranken für das Regierungshandeln nicht effektiv begrenzt. Also kann die Regierung, wann immer sie will, auch außerhalb des rechtlich vorgesehenen Rahmens in Grauzonen agieren sowie sich durch konspirative und korrupte Praktiken weitgehend einer Kontrolle seitens der Regierten entziehen. Als Folge dessen befinden sich politische oder sonstige Minderheiten in einem Zustand der Unsicherheit. Der mag erträglich sein, entspricht aber nicht den Freiheitsvorstellungen einer Demokratie.

Die weiter differenzierenden Abstufungen *defekter Demokratie* verfeinern im Grunde nur dieses Bild. Der diese Regimeausprägungen ordnende Leitgedanke lässt sich – nach Wolfgang Merkel (1952-) so zusammenfassen: Kern von Demokratie sind politische Partizipationsrechte der Bürgerschaft sowie faire Wahlen; dieser Kern ist eingebettet in weitere Systemmerkmale, die ihrerseits Voraussetzungen für wirksame Demokratie sind; zu diesen ‚umbettenden' Systemmerkmalen gehören vor allem effektive Regierungsgewalt, Gewaltenteilung und allgemeine bürgerliche Freiheits- und Gleichheitsrechte. Je nach den Defiziten, die es bei einem dieser den ‚Demokratiekern' umbettenden Systemmerkmale gibt, entstehen ‚defekte Demokratien'. Unter ihnen lassen sich mindestens vier Gruppen unterscheiden:

- Bei ‚*exklusiven Demokratien*', d.h. *ausschließenden Demokratien*, gibt es Defekte bereits im Kernbereich von Demokratie: Durch das Wahlrecht sowie durch sozialen Druck werden einzelne Gruppen der Regierten von wirksamer politischer Demokratie faktisch ausgeschlossen oder hinsichtlich ihrer Wirkungsmöglichkeiten benachteiligt. Übliche Ausgrenzungsgesichtspunkte sind das Geschlecht (‚Kein Wahlrecht für Frauen!'), der Besitz (z.B. beim preußischen Dreiklassenwahlrecht) oder die ethnische Zugehörigkeit (etwa die faktische Ausgrenzung der Afroamerikaner in den USA bis weit in die 1960er Jahre).
- *Illiberale Demokratien* entstehen durch Defekte bei der Rechtsstaatlichkeit als einem wichtigen, den ‚Demokratiekern' umbettenden Systemelement. Einesteils kommt es zu solchen Defekten auf Seiten des Rechts- und Justizsystems, etwa durch unzulängliche Rechtsinstitutionen oder Rechtsnormen, durch mangelndes Rechtsethos oder durch überhaupt fehlende richterliche Unabhängigkeit. Andernteils werden solche Defekte durch schlechtes Regieren herbeigeführt: Die Regierung schränkt – sogar grundlegende – Rechte und Freiheiten der Bürger oder einzelner Gruppen von Bürgern ein (womit die illiberale Demokratie auch noch zur ausgrenzenden Demokratie wird), oder sie missachtet die ihr eigentlich gesetzten verfassungsrechtlichen Grenzen: entweder, weil sie – aufgrund mangelnder wirksamer Kontrolle – dies ‚eben kann', oder umgekehrt gestützt auf jenen ‚Volkswillen', der durch mehr oder minder manipulierte Plebiszite festgestellt wurde. Obendrein kann sich gerade in illiberalen Demokratien sehr gut Korruption halten, verfestigen oder gar ausbreiten.
- *Delegative Demokratien* als nächste Form defekter Demokratien entstehen durch Defekte bei der Regierungskontrolle. Bei ihnen tritt an die Stelle einer Repräsentationsbeziehung eine (reine) Herrschaftsbeziehung, allerdings eine solche mit demokratischem Legitimationsanspruch. Zumal über (manipulierte) Plebiszite lässt sich, ganz im Gewand der Demokratie, die reale Macht an die Exekutive delegieren. In der Praxis erkennt man delegative Demokratien an einer Mischung der folgenden Merkmale: Einer schwachen Zivilgesellschaft, oder einem schwachen Parlament, steht eine starke, gut funktionierende Exekutive gegenüber; es gibt – zumindest in der Praxis – nur unzulängliche Möglichkeiten, Verantwortung seitens der Regierung einzufordern oder über die Sanktionsmechanismen horizontaler Gewaltenteilung auf die Regierung Einfluss zu nehmen; und außerdem

kann es unzulängliche Rechts- oder Verfassungsnormen dahingehend geben, dass aufgrund von Generalklauseln oder schwammigen Formulierungen die Bindewirkung des Rechts für das Regierungshandeln recht gering ist.

- Zu einer *Enklavendemokratie*, der vierten Form defekter Demokratie, kommt es, wenn sich die – vielleicht ansonsten recht stabil demokratisierte – Regierungsgewalt nicht auf dem ganzen Staatsgebiet, nicht in allen Bereichen der Gesellschaft oder nicht bei der Erfüllung sämtlicher Staatsaufgaben durchsetzen lässt. Gleichsam gibt es in einem noch stark autoritär durchwirkten Staat oder Gesellschaftssystem zwar schon ausgedehnte ‚Inseln der Demokratie'; doch es kann von diesen aus noch nicht das ganze Land regiert werden. Vielmehr mag es sein, dass einzelne Gruppen – Guerilleros, Milizen oder das Militär, mafiose Organisationen, Großgrundbesitzer oder Unternehmer, oft auch multinationale Konzerne – bestimmte Teile des Staatsgebiets oder größere Bereiche der Gesellschaft einfach dem Zugriff demokratisch bestellter Politiker entziehen. Ferner kann es sich so verhalten, dass die Verfassung ohnehin nicht die umfassende Durchsetzung von Demokratie vorsieht – entweder, weil Machtlagen aus der Zeit der Verfassungsgebung nachwirken und beispielsweise weiterhin einem Monarchen oder Staatsoberhaupt wichtige Befugnisse diktatorischer Abkunft belassen, oder weil eine demokratische Ausgestaltung mancher Lebensbereiche als unangemessen erscheint, etwa hinsichtlich des Sports oder der Finanzmärkte. Zu den Folgen gehört in jedem Fall eine Verzerrung der Prozesse von Machtbildung, Machtausübung und Machtkontrolle zugunsten der entsprechend bevorteilten Machtkonkurrenten oder Veto-Gruppen.

Gerade nach den letzten weltweiten Demokratisierungswellen der 1970er bis 1990er Jahre gibt es viele derart ‚defekte Demokratien'. Der Weg von ihnen zum voll entfalteten und auch funktionstüchtigen liberalen demokratischen Verfassungsstaat ist in der Regel weit, das Vorankommen auf ihm ungewiss. Noch weiter ist dieser Weg von den Hybridregimen her. Besonders lang und schwierig gestaltet er sich aber ausgehend von jenen autoritären Regimen, die überhaupt erst angefangen haben, mit Rechtsstaatlichkeit, Liberalisierung und Demokratie zu experimentieren. Offensichtlich bedarf es sehr viel guten Willens und erheblichen politischen Geschicks sowohl der autoritären Machthaber als auch der – meist widerständigen oder oppositionellen – Neuerer, desgleichen mannigfacher und keineswegs nacheilend zu schaffender kultureller Voraussetzungen sowie großer Fortüne, um autoritäre Diktaturen überhaupt auf den Weg einer erfolgreichen Transformation zum freiheitlichen Staatstyp zu bringen. Zwar erlebte gerade das 20. Jahrhundert wuchtige Wellen der Transition von autoritärer Herrschaft hin zum demokratischen Verfassungsstaat. Es erlebte aber auch das Scheitern von Versuchen voluntaristischer Demokratiegründung im Irak und in Afghanistan, desgleichen das Dahinkümmern sehr vieler ‚defekter Demokratien'. Jedenfalls ist nicht vorherzusagen, *dass* ein bestimmtes, oder gar ein jedes, autoritäres Regime sich auf Demokratie hin entwickeln wird.

c. Demokratieverfall

Obendrein können demokratische Verfassungsstaaten, wie der Blick in Geschichte und Gegenwart lehrt, auf vielfältige Weise verfallen. Es mag mancherlei politische Entscheidungen geben, die sich – auch wenn einst breit unterstützt – mittelfristig zum Nachteil vieler auswirken, die eine wenig responsive Politikerschaft angesichts von aufkommendem Bürgerprotest aber als alternativlos verteidigt, oder deren Kritik sie als populistisch und allenfalls niedrigen Motiven entspringend zurückweist. Auf diese Weise setzt ein schleichender Prozess der Erosion jenes Legitimitätsglaubens ein, der idealerweise ein politisches System seitens seiner Bürgerschaft trägt. Auch kann es dazu kommen, dass die politischen Institutionen schon zu Normalzeiten – und gar erst unter Krisenbedingungen – nicht mehr reibungslos funktionieren, ja einander womöglich blockieren. Das macht das politische System bei der Setzung und Durchsetzung der erforderlichen allgemein verbindlichen Regeln und Entscheidungen dann ineffektiv und entlegitimiert es hinsichtlich seiner konkreten Leistungen. Das Rechtssystem und die Verwaltungsstrukturen können korrupt und ineffizient werden, die einst integrierenden Massenmedien unglaubwürdig oder gegenüber der Regierung allzu unkritisch. Der vorpolitische Raum der Gesellschaft kann erodieren, ebenso die gesellschaftliche Verankerung der politischen Parteien. Die Leitgedanken eines auf Freiheit und Pluralismus setzenden Gemeinwesens können verblassen – einerseits zugunsten von allgemein bekundeter und praktizierter Politiker-, Parteien- und Politikverdrossenheit, andererseits in einem immer engeren Korridor des ‚politisch Korrekten', den zu verlassen schmerzliche mediale oder zivilgesellschaftliche Ausgrenzungen nach sich zieht. Alsbald werden immer weniger unter den Regierten die Rolle eines politisch aktiven, sich in der Öffentlichkeit hervortuenden Bürgers anstreben. Am Ende wird die Gesellschaft von ihrem demokratischen politischen System, so wie es sich verhält, immer weniger erwarten, es immer weniger unterstützen, auch immer weniger glauben, es bestehe zu Recht. Dabei scheint auf Phasen populistischer Auflehnung, mit der ein Teil der Regierten gegen die Vernachlässigung ihrer Interessen oder gegen Repräsentationsmängel protestiert, entweder eine Zeit der ‚inneren Kündigung' gegenüber dem eigenen Staatswesen zu folgen, die oberflächlich sogar wie eine ‚Rückkehr zur Normalität' anmuten mag. Oder der Systemprotest schwelt weiter und breitet sich, Schritt für Schritt, offen aus. Dann mag die erst imaginierte, später vielleicht wirklich zustande kommende Machtergreifung durch einen politischen Anführer, der seinerseits ‚konsequentes, problemlösendes Regieren mit starker Hand' in Aussicht gestellt hat, sogar wie die Befreiung aus einem morschen Käfig wirken – ganz gleich, ob diese Machtergreifung durch einen erdrutschartigen Wahlsieg, durch einen Staatsstreich oder als regelrechte Revolution einherkommt. Tatsächlich sind auf Phasen demokratischer Konsolidierung immer wieder solche des Demokratiezusammenbruchs gefolgt, im letzten halben Jahrhundert freilich in geringerem Umfang als zuvor.

Gleichwohl kann auch eine weiterhin nach außen hin intakt erscheinende Demokratie innerlich verfallen. Der britische Politikwissenschaftler Colin Crouch (1944–) hat derlei Zustände sowie den Weg dorthin als ‚Postdemokratie' beschrieben. Zwar werden nach wie vor freie Wahlen abgehalten; doch es konkurrieren – ohne sonderliche Anteilnahme der Bevölkerung – Berufspolitiker als Anführer solcher Parteien, die letztlich als Beutegemeinschaften auftreten. Dabei werden sie von professionellen PR-Experten inszeniert und präsentiert. Das alles lässt die Wahlen – mitsamt den sie in steriler Aufgeregtheit begleitenden Debatten – zu einem Spektakel werden, das man wie ein Sportereignis je nach mobilisierbarem Interesse verfolgt oder ignoriert. Hinter der Fassade der Demokratie lebt dann eine durch Wohlstand ruhiggestellte und durch moderne Massenmedien – zumal durch die Möglichkeiten des Internets – eingelullte Untertanengesellschaft, deren Politiker sie zum Nutzen privilegierter Wirtschafts- und Finanzeliten sowie zur Absicherung gemeinsamer Privilegien regieren. Besonders schwierig macht die Befreiung aus einer solchen Lage, dass es bei ihr nicht um das vergleichsweise leicht zu plausibilisierende *Erringen* von Demokratie ginge, sondern um die viel unscheinbarere Aufgabe der *Revitalisierung* einer solchen Demokratie, welche die meisten Bürger als ohnedies weiterhin gegebenen Besitz betrachten, um dessen Pflege und Sicherung man sich nicht selbst kümmern müsse. Eine solche ‚Spätdemokratie' ist ebenfalls eine Form ‚defekter Demokratie'. Beschädigt durch Mängel ihrer politischen Kultur, befindet sie sich durchaus auf der abschüssigen Bahn hin zu autoritärer Herrschaft.

d. Die Dynamik von Diktaturen

Autoritäre Herrschaft war in der Geschichte die häufigste politische Ordnungsform. Auch in der Gegenwart ist sie weit verbreitet. Vielfältig, wie autoritäre Diktaturen nun einmal sind, weisen sie auch sehr mannigfaltige und schwer zu systematisierende Wandlungsmuster auf. Gerade autoritäre Herrschaft muss oft auch gar nicht neu entstehen, sondern existiert als ‚traditionelles Herrschaftssystem' seit Menschengedenken. Wenn aber autoritäre Diktaturen neu entstehen, dann geschieht dies oft wie in bewusster Anwendung der Staatsgründungstheorie von Thomas Hobbes (1588–1679): Es gilt als wünschenswert, einen Ausweg aus bürgerkriegsartigen Zuständen zu schaffen, wofür die Aufrichtung autoritärer Herrschaft – mit ihrer Zentralisierung von Staatsgewalt, Unterbindung streitiger Willensbildung und Verhinderung offenen Konflikts – dank ihrer wenig anspruchsvollen und vergleichsweise leicht zu schaffenden Voraussetzungen nun einmal die zielführendste Methode ist. Geht autoritäre Diktatur nicht in dieser Weise mit einer (neuen) Staatsgründung einher und besteht dann fort, so kommt es zu ihr immer wieder nach dem Verfall eines freiheitlichen Staates, etwa durch Machtergreifung einer Junta in einem zuvor (halbwegs) demokratischen Staat, der aber nur noch unzulänglich funktionierte. Die zentrale politische Gestaltungsherausforderung, für deren Bewältigung autoritäre Diktaturen gut geeignet sind, besteht jedenfalls in der Errichtung und Sicherung stabiler Herrschaft unter den Bedingungen ungesicherter Staatlichkeit. Viele Entwicklungs- oder Wandlungsprozesse autoritärer Diktaturen führen tatsächlich auf einen solchen Zustand zu. Viele führen von ihm allerdings auch weg. Das ist der Fall, wenn das eingerichtete System größere Konstruktionsmängel aufweist, wenn es seinen Eliten an Tatkraft oder Leistungswillen fehlt, wenn sich unter ihnen Korruption in empörender Weise ausbreitet, oder wenn die Regierten die über sie ausgeübte Herrschaft und deren Leitideen nicht länger als rechtens akzeptieren wollen. Dazu kommt es gerade dann, wenn eine sowohl wohlmeinende als auch wirkungsvolle Diktatur die Voraussetzungen für wirtschaftliches Wohlergehen, für den Aufstieg einer Mittelschicht und für jene gesellschaftliche Machtdispersion geschaffen hat, aus der unweigerlich vielerlei Wünsche nach – eines Tages auch politischer – Partizipation entstehen. Dann treibt gerade die Dynamik einer sich vorteilhaft auswirkenden Diktatur in die Demokratisierung hinein.

Die dynamischste unter allen Diktaturformen ist allerdings der Totalitarismus. Dieser kann aus jeder politischen Ordnungsform sowie in jeder Lage entstehen, sofern nur die Legitimität eines bestehenden Systems erodiert, die Regierten obendrein ein nachhaltiges Unbehagen mit dem gesellschaftlich-politisch vorherrschenden Wertesystem überkommt, außerdem eine attraktive Alternative zum bestehenden System handlungsleitender Werte erkennbar wird, und überdies eine Gruppe tatkräftiger Aktivisten politischen Einfluss gewinnt. In der Praxis entsteht Totalitarismus meist aus guten Absichten oder zum Zweck, eine politische Sinn- und Strukturkrise zu überwinden. Oft reicht schon eine gewisse Anfangsplausibilität eines neuen Wertesystems, um seitens einer politisch aktiven Minderheit – in Verbindung mit Unterstützung durch massenwirksame Medien und politischer Passivität der Bevölkerungsmehrheit – einer für das neue Wertesystem einstehenden Führungsgruppe den Weg an die Macht zu öffnen. Ergreift eine solche Führungsgruppe dann wirklich die Macht, so mag sie beginnen, dieses neue Wertesystem umfassend durchzusetzen. Anschließend gibt es die oben schon beschriebenen drei Entwicklungspfade. Ist auf einem von ihnen Totalitarismus erst einmal in ein stabiles, autoritäres Regieren abgeklungen, kann man immerhin hoffen, eines Tages würde die Transformation dieses Regimes zu einer immerhin ‚defekten' Demokratie einsetzen.

e. Staatszerfall

Nächst dem Aufkommen von totalitärer Herrschaft ist der Zerfall von Staatlichkeit die schlimmste Form eines Wandels politischer Systeme. Solche Prozesse sind seit einiger Zeit nicht nur in etlichen afrikanischen Ländern beobachtbar. Sie zeigen aufs Deutlichste, dass Staatlichkeit wirklich keine ‚Naturtatsache' ist, auf deren Entstehen oder Bestehen man sich verlassen könnte, sondern ein stets gefährdetes (Zwischen-)Ergebnis nur *einstweilen* gelingender Konstruktion und Reproduktion politischer Wirklichkeit. Um das zu verstehen, stellt man sich ‚Staatlichkeit' – mit Georg Jellinek – am besten vor als eine Dreiheit von Staatsvolk, Staatsgebiet und Staatsgewalt, welch letztere ein ziemlich ausdifferenziertes, im Generationenwechsel verlässlich weiterzugebendes Institutionengefüge braucht. So einen Staat betrachtend, wird das Fehlen jeglicher Gewähr dafür klar, dass die in einem bestimmten Gebiet lebende Bevölkerung es schaffen wird, *langfristig* funktionstüchtige staatliche Strukturen zu betreiben. Ein überhaupt errichteter – und dann gar auf Dauer gestellter – Staat ist schlicht eine Ausnahmeform politischer Ordnung. Oberhalb kleinräumiger, sich auf die Regelung des Alltagslebens beschränkender politischer Systeme kamen denn auch in der Geschichte viel häufiger solche Herrschaftsformen vor, die vom zentralen politischen Anführer ganz persönlich geprägt, dann aber auch nicht sonderlich bestandsfähig waren, da sie für ihr Entstehen und Funktionieren von der Tatkraft ihres Anführers und beim Fortbestehen vom Gelingen der Nachfolge abhängig waren. Um solche ‚Herrschaftsinseln' oder ‚Reichskerne' herum fanden sich dann vielerlei Übergangszustände zwischen ‚autonomen Stammesstrukturen' und ‚zeitweiser loser Oberherrschaft eines Reiches', das anderswo seinen Kern hatte, desgleichen ausgedehnte Räume überhaupt ohne feste politische Ordnung. Und was solchen ‚vorstaatlichen' Ordnungsstrukturen immerhin für Jahrzehnte oder Jahrhunderte einen verlässlichen Handlungsrahmen bieten mochte, musste durchaus nicht jenem modernen Staat gleichen, den man im heutigen ‚Westen' oft für das Soll von Staatlichkeit hält. Jedenfalls waren weder die Reiche der Hethiter noch der Mongolen solcher Art.

Denn ‚westliche' Staatlichkeit – vielen als selbstverständlich geltend, doch noch keine 400 Jahre lang Grundlage des internationalen Systems völkerrechtlicher Beziehungen – entstand erst aus den europäischen Religions- und Bürgerkriegen des 16. und 17. Jahrhunderts. Sie hat außerdem sehr besondere Voraussetzungen, Prägefaktoren und Weiterentwicklungen. Zu diesen gehören das römische Rechtsdenken ebenso wie der christliche Dualismus von organisierter Politik und organisierter Religion, ferner die Verbindung eines machtvollen Ständewesens mit stabiler Zentralgewalt, obendrein die Einbettung all dessen in die Leitgedanken von Aufklärung, Liberalismus und – viel später – von repräsentativer Demokratie. Europas nach solchen Prinzipien aufgebaute Staaten schafften es, nicht nur im Inneren zu sehr stabilen Herrschaftsverbünden zu werden,[63] sondern vermochten auch noch jenen Vorsprung an Verkehrs- und Waffentechnologie, desgleichen an Wirtschaftskraft und Unternehmergeist zu entwickeln, dem sich sehr wenige Jahrhunderte lang die weltweite Prägekraft, ja Vormacht Europas und seiner Kolonien verdankte. Im Verlauf des europäischen Kolonialismus bzw. – unter Einschluss der USA – des westlichen Imperialismus, zu dem außerdem die revolutionäre Verbreitung der realsozialistischen Variante europäischer Staatlichkeit gezählt werden kann, gelangte dann ein Großteil der Erde in den Bannkreis politischer Ordnungsstrukturen europäischen Ursprungs.

Deshalb nahmen sich vielerlei Elitegruppen nicht-europäischer Kulturen im Lauf etlicher Jahrzehnte nicht nur europäische Technik und Kultur zum Vorbild, sondern auch Europas Staatlichkeit. Doch weiten Teilen der nicht-europäischen Völker blieb derlei eher fremd oder wurde ihnen aufgezwungen. Heimisch wurden europäische Staatlichkeit und die sie tragenden kulturellen Muster letztlich nur dort, wohin sie – wie nach Nord- und Südamerika, nach Australien oder Neuseeland – gemeinsam mit einer dann während langer Zeit dominierenden europäischen Bevölkerung verbracht wurden. Wo aber der europäische Einfluss zeitlich oder auf ‚verwestlichte' Elitegruppen beschränkt blieb, dort entstanden eben auch nicht jene kulturellen Voraussetzungen, auf die europäische Staatlichkeit gegründet ist. Das gilt für die meisten islamischen Gesellschaften, für weite Teile des subsaharischen Afrika, vielfach – doch keineswegs flächendeckend – für das konfuzianisch, buddhistisch oder hinduistisch geprägte Asien. Einesteils bestanden dort oft traditionelle politische Ordnungsformen fort, wenn auch überlagert – und deshalb um ihr bisheriges Funktionieren gebracht – durch westliche Herrschaftsstrukturen und Wirtschaftsprozesse. Andernteils ließen sich, zumal nach der Entkolonialisierung oder im Anschluss an sozialistische Revolutionen, zwar gemeinsam mit eingesessenen Eliten die Fassaden europäischer Staatlichkeit errichten, ja konnte man die Herrschaft kooperierender Eliten

---

63 Für die *sozial konstruierte* ‚Selbstverständlichkeit', dass eine – institutionell gleichwie ausgestaltete – Regierung besteht und eine Gesellschaft sich – selbst unter Inkaufnahme individueller Kosten – auch regieren *lässt*, führte Michel Foucault (1926–1984) in den 1970er Jahren in inspirierender, doch wenig systematischer Weise den Begriff der ‚gouvernementalité' ein. In einem nicht minder inspirierenden Missverständnis oft als Zusammensetzung von ‚gouvernement' und ‚mentalité' aufgefasst und auf den so vorgezeichneten Pfaden der Theorieausarbeitung dann fortgeführt, verweist dieser Begriff – englisch: ‚governmentality', deutsch: ‚Gouvernementalität' – dann auf die kulturellen Voraussetzungen stabilen Regierens, zumal auf die kulturellen Grundlagen der erforderlichen Machtformen sowie von Rationalität als Richtschnur machtausübenden Handelns, desgleichen darauf, dass derlei ‚Mentalität' sowie die von ihr getragenen Strukturen nicht per Design oder kurzfristig entstehen, sondern sehr langen, kontingenten und kulturell-individuellen Prozessen verdanken. Das macht das Konzept der Gouvernementalität sehr erkenntniserschließend sowohl für die Analyse von fragiler Staatlichkeit als auch für das Scheitern vieler post-kolonialer Versuche eines ‚Exports' der Institutionen westlicher Staatlichkeit in kulturell ganz anders geprägte Gesellschaften.

durch die – wechselseitig konkurrierende – Wirtschafts- und Militärhilfe von ‚Westen' und ‚Ostblock' zeitweise von außen stabilisieren. Doch als nach dem Ende des Ost/West-Konflikts bisherige Anreize für derartige Stabilisierungsleistungen entfielen sowie, befeuert vom ‚Washingtoner Konsens' von Weltbank und Internationalem Währungsfonds, der Globalisierungsprozess die ohnehin prekäre Stabilität vieler Staaten weiter schwächte, brachen etliche jener ‚Staatsfassaden' zusammen – teils mangels Substanz und Legitimität, teils unter der Wucht innerer Konflikte.

Innerhalb so entstandener ‚Staatsruinen' bildeten sich bald neue, stark personengebundene Herrschaftsordnungen, die oft auf Waffengewalt, auf mafiose Wirtschaftsmacht, auf geschickte Ausnutzung internationaler Hilfsorganisationen, auf ethnische Differenzen oder auf religiös-ideologische Heilsversprechungen gegründet sind. Wo nämlich weder eine nominelle ‚Zentralregierung' noch fallweise von außen eingreifende Staaten in der Lage sind, ein ‚Staatsgebiet' wirkungsvoll zu kontrollieren, dort zerfällt die frühere ‚Staatsgewalt' eben rasch zur – meist nur zeitweise verlässlich ausübbaren – persönlichen Macht der Anführer von Beutegemeinschaften vielfältiger Art. Außerdem entsteht anstelle eines ‚Staatsvolks' rasch eine untertanenartige Bevölkerung, die sich auf Einschüchterung, Ausbeutung und solche knapp dosierten Hilfsleistungen der jeweils Mächtigen einstellt, als deren Gegenleistung Gehorsam zu leisten ist. Und haben sich solche kulturellen Muster erst einmal verfestigt, dann lässt sich schwer wieder ein auf Recht, bürgergesellschaftliche Mitverantwortung und Pluralismus gegründeter Staat europäischer Prägung aufbauen, geschweige denn eine Demokratie. Aus westlicher Warte lernt man dann, und zwar meist schlechten Gewissens, den Wert wenigstens ordnungssichernder autoritärer Herrschaft neu schätzen. Aus der Warte anderer Kulturen mag man hingegen auf die Entstehung einer überzeugenden, besser zu den jeweiligen Gegebenheiten oder zur eigenen Werteordnung passenden Alternative zu jener ‚westlichen Staatlichkeit' hoffen, die – oder deren Fassade – jeweils zerfallen ist.

Deshalb kann man Staatszerfall einerseits als eine ‚regulative Katastrophe' verstehen, als ‚schöpferische Zerstörung' im Sinne Joseph Schumpeters (1883–1950). In deren Vollzug entledigen sich viele Gesellschaften des ihnen zu Zeiten westlicher Hegemonie faktisch aufgezwungenen Staatsmodells europäischer Herkunft und finden anschließend – so die womöglich falsche Hoffnung – zu neuer, vielleicht fortan eigener und dann auch stabiler politischer Identität. Tatsächlich unternehmen die westlichen Staaten immer weniger Versuche, durch von außen angedientes ‚nation-building', oder durch Militärinterventionen ‚im Dienst von Menschenrechten und Demokratie'. gegen derlei Prozesse vorzugehen. Die Interventionen in Somalia, im Irak und in Afghanistan haben die sehr eng begrenzten Möglichkeiten solcher Projekte voluntaristischen Aufbaus westlicher Staatlichkeit schmerzlich vor Augen geführt. Mit ihnen verwickelt man sich nur in ‚asymmetrische' Kriege, welche die Armeen freiheitlicher Staaten nicht gewinnen können, und provoziert man eine – sich selbst verstärkende Abstoßung – westlicher politischer Ideen und westlicher Staatlichkeit in Form von ‚anti-westlichem Fundamentalismus'.

Andererseits ist der Preis für solche Entwicklungen gerade in den vom Staatszerfall betroffenen Gesellschaften sehr hoch. Die wichtigsten öffentlichen Güter westlicher Gesellschaften, ihrerseits funktionierende demokratische Staatlichkeit voraussetzend, werden dann nämlich nicht mehr hervorgebracht: Es fehlen Sicherheit im Inneren und nach außen, Rechtsstaatlichkeit, praktizierter Pluralismus sowie persönliche Freiheit, und von einem nachhaltigen Wirtschaftssystem, weitblickender Infrastrukturpolitik sowie wirkungsvoller Gesundheits- oder Sozialpolitik ist meist ganz zu schweigen. Stattdessen brechen Bürgerkriege aus. Die bringen, im schlimmsten Fall, gleich mehrere Generationen um die wirtschaftlichen und kulturellen Vorteile einer friedlichen Entwicklung, ja um alle Chancen eines ‚guten Lebens'. So ungerecht sich Staatszerfall auf die Regierten auswirkt, so vorteilhaft mag er hingegen für die zeitweisen Machthaber sein: Ohne staatliche Regelungskraft öffnen sich neue Möglichkeiten persönlicher Bereicherung, gegründet auf Ausbeutung, Schutzgelderpressung oder mafiosen Handel. Man muss auch etliche drückende Kosten des Regierens nicht mehr tragen, was es für Politiker sogar rational machen kann, sich mit einer solchen Lage abzufinden: Nicht mehr am Anspruch ‚guten Regierens' muss man sich messen lassen, sondern für die Machsicherung genügt die Fähigkeit, erfolgreiche Beutezüge anzuführen; man muss keine Regeln mehr durchsetzen, die zu den aktuellen Interessenlagen möglicher Verbündeter querliegen könnten, sondern darf zum wechselseitigen Vorteil auf aktive sowie passive Korruption bauen; und auch um ein staatliches Waffen- und Gewaltmonopol braucht man sich nicht mehr zu mühen, sondern kann fallweise nützliche Allianzen schließen. Das alles macht es tüchtigen Anführern leichter als in wohlgeordneten Staaten, sich an der Macht zu halten und ihre jeweils nächsten Ziele zu erreichen. Doch die Kosten dafür trägt die Masse der Bevölkerung – und das ist unfair.

Wer also das Glück hat, in einem halbwegs funktionierenden demokratischen Verfassungsstaat zu leben, der sollte den Wandel politischer Systeme nicht bloß wie einen analytisch interessanten Entwicklungsprozess zur Kenntnis nehmen. Er sollte sich vielmehr vor Augen führen, dass demokratische Verfassungsstaaten wegen ihrer vielfältigen Voraussetzungen sehr seltene politische Systeme sind, deren enorme Leistungsstärke mit großer Verletzlichkeit einhergeht, und bei denen es sehr unwahrscheinlich ist, dass sie – einmal zerstört – in absehbarer Zeit neu entstehen könnten. Also sollten gerade Politikwissenschaftler es zu ihrer Aufgabe machen, in ihrem Wirkungsbereich auf eine Politik der *Reformen* hinzuwirken, die allein diesen Systemtyp angesichts allen Wandels funktionstüchtig erhalten kann. Und wenigstens sollten sie ihre Kraft daransetzen, einen Systemwandel *weg* von demokratischer Verfassungsstaatlichkeit zu unterbinden.

VI. Strukturierende Prinzipien politischer Systeme

Politische Systeme entstehen nicht von selbst. Sie werden von Menschen anhand von Gestaltungsideen hervorgebracht, und sie werden entlang von strukturierenden Prinzipien betrieben. Insbesondere dem liberalen, demokratischen Verfassungsstaat, wie er in Europa entstanden ist, liegen sehr besondere geschichtliche Erfahrungen und von ihnen abgeleitete Strukturprinzipien zugrunde. Insgesamt lässt sich die Errichtung und Geschichte von politischen Systemstrukturen bzw. von Institutionen als ein Prozess von Versuch und Irrtum, Bewährung und Bewahrung verstehen, in dem aus glückenden ebenso wie aus misslingenden ‚Gesellschaftsexperimenten' oder ‚Verfassungsexperimenten' weiterzugebende Lehren gezogen wurden.

1. Lehren aus der Evolution politischer Systeme

a. Sozialität und Xenophobie

Im Lauf der Evolution politischer Systeme kam es zu überaus vielen, nützlichen ‚politischen Erfindungen'. Deren Grundlage war ein systemkonstruktiv geschickter Umgang mit zwei offenbar tief im Schichtenbau der Wirklichkeit verankerten Merkmalen von Menschen:

- Erstens gibt es die natürliche *Sozialität*[64] des Menschen *innerhalb von Kleingruppen*. Zweifellos auch genetisch verankert und deshalb mit vielen anderen Spezies geteilt, äußert sie sich in einem Handlungsprofil, das von intensiver Nachwuchspflege über Freundschaft und Liebe bis hin zum Altruismus reicht. Davon geprägte Gesellungsformen gehen aber, wenigstens bei höheren Lebewesen, selten über relativ kleine Gruppen hinaus. Aristoteles hatte dieses Merkmal von Menschen im Sinn, als er den Menschen ein ‚zóon politikón' nannte, nämlich ein auf das Zusammenleben mit anderen Menschen angelegtes Wesen. Diese natürliche Sozialität ist gleichsam der Baustoff, aus dem menschliche Gesellschaften und deren politische Systeme gemacht sind. Wohl am besten wird er genutzt, wenn einerseits soziale und politische Makrostrukturen stufenweise aus so kleinen Strukturgefügen aufgebaut sind, dass in diesen jene natürliche Sozialität wirken kann, und wenn andererseits die Inhaber von Führungspositionen sowohl ‚nach unten' als auch auf ihren Führungsebenen – sowie ebenfalls ‚nach oben' – ihrerseits in derartige Kleingruppen eingebunden sind. Dann kann die natürliche Sozialität des Menschen horizontal wie vertikal Zusammenhalt und Solidarität stiften. An Grenzen kommen derlei Bindekräfte allerdings, wenn die aufzubauenden und zu steuernden Struk-

---

64 Von lat. ‚sociālis', d.h. kameradschaftlich, bundesgenössisch.

turen für die Handelnden anonym und abstrakt werden – etwa in Gestalt von globalen Unternehmen, von internationalen Finanzmärkten oder von Waffensystemen mit extremer Fernwirkung.
- Die Kehrseite der natürlichen Sozialität innerhalb von Kleingruppen scheint ein zweites, offenbar ebenfalls genetisch verankertes Merkmal von Menschen zu sein. Es handelt sich um *Xenophobie*,[65] d.h. um die Angst vor ‚den anderen' und vor ihrer – der *eigenen* (Klein-)Gruppe auffallenden – Andersartigkeit, gegebenenfalls auch um Neid auf sie und auf ihre Besitztümer. Folge dessen ist die immer wieder, ja die ganze Geschichte hindurch zu beobachtende *Unfriedlichkeit zwischen Gruppen* von Menschen, ausgetragen als Cliquen- oder Bandenstreit, als Klassen- oder Rassenkampf, als Stammes- oder Staatenkrieg. Es hat den Anschein, als reiche die angeborene Sozialkompetenz von Menschen nicht über jene Kleingruppen hinaus, in denen – im Lauf der mindestens rund zwei Millionen Jahre umfassenden menschlichen Phylogenese[66] – unsere Spezies selektiert wurde, und auf deren Funktionslogik sie ‚von Natur aus' adaptiert ist. Weit über die Grenzen solch ‚naturwüchsiger' Sozialkompetenz hinaus hat die Menschheit aber, trotz aller Rückschläge, seit der – wohl vor rund 10.000 Jahren beginnenden – Entstehung von Hochkulturen, und seit der – vermutlich rund 5.000 Jahre zurückreichenden – Schaffung einzelner Großreiche, die Bildung immer ausgedehnterer gesellschaftlicher, wirtschaftlicher und politischer Systeme betrieben. Diese Systeme reichen heute bis zur globalisierten Weltwirtschaft, auch bis zu einer überaus heterogenen Weltgesellschaft und einer sehr kulturimperialistisch uniformierten Weltzivilisation mit internationalen Organisationen und Regimen. Solche komplexen Gesellschafts-, Wirtschafts- und politischen Strukturen zusammenzuhalten und zu steuern, verlangt eine Sozial- und Regierungstechnik, die uns eben *nicht* ‚natürlich gegeben' ist, sondern ein – stets von Missachtung und Vergessen bedrohtes – Ergebnis sozialer und kultureller Evolution darstellt.

Thomas Hobbes, selbstbewusster Kritiker von Aristoteles, gründete auf genau das *Fehlen* einer den individuellen Lebensbereich übergreifenden menschlichen Sozialität seine Lehre vom richtigen Aufbau eines politischen Systems. Im Grunde übertrieb er dabei eine völlig richtige Ausgangsbeobachtung nach der einen Seite hin ebenso sehr, wie das Aristoteles zur anderen Seite hin getan hatte. John Locke zog dann aus *beiden*, dialektisch zusammengehörenden Sichtweisen eigene systemkonstruktive Schlussfolgerungen und baute seine Lehre von der richtigen Konstruktion eines politischen Systems sowohl auf die menschliche Sozialität *in* Gruppen als auch auf die menschliche

---
65 Von griech. ‚xénos', d.h. der Fremde, und ‚phobía', d.h. Furcht.
66 Unter Phylogenese versteht man die Entstehung einer Spezies (etwa der menschlichen), unter Ontogenese die eines Individuums (etwa eines einzelnen Menschen).

Xenophobie *zwischen* Gruppen. Das ist der bis heute bestmögliche Ansatz eines politikwissenschaftlichen Systemanalytikers sowie derer, die politische Gestaltungsversuche unternehmen. Jedenfalls muss durch Experimentieren mit Inhalten, Prozessen und Strukturen bei der Herstellung allgemeiner Verbindlichkeit das Problem gelöst werden, *zwischen* konkurrierenden Gruppen nachhaltig Frieden zu sichern.[67] Die nötigen Mittel, dieses Problem zu lösen, bietet die natürliche Sozialität des Menschen *innerhalb* von Gruppen; und der Weg zur Problemlösung besteht darin, geeignete *Vernetzungen* von Gruppen bzw. Eliten sowie funktionstüchtige *Spielregeln* für deren aller Zusammenwirken zu schaffen. Jene ‚politischen Erfindungen' und bewährten Strukturprinzipien, die auf diesem Weg zum Systemtyp des liberalen demokratischen Verfassungsstaates geführt haben, lassen sich wie folgt umreißen.

b. Der Wert von ‚Staatlichkeit'

Zunächst müssen überhaupt für einen wirksamen und verlässlichen Prozess der Herstellung sowie Durchsetzung allgemein verbindlicher Regelungen oder Entscheidungen *in* Gruppen von Menschen gesorgt werden. Im Lauf der Geschichte[68] nahm das die Form an, dass sowohl das Konzept als auch die reale Ausübung von ‚*legitimer Zwangsgewalt*' entstanden, und dass sich belastungsfähige politische Systeme entwickelten, darunter: der Staat. Die Entstehung von solchen, robusten politischen Systemen geht zurück bis zur Jungsteinzeit, als – heute ‚neolithische Revolution' genannt – Menschen neben der Viehzucht auch den Ackerbau entwickelten und seinetwegen schrittweise zur (eher) sesshaften Lebensweise übergingen. Das erlaubte die

---

67 In der Regel unterscheidet man zwei Pole von Frieden, zwischen denen sich die Fülle möglicher Sozialregulationen entfaltet. ‚Negativer' Frieden bezeichnet nicht mehr als die Abwesenheit von (organisierter) Gewalttätigkeit, etwa von Krieg. Ein Konflikt ist in diesem Fall aber nicht schon ‚geregelt' oder gar beigelegt; vielmehr verzichtet man allein darauf, ihn gewaltförmig auszutragen. Hingegen meint der Begriff des ‚positiven' Friedens – weit über die tatsächliche Abwesenheit von Gewalt oder der Drohung mit Gewalt hinaus – die Folgen eines für fair gehaltenen Interessenausgleichs. Das Ringen um eine stabile politische Ordnung geht üblicherweise zunächst auf ‚negativen Frieden' aus und versucht dann, einen stabilen ‚positiven Frieden' auf die fortan eröffneten Kooperationsmöglichkeiten zu gründen. Während dies heute innerhalb politischer Systeme meist gut gelingt, bleibt derlei weiterhin eine große Herausforderung internationaler Beziehungen und internationaler Politik.
68 Solange – wie bis weit ins 19. Jahrhundert – die tatsächliche ‚Naturgeschichte' des Menschen ganz unbekannt war, weshalb weder die Urgeschichtsforschung noch eine vergleichende Anthropologie empirisch gesichertes Wissen über den sogenannten ‚Naturzustand' menschlichen Zusammenlebens bereitstellten konnten, waren die ‚Klassiker' der Politikwissenschaft – Aristoteles, Hobbes, Locke, Rousseau und viele andere – auf *Spekulationen* über die Entstehung von Staatlichkeit und ihre Grundlagen angewiesen. Inzwischen ist es aber nicht mehr so, dass die ‚Staatsentstehungstheorien' von etwa Aristoteles oder Hobbes entweder geglaubt oder abgelehnt werden müssen. Soweit sie als empirische Theorien gemeint sind, wie bei Aristoteles, kann man sie überprüfen und verbessern. Und soweit sie als Denkmodelle gemeint sind, wie bei Hobbes, kann man sie mit dem konfrontieren, was nunmehr an Tatsachenwissen verfügbar ist.

Ansammlung äußerst begehrenswerter Güter an alsbald bekannten Orten. Zu den Folgen all dessen gehörten Angriffslust von außen und Verteidigungsanstrengungen von innen. Also nicht ohne Grund entstanden die frühesten, territorial verfestigten politischen Systeme in den Grenzgebieten zwischen sesshaften und nichtsesshaften Menschengruppen, sofern die klimatischen und geographischen Gegebenheiten dort eine halbwegs verlässliche Versorgung mit Wasser und Nahrungsmitteln erlaubten. Diese ersten politischen Systeme wurden gleichsam zur Grundschule nachhaltig wirksamer Herrschaftstechnik. Zwar ging die Tradition solcher (Proto-)Staatlichkeit auf einem gegebenen Gebiet immer wieder verloren. Doch seit der Jungsteinzeit gibt es kontinuierlich, wenn auch nicht überall oder jeweils zur gleichen Zeit, diese Grundform der Lösung des Problems, innerhalb einer auch größeren und differenzierten Gesellschaft Zusammenhalt auf Dauer zu stellen, sowie politische Systeme gegen die Rivalität konkurrierender Gesellschaften zu sichern.

Im Europa der nachreformatorischen Religions- und Bürgerkriege, also im 16. und 17. Jahrhundert, wurde die derzeit international verbreitetste Form der Lösung dieses Problems entwickelt. Sie besteht – wie schon erwähnt – darin, auf einem gegebenen Gebiet (,Staatsgebiet') die über Bewohner dieses Gebiets (,Staatsvolk') ausgeübte Macht zum Zweck der Herstellung und Durchsetzung *allgemeiner* Verbindlichkeit als ,Staatsgewalt' zu *zentralisieren* sowie einer *einzigen* Institution oder Person anzuvertrauen. An die Stelle von – wie im europäischen Feudalismus und Ständestaat – *geteilten* Herrschaftsbefugnissen und *konkurrierenden* Herrschaftsträgern, was beides in politische Instabilität und Bürgerkriege hineingeführt hatte, wurde dergestalt eine Machtposition errichtet, die den anderen auf diesem Gebiet agierenden Gewalten recht klar überlegen war. Gerechtfertigt wurde das ihr zufallende *Monopol der legitimen Zwangsgewalt* damit, nur auf diese Weise lasse sich der Bürgerkrieg bannen. Eine solche Argumentation war aus der damaligen zeitgeschichtlichen Perspektive überaus plausibel. Der aus solchen Problemlagen und derlei Begründungen entstehende absolutistische Staat entfaltete auch wirklich seine in Aussicht gestellte Befriedungskraft nach innen. Jene Tatsache der sowohl gewollten als auch real gegebenen Überlegenheit einer – in Europa beim Fürsten oder König liegenden – Oberherrschaft nannte man ,Souveränität',[69] den Inhaber dieser obersten und ihrerseits von rechtlichen Bindungen freien Gewalt meist ,den Souverän'.[70] Als sich rund zweihundert Jahre später die Vorstellung zu verbreiten begann, diese oberste Gewalt solle nicht bei einem ,von Gottes Gnaden' herrschenden Fürsten liegen, sondern bei den Regierten, trat in jene Denk- und Argumentationsfigur das Volk als imaginäres Kollektivsubjekt ein: Aus der (Fürsten-)Souveränität wurde

---

69 Von lat. ,superíoritas', d.h. Übermacht, Überlegenheit.
70 Im Sprachgebrauch des Völkerrechts wirkt das bis heute nach: Ein souveräner Staat ist ein Staat, über dem – wenigstens rechtlich – keine andere Gewalt steht.

– zunächst als Kampfbegriff – die ,Volkssouveränität', die sich später – und wesentlich komplexer – als ,Demokratieprinzip' durchsetzte.[71]

Indem sowohl das Konzept der Souveränität als auch – in Gestalt des neuzeitlichen Staates – die diesem Konzept entsprechende stabile Herrschaftsorganisation[72] geschaffen wurde, waren drei folgenreiche Leistungen erbracht:

- Erstens war die Gefahr des Bürgerkrieges gebannt: *Innerhalb* von Staaten konnten die Gesellschaften – sofern es keinen von außen in sie hineingetragenen Krieg gab – sich friedlich entwickeln.
- Zweitens effektivierte der gesicherte Frieden im Inneren die Regierungs- und Steuerungsmöglichkeiten des Staates. Es wurden wirksame Fiskalsysteme und rationale Verwaltungsstrukturen geschaffen, was Hoffnungen darauf erweckte, im Grunde lasse sich das gesamte menschliche Zusammenleben vernünftig von Staats wegen organisieren, falls das eine aufgeklärte – oder später: eine ,wissenschaftlichen Prinzipien' folgende – Obrigkeit nur wolle.
- Drittens entstanden mit der festen Organisation des Staatsapparates Ansatzpunkte dafür, die zwar überaus wirksame, doch jederzeit willkürlich, ungerecht und unsachgemäß anzuwendende Macht des ,Souveräns' zu bändigen und ihrerseits zu rationalisieren. Der ,Große Leviathan', wie Thomas Hobbes das zum Zweck der Überlebens- und Friedenssicherung geschaffene Ungeheuer des machtvollen modernen Staates nannte, konnte so an Ketten gelegt werden. Rechtsstaatlichkeit, Gewaltenteilung, Demokratieprinzip und Liberalismus sind deren Namen.

Keineswegs gibt es solche Strukturprinzipien zur Bändigung der Staatsmacht erst – oder nur – in der europäischen bzw. neuzeitlichen Geschichte. An deren Beispiel können sie aber knapper und systematischer dargestellt werden als anhand einer dem tatsächlichen Entwicklungsverlauf nachspürenden institutionen- oder ideengeschichtlichen Skizze.[73]

c. Möglichkeiten der Bändigung von Staatsmacht

(1) Rechtsstaatlichkeit

Der erste Schritt der *Bändigung* einer immer wieder aus guten Gründen errichteten *starken* Staatsmacht besteht darin, das staatliche Handeln *an klare Rechtsregeln zu binden*, womit ihm seine unberechenbare Willkürlich-

---

71 Im Grunde schlug das politische Denken damit auch einen Bogen zurück zu Zeiten, *bevor* die Denkfigur der Souveränität alle Macht einem ,Staatsoberhaupt' zugewiesen hatte, etwa zu den Überlegungen des Marsilius v. Padua (1275–1343).
72 Zur Herkunft des Staatsbegriffs aus der Vorstellung eines ,festen Zustands' bzw. eines ,stabilen Status' siehe unten auf S. 400 die Anm. 19.
73 Zu entsprechenden Lehren aus der Verfassungsgeschichte siehe S. 299f der 7. Aufl. meiner ,Einführung in die Politikwissenschaft'.

keit[74] genommen wird. Im Kern geht es darum, die eigenständigen Gestaltungsbefugnisse eines Machthabers, genannt dessen ‚Prärogative'[75], dadurch zurückzuschneiden, dass auch er sich an schon bestehende Rechtsnormen halten muss – ganz gleich, ob diese sich von der Tradition des ‚guten alten Rechts' herleiten, von den Grundsätzen eines Reichsgründers, von den Prinzipien einer Glaubensgemeinschaft oder vom Gesetzgebungswerk eines Parlaments. Doch natürlich müssen Rechtsnormen immer wieder angepasst und dafür geändert werden. Soll das nicht willkürlich geschehen, so braucht es auch *dafür* klare Rechtsnormen. Diese haben festzulegen, auf welche Weise bestehendes Recht verändert werden darf. Solche Rechtsnormen können sich entweder darauf beziehen, wer zur autoritativen (Um-)Interpretation von bestehenden Rechtsnormen befugt ist, oder darauf, welche Form ein Rechtssetzungsprozess annehmen muss, der einzelne Gesetze oder die ganze Verfassung – das ‚gesatzte Recht' – verändern soll. Indem man nicht nur das staatliche Handeln an Rechtsnormen bindet, sondern auch deren Weiterentwicklung ihrerseits rechtlich normiert, entsteht der *formale Rechtsstaat*.[76] In einem solchen ist das staatliche Handeln – und zwar auch das rechtsetzende Handeln – an Rechtsnormen gebunden, über deren Einhaltung unabhängige Gerichte wachen. Folgenreich ist insbesondere das Bestehen von unabhängigen Verwaltungsgerichten, die so viel Autorität besitzen, dass sich auch die Staatsgewalt nicht über sie und ihre den staatlichen Handlungsspielraum beschränkenden Urteile hinwegsetzen kann.[77]

‚Formal' ist ein Rechtsstaat dieser Art insofern, als keine Festlegungen darüber getroffen werden, welchen *Inhalt* jene Rechtsnormen haben oder nicht haben dürfen, die auf rechtsförmige Weise gesetzt werden (‚positives

---

74 Im Begriff der ‚Willkür' steckt das weitgehend außer Gebrauch gekommene Wort ‚Kür', kenntlich etwa noch im Begriff des ‚Kurfürsten'. Küren heißt, etwas – beispielsweise eine Handlungsweise – frei zu wählen. Willkür meint also, etwas allein nach dem eigenen, jeweiligen Willen zu tun oder zu lassen.
75 Von lat. ‚praerogativus', d.h. zuerst abstimmend, womit sich im Römischen Senat die Dynamik des anschließenden öffentlichen Abstimmungsvorgangs beeinflussen ließ.
76 Ein Missverständnis läge vor, wollte man einen Staat, der Rechtsstaatlichkeit für sich beansprucht, für ‚arrogant' oder selbstgefällig halten. Zwar ist ein Rechtsstaat tatsächlich das Gegenteil eines Willkürstaates und deshalb überaus lobenswert. Doch diese Qualität entsteht nicht durch bloße (Selbst-)Zuschreibung, sondern allein dadurch, dass sich das gesamte staatliche Handeln tatsächlich vom Recht leiten lässt. Insofern ist ‚Rechtsstaatlichkeit' eine Kategorie, welche gute Möglichkeiten einer scharfen Systemkritik ermöglicht.
77 Hier ist klar zu sehen, worin Rechtsstaatlichkeit sich von bloßer ‚Gesetzlichkeit' unterscheidet, wie sie etwa in der DDR politisch praktiziert wurde. Gesetzlichkeit meint nämlich, dass der Staat seine Ziele anhand von Gesetzen durchsetzt, diese also stets im Sinne und gemäß den Zielen der jeweiligen staatlichen Politik zu interpretieren bzw. anzuwenden sind. Recht oder Legalität ist dergestalt nur ein Instrument, ein technisches Umsetzungsmittel von Politik, nicht aber deren erste Beschränkung und Ziel. Im Grunde ist praktizierte ‚Gesetzlichkeit' – etwa im Sinn ‚sozialistischer Gesetzlichkeit' – nur eine rationalisierte Form von Willkürherrschaft.

Recht'[78]), und an welche dann das staatliche Handeln gebunden wird.[79] Weil in ihm aber *alles* als Recht gilt, was auf rechtlich vorgesehenem Weg zum Gesetz gemacht wurde, kann ein rein formaler Rechtsstaat in die folgende Sackgasse geraten: Wenn – beispielsweise – ein Parlament, das durch positives Recht zur Gesetzgebung befugt ist, durch ein ordnungsgemäß zustande gekommenes Gesetz einer ethnischen Minderheit im Lande das Bleibe-, Eigentums- oder gar Lebensrecht entzieht, so wird derlei innerhalb eines rein formalen Rechtsstaatsdenkens (‚Positivismus') als rechtens gelten, von der Exekutive als geltendes Recht vollzogen und von den Gerichten ihren Urteilen zugrunde gelegt werden. Völlig legal werden Menschen dann vertrieben, enteignet oder umgebracht. Und weil im Rahmen eines formalen Rechtsstaats die *Inhalte* des Rechts völlig frei wählbar sind, solange nur die *Formen* des Rechts und der Rechtssetzung eingehalten werden, kann nach einem politischen Umbruch somit unverfroren oder nach bestem (Untertanen-)Gewissen geglaubt werden: ‚Was gestern (formales) Recht war, kann doch heute nicht Unrecht sein; und was heute als Unrecht *gilt*, war das gestern *wirklich* noch nicht!'[80]

Den Weg in diese Sackgasse vermeidet, wer der Vorstellung folgt, die wichtigsten Rechtsnormen würden nicht erst vom Staat gesetzt, sondern bestünden ganz einfach schon. Dann kommt dem Staat nämlich keine andere Aufgabe zu als die, im Interesse der Regierten das eigentlich ‚immer schon bestehende' Recht innerstaatlich durch geeignete Normen des positiven[81] Rechts zu konkretisieren und durchzusetzen. Der Staat ‚gewährt' also keine Rechte und darf seinen Bürgern Rechte deshalb auch nicht entziehen. Vielmehr hat der Staat solche Rechte der Regierten zu *schützen*, die längst *vor* der Existenz des Staates bestanden. Genau das gilt oft als dessen *ihn überhaupt erst rechtfertigende* Aufgabe. Diese Vorstellung ist geschichtlich der Lehre vom rein positiven Recht und vom formalen Rechtsstaat ohnehin sehr lange vorausgegangen. In Europa nahm sie die Gestalt der *Naturrechtslehre* an. Deren Grundgedanke ist: Von Natur aus hat jeder Mensch bestimmte,

---

70 Von lat. ‚ponere', d.h. etwas einsetzen bzw. festsetzen.
79 ‚Formaler' Rechtsstaat meint ausdrücklich nicht, dass das Recht ‚nur formal' bestünde, also in der Praxis eben nicht befolgt würde. Ein solcher Staat wäre im Sinn politikwissenschaftlicher Fachsprache nämlich ein Willkürstaat, doch keineswegs ein Rechtsstaat.
80 Wie weit diese Sackgasse bis in den Bereich bösartigen und verbrecherischen Handelns führen kann, ist unschwer der deutschen Geschichte zu entnehmen. Mitglieder des nationalsozialistischen Volksgerichtshofs oder der Geheimen Staatspolizei rechtfertigten sich später nämlich dahingehend, doch nur im Rahmen der Gesetzeslage geurteilt oder gehandelt zu haben – und also schuldlos zu sein. Natürlich beriefen sich Jahrzehnte später auch die DDR-Richter und die Mitarbeiter des Ministeriums für Staatssicherheit darauf, nur die geltende sozialistische Gesetzlichkeit angewandt zu haben. Vom guten Gewissen der beiden Diktaturen zuarbeitenden Gefängnispersonals und aller sonstigen willigen Helfer sei dabei noch ganz geschwiegen.
81 In solchen Argumentationen ist es wichtig, den Begriff des positiven Rechts fachsprachlich zu verstehen, also ‚positiv' nie als Gegenteil von ‚negativ' zu deuten.

unveräußerliche Rechte, nämlich jene auf Leben, Freiheit, Eigentum sowie auf Streben nach selbstdefiniertem Glück. Die Aufgabe des Staates ist es deshalb. diese *Menschen*rechte zu achten und zu schützen.[82] Staatsmacht, die das nicht leistet, verfehlt ihre Aufgabe, wird offensichtlich zu Unrecht ausgeübt und darf revolutionär beseitigt werden – um sie anschließend, gemäß ihrer eigentlichen Zweckbestimmung, wieder neu zu errichten.

In einer solchen Argumentation wird das staatliche ‚positive' Recht, das der formale Rechtsstaat als das einzige Recht kennt, an *vor*staatliches Recht, an ‚*über*positives Recht', nämlich an das ‚Naturrecht' rückgebunden. Dieses vorstaatliche Recht ist gleichsam jene vorgängige ‚allgemeine Materie', die im innerstaatlichen Recht nur je besonders ausgeformt wird. Deshalb bezeichnet man einen auf dieser viel weiter gehenden Vorstellung beruhenden Rechtsstaat als einen ‚*materiellen Rechtsstaat*'. In ihm lassen sich politisches Handeln und alle Staatsgewalt mitsamt ihrer jeweils eigenständigen Rechtsetzung – also der parlamentarischen ebenso wie der exekutiven Rechtsetzung, desgleichen jener durch Richterrecht – anhand von Normen überprüfen und kritisieren, an die sich das politische System *selbst* gebunden hat. Vervollkommnen kann man solche *inhaltliche* Rechtsbindung durch die Einführung einer mit weitreichenden Kompetenzen ausgestatteten Verfassungsgerichtsbarkeit. Diese macht aus dem Prinzip materieller Rechtsstaatlichkeit eine sehr scharfe Waffe im Kampf gegen eine Staatsgewalt, die – aus gleich welchen Gründen – den offenen Verfassungsbruch scheut. Die zentrale Schwachstelle materieller Rechtsstaatlichkeit besteht allerdings darin, dass gar nicht einfach – wenn überhaupt – zu begründen ist, ob es so etwas wie Naturrecht oder ‚vorstaatliches Recht' überhaupt gibt.

Damit Rechtsstaatlichkeit nicht allein ein Programm oder ein wenig verbindliches Ziel bleibt, braucht ein Staat ein System von *unabhängigen Gerichten*, deren Urteile allein auf Recht und Gesetz beruhen, keineswegs aber von den jeweiligen Inhabern der Staatsmacht oder sonstiger Macht beeinflusst werden können. Neben den Zivil- und Strafgerichten oder den Arbeits- und Sozialgerichten sind dabei die Verwaltungsgerichtsbarkeit und die Verfassungsgerichtsbarkeit besonders wichtig. Vor den *Verwaltungsgerichten* kann auch der einfache Bürger seine Regierung und deren Behörden wegen vermuteten Rechtsbruchs verklagen, die Exekutivgewalt auf Übereinstimmung

---

[82] Auf das klarste formuliert das im Grundgesetz für die Bundesrepublik Deutschland der Artikel 1: „(1) Die Würde des Menschen ist unantastbar. Sie zu achten und zu schützen ist die Verpflichtung aller staatlichen Gewalt. (2) Das Deutsche Volk bekennt sich darum zu unverletzlichen und unveräußerlichen Menschenrechten als Grundlage jeder menschlichen Gemeinschaft, des Friedens und der Gerechtigkeit in der Welt. (3) Die nachfolgenden Grundrechte binden Gesetzgebung, vollziehende Gewalt und Rechtsprechung als unmittelbar geltendes Recht" – d.h. als Recht, das *vor* dem deutschen Staat da war, und das, um zu gelten, durchaus nicht dessen ‚Zustimmung', sondern allein die staatliche Mitwirkung braucht.

ihrer Handlungen mit dem Recht kontrollieren lassen sowie gegen den Staat Prozesse führen und gewinnen. Das befreit den Untertanen zum Bürger. *Verfassungsgerichte* vollenden solche Emanzipation aus Unfreiheit. Sie dienen nämlich nicht nur dazu, dass Verfassungsorgane ihre Rechtsstreitigkeiten vor einem Gericht austragen können oder sich Gesetze auf ihre Übereinstimmung mit der Verfassung überprüfen lassen. Das geschieht teils ‚abstrakt', also gewissermaßen im Vorhinein gleich nach dem Abschluss des Gesetzgebungsverfahrens (‚abstrakte Normenkontrolle'), teils aber konkret, wenn nämlich ein Gericht eine gesetzliche Regelung im Anwendungsfall als verfassungswidrig zu erkennen meint (‚konkrete Normenkontrolle'). Sondern obendrein kann vor Verfassungsgerichten auch der einfache Bürger im Wege einer ‚Verfassungsbeschwerde' die öffentliche Gewalt verklagen, also den Staat, wenn er sich nämlich von diesem in einem seiner Grundrechte verletzt fühlt. Zwar kann auch ein so ausgestalteter Rechtsstaat Gerechtigkeit nicht garantieren. Doch das verheißt der Rechtsstaat auch gar nicht. Tatsächlich stellt er nur zweierlei verlässlich in Aussicht: ein Urteil – sowie einen vom staatlichen Gesetz und vom vorstaatlichen Recht gewiesenen Weg zu diesem Urteil, der dann in einem auch fairen Verfahren beschritten wird. Mehr lässt sich vom Rechtssystem auch gar nicht leisten. Gerechtigkeit braucht nämlich gute Gesetze *und* guten Willen, und beidem vorzuarbeiten liegt nicht in der Kompetenz der Institutionen des Rechtssystems, sondern ist Aufgabe der Akteure praktischer Politik.

Verwaltungs- sowie Verfassungsgerichtsbarkeit, und überhaupt alle Gerichte eines Rechtsstaates, erfüllen ihre freiheitssichernden Aufgaben allerdings nur dann, wenn die Richter wirklich *unabhängig* sind. Das heißt: Ihre Entscheidungen dürfen nur auf der kompetenten Benutzung der juristischen Methode sowie auf einer freien Würdigung der von den Streitparteien beigebrachten Beweise und vorgetragenen Argumente beruhen. Ausschließlich die Beschlussfassung höherer, im Instanzenzug anrufbarer und wiederum aus unabhängigen Richtern bestehender Gerichte darf geeignet sein, urteilsprägende Vorauswirkungen zu entfalten bzw. die Entscheidung eines niedrigeren Gerichts aufzuheben oder zu korrigieren. Solche Unabhängigkeit der Richter zu sichern, ist eine wichtige Aufgabe einesteils des Staates, andernteils öffentlicher Kontrolle und Kritik richterlicher Entscheidungen. Die verfügbaren Möglichkeiten zur Sicherung solcher Unabhängigkeit reichen von einer guten Bezahlung der Richter bis zu deren Unabsetzbarkeit, von der Unmöglichkeit, einen Richter gegen dessen Willen zu versetzen, bis hin zur Zuweisung von Streitfällen an einzelne Richter nach allein formalen Regeln.[83]

---

83 Der vom deutschen Grundgesetz verlangte ‚gesetzliche Richter' ist beispielsweise der, dem nach einem vorab festgelegten Geschäftsverteilungsplan ein bestimmtes Verfahren ‚automatisch' zufällt. – Zu den Möglichkeiten und Folgen einer gleichwohl vorgenommenen Politisierung des Gerichts- und Rechtswesens siehe S. 289–291 in der 7. Aufl. meiner ‚Einführung in die Politikwissenschaft'.

Der *materielle* Rechtsstaat setzt der demokratischen Willensbildung jedenfalls *inhaltliche* Grenzen. Er ist geradezu eine *Schranke* des Demokratieprinzips, denn in ihm darf die Mehrheit keineswegs alles. Was aber, wenn eine politisch wirkungsmächtige Mehrheit Regelungen will, welche die Verfassung für den Wertbindungen des Staates widersprechend erklärt? Um in solchen Fällen eine Brücke zwischen der Wertordnung eines materiellen Rechtsstaates und der in einer Demokratie nicht zu ignorierenden Mehrheitsmeinung zu schlagen, erfand in Deutschland das Bundesverfassungsgericht die Argumentationsfigur, eine Handlung könne zwar rechtswidrig sein, dennoch aber straffrei bleiben. Derzeit im Wesentlichen beschränkt auf Schwangerschaftsabbrüche, lässt sich diese Argumentationsfigur auf immer mehr Handlungsfelder ausdehnen. Dann lockern sich die Ketten des Rechtsstaates – und zwar nicht nur hinsichtlich jener Ketten, die das Recht der *Gesellschaft* anlegt. Denn wenn es schon für *Bürger* das Recht gibt, aus für gut gehaltenen Gründen straffrei gegen das Recht eines materiellen Rechtsstaates zu verstoßen: Um wieviel weniger wird man dieses Recht dann einer *Politikerschaft* verweigern können, die sich öffentlich überzeugend auf die Staatsräson beruft oder auf ihre Pflicht zur Prärogative – etwa bei der Sicherung wirtschaftlich profitabler Gentechnologie? Im Grunde kommt man mit jener Argumentationsfigur wieder bei der formalen Rechtsstaatlichkeit an, ja auch bei bloßer ‚Gesetzlichkeit' als einem Instrument zur Erreichung erwünschter Zwecke.

(2) Gewaltenteilung

Ein zweiter Schritt zur Bändigung der – aus guten Gründen errichteten und aufrechterhaltenen – Staatsmacht besteht in der Einführung von *Gewaltenteilung*, d.h. von Verfassungsstaatlichkeit oder, in älterer Ausdrucksweise, einer ‚gemischten Verfassung'. Erst durch Gewaltenteilung wird nämlich – dank eines *machtpolitisch* funktionierenden Systems von Kontrollen und Gegengewichten (‚checks and balances') – sichergestellt, dass sich weder die Staatsmacht insgesamt den rechtlichen Bindungen eines formalen bzw. materiellen Rechtsstaates entwinden kann noch einzelne staatliche Institutionen ein Übergewicht erlangen, das sie zur Arroganz der Macht oder gar zur Willkürherrschaft einladen mag. Ein angemessenes Verständnis solcher Gewaltenteilung verlangt, diese als sechsstufigen Schichtenbau eines *gouvernement modéré*, als sechsfaches Bedingungsgefüge ‚gemäßigter Regierungsweise' aufzufassen. Unter dem Begriff der ‚Gewaltenteilung' sind dann – so einst Winfried Steffani (1927–2000) – nicht weniger als sechs wechselseitig verwobene Einzelformen von Gewaltenteilung vorzustellen:

- *Soziale Gewaltenteilung:* Sie besteht, wenn alle politischen Positionen für jeden Mann, für jede Frau und für jede nicht-binäre Person im Grundsatz frei zugänglich sind und allein Kriterien, die ohne Anbetracht der Person gelten, sowie faire Konkurrenz unter Rechtsgleichen festlegen, wer tatsächlich auf eine politisch wichtige Position gelangt. Derlei ist Kennzeichen einer offenen Gesellschaft und verhindert, dass politische Macht an Stände, Klassen, Schichten, ethnische Gruppen oder die Geschlechtszugehörigkeit gebunden wird. Zumal das letztere Beispiel zeigt, das an der Verwirklichung solcher Strukturprinzipien immer noch und immer wieder gearbeitet werden muss.

- *Dezisive*[84] **Gewaltenteilung:** Damit ist gemeint, dass es im Prozess der politischen Willensbildung und Entscheidungsfindung keine Monopole, sondern offene Konkurrenz gibt. Diese Art von Gewaltenteilung liegt vor, wenn – was sich in der Praxis immer wieder schwer verwirklichen lässt – fairer Pluralismus[85] praktiziert wird. Auch die Medien sind – von den klassischen bis zu den neuen sozialen Medien – mit ihrem großen politischen Einfluss ein wichtiger Akteur in einem solchen System dezisiver Gewaltenteilung.
- *Vertikale Gewaltenteilung:* Diesem Strukturprinzip entspricht es, wenn in einem politischen System Zuständigkeiten und Regelungsbefugnisse auf verschiedene Ebenen des Staatsaufbaus verteilt sind. Im deutschen Fall nimmt das – beispielsweise – die Form an, dass die Gemeinden und Städte das Recht auf kommunale Selbstverwaltung besitzen, die Länder Staaten eigenen Rechtes mit eigenen Kompetenzen sind, und dass über der Ebene des Nationalstaats mit seinen Befugnissen sich auch noch das politische System der Europäischen Union mit ausschließlich dort angesiedelten Zuständigkeiten bzw. Entscheidungsrechten erhebt. Als ‚Mehr-Ebenen-Regierungssysteme' arbeiten solche Systeme vertikaler Gewaltenteilung allerdings nicht selten sehr schwerfällig.[86]
- *Horizontale Gewaltenteilung:* Damit ist die Zuweisung der Staatsgewalt an jeweils besondere, einander wechselseitig kontrollierende und in Schach haltende Institutionen gemeint, beispielsweise – doch nicht notwendigerweise genau so – an Legislative, Exekutive und Judikative. Derlei scheint den meisten mit Gewaltenteilung schlechthin identisch zu sein. Doch keineswegs darf man sich *diese* Dreiteilung der Staatsgewalt in ‚Regierung', ‚Parlament' und ‚Gerichtswesen' wie eine ‚naturgesetzliche' Notwendigkeit vorstellen. Vielmehr geht es darum, die Staatsfunktionen *überhaupt* auf

---

84 Von lat. ‚decīdere', d.h. entscheiden.
85 Von lat. ‚plūres', d.h. mehrere
86 Um derlei zu vermeiden, kann man dem – der katholischen Soziallehre entstammenden – Prinzip der *Subsidiarität* folgen. Es verlangt erstens, alle Entscheidungsbefugnisse grundsätzlich der *niedrigstmöglichen* Ebene anzuvertrauen, um in Entscheidungen möglichst gut die Kenntnisse der Betroffenen einzubeziehen und sachfremden Maßnahmen weitestgehend vorzubeugen (‚Dezentralisierung'). Zweitens fordert das Subsidiaritätsprinzip, dass nur das, was einer gemeinsamen Regelung im Rahmen der nächstgrößeren Gebietseinheit bedarf, auch auf der nächsthöheren Ebene entschieden werden soll. Drittens sollen von der jeweils höheren Ebene aus die Maßnahmen der jeweils niedrigeren Ebene unterstützt werden, wenn dort die Kräfte nicht reichen, Handeln aber erforderlich ist. Viertens wird allen Teilen des Ganzen auferlegt, nach dem Grundsatz wechselseitiger *Solidarität* zusammenzuwirken.

unterschiedliche Institutionen so aufzuteilen, dass *machtpolitisch* – also nicht nur in der staatsrechtlichen Theorie – ein wirkungsvolles System von wechselseitigen Kontrollen und Gegengewichten entsteht. Das schaffte etwa die römische Republik im Neben-, Mit- und Gegeneinander ihrer Magistrate (v.a. der Konsuln, Prätoren, Ädile und der Volkstribunen samt deren Interzessionsrecht) sowie in deren Zusammenspiel sowohl mit der Autorität des Senats als auch mit den Wahl- und Abstimmungsbefugnissen der unterschiedlichen Arten römischer Volksversammlungen.

Die heute nachgerade als ‚natürlich' angesehene, von Montesquieu wirkungsmächtig ausformulierte Dreifaltigkeit von Exekutive, Legislative und Judikative geht im Grunde nur darauf zurück, dass in der europäischen Verfassungsgeschichte schon sehr früh *Repräsentationsinstitutionen* eine nennenswerte Rolle spielten, und zwar von den Konzilien bzw. Synoden der alten, noch ungeteilten Kirche über die des Westgotenreichs zu Toledo, die auch weltliche Machtträger einschlossen, bis hin zu jenen provinzial-, land- und reichsständischen Versammlungen zwischen Mittelalter und Neuzeit, aus denen in England bruchlos die ‚Houses of Parliament' wurden. Auf diese Weise entstand neben den Fürsten als Inhabern zumal militärischer und symbolischer Autorität ein weiterer Machtpol, der sich gegen monarchische Übergriffe auf das Eigentum der Regierten zur Wehr setzen konnte, und dessen Rat bei der Führung der Staatsgeschäfte vom Monarchen nicht leicht zu ignorieren war, falls die Stände eine Bewilligung dringend benötigter Steuern ans Versprechen der Befolgung solcher Ratschläge gebunden hatten. Dieses rein historisch gewachsene Gegenüber von Fürst und Vertretungskörperschaft wirkt in der Gegenüberstellung von Exekutive und Legislative nach. Die Gerichte hatten das überlieferte, aus der römischen Tradition rezipierte oder im Zusammenwirken von Fürst und Vertretungskörperschaft gesetzte Recht in Streitfällen zu finden und anzuwenden, ansonsten aber – in Montesquieus Formulierung – „en quelque façon nulle"[87] zu sein, d.h.: gerade *kein* eigenständiger Faktor des politischen Prozesses.

Die im Anschluss an Montesquieu populär gewordene Rede von der Dreiteilung der Staatsgewalt in Exekutive, Legislative und Judikative verdeckt jedoch, dass sich die Grenzen zwischen jenen Institutionen sehr unterschiedlich ziehen lassen, die jeweils mit einem ‚Teil' der Staatsgewalt betraut sind. Fast in allen freiheitlichen Verfassungsstaaten – mit dem englischen Oberhaus bis 2009 als aufschlussreicher Ausnahme – wird zwar die Judikative, einmal personell konstituiert, dem Zugriff der anderen Staatsgewalten entzogen. Doch sehr verschiedene Abgrenzungsmöglichkeiten gibt es zwischen Exekutiv- und Legislativgewalt. Einesteils lässt sie sich so ausgestalten wie im *präsidentiellen* Regierungssystem, andernteils wie

---

87 Franz. für ‚in gewisser Weise gleich null'.

im *parlamentarischen* Regierungssystem. Dort rücken die *Führer parlamentarischer Mehrheitsparteien* in die Regierungsämter ein, weshalb die Exekutive vom Parlament gerade nicht getrennt ist, sondern von ihm aus besetzt und geführt wird.[88] Als Folge dessen verläuft die gewaltenteilende Scheidelinie nicht mehr *zwischen* der Regierung und dem Parlament als Ganzem, was ‚alter Dualismus' genannt wird. Im parlamentarischen Regierungssystem verläuft diese Scheidelinie vielmehr genau *innerhalb* des Parlaments, nämlich zwischen dessen regierender bzw. regierungstragender Mehrheit und der parlamentarischen Opposition.[89] Eben das heißt ‚neuer Dualismus'. *Opposition* wiederum, als Konzept wie als Element der Verfassungswirklichkeit im England des 18. Jahrhunderts entstanden, ist in diesem Zusammenhang als besonders fruchtbare ‚verfassungspolitische Erfindung' zu bewerten: Es gibt keinen Bestandteil politischer Systeme, der – durch seine Dialektik von Systembejahung im Ganzen und Regierungskritik im Einzelnen – ähnlich gut die Chancen darauf steigern könnte, dass Herrschaft kontrolliert und eine Regierung zu solcher Lernfähigkeit angehalten wird, die auch Alternativen berücksichtigt.

Horizontale Gewaltenteilung missversteht also sowohl der, welcher sie sich nur als Dreiheit von Exekutive, Legislative und Judikative denkt, als auch jener, der sie sich nur in der Gestalt des präsidentiellen Regierungssystems und seines ‚alten Dualismus' vorzustellen vermag. Im Übrigen verkennt horizontale Gewaltenteilung ebenfalls, wer dem Glauben folgt, dass die ‚geteilten' Gewalten nichts mehr miteinander zu tun hätten oder zu tun haben dürften. Ganz im Gegenteil *verlangt* wechselseitige Kontrolle und Balance danach, dass die *getrennten* Gewalten anschließend eng miteinander *zusammenwirken*. Das dialektisch der Gewaltenteilung zugehörende Gegenprinzip ist somit das der Gewalten*verschränkung*.

- *Temporale*[90] *Gewaltenteilung:* Temporale (‚zeitliche') Gewaltenteilung meint, dass mit Macht ausgestattete Ämter nur auf Zeit vergeben werden. Ist die jeweilige Amtsperiode knapp bemessen, so kann deren zeitliche Begrenzung daran hindern, dass im Lauf der Amtszeit zu viel informeller, persönlicher Einfluss eines Amtsinhabers geschaffen und auch verfestigt wird. Darum stellt temporale Gewaltenteilung sicher, dass sich persönliche Netzwerke um einen – ausscheidenden – Machthaber regelmäßig wieder *auflösen*. Das geschieht umso verlässlicher, je klarer sie sich um einen

---

88 Im deutschen Konstitutionalismus versuchten die deutschen Fürsten sowie die ihnen zuarbeitende Staatsrechtslehre diesen Aufstieg der Parlamentsmacht dadurch zu verhindern, dass sie sich auf die Gewaltenteilungslehre beriefen und behaupteten, dieser widerspräche es, wenn Parlamentarier Regierungsämter übernähmen (‚Inkompatibilitätsgebot'). Es ist eine merkwürdige Pointe, dass dieses im 19. Jahrhundert klar anti-parlamentarische und anti-demokratische Argument heute oft dafür verwendet wird, um für – vermeintlich – *mehr* Parlamentsmacht und ‚mehr Demokratie' zu plädieren.
89 ‚Opposition' kommt von lat. ‚oppōnere', d.h. entgegenstellen, gegenüberstehen.
90 Von lat. ‚temporālis', d.h. zeitlich, vorübergehend.

Amtsinhaber vor allem aufgrund seiner *Position*, weniger aber wegen seiner *Persönlichkeit* oder seines privaten Reichtums lagerten.[91] Sowohl die wiederkehrende Auflösung solcher Machtkartelle als auch die periodische Beseitigung des aus einem Amt genährten persönlichen Einflusses sind überaus wichtige und nützliche Folgen zeitlicher Gewaltenteilung. Sie wurden schon in der Antike, etwa in der attischen Polis und in der römischen Republik, mit während langer Zeit großem Erfolg genutzt.

Doch wesentlich wichtiger und folgenreicher ist ein viel weniger bedachter *institutioneller Mechanismus*, der sich aus gesicherter temporaler Gewaltenteilung ergeben kann. Damit er entsteht und funktioniert, müssen drei Bedingungen vorliegen: erstens die Tatsache, dass man sein – zeitlich befristetes Amt – *nur durch freie Wahl* seitens eines Wahlgremiums bzw. seitens der wahlberechtigten Bevölkerung erhalten kann; zweitens die *Möglichkeit, wiedergewählt zu werden*; und drittens *Anreize* dafür, wiedergewählt werden zu *wollen*. Sind diese drei Voraussetzungen gegeben, so wirkt sich die zeitliche Gewaltenteilung wie folgt aus. Wer seine Amtszeit verlängert haben will, der muss sein Amt so führen, dass er anschließend aufs Neue gewählt wird. Er kann während seiner Amtszeit dann zwar sehr wohl von dem abweichen, was die *künftigen* Wähler *derzeit* wünschen; er kann aber – falls er vernunftgeleitet handelt – nicht zugleich überaus weit *und* ständig von den Wünschen seiner Wähler abweichen, weil das nämlich seine Chancen auf Wiederwahl erheblich reduzierte. Zeitliche Gewaltenteilung in Verbindung mit freien Wahlen in nicht allzu gro0eb Abständen und der attraktiven Möglichkeit einer Wiederwahl bindet also den gewählten Inhaber von Herrschaftsbefugnissen an jene, über die er herrscht, und verteilt auf genau diese Weise Macht vom Amtsinhaber zu jenen um, denen er als Wählern sein Amt verdankt. Die Pointe dieses institutionellen Mechanismus ist seine doppelte Dialektik: Nur wenn die Amtszeit *begrenzt* ist *und* verlängert werden kann, stellt sich eine enge Bindung zwischen Amtsinhaber und Wählerschaft her; und eben der Wunsch, mittels eines Amtes Macht auszuüben, bringt den, der sich diesen Wunsch verwirklichen will, in Abhängigkeit von denen, über welche er Macht ausübt.[92]

---

91 Eben das ist der Grund dafür, dass ein US-Präsident am Ende seiner (zweiten) Amtszeit zu einer ‚lahmen Ente' wird, oder dass ein deutscher Kanzler, der keine Wiederwahl anstrebt, während der absehbar letzten Monate im Amt seine innenpolitischen Gestaltungsmöglichkeiten verliert.

92 Wie so mancher dialektische Zusammenhang wird auch dieser von vielen nicht durchschaut. Sie fordern dann das Verbot von Möglichkeiten der Wiederwahl in der Absicht, eben dadurch die Macht von Amtsinhabern zu begrenzen. In Wirklichkeit nimmt man auf diese Weise Amtsinhabern nur den Anreiz, sich von ihren einstigen Wählern auch künftig *abhängig* zu sehen. Und weil tatsächlich von der Wählerschaft völlig unabhängig ist, wer nicht mehr gewählt werden kann, wird auf diese Weise die Machtverlagerung von den Gewählten hin zu den Wählern *unterbunden*. Der einzige Vorteil von Wiederwahlverboten besteht somit in der Chance, schon nach kurzer Zeit das um den Amts-

Dieser institutionelle Mechanismus, genannt ‚Wiederwahlmechanismus', eignet sich vorzüglich, um – unten näher erläutert – *Repräsentationsbeziehungen* zu schaffen. Wenn Repräsentanten ihr Amt nämlich nur auf Zeit und durch freie Wahlen zu erlangen vermögen, wenn sie zugleich aber wiedergewählt werden können und das auch wollen, so ist es für sie eine Sache nicht nur guten Willens, sondern vor allem des *rationalen Eigeninteresses*, während ihrer Amtszeit die Ansichten und Wünsche der Wählerschaft nicht zu ignorieren, sondern sich – bei aller freien Würdigung dieser Ansichten und Wünsche – an ihnen zu orientieren. Und wenn man ferner den Kreis der Wahlberechtigten immer weiter ausdehnt, bis er schließlich alle erwachsenen Personen einer Gesellschaft umfasst, so lässt sich anhand dieses – durch temporale Gewaltenteilung erzeugten – institutionellen Mechanismus auch das *Demokratieprinzip* realisieren. *Temporale Gewaltenteilung hängt deshalb eng mit der Verwirklichung des Demokratieprinzips zusammen.* Dass die irrigerweise oft als vorbildlich angesehene attische Demokratie zwar ein sehr feinsinniges System temporaler Gewaltenteilung kannte, aufgrund der Zuweisung vieler öffentlicher Ämter durch das Los aber gerade *nicht* den für Demokratie so wichtigen ‚Wiederwahlmechanismus',[93] wirkt sich in der wissenschaftlichen wie populären Demokratietheorie fatal aus: Bis heute werden Amtszeitbegrenzungen und viel eher die Wahl als die *angestrebte Wiederwahl* für wirkungsvolle Mittel zur Realisierung von Demokratie gehalten. In Wirklichkeit bindet aber gerade das jeweilige Gegenteil Amtsinhaber an die Wünsche des Wahlvolks.

- *Konstitutionelle*[94] *Gewaltenteilung:* Sie liegt vor, wenn zur Veränderung einer Verfassung bzw. verfassungsgleicher Gesetze *andere* Verfahren angewandt werden müssen als beim Beschluss ‚normaler' Gesetze, und zwar solche, die nur bei einer *besonders großen* politischen Unterstützung zum Erfolg führen. Beispielsweise kann in Deutschland ein ‚einfaches' Gesetz mit Mehrheit im Bundestag sogar *gegen* ein aufschiebendes Veto des Bundesrates zustande kommen, während die Verfassung nur dann geändert werden kann, wenn es sowohl im Bundestag als auch im Bundesrat eine Mehrheit von zwei Dritteln der Stimmen dafür gibt. Der Sinn konstitutioneller Gewaltenteilung besteht darin, jene Spielregeln, nach denen die

---

inhaber entstehende Machtkartell aufzulösen und dessen aus dem Amt stammenden persönlichen Einfluss zu reduzieren. Erkauft wird dieser Vorteil durch den Verzicht auf die beschriebenen Vorteile des Wiederwahlmechanismus.

93 Ausnahme war das Amt des Strategen, also des attischen Oberfeldherrn. Wo es um Leben und Tod der als Soldaten dienenden Bürger ging, wollten diese sich aus verständlichen Gründen weniger auf den Zufall des Losverfahrens verlassen als vielmehr darauf, durch eigenständiges persönliches Urteil den – hoffentlich – Bestmöglichen auszuwählen.

94 Von lat. ‚constitûtio', d.h. Verfassung. ‚Konstitutionelle Gewaltenteilung' im Sinn dieser Gliederung der *Formen* von Gewaltenteilung ist nicht zu verwechseln mit ‚Konstitutionalismus', also mit Verfassungsstaatlichkeit als systemtypologischer Bezeichnung für insgesamt praktizierte Gewaltenteilung.

konkurrierende politische Willensbildung und die Entscheidungsfindung erfolgen, der alleinigen Verfügungsgewalt jener Mehrheit zu entziehen, die gerade – und mit allem Recht – regiert. Die Regierung und ihre Parlamentsmehrheit haben dann zwar alle Möglichkeiten zur ‚normalen' Gesetzgebungsarbeit; doch hinsichtlich der verfassungsrechtlichen Grundlagen des politischen Systems müssen sie ihre Gestaltungsmacht mit mindestens so vielen Minderheitsgruppen teilen, wie nötig sind, um die für eine Verfassungsänderung erforderliche Mehrheit zu erreichen.

(3) Demokratie

Demokratie ist das dritte, überaus wichtige Mittel, die Macht des Staates an die Leine der Regierten zu legen. Von Demokratie gibt es viele Definitionen, insbesondere viele überaus pathetische. Zu diesen zählt vor allem die Identitätskonzeption von Demokratie: Demokratie sei verwirklicht, wenn Regierende und Regierte identisch wären. Alle tatsächlich ins Werk zu setzenden Konkretisierungen von Demokratie wirken dann wie unvollkommene Annäherungen an das ‚eigentliche' Ziel. Jede reale demokratische Ordnung kann dann im Grunde nur noch Unzufriedenheit und Missmut erzeugen. Gleiches gilt für jenes Demokratieverständnis, das Demokratie als täglich realisierte Partizipation möglichst aller Bürger am Gemeinwesen auffasst. Ist aber wirklich etwas mit jenen Bürgern falsch, die – ganz im Sinn gesellschaftlicher Arbeitsteilung – die Politik normalerweise den von ihnen zum Politikmachen gewählten Politikern überlassen?

Viel erkenntnisträchtiger als solche Definitionen, welche die Wirklichkeit auch stabiler Demokratien nur recht ungeschickt erfassen, ist die folgende: ‚Demokratie ist eine solche Organisation politischer Prozesse und Strukturen, welche die Regierenden daran hindert, allzu weit *oder* allzu lange von dem abzuweichen, was die Regierten zu akzeptieren bereit sind'. So gesehen, verlangt das Demokratieprinzip schlicht nach einer verlässlichen Bindung der Staatsgewalt an die immer wieder fair überprüfte Zustimmungsbereitschaft der Regierten hinsichtlich der Richtung, der Kosten und der Folgen von Regierungshandeln. Ist eine solche Bindung durch geeignete institutionelle Mechanismen *verwirklicht*, so ist die Macht des Staates nicht nur durch Rechtsstaatlichkeit und Gewaltenteilung begrenzt, sondern auch noch durch Demokratie.

Die gemäß historischer Erfahrung *verlässlichsten* Möglichkeiten, Staatsgewalt an die immer wieder fair überprüfte Zustimmungsbereitschaft der Regierten zu binden, wurden alle schon erörtert. Also müssen sie nur noch zusammenfassend überblickt werden:

- Die ersten Mittel zur Verwirklichung des Demokratieprinzips sind die soziale, dezisive und horizontale *Gewaltenteilung*. Durch soziale Gewaltenteilung kann dafür gesorgt werden, dass die Regierenden sich nicht grundsätzlich und allzu weit vom biographischen Erfahrungshorizont großer Teile der Regierten entfernen. Dezisive Gewaltenteilung meint Pluralismus und sichert die Konkurrenz jener politisch aktiven Bevölkerungsgruppen, welche für jene höchst unterschiedlichen Interessen eintreten, die es in einer Gesellschaft nun einmal gibt. Und horizontale Gewaltenteilung eröffnet – je nach ihrer konkreten Ausgestaltung – der regierten Bevölkerung die Möglichkeit, die Macht zwischen den konkurrierenden politischen Kräften so zu verteilen, dass diese zusammenarbeiten und die gegebene oder fehlende Zustimmungsbereitschaft einer *breiten* Bevölkerungsmehrheit beachten müssen. In den USA kann die Wählerschaft zu diesem Zweck einen republikanischen Präsidenten zum Zusammenwirken mit einem demokratischen Repräsentantenhaus zwingen (,divided government'), in Deutschland einen von der Partei oder Parteiengruppe X geprägten Bundestag zur Kooperation mit einem von der Partei oder Parteiengruppe Y dominierten Bundesrat.

- Das zentrale Mittel, die Staatsmacht durch *Demokratie* zu bändigen, besteht im ,Wiederwahlmechanismus'. Zu ihm führt temporale Gewaltenteilung genau dann, wenn Ämter über freie Wahlen vergeben werden sowie die Möglichkeit einer Wiederwahl attraktiv ist. *Nachhaltige* demokratische Legitimation des Gewählten ist das Ergebnis jenes verlässlichen Wirkungskreislaufs, der vom Wunsch eines Kandidaten, gewählt zu werden, zum Wunsch eines Amtsinhabers nach Wiederwahl reicht, und der darum sowohl am Anfang wie auch am Ende einer Amtszeit die Ansichten und Wünsche der Wähler für einen Politiker *wichtig* macht. Deshalb greift die Formel zu kurz, jemand sei einfach schon ,durch freie Wahlen demokratisch legitimiert'. Nicht weniger wichtig ist nämlich für die demokratische Bändigung der Staatsmacht und derer, die Staatsmacht ausüben, dass eine Bindung von Amtsinhabern an die Zustimmungsbereitschaft der Wähler gerade *nach* der Wahl bestehen bleibt.[95]

- In größeren Gesellschaften wird jener Wiederwahlmechanismus überaus leistungsfähig gemacht, wenn man ihn mit dem *Repräsentationsprinzip* verbindet. Dann wählt die Bürgerschaft nämlich nicht (nur) die Inhaber von Ämtern mit Exekutivmacht oder möglicherweise auch ihre Richter, sondern auch noch Vertretungskörperschaften. Diese aber eröffnen ihrerseits sehr wirkungsvolle, weiterführende Möglichkeiten, die soziale, dezisive und horizontale Gewaltenteilung zur Umsetzung des Demokratieprinzips zu nutzen. Demokratie lässt sich dann als *repräsentative Demokratie* realisieren. Sowohl aus pragmatischen Gründen der Demokratieorganisation in Großstaaten als auch aus inhaltlichen Gründen der Nutzung von Vorteilen gesellschaftlicher Arbeitsteilung ist repräsentative Demokratie

---

95 Für Wahlen als Mittel zur Verwirklichung des Demokratieprinzips gilt deshalb: ,Einmal ist keinmal!'. Im Übrigen wirkt der Wiederwahlmechanismus umso verlässlicher, je kürzer die Abstände zwischen den Wahlen sind.

sogar das bestmögliche Mittel zur demokratischen Bändigung von Staatsmacht.
- Abrunden lässt sich die demokratische Bändigung der Staatsmacht noch dadurch, dass man überdies – wie schon erörtert – ein System der Volksgesetzgebung (‚plebiszitäre Demokratie') und von Referenden einführt (‚Referendumsdemokratie').

Zwar tut alltäglicher Sprachgebrauch oft so, als sei Demokratie mit Rechtsstaatlichkeit oder mit Gewaltenteilung deckungsgleich. Doch ganz im Gegenteil muss man Demokratie von Gewaltenteilung und Rechtsstaatlichkeit scharf trennen. Es ziehen nämlich diese Strukturprinzipien politischer Systeme gerade auch dem Demokratieprinzip *Grenzen*. Horizontale Gewaltenteilung sichert beispielsweise auch der von einer *Parlamentsmehrheit* getragenen Regierung einen Kernbereich *eigenständiger* Befugnisse zu, in den sogar ein zur Einstimmigkeit vereintes Parlament nicht eindringen darf. Und der materielle Rechtsstaat seinerseits setzt sogar einstimmigen Gesetzesbeschlüssen eines demokratisch legitimierten Parlaments unüberwindbare Grenzen. In Deutschland geschieht das etwa in der Weise, dass ganze acht Richter eines Senats des Bundesverfassungsgerichts tatsächlich einen Gesetzesbeschluss aufheben können, indem sie ihn für verfassungswidrig erklären. Rechtsstaatlichkeit sowie Gewaltenteilung begrenzen also *jede* Staatsmacht – und zwar auch jene, die vom Demokratieprinzip gebändigt oder geprägt wird.

(4) Liberalismus

Ein weiteres, überaus wichtiges Prinzip der Bändigung der Staatsmacht ist der Liberalismus. Dessen Ansatzpunkt ist es, zunächst einmal auf den Einzelnen, auf die ihn umgebenden Kleingruppen und auf die gesellschaftlichen Möglichkeiten von Eigenvorsorge und Selbstregierung zu vertrauen. Liberalismus bedenkt deshalb alle Ausgestaltungsnotwendigkeiten eines politischen Systems vom Einzelnen und von dessen Rechten her, wobei im Mittelpunkt die Rechte auf Freiheit von staatlicher Behelligung sowie auf Selbstorganisation nach eigenem Ermessen stehen. Erst wo derlei nicht mehr ausreicht, soll – nach dem Subsidiaritätsprinzip – der Staat eingreifen. Liberalismus bändigt also den Staat dahingehend, dass er jene Regelungsbereiche und Gestaltungsansprüche *einschränkt*, die überhaupt dem politischen System *überlassen* werden sollen. Weder der übermächtige noch der schwache Staat ist dabei die Leitvorstellung des Liberalismus, sondern der *schlanke*, in seinem engen Leistungsprofil aber *nachhaltig wirkungsvolle* Staat. Diese Art der Bändigung von Staatsmacht begünstigt allerdings jene, die in Wirtschaft und Gesellschaft bereits eine starke Stellung besitzen und des Staates zu ihrem Schutz oder zur Förderung ihrer Interessen nicht bedürfen. Eher nach Inbesitznahme der Staatsmacht als nach deren Einschränkung streben deshalb jene politischen Gruppierungen, welche die Sache der wirtschaftlich, sozial und politisch Schwachen zur eigenen gemacht haben.

2. Grundkonzeptionen ‚guter Ordnung': Monismus vs. Pluralismus

Zwar kann sich auch autoritäre Herrschaft zum Ziel setzen, in ihrem Verantwortungsbereich eine ‚gute Ordnung' zu realisieren, also durch Politik ein ‚gutes Leben' zu ermöglichen. Der aufgeklärte Absolutismus strebte das offen an. Ebenso tun das immer wieder Entwicklungs- und Erziehungsdiktaturen. Es sind aber einesteils die totalitäre Diktatur und andernteils der demokratische Verfassungsstaat, die nicht nur *ausdrücklich* die Verwirklichung einer ‚guten Ordnung' anstreben, sondern auch *in sich stimmige* Konzepte besitzen, um eine solche ‚gute Ordnung' vom Programm zur Wirklichkeit zu machen. Während die grobschlächtigen Formen des Autoritarismus stets dort entstehen, wo schon die *Sicherung* der politischen Ordnung zum Problem wird, kommt es – gegebenenfalls entlang der Übergangsformen von Erziehungs- und Entwicklungsdiktatur – zur totalitären Diktatur stets dann, wenn über die Sicherung der staatlichen Ordnung *hinaus* auch ‚das für den Menschen Gute' mit politischen Mitteln herbeizuführen versucht wird. Letzteres strebt zwar auch ein liberaler demokratischer Verfassungsstaat an. Der setzt dafür aber vor allem auf solches aktives Tun einer Bürgergesellschaft, das über das Mitmachen bei staatlichen Vorgaben weit hinausgeht. Jedenfalls macht die Vision einer ‚guten Ordnung' einerseits Erziehungs-, Entwicklungs- und totalitäre Diktaturen, andererseits den liberalen demokratischen Verfassungsstaat normativ sehr anziehend. Totalitäre bzw. autoritäre Konzepte für den Weg zu einer ‚guten Ordnung' einerseits, demokratisch-verfassungsstaatliche Konzepte andererseits, gehen aber von ganz *unterschiedlichen* Vorstellungen davon aus, wie man ‚das politische Gute' erkennen könnte, und daraus folgen dann auch *völlig* andersartige Ansichten zur richtigen Ausgestaltung eines politischen Systems. Am besten erfasst man diese zwei konkurrierenden Politik- und Ordnungsvorstellungen durch die Begriffe ‚Monismus' und ‚Pluralismus'.

a. Vorstellungen vom Gemeinwohl

Als ‚Gemeinwohl' bezeichnet man solche politischen Inhalte, deren Verwirklichung zu zwei Folgen zu führen verspricht. Einesteils sollen von solchen Inhalten geprägte politische Entscheidungen in der Gegenwart nicht nur wenigen gesellschaftlichen Gruppen nützen, sondern – auch über Umwegeffekte – *möglichst vielen Teilen* der Gesellschaft zugute kommen. Andernteils sollen politische Entscheidungen nicht nur kurzfristig Vorteile verschaffen, sondern für eine Gesellschaft auch mittel- und möglichst *langfristig gute Folgen* zeitigen. Mit der Idee des Gemeinwohls sind deshalb mindestens zwei weitere Vorstellungen verbunden: die der *Gerechtigkeit* und die der *Nachhaltigkeit*. Es ist also der Versuch überaus vernünftig, politische Strukturen und Prozesse so auszugestalten, dass in ihrem Rahmen nur – oder wenigstens: vor allem – solche politischen Inhalte allgemein verbindlich gemacht werden, die zum Gemeinwohl führen oder ihm wenigstens nicht schaden.

Will man diesem Grundsatz folgen, so wird es zu einer zentralen Herausforderung für Politik, im konkreten Fall jeden politischen Inhalt verlässlich daraufhin zu beurteilen, ob und wie weit er dem Gemeinwohl entspricht oder zu ihm führt. Also braucht man *inhaltliche* Vorstellungen vom Gemeinwohl. Zwei *nicht* gleichzeitig beschreitbare, von Ernst Fraenkel (1898–1975) einst klar einander gegenübergestellte Wege führen zu solchen Vorstellungen.

Der erste besteht in einer *Vorab-Festlegung des Gemeinwohls*, genannt *Gemeinwohl ‚a priori'*.[96] Gemeint ist damit die wie selbstverständlich behandelte Annahme, dass sich zweifelsfrei erkennen lasse, worin in einer gegebenen Situation das Gemeinwohl konkret bestehe. Dann kann man eine solche Gemeinwohlvorstellung von vornherein allen politischen Gestaltungsversuchen zugrunde legen und seine ganze Kraft darauf verwenden, gemeinwohlverträgliches Handeln zu fördern, gemeinwohlfeindliches Handeln aber zu bekämpfen. Doch woher *weiß* man, worin genau das Gemeinwohl besteht – etwa: an welchen *Werten* man eine Verfassungsordnung orientieren, auf welche *Ziele* man das Staatshandeln ausrichten, welche *Handlungsweisen* man als gemeinwohlschädlich unterbinden soll?[97] In der Geschichte des Regierens wurden immer wieder drei Quellen solchen Wissens benutzt:

- Religiöser *Glaube*, gegründet auf göttliche Offenbarung und ausgelegt durch Priester oder – im Bereich der ‚Buchreligionen' (Judentum, Christentum, Islam) – auch durch Propheten, Schriftgelehrte bzw. Theologen. Der Glaube gibt dann an, worin das Gemeinwohl besteht; und Aufgabe von Politik ist es, sich vom Glauben leiten zu lassen sowie – um des Seelenheils der Menschen willen – religiös festgelegte Inhalte allgemein verbindlich zu machen. Derzeit sind bewusst auf Religion gegründete und dann der Politik zugrunde gelegte Vorstellungen vom Gemeinwohl vor allem in islamischen Gesellschaften wirkungsmächtig. Funktional äquivalent war einst die Prägung der germanischen Völkerschaften und ihrer Reiche durch das Christentum, das sie schrittweise als damalige spätrömische Reichsreligion übernahmen.
- *Wissenschaft*, die an die Stelle des Glaubens in dem Ausmaß tritt, in welchem man an ihre Aussagen ebenso fest *glaubt* wie an die Inhalte einer religiösen Offenbarung. Ziel des von Auguste Comte (1798–1857) begrün-

---

[96] Die lateinische Bezeichnung ‚a priōri' meint auf Deutsch: im Vorhinein. Dieser Begriff ist dem Immanuel Kants von der ‚Erkenntnis a priori' nachgebildet.
[97] Natürlich können solche Vorab-Vorstellungen vom Gemeinwohl bzw. die Vermutungen über die Beschaffenheit der Wirklichkeit, auf denen sie gründen, auch falsch sein. Dann gerät man in alle Probleme des Handelns in der Operationswirklichkeit anhand einer empirisch falschen Perzeptionswirklichkeit, wie sie oben bei der Behandlung des Ideologiebegriffs angesprochen wurden.

deten sozialwissenschaftlichen Positivismus war es tatsächlich, von einer ersten, durch Religiosität angeleiteten Entwicklungsstufe politischen Denkens über die Zwischenstufe des ‚metaphysischen – also philosophisch-spekulativen – Denkens zur Stufe des positiven, d.h. *wissenschaftlichen* politischen Denkens aufzusteigen. Durch Wissenschaft könnte aber vor allem dann in einer überaus praktischen Weise das Gemeinwohl bestimmt werden, wenn sie wahre Aussagen über einen ‚objektiv notwendigen Verlauf gesellschaftlicher Entwicklung' zu formulieren vermöchte. Aus derartigen ‚Geschichtsgesetzen' ließe sich nämlich in jeder konkreten politischen Entscheidungssituation Orientierung darüber gewinnen, wofür man wegen welcher objektiv notwendigen Entwicklungen Partei ergreifen sollte, was anderes es aber zu bekämpfen gilt. Das historisch wirkungsmächtigste Beispiel für eine wissenschaftsbegründete Vorab-Festlegung des Gemeinwohls waren bislang der Marxismus-Leninismus als ‚wissenschaftliche Weltanschauung der Arbeiterklasse' und die von ihm geprägten, weltweit tätigen kommunistischen Bewegungen. In der Gegenwart wurde im Bereich der Klimaschutzbewegung „Follow the science!" zum funktional äquivalenten Aufruf, die Inhalte einer zum Gemeinwohl führenden Politik unmittelbar den Arbeitsergebnissen von Wissenschaftlern zu entnehmen.

- Man glaubt den Aussagen eines *charismatischen Anführers* oder einer sonstigen ‚*Autorität*'. Das stiftet ein Gefühl der geistigen Geborgenheit vor allem in unsicheren Entscheidungslagen, und zwar *ohne* dass man sich der Mühe wissenschaftlicher Argumentationen unterziehen oder sich durch die Gebote einer Religion auf persönliche Verantwortung festlegen lassen müsste. Beide Verzichtsmöglichkeiten machen es überaus attraktiv, den Anweisungen eines Anführers zu folgen und ihm die Verantwortung dafür zu überlassen, dass wirklich gut sei, was immer er als Gemeinwohl formuliere. Der Glaube überaus vieler Deutscher an die Wahrheit der Aussagen Adolf Hitlers und an die Richtigkeit seiner Entscheidungen ist – neben den Fällen von Stalin und Mao – der geschichtlich bislang wirkungsmächtigste Anwendungsfall dieser Möglichkeit, zu einer handlungsleitenden Vorstellung vom Gemeinwohl zu gelangen. In viel kleinerer Dosierung erkennt man funktional äquivalente Prozesse in der Anhängerschaft von ikonischen Figuren der Klimaschutzbewegung.

Der zweite Weg zur Vorstellung des Gemeinwohls führt über den Versuch einer *Feststellung des Gemeinwohls durch Lernen aus Erfahrung*, genannt *Gemeinwohl ‚a posteriori'*.[98] Gemeint ist damit, dass man zwar in die Prozesse politischer Willensbildung und Entscheidungsfindung hineingeht mit mehr oder minder festen Ansichten über das Gemeinwohl oder über gemeinwohlverträgliche Inhalte, die durchaus aus religiösen Überzeugungen,

---

98 Die lateinische Bezeichnung ‚a posteriori' meint auf Deutsch: im Nachhinein. Dieses Konzept ist Kants Begriff einer ‚Erkenntnis a posteriori' nachgebildet.

aus wissenschaftlichen Kenntnissen oder aus einem Vertrauen auf ‚Autoritäten' stammen mögen. Doch zugleich ist man bereit, seine mitgebrachten Ansichten einem Überprüfungsverfahren auszusetzen. Bei diesem ist man willens, aus Diskursen sowie aus solchen praktischen oder geschichtlichen Erfahrungen zu lernen, die ihrerseits durch ‚Versuch, Irrtum und Bewährung' gewonnen wurden. Obendrein ist man dafür offen, seine Ansichten dank solchen Lernens wirklich zu verändern. Wird ein derartiger individueller oder kollektiver Lernprozess auch noch über längere Zeit aufrechterhalten, so mag sich in dessen Verlauf sehr oft herausstellen, welche politischen Inhalte – welche anderen aber nicht – man solchen Regelungen und Entscheidungen zugrunde legen sollte, die sich dann mit etlicher Wahrscheinlichkeit auch tatsächlich gerecht und nachhaltig vorteilhaft auswirken dürften. Auf diese Weise wird ‚im Nachhinein' einer *schon vollzogenen* Praxis erkannt, was für *künftige* Praxis gemeinwohlverträglich sein mag.[99]

Einer der größten Vorzüge regelmäßiger Regierungswechsel bei *nicht* allzu kurzen Amtszeiten besteht in diesem Zusammenhang darin, dass auf diese Weise Politiker und Parteien, die erneut oder zum ersten Mal an die Macht gelangt sind, unter Druck gesetzt werden, sich auf die Wirklichkeit so einzulassen, wie sie eben *ist*. Wer regiert, muss nämlich ebenfalls *reagieren* – nämlich auf die in der Wirklichkeit ablaufenden Prozesse wie Kriegseröffnungen, Migrationswellen, das Zerreißen von Lieferketten, aufkommende Energie- oder Ressourcenknappheit und dergleichen mehr. Das eigen Tun oder Unterlassen wird sich dann aber in der Wirklichkeit auswirken und über seine ganz realen Folgen auf die politischen Akteure zurückwirken. Wer regiert, kann sich also – anders als in der verantwortungsarmen Oppositionsrolle – allenfalls dann weiterhin in weltfremde Politikkonzepte einspinnen, wenn seine Wirtschafts- und Militärressourcen dafür ausreichen, dass man zeitweise eher Teile der Wirklichkeit den eigenen ideologischen Gestaltungswünschen anpasst als diese der Wirklichkeit. Zwar kommen solche Versuche immer

---

99 Sozialevolution verläuft auf genau diesem Weg, allerdings oft gleichsam hinter dem Rücken der Akteure. Nicht nachhaltig wirkende oder grob ungerechte Institutionen werden nämlich sogar dann zusammenbrechen, wenn die Akteure diese Defizite ihrer sozialen und politischen Ordnung ignorieren; und gerechte Strukturen mit nachhaltig stabilen politischen Prozessen werden sich in unbemerkter Selbstverständlichkeit von Generation zu Generation vererben, solange nicht Eingriffe von außen ein System zerstören, oder wie nicht von innen her die schon von den alten Römern gefürchtete ‚rerum novarum cupido' – d.h. die blanke Neuerungssucht – zu ‚Verschlimmbesserungen' führt. Im Übrigen können Soziobiologie, Evolutionäre Spieltheorie und Evolutionäre Ethik zeigen, dass viele Wert- und Gemeinwohlvorstellungen, die Einzelmenschen schon vor jedem konkreten Handeln als ‚richtig' einleuchten, ihrerseits das Ergebnis von solchen Lernprozessen aus Versuch, Irrtum und Bewährung sind, die sich im Lauf der menschlichen Phylogenese vollzogen haben. In eine einfache Formel gefasst: Solche Gesellschaften überlebten länger, vermehrten sich mehr und verdrängten andere, bei deren Individuen gemeinwohlverträgliche Werturteile und Handlungsdispositionen bereits ‚angeboren' waren.

wieder vor und führen dann meist in Rezessionen, Katastrophen oder Systemzusammenbrüche. Doch Letzteres vollzieht sich vergleichsweise selten. Viel öfter verhält es sich in Staaten mit häufigen Regierungswechseln so, dass deren Politiker auch entgegen ihren Wünschen, und wider die von ihnen erweckten Hoffnungen, zum Lernen aus politischer Erfahrung angehalten werden. Meist müssen sie dann für ein politisches Lernen, das erst nach der Übernahme von Regierungsverantwortung einsetzt, dadurch bezahlen, dass ihnen der Bruch von Wahlversprechen oder gar ihrer Prinzipien vorgeworfen wird. Das kann von Popularitätsverlusten über Wahlniederlagen bis zur Spaltung einer diese Prinzipien bislang betonenden Partei führen.

Politikwissenschaft ihrerseits mag politisch Bewährtes aus Geschichte und Gegenwart zusammentragen, systematisieren sowie in einerseits empirischen, andererseits normativen Theorien für die politisch-praktische Nutzung aufbereiten. Dabei kann sich bestätigt fühlen, wer für nachweislich bewährte Inhalte immer schon eintrat; die anderen mögen hinzulernen. Jedenfalls kann man für künftige Entscheidungen stets auf – besser oder schlechter aufbereitete – (geschichtliche) Erfahrungen zurückzugreifen. Weil politisches Handeln aber auch unweigerlich von Interessen geleitet wird, die ihrerseits meist den Weg zu ihnen widerstreitenden Einsichten verstellen, wird man in allen konkreten Entscheidungsfällen auch weiterhin darüber streiten, was denn wirklich aus jenen Erfahrungen darüber zu lernen wäre, wie man in Gegenwart und Zukunft eine gemeinwohldienlichere Politik entwerfen und durchführen könne.

Ohnehin gibt es derlei Möglichkeiten des Rückgriffs auf ‚Lehren aus der Geschichte' nur für schon ‚*ausprobierte*' Inhalte sowie angesichts *bekannter* Problemlagen. Wo hingegen *neue* Herausforderungen nach neuen Antworten verlangen, beginnt man diesen Lernprozess unweigerlich von neuem, und zwar auf der Grundlage von Vermutungen, die sich auf mehr oder minder reflektierte religiöse oder wissenschaftliche Überzeugungen sowie auf das Vertrauen zu Autoritäten gleich welcher Art stützen werden. Dabei bleibt das Gemeinwohl allerdings die *regulative Idee*: Man hat klar vor Augen, wohin man durch Politik kommen will, nämlich zu stabilen, gerechten und nachhaltigen Strukturen politischer Ordnung.

b. Politikmonopol vs. Konfliktmodell mit Minimalkonsens und Mehrheitsprinzip

Wer sich das Gemeinwohl und die zu ihm führende Politik als *vor* jeder politischen Entscheidung *konkret* feststellbar denkt, für den sind die folgenden politischen Grundregeln unmittelbar plausibel:

- Es darf nur das allgemein verbindlich gemacht werden, was objektiv richtig ist; dieses *soll* dann aber auch zum *alleinigen* Ziel politischen Handelns werden. Politik hat nämlich einem einzigen, nämlich dem richtigen Anliegen zu dienen: der Durchsetzung *des Guten*. Dieses *lässt* sich auch – als einzig sinnvolle, inhaltlich klare Alternative zum politisch Schlechten – hier und jetzt erkennen. Eine solche Sichtweise der Politik, ihrer Aufgaben und der in Kauf genommenen Konsequenzen bezeichnet man als ‚Monismus'.

- Die Macht, allgemein verbindliche Regeln und Entscheidungen festzulegen, muss bei denen liegen, die das hier und jetzt objektiv Richtige erkannt haben sowie verwirklichen wollen. Ihnen steht darum ein ‚Politikmonopol' und aus guten Gründen *ungehemmte* Herrschaft zu.[100] Zwar können auch andere Menschen das Richtige und Gute erkennen und sollen das auch; sie brauchen auf dem Weg dorthin aber Leitung und Hilfe, Erziehung und Lernkontrolle.

- Den noch unaufgeklärten oder schon wieder verstockten Abweichlern vom objektiv Richtigen, also den – törichten oder bösartigen – Befürwortern falscher Positionen und Wege, darf man jedenfalls *keine* Gelegenheit geben, durch unkorrekte Thesen oder Handlungen Sand ins Getriebe guter Politik zu streuen. Man mag sie vielleicht so lange tolerieren, wie sie nicht politisch in Erscheinung treten. Sobald sie aber Einfluss auf die Öffentlichkeit oder gar auf die Herstellung allgemein verbindlicher Regelungen und Entscheidungen gewinnen könnten, sind sie niederzuhalten und zu bekämpfen. Zumindest hat man ihnen alle Bühnen für gemeinwohlschädliche Auftritte zu versperren. Es gibt also – innerhalb einer monistischen Politikkonzeption – sehr plausible Gründe dafür, politische Akteure nach einem ‚Freund/Feind-Schema' einzuteilen und in der Bürgerschaft ‚positive Elemente', die treu zur politischen Anführerschaft stehen, von ‚negativ-zersetzerischen Elementen' zu unterscheiden, die staats- oder vernunftfeindliche ‚Hetze' betreiben.

Wer hingegen glaubt, dem Gemeinwohl komme man durch *Lernen aus Versuch, Irrtum und Bewährung* nahe, der muss Entscheidungsprozesse entlang ganz anderer Regeln organisieren. Diese lassen sich so zusammenfassen:

- Weil man beim politischen Lernen aus Versuch, Irrtum und Bewährung zweifellos Fehler machen wird, kann das Kriterium zur Festlegung allgemein verbindlicher Regelungen und Entscheidungen *nicht* sein, dass sich das ‚Richtige' durchsetzt. Vielmehr braucht es rein *formale* Entscheidungsregeln, die völlig unabhängig von jenen Inhalten, um die jeweils gestritten wird, ganz klar angeben, wer zu welchen Bedingungen das Recht hat,

---

100 Im dreidimensionalen Merkmalsraum zur Gliederung politischer Systeme (siehe Abbildung 1) entspricht dieser Vorstellung die Monopolisierung der politischen Willensbildung sowie die Durchsetzung einer monistischen Herrschaftsstruktur.

seine Inhalte allgemein verbindlich zu machen. Auf diese Weise erfolgt ‚Legitimation durch Verfahren'.[101]

- Zwar mag jeder *behaupten*, ‚im Besitz der Wahrheit' zu sein, und jeder darf auch so begründete *Wünsche* nach einer bevorzugten politischen Behandlung hegen. Doch es muss durch geeignete institutionelle Vorkehrungen zugleich sichergestellt werden, dass solche Wünsche nicht allein aufgrund einer solchen Behauptung erfüllt werden. Vielmehr dürfen Wahrheitsmonopole über ihren bloßen *Anspruch* hinaus zu keiner Zeit hingenommen werden. Stattdessen ist dafür zu sorgen, dass ein jeder, der – warum auch immer – auf die Herstellung allgemein verbindlicher Regelungen und Entscheidungen Einfluss nehmen will, sich auf *Streit* mit nicht weniger motivierten *Konkurrenten* einlassen muss. Politische Ordnung hat somit einen ihrer Zwecke darin, *Vielfalt und Konkurrenz zu ermöglichen*. Genau ein solches Verständnis und eine ihm folgende Praxis von Politik bezeichnet man als ‚Pluralismus'.

- Man wird vor allem dann aus einem Prozess von Versuch, Irrtum und Bewährung viel lernen, wenn die Konkurrenz um das zu Lernende von sehr *vielen* und von sehr *verschiedenen* Standpunkten oder Ansätzen aus betrieben wird. Deshalb muss angestrebt werden, dass sich möglichst viele Leute und Gruppen am Streit um Lösungen für anstehende Probleme beteiligen. Man wird derlei sogar für ganz natürlich halten, falls man annimmt, Menschen würden *legitimerweise* von *selbstdefinierten* Interessen angeleitet.[102] Folgt man aber diesem ‚Prinzip der legitimen Vielfalt', dann wird man ‚Abweichler' nicht nur tolerieren, sondern mag sie sogar schätzen als Wortführer nützlicher Kritik, als Quelle innovativer Inspiration, als Antriebskräfte (noch) besserer Problemlösungen. Man muss solche Abweichler zwar nicht mögen; doch funktionslogisch und normativ falsch wäre es, sie nicht als Konkurrenten oder Gegner zu *akzeptieren*. Bei einem solchen Politikansatz folgt man einem ‚normativen Konfliktmodell', bei dem man Konflikte nicht nur als unvermeidliche Lebenstatsachen in Rechnung stellt, sondern sie sogar als Möglichkeit zum eigenen Lernen schätzt.

Aus diesen so unterschiedlichen Grundregeln, die den unvereinbaren Vorstellungen vom Gemeinwohl jeweils angemessen sind, folgen auch ganz verschiedene Ansichten über jene Spielregeln, die man politischem Handeln

---

101 Die klassische Formulierung hierfür lautet: ‚Auctoritas, non veritas facit legem', d.h. der Rechtssetzung liegen Zuständigkeit und Amtsgewalt zugrunde, doch keine Wahrheitsansprüche. Natürlich gerät man entlang dieser Regel in ein Spannungsverhältnis zur Forderung nach materieller Rechtsstaatlichkeit. Zwar nicht grundsätzlich, doch für alle praktischen Zwecke lässt sich dieses Spannungsverhältnis in den unten vorgetragenen Argumentationen zum Minimalkonsens auflösen.

102 Ein solches Menschenbild ist viel realistischer als die Annahme, alle Menschen strebten einer *gemeinsamen* Vorstellung vom Richtigen zu und hätten im Grunde alle die *gleichen* Interessen.

zugrunde legen sollte. Im Fall eines *monistischen* Politikverständnisses, seinerseits orientiert an einer Vorab-Festlegung des Gemeinwohls und konkretisiert durch Freund/Feind-Denken sowie ein Politikmonopol derer, die das Richtige kennen und wollen, sind die Spielregeln ziemlich einfach: Es gilt, die Vorherrschaft der Sachwalter des vorab erkannten Gemeinwohls zu sichern, und man hat in der Gesellschaft für einen möglichst breiten Konsens darüber zu sorgen, dass die herrschend gemachten Gemeinwohlvorstellungen tatsächlich die alternativlos richtigen sind. Der – vom politisch Guten her definierte und deshalb politischen Konflikten entzogene – ‚nichtstreitige' Sektor dieser Gesellschaft soll deshalb immer größer werden. Möglichst zu verschwinden hat hingegen jener ‚streitige' Sektor, den unaufgeklärtes ‚altes Denken' oder verstockte Bösartigkeit erzeugen.

Viel komplizierter sind hingegen die sinnvollen Spielregeln politischen Handelns in einer den Konflikt befürwortenden *pluralistischen* Ordnung, die auf Vielfalt und Legitimation durch Verfahren setzt. Im Grunde zielen jene Spielregeln auf ein doppeltes Ziel ab:

- Über alle politischen Gestaltungsaufgaben müssen *Konflikte möglich* sein. Diese müssen auch scharf, hart und wirkungsvoll ausgetragen werden können, aber doch in solchen Bahnen bleiben, dass derlei *nicht* in einen Ordnungszusammenbruch oder Bürgerkrieg führt, da dies doch keinesfalls dem Ziel einer ‚guten Ordnung' entspräche.
- Am Ende des Konflikts muss ein Ergebnis, eine *Entscheidung* stehen, weil ansonsten der Konflikt rein selbstzweckhaft bliebe und gerade nicht zu jenen *praktischen* Versuchen führte, aus denen man – gegebenenfalls Irrtümer erkennend – doch lernen will.

Damit solche Konflikte zwar stets möglich, für den Bestand der politischen Ordnung aber ungefährlich sind, braucht es offensichtlich – und zwar als Grundlage eines *möglichst großen* ‚streitigen' Sektors wünschenswerter politischer Auseinandersetzungen – *auch* einen ‚*nicht*streitigen' Sektor *gemeinsamer* Ansichten. In anderer Formulierung: Es braucht einen ‚Minimalkonsens', der jedem Streit eine regulative Idee verleiht sowie jenen Rahmen setzt, der die Streitenden zusammenhält. Weil aber jede Ausdehnung eines solchen Minimalkonsenses den streitigen Sektor verkleinert, also bei der Ausweitung vom Minimal- zum Maximalkonsens zur monistischen Beseitigung des Bestreitbaren führt, müssen die Vertreter einer pluralistischen Politikkonzeption stets darauf achten, dass der Minimalkonsens wirklich nur ein unverzichtbares *Minimum* an streitfrei gestellten Prinzipien umfasst. Dann entfaltet ein solcher *Minimalkonsens* sich in der Dreiheit von Werte-, Verfahrens- und Ordnungskonsens:

- *Wertekonsens:* Es wird Konsens über ein möglichst *enges* Spektrum gemeinsam akzeptierter, stets ‚streitfrei gestellter' Werte vereinbart und kommunikativ – durch Tun *und* Lassen – in Geltung gehalten. Im Grunde muss ein solcher Wertekonsens nur zwei Elemente umfassen: eine gemeinsame Vorstellung von Menschenwürde und unantastbaren Menschenrechten, und die unbestrittene Legitimität von – gerade auch politischer – Vielfalt.[103] Sobald ein verbindlicher Katalog von Menschenrechten allem Streit zugrunde gelegt wird, besitzt im Übrigen die ‚Legitimation durch Verfahren' auch einen Ankerpunkt, von dem aus kritisch beurteilt werden kann, ob ein bestimmtes Verfahren wirklich akzeptabel ist, insofern es nämlich keine dem Wertekonsens zuwiderlaufenden Ergebnisse zeitigt. Andernfalls muss es geändert oder eingehegt werden. Wichtigstes Beispiel hierfür ist, dass der allein auf Verfahrenslegitimität setzende formale Rechtsstaat solchermaßen zum materiellen Rechtsstaat gemacht wurde.

- *Verfahrenskonsens:* Hier geht es um Konsens über jene Spielregeln, anhand welcher man seine Konflikte austrägt. Selbstverständlich können Spielregeln – von Verfassungsbestimmungen bis hin zu Geschäftsordnungen – auch geändert werden, und natürlich auch im Anschluss an Streit über die Regeln und deren Änderungen. Nur müssen *während* eines Streits um die Sache die Regeln des *Verfahrens* eingehalten werden, da ansonsten der Streit jegliches Kriterium für prozedurale Fairness verlöre und zu einem regellosen Kampf werden könnte. Auch müssen unabhängig von allen konkreten Verfahrensweisen, über die es Konsens braucht, zwei Grundregeln *immer* ein Bestandteil des Verfahrenskonsenses ein:
    - *Gewaltfreiheit:* Der Streit muss *gewaltfrei* ausgetragen werden. Das schließt den Verzicht auch auf versteckte Gewalt ein und bezieht sich nicht nur auf physische Gewalt, sondern auch auf psychische und kommunikative Gewalt. Die erstere wird ausgeübt durch *Drohungen* mit physischer Gewalt, die letztere durch *vorab erfolgende Festlegungen* dahingehend, welche Positionen zu vertreten an sich schon – da für ‚politisch unkorrekt' erklärt – zur Herabwürdigung und Ausgrenzung eines Gegners führen dürfe oder gar führen solle. Diese Forderung nach Gewaltfreiheit ist keineswegs nur normativ mit dem Hinweis auf die Menschenwürde des Gegners zu begründen. Vielmehr gibt es auch

---

103 In der Bundesrepublik Deutschland wird dieser minimale Wertekonsens durch die – vom Bundesverfassungsgericht 1952 ausformulierten – Prinzipien der freiheitlichen demokratischen Grundordnung beschrieben. Diese schließt acht Prinzipien ein, die sich im Grunde als Mittel zur Sicherung von materiellem Rechtsstaat und von Pluralismus zusammenfassen lassen. Laut Bundesverfassungsgericht umfasst der Wertekonsens der freiheitlichen demokratischen Grundordnung Deutschlands nämlich die Achtung vor den – im Grundgesetz konkretisierten – Menschenrechten, vor allem vor dem Recht der Persönlichkeit auf freie Entfaltung; das – ‚Volkssouveränität' genannte – Demokratieprinzip; die – komplex zu verstehende – Gewaltenteilung; die – institutionell erzwingbare – Verantwortlichkeit der Regierung; die Gesetzmäßigkeit der Verwaltung; die Unabhängigkeit der Gerichte; das Mehrparteienprinzip; sowie die Bildung und Ausübung von Opposition unter der Maßgabe, dass ihre Trägergruppen den *genau so* umschriebenen Wertekonsens akzeptieren und mittragen.

einen wichtigen funktionslogischen Grund für sie: Die Chancen, in Konflikten auf *neuartige* Versuche zur Lösung politischer Probleme zu kommen, oder durch Streit *Irrtümer* in bisherigen politischen Ansichten zu entdecken, werden allein schon dadurch gemindert oder gar verhindert, dass Teilnehmer am politischen Streit Angst davor bekommen, ihre Position angesichts von herabsetzendem Widerspruch oder bedrohlicher Gegnerschaft zu vertreten. Anders formuliert: Wer das Ergebnis von politischem Streit durch die Androhung von Gewalt oder durch eine wirksame Ausgrenzung missliebiger Positionen schon vorab bestimmt, der kann den Konflikt auch gleich sein lassen, weil dieser unter solchen Umständen ohnehin keinen Nutzen bringen wird.

- *Chancengleichheit:* Aus dem gleichen Grund müssen die konkreten Verfahrensregeln auch dafür sorgen, dass alle Streitparteien gleichberechtigt und chancengleich – nicht ergebnisgleich – am Konflikt teilnehmen können. Lediglich innerhalb von Repräsentativkörperschaften ist die folgende Ausnahme zulässig und aufgrund von deren Leitidee sogar erforderlich: Die Chancen, sich im Streit unter den Repräsentanten durchzusetzen, müssen auch davon geprägt sein, wie weit man sich zuvor unter den *zu Repräsentierenden* durchgesetzt hat, also wie es um die Stärkeverhältnisse der einzelnen Parteigruppen in einem Parlament steht.[104] Die erwünschte Chancengleichheit im Streit ist allerdings immer wieder schwer zu verwirklichen, weil eben nicht alle Interessen, um die es im Streit geht, gleich gut *organisationsfähig* oder in gleicher Weise *konfliktfähig* sind. Nun ist aber Gerechtigkeit ein konstitutiver Bestandteil der regulativen Idee jenes Gemeinwohls, um dessen – im Nachhinein festzustellende – Verwirklichung im politischen Streit gerungen wird. Deshalb ist jene Verzerrung der Chancengleichheit im politischen Streit, die etwa auf die mangelnde Organisationsfähigkeit von Arbeitslosen oder die mangelnde Konfliktfähigkeit von alleinerziehenden Müttern zurückgeht, wirklich ein großes Problem pluralistischer Politikgestaltung. Obwohl es wohl grundsätzlich unlösbar ist, kann man es für alle *praktischen* Zwecke immer wieder im Einzelfall mindern, nämlich durch Versuch und Irrtum samt Beibehaltung des Bewährten.

- *Ordnungskonsens:* Gemeint ist damit das Einvernehmen über jene Institutionen, mittels derer man einen konkreten Streit austrägt, und über die Arenen, auf welchen das zu geschehen hat. Beispielsweise braucht es Konsens darüber, wer über die Zulassung einer Partei zu einer Wahl –

---

104 Anhand des folgenden Beispiels ist das leicht einzusehen: Wenn bei einer freien Wahl die Partei A 60% der Stimmen gewinnt, die Parteien B und C aber jeweils nur 20% gewinnen, dann wäre es – unter Geltung des Demokratieprinzips – natürlich nicht akzeptabel, wenn im gewählten Parlament die Parteien B und C ebenso große Chancen hätten, ihre Politik durchzusetzen, wie die Partei A. Chancengleich muss indessen der Wahlkampf sein, da ansonsten das Wahlergebnis nicht die Präferenzen der Wähler, sondern nur die Chancenungleichheit der konkurrierenden Parteien widerspiegelte.

und somit zum Wahlkampf – entscheiden darf, oder ob Tarifkonflikte eher von Arbeitgebern und Arbeitnehmern auszufechten oder von staatlichen Behörden durch Schiedsspruch bzw. eigenverantwortliche Entscheidung beizulegen sind. Ebenso wie Verfahrensregeln in streitigen Verfahren zu ändern sind, können auch die institutionellen Formen und Arenen der Konfliktaustragung nach einem Streit über erforderliche Umgestaltungen geändert werden. Nur dürfen auch hier nicht *während* des Streits um die Sache die institutionellen Arrangements des Streites geändert werden, da ansonsten wieder ein uneingehegter Machtkampf entstünde. Die politische Kurzformel dafür lautet: Man darf Sachfragen und Verfahrensfragen nicht miteinander vermengen!

Im Rahmen dieses dreifachen Minimalkonsenses lassen sich Konflikte über so gut wie alle Wert-, Sach- und Personalfragen in nachgerade beliebiger Schärfe, doch zugleich ohne Gefahr für den Bestand einer politischen Ordnung *austragen*. Wie aber können Konflikte später auch *beigelegt* oder fürs erste *beendet* werden? Da es keine Garantie dafür gibt, es werde sich beim Streit ‚die richtige Position' in einer ‚allgemein erkennbaren Weise' durchsetzen, wird man gut daran tun, nur in recht wenigen Fällen auf der Forderung zu bestehen, der Konflikt müsse bis zum Einvernehmen aller fortgesetzt werden, also bis zur Erreichung von Konsens in der Sache. Ohnehin wäre auch ein solcher Konsens kein ‚Beweis' dafür, man habe die ‚richtige' Lösung gefunden. Einhelligkeit bezeugt nämlich bestenfalls, dass niemand eine ausgehandelte Position für so falsch hält, dass er sich ihr um keinen Preis anschließen will.

Falls man als Entscheidungsregel somit *nicht* die Forderung nach *Konsens* festlegen will, bleiben nur zwei weitere Möglichkeiten. Entweder hält man es für hinnehmbar, dass der Wille einer *Minderheit* allgemein verbindlich gemacht wird – oder man verlangt, dass nur das allgemein verbindlich wird, was die *Mehrheit* akzeptiert. Bei der Entscheidung, der einen oder anderen Regel zu folgen, sind die nachstehenden Überlegungen hilfreich:

- *Minderheitsregel:* Für das politische Durchsetzungsrecht einer Minderheit lässt sich überzeugend nur argumentieren, wenn man an die Möglichkeit glaubt, das Gemeinwohl lasse sich vorab bestimmen. In diesem Fall stünde nämlich außer Zweifel, dass eine Minderheit genau dann das Recht hat, sich durchzusetzen, wenn sie eben inhaltlich richtig liegt. Unter solchen Umständen braucht es allerdings auch keinen Streit; es genügt vielmehr die Herrschaft derer, die das Richtige kennen.
- *Mehrheitsregel:* Wer sich jenem monistischen Politikverständnis nicht anschließen will, dem bleibt als akzeptable Entscheidungsregel bloß das Mehrheitsprinzip. Es besagt: Fairer Streit hat zu enden mit einer freien Abstimmung, die dasjenige allgemein verbindlich macht, was die Mehrheit der Abstimmenden wünscht. Dabei bleibt es unbenommen, je nach

Entscheidungsinhalt immer größere Mehrheiten zu fordern. Die können reichen von der relativen Mehrheit unter den Abstimmenden ('einfache Mehrheit') über die Mehrheit hinsichtlich der Gesamtstimmenanzahl eines Abstimmungsgremiums ('absolute Mehrheit') bis hin zu Zweidrittel-, Dreiviertel- oder Vierfünftelmehrheiten ('qualifizierte Mehrheit') entweder derer, die an der Abstimmung teilnehmen, oder jener, die abstimmungsberechtigt wären.

Je größer die Mehrheitsanforderungen werden, desto mehr nimmt offensichtlich die Macht von Minderheiten zu. Bezeichnet als 'Veto-Spieler' mit 'Veto-Macht',[105] ist ihr Einfluss am größten im Fall verlangter Einstimmigkeit, also von völligem Konsens. Obwohl solche Einhelligkeit mitunter als ein unübertrefflicher Ausdruck von Demokratie gilt, gelangt hier die Macht von Minderheiten über die Mehrheit auf ihren Höhepunkt. Das ist aber nur dann inhaltlich plausibel, wenn man Demokratie als 'Identität von Regierten und Regierenden' auffasst und solchermaßen auf in der Praxis ungangbare Abwege gerät. Natürlich kann man auch – gleichwie qualifizierte – Mehrheiten in zwei oder mehr aufeinander folgenden, zeitlich getrennten Wahlgängen fordern, um so die Wahrscheinlichkeit einer – dann bindenden – bloßen Zufallsmehrheit auszuschließen. Je mehr solche Wahlgänge man fordert, desto größer wird allerdings auch das Risiko, *keine* den Streit abschließende Entscheidung zu erlangen, womit der vorangegangene Streit um seinen politischen Nutzen gebracht und im Grunde selbstzweckhaft wird.

Keineswegs geht mit der Akzeptanz von Mehrheitsentscheidungen der Glaube einher, Mehrheit verbürge Wahrheit. Ganz im Gegenteil zeigt der Blick in die Geschichte, dass sich Mehrheiten nicht selten bei der Festlegung ihrer Ziele vergriffen oder in der Wahl erhofft zielführender Mittel irrten. Doch das tun Einzelne und Minderheitsgruppen wohl nicht weniger, sondern vermutlich sogar öfter. Das Mehrheitsprinzip als Entscheidungsregel wird denn auch aus zwei *anderen* Gründen gerechtfertigt. Erstens sind eine Minderheitsherrschaft oder das Konsensprinzip als mögliche Alternativen zum Mehrheitsprinzip noch viel weniger akzeptabel. Zweitens stellt das Mehrheitsprinzip beim Abschluss fair ausgetragener Konflikte dem so gesteuerten politischen System eine klar größere Lernfähigkeit und Legitimationskraft in Aussicht, als das seine Alternativen vermöchten. Der hier einschlägige Wirkungszusammenhang – 'Mehrheitsmechanismus' zu nennen – lässt sich so umreißen:

- Im fair ausgetragenen Streit von Konfliktparteien, die aufgrund ihres Eigeninteresses scharf argumentieren, wird in der Regel gut sichtbar, welche Vor- bzw. Nachteile die Verwirklichung eines bestimmten Interesses für wen haben kann, und desgleichen, welche Vorzüge bzw. Schwächen die

---

105 Von lat. 'vetāre', d.h. etwas verbieten.

jeweilige Position aufweist. Ursache dessen ist der – vom Zwang der Mehrheitssuche angetriebene – Versuch, die Problemstellen der jeweils gegnerischen Position ausfindig und für jeden Abstimmungsberechtigten, ihn so von möglicher Zustimmung abhaltend, unübersehbar zu machen.

- Wenn man sowohl annehmen darf, dass der Gegner so verfahren wird, als auch weiß, dass man für die Verwirklichung der eigenen Gestaltungswünsche am Ende eine absolute, Zweidrittel- oder gar noch größere Mehrheit erreichen muss, dann wird ein *rationaler* Akteur wie folgt verfahren:
  – Er wird sich bemühen, solche Schwachpunkte der eigenen Position von vornherein zu vermeiden, welche – vom Gegner entdeckt – die eigenen Gewinnchancen gefährden können. Fairer Streit in Verbindung mit dem Mehrheitsprinzip sorgt auf diese Weise dafür, dass der *Zwang zum Lernen* schon *recht früh* einsetzt, bzw. dass ein Lernunwilliger wohl *scheitern* wird.
  – Ferner wird ein rationaler Streitteilnehmer sich bemühen, die eigene Position mit so vielen Interessen seiner Streitgegner vereinbar zu machen, wie für die Sicherung der Chance nötig sind, die erforderliche Mehrheit zu erreichen. Da sich ein solcher Interessenausgleich oft nicht innerhalb einer *einzigen* Entscheidung bewerkstelligen lässt, werden rationale Akteure nicht selten ‚Geschäfte auf Gegenseitigkeit' anstreben. Entweder schnürt man zu diesem Zweck ‚Paketlösungen', sorgt also für Interessenausgleich quer über inhaltlich sehr verschiedene Entscheidungsmaterien; oder man erwartet für das eigene Entgegenkommen von heute die Unterstützung des anderen in absehbarer Zeit. Wer sich dann illoyal verhält, ist aus dem Spiel – was ein rationaler Akteur antizipiert und ein irrationaler Akteur durch Erfahrung lernt. Fairer Streit in Verbindung mit dem Mehrheitsprinzip sorgt somit auch für eine sehr weitgehende Bereitschaft zum *Kompromiss* und zum *Interessenausgleich* – oder umgekehrt dafür, dass rein selbstsüchtige und kompromissunfähige Akteure sich nicht lange halten können. Beides ist höchst wünschenswert.

Dank solcher Wirkungszusammenhänge gibt es zwar keine Gewähr, doch vergleichsweise gute Aussichten dafür, dass sich Mehrheiten für inhaltlich sehr unausgegorene oder dem Mehrheitsinteresse entgegenlaufende Entscheidungen nötigenfalls *verhindern* lassen. Das wiederum steigert die *Chancen* auf eine Durchführung stimmiger, an realen Problemlagen ansetzender sowie auf unterschiedliche Interessenlagen eingehender Politik. Falls überdies der ‚Mehrheitsmechanismus' mit Repräsentationsinstitutionen sowie mit dem ‚Wiederwahlmechanismus' gekoppelt wird, steigen auch die Chancen auf eine halbwegs *gerechte* Politik. Wenn gar noch ziemlich viele vernünftige Personen in politische Ämter gewählt werden und es schaffen, in den Medien Unterstützung für mittel- und langfristige Problemlösungen zu gewinnen, dann steigen außerdem die Chancen auf *nachhaltige* Problemlösungen. Und falls dies alles wirklich gelingt, dann entsteht in der politischen Praxis das, was sich – im Nachhinein – als *Gemeinwohl* erkennen lässt. Auf den beim Versuch seiner Verwirklichung *erkennbar hilfreichen* Theorien, Handlungsmustern und institutionellen Mechanismen kann man dann *künftig* aufbauen – oder derlei, beim Streit um neue Entscheidungen, immerhin *versuchen*.

Zwar gibt es keinerlei *Garantie* dafür, dass der ‚Mehrheitsmechanismus' zu vernünftigen, sachdienlichen, nachhaltigen und gerechten Problemlösungen führt. Im Gegenteil lassen sich viele Beispiele für unvernünftige Kompromisse und zukunftsblinde Mehrheitsentscheidungen anführen. Doch einesteils wird sich eine die Wirklichkeit verfehlende und jene Probleme, die sich real stellen, dann nicht lösende Politik nach einiger – gegebenenfalls längerer – Zeit als *in der Praxis* untauglich erweisen. Eben die so sichtbar werdende Irrtümlichkeit der konkreten Handhabung von Problemen *zeigt* dann, woraus gelernt werden *kann*. Allerdings mag der Einsicht in Irrtümer und dem anschließenden Lernen noch lange Zeit Ideologie entgegenstehen. Andernteils werden auch falsche oder sich als falsch herausstellende Entscheidungen von den Betroffenen in der Regel als ‚zwar leider falsch, doch fraglos rechtens' akzeptiert, wenn sie nach fairem, offenem Streit in Form einer *Mehrheits*entscheidung ergangen sind. Während auf *Minderheits*entscheidungen zurückgehende fatale Fehler leicht jenes politische System entlegitimieren können, in dem es zu ihnen kam, steht also selbst bei – bemessen an ihren Wirkungen – sehr schlechter Politik die Legitimität einer politischen Ordnung dann selten in Frage, wenn es die *Mehrheit* einer Gesellschaft oder ihrer frei gewählten Vertreter war, die sich geirrt hat, dann aber ihren Irrtum begreift und zu korrigieren unternimmt. Also erschließt der ‚Mehrheitsmechanismus' selbst im Fall *schlechter* Politik erhebliche Legitimitätsressourcen.

Mehrheitsentscheidungen werden im Übrigen nur dann als legitim gelten, wenn niemand befürchten muss, einmal in die Minderheit geraten wäre es um die eigenen zentralen Interessen geschehen, oder man werde gar um die Chance gebracht, eines Tages wieder Teil einer Mehrheit zu werden. Zum Mehrheitsprinzip gehört deshalb zwingend der *Minderheitenschutz*. Verwirklichen lässt dieser sich einesteils über den *Werte*konsens, zu dem die Achtung sehr konkreter Minderheitenrechte gehören kann. Dann nämlich ist für alle praktischen Zwecke klar: ‚Die Mehrheit darf nicht alles!' Andernteils kann der *Verfahrens*konsens dem Minderheitenschutz dienen. Beispielsweise lassen sich für Regelungsmaterien, die sehr stark jedermanns Interessen berühren, besonders breite Mehrheiten verlangen. Es steigt nämlich, wie gezeigt, die Macht von Minderheiten umso mehr, und vergrößert sich somit ihre Fähigkeit, die eigenen Interessen zu wahren, eine je größere Mehrheit für die zu fällende Entscheidung erforderlich ist. Außerdem kann der *Ordnungs*konsens dem Minderheitenschutz dienen, indem er ein feinteiliges Gefüge dezisiver Gewaltenteilung selbstverständlich macht – oder gar solche entscheidungsvorbereitenden Verhandlungssysteme, in denen Minderheiten von vornherein überproportionalen Einfluss haben.

c. Konsequenzen für den Staatsaufbau

Aus diesen ganz unterschiedlichen Leitgedanken und Spielregeln politischen Handelns, die ihrerseits jene zwei völlig entgegengesetzten Gemeinwohlvorstellungen konkretisieren, lassen sich unmittelbar Folgerungen für den Aufbau einer guten politischen Ordnung ableiten. Sie führen, vollständig realisiert, zu den beiden Extremformen politischer Systeme: Monismus auf der Grundlage einer *Gemeinwohlvorstellung a priori* führt zur totalitären Diktatur,[106] Pluralismus auf der Grundlage einer *Gemeinwohlvorstellung a posteriori* führt zum (liberalen) demokratischen Verfassungsstaat.

- *Monismus und totalitäre Diktatur:* Wenn das ‚politisch Gute' vorab erkannt werden kann, besteht die Aufgabe moralisch rechtfertigbarer *Politik* darin, dieses Gute durch entsprechende Ausgestaltung einer politischen Ordnung nachhaltig zu verwirklichen. Der politische Gestaltungsanspruch des *Staates* braucht sich dann keine Grenzen auferlegen, weil er doch der Verwirklichung des Guten dient. Dem ist am besten dadurch gedient, dass alle politische Macht in der Hand der – von klarer Erkenntnis des Gemeinwohls geleiteten – politischen Anführer liegt, und dass keinerlei Form von Gewaltenteilung die Verwirklichung des Guten zu hemmen vermag. Parteien, Massenorganisationen und Medien sollen ihre zentrale Aufgabe darin sehen, möglichst viele Bürger im Sinn des politisch Guten anzusprechen, sie in das Aufbauwerk der politischen Führung einzubinden sowie vor dem Zugriff ‚negativ-feindlicher Kräfte' zu schützen.

Der ideale *Bürger* ist hier jener, der vom Glauben an das klar definierte Gemeinwohl durchdrungen ist, der sich mit seinen – tatkräftig auf das Gute ausgehenden – politischen Anführern identifiziert, sie durch Mitarbeit auf allen staatlichen und gesellschaftlichen Ebenen unterstützt, auch selbst ein Vorbild ist im Kampf für deren Ziele, und der die Gegner des Gemeinwohls, wo immer er sie findet, stellt und entweder überzeugt oder bekämpft. Das *gesellschaftliche Leitbild* ist eine politisch homogene, einheitlich an den staatsleitenden ‚guten Prinzipien' ausgerichtete Bürgerschaft, in der es keinen sonderlichen Streit gibt, die keine Illusionen über ihre Feinde hegt, die ihren Freunden unverbrüchlich die Treue hält, und die ihre Werte oder Wünsche im Handeln der politischen Führer gut aufgehoben sieht. Auf diese Weise kann ein vom Monismus geprägtes System sogar als die höchste Form einer identitär verstandenen *Demokratie* gelten: Führer und Volk sind geeint, Regierende und Regierte aufgrund ihrer ganz gleichartigen Interessen und ihres völlig gemeinsamen Handelns im Grunde identisch.

---

106 Oder, bei geringeren Gestaltungsansprüchen der politischen Anführer, zu einer Entwicklungs- bzw. Erziehungsdiktatur.

▪ *Pluralismus und (liberaler) demokratischer Verfassungsstaat:* Weil das ‚politisch Gute' erst im Nachhinein erkannt werden kann, und zwar ohne Garantie des Gelingens, kann die moralisch rechtfertigbare Aufgabe von *Politik* nur darin bestehen, einen solchen Ordnungsrahmen zu schaffen und zu sichern, in welchem eine Gesellschaft friedlich um politische Ziele oder Mittel streiten kann, und zwar so, dass sie sich – durch Versuch, Irrtum und Bewahrung des Bewährten – eine belastbare Vorstellung vom Gemeinwohl zu erarbeiten vermag. Um Fairness in solchen Konflikten zu sichern, hat der *Staat* eine Fürsorgepflicht gegenüber jenen, die im pluralistischen Streit – etwa aufgrund schlechterer Organisations- und Konfliktfähigkeit – die geringeren Durchsetzungschancen haben. Außerdem muss der Staat immer wieder eine Rolle als Moderator zwischen solchen gesellschaftlichen Gruppen übernehmen, die wechselseitig kommunikationsunwillig geworden sind, und muss überdies eigene Initiative dann zeigen, wenn es unabweisbaren – und durch streitige Willensbildung nicht rasch genug zu befriedigenden – Handlungsbedarf gibt, wenn also die staatliche ‚Prärogativgewalt' gefragt ist. Seinen eigenen Gestaltungsansprüchen muss der Staat aber vergleichsweise enge Grenzen ziehen, da er doch bloß ein Mittel zum Zweck *gesellschaftlicher Selbststeuerung* ist. Im Grunde hat er nur Frieden, Freiheit, Eigentum und jenen Minimalkonsens zu sichern, innerhalb dessen ein jeder, der dies will, nach eigenen Vorstellungen am Streit um die Verwirklichung einer ‚guten Ordnung' teilnehmen kann, etwa indem er – die Erringung entsprechender Mehrheiten in freien Wahlen und Abstimmungen vorausgesetzt – den Staatswillen mitprägt. Damit sich dabei nicht die Wortführer machtvoller Interessengruppen oder eigensüchtige politische Aktivisten ungehemmt durchsetzen können, ist freilich ein feinfühliges System der Gewaltenteilung aufrechtzuerhalten, das zur Erarbeitung möglichst stimmiger Politikkonzepte und zur Berücksichtigung eines breiten Interessenspektrums zwingt. Parteien, Interessengruppen und insbesondere auch Massenmedien sollten deshalb – nicht jeder Akteur für sich, doch im gemeinsamen Neben- und Gegeneinander – die ganze Spannweite gesellschaftlicher Meinungen und Wünsche abdecken sowie in einen rundum streitigen Prozess politischer Willensbildung und Entscheidungsfindung einbringen. ‚Negativ-feindlich' sind für eine solche Ordnung nicht jene, die – und sei es als ‚Radikale' – eine andere Politik, eine andere Regierung oder eine andere Ausgestaltung der politischen Institutionen wollen, sondern nur – doch ganz ausdrücklich – jene, die das auf legitime Vielfalt und auf bejahten Streit ausgelegte politische System durch autoritäre Herrschaft oder durch eine monistische Diktatur ablösen wollen. Genau – doch eben nur – solche Personen oder Gruppen bezeichnet man sinnvollerweise als ‚Extremisten', und ihre Positionen entsprechend als ‚Extremismus', falls man es auf einen systematischen, nicht vor allem polemischen Begriffsgebrauch anlegt.[107]

In einem so gearteten System ist der ideale *Bürger* jener, der Vielfalt und Konflikt bejaht und auch persönlich aushält, der sich gesellschaftlich und politisch engagiert, Mut zur Kritik an politischen Anführern besitzt, sich von politischen Aufgaben nicht grundsätzlich fernhält, den Wettstreit mit anderen beim Streben nach politischen Führungspositionen akzeptiert, der seine Kritik an gegnerischen Positionen mit Einsicht in deren Stärken, hingegen Überzeugtheit von eigenen Positionen mit der Fähigkeit zur Selbstkritik verbindet, und der den einmal etablierten Minimalkonsens als Grundlage weiteren politischen Streits durch Tun oder Lassen in Geltung hält. Das *gesellschaftliche Leitbild* ist also eine vielfältige, von durchaus widerstreitenden Weltanschauungen – und nötigenfalls auch scharfen Interessenkonflikten - gekennzeichnete, politisch ‚heterogene' Gesellschaft, die mit derlei Konflikten zu leben bereit ist sowie einer zweifachen Versuchung widersteht: jener, den Minimalkonsens konfliktstilllegend auszudehnen, und der, sich um dessen Sicherung gar nicht mehr zu kümmern. Unter *Demokratie* versteht eine solche Gesellschaft eine Form der Arbeitsteilung: Politische Anführer – in deren Kreis jeder nach eigenem Entschluss und dank persönlicher Durchsetzung in der Konkurrenz mit anderen aufsteigen kann – haben Dienstleistungen zu erbringen; sie haben ihre konkurrierenden Sach- und Personalkonzepte immer wieder der Bürgerschaft zur Auswahl vorzulegen; und nicht die Bürger haben sich mit ihren Anführern zu identifizieren, sondern diese sich zunächst mit ihren Wählern und sodann mit jener politischen Ordnung, für die sie als Treuhänder der Bürgerschaft Verantwortung tragen.

Sowohl der Totalitarismus[108] als auch der demokratische Verfassungsstaat entspringen offenbar dem Streben nach dem politisch Guten und dienen dem Ringen um eine ‚gute Ordnung'. Deshalb besitzen *beide* nicht nur tiefgehende, sondern auch achtenswerte Wurzeln. Der Monismus, der mindestens zu einer Erziehungsdiktatur, leicht aber auch zu totalitärer Herrschaft verleiten kann, hat auf den ersten Blick sogar besonders große *Plausibilität* für sich: Wem würde wohl nicht einleuchten, dass Politik das Richtige tun, also

---

107 Während ‚Extremismus' bei sorgfältigem Begriffsgebrauch genau den Kampf gegen eine freiheitliche Ordnung bezeichnet, meint ‚Radikalismus' nur eine bis ins sprachlich und denkerisch Äußerste getriebene Kritik an bestehenden Verhältnissen, bzw. ein Reden und Denken, welches ein Argument bis in den Bereich des Unsinnigen vorantreibt. Radikalismus kann zwar zum Extremismus führen, muss das aber nicht. Umgekehrt muss ein Extremist nicht radikal sein, sondern ist – warum auch immer – schlicht ein Feind des Bestehens freiheitlicher Demokratie. In der politischen Alltagssprache wird dieser Unterschied selten gemacht, ja bisweilen ‚Radikalismus' als eine Steigerung von ‚Extremismus' ausgegeben.

108 Beziehungsweise die autoritären Herrschaftsformen der Erziehungs- und Entwicklungsdiktatur.

nicht einfach ‚blinden Zufallsmehrheiten' folgen sollte? Wer wüsste nicht anzugeben, was ihm *persönlich* politisch gut und richtig zu sein scheint? Und wen zöge die Vorstellung nicht zunächst einmal an, sich gemeinsam mit anderen, und dann ganz ohne Querdenker und Quertreiber, in den Dienst einer guten Sache zu stellen, die ‚größer ist' als man selbst? Weil das alles so einladend ist, braucht es immer wieder einige Mühe, um sich oder anderen klarzumachen, welche zunächst ganz unerwarteten und oft persönlich sogar abgelehnten Dinge *notwendigerweise* aus jenen plausiblen und attraktiven Anfangsüberlegungen folgen. Jedenfalls mögen die meisten viel lieber glauben, aus edlen Motiven *könne* sich Schlimmes gar nicht ergeben, als dass sie nachvollziehen wollten, warum sich ein verwerfliches Herrschaftssystem *durchaus nicht vermeiden lässt*, sobald man Andersdenkenden ‚das Gute' mit den Mitteln der Politik *gegen* Ignoranz und Widerstand nahezubringen versucht. Vor allem sperrt man sich meist gegen den stets verletzenden Nachweis, *eigene* Wertvorstellungen und Politikkonzepte könnten *unweigerlich* zu Folgen führen, die man doch aufrichtig *nicht* wünscht. So wenig nämlich für die meisten der Totalitarismus attraktiv ist, so sehr sind das monistische Politikvorstellungen. Deshalb sträuben sich so viele nach Kräften gegen die Zurkenntnisnahme des inneren Zusammenhangs zwischen Totalitarismus und einer Gemeinwohlvorstellung a priori. Hilfreich für solches Abblocken ist es, bereits den Begriff des Totalitarismus abzulehnen – und gar erst jeden Vergleich der Folgen monistischer und pluralistischer Politikgestaltung.

Trotzdem sind solche Vergleiche und sehr erkenntnisträchtig. Sie legen nahe: Wer das politisch Gute will, sollte auf *keinen* Fall den vom Monismus gewiesenen Weg einschlagen. Erstens lädt es eine gewaltige und redlich nicht abzulösende Bringschuld auf, sich selbst – oder einer geachteten Religion, einer bewunderten Partei, einem geliebten Führer – *exklusives* Wissen um die ‚richtigen' politischen Inhalte zuzuschreiben, sowie von daher ein diktatorisches Regime zu rechtfertigen. Zweitens zeigt der Blick in die Geschichte, dass Entwicklungs- und Erziehungsdiktaturen meist ziemlich wenige gute Früchte bei überaus vielen Opfern hervorbrachten. Totalitäre und autoritäre Diktaturen sind ganz einfach inhuman und verwenden in großem Ausmaß Mittel, die schwerlich – wenn überhaupt je – vom erhofften Zweck geheiligt werden. Drittens haben sich, eben *weil* es Vielfalt und Streit, Entscheidungen und Entscheidungsfolgen, Versuche samt Irrtum und Bewährung gibt, pluralistische Systeme als wesentlich *lernfähiger und leistungsfähiger* als ihre monistische Konkurrenz erwiesen. Sie haben also nicht ohne Grund im 20. Jahrhundert den großen Systemwettbewerb zwischen demokratischem Verfassungsstaat und sozialistischem Monismus gewonnen.

Damit ist allerdings kein ‚Ende der Geschichte' erreicht. Pluralismus wird auch künftig viele Schwierigkeiten haben, verstanden und aufrichtig gewollt zu werden. Er dürfte immer wieder in Krisen geraten und durch autoritäre Herrschaft ersetzt werden. Monismus hingegen wird seine ‚naturwüchsige'

Plausibilität und große Anziehungskraft weiterhin besitzen. In bislang pluralistische Gesellschaften kehrt er zurück, wenn sich in ihnen nicht nur der Wunsch ausbreitet, fortan vieles ganz anders zu machen als früher, nämlich jetzt ‚objektiv gut', sondern wenn außerdem die Vorstellung selbstverständlich wird, es sei die Aufgabe des Staates, die zum neu erkannten Gemeinwohl führenden Erziehungs- und Anreizmaßnahmen ins Werk zu setzen – idealerweise durch ein enges Zusammenwirken von Regierung und regierungsfinanzierten gesellschaftlichen Organisationen, desgleichen von Bildungs- und Mediensystem. Ansonsten ist die innerhalb von Chaos ordnungsbildende Leistungsfähigkeit von Monismus ohnehin nicht zu bestreiten, ja dort sogar zu loben, wo aus korrupten Regimen und bürgerkriegsähnlichen Zuständen überhaupt erst wieder funktionstüchtige Staatlichkeit aufzubauen ist. Solchen Gesellschaften ist aber der Verzicht auf totalitäre Herrschaft als letzter Konsequenz von Monismus ebenso zu wünschen wie eine baldige Transformation ihres zunächst notgedrungenen Autoritarismus in eine Herrschaftsordnung, in der zunächst Rechts- und Verfassungsstaatlichkeit, bald aber auch Liberalismus und am Ende pluralistische Demokratie eine wichtige Rolle spielen.

3. Föderalismus und vertikale Systemintegration

Politische Systeme bestehen nicht für sich allein. Vielmehr sind sie eingebettet in Gefüge anderer politischer Systeme. Mit diesen wirken sie oft zusammen. Bisweilen binden sich benachbarte politische Systeme in mehr oder minder loser Form aneinander. So kommt es zu Föderalismus,[109] der seinerseits nach steuernden Suprastrukturen verlangen mag. Oder es differenzieren sich bestehende Systeme nach innen aus und bilden territorial definierte Subsysteme, woraus ebenfalls Föderalismus entstehen kann, diesmal in Gestalt eines Mehr-Ebenen-Regierungssystems. In beiden Fällen entstehen Herausforderungen, ein solches Systemgefüge zusammenzuhalten und handlungsfähig zu machen. Im Lauf der Geschichte politischer Systeme wurde eine Reihe von Strukturprinzipien ersonnen, um solche ‚vertikale Systemintegration' zu bewerkstelligen. Aus den dabei gemachten Erfahrungen lässt sich weiterhin Nützliches lernen.

a. Geschichtliche Erscheinungsformen

Schon lange vor der Entstehung von Föderalismus gab es Formen kultureller Zusammengehörigkeit räumlich getrennter politischer Systeme, die sich in gemeinsamer Sprache, gemeinsamer Religion, gemeinsamen künstlerischen Ausdrucksformen oder in gemeinsamen Kulten und Festen äußerten. Derlei kennzeichnete das sumerische Städtesystem des vierten und dritten vorchristlichen Jahrtausends ebenso wie das – über koloniale Expansion bis

---

109 Von lat. ‚foedus', d.h. Bündnis.

nach Spanien reichende – Netzwerk von griechischen Stadtstaaten zwischen dem achten und dem vierten vorchristlichen Jahrhundert. Innerhalb und auf der Grundlage solcher ‚Vielstaatlichkeit' kam es von jeher zur Bildung kurz-, mittel- und langfristiger Bündnisse, die der Abwehr fremder Mächte oder der Sicherung eigener Einflusssphären dienten. Oft bestanden sie in nicht mehr als einem Vertrag und beschränkten sich darauf, diplomatische Beziehungen zu verdichten. Solange man Interessen teilt, halten solche Bündnisse auch; ansonsten zerfallen sie. Gerade die europäische Geschichte vor dem Beginn des europäischen Einigungsprozesses bietet dafür viele Beispiele. Militärische Bündnisse können aber, zur Sicherung ihrer Verlässlichkeit, auch schon fester institutionalisiert sein. Ein bemerkenswertes Beispiel dafür ist die nach dem Zweiten Weltkrieg entstandene NATO. Doch schon die altgriechischen ‚Symmachien'[110] wurden gegen gemeinsame Gegner auf begrenzte oder gar ‚ewige' Zeit geschlossen, oft mit der Standardformel, man wolle dieselben Freunde und dieselben Feinde haben. In solchen Bündnisverträgen konnten dann auch die wechselseitigen Verpflichtungen recht präzise beschrieben werden, z.B. die Führung des Oberbefehls, die Konsultationsstrukturen oder die Finanzierung von Zusammenarbeit und Feldzügen.

Erste Ansätze föderaler Institutionen entstanden in der griechischen Polis-Welt, insbesondere zur Verwaltung gemeinsamer Kultstätten. Solche Bünde – ‚Amphiktionien' genannt[111] – hatten typischerweise als Hauptorgan einen zweimal jährlich – im Frühling und Herbst – zusammentretenden Bundesrat. Genannt ‚Synhedrion'[112], entsandte zu ihm jeder am gemeinsamen Kult teilnehmende griechische Stamm zwei Vertreter. Zu viel engeren Formen von auf Dauer gestellter Kooperation, und damit zu ersten Ansätzen der Bildung eines neuen, übergeordneten Systems, kam es in Gestalt institutionalisierter hegemonialer Bündnisstrukturen. Etwa errichteten die demokratisch regierten Athener – in Gestalt eines von ihnen ausbeuterisch dominierten ‚Seebundes' – seit dem fünften vorchristlichen Jahrhundert ein maritimes, von den in Athen ansässigen Bundesinstitutionen zentralistisch geführtes Imperium. Später, seit dem vierten vorchristlichen Jahrhundert, reagierten die Griechen sowohl auf das aufsteigende Makedonenreich als auch auf die ausgreifende römische Macht mit der Gründung von regelrechten Bundesrepubliken (‚Koiná', in der Einzahl ‚Koinón'[113]). In diesen, vom arkadischen über den achäischen bis zum böotischen Bund, spiegelte sich ihre alte, von der Polis-Autonomie nur überlagerte Stammesstruktur. Diese spätgriechischen Bundesrepubliken hatten bereits feste und handlungsfähige Bundesinstitutionen:

---

110 Von griech. ‚symmacheîn', d.h. Bundesgenosse sein, auf der gleichen Seite kämpfen.
111 Von griech. ‚amphiktíones', d.h. Grenznachbarn. Besonders bekannt sind jene Amphiktionien, die sich um die großen Heiligtümer von Delos und Delphi bildeten.
112 Von griech. ‚synhédrion', d.h. beratende Versammlung, Sitzung.
113 Dieser griechische Begriff meint auf Deutsch die gemeinsamen Angelegenheiten, die Gesamtheit, das Gemeinwesen.

den von den ‚Gliedstaaten' – mitunter proportional zu ihrer Bevölkerungszahl – beschickten Bundesrat, eine Bundesregierung (die ‚Archonten'[114]), bisweilen auch eine Bundesversammlung der Einzelbürger der verbündeten ‚Gliedstaaten',[115] sowie Bundesbeamte, die von der Bundesversammlung oder vom Bundesrat gewählt wurden.

Der spätgriechische Föderalismus war für die politischen Großsysteme der Antike aber nicht typisch. Er war eher eine – an den europäischen Einigungsprozess unter dem Druck des Kalten Krieges erinnernde – machtpolitische Aushilfe als ein Prozess der Bildung von politischen Suprasystemen, die um ihrer selbst willen gewünscht wurden. Den in der Antike viel häufigeren Prozess einer hegemonialen Großreichsbildung illustrieren viel besser der – zweimal niedergerungene – Attische Seebund sowie das Römische Reich. Dieses war bis zur Kaiserzeit von seiner Verfassungsstruktur her ein Stadtstaat geblieben. Entsprechend benutzte die Republik bis zum ersten vorchristlichen Jahrhundert das Instrument der ‚Bundesgenossenschaftsverträge', um ein Mittelmeerreich aufzubauen, das von der römischen Aristokratie regiert wurde, nämlich über die von ihr gestellten Magistrate sowie den aus ehemaligen Magistraten bestehenden Senat. In der Zeit der Bürgerkriege des ersten vorchristlichen Jahrhunderts, ausgelöst durch die Expansionserfolge und die so erschlossenen neuen Machtmöglichkeiten, litt dieses Reich am Fehlen sowohl wirkungsvoll repräsentativer als auch klar imperialer Steuerungsstrukturen. Letztere entstanden erst seit Kaiser Augustus (63 v. Chr.–14 n. Chr., an der Macht seit 29 v. Chr.). Im Grunde erwies es sich in der gesamten Antike als am zukunftsträchtigsten, multiethnische Großreiche durch kriegerische oder vertragliche Unterwerfung eines Landes unter einen ‚Großkönig' (griech. *basileus*) zu errichten. Dieser wurde – in ägyptischer und persischer Tradition – oft mit Kulten umgeben, die ihn als ‚göttliches Wesen' erhöhten.[116] In seinen Dienst traten die gefolgschaftswilligen Führungseliten der unterworfenen politischen Systeme, während die integrationsfeindlichen Elitegruppen beseitigt oder machtpolitisch kaltgestellt wurden. Die Masse der Bevölkerung wurde anschließend von den – auf diese Weise integrierten – regionalen Eliten ziemlich dezentral und deshalb politisch unaufwendig regiert. So verfuhr man etwa in den Großreichen der Perser und der Seleukiden, später im Römischen Kaiserreich.

---

114 Von griech. ‚árchein', d.h. herrschen.
115 Im Vorhandensein solcher – ganz und gar den Volksversammlungen der Stadtstaaten nachgeformten – Bundesversammlungen zeigt sich, wie sehr die politische Systembaukunst der Griechen den kleinräumigen politischen Strukturen der Polis verhaftet blieb, und wie ungern sich die Griechen auf Repräsentationsinstitutionen einließen. Dieser anti-repräsentative Affekt demokratischen Denkens gehört zu den wichtigsten Erblasten, welche die Griechen dem europäischen politischen Denken hinterlassen haben.
116 Solchen Kulten dienten in der römischen Kaiserzeit auch die ‚Provinziallandtage', insbesondere in den asiatischen Provinzen des Reiches.

Der westeuropäische Imperialismus des 19. Jahrhunderts beschritt aus in der Natur der Sache liegenden Gründen ähnliche Wege. Während seine Kolonialreiche aufgrund der machtpolitischen Schwächung der europäischen Mächte durch den Ersten und zumal den Zweiten Weltkrieg weitestgehend zerbrachen und politisch allenfalls in Gestalt symbolischer Strukturen – wie des britischen Commonwealth – fortbestehen, schaffte es das Russische Reich bis ans Ende des 20. Jahrhunderts, ums Moskauer Zentrum herum seine kontinentalen Kolonialgebiete vom Kaukasus über Zentralasien und Sibirien bis an den Pazifik als ‚Sowjetunion' zusammenzuhalten. Als deutlich kleinere ‚Russische Föderation' gelang das bis heute. Leider misslang es, deren bislang imperialen Integrationsmuster, lange Zeit durch die kommunistische Ein-Parteien-Diktatur überlagert und verstärkt, zu nachhaltig wirksamen Strukturprinzipien föderaler Systemintegration auf freiwilliger Grundlage weiterzuentwickeln.

Eine andere Form vertikaler Systemintegration bestand als feudaler ‚Personenverbandsstaat' im europäischen Früh- und Hochmittelalter. Dessen struktureller Ausdehnungsbereich und Eigenart waren hervorgegangen aus der Eroberung der Westhälfte des Römischen Reiches durch germanische Völkerschaften. Diese arrangierten sich machtpolitisch mit den zunächst fortbestehenden römischen Institutionen und mit jenen kirchlichen Strukturen, die diesen funktional äquivalent nachfolgten, desgleichen mit den slawischen und magyarischen Herrschaftsgebilden in Mittel- und Osteuropa sowie mit den – ihrerseits expandierenden – skandinavischen Herrschaftsverbänden. Überaus komplexe, weitreichende, doch im Grunde staatsfreie Herrschaftsgefüge wurden hier zusammengehalten durch persönliche Treueverhältnisse zwischen einem – kraft Eroberung oder Erbfolge in diese Rolle gerückten – König und seinen Gefolgsleuten. Wo später aus militärökonomischen Gründen der Feudalismus eingeführt wurde, gehörte dem König teils fiktiv, teils machtpolitisch auch durchsetzbar und deshalb real, ein Großteil des einst von seinen Truppen eroberten Landes. Dessen Teilgebiete ‚verlieh' er seinen Gefolgsleuten sowie deren Nachkommen als Gegenleistung für ihre Dienste als gepanzerte Kavallerie. Theoretisch konnten jene Ländereien vom Lehnsherrn auch wieder eingezogen werden, oder sie fielen nach dem Erlöschen der männlichen Erbfolgelinie eines Lehnsnehmers wieder an den Lehnsherrn zurück. In der Praxis aber wurde solcher Besitz nach wenigen Generationen erblich. Auf den ihnen überlassenen Gebieten erhielten die Vasallen, aus denen sich in Deutschland etwa der Fürstenstand entwickelte, ihrerseits Herrschafts- und Nutzungsrechte, mitunter auch königliche Vorbehaltsrechte (‚Regalien'[117]) wie das Recht auf Münzprägung und somit auf eine eigenständige Währungspolitik. Im Lauf der Zeit entstanden so unterhalb *persönlicher* Treueverhältnisse – und dadurch den ‚Personenverbandsstaat' ablösend –

---

117 Von lat. ‚regālis', d.h. dem König eigen, fürstlich.

mehr oder weniger eigenständige politische Systeme, die nur unter großen und wenig nachhaltigen Anstrengungen durch einen König oder Kaiser als Lehensherrn koordiniert oder kontrolliert werden konnten. In Deutschland wurden hieraus die Vorläufer heutiger Bundesländer, etwa in Gestalt der Markgrafschaften Brandenburg und Meißen, woraus später Kurfürstentümer und noch viel später die Königreiche von Preußen und Sachsen wurden.

Überhaupt prägte es die deutsche Geschichte, dass sich die Staatsbildung – ganz anders als in Frankreich oder England – nicht auf der Ebene des Reiches, sondern auf der seiner Territorien vollzog. Eben das führte zur später meist positiven Einschätzung von Föderalismus in Deutschland. Außerdem wurde dieses Land zu einer Art Versuchsanordnung für die Chancen und Schwächen von Föderalismus, weil es spätestens nach dem Ende des Dreißigjährigen Krieges (1618–1648) immer wieder vor der Aufgabe stand, geeignete institutionelle Formen vertikaler Systemintegration zwischen der Ebene des Reiches und jener seiner ‚Stände' – d.h. seiner Territorien – zu finden. Im Übrigen entwickelte sich im gesamten, einst germanisch geprägten Europa bis zum Spätmittelalter aus der hochmittelalterlichen Festigung der Landesherrschaft durch Vasallen die Integrationsform des ‚dualistischen Ständestaates'. In ihm waren Adel und hohe Geistlichkeit, also Bischöfe und Äbte, meist auch ‚freie' Städte, sehr selten auch Vertreter der Bauernschaft, neben den Monarchen die *realen* Machtträger. ‚Stände' genannt, standen sie als *Korporationen* einem Fürsten oder König gegenüber. Sie waren nicht bloße ‚Repräsentanten' ihres gesellschaftlichen bzw. rechtlichen Standes, sondern sie bestanden aus genau jenen Personen, die in ihren Gebieten die tatsächliche Macht ausübten. Das ließ sich auf die Formel bringen, dass sie ein Land nicht nur ‚vertraten', sondern es ganz real ‚waren'. Der König oder Fürst besaß einesteils die streitschlichtende Oberhoheit im Inneren seines Land und hatte es samt dessen Ständen nach außen hin zu schützen. Zu diesem Zweck wurden ihm Steuern und Abgaben von den – etwa als ‚Landtag' versammelten – Ständen gewährt, d.h. bewilligt, erhoben und weitergegeben. Deshalb hatten die Stände auch eigene Finanzbehörden. Derentwegen waren sie auch – anders als viele Fürsten – für weitere Geldgeber kreditwürdig. Und also hing die Machtstellung eines Fürsten oder Königs gegenüber den Ständen seines Reiches auch sehr stark vom finanziellen Ertrag und wirtschaftlichen Management seiner eigenen Güter ab.

Die Integration *mehrerer* politischer Systeme zu einem größeren Handlungsverbund ließ sich bei einer solchen Systemkonstruktion vergleichsweise leicht bewerkstelligen. Ein erster Weg bestand darin, dass man die Stände eines eroberten Landes im Anschluss an die kriegerische Niederlage ihres bisherigen Landesherrn dem siegreichen Fürsten oder König Treue schwören ließ. So erweiterte noch im 18. Jahrhundert Friedrich d Gr. Preußen um Schlesien. Ein anderes Mittel war eine dynastisch kluge Heiratspolitik, bei welcher die Treueide der Stände notwendigerweise den – auch durch Intrigen und Mord zu steuernden – innerfamiliären Erbgängen folgten. Ganz wesentlich auf diese Weise entstand das – bis zum Ende des Ersten Weltkriegs währende – Habsburgische Reich. Durch Landesausbau und vereinheitlichende Verwaltung, auch durch wirtschaftliche Emanzipation des Fürsten von auf landständischer Steuerbewilligung beruhenden Kapitalzuflüssen, konnten heterogene Herrschaftsgebiete anschließend integriert und von einem Feudalgebilde zu einem Staat im heutigen Sinn umgeformt werden.

In Deutschland entwickelte sich auf solchen Voraussetzungen gleichsam naturwüchsig dasjenige, was heute ‚Föderalismus' genannt wird. Dass hier die spätere Staatlichkeit auf der Ebene der Territorien entstand, wurde im Wesentlichen verursacht durch die imperiale Machtüberspannung der staufischen Italienpolitik und das ihr folgende ‚zentralstaatliche' Machtvakuum während der kaiserlosen Zeit („Interregnum', 1250–1273), durch die enorme Ausdehnung des Reichsgebiets, desgleichen durch die im Deutschland des 16. Jahrhunderts ihren Ausgang nehmenden, das Reich konfessionell und machtpolitisch zerreißenden Religionskriege. Die Reichsgewalt verblasste nach dem Dreißigjährigen Krieg immer mehr, um im Lauf der napoleonischen Kriege zwischen 1803 und 1806 ganz zu verschwinden. Als – nach dem Zwischenspiel des 1815 gegründeten Deutschen Bundes – unter Otto v. Bismarck (1815–1896) zunächst der Norddeutsche Bund und dann 1871 das (Klein-)Deutsche Reich gegründet wurden, und zwar unter Ausschluss des großenteils ungarischen und slawischen Habsburgerreiches, da hatte dieses als seine Bestandteile – abgesehen von den 1871 annektierten ‚Reichslanden' Elsass und Lothringen – längst geschichtlich verfestigte Staaten eigenen Rechts. Diese historischen Erfahrungen sind überaus hilfreich auch für ein angemessenes Verständnis des zeitgenössischen europäischen Einigungsprozesses: Die Grundlagen des um seine politische Form ringenden Europa sind ebenfalls Staaten eigenen Rechts mit bleibender eigener Identität; und deshalb sind nun im europäischen Rahmen solche Herausforderungen vertikaler Systemintegration zu bewältigen, deren institutionellen Lösungen oft denen aus der Verfassungsgeschichte des deutschen Föderalismus funktional äquivalent sind.

Während in Deutschland die königliche bzw. kaiserliche Zentralmacht den Machtkampf mit den Territorialfürsten im Grunde schon seit dem Interregnum verloren hatte, setzte sich in anderen Reichen die Zentralgewalt durch. Das geschah nicht zuletzt unter dem Druck der nachreformatorischen Religionskriege, die es friedensstiftend zu beenden galt. In diesem Zusammenhang entstand in Frankreich die neue Herrschaftsform des Absolutismus. Der entmachtete die Territorien durch wirtschaftsfördernde Stärkung der königlichen Finanzkraft, was die Einberufung steuerbewilligender Ständeversammlungen auf Reichsebene entbehrlich werden ließ. Außerdem wurde ein vom König ausgehendes, gesamtstaatliches Verwaltungssystem über die alten territorialen Zuständigkeiten gelagert. Ferner konnte nicht in der Provinz bleiben, wer eine herausgehobene politische Rolle spielen wollte, sondern musste an den königlichen Hof ziehen. Dort aber hatte er im Abglanz, Schatten oder Intrigenspiel des Monarchen zu agieren. Die Revolution zerschlug dann auch noch die alten Territorien und schuf mit den neuen Departements eine zunächst ganz künstliche, doch unter Kommunikations- und Verkehrsgesichtspunkten überaus rationale Verwaltungsstruktur. Diese wurde die Grundlage einer durchgehenden Zentralisierung Frankreichs. Sie schuf aus einem Flickwerk von Territorien eine erstmals rechtlich, administrativ und bald auch sprachlich geeinte Nation.

Das alles machte den zentralistischen Einheitsstaat zum attraktiven Vorbild für viele Nationen, die nach einer stabilen Form ihres Staatswesens suchten, oder für Staaten, die ihre Bevölkerung zur Nation einen wollten. Tatsächlich ist ein Einheitsstaat mit allenfalls begrenzter Selbstverwaltung seiner Provinzen bis heute der – wenigstens dem Anspruch nach – vorherrschende Typ politischer Systeme. Ihm entspricht aber selten eine kulturelle und nationale Homogenität der Bevölkerung, wie sie Frankreich nach der Revolution zu schaffen verstand. Deshalb sind viele zentralistische Einheitsstaaten, vor allem die durch Entkolonialisierung entstandenen Staatsgebilde Afrikas, von inneren Spannungen und drohendem Zerfall gekennzeichnet. Derlei Probleme prägten allerdings auch die europäische Geschichte. Zumal die dort im 19. Jahrhundert für ‚natürlich' gehaltene Einheit von Staat und Nation ließ sich nur in Ausnahmefällen verwirklichen. Daran haben bis heute selbst die tiefgreifenden Veränderungen der mittel- und osteuropäischen Staatsgrenzen nach dem Ersten und Zweiten Weltkrieg, oft in Verbindung mit – schönfärberisch ‚Umsiedelung' oder ‚Abschub' genannten – Massenvertreibungen, nur teilweise etwas geändert. Seit dem Zerfall der multiethnischen Sowjetunion sowie Jugoslawiens sind außerdem viele der für überstanden gehaltenen Herausforderungen zurückgekehrt, und zwar bis hin zum jüngsten Versuch Russlands, die 1991 selbständig gewordene Ukraine zu zerschlagen oder Teile von ihr zu annektieren.

Hingegen bestand ein nach dem Zweiten Weltkrieg in Westeuropa sehr erfolgreicher Ansatz zur Bewältigung solcher Probleme darin, *oberhalb* fortbestehender Nationalstaaten ganz *neue* Strukturen zu schaffen, in deren nicht allein *inter*nationalem, sondern sogar *supra*nationalem Rahmen staatliche Grenzen für die reale wirtschaftliche, gesellschaftliche und kulturelle Zusammenhänge immer weniger störend würden. Die heutige Europäische Union ist das beeindruckende Ergebnis dieses sehr fruchtbaren Politikansatzes. Doch natürlich sind föderative Systembildung und anschließende vertikale Integration zwischen neu entstandenen Systemebenen nicht nur in Europa aktuell wichtige Themen. Es hat nämlich die – ‚Globalisierung' genannte – Entstehung einer ‚Weltgesellschaft' nach dem Ende des Ost/West-Konflikts mit ihren wirtschaftlichen und finanziellen Vernetzungen, auch mit ihren weltweiten Informations-, Touristen- und Migrantenströmen, einen noch größeren, zwischenstaatlich zu erbringenden Steuerungsbedarf hervorgerufen, als ihn die jahrhundertelang bekannte außen- und sicherheitspolitische Allianzbildung je erforderte. Auf internationaler Ebene gibt es also aus gutem Grund derzeit – je nach Feinkörnigkeit der Auflistung und Zählweise – zwischen rund 370 und 5000 ‚International Governmental Organizations' (IGOs), in denen unterschiedliche Staaten bzw. ihre Regierungsbehörden zur Bewältigung gemeinsamer Probleme zusammenarbeiten. Hinzu kommen, von Wirtschaftsunternehmen abgesehen, an die 25.000 internationale ‚Nichtregierungsorganisationen' (INGOs bzw. NGOs), die teils privat, teils staatlich (ko-)finanziert werden. Die größeren IGOs sind typischerweise mit ständigen Sekretariaten ausgestattet, und arbeiten nicht nur mittels kurz getakteter Tagungen von Botschaftern und Ministerräten, sondern auch im Rhythmus von Vollversammlungen der Teilnehmerstaaten oder von großen internationalen Konferenzen. Ergänzt wird das alles durch regelmäßige Treffen der Staats- und Regierungschefs von gleichsam ‚Clubs' größerer Staaten wie – beispielsweise – der G20, die als Zusammenschluss von 19 Staaten sowie der EU die derzeit wichtigsten Industrie- und Schwellenländer zusammenführt. Auf solcherlei Art schreiben diese Organisationen, mehr oder minder formalisiert sowie unter sehr anderen Kommunikations- und Verkehrsbedingungen als einst, im Grunde nur fort, was bereits aus der griechischen Antike an föderativen Strukturen bekannt ist. Die horizontale Vernetzung und anschließende vertikale Integration unterschiedlicher politischer Systeme samt den jeweiligen Gesellschaften ist nun einmal eine Daueraufgabe.

Dass sie nicht in aller Selbstverständlichkeit allenthalben unter dem Begriff ‚Föderalismus' abgehandelt wird, hat zwei Gründe. Innerwissenschaftlich ist es der, dass Systemverschränkungen *unterhalb* der Dichte von Bundesstaatlichkeit meist im politikwissenschaftlichen Teilfach ‚Internationale Beziehungen' untersucht werden, Systemkonstruktionen *ab* dem Integrationsniveau von Bundesstaatlichkeit hingegen im Teilfach ‚Politische Systeme'. Bezüglich der Europäischen Union bleibt deshalb typischerweise unklar, ob sie eher in den Zuständigkeitsbereich des Teilfachs ‚Internationale Beziehungen' oder in den der ‚Systemlehre' fallen sollte. Solchermaßen wird aber entlang von Fachgrenzen zerstückt, was sich doch erst als *Gesamtphänomen* richtig erschließt. Außerwissenschaftlich steht einer komplexen Betrachtungsweise von Föderalismus und vertikaler Systemintegration im Wege, dass der Föderalismusbegriff international in zwei völlig verschiedenen und jeweils überzogenen Bedeutungen verwendet wird. Im Deutschen klingt ‚Föderalismus' nach *dezentralisierten* Strukturen und nach autonomen Teilsystemen, die mehr oder minder klug in ein funktionstüchtiges Politikgefüge integriert sind. Es wird bei der Föderalismusanalyse sozusagen von einem Gesamtsystem her sowie auf dessen recht selbständige Teile hin gedacht. Im international dominierenden Englisch hingegen klingt ‚federalism' nach einer *Beschneidung* von Subsystemautonomie sowie nach Zentralisierung. Hier verläuft der

Denkweg also von selbständigen Teilen hin zu einem recht unitarischen Ganzen. *Beide* Auffassungsweisen von Föderalismus aber behindern den *vergleichenden* Blick auf Bundesstaaten und auf internationale Regime, auf zeitgenössische IGOs und auf antike Amphiktionien, auf den dualistischen Ständestaat und auf die Europäische Union. Offenbar wäre es hilfreicher, *ohne* Perspektivenverengung oder Fächergrenzen das *Gesamtphänomen* der Vernetzung und vielstufigen Integration politischer Systeme anzugehen. Dem dient recht gut der inzwischen gebräuchliche Begriff eines ‚Mehr-Ebenen-Regierens' in politischen ‚Mehr-Ebenen-Systemen'.

b. Grundbegriffe zur Analyse föderaler Systemintegration

Ein föderales System ist eines, in dem ein Gesamtstaat (auch: ‚Oberstaat') mehrere Gliedstaaten umfasst. Ein derartiges System kann einesteils durch einen *Föderierungsprozess* von unten nach oben entstehen (‚zentripetaler Föderalismus', ‚assoziativer Föderalismus). Das wird der Fall sein, wenn – bei gleichgerichteten Interessen – zwischen verschiedenen Staaten immer mehr Konsens über gemeinsame Werte, Ziele, Verfahren und Institutionen wächst. So entstanden die föderativen Systeme der USA, des Zweiten Deutschen Reiches oder der Europäischen Union. Umgekehrt kann ein föderatives System durch *Dezentralisierung, Regionalisierung* oder ‚*Devolution*' entstehen, d.h. von oben nach unten (‚zentrifugaler Föderalismus', ‚dissoziativer Föderalismus'). Dann löst ein Staatswesen sich zwar nicht in seine Bestandteile auf, doch organisiert sich um, nämlich zu einem Ganzen, das fortan aus mit Eigenverantwortung versehenen Teilen zusammengesetzt ist. Einer der Gründe kann die Absicht sein, wachsenden Empfindungen identitätspolitischer Unterschiedlichkeit von Bevölkerungsteilen gerecht zu werden, um so einer andernfalls drohenden Abspaltung von Landesteilen zu wehren. Ein anderes Motiv mag der Wunsch sein, Entscheidungs- und Verwaltungsprozesse zu optimieren. Frankreich schlug einen Weg dorthin in den 1980er Jahren ein mit seiner ‚Regionalisierung', das Vereinigte Königreich in den 1990er Jahren mit der ‚Devolution' von Wales und Schottland, Belgien bereits seit den 1930er Jahren entlang seiner verschiedenen Sprach- und Kulturgebiete. Sowohl eine Folge als auch eine Ursache solcher Dezentralisierung, Regionalisierung oder Föderalisierung kann die ‚Versäulung' eines Landes sein. Das meint eine Entwicklung, nach deren Abschluss das gesamte individuelle und gesellschaftliche Leben entlang von ethnischen und kulturellen, gegebenenfalls auch von konfessionellen oder sonstigen Spaltungen organisiert ist, deren institutionelle Strukturen dann gleichsam als ‚Säulen' des Gesamtsystems dienen.

Nicht zur Föderalisierung, sondern zum Zerbrechen eines Staates führt es, wenn die Bindekräfte zwischen seinen Teilen abnehmen und es zu einer

‚Sezession'[118] kommt. Pakistan widerfuhr dies 1972, als sich das heutige Bangladesch abspaltete. Ähnliche Versuche der amerikanischen Südstaaten scheiterten im US-Bürgerkrieg zwischen 1861 und 1865. Gleiches geschah der abtrünnigen kongolesischen Provinz Katanga nach der Unabhängigkeit von Belgien (1960–1963) und dem nigerianischen Teilstaat Biafra zwischen 1967 und 1970. Nominell föderative, machtpolitisch aber zentralistisch regierte Staaten riskieren ebenfalls ein Auseinanderbrechen, falls ihre verklammernden Institutionen erodieren und sich *Konflikte zwischen Zentrum und Peripherie* nicht mehr friedlich bewältigen lassen. So geschah es in den drei realsozialistischen Bundestaaten Europas: Nach dem Ende der Bindekraft kommunistischer Parteien zerfielen die Tschechoslowakei, Jugoslawien und die Sowjetunion selbst. Auch das föderative Russland, im Grunde das um die übrigen GUS-Staaten verkleinerte russische Kolonialreich auf dem eurasischen Kontinent, kämpft bis heute mit Sezessionisten bzw. um die Wiedererlangung von Gebieten, die sich vor gut dreißig Jahren vom einstigen Oberstaat getrennt haben.

Nach der Art oder dem Grad der Binnendifferenzierung verschiedener staatlicher Ebenen kann man alle miteinander verschränkten politischen Systeme anordnen zwischen dem Pol einer bloßen Allianz und dem Pol eines zentralisierten Einheitsstaates. Eine *Allianz*, ein Bund zwischen Staaten, ist im einfachsten Fall ein kurzfristiges Zweckbündnis ohne gemeinsame Organe. Im komplexeren Fall – wie dem der NATO – kann die Zusammenarbeit auf Dauer gestellt und durch feste Bündnisinstitutionen als eigenständiges politisches System handlungsfähig gemacht werden. Noch enger ist das Zusammengehörigkeitsgefühl bzw. das Zusammenwirken in einem *Staatenbund* bzw. in einer *Konföderation*. Beispiele sind – neben dem Deutschen Bund zwischen 1815 und 1866 – Englands amerikanische Kolonien zwischen 1775, dem Jahr der Einberufung des Zweiten Kontinentalkongresses, und 1781, als dieser Kongress mit den ‚Konföderationsartikeln' endete, die ihrerseits im Jahr 1787 durch die – 1789 dann in Kraft getretene – US-Verfassung abgelöst wurden. Die nächste Stufe auf dem Weg zur Integration verschiedener politischer Systeme stellt ein – in der Sprache des deutschen Bundesverfassungsgerichtes – ‚*Staatenverbund*' dar, der mehr ist als eine Konföderation, doch weniger als ein Bundesstaat. Gemünzt wurde dieser Begriff vom Bundesverfassungsgericht auf die Europäische Union. Er würde aber ebenfalls auf das Heilige Römische Reich Deutscher Nation passen, wie es nach dem Westfälischen Frieden von 1648 bis zu seiner Auflösung zwischen 1803 und 1806 bestand.

Ein *Bundesstaat* – wie ihn die Bundesrepublik Deutschland oder, als weltweit überhaupt erster Bundesstaat, die USA darstellen – ist ein politisches System, in dem *zwei* staatliche Ebenen über das gleiche Gebiet und Staats-

---

118 Von lat. ‚secēdere', d.h. weggehen, sich zurückziehen.

volk herrschen; wo es auch mindestens *einen* Handlungsbereich gibt, in dem beide staatlichen Ebenen unabhängig voneinander entscheiden können; und wo obendrein eine (verfassungs-)rechtliche Garantie für die bleibende Selbständigkeit beider staatlicher Ebenen besteht. Ein solcher Bundesstaat kann eher *konföderal* sein, wenn nämlich die Gliedstaaten das Recht haben, sehr verschiedene Wege zu gehen und ziemlich unterschiedliche Lebensverhältnisse zu schaffen. Er kann aber auch eher *unitarisch* sein, wenn es in ihm nachhaltig wirksame vereinheitlichende Kräfte gibt. In Deutschland sind das etwa ein Verfassungsgebot zur Schaffung gleichwertiger Lebensverhältnisse, die durch diesem Verfassungsgebot folgende Umverteilung von Staatseinnahmen samt der so bewirkten Nivellierung der finanziellen Leistungskraft von Gliedstaaten, desgleichen das Agieren einheitlicher und vereinheitlichender politischer Parteien in (fast) allen Gliedstaaten sowie auf Gesamtstaatsebene.

Die nächste Vereinheitlichungsstufe jenseits des unitarischen Bundestaates stellt der *dezentralisierte Einheitsstaat* dar, wie er derzeit in Frankreich und im Vereinigten Königreich besteht. Der *zentralistische Einheitsstaat* als Gegenpol zur bloßen Allianz schließlich ist in politischen Systemen mit wenig Subsystemautonomie oder gar mit ‚demokratischem Zentralismus' erreicht. Frankreich vor seiner Regionalisierung und die DDR waren gute Beispiele dafür. In einer eher unglücklichen Lage befinden sich politische Systeme wie die Volksrepublik China, deren Provinzen zwar faktisch erhebliche Autonomie genießen, doch als relativ eigenständige Handlungssysteme in keiner anderen Weise mit der Zentralregierung zusammenwirken können als dadurch, dass sie alle der Diktatur derselben Partei unterstellt sind.

c. Strukturprinzipien föderaler Systemintegration

Föderale Systemvernetzungen kann man auf mannigfache Weise ausgestalten. Mindestens sechs Gruppen von Strukturprinzipien lassen sich hier unterscheiden. Je nach deren Einsatz entsteht eher ein Staatenbund oder ein Bundesstaat.

Bei der ersten Gruppe von Strukturprinzipien geht es um die *Technik der Kompetenzverteilung* zwischen Gesamtstaat und Gliedstaaten, zwischen Suprasystem und Subsystemen. Hier gibt es zwei Grundmöglichkeiten:

- *Trennsystem:* Suprasystem und Subsysteme haben *unterschiedliche*, einander *nicht* überlappende Kompetenzen und besitzen sowohl je eigene Verwaltungsstrukturen als auch allein ihnen zustehende Besteuerungsrechte bzw. Einnahmen, um dank ihrer die Aufgaben ihrer jeweiligen Systemebene erfüllen zu können. Zumal Gesetzgebung und Gesetzvollzug liegen in der Zuständigkeit jeweils eines *einzigen* Systems, nämlich entweder des Gliedstaates oder des Gesamtstaates. So ist beispielsweise der Föderalismus der USA organisiert. Man spricht in solchen Fällen vom (dualistischen) ‚Trennföderalismus'.

- *Mischsystem:* Es überlappen einander die Kompetenzbereiche von Suprasystem und Subsystemen. Etwa mag es keinerlei Möglichkeit einer wechselseitig unabhängigen Steuerpolitik von Gesamtstaat und Gliedstaaten geben. Womöglich gibt es auch kaum eigene Verwaltungskapazitäten entweder des Suprasystems oder der Subsysteme. So ist es etwa in Deutschland: Viele gesetzgeberische Kompetenzen werden vom Bund und von den Ländern *gemeinsam* wahrgenommen, einesteils im Bereich der konkurrierenden Gesetzgebung, andernteils durch die Beteiligung des Bundesrates an der Gesetzgebung des Bundes; gerade die aufkommensstärksten Steuern stehen Bund und Ländern gemeinsam zu, was immer wieder zu Verteilungskonflikten sowie zu Verhandlungsbedarf führt; und dem Bund fehlen weitestgehend eigene Verwaltungsstrukturen, weswegen die Bundesgesetze – unter Aufsicht des Bundes – durch die Verwaltungen der Länder ausgeführt werden. Ein solches System bezeichnet man als (kooperativen) ‚Verbundföderalismus' oder als ‚Mischföderalismus'.

Mischsysteme sind sehr unübersichtlich. Ihre Willensbildungs- und Entscheidungsprozesse sind überaus konsensbedürftig. Sie erzeugen eine enge *Politikverflechtung* zwischen den verschiedenen staatlichen Ebenen, was das Gesamtsystem einesteils sehr stabil, andernteils aber ziemlich schwerfällig macht. Im Übrigen entsteht – wenn schon kein Mischsystem – eine enge Politikverflechtung. Ein Grund ist ‚Verflechtungsdruck aus der Natur der Sache', nämlich die Notwendigkeit, praktische Probleme gemeinsam zu lösen und dafür auch formal nicht vorgesehene Wege zu gehen. Eine andere Ursache liegt darin, dass bislang nur *implizierte* Kompetenzen einer staatlichen Ebene aufgrund aktuellen Handlungsbedarfs expliziert, d.h. ausdrücklich ausgeübt werden, was seinerseits Präzedenzfälle schafft, auf die man sich später beziehen kann.

Die zweite Gruppe von Strukturprinzipien betrifft die *Verteilung der Kompetenzen* zwischen Suprasystem und Subsystemen. Hier sind sowohl die *Regelungs*befugnisse als auch die *Verwaltungs*befugnisse zu klären. Die Leitfragen lauten: Bei wem wird grundsätzlich die Zuständigkeit für die Erfüllung einer bestimmten Aufgabe vermutet? Wer besitzt welche Mitwirkungsrechte? Wer hat welche Rechte und Pflichten der Rechts- oder Fachaufsicht? Häufig werden die Kompetenzen zwischen Gesamtstaat und Gliedstaaten dahingehend aufgeteilt, dass dem Suprasystem die Außen- und Sicherheitspolitik zustehen, auch die Regelung von Zöllen und Außenwirtschaft, von Währung und Maßsystem, desgleichen die Ausgestaltung der Verfassung des Gesamtsystems und seiner integrierenden Symbole. Den Subsystemen werden nicht selten die Bereiche von Kultur und Schulwesen zugewiesen, ferner das Kommunal- und Polizeiwesen, oft auch die Regelung des Verkehrs. Technisch nimmt man die Zuweisung der Kompetenzen meist so vor, dass man in der Verfassung oder in jenen Verträgen, die das Suprasystem begründen, die Rechte der übergeordneten Systemebene ausdrücklich aufzählt (‚Enumerationsprinzip'), dass man ebenso mit den zentralen Kompetenzen der Subsysteme verfährt, und dass man ansonsten Zuständigkeitsvermutungen formuliert sowie abschließend festlegt, dass das Recht des Gesamtstaates das der Gliedstaaten bricht.

Bei der dritten Gruppe von Strukturprinzipien geht es um die konkrete Ausgestaltung der *Finanzverfassung*. Die Finanzaufteilung zwischen Suprasystem und Subsystemen ist stets der machtpolitische Kern föderativer Strukturen, da ohne die nötigen *Finanzmittel* sich selbst jene Kompetenzen einfach nicht wahrnehmen lassen und alsbald verkümmern, die einer staatlichen Ebene *rechtlich* zustehen. Solche Rechte mögen – aufgrund der ‚normativen Kraft des Faktischen' – eines Tages sogar als illegitim gelten, weil sie seit Menschengedenken nicht mehr ausgeübt wurden.[119] Das zu lösende Zentralproblem besteht also darin, es zu möglichst wenig Widersprüchen zwischen den Aufgabenzuweisungen an die einzelnen staatlichen Ebenen und deren Finanzausstattung kommen zu lassen. Allerdings gelingt das eher selten, was anschließend finanzielle Vermischungsformen ebenso wie einen vertikalen Finanzausgleich zwischen den Systemebenen nach sich ziehen mag. Im Übrigen gibt es für die konkrete Ausgestaltung einer Finanzverfassung sehr viele Möglichkeiten. Sie reichen vom – in internationalen Organisationen üblicherweise angewandten, doch auch im Deutschen Kaiserreich genutzten – Prinzip der Finanzierung der Tätigkeit des Suprasystems durch (gestaffelte) Mitgliedsbeiträge der Teilnehmerstaaten, den sogenannten ‚Matrikularbeiträgen', über ein Trenn- oder Mischsystem bei der Ausgestaltung und Nutzung von Steuern und Abgaben bis hin zum – für zentralistische Einheitsstaaten typischen – Grundsatz, wonach alle Einkünfte zunächst einmal dem Suprasystem zustehen und erst anschließend, nach festen oder verhandelbaren Regeln, teilweise den Subsystemen zugewiesen werden. Mehr oder minder komplexe Systeme des horizontalen Finanzausgleichs zwischen den Subsystemen können die Finanzverfassung vervollständigen und erst recht unübersichtlich machen.

Eine vierte Gruppe von Strukturprinzipien resultiert aus *Art und Grad systeminterner Homogenität bzw. Heterogenität*. Wie man ein föderales System sinnvollerweise auszugestalten hat, hängt nämlich stark von der Zahl und der – untereinander ins Verhältnis zu setzenden – jeweiligen Größe der Subsysteme ab. Fläche und Bevölkerungszahl, Wirtschafts- und Finanzkraft sind hier die wesentlichen Gesichtspunkte. Erhebliche Schwierigkeiten im Deutschen Reich von 1871 schuf beispielsweise die Tatsache, dass Preußen rund vier Fünftel des Reichsgebietes umfasste und entsprechend das Gesamtsystem dominierte, woraus in der Weimarer Republik komplizierte verfassungsrechtliche Konsequenzen gezogen wurden, die den Einfluss Preußens auf die Reichspolitik verringerten. Oder es erzeugt Probleme für das innere Gefüge

---

119 Das lässt sich ‚Rechtserzeugung durch konkludentes (Nicht-)Handeln' nennen.

der Europäischen Union, dass Deutschland deren weitaus finanzstärkster Mitgliedsstaat ist, der – nach der Osterweiterung der EU – auch noch in eine privilegierte geopolitische Position gerückt ist. Mehr oder minder komplexe und faire Ausbalancierungsmaßnahmen institutioneller Art, informelle systeminterne Bündnisbildungen sowie, gegebenenfalls, eine – taktisch oder aufrichtig gemeinte – Politik der Zurückhaltung potentiell dominierender Mitgliedsstaaten werden die Folgen solcher Problemlagen sein und sowohl die Strukturen als auch die politischen Prozessverläufe im föderalen Gebilde prägen.

Die fünfte Gruppe von Strukturprinzipien betrifft die *Beteiligung der Subsysteme an der Politik des Suprasystems*. Von Allianzen bis hin zu Bundesstaaten besteht eine typische Lösung dieses Problems darin, dass die Gliedstaaten in einem gemeinsamen Ratsgremium entweder gleichberechtigt oder gestuft nach ihrer Macht (bemessen an Bevölkerungszahl, Wirtschaftskraft oder militärischer Stärke) zusammenwirken, und dass sie in diesem Ratsgremium einvernehmlich oder kraft (qualifizierter) Mehrheitsentscheidungen die Politik des Suprasystems (mit-)gestalten. In solchen Fällen ist es ein ‚Repräsentationsorgan auf *föderaler* Grundlage', durch welches die *Regierungen* der Subsysteme konkret an der Gesetzgebung und an der Regierung des Suprasystems teilnehmen. Die Synhedrien der spätgriechischen Bundesrepubliken sind dafür ebenso ein Beispiel wie der Nordatlantikrat der NATO, und der Ministerrat der Europäischen Union ist das nicht minder als der Deutsche Bundesrat. Wo die Systemintegration schon so weit fortgeschritten ist, dass man dem Suprasystem eine Art ‚gemeinsames Staatsvolk' als Quelle *demokratischer* Legitimität unterstellen kann, lässt sich die Beteiligung von Subsystemen auch durch die Wahl direkter Repräsentanten des Volkes organisieren. Dann umgeht man die Regierungen der Subsysteme durch Schaffung einer die Gliedstaaten auf *direkter demokratischer* Grundlage repräsentierenden Vertretungskörperschaft. Deren Wahlkreise oder Bezugsgrößen für zufallende Parlamentssitze sind dann sinnvollerweise die Gliedstaaten des errichteten Gesamtstaates. Gemäß diesem Grundgedanken ist der US-amerikanische Senat heute das gesamtstaatliche Repräsentativorgan der fünfzig Mitgliedsstaaten der Union.[120] Im deutschen Sprachgebrauch werden diese beiden

---

120 Ursprünglich wurden die zwei Senatoren pro Gliedstaat nicht von der Bevölkerung der Gliedstaaten, sondern von deren Parlamenten gewählt, was den föderalen Ursprung des US-amerikanischen Senats besonders deutlich macht. Auch die Mitglieder des österreichischen Bundesrates werden bis heute von den Mitgliedern der österreichischen Landtage gewählt, haben anschließend aber – wie die US-Senatoren – ein ‚freies Mandat'. Mitglieder des Deutschen Bundesrates sind hingegen die Chefs und Minister der Landesregierungen. Sie vertreten im Bundesrat jene politischen Positionen, die sie selbst – getragen von ihren Mehrheiten in den Landesparlamenten sowie im möglichst engen Schulterschluss mit ihren Parteifreunden aus anderen Bundesländern und auf Bundesebene – für richtig halten. Es lässt sich deshalb auf sie weder der Begriff des freien Mandats noch der des imperativen Mandats sinnvoll anwenden. Einesteils kann

Grundmöglichkeiten, Mitgliedsstaaten an der Regierung des Gesamtstaates zu beteiligen, als ‚Senatsprinzip' bzw. als ‚Bundesratsprinzip' einander gegenübergestellt. Jedenfalls verlangt ein Bundesstaat auf gesamtstaatlicher Ebene stets entweder nach ‚Bikameralismus', d.h. nach einem aus ‚zwei Kammern' bestehenden Parlament, bzw. nach zwei Verfassungsorganen, die bei der Regierung und Gesetzgebung des Gesamtstaates zusammenwirken.

Es liegt auf der Hand, dass sich das *Senats*prinzip vor allem für föderative Systeme mit einem *Trenn*system der Kompetenzverteilung zwischen Gesamtstaat und Gliedstaaten anbietet. Im Fall eines *Misch*systems – wie etwa der EU – müsste nämlich der Ausschluss der Regierungen der Gliedstaaten aus der Gesetzgebung und Politik des Suprasystems zu erheblichen Steuerungsdefiziten bzw. zu wenig transparenten Umgehungsstrategien führen. Also wird in Mischsystemen aus wirklich guten Gründen den Gliedstaaten eine eigene Institution zur Wahrnehmung ihrer mitregierenden Rolle gegeben, wird also dem *Bundesrats*prinzip gefolgt. Das hat freilich seinen Preis. Denn ansatzweise zwar auch in Trennsystemen, vor allem aber im Fall von Mischföderalismus kommt es in der Praxis zu oft verwirrenden Strukturen wechselseitiger Abhängigkeit zwischen Gesamtstaat und Gliedstaaten, zu komplexen Verhandlungssystemen, zu sowohl zwischen den Systemebenen als auch quer über die Politikfelder hochgradig verflochtenen politischen Prozessen. Eine der Erscheinungsformen all dessen sind wiederkehrende gemeinsame Konferenzen der Fachministerien, der Ressortchefs oder auch Regierungschefs der Gliedstaaten, die von der gesamtstaatlichen Verfassung gegebenenfalls gar nicht vorgesehen sind. Genau auf ihnen aber wird – formalisiert oder nicht, manchmal mit, bisweilen ohne Beteiligung der entsprechenden Fachminister oder Regierungschefs des Gesamtstaates – die Politik unter den Gliedstaaten bzw. zwischen Gliedstaaten und Gesamtstaat abgestimmt. Auf diese Weise entsteht – zusätzlich zu den Ebenen *glied*staatlicher und *gesamt*staatlicher Politik – auch noch eine *zwischen* jene Ebenen geschobene ‚*dritte Ebene*'. Diese macht die Politik in föderalen Systemen noch unübersichtlicher und schwerer von außen kontrollierbar, als sie das aufgrund der Natur der Sache ohnehin schon ist.

Die sechste Gruppe von Strukturprinzipien ergibt sich aus dem Grad, zu welchem auf der *Suprasystemebene* auch schon jene *intermediären Strukturen* bestehen und sich deshalb wirkungsvoll in den politischen Prozess einfügen lassen, die es in – zumal demokratischen – *Subsystemen* in der Regel längst gibt. Das sind vor allem Parteien, Interessengruppen und Massenmedien. Genau diese Handlungssysteme verbinden eine Gesellschaft mit ihrem poli-

---

nämlich niemand dem Chef einer Landesregierung, der im Deutschen Bundesrat die Stimmen seines Landes führt, bindende Aufträge erteilen; andernteils kann ein Ministerpräsident, will er nicht seinen Sturz in Kauf nehmen, die Stimmen seines Landes nicht gemäß freiem persönlichem Ermessen abgeben, sondern nur im Rahmen dessen, was die ihn tragende parlamentarische Mehrheit zu akzeptieren bereit ist.

tischen (Supra-)System, stiften Zusammengehörigkeitsgefühl durch die Austragung von Konflikten um gemeinsame Angelegenheiten, und führen auf diese Weise einen *realen* – also nicht nur staats- oder völkerrechtlich vorgesehenen – Politikverbund herbei. In einem lange schon integrierten föderativen System wie dem Deutschlands ist es beispielsweise keine Frage, dass nationsweit genutzte Massenmedien für die Politik des Gesamtstaates sowohl eine Arena des politischen Streites als auch eine Stätte regelmäßiger Information sind, oder dass Interessengruppen differenzierte Handlungsketten zwischen den Problemen ‚vor Ort' und den für sie zuständigen politischen Gremien des Suprasystems schmieden, und dass politische Parteien von der lokalen bis zur gesamtstaatlichen Ebene der Bürgerschaft ein halbwegs konsistentes Politikangebot unterbreiten. Doch auf der europäischen Ebene fehlt dergleichen, abgesehen von quer über die ganze EU tätigen Interessengruppen. Wo es starke, nationsweit agierende Parteien gibt, können diese sogar einen *unitarischen* Bundesstaat herbeiführen, indem sie nämlich die Vielfalt von Gliedstaateninteressen durch solche parteipolitischen Taktiken und Strategien *überlagern*, die an der *gesamt*staatlichen Rolle der Parteien ausgerichtet sind. Das ist etwa in Deutschland der Fall und zeigt sich besonders deutlich dann, wenn von einer im Bundesrat dominierenden Partei, die im Bundestag aber die Oppositionsrolle ausübt, der Bundesrat vom Föderalorgan zur ‚zweiten Opposition' auf Bundesebene gemacht wird.

Auf europäischer Ebene hingegen spielen die politischen Parteien (noch) keine wirkungsvoll unitarisierende Rolle. Wichtigste Ursache ist, dass aufgrund des Fehlens eines parlamentarischen Regierungssystems, das im Parlament nach einer Lagerbildung entlang von Parteigrenzen verlangte, im Europäischen Parlament die Fraktionen keine Akteure mit der Funktion sind, entweder die Europäische Kommission zu tragen oder sie zu kritisieren. Weitgehend wird das alles fallweise entschieden oder – unter großem Einfluss von europaweit agierenden Interessengruppen – mittels von Paketlösungen ausgehandelt. Deshalb gibt es bei Europawahlen auch wenig Anreize, sich vor allem an den *europa*politischen Positionen der Parteien zu orientieren. Im Gegenteil werden auch die Ergebnisse von Wahlen zum *Europäischen* Parlaments weiterhin als innenpolitische Popularitätstests für die konkurrierenden Parteien behandelt. Weil somit auf der europäischen Ebene Parteipolitik noch keine so große Rolle spielt wie innerstaatlich, bieten auch im Ministerrat der EU oder im Europäischen Rat *partei*politische Frontstellungen keine verlässlichen Möglichkeiten, die Komplexität von Interessenkonflikten zwischen den Gliedstaaten zu gliedern und nach *grundsätzlichen* politischen Gesichtspunkten entscheidbar zu machen. Ohne den Hebel machtvoller Parteien als Adressaten persönlicher Wahlentscheidungen fehlen allerdings auch der Bürgerschaft wichtige Einwirkungsmöglichkeiten auf die politischen Prozesse innerhalb der EU-Institutionen. Und schon gar nicht gibt es bislang eine ‚europäische Öffentlichkeit', also eine Berichterstattung in Massenmedien, die zwischen Portugal und Estland gleichermaßen genutzt würden und dabei das Regieren auf europäischer Ebene ebenso informiert und kontinuierlich darstellten, wie das für die nationalstaatliche Ebene seitens der dortigen etablierten Medien selbstverständlich ist. Folglich adressieren die auf europäischer Ebene tätigen politischen Akteure zuallererst die eigenen *nationalen* Öffentlichkeiten, was die Entstehung eines ebenso integrierten Politik*verbundes* behindert, wie er etwa in Deutschland im Zusammenwirken von Bundespolitik und bundesweiten Massenmedien realisiert ist. Nur Interessengruppen sind auch auf europäischer Ebene schon schlagkräftig und höchst wirkungsvoll. Allerdings agieren sie so gut wie ohne Kontrolle ‚von außen', weil eine europäische Öffentlichkeit ebenso fehlt wie ein System von konkurrierenden europäischen Parteien, die – ebenso wie die in Brüssel tätigen Interessengruppen – Handlungskonzepte auf europäischer Ebene unterbreiteten.

Doch noch viel weniger entwickelt als auf europäischer Ebene sind intermediäre Strukturen in Bezug auf die Suprasysteme der *internationalen* Ebene. Dort stehen zwar den Internationalen Regierungsorganisationen (IGOs) überaus viele Internationale Nichtregierungsorganisationen (INGOs) gegenüber. Deren politischer Einfluss lässt sich aber noch viel schlechter als auf europäischer Ebene transparent machen oder gar kontrollieren. Eine wirklich ‚internationale Öffentlichkeit' fehlt nämlich so gut wie völlig, ein auf internationaler Ebene wirksames Parteiensystem erst recht. Das macht alle internationalen und globalen Ansätze föderativer Strukturbildung überaus fragmentarisch und lässt sie fern von jenen Leuten bleiben, auf welche sich die durch INGOs beeinflussten und von IGOs getroffenen politischen Entscheidungen doch auswirken. Globalisierung wird so als ein anonymer, zwar machtvoll die Wirtschafts- und Gesellschaftssysteme umgestaltender, doch durch keinerlei wirkungsvolle Partizipationsstrukturen gesellschaftlich-politisch mitbeeinflussbarer Prozess wahrgenommen. Leicht gilt er dann weniger als eine Chance denn vielmehr als eine Bedrohung, was ‚Globalisierungsgegner' und ‚gute Demokraten' wie Gleichgesinnte wirken lässt. Tatsächlich gehen weit verbreiteten Vorbehalte und Aggressionen[121] gegen die mit der Globalisierung entstehenden, ansatzweisen Föderalstrukturen auf internationaler Ebene zurück auf den nun wirklich zutreffenden Eindruck, es gäbe noch keine wirksame zivilgesellschaftlicher Teilhabe an der inter- und supranational geleisteten Herstellung weltweit verbindlicher Regelungen und Entscheidungen. Es ist einfach so, dass die *realen* Vernetzungsstrukturen der Weltgesellschaft inzwischen viel weiter gediehen sind als die *politischen* Steuerungsstrukturen der Weltgesellschaft, zumal viel weiter als die intermediären Strukturgeflechte vertikaler Systemintegration. Das alles führt zu *Legitimitätsmängeln* föderal angelegter Gebilde selbst dann, wenn diese sich –

---

[121] Sie zeigen sich in den – mitunter in Straßenschlachten mündenden – Protesten anlässlich von Treffen der Welthandelsorganisation oder anderer IGOs.

wie ‚internationale Regime' – vom Status zwischenstaatlicher Zusammenarbeit noch kaum entfernt haben.

d. Vor- und Nachteile von Föderalismus

Weil die Entstehung und Entwicklung stabiler politischer Systeme sich meist einem glückhaften Zusammentreffen vieler zufallsgesteuerter Prozesse verdankt, gibt es keinerlei Gewähr dafür, dass die verfügbaren, in ihrer Wirksamkeit territorial begrenzten politischen Systeme je zum realen Zuschnitt der Probleme passen, die es zu lösen gilt. Weder kennen die Wirkungszusammenhänge der Luft- und Wasserverschmutzung nationale Grenzen, noch tun das die Ursachen und Folgen einer Veränderung des Weltklimas. Und wo die Grenzen von Staaten nun einmal nicht mit den Grenzen der Siedlungsgebiete von ethnischen Gruppen oder mit Sprachgrenzen zusammenfallen, dort bestehen ohnehin systemübergreifende Probleme, die sich durch Ignorieren allenfalls verdrängen, nicht aber lösen lassen. Vor allem aber haben geopolitisch geprägte Macht- oder Sicherheitsprobleme immer schon vorbeugend oder nacheilend zum allianzbildenden Zusammenwirken ansonsten getrennter politischer Systeme geführt. Also liegen die zentralen Vorteile eines gewissen Ausmaßes föderaler und vertikaler Systemintegration auf der Hand: Sehr viele Probleme lassen sich einfach nicht *innerhalb* politischer Systeme lösen, sondern nur durch deren *Zusammenwirken,* und eben dafür ist es sehr hilfreich, *gemeinsame* Steuerungsstrukturen auf einer überstaatlichen oder gesellschaftsübergreifenden *höheren Systemebene* zu schaffen.

Wo das gelingt und anschließend sogar funktionierender Föderalismus besteht, lassen sich die folgenden Vorteile genießen:

- Mit Föderalismus kann man auch solche Gesellschaften auf der Grundlage demokratischer Legitimität regieren, die – wie die Schweiz, Belgien oder Kanada – aus unterschiedlichen ethnischen Gruppen aufgebaut sind, die ihrerseits in recht geschlossenen Siedlungsgebieten leben. Anders als bei einer Streuung von Minderheiten über das ganze Staatsgebiet reichte unter solchen Umständen nämlich eine quotierte Gruppenrepräsentation auf Gesamtstaatsebene schwerlich aus, um die jeweiligen ethnischen Minderheiten ins Staatsganze zu integrieren. Und sehr große Staaten – wie die USA, Australien, Indien oder Russland – tun sich ohnehin leichter mit dem Aufbau wirkungsvoll integrierender Institutionen, wenn sie sich föderal organisieren.

- Durch föderale Strukturen lässt sich besonders leicht eine regional differenzierte Politik betreiben. Die aber ist gerade als Kultur- und Bildungspolitik höchst wünschenswert, wenn in einem Staat eine ethnisch oder kulturell heterogene Bevölkerung lebt. Föderalismus kann die staatlichen Integrationsmöglichkeiten also optimieren. Das gilt allerdings nur, wenn es entweder bereits ein traditionelles Zusammengehörigkeitsgefühl gibt, wie

das in Deutschland schon vor den Einigungsprozessen der Jahre 1870/71 und 1989/90 der Fall war, oder wenn sich sehr starke gemeinsame Interessen herausgebildet haben wie im europäischen Einigungsprozess nach dem Zweiten Weltkrieg.
- Ferner kann Föderalismus auch zur Optimierung staatlicher Führungsfunktionen beitragen. Einesteils kann sich die jeweils höhere politische Führungsebene im Sinne des Subsidiaritätsprinzips von Aufgaben befreien, die ‚nach unten' delegierbar sind, was sie regierungstechnisch entlastet. Andernteils führt die Verlagerung von Entscheidungskompetenzen hin ‚vor Ort' vielfach zu sachgerechteren Entscheidungen und eröffnet, bei wirkungsvoller Kombination von Autonomie und Interdependenz der Subsysteme, dem Gesamtsystem erhebliche Steuerungsvorteile. Insbesondere dann, wenn ‚Wettbewerbsföderalismus' funktioniert, bieten sich gute Möglichkeiten ‚politischen Experimentierens'. Da auf einzelne Gliedstaaten begrenzt, werden solche politischen Experimente, falls sie misslingen, nämlich keinen gesamtstaatsweiten Schaden anrichten, im Fall ihres Gelingens aber wirkungsvolle Anreize zur Nachahmung andernorts schaffen und so zur gesamtsystemischen Lernfähigkeit beitragen.
- Föderalismus, idealerweise ‚nach unten' vervollständigt durch praktizierte kommunale Selbstverwaltung, ist auch eine wirksame Form von vertikaler Gewaltenteilung und von antizentralistischer Freiheitssicherung. Insbesondere der Mischföderalismus führt außerdem zu wechselseitiger Abhängigkeit der staatlichen Ebenen, führt so die ‚dezisive Gewaltenteilung' weiter, und erzwingt Kooperation. Das ist die positive Kehrseite jener Probleme, die Mischföderalismus notwendigerweise nach sich zieht.
- Im Übrigen vermehrt ein mehrstufiger Staatsaufbau – von selbstverwalteten Gemeinden, Städten und Landkreisen über gliedstaatliche Länder bzw. autonome Provinzen hin bis zum Gesamtstaat – die innerhalb eines politischen Systems verfügbaren Ansatzpunkte politischer Partizipation. Es gibt dann nämlich mehr Mandate in Vertretungskörperschaften zu erringen, und Interessengruppen, Medien oder plebiszitäre Instrumente können mehr als nur eine einzige Regierungsebene politisch adressieren. Auch sind in föderalen Staaten die politischen Parteien gehalten, sich machtpolitisch wirksame Organisationsebenen zwischen der gesamtstaatlichen Führungsebene und den regionalen Parteigliederungen zu schaffen. Damit wird, ausgehend vom binnenstaatlichem Föderalismus, auch die Infrastruktur von Demokratie ‚nach unten hin' verdichtet.

Für solche Vorteile muss natürlich bezahlt werden, nämlich durch die Inkaufnahme von Nachteilen. Deren wichtigste lassen sich so zusammenfassen:

- Föderalismus – als Form vertikaler *und* dezisiver Gewaltenteilung – macht ein Gesamtsystem reaktionsträge. Es steigt einfach die Zahl der einzubeziehenden Akteure und der zu berücksichtigenden Interessen; es resultiert größerer Kompromiss- und darum auch Zeitbedarf; es steigen im politischen Prozess fast alle Transaktionskosten; und schlimmstenfalls kann das System auch ganz blockiert werden. Dann bleiben wünschenswerte Reformen stecken, werden nötige Anpassungen unterbunden, entstehen gar Sezessionswünsche und zerbricht vielleicht das ganze System. Statt Steuerungsoptimierung erntet man so Systemruin.

- Die gesamte Staatstätigkeit wird viel weniger übersichtlich. Seitens der Bürger verursacht das zunächst höhere Informationskosten, alsbald erhebliche Unsicherheit über die Lage und das Funktionieren des Systems, am Schluss vielleicht System- und Politikverdrossenheit. Letztere entsteht zumal dann, wenn sich tatsächliche Funktions- und Leistungsdefizite des Systems seiner Intransparenz hinzugesellen. Partizipatorische Vorteile bleiben dann ungenutzt.
- Seitens der politischen Akteure führt die Unübersichtlichkeit politischer Handlungsketten und realer Wirkungsstränge leicht zum Versickern von Verantwortung. Einesteils geschieht das, weil die Folgen sogar proaktiver Handlungen in tatsächlich unvorhersehbaren Prozessen entstehen. Anderteils ist es in einem föderativen System – und gerade unter den Bedingungen von Mischföderalismus – für die politische Akteure vergleichsweise leicht, die Öffentlichkeit über die eigene Rolle im Unklaren zu halten. Kann man politische Verantwortung aber nicht mehr klar lokalisieren oder einem politischen Akteur plausibel zuweisen, so entgleitet die Politikerschaft wirkungsvoller öffentlicher Kontrolle. Im Grunde entsteht in den unübersichtlichen Ecken und Nischen föderaler Strukturen auf diese Weise *legitimationsfreies Herrschaftshandeln*. Dieses mag zwar technokratisch wirkungsvoll und eine Zeit lang – zur Sicherung der Effizienz *neuer* Institutionen – auch akzeptabel sein. Doch es genügt keineswegs demokratischen Ansprüchen und führt schon mittelfristig zunächst zur Kritik, alsbald – über Verdrossenheit – zur offenen Ablehnung, und das wird schließlich sogar die Effizienz politischer Funktionserfüllung beeinträchtigen.

VII. Strukturen und Funktionen im politischen Prozess

Politikwissenschaftliche Systemanalyse untersucht nicht nur vergleichend die *Grundtypen* politischer Systeme oder deren jeweilige *Strukturprinzipien*. Ein Großteil politikwissenschaftlicher Forschung richtet sich vielmehr auch auf jene *konkreten politischen Strukturen* und deren *Funktionen*, die sich – in einer gegebenen historischen, kulturellen, wirtschaftlichen, gesellschaftlichen oder geographischen Situation – aus der Verwirklichung solcher Strukturprinzipien ergeben und deshalb einen bestimmten Typ eines politischen Systems konstituieren. Weil Politikwissenschaft meist in demokratischen Verfassungsstaaten betrieben wird, prägen die dortigen politischen Strukturen und Funktionen auch sehr stark die politikwissenschaftliche Forschung und

Lehre. Das muss allerdings selbst in *vergleichender* Perspektive kein grundsätzlicher Nachteil sein.

Demokratische Verfassungsstaaten sind nämlich die derzeit kompliziertesten politischen Systeme. Deshalb lässt sich aus einer Analyse ihrer gut funktionierenden Strukturen vorzüglich erschließen, was alles *gelingen* und *gewährleistet* werden muss, wenn autoritäre Herrschaftsformen zu demokratischer Verfassungsstaatlichkeit hin entwickelt oder schlecht funktionierende demokratische Verfassungsstaaten verbessert werden sollen. Derlei Einblicke verdeutlichen dann auch, dass letztlich nicht der Staatszerfall erklärungsbedürftig ist, sondern viel eher jedes Gelingen des Aufbaus und einer nachhaltigen Sicherung von Staatlichkeit.[122]

1. Bürger, politische Kultur und politische Sozialisation

In einem demokratischen Verfassungsstaat darf sich der Bürger zwar grundsätzlich vom politischen Geschehen fernhalten. Derlei sollte man ihm auch nicht vorwerfen. Im freiheitlichen Staat ist politische Beteiligung nämlich ein Recht, keine Pflicht wie unter totalitärer Herrschaft. Doch auch ein freiheitliches System arbeitet nur dann halbwegs störungsfrei und stabil, wenn ein nicht zu geringer Teil seiner Bürgerinnen und Bürger es aktiv trägt, also die einer selbstbewussten Bürgerschaft zukommenden Funktionen auch wirklich erfüllt werden. Das fängt an mit der – vom persönlichen politischen Interesse geleiteten – Nutzung der Rechte auf Informationsfreiheit, Kommunikationsfreiheit, Versammlungsfreiheit und Vereinigungsfreiheit, setzt sich fort im selbstverständlichen Gebrauch des aktiven Wahlrechts, und mündet in nachhaltiger, hartnäckiger persönlicher Einmischung in politische Prozesse. Letztere beginnt mit politischen Diskussionen, die man privat, am Arbeitsplatz und in der Öffentlichkeit führt, setzt sich fort in der Arbeit für Bürgerinitiativen, Interessenverbände und Parteien, und kann münden in die Nutzung des passiven Wahlrechts sowie in die Übernahme politischer Ämter auf der Ebene von Kommunen, Ländern oder des Gesamtstaates.

Trotz der Entstehung des politischen Systems als Form gesellschaftlicher *Arbeitsteilung* ist die Bürgerschaft keineswegs nur der ‚Auftraggeber' von Politik oder die ‚Kundschaft' ihrer Politikerschaft, sondern *auch selbst* ein wichtiges Element des politischen Systems. Dieses besteht nämlich nicht nur aus ‚harten' Strukturelementen wie den politischen Organisationen und Institutionen, sondern auch aus jenen Vorstellungen, Einstellungen und Verhaltensweisen der Bürgerschaft, anhand welcher die Bürger ihr politisches System beurteilen oder benutzen, und welche die Politikerschaft zumindest in Rechnung stellen muss. Letzteres gilt umso mehr, als sich die politischen

---

122 Zu weiteren Einsichten eines gerade vom demokratischen Verfassungsstaat ausgehenden Systemvergleichs siehe S. 355f der 7. Aufl. meiner ‚Einführung in die Politikwissenschaft'.

Vorstellungen und Einstellungen der Bürger – zumal in Gestalt von öffentlicher Meinung und von Wahlentscheidungen bzw. Abstimmungen – immer wieder unmittelbar in politische Macht ummünzen.

Alle jene ‚weichen' Strukturelemente eines politischen Systems bezeichnet man zusammenfassend als dessen ‚politische Kultur'. Im Einzelnen werden unter diesem zusammenfassenden Begriff verstanden ...

- die in einer Gesellschaft vorhandenen *Vorstellungen* über Politik, d.h. die – sehr unterschiedlich verursachten, geprägten und verteilten – Wissensbestände bzw. Vermutungen der Bürger über politische Inhalte, Prozesse, Strukturen und Akteure;
- die in einer Gesellschaft vorhandenen *Einstellungen* zu politischen Inhalten, Prozessen, Strukturen und Akteuren, d.h. jene – ebenfalls sehr unterschiedlich verursachten, geprägten und verteilten – politischen Werte, Ziele und Tabus, sowie jene Zufriedenheit und Vertrauensbereitschaft oder Verdrossenheit und Ablehnung, die sich auf politische Inhalte, Prozesse, Strukturen und Akteure richten;
- die in einer Gesellschaft praktizierten politisch wichtigen *Verhaltensweisen*, etwa die Arten und Grade politischer Partizipation, zumal von politischer Unterstützung und politischem Protest; im Einzelnen: die Formen des politischen Informationsverhaltens, Kommunikationsverhaltens und Engagements im gesellschaftlichen, vorpolitischen und politischen Bereich. Dies alles ist in einer Gesellschaft sozial und regional, biographisch und ethnisch sehr unterschiedlich verursacht, geprägt und verteilt.

Während die ersten beiden Definitionselemente – politische Vorstellungen und Einstellungen – in der Politikwissenschaft regelmäßig unter den Begriff der politischen Kultur gezogen werden, fehlt mitunter das dritte Element, welches auch die politischen Verhaltensweisen einschließt. Entsprechend kann man zwischen einem ‚engeren' und einem ‚weiteren' Begriff politischer Kultur unterscheiden. Der erste wird dann benutzt, wenn man politisches *Verhalten* als *abhängige Variable* anhand von politischer Kultur erklären will, letztere dann eben verstanden als Menge politisch relevanter Vorstellungen und Einstellungen. Der zweite, viel weitere Begriff politischer Kultur ist hilfreich, wenn man insgesamt die *Praktiken der (Re-)Konstruktion politischer Wirklichkeit* als abhängige Variable betrachtet.

Ferner ist es hilfreich, an politischer Kultur *im engeren Sinn* zwei Ebenen zu unterscheiden. Als politische ‚Soziokultur' bezeichnet man dann, was sich der ‚normale Bürger' im Hinblick auf Politik vorstellt, oder wie der ‚Durchschnitt der Gesellschaft' politische Inhalte, Prozesse, Strukturen und Akteure beurteilt. Politische ‚Deutungskultur' meint hingegen die politischen Vorstellungen und Urteile gesellschaftlicher Deutungseliten, d.h. von populären Journalisten, Schriftstellern, Wissenschaftlern oder Politikern, also von

Personen, die dank ihrer weit überdurchschnittlichen Zuhörerschaft oder Glaubwürdigkeit besonders große Chancen haben, auf die politische Soziokultur Einfluss zu nehmen. Natürlich wird die politische Soziokultur ganz wesentlich von den Trägern der politischen Deutungskultur in Geltung gehalten oder ausgehöhlt, verändert oder fixiert. Die Analyse politischer Kultur im engeren Sinn muss also ganz besonders auf die politische Deutungskultur sowie darauf achten, wie sich in ihr – etwa in Gestalt der Gebote und Tabus ‚politischer Korrektheit' – das ‚dritte Gesicht der Macht' zeigt. Dieses besteht nämlich nicht im Durchsetzen bzw. Verhindern, sondern in der *Prägung der Ressourcen politischen Denkens, Sprechens und Handelns.*

Im Übrigen lassen sich wichtige Ergebnisse der empirischen Erforschung politischer Kultur in Form der Beschreibung von drei Grundformen politischer Kultur verdichten:

- *Parochiale*[123] *politische Kultur:* Sie liegt vor, wenn das Interesse der Bewohner eines Landes an den Grenzen der eigenen Lebenswelt endet, man also schon gar keinen ‚Sinn für Politik' entwickelt. In einer klassisch-griechischen Polis nannte man eine Person, die sich dergestalt auf nichts anderes als auf ihre eigenen Angelegenheiten (griech. ‚tà idía') einließ, einen ‚idiótes'. Auf solcher ‚Idiotie' beruhen die meisten Formen autoritärer Herrschaft.

- *Untertanenkultur:* Kennzeichnend ist für sie, dass man politische Inhalte als ‚für den kleinen Mann unverständlich', politische Prozesse und Strukturen als ‚von uns kleinen Leuten unbeeinflussbar' oder gar politische Akteure als eine ‚dem einfachen Menschen übergeordnete' *Obrigkeit* ansieht, darstellt und behandelt. Typisch für eine Untertanenkultur ist ferner, dass man ‚dem Staat' vieles – auch vieles Gute – zutraut, bei wirtschaftlichen und gesellschaftlichen Problemen zunächst einmal nach ihm ruft und deshalb ihn – und ‚die Politiker' – für fast alles und jedes verantwortlich macht. Stabile autoritäre Diktaturen begleitet meist eine solche Untertanenkultur. In totalitären Diktaturen entsteht sie – obwohl sie dem dortigen Leitbild der Bürgerrolle durchaus nicht entspricht – nach deren Konsolidierung trotzdem regelmäßig. Die Ablehnung von gesellschaftlicher Selbstverantwortung und liberaler Minimalstaatlichkeit ist ein sehr sicheres Anzeichen für das Fortbestehen von Untertanenkultur im demokratischen Verfassungsstaat. Eine besondere Ausprägung von Untertanenkultur besteht in jenem volkstümlichen Rechtspositivismus, der mit echter oder gespielter Naivität alles das als Recht ansieht, was innerhalb der staatlichen Rechtsordnung jeweils als Recht erklärt wird oder zum Recht erklärt wurde. Solche Untertanengesinnung gipfelt im Satz: ‚Was gestern rechtens war, kann heute nicht Unrecht sein!'

---

123 Von griech. ‚parochía', d.h. Lieferbezirk eines Händlers, später: Pfarrei; sozusagen ‚der vom Kirchturm aus gerade noch zu überblickende Bezirk'.

- *Bürgerkultur:* Man erkennt sie daran, dass Politik als öffentliche, alle angehende und jedermann nach eigenem Ermessen zugängliche Sache aufgefasst und behandelt wird, das heißt: als – ganz im lateinischen Wortsinn – eine *res publica*.[124] Außerdem gehört zur Bürgerkultur, dass auf Freiheit, Rechtsgleichheit und eigenes Urteil gegründete politische Beteiligung als wertvoll, wichtig und lobenswert erachtet sowie nach Kräften gefördert wird. Im Übrigen ist eine Bürgerkultur gekennzeichnet durch ein solches persönliches und bürgerschaftliches Selbstbewusstsein, das bei Schwierigkeiten zunächst einmal nach Möglichkeiten gesellschaftlicher *Selbstorganisation* und bürgerlicher *Selbsthilfe* sucht, den Staat aber nur *subsidiär* in selbstbestimmtes Leben eingreifen lässt. Nicht zuletzt macht eine Bürgerkultur aus, dass man es nicht dem Staat überlässt, ethische Kriterien für die Unterscheidung von Gut und Böse, von richtig oder falsch aufzustellen, sondern dass man die Gewährleistung der Wertgrundlagen einer politischen Ordnung als von der *Bürgerschaft* zu schulternde gesellschaftliche Aufgabe annimmt und erfüllt. Ganz offensichtlich bedarf gerade ein *liberaler* demokratischer Verfassungsstaat solcher Bürgerkultur als seiner unverzichtbaren Grundlage. Darum hat er sie, einmal entstanden, auch zu pflegen. Im Übrigen besteht die keinesfalls unwichtigste Aufgabe einer praktischen Wissenschaft von der Politik darin, durch Kritik, Aufklärung und politische Bildung an der Entstehung und Sicherung einer solchen Bürgerkultur mitzuwirken.

Worum es dabei geht, wird allgemein als *politische Sozialisation* bezeichnet. Gemeint sind damit jene Prozesse, in denen die politischen Vorstellungen einer Person (d.h. ihre Wissensbestände und ‚kognitiven Landkarten'), die politischen Einstellungen eines Einzelnen (vor allem seine Werte und Normen) sowie die von einem Bürger in Erwägung gezogenen politischen Handlungsoptionen geprägt werden. Es geht also um die Formung der *politischen Persönlichkeit* – einesteils der individuellen politischen Persönlichkeit, andernteils jenes Aggregats von praktizierten Bürgertugenden, das die politische Kultur eines Landes konstituiert. Politische Sozialisation führt also sehr direkt zur Reproduktion, Erosion oder Veränderung politischer Kultur. Sie erzeugt oder verfestigt, vernachlässigt oder beseitigt die Grundlagen einer Bürgergesellschaft und eines solchen politischen Systems, das – wie der demokratische Verfassungsstaat – nur bei verlässlich gesicherter Kompetenz und Einsatzbereitschaft seiner Bürger konkurrenzlos leistungsfähig sein kann. Andernfalls stabilisiert oder reproduziert politische Sozialisation autoritäre Herrschaft.

Die wichtigsten *Akteure* politischer Sozialisation lassen sich entlang der *biographischen Phasen* solcher Sozialisationsprozesse überblicken. Alles be-

---

[124] Wörtlich übersetzt heißt dieser lateinische Ausdruck: eine Sache, die dem Volk gehört bzw. des Volkes ist.

ginnt im Elternhaus, wo entweder ein beschränktes Sich-Abfinden mit den politischen Umständen weitergegeben wird, oder wo es gelingt, grundlegende Bereitschaft zum kritischen Engagement zu vermitteln. Sodann sind die Gruppen Gleichaltriger und die Schule überaus wichtig, letztere einesteils wegen ihrer politisch bildenden Fächer, anderenteils als ein Lebensraum, in dem man wertgeschätzte Individualität, gepaart mit übertragener und eingeforderter Eigenverantwortung, erleben kann oder eben nicht erfährt. Im Erwachsenenalter sind es dann vor allem die Massenmedien, zumal die politische Fernsehberichterstattung und die Zeitungen, desgleichen mehr und mehr das Internet sowie die ‚sozialen Medien', welche die Vorstellungen über Politik, die Einstellungen zu ihr sowie das Nachdenken über die eigene Rolle als Bürger prägen. Vor allem aus medialer Berichterstattung speisen sich auch jene weiteren Sozialisationseffekte, welche das gemeinsame Reden und Politisieren in den Kreisen gesellschaftlichen Verkehrs zeitigt: vom kollektiven Schimpfen am Arbeitsplatz über ‚die Politiker' bis hin zur Erörterung politischer Fragen auf Tagungen und Bildungsveranstaltungen, an denen man mit Bekannten teilnimmt. Für jene Minderheit, die sich politisch betätigt, sind im Übrigen die anderen Mitglieder politischer Organisationen und Parteien sozialisatorisch sehr wichtig, desgleichen ihre praktischen Erfahrungen in und mit politischen Institutionen aller Art.

2. Politische Eliten und politische Rekrutierung

Weder eine Gesellschaft noch eine politische Ordnung agiert ‚als solche'. Vielmehr handeln alle Organisationen und Institution durch – in dieser Rolle hervorgehobene – Menschen. Ebenso werden immer wieder Einzelpersonen zu Bezugspunkten persönlicher wie öffentlicher Orientierung. Einzelne sowie ihre Eigentümlichkeiten üben somit großen Einfluss aus und dürfen keinesfalls ignoriert werden, wenn man verstehen will, wie Gesellschaft, Wirtschaft, Kultur und Politik funktionieren. Diese herausgehobenen Einzelnen bezeichnet man als *Elite*.[125] Im Einzelnen versteht man als Angehörige einer Elite jene Personen, die in einer Gesellschaft, in einem politischen System oder in einer Institution ...

- hervorgehobene *Positionen* innehaben (‚Positionselite', ‚Funktionselite'; z.B. Inhaber staatlicher, gesellschaftlicher, wirtschaftlicher, kultureller Spitzenämter),
- außergewöhnliche *Leistungen* erbringen (‚Leistungselite'; z.B. Spitzenmanager, -politiker, -sportler, -künstler und -wissenschaftler),
- besonderen *Einfluss* besitzen (‚Machtelite'; z.B. Vorsitzende wichtiger Parteien, Wirtschaftsführer, Topjournalisten, ‚graue Eminenzen'),

---

125 Von lat. ‚elīgere', d.h. auswählen. ‚Klassiker' der Elitenforschung sind Gaetano Mosca (1858–1941), Vilfredo Pareto (1848–1923) und Robert Michels (1876–1936) sowie der spanische Philosoph José Ortega y Gasset (1883–1955).

- besonderes *Ansehen* genießen („Prestigeelite', ‚Werteelite'; z.B. Pop-, Filmoder Unterhaltungsstars, ‚Großschriftsteller', im Bereich der Deutungskultur wichtige ‚Mahner und Warner').

Mitglieder der Prestigeelite müssen nicht unbedingt der Funktionselite angehören, solche der Machtelite nicht notwendigerweise der Leistungselite. Es ist eine rein empirische Frage, ob, in welchem Grad und weshalb es zu Schnittmengen zwischen diesen Elitearten kommt. Zumal bei politischen Eliten ist es so, dass – nicht nur im Gefolge von Politik- und Politikerverdrossenheit – viele Mitglieder der Machtelite durchaus nicht gleichzeitig zur Prestigeelite gehören. Zusammenfassend werden die Angehörigen der politischen Elite als ‚politische Klasse' bezeichnet, sofern man zugleich auch jene besonderen Wissensbestände, Fertigkeiten und zumal Interessen ansprechen will, die mit den Positionen und Rollen von politischen Eliteangehörigen im politischen Prozess verbunden sind. In der Regel handelt es sich bei der politischen Klasse – also der ‚Politikerschaft' – demokratischer Verfassungsstaaten um Berufspolitiker mit auch recht klaren materiellen Standesinteressen.

Die Beschreibung und Untersuchung politischer Eliten ist deshalb sehr wichtig, weil die Angehörigen der politischen Positions- und Machtelite im Rahmen von Politik als Form gesellschaftlicher Arbeitsteilung genau jene Personen sind, die an hervorgehobener Stelle für eine Gesellschaft allgemein verbindliche Regelungen und Entscheidungen herbeiführen sowie durchsetzen. Beim Studium der Angehörigen der politischen Elite oder Klasse sind vor allem die folgenden Fragen wichtig: Wer sind sie, woher kommen sie, welche Motive treiben sie, welche Anreize locken sie? Was ist ihr Selbst- und Rollenverständnis? Was sind ihre positions- und rollentypischen Verhaltensweisen? Worin unterscheiden sich Angehörige der politischen Elite vom Durchschnitt der Bürger, worin von den Elitegruppen anderer Gesellschaftsbereiche? Was sind die Prägefaktoren des Aufstiegs in die Reihen politischer Elitegruppen? Wie ändert sich – und warum – deren Zusammensetzung? Welche Vorteile hat ein politisches System von der Weise, wie seine politische Elite zustande kommt und geprägt wird, und mit welchen Nachteilen bezahlt es genau dafür?

Eine politische Ordnung lebt tatsächlich auch von der Qualität ihrer politischen Elite: von deren Verständnis funktionslogischer Zusammenhänge, von deren Fähigkeit, Gelegenheiten zu erkennen und zu nutzen, von deren Tatkraft, auch von deren moralischer Integrität, ja sogar von einer gewissen selbstlosen Dienstbereitschaft. Für entsprechenden Nachwuchs und dessen angemessene Prägung sowie Ausbildung zu sorgen, ist deshalb eine der Hauptaufgaben der jeweiligen politischen Elite. Je nach Typ des politischen Systems haben sich für derartige *politische Rekrutierung* unterschiedliche Formen herausgebildet. Konsolidierte totalitäre Diktaturen sowie Modernisierungs- und Erziehungsdiktaturen bedienen sich dafür oft eines sehr detaillierten Systems der Personalplanung, Personalentwicklung und Personalführung.[126] Auch ein formalisiertes Qualifikations- und Prüfungssystem findet sich in autoritären Systemen recht häufig. Weniger anspruchsvolle Formen autoritärer Herrschaft begnügen sich nicht selten mit Protektion von als geeignet erscheinenden Aufsteigern oder mit offener Vetternwirtschaft („Nepotismus').

Demokratische Verfassungsstaaten hängen weitgehend von der *Selbstrekrutierung* ihres künftigen Führungspersonals ab, also davon, dass sich möglichst leistungsfähige Personen für eine dauerhafte politische Tätigkeit interessieren und bereit sind, sich auf einen meist recht langen und mühsamen Weg zu machen, der – ohne alle Gewissheit des Erfolgs – eines Tages in politische Spitzenämter führen mag („Ochsentour'). Durch Schaffung entsprechender Anreiz- oder Abschreckungsstrukturen kann man nachhaltig darauf einwirken, welche Gruppen von Leuten in erster Linie für (dauerhafte) politische Beteiligung gewonnen werden können. Damit lässt sich die Zusammensetzung, durchschnittliche biographische Erfahrung und Qualität einer sich alsbald auf Dauer stellenden Politikerschaft beeinflussen. Insgesamt sind die wichtigsten *Prägefaktoren politischer Rekrutierung* in freiheitlichen politischen Ordnungen die folgenden:

- *Persönlichkeitsmerkmale:* Unter dem Schlüsselbegriff der ‚politischen Persönlichkeit' wird zusammengefasst, welche psychischen Prädispositionen, biographischen Prägungen, Motivationen und Schlüsselanreize sowie persönlichen Kosten/Nutzen-Abwägungen es wahrscheinlich machen, dass sich jemand für eine (halbwegs) dauerhafte, professionelle politische Tätigkeit interessiert und auch tatsächlich zur Verfügung stellt.
- *Gelegenheits- bzw. Möglichkeitsstrukturen:* Hier geht es darum, welche Möglichkeiten es überhaupt für einen Einstieg in eine längerfristige, ernstgemeinte politische Beteiligung gibt, an wie vielen biographischen Stationen sich Gelegenheiten zum Einstieg in eine – auch nebenberufliche – politische Laufbahn finden, und wie attraktiv ein der Politik gewidmetes Leben überhaupt ist. Zunächst einmal ist hier wichtig, wie viele und welche Positionen verfügbar sind, auf denen man sich dauerhaft politisch engagieren könnte; welche Rechte auf solches Engagement man besitzt; wie mühsam – etwa aufgrund des verwendeten Wahlrechts – es ist, auf angestrebte Positionen zu gelangen; und in welchem Umfang populäre gesellschaftliche Erwartungen den Weg in die Politik eher anraten oder abraten. Sodann ist darauf zu sehen, ob bzw. welche alternativen Karrieremöglichkeiten aus welchen Gründen solche Personen von einer politischen Laufbahn abhalten, die zwar für das politische System ein großer Gewinn sein könnten, doch für sich selbst *andere*, bessere Möglichkeiten

---

[126] In den realsozialistischen Staaten hatte man ein ‚Nomenklatursystem' mit besonders geförderten ‚Nachwuchskadern'.

der Selbstverwirklichung erkennen. In diesem Zusammenhang spielen die in der Politik – mit unterschiedlichen Graden an Respekt oder Neid – erzielbaren Einkommen ebenso eine Rolle wie das für unterschiedliche Elitepositionen erforderliche Verhältnis von Arbeitseinsatz und materiellem oder immateriellem Gewinn. Wichtig ist ferner die ‚Passfähigkeit' der Zeitstrukturen politischer Karrieren zur Zeitstruktur einer anderen Karriere, die man gegebenenfalls *vor* einer politischen Karriere – oder zur persönlichen Absicherung *parallel* zu ihr – anstrebt. Hier fällt vor allem der vermutliche Zeitpunkt ins Gewicht, ab dem man sich praktisch unwiderruflich für eine politische Laufbahn entscheiden muss. Nicht zuletzt ist von überaus großer Bedeutung die – mit unterschiedlichen ‚Herkunftsberufen' oder familiären Verpflichtungen einhergehende – Verfügbarkeit von wirtschaftlichen und sozialen Ressourcen für die Absicherung und Durchhaltefähigkeit auf dem stets unsicheren Weg in die und durch die Politik.

- Das *Selektorat:*[127] Da man in einem demokratischen System politische Ämter meist durch Wahlen erringt, sind jene Personen und Akteure überaus wichtig, die einen für Wahlen an aussichtsreicher Stelle nominieren und anschließend im Wahlkampf unterstützen. So gut wie immer muss man erst einmal von diesem ‚Selektorat' *ausgewählt* sein, bevor man eine realistische Chance hat, bei den Wählern die erforderliche Mehrheit zu bekommen. Wer den Weg politischer Rekrutierung erfolgreich durchmessen will, muss sich also die Unterstützung von Nominierungsgremien, die Patronage einflussreicher politischer Führer sowie die Toleranz möglicher Veto-Gruppen erwerben. Falls es sich um *kein* demokratisches System handelt, erschöpft sich die letzte Stufe des Rekrutierungsprozesses sogar darin, beim Selektorat ‚durchzukommen'.

- Die *Wählerschaft* / das *Elektorat:* Zwar kann in einem demokratischen System das Selektorat der Wählerschaft im Grunde jeden Beliebigen als Kandidaten präsentieren. Doch wenn derlei nicht selbstzweckhaft sein soll, wird zum wichtigen Auswahlgesichtspunkt schon beim Selektorat, ob ein (Spitzen-)Kandidat auch für die Wählerschaft (‚Elektorat') attraktiv sein mag. Die Wählerschaft, in Wahlkämpfen durchaus beeinflussbar, hat dann in einer Demokratie das letzte Wort. Deshalb sind ihre Präferenzen für den Rekrutierungsprozess überaus wichtig: Kandidaten müssen wenigstens halbwegs zur Erwartungsstruktur der Wählerschaft passen; sie dürfen von ihrem Habitus her den Positionen, für die sie oder ihre Selektoren stehen, zumindest nicht unangemessen erscheinen, sondern sollen sie möglichst glaubwürdig verkörpern; sie müssen – je höher das angestrebte politische Amt ist – auch ‚massenmedial vermittelbar' sein; und das alles verändert sich auch noch je nach den Umständen des ‚Zeitgeistes' und der für vordringlich gehaltenen politischen Probleme.

---

[127] Von lat. ‚selīgere', d.h. auslesen.

Es muss also sowohl ‚angebotsseitig' – von Seiten der möglichen Bewerber um politische Ämter her – als auch ‚nachfrageseitig' (d.h. hinsichtlich objektiver Gelegenheitsstrukturen sowie der aktuellen Präferenzen von Selektorat und Elektorat) sehr vieles glücklich zusammentreffen, wenn möglichst gutes politisches Personal möglichst kontinuierlich zu einem wünschenswerten *Überangebot* pro politischer Richtung rekrutiert werden soll, damit es dann – nach demokratischen Auswahlprozessen – tatsächlich auf Elitepositionen gelangen kann. In wohl keinem demokratischen Verfassungsstaat – und wohl auch in keiner Diktatur – ist man üblicherweise mit der Ausgestaltung und dem Zusammenwirken dieser Prägefaktoren, und somit mit der rekrutierten politischen Elite, rundum zufrieden. Es mögen politisch-kulturelle Gegebenheiten die eigentlich erwünschten ‚politischen Persönlichkeiten' selten machen; die objektiven Gelegenheitsstrukturen mögen gerade den Leistungswilligsten und Leistungsfähigsten andere Karrieren als ausgerechnet eine politische Laufbahn wünschenswert erscheinen lassen, womit die politische Elite im Vergleich zu anderen Elitegruppen ernsthafte und überaus folgenreiche Qualitätseinbußen erleidet; die Präferenzen des Selektorats können eher an erwiesener parteiinterner Einsatzbereitschaft als an fachpolitischer Sachkompetenz oder Wählerattraktivität orientiert sein; die Wählerschaft mag – unter dem Eindruck massenmedialer Leitbilder – sich eher von der Bildschirmpräsenz und der unterhalterischen Performanz eines Politikers beeindrucken lassen als von der Solidität jener politischen Positionen, für die er steht. Bestimmt ist jedes bestehende politische System bei den meisten dieser Faktoren von Rekrutierungsprozessen verbesserungsfähig. Hier Defizite aufzuzeigen, es aber nicht bei bloßer Kritik bewenden zu lassen, sondern wirklich funktionstüchtige Alternativen auszuarbeiten, ist eine überaus wichtige Aufgabe einer praktischen Wissenschaft von der Politik.

3. Interessengruppen

Interessen sind verhaltensorientierende Ziele und Bedürfnisse von Einzelnen oder Gruppen, die sich aus den unterschiedlichsten persönlichen, kulturellen, gesellschaftlichen, wirtschaftlichen oder politischen Lagen ergeben können.[120] Im Rahmen pluralistischer Politikkonzepte geht man davon aus, dass jeder Mensch und jede Gruppe ganz einfach das Recht besitzt, beliebige Interessen zu hegen und soweit zu verfolgen, wie er damit nicht die Ausübung der gleichen Rechte anderer schmälert. Hingegen gelten im Rahmen

---

128 Es ist überaus erkenntnisträchtig, Interessen anhand der folgenden, überaus theoriehaltigen Kategorien weiter zu untergliedern: manifeste vs. latente Interessen; subjektive vs. objektive Interessen; Allgemeininteressen vs. Partikularinteressen; kurzfristige Interessen vs. mittel- und langfristige Interessen. Indem man versucht, Kriterien für die Zuordnung konkret bekundeter Interessen zu diesen Kategorien zu entwickeln und dann auch valide Zuordnungen vorzunehmen, arbeitet man grundlegende Themen systematischen politischen Denkens ab, zumal jene, um welche die Gegenüberstellung von Pluralismus und Monismus kreist.

eines monistischen Politikverständnisses von vornherein nur jene Interessen als legitim, die mit dem als vorab feststellbar verstandenen – und deshalb aller individuellen oder kollektiven Interessenbekundung schon *vorausgesetzten* – Gemeinwohl vereinbar sind. Während in einer monistisch geprägten politischen Ordnung Interessengruppen deswegen im Grunde entbehrlich, bestenfalls Transmissionsinstrumente der gemeinwohlverwirklichenden politischen Elite sind, schlimmstenfalls sogar als ‚negativ-feindliche' Störfaktoren gelten, spielen in der pluralistischen Ordnung eines demokratischen Verfassungsstaates Interessengruppen eine willkommene und grundsätzlich positiv zu bewertende Rolle.

Interessengruppen werden heute oft zusammenfassend ‚NGOs' genannt (Non-Governmental Organizations), d.h. ‚Nicht-Regierungsorganisationen', also zivilgesellschaftliche, gerade nicht vom Staat und seinen Behörden ins Leben gerufene Sozialverbände. Problematisch ist diese Begriffsbildung deshalb, weil gleichsam unterstellt wird, ‚normalerweise' schaffe eine *Regierung* die in einem Land agierenden Organisationen – weshalb es eines besonderen Hinweises bedürfe, wenn es sich um eine *Nicht*-Regierungsorganisation handele.[129] Doch nichts könnte falscher sein: Längst bevor es Regierungen mit der Autorität gab, Organisationen zu schaffen, fanden sich Einzelmenschen und soziale Gruppen mit ganz legitimen Interessen, um derentwillen sich Einzelne und Gruppen organisierten. Tatsächlich sind Interessengruppen nichts anderes als Vereinigungen von Bürgern zur Artikulation und Verwirklichung *selbstdefinierter* Interessen gegenüber anderen Interessengruppen, der Öffentlichkeit oder dem politischen System. Man kann sie als ‚advocacy organizations' einesteils danach gliedern, wie breit das Spektrum der vertretenen Interessen ist, wie weitreichend der Zeithorizont ihres Engagements, wie hoch ihr Organisationsgrad. Dann stellt man Verbände und Vereine den Bürgerinitiativen gegenüber: Erstere kennzeichnen sich durch ein breites Interessenspektrum, langfristiges Engagement und hohen Organisationsgrad, letztere durch ein meist schmales Interessenspektrum (‚single issue-Organisationen', oft auf die *Verhinderung* einer Maßnahme bedacht), durch projektbezogen-kurzfristiges Engagement, sowie durch einen eher geringen Organisationsgrad, d.h. dadurch, dass nur ein geringer Teil der Betroffenen

---

129 Inzwischen gibt es eine spiegelbildliche Irreführung. NGOs nämlich, gleich ob international oder auf nationaler Ebene agierend, geben sich oft so, als würden sie ganz von der Zivilgesellschaft getragen. Sie nennen sich inzwischen oft auch CSOs, also ‚Civil Society Organizations'. Beim näheren Blick zeigt sich aber oft, dass NGOs / CSOs aus öffentlichen Mitteln (mit-)finanziert werden. Das ist an sich nicht zu kritisieren. Doch mitunter werden NGOs und CSOs bezuschusst als gesellschaftliche Transmissionsriemen von Gestaltungswünschen regierender Parteien. Dann entsteht ein Kurzschluss zwischen dem, was eine Regierung als Verwalterin politischen Gestaltungsaufgaben tut, und dem, was sie aus der Gesellschaft an Gestaltungswünschen an sich herantragen lässt. Wenn es zugleich an Transparenz über solche Zusammenhänge fehlt, entsteht leicht die Dynamik einer ‚von oben gelenkten' Demokratie.

sich tatsächlich engagiert. Andernteils lassen sich Interessengruppen gliedern nach der Art der vertretenen Interessen (z.B. wirtschaftliche Interessen vs. allgemeine ideelle Interessen, oder zentrale vs. periphere Bedeutung der vertretenen Interessen für das politische System), nach ihren Handlungsfeldern (z.B. Interessengruppen im Bereich der Wirtschafts- und Arbeitswelt, von Kultur, Wohlfahrt usw.), nach ihren Organisationsmerkmalen (z.B. spontan gebildet vs. institutionalisiert, informell vs. formell) sowie nach ihren bevorzugten Handlungsstrategien (z.B. institutionalisierter Dauereinfluss auf politische Akteure vs. massenmedial attraktive Formen unkonventionellen politischen Verhaltens).

Interessengruppen haben einesteils wichtige *nach innen gerichtete Aufgaben* („Binnenfunktionen'). Zu diesen gehören zuallererst solche Dienstleistungen für ihre Mitglieder, welche es diesen erlauben, ihren Interessen besser nachzugehen, als ihnen das ohne ihren Verband gelänge. Informationsaustausch, Bildungsveranstaltungen oder Rechtsberatung sind hier ebenso einschlägig wie Selbsthilfe oder Solidarität bei größeren, nur gemeinsam zu verwirklichenden Projekten. Für das politische System noch viel wichtiger sind allerdings die *nach außen gerichteten*, mitunter ausdrücklich an die Öffentlichkeit und *an die politischen Institutionen adressierten Funktionen* von Interessengruppen. Diese schließen vor allem die fünf folgenden ein:

- *Entdecken und Bewusstmachen von Mitgliederinteressen oder sonstigen gesellschaftlichen Interessen:* Hier geht es darum, die gesellschaftliche Interessenheterogenität widerzuspiegeln und potentiell wichtige Interessen als mögliche Kristallisationspunkte politischer (Mit-)Gestaltungsansprüche ausfindig zu machen.
- *Interessenselektion:* Unter der Vielzahl von vorhandenen Interessen werden jene ausgewählt, auf deren Verwirklichung sich das Engagement in der nächsten Zeit tatsächlich richten soll.
- *Interessenaggregation:* Bislang getrennte, verschiedenartige, jeweils für sich wenig beachtliche Interessen werden zu plausiblen Forderungen, zu wünschenswerten Handlungsprogrammen und zu entscheidbaren politischen Alternativen gebündelt.
- *Interessenartikulation:* Klar erkennbar gemachte, argumentativ möglichst gut aufbereitete interessengeleitete Positionen werden einesteils unmittelbar gegenüber politischen Adressaten geltend gemacht, andernteils möglichst wirkungsvoll in die Öffentlichkeit gebracht. Auf diese Weise soll so viel an Problembewusstsein und gegebenenfalls an Handlungsdruck erzeugt werden, dass die artikulierten Interessen im Prozess politischer Willensbildung und Entscheidungsfindung künftig eine möglichst wichtige Rolle spielen. Zentrale Mittel solcher Interessenartikulation sind der Aufbau und die Pflege eines verlässlichen, belastbaren Kommunikationsnetzes hinein in die Ministerien, auch zu den Spitzen von Regierung,

Parlament und Parteien, desgleichen zu allen einschlägigen Fachpolitikern, den betroffenen Einrichtungen und zu anderen, als Verbündete in Frage kommenden Organisationen des vorpolitischen Raums.[130]

- *Kampf um die Durchsetzung der Interessen:* Um die Verwirklichung der eigenen Wünsche zu erzwingen oder zu beschleunigen, bzw. um konkurrierende Interessengruppen eben daran zu hindern, und außerdem zum Zweck, für ein den eigenen Anliegen wenigstens mittelfristig günstiges Meinungsklima in der Öffentlichkeit zu sorgen,[131] versucht man umsichtig, in den Massenmedien und im Internet eine möglichst positive Berichterstattung über die eigenen Anliegen und Argumentationen zu erlangen. Auf dem Weg dorthin sind ‚Shitstorms' und ‚Candystorms' bewährte Mittel, ferner Unterschriftensammlungen und Demonstrationen, auch Streiks oder öffentlichkeitswirksame Nötigungen, etwa durch Straßenblockaden. Ferner bemüht man sich um Fürsprache und Unterstützung seitens politischer Elitegruppen. Auf solchermaßen gut vorbereiteter Machtgrundlage führt man dann offene Interessenkonflikte herbei und versucht, sie entweder zu gewinnen oder wenigstens eine gute Ausgangsbasis dafür zu erringen, dass man bei den am Ende nötigen Kompromissen möglichst viel von eigenen Positionen durchsetzen kann.

Während im Blickwinkel eines *monistischen* Systems diese ‚Außenfunktionen' der Interessengruppen mehr oder minder unnötig oder gar störend sind, stellen sie – von der Warte einer *pluralistischen* Ordnung aus – sehr wertvolle Dienstleistungen für das politische System dar:

- Durch Bewältigung all dieser Aufgaben bringen Interessengruppen Initiative, Sachverstand und Kontrolle in den politischen Prozess ein. Sie tragen auf diese Weise zur Lernfähigkeit des politischen Systems bei.
- Sofern Interessengruppen auch gegenüber einer Politikerschaft, die gar nicht auf sie hören will, es erzwingen, dass ihre unterschiedlichen Interessen einbezogen und ausbalanciert werden, leisten sie einen wichtigen Beitrag zur gesellschaftlichen und politischen Integration eines Gemeinwesens. Sie verbessern auf diese Weise die tatsächliche Lernleistung des politischen Systems.
- Indem Interessengruppen viele Aufgaben der gesellschaftlichen Problemdiagnose und der Ausarbeitung von politischen Therapievorschlägen erfüllen, schützen sie das politische System vor einer Überforderung seiner Problemerkennungs- und Steuerungskapazitäten. Sie steigern solchermaßen dessen Leistungsfähigkeit erheblich.

---

130 Unter dem ‚vorpolitischen Raum' versteht man die bürgerschaftliche Selbstorganisation in Gestalt von Vereinen, Bürgerinitiativen, Stiftungen und vielerlei sonstigen Netzwerken an der Basis der Gesellschaft.
131 Offenbar geht es hier um die Gewinnung und Nutzung von Macht in ihren drei, oben erörterten Erscheinungsweisen: durchsetzen, verhindern, Begriffe und Argumente prägen.

- Außerdem dienen Interessengruppen auf zweierlei Weise der Akzeptanzsicherung und Legitimierung staatlichen Handelns. Erstens wirken sie als Frühwarnsystem der Politik, falls sie sich immer dann artikulieren, wenn es in der Gesellschaft zu Problemen oder zu von den Bürgern unerwünschten Auswirkungen politischer Maßnahmen kommt. Zweitens lassen sich gut organisierte Interessengruppen leicht in die zentralen politischen Willensbildungs- und Entscheidungsprozesse einbinden. Wenn dann die politische Elite gemeinsam mit den Führungsspitzen von Interessengruppen Wege einer erhofften Problemlösung ausgehandelt hat, dann kann sich die politische Elite bei gemeinsam gefundenen Kompromissen so gut wie immer darauf verlassen, dass die Führungseliten der einbezogenen Interessengruppen die getroffenen Entscheidungen gegenüber sowohl ihrer Klientel[132] als auch der breiteren Öffentlichkeit vertreten, erläutern und als akzeptabel glaubhaft machen.

Auf diese Weise können Spitzenpolitiker notwendige Leistungen kommunikativer politischer Führung nachgerade delegieren. Das ist umso attraktiver, je unpopulärer die gefassten Beschlüsse vermutlich sein werden. Weil solches gemeinsame Einstehen für unpopuläre Maßnahmen der Politikerschaft große Vorteile verschafft, lässt sich seit vielen Jahren in den demokratischen Verfassungsstaaten die Neigung regierender Parteien beobachten, parallel zu den formal zuständigen exekutiven und legislativen Institutionen, und diese dadurch überlagernd, informelle ‚Konzertierte Aktionen‘, ‚Runde Tische‘ oder ‚Bündnisse für …‘ einzurichten. Dort kann man der offenen politischen Konfrontation mit der Opposition entgehen. Auch hat man dann alle wichtigen Interessenträger so einbezogen, dass anschließend kaum mehr jemand die getroffenen Entscheidungen glaubwürdig zu kritisieren vermag, weil er ja selbst in den Entscheidungsprozess eingebunden war. Eine solche umsichtige Einbeziehung einflussreicher Interessengruppen in den Prozess politischer Willensbildung und Entscheidungsfindung nennt man ‚Neokorporatismus‘ und unterscheidet sie auf diese Weise vom ‚alten Korporatismus‘, bei dem Zünfte oder Stände wichtige politische Partner waren. Korporatistisch zu verfahren, entzieht dem politischen Prozess allerdings Transparenz und demokratische Kontrollierbarkeit. Ergebnis ist zwar nicht eine ‚Herrschaft der Verbände‘, sehr wohl aber eine Mitherrschaft von Verbandsführern sowie ein von außen schwer zu beeinflussendes Elitenkartell auf den neokorporativ gesteuerten Politikfeldern. Der *legitimationstechnische* Vorteil solcher Einbeziehung von Interessengruppen in politische Willensbildungs- und Entscheidungsprozesse geht hier in ein *demokratisches* Legitimationsdefizit über.

Abgesehen von diesem – durchaus nicht unvermeidlichen – Problem sind innerhalb einer pluralistischen Herrschaftsordnung sowie im Rahmen eines demokratischen Verfassungsstaates *alle* genannten Funktionen von Interes-

---

132 Von lat. ‚clientēla‘, d.h. Schutzgenossenschaft, Gefolgschaft.

sengruppen überaus wünschenswert. Auch sind die ihrer Erfüllung dienenden Handlungen von ihrem Ansatz her völlig legitim. Dies alles ergibt sich nämlich aus den Freiheitsrechten von Einzelnen bzw. der seitens der Bürgerschaft geschaffenen Organisationen, desgleichen sowie aus dem Recht einer freien Gesellschaft, ihre Anliegen zunächst einmal in die eigenen Hände zu nehmen. Mit einem monistischem Staatsverständnis verträgt sich das alles hingegen gar nicht.

Indessen lassen sich sehr wohl kritische Einwände gegen einzelne Formen der Tätigkeit von Interessengruppen formulieren, und zwar *diesseits* einer monistischen Fundamentalkritik an deren Rolle. Zumal die folgenden Einwände sind ernst zu nehmen und sollten immer wieder zu Reformen führen:

- Zwar von Rousseau'schen Denkfiguren und vom Vorstellungsgehalt einer *Identitätskonzeption der Demokratie* ist die Befürchtung geprägt, starke Interessengruppen würden eine Gesellschaft dahingehend ‚mediatisieren'[133], dass an die Stelle des Allgemeinwohls aller Bürger nun die Partikularinteressen der konkurrierenden Verbände sowie ihrer Führer träten. Sofern mit dieser Überlegung Vorstellungen von einem vorab erkennbaren Gemeinwohl oder eine antipluralistische Politikkonzeption einhergehen, ist dieses Argument zurückzuweisen. In einer abgeschwächten Version macht es aber darauf aufmerksam, dass sich in straff von oben nach unten geführten Verbänden vor allem die persönlich geprägten Interessendefinitionen der Verbandsführer durchsetzen können, dann an die Stelle breiter gesellschaftlicher Interessen treten und dergestalt die vom Verbändesystem zu leistende Widerspiegelung *realer* Bevölkerungswünsche verzerren. Da Interessengruppen wie alle Organisationen oligarchisch geführt werden, also die Willensbildung – aufgrund von Attentismus und Kundschaftsmentalität der Mitglieder – eigentlich immer von oben nach unten verläuft, ist dieser Einwand keineswegs von der Hand zu weisen. Notwendig ist deshalb zweierlei. Einerseits ist das innerhalb von Interessengruppen die Stärkung von Minderheitsrechten der Mitglieder, damit nämlich auch kleine Veto-Gruppen die Verbandsführung zu einer ernsthaften Diskussion über den verbandspolitisch einzuschlagenden Kurs veranlassen können. Andererseits bedürfen Interessengruppen nicht minder der kontinuierlichen Kritik durch Massenmedien, als das bezüglich von Parteien, Fraktionen und Regierung ohnehin selbstverständlich ist.

---

133 Dieser Begriff bezeichnet, was zu Beginn des 19. Jahrhunderts, konkret mit dem Ende des alten Heiligen Römischen Reiches, den bis dahin reichsunmittelbar allein dem Kaiser unterstellten Reichsstädten, Reichsgrafen usw. widerfuhr. Sie wurden nämlich den nunmehr völlig souverän gewordenen großen Landesherren unterstellt, die ihrerseits den Deutschen Bund bildeten. Zwischen dem Bund insgesamt und ihnen – lat. ‚in medio', d.h. in der Mitte – standen nun beispielsweise die Könige von Preußen, Bayern, Württemberg und Sachsen oder der Großherzog von Baden; und somit wurden die bis dahin reichsunmittelbaren Stände nun von diesen ‚mediatisiert'.

- *Populäre Verbändekritik* rückt in den Mittelpunkt ihrer Klagen, ‚Lobbyisten' würden intransparent mit Politikern ‚kungeln' und auf diese Weise – durch Korruption befördert – bürgerferne Interessenpolitik an die Stelle von ‚demokratischer Willensbildung' setzen. Sofern diese Kritik grundsätzlich die Legitimität von Verbandseinfluss auf politische Entscheidungsträger bestreitet, ist sie strikt zurückzuweisen. Es gibt nämlich kein Politikmonopol für die Politikerschaft, und schon gar nicht für Abgeordnete oder Regierungsmitglieder. Vielmehr hat in einer freien Gesellschaft ein *jeder* das Recht, sich – von den eigenen Interessen und nichts anderem geleitet – fallweise oder dauerhaft an politischen Willensbildungs- und Entscheidungsprozessen zu beteiligen. Natürlich, und sogar in ganz besonderer Weise, gilt das auch für Interessengruppen.

- Die zentrale Sorge *rechter* Verbändekritik geht dahin, allzu starke Interessengruppen machten den Staat unregierbar und schwächten den gesellschaftlichen Zusammenhalt. Sofern mit dieser Sorge die Vorstellung verbunden ist, wünschenswert sei eine mit staatlicher Autorität ausgestattete politische Elite, die *oberhalb* der Gesellschaft und ihrer Interessenorganisationen stünde, die ihrerseits durch Herkunft und Amt das Gemeinwohl ‚kennt und verwirklicht', ist dieser ganze Denkansatz scharf zurückzuweisen. Er ist nämlich im Kern autoritär und lockt ein politisches System nur in die Steuerungsprobleme und Lernschwierigkeiten einer Diktatur. Doch ein anderer, in dieselbe Richtung zielender Einwand ist ohne Zweifel berechtigt: Neokorporatismus und allzu große Konsensforderungen von bewusst einbezogenen Interessengruppen können tatsächlich die staatliche Handlungsfähigkeit beeinträchtigen, ja vermögen sogar dahin zu führen, dass parlamentarische Mehrheitsentscheidungen für illegitim erklärt werden, weil sich wichtige Interessengruppen gegenüber demokratisch legitimierten staatlichen Entscheidungsträgern als gleichrangig geben.

- Die *linke* Kritik am von starken Interessengruppen geprägten politischen Prozess ließ sich schon immer dahingehend zuspitzen, es singe ‚im pluralistischen Himmel der Chor der Engel mit deutlichem Oberklassenakzent'. Keineswegs ergäbe sich das Gemeinwohl nämlich ‚als Resultante im Parallelogramm gleichwertiger Kräfte', wie das einst Ernst Fraenkel formulierte; vielmehr hätten manche Interessen und Interessengruppen deutlich größere Chancen als andere, sich durchzusetzen. Deshalb sei ein sich selbst überlassener Pluralismus nicht fair, wirke sozial ungerecht und könne somit nicht akzeptiert werden. Das ist eine völlig zutreffende Beobachtung und Bewertung.

Es gibt sie zwar auch in einer vulgärmarxistischen Variante, nach welcher ‚das Kapital' immer über ‚die Arbeit' siegt, und ‚die Wirtschaft' stets über ‚die Politik' triumphiert. Die erste Behauptung erweist sich als empirisch falsch angesichts der Tatsache, dass es zumal in pluralistischen politischen Systemen eine *besonders gut* ausgebaute Sozialstaatlichkeit gibt. Die zweite

Behauptung ist hingegen weniger als Kritik denn als eine schlechterdings grundlegende Einsicht aufzufassen. Denn tatsächlich hängt *immer* von der ökonomischen Basis einer Gesellschaft ab, also von ‚der Wirtschaft' und von deren – *politisch zu sichernder* – Leistungsfähigkeit, was sich im gesellschaftlichen Überbau auf nachhaltige Weise verteilen lässt. Ignoriert Politik diese Tatsache, so wird sie – wie in den realsozialistischen Staaten – zunächst die ökonomische Basis des politischen Systems ruinieren und anschließend sich selbst. Dann hat ‚die Wirtschaft' – mit ihrer durch *keinerlei* Politik außer Kraft zu setzenden *Eigenlogik* – erst recht ‚über die Politik gesiegt'. Die vulgärmarxistischen Varianten dieser ‚linken' Pluralismuskritik bewirken deshalb keine wirklich weiterführende Einsichten.

Hingegen bleibt der Kern ‚linker' Pluralismuskritik mitsamt zwei ihn untersetzenden Kritikpunkten völlig richtig:

- Erstens ist es plausiblerweise so, dass die *leicht* organisierbaren Interessen im pluralistischen Wettstreit viel größere Durchsetzungschancen haben, als das für die *schwer* organisierbaren Interessen zutrifft. Besonders schwer zu organisieren ist aber immer wieder das Engagement für *Allgemein*interessen. Zu diesen gehören etwa die Sicherung von Recht und Ordnung, die Gewährleistung von Leistungswillen und Pflichtbewusstsein in der Bevölkerung, nicht zuletzt auch die Sicherstellung einer ausreichenden Kinderzahl, um eine Gesellschaft verlässlich mit gut integrierten Arbeitskräften und mit bereitwilligen Rentenzahlern auszustatten. Von der Verwirklichung solcher Interessen profitieren natürlich auch jene, die nichts für deren Durchsetzung getan haben, weil sie nämlich von der Nutzung solcher ‚öffentlichen Güter' nicht ausgeschlossen werden können. Letzteres macht es für einen an kurzfristigen Rationalitätsüberlegungen orientierten Akteur nicht sehr attraktiv, Zeit und Arbeit in die Verwirklichung von Allgemeininteressen zu investieren. Eher wird er darauf vertrauen, dass sich um diese wohl *andere* kümmern werden. Genau deshalb sind Allgemeininteressen so schwer organisationsfähig. Das Gegenteil trifft zu für *Partikular*interessen, also für solche Interessen, deren Erfüllung unmittelbar für einen selbst wichtig ist, nicht aber für jeden anderen. Diese unterschiedliche Organisationsfähigkeit von Allgemein- und Partikularinteressen führt in der Tat dazu, dass im *ungebremsten* Pluralismus das behauptete Gemeinwohl sich im Nachhinein vor allem als Profit der besonders Selbstsüchtigen und deshalb auch Organisationsstarken erweisen mag.

- Verschärft wird dieses Problem – zweitens – dadurch, dass es klare *Unterschiede in der Konfliktfähigkeit* verschiedener Interessen und Interessengruppen gibt. Nicht alle verfügen nämlich im Konflikt über die gleiche Kraft und Kompetenz. Der Arbeitslosenverband, beispielsweise, ist diesbezüglich den Gewerkschaften als Interessengruppe der Arbeitsplatzbesitzer klar unterlegen. Und nicht alle Interessengruppen können gleichermaßen ihren Konkurrenten, der Öffentlichkeit oder den etablierten Machteliten Nachteile für den Fall in Aussicht stellen, dass man ihre Anliegen nicht befriedigt. Die Interessengemeinschaften alleinerziehender Mütter oder kinderreicher Familien sind da nämlich in einer klar schlechteren Lage als etwa die Verbände der Piloten oder Fluglotsen. Natürlich setzen sich im Verteilungsstreit dann eher die konfliktfähigen Interessengruppen durch. Was hingegen weder organisationsfähig ist noch wirksam konfliktfähig gemacht werden kann, wird in einem sich selbst überlassenen Interessengruppenpluralismus sehr leicht auf der Strecke bleiben. Dann aber kann sich das Gemeinwohl ‚im Nachhinein' ebenso wenig einstellen, wie man es durch Vorabbestimmung verwirklichen kann.

Die letztgenannten Kritikpunkte müssen überaus ernst genommen werden. Der pluralistische Streit von Interessengruppen führt nämlich keineswegs von sich aus zur Verteilungsgerechtigkeit oder zu fairen Problemlösungen. Deshalb hat sich jede Regierung aufgrund ihres Amtes, haben sich politische Parteien aufgrund ihrer leitenden Werte und Programme, desgleichen die Massenmedien wegen ihrer gesellschaftlichen Kritikfunktion *von sich aus*, d.h. als Teil der *mit ihrer jeweiligen Rolle verbundenen Pflichten*, ganz besonders um die Trägergruppen schwer organisierbarer und schlecht konfliktfähiger Interessen anzunehmen. Das Gemeinwohl ist nämlich eine *regulative Idee* für *alle* am politischen Prozess Beteiligten, *nicht* aber gleichsam die automatische Wirkung eines mechanischen Systems.

4. Parteien

Parteien sind dauerhaft bestehende, öffentlich agierende und bei Wahlen Kandidaten präsentierende organisatorische Zusammenschlüsse von sozial, interessenmäßig oder durch gemeinsame politische Ziele verbundenen Personen, die in einem politischen System danach streben, die Ausübung von staatlicher Macht und Herrschaft nach ihrem Sinne zu gestalten, und die zu diesem Zweck politische Führungspositionen mit Leuten ihres Vertrauens besetzen wollen. Zugleich sind Parteien Interessengruppen in eigener Sache. Zwar gab es immer schon konkurrierende politische Gruppierungen, die man in der Geschichtsschreibung häufig auch ‚Parteien' nennt: in der alten Römischen Republik die ‚Optimaten' gegen die ‚Populare', im kaiserlichen Konstantinopel die ‚Grünen' gegen die ‚Blauen', in den norditalienischen Städten des Hoch- und Spätmittelalters die ‚Ghibellinen' gegen die ‚Guelfen'.[134] Es bringt aber viele Vorteile für die Pflege einer klaren politikwissenschaftlichen Fachsprache, wenn man derlei Gruppen ‚Parteiungen' nennt

---

134 Die ‚Optimaten' waren das Netzwerk des Adels, das in Roms Bevölkerung hineinreichte, die ‚Popularen' hingegen die unteren sozialen Schichten und deren Anführer; die ‚Grünen' waren bei Pferderennen, welche die soziale und politische Bedeutung heutiger Fußballspiele zwischen herausragenden Mannschaften hatten, die Unterstützer des jeweiligen kaiserlichen Teams, die ‚Blauen' deren Gegner; und die ‚Ghibellinen' waren

und den Begriff der *Partei* jenem ganz besonderen Typ politischer Organisation vorbehält, der erst seit dem 18. Jahrhundert entstand und eingangs definiert wurde. Parteien *solcher* Art entsprossen aus zwei Wurzeln: ‚Von oben nach unten' wuchsen sie aus jenen Machtkämpfen, die in den Vertretungskörperschaften des neuzeitlichen Staates ausgetragen wurden, und ‚von unten nach oben' entstanden sie aus der immer häufigeren Durchführung von Wahlen, die ihrerseits immer weitere Personenkreise einbezogen.

In vier Punkten lässt sich im Einzelnen darstellen, was moderne Parteien von ihrer Entstehung her bis heute prägt. Das ist – *erstens* – ihr Aufkommen gemeinsam mit dem *modernen* Parlamentarismus. Im 18. Jahrhundert bildeten sich im – gegenüber der Krone machtvoll gewordenen – englischen Parlament mehr oder weniger förmliche Zusammenschlüsse von Parlamentariern. Die wurden von gemeinsamen Interessen bzw. politischen Ansichten geleitet und verstanden sich bald schon als dauerhafte Mannschaften. Jenen Prozess motivierend und rechtfertigend, fand sich dann auch das Argument, Parlamentarier wären nicht weisungsgebundene ‚Beauftragte' jener *Wahlkreise*, in denen seit dem Hochmittelalter die Abgeordneten zum ‚House of Commons' gewählt wurden. Vielmehr seien Parlamentarier, obwohl in einem bestimmten Gebiet durch die dort Lebenden gewählt, für das gesamte *Königreich* zuständig. Worin *dessen* Gemeinwohl im zu entscheidenden Einzelfall bestehe, müsse man immer wieder gemeinsam mit seinen Kollegen klären und dann gegenüber der Krone und deren Beratern durchsetzen. Den Wählern schulde man natürlich Loyalität. Doch zu der gehöre auch, dass man sich als Abgeordneter ein *eigenes* Urteil über zu entscheidende Möglichkeiten erarbeite, dem zu folgen den Interessen von Wählern *und* Reich besser diene, als wenn man sich unmittelbar von Wünschen aus dem Wahlkreis leiten ließe. Nicht das ‚gebundene' oder ‚imperative' Mandat eines Botschafters übe der Abgeordnete somit aus, sondern das prozesstaktisch ‚freie' Mandat eines *Anwalts*.

So auf das Gemeinwohl ausgehend, musste man allerdings gegenüber der Krone die jeweils erforderliche Durchsetzungs- oder wenigstens Verhinderungsmacht verlässlich aufbieten können. Das gelang erfahrungsgemäß am besten, wenn Parlamentarier sich fallweise – oder gar dauerhaft – zu *gemeinsam handlungsfähigen Mannschaften* zusammenzuschlossen. Genau dazu berechtigte die Ausübung eines freien Mandats, und eben das wurde zu dessen handlungspraktischem Zweck.[135] Parlamentsarbeit kann tatsächlich nur dann wirksam organisiert, Parlamentsmacht nur dann zielstrebig gegenüber einer

---

die jeweils innerstädtischen Parteigänger des römisch-deutschen Kaisers, die ‚Guelfen' hingegen deren – oft den Papst unterstützenden – Rivalen.

[135] Das bleibt häufig unbeachtet, wenn die Argumentationen zugunsten des freien Mandats aus der – eben deshalb berühmt gewordenen – Rede von Edmund Burke (1729–1797) an die Wähler seines Wahlkreises in Bristol aus dem Jahr 1774 nachgezeichnet werden. Doch es ist – anachronistisch formuliert – der Leitgedanke von Burkes Ge-

Regierung in Anschlag gebracht werden, wenn es im Parlament Gruppierungen gibt, die zum kollektiven, selbstbestimmten Handeln fähig sind. Dieser Grundgedanke wurde später in immer mehr Parlamenten aufgegriffen, unter Mühen auch 1848 in der Frankfurter Nationalversammlung. Er wurde überall dort besonders wichtig, wo das Parlament das Recht erlangte, eine Regierung zu stürzen oder konstruktiven Einfluss auf deren Zusammensetzung zu nehmen.

Zweitens kamen Parteien auf gemeinsam mit der Idee und Institution von *Opposition*. Ebenfalls im 18. Jahrhundert entstand nämlich im englischen Parlament die Vorstellung und Praxis, dass eine politische Gruppierung sich zwar sehr wohl gegen die Regierung wenden und auf deren Ablösung dringen, zugleich aber gegenüber dem politischen System loyal sein könne. Zum ersten Theoretiker dieser überaus wichtigen verfassungspolitischen Erfindung wurde – auch aus persönlichen Gründen als einstiger Spitzenpolitiker mit später gescheiterter Karriere – Henry St. John, besser bekannt als Lord Bolingbroke (1678–1751). Auf solche Weise war Opposition als *legitime* Form politischer Beteiligung vom Hochverrat[136] oder vom systemgegnerischen Widerstand unterschieden. So erwuchs überhaupt erst ein Spielraum für das persönlich gefahrlose Auftreten von Gruppierungen, die miteinander sowie mit der Staatführung um grundsätzliche politische Richtungsentscheidungen konkurrieren.

Drittens entstanden Parteien gemeinsam mit *moderner Demokratie*. Erst seit dem Frühparlamentarismus der ersten Hälfte des 19. Jahrhunderts und der in Europa immer mehr um sich greifenden Errichtung von *gewählten* Abgeordnetenhäusern wurden Wahlen zu einer häufigen, auch verlässlich periodischen Erscheinung politischen Lebens. Wahlen brauchen aber Kandidaten, und diese wiederum benötigen eine Plattform, die sie der Öffentlichkeit präsentiert sowie ihnen hilft, sich den Wählern bekannt zu machen. Zu diesem Zweck entstanden Parteien, und zwar zunächst als *Wahlvereine*, alsbald aber auch als dauerhafte Organisationen. Über sie konnten die im Parlament tätigen Abgeordneten *zwischen* den Wahlen mit ihren auch künftigen Nominierungsgremien sowie mit den Wählern in Kontakt bleiben.

Viertens kam es zu Parteien gemeinsam mit der Entstehung der *modernen Verkehrs- und Kommunikationsmöglichkeiten*. Den Durchbruch zum zeitge-

---

dankenführung genau die ‚Freiheit des Mandats im Dienst der Organisierbarkeit von Parlamentsfraktionen'.
136 Hilfreich ist in diesem Zusammenhang der Blick auf eine zusätzliche Wurzel moderner Parteien: auf ihre Entstehung auch aus der Tradition von Geheimbünden. Der in den Blick zu fassende thematische Bogen reicht von den aufklärungszeitlichen Logen der Freimaurer, in denen Elitegruppen ungeachtet von Standesgrenzen zusammenkommen und auch politisch wichtige Vertrauensverhältnisse aufbauen konnten, über die Theorie und Praxis revolutionärer Geheimbündelei bei Auguste Blanqui (1805–1881) bis hin zu den das Konspirative mehr als nur streifenden Ordensstrukturen der kommunistischen Parteien des 20. Jahrhunderts.

nössischen Parteienwesen brachte nämlich die moderne Verkehrs- und Kommunikationstechnik, die es überhaupt erst erlaubte, auch in großen Staaten wie Deutschland flächendeckende Organisationen aufzubauen, zu integrieren und als Handlungsverbund funktionstüchtig zu halten. Mit Eisenbahn und Telegraph entstanden, durch Autoverkehr und Telefon fortgesetzt, haben derlei Entwicklungen in den 1970er Jahren zu modernen Massen- und Apparateparteien geführt, die damals so viele Menschen wie seither nicht wieder zu konflikt- und kampagnenfähigen Großorganisationen zusammenbanden.

Einmal entstanden, wurden Parteien von vielerlei Faktoren geprägt. Am offensichtlichsten ist die inhaltliche Prägung durch jene *Ziele*, für die eine Partei steht. Nach ihrem politisch-programmatischen Standort unterscheiden sich seit ihrer Entstehungszeit im 19. Jahrhundert denn auch die liberalen, die konservativen und die sozialistischen Parteien. Seit den 1970er Jahren kamen – mit Anknüpfungspunkten zu allen anderen drei Lagern – die ‚ökologischen' Parteien hinzu. Nicht weniger offensichtlich ist die Prägung einer Partei durch jene *Rolle*, die sie – oft aufgrund ihrer Programmatik – während vieler Jahre in einem politischen System einnimmt. Solchermaßen lassen sich Protestparteien und revolutionäre Parteien von Hegemonialparteien unterscheiden, Regierungsparteien von ‚normalen' Oppositionsparteien. Ansonsten sind die wichtigsten ‚von außen' her wirkenden Prägefaktoren von Parteien die folgenden:

- *Typ des umbettenden politischen Systems:* Natürlich funktionieren Parteien in einem demokratischen Verfassungsstaat mit pluralistischer Gemeinwohlkonzeption und periodischen freien Wahlen ganz anders als in autoritären oder gar totalitären Diktaturen, in denen es dem politischen Streit entzogenen Gemeinwohlvorstellungen sowie ‚Wahlen ohne Auswahl' gibt. Letztlich sind die führenden Parteien in Entwicklungsdiktaturen und totalitären Systemen von ihren Leitideen und den Ansprüchen an ihre Mitglieder her viel näher mit den christlichen Orden der Dominikaner oder Jesuiten verwandt als mit den Parteien demokratischer Verfassungsstaaten.
- *Struktur des politischen Systems:* Ein parlamentarisches Regierungssystem, in dem Parteien die Regierung zu tragen haben, wird zu viel größerer Kohärenz innerhalb der Parteien veranlassen, als das ein präsidentielles Regierungssystem tut, das im Parlament nicht zwingend nach Fraktionssolidarität oder gar Fraktionsdisziplin verlangt. Und Konkordanzdemokratien werden eher zu einer Vielzahl untereinander recht flexibel bündnisfähiger Parteien führen als Konkurrenzdemokratien, in denen mit weniger Parteien zu rechnen ist, die sich aber schärfer voneinander abgrenzen . In Bundesstaaten wiederum können Regionalparteien eine vergleichsweise große Rolle spielen, während sich nationale Parteien um wesentlich mehr Bodenhaftung bemühen müssen, als das in zentralistischen Einheitsstaaten erforderlich ist.

- *Wahlrecht:* Unter anderem aus Wahlvereinen entstanden, werden Parteien vom Wahlrecht ganz tiefgreifend geprägt. Wo relatives Mehrheitswahlrecht herrscht, wird es nur sehr wenige wichtige Parteien geben, oft sogar nur zwei. Unter der Herrschaft von Verhältniswahlrecht hingegen wird die Anzahl von – aufgrund der Notwendigkeit zur Mehrheitsbildung auch wirklich wichtigen – Parteien ziemlich ansteigen. Sperrklauseln wiederum wirken dieser Folge effizient entgegen. Im Übrigen wird sich bei häufiger Durchführung von Wahlen eine größere und professionellere Parteiorganisation entwickeln als sie so lange zu erwarten ist, wie Wahlen eher selten sind.

- *Konkrete Rechtsstellung der Parteien:* Wichtig sind hier zunächst die Vorschriften über die Gründung einer Partei: Handelt es sich dabei um einen autonomen Willensakt einer Mindestanzahl von Parteigründern, oder wird staatliche Anerkennung – oder gar die ausdrückliche Zulassung – neuer Parteien verlangt? Folgenreich sind sodann, soweit vorhanden, gesetzliche Bestimmungen über den inneren Aufbau einer Partei: Wird beispielsweise ein bestimmtes Organisationsprinzip vorgeschrieben (z.B. der Aufbau der Grundorganisationen an den Arbeitsstätten und nicht an den Wohnorten), wird innerparteiliche Demokratie verlangt? Und nicht zuletzt hängt viel davon ab, ob eine Regierung eine Partei selbständig verbieten darf, oder ob nur ein Gerichtsverfahren eine Partei um ihr Existenzrecht bringen kann ('Parteienprivileg').

- *Wirtschaftliche Basis der Parteien:* Es haben die Art zulässiger oder tolerierter Parteienfinanzierung (staatliche Zuschüsse, in – und ausländische Spenden, Erträge aus eigener wirtschaftlicher Tätigkeit), die zulässige Art und Nutzungsweise von Parteibesitz sowie Publikationspflichten und Prüfungsrechte zu alledem tiefgreifenden Einfluss darauf, was für Parteien sich entwickeln und welche Rolle sie real spielen können.

- *Parteiensystem:* Parteien kann man nur verstehen, wenn man sie als in harter Konkurrenz befindliche Wettbewerber auf einem engen und nicht zu erweiternden Markt begreift. Deshalb wirkt es sich auf jede einzelne Partei nachhaltig aus, ob sie sich in einem Zwei-, Drei- oder Vielparteiensystem behaupten muss, mit welchen – wie geprägten – anderen Typen von Parteien sie zu konkurrieren hat, und welche Spielregeln der Parteienkonkurrenz es gibt: Agiert sie in einem Konkurrenz-, Konkordanz- oder Hegemonialsystem?

- *Politisch-kulturelle Erwartungen an die Parteien:* Durchaus kann von einer Partei seitens der Mitglieder- und Wählerschaft erwartet werden, sie solle eine 'geistige Heimat' sein. Dann will man sich mit einer Partei identifizieren. Sie soll in diesem Fall 'politische Antworten aus einem Guss' oder gar ein integriertes politisches Weltbild anbieten. Das war und ist typischerweise der Selbst- und Fremdanspruch sozialistischer Parteien. Wo derlei verlangt und zu erfüllen versucht wird, muss sich eine Partei natürlich anders entwickeln, als wenn man von ihr im Grunde nur fordert, sie solle überzeugende Kandidaten präsentieren und politische Macht anhand weniger, doch verlässlicher Prinzipien pragmatisch verwalten. Im ersten Fall werden programmatische Diskussionen eine überaus große Rolle im Parteileben spielen, desgleichen jene Personen, die sie führen. Im zweiten Fall haben Pragmatiker und Machtmanager große Chancen.

- *Beschaffenheit der Gesellschaft:* Parteien benötigen für ihre Macht, und alsbald auch für ihre Existenz, verlässliche Unterstützung aus der jeweiligen Gesellschaft. Das gilt vor allem – doch nicht nur – am Wahltag. Ob es solche Unterstützung gibt, hängt wesentlich ab von jenen politischen Inhalten, die eine Partei der Bürgerschaft anbietet, und davon, ob sie diese Inhalte plausibel zu personalisieren vermag. In diesem Zusammenhang wirkt die Beschaffenheit der Gesellschaft zweifach prägend auf die Parteien ein:
  - Erstens entstanden Parteien häufig entlang von tiefgreifenden, verfestigten gesellschaftlichen Konfliktlinien („cleavages"), etwa zwischen Arbeitnehmer- und Arbeitgeberlager oder zwischen konfessionellen und antikirchlichen Milieugruppen. Solche durch Konfliktzonen abgetrennte gesellschaftliche Lager können Parteien nicht einfach schaffen oder überwinden; viel eher werden diese von jenen Parteien, die in einzelnen dieser Lager wurzeln, über lange Zeit abgebildet und politisch wirksam gemacht. Dabei prägen eben die gesellschaftlichen Konfliktstrukturen die Parteien und Parteiensysteme. Sie legen politische Zusammenarbeit zwischen bestimmten Parteien nahe, während sie eine Kooperation zwischen anderen Parteien nahezu unmöglich machen. Derweil widerspiegeln Parteiensysteme gesellschaftliche Konfliktlagen, die geschichtlich etliche Zeit zurückreichen können, also mit aktuellen Gestaltungsaufgaben nicht viel zu tun haben müssen. Dann wird freilich das Parteiensystem selbst zum Hemmschuh notwendiger Reformen.
  - Zweitens bezogen die europäischen Parteien vom späten 19. Jahrhundert bis weit in die zweite Hälfte des 20. Jahrhunderts ihre Mitgliedschaft und ihre Wähler aus ziemlich stabilen, klar zu umreißenden gesellschaftlichen Milieus. Konservative Parteien wurzelten etwa im ländlich-christlichen Milieu, liberale Parteien im städtisch-protestantisch großbürgerlichen Milieu, sozialdemokratische Parteien im kirchenfernen Arbeitermilieu. Einesteils band das die Parteien programmatisch an vergleichsweise enge Vorgaben, von denen sie sich nur unter großen Risiken lösen konnten. Andernteils gab das in Wahlkämpfen Sicherheit darüber, wer unbedingt anzusprechen und zu mobilisieren war, um wen anderes man sich aber im Grunde nicht zu bemühen brauchte. Seit diese ‚soziomoralischen Milieus', einst Basis von Parteien, sich im Zuge wirtschaftlichen, gesellschaftlichen und kulturellen Wandels mehr und mehr auflösten, büßten Parteien ihre feste gesellschaftliche Basis ein. Das macht die Parteien zwar flexibler. Kehrseite der Medaille ist

aber eine schwer zu bestehende Herausforderung: Man muss die für eine Partei identitätsstiftenden Selbstverständlichkeiten und Ziele immer wieder neu (er-)finden oder überhaupt erst einmal zu fixieren. Außerdem macht das Schrumpfen verlässlicher Wählermilieus die Parteien überaus abhängig von ihrer massenmedialen Präsentation und verlangt unmittelbar medienkompatible Strategien und Positionen.

Die beiden letztgenannten Faktoren bewirkten ein recht gut erkennbares Entwicklungsmuster von Parteien. Im frühen und mittleren 19. Jahrhundert entwickelten sich mitgliederschwache Wahlvereine, im liberalen sowie im konservativen Bereich meist bestehend aus ‚Männern von Besitz und Bildung'. Der dafür eingeführte Begriff ist jener der ‚Honoratiorenpartei'. Später – zunächst im Bereich der Arbeiterbewegung, dann auch unter deren faschistischen Gegenbewegungen – kam es zu ‚Massenintegrationsparteien', d.h. zu Parteien, deren Schlagkraft und politischer Einfluss auf einer großen Zahl solcher Mitglieder beruhte, die durch ideologisch klar profilierte Ziele angezogen und mobilisiert wurden. Die große Zeit dieses Parteityps (frühe SPD, KPD, NSDAP ...) begann mit dem späten 19. Jahrhundert und endete um die Mitte des 20. Jahrhunderts. Mit dem Verblassen der großen gesellschaftlichen Konfliktlinien des 19. Jahrhunderts kamen nämlich Parteien auf, die ihre – möglichst vielen – Mitglieder weniger durch Abgrenzung gegen zu bekämpfende Gegner gewinnen wollten als vielmehr durch eine Herausstellung attraktiver Kernpositionen, um die herum sich viele Interessen bündeln und große Teile des (Wahl-)Volks gewinnen ließen. ‚Catch-all party' nannte man – gemäß diesem Leitgedanken – einen derartigen, zunächst von Otto Kirchheimer (1905–1965) erkundeten Parteityp. Mit leicht irreführender Akzentverschiebung erhielt er als deutschen Namen den der ‚Volkspartei'. Etwa in der Form der bundesdeutschen SPD oder der Unionsparteien waren deren große Zeit die 1960er und 1970er Jahre, natürlich unter Fortbestand kleinerer Milieu- oder Klientelparteien. Seit den 1980er Jahren nahm dann die Attraktivität jener ‚Großparteien' ab: Die sie tragenden Milieus erodierten, und der gesellschaftliche Wertwandel machte langfristige Bindungen an Parteien viel weniger attraktiv, als sie zuvor gewesen waren. Doch nach wie vor sind Parteien die wichtigsten Plattformen für die Austragung von Machtkonkurrenzen innerhalb der politischen Klasse sowie Instrumente zur Erlangung von Ämtern und für die Durchsetzung politischer Ziele. In dieser Rolle ziehen Parteien mehr und mehr solche Politiker und Anführer an, deren Interesse sich darauf richtet, in den Besitz staatlicher Gelder und Ämter als Grundlage eigener Wirkungsmöglichkeiten zu gelangen. Derlei Politiker sind geneigt, pragmatisch zum wechselseitigen Vorteil zu kooperieren sowie den Aufstieg neuer Parteien in ihre Kreise nach Möglichkeit zu unterbinden. Gleichsam ein ‚Kartell' der politisch bereits erfolgreichen Kräfte bildend, haben solche Parteien den Namen ‚Kartellpartei' erhalten.

Eine neue Partei bzw. deren Anführerschaft kann in deren Kreise vor allem dann eindringen, wenn die etablierten Parteien von einem erheblichen Teil der Wählerschaft nicht mehr als Fürsprecher von Bevölkerungsanliegen wahrgenommen werden, sondern vor allem als ‚Interessengruppen in eigener Sache'. Gleiches kann sich vollziehen, wenn Teile der Wählerschaft den etablierten Parteien nur noch geringe Problemlösungskompetenzen hinsichtlich von als drängend empfundenen politischen Herausforderungen zuschreiben, weshalb es das Verlangen nach einer neuen Partei gibt. Dann ist eine ‚Repräsentationslücke' entstanden, in der neue Parteien Chancen auf Wähler und somit auf Erfolg haben. Typischerweise wird diese Repräsentationslücke umschrieben als eine zwischen den ‚wirklichen Interessen' der Bevölkerung, also einem imaginierten ‚wahren Volkswillen', und dem, was die etablierten Parteien als legitime politische Ziele ausgeben oder vertreten. Entsprechend gilt es dann als ausgemacht, dass ‚wir hier unten' nicht mehr ‚von denen da oben' angemessen repräsentiert werden. Also setzt man Hoffnungen auf neue politische Anführer und auf deren Parteien. Zum politischen Kampfmittel werden in dieser Lage – und zwar meist seitens aller politischen Lager – grobe Vereinfachungen polemischer, gar demagogischer Art. Mit denen wird meist klarzumachen versucht, dass man selbst – anders als die politische Konkurrenz – nach ‚billigen Ausflüchten'weder sucht noch solche akzeptiert, sondern ‚wirklich versteht', was ‚die Menschen' wollen, und dass man seine politische Arbeit deshalb in sowohl emotionaler als auch sprachlicher Resonanz ‚mit den Leuten im Lande' zu erledigen versucht. Letzteres ist zwar ein durch und durch demokratischer Handlungsimpuls. Doch es zeigt die Erfahrung, dass man eine wirklich gemeinnützige Motivation dieses Politikansatzes oft nicht für aufrichtig nehmen sollte, sondern ihr besser als reinem rhetorischem Trick misstraut, den ein ‚politischer Unternehmer' bauernfängerisch verwendet. Um solches Misstrauen auszudrücken, belegt man so geartete Bewegungen mit dem klar abwertend gemeinten Begriff des ‚Populismus'. Deren Anführer bezeichnet man als ‚Populisten', die sie tragenden Bewegungen und Parteien als ‚populistisch'.[137] Erfolgreicher als der Versuch, ihnen mit Ab- und Ausgrenzung beizukommen, wäre es freilich, jene Repräsentationslücken durch praktizierte Responsivität erst gar nicht entstehen zu lassen, in denen Populismen Wurzeln schlagen und erfolgreich werden können.

Im Übrigen unterscheiden sich die politischen Parteien durch die folgenden, von ihnen selbst weitgehend zu prägenden, doch keineswegs nach Belieben zu kombinierenden Merkmale:

- *Zielkreis und Art der Wählerschaft:* Handelt es sich eher um eine ‚Volkspartei' (‚catch all-party'), die breite Wählerkreise ansprechen will und

---

137 Das flaggt den ‚Populismus' tatsächlich als den ‚hässlichen Bruder' von Demokratie aus. Letztlich aber geht es beiden um Politik ‚im Interesse des Volkes', welch letzteres – bei gleicher Wortbedeutung – auf Griechisch ‚dèmos' heißt, auf Latein aber ‚pōpulus'.

darum schon *in sich* viel Kompromissbildung leisten muss, oder um eine ‚Klientelpartei', die eng definierte gesellschaftliche Gruppen sowie deren Interessen vertritt, weshalb sie auch ein sehr klares programmatisches Profil haben kann?

- *Umfang und Art der Mitgliedschaft:* Handelt es sich um eine ‚Mitgliederpartei', bei welcher die traditionellen, identitätsstiftenden Ansichten von Mitgliedern und Funktionären der Anker bzw. eine Fessel der innerparteilichen Programmentwicklung sind, oder handelt es sich eher um eine ‚Wählerpartei', bei der ein recht schmaler, oft ziemlich professioneller Mitgliederstamm seine Hauptaufgabe darin sieht, erfolgsorientiert Wahlen durchzuführen und mit medienwirksamen Spitzenkandidaten sowie pragmatisch auf die Tagesaufgaben ausgerichteter Programmatik möglichst viele Stimmen zu gewinnen?
- *Ausmaß der Beteiligung der Mitglieder an der Willensbildung der Partei:* Wird die Partei ihrer Leitidee nach demokratisch-zentralistisch geführt, oder findet die innerparteiliche Willensbildung und Entscheidungsfindung pluralistisch statt, also mit dem Recht auf innerparteiliche Fraktionsbildung und Opposition? Wird die Partei außerdem – wie aus funktionslogischen Gründen allgemein üblich – nach dem ‚ehernen Gesetz der Oligarchie' geführt, oder versucht sie es mit ‚basisdemokratischen Strukturen'?
- *Stellenwert des Programms und der Programmdiskussion für die Partei:* Liegt es in der Tradition der Partei, sich zu definieren und zu integrieren durch eine gemeinsame Weltanschauung, auch durch Ziele, die aus der Weltanschauung der Partei möglichst präzise abgeleitet wurden, sowie durch prinzipientreue Vorstellungen vom akzeptablen Weg zu solchen Zielen? Oder versteht sich eine Partei eher als eine pragmatische Wahlkampfgemeinschaft mit großer Bereitschaft, sich programmatisch an von ihr erschließbare Wählerpotentiale anzupassen?
- *Umfang des Parteiapparats und innerparteiliches Gewicht der hauptamtlichen Parteimitarbeiter:* Sind die hauptamtlichen Parteiangestellten eher die ‚Seele' der Partei, in deren Reihen die wichtigsten Programmdiskussionen geführt werden, und aus welchen sich ein Großteil des politischen Führungspersonals der Partei rekrutiert? Oder versteht sich das Personal der Partei eher als ein professioneller *Dienstleistungsapparat*?
- *Gewichtsverteilung zwischen ‚parlamentarischer Partei', d.h. den Parlamentsfraktionen, und der ‚außerparlamentarischen Partei':* Sitzen in den Parlamenten – wie in Deutschland meist üblich – die Führer der regionalen, landesweiten und bundesweiten Parteiorganisationen, so dass die Fraktionen die Machtzentren der Parteien sind, deren Führungspersonen also entweder Regierungsmitglieder oder Oppositionsführer? Oder versucht die Partei, durch den Aufbau außerparlamentarischer Machtstrukturen und durch Regeln zur Unvereinbarkeit von Parteiamt und Parlaments-

mandat entweder die eigenen Parlamentsfraktionen oder die Parteiführungsspitze möglichst machtlos zu halten?

Je nach ihrer Ausgestaltung anhand dieser – ihnen vorgegebenen bzw. von ihnen selbst einzurichtenden – Prägefaktoren unterscheiden sich die Parteien tiefgreifend. Die einen finden dann zu einer sie schlagkräftig machenden Form; die anderen stürzen sich in funktionslogische Probleme und erzeugen Reibungsverluste. Jedenfalls hängt von allen umrissenen Sachverhalten ab, wie gut eine Partei jene Aufgaben zu erfüllen vermag, die ihr in einem komplexen politischen System zuwachsen können. Insgesamt lassen sich vier zentrale *Funktionen* von Parteien unterscheiden:

- *Bindeglied- bzw. Netzwerkfunktion:* Parteien können zunächst einmal als Bindeglieder zwischen den verschiedenen gesellschaftlichen Subsystemen sowie dem politischen System fungieren. Indem es sie als funktionstüchtige Organisationen schon einmal gibt, deren Mitglieder sowohl in allen möglichen Gesellschaftsbereichen verankert sind als auch innerhalb der Partei zusammenwirken, dienen sie als wichtige, integrierende Netzwerke und ‚Kanalsysteme', über welche Informationen, Forderungen, Unterstützungsleistungen und Personal zwischen Gesellschaft und Staat ausgetauscht werden können. Parteien stehen sozusagen mit ihren Füßen in der Gesellschaft, reichen mit Kopf und Händen aber in das zentrale politische Entscheidungssystem hinein. Das gelingt ihnen einesteils durch ihre *vertikale* Vernetzung, die vom vorpolitischen Raum über die örtlichen Parteigliederungen und die Kreis- bzw. Unterbezirksebene der Parteien bis hin zu den – miteinander verschränkten – Führungsebenen in nationaler Partei, Parlament und Regierung reicht. Andernteils gelingt das durch eine *horizontale* Vernetzung zwischen Parteien und Interessengruppen sowie Massenmedien, nicht selten sogar zwischen Parteien und Verwaltungsbehörden. Ein überaus wirksames Mittel, um horizontale Vernetzungen zu gewährleisten, sind Mehrfachmitgliedschaften von Parteiführern in den unterschiedlichsten Gremien sowie die Verbindung von Parteiämtern mit einem Parlamentsmandat oder gar mit einer Regierungsfunktion (‚Mandatskumulation'). Diese sowohl horizontale als auch vertikale Vernetzungsfunktion ist die Grundlage aller anderen Parteifunktionen. Besonders weit ausgreifend wird sie von sogenannten Volksparteien bzw. ‚catch all-Parteien' erfüllt, fokussiert auf einzelne Gesellschaftssegmente hingegen von Klientelparteien. Letztlich ist es nicht wichtig, dass *jede* Partei sich möglichst umfangreich vernetzt, sehr wohl aber, dass die im Parlament vertretenen Parteien *insgesamt* in möglichst die gesamte Gesellschaft hinein leistungsfähige Kommunikations- und Interaktionsnetze unterhalten. Leisten sie das nicht, aus welchen Gründen auch immer, und entsteht deshalb über längere Zeit eine ‚Repräsentationslücke', so tut sich ein Gelegenheitsfenster auf für die Entstehung einer Protestpartei, die bisweilen von unten her populistisch aufwächst, bisweilen von Elitegruppen gegründet oder angeführt wird wird, und die bisweilen beides erfolgreich miteinander verbindet.

- *Responsivitätsfunktion:* Parteien können im politischen System vorzüglich für Responsivität sorgen, also für die Reaktionswilligkeit und die Reaktionsfähigkeit des politischen Systems angesichts neuer Herausforderungen. Weil Parteien die zentralen Adressaten der Wahlentscheidung sind, werden sie von den Bürgern zur Responsivitätssicherung nämlich angehalten; und für wenig zufriedenstellende Erfüllung dieser Funktion werden sie nicht selten durch Machtentzug bestraft. Zum Zweck solcher, ganz im Eigeninteresse liegender Responsivitätssicherung haben die Parteien – und gegebenenfalls klientelspezifisch – alle als möglicherweise wichtig geltenden Probleme, Sorgen, Wünsche und Anregungen aus der Gesellschaft aufzunehmen, auf sie zu reagieren, sie zu verarbeiten und sie in den Prozess der politischen Willensbildung und Entscheidungsfindung einzubringen. Das kann freilich auch dadurch geschehen, dass man solchen Sorgen mit dem Argument entgegentritt, sie wären unbegründet, und geäußerten Wünschen mit der Erläuterung, sie wären zwar verständlich, doch unvernünftig und deshalb zurückzuweisen. Eine wichtige Leistung besteht bei alledem in der aktiven *Verschränkung* der *innerparteilichen* Willensbildung mit der *innerparlamentarischen* Willensbildung und – gegebenenfalls – sogar mit der *innergouvernementalen* Willensbildung. Auch eine solche *Responsivitätskette* von der Wählerschaft über die Parteien und das Parlament bis hin zur (eigenen) Regierung lässt sich am besten durch die Verbindung innerparteilicher, parlamentarischer und möglicherweise auch gouvernementaler Ämter schaffen. Erbringen die Parteien beim Sichern und Praktizieren von Responsivität gute Leistungen, so ermöglichen sie es dem politischen System, allgemeine Verbindlichkeit weitgehend in Übereinstimmung mit den Wünschen einer Mehrheit der Bevölkerung herzustellen, was seinerseits eine wichtige Vorbedingung für das Entstehen und Bestehen von demokratischer Legitimität ist. Zu den wichtigsten Mitteln, Parteien zu solcher Responsivität anzuhalten, gehört der ‚Wiederwahlmechanismus' temporaler Gewaltenteilung in Verbindung mit Parteienkonkurrenz und dem Druck öffentlicher Meinung sowie demoskopischer Befunde.

- *Führungsfunktion:* Parteien sind nicht nur zur Responsivitätssicherung, sondern auch zur nachhaltig wirksamen politischen Führung besonders gut geeignet. Sobald sie nämlich Zugriff auf die Staatsmacht haben, hält sie der ‚Wiederwahlmechanismus' dazu an, aus rationalem Eigeninteresse sehr intensiv die Folgen ihres Tuns und Lassens in Rechnung zu stellen sowie die ihnen zurechenbaren politischen Handlungen den Bürgern möglichst plausibel zu erklären. Und da auf eine dauerhafte Machtstellung ausgehende Parteien nicht nur mit *kurzfristigen* Responsivitätswünschen konfrontiert sind, sondern auch den *mittel- und langfristigen* Problemlagen nicht entkommen können, haben sie einen gewissen Anreiz dafür, nicht nur zu *warten*, bis Gestaltungswünsche oder Informationen über gesellschaftlichen Regelungs- und Reformbedarf an sie *herangetragen* werden. Deshalb werden Parteien oft *selbst*, natürlich im Licht ihrer programmatischen Positionen, nach solchem Bedarf Ausschau halten, Sachkunde für Problemlösungen mobilisieren und Lösungsvorschläge auszuarbeiten versuchen.[138] Allerdings kann dem zweierlei nachhaltig in den Weg geraten. Einerseits ist das ideologische Voreingenommenheit, sofern diese auch noch breite Unterstützung durch ähnlich gesinnte Medienleute findet. Andererseits sind das – medial abgesicherte – kulturelle Vorlieben, die Abweichungen vom bislang als ‚politisch korrekt' ausgeflaggten Weg schwierig machen oder gar zur Ausgrenzung der Abweichler führen.

Im Unterschied zu Interessengruppen, die sich legitimerweise auf die partikularen Interessen ihrer Klientelgruppen beschränken können, haben Parteien die – einander oft widersprechenden – Interessen verschiedenster gesellschaftlicher Gruppen zu bündeln.[139] Einmal an der Macht, wird eine Partei ja nicht nur daran gemessen, was sie für ihre Klientelgruppen leistet, sondern auch daran, wie sich die von ihr geprägte Politik insgesamt auswirkt, nämlich für die Mehrheit der Bürger und künftigen Wähler. Zu Politikkonzepten, die viele Gruppeninteressen stimmig integrieren und eben deshalb attraktiv sind, gelangen politische Parteien am besten in Gestalt von solchen Lernprozessen, über welche sie sich Gemeinwohlvorstellungen annähern, die auf Erfahrungstagsachen gegründet sind. Allerdings kommt traditionelle Parteiideologie, mitunter auch noch befeuert durch mit ihr sympathisierende Medienleute oder Intellektuelle, solchen Lernprozessen immer wieder in die Quere. In diesem Fall mag erst eine Serie von Wahlniederlagen eine Partei doch noch zum Lernen zwingen. Selbst dann gibt es aber keine Gewähr dafür, dass die Wähler irgendwann wieder überzeugende Führungsangebote unterbreitet bekommen. Das führt alsbald zum Niedergang, vielleicht gar zum Ende einer Partei.

Um derlei zu vermeiden, müssen Parteien möglichst *plausible* Zielsetzungen und Problemlösungsvorschläge ausarbeiten. Diese haben sie dann der Bevölkerung in Form von Programmen oder Absichtserklärungen *werbend* und *meinungsbildend* anzubieten. Darüber hinaus müssen Parteien die von ihnen (mit-)gestalteten politischen Maßnahmen der Öffentlichkeit möglichst gut erklären (‚explaining policy'), um unbegründeter Kritik vorzubeugen und begründete Kritik möglichst unschädlich zu halten. Für die seitens von Parteien geformte und von den errungenen Staatsämtern aus durchgeführte Politik haben Regierungsparteien zumal dann bei den Bürgern Unterstützung einzuwerben, wenn es zu schmerzlichen Nebenfol-

---

[138] Diesen Bereich der Führungsfunktion von Parteien bezeichnet man auch als ‚Zielfindungsfunktion'.
[139] Dieser Teil der Führungsfunktion heißt auch ‚Programmentwicklungsfunktion'.

gen und entmutigenden Wirkungsverzögerungen von grundsätzlich als sinnvoll dargestellten politischen Maßnahmen kommt.[140] Durch das alles wird der Bürgerschaft die Möglichkeit verschafft, auf der Grundlage der politischen Leistungsbilanzen und Handlungsprogramme konkurrierender politischer Parteien mittels freier Auswahl politische Führungs- und Gestaltungsaufträge zu vergeben. Eben darin verwirklicht sich repräsentative Demokratie.

Gerechtfertigt durch solche Aufträge, ferner nach Maßgabe der aus Wahlergebnissen entstandenen Machtverhältnisse, haben Parteien ihre Ziele dann auch in konkrete, sich in der Praxis auswirkende politische Maßnahmen *umzusetzen*. Pflichtvergessen wäre es, sich mit bequemer symbolischer Politik zu begnügen, also Problemlösungen eher zu simulieren als herbeizuführen. Parteien sind nämlich zum politischen *Handeln* da, nicht vor allem zur *Bekundung* politischer Ziele. Tatsächlich wären alle Parteiaufgaben der Zielfindung bzw. Programmentwicklung selbstzweckhaft, ja bliebe auch die Wahlentscheidung der Bürger ziemlich folgenlos, wenn politische Parteien vor dem Zugriff auf die Macht zurückscheuten oder Parteiführer darauf verzichteten, die ihnen aufgrund eines Wahlsiegs oder einer durch Herbeiführung einer parlamentarischen Mehrheit zufallenden Staatsämter zu besetzen. Insgesamt erfüllen Parteien ihre Funktionen allein dann brauchbar, wenn sie ein gewisses Gleichgewicht zwischen ihrer Responsivitätsfunktion und ihrer Führungsfunktion zustande bringen, wenn sie sich also weder populistisch bzw. opportunistisch nach dem Schwanken politischer Stimmungen richten, noch die Bürgerschaft voller ‚Arroganz der Macht' bevormunden.

- *Personalmarktsfunktion:* Parteien sind die zentralen Institutionen der Rekrutierung, Ausbildung und Vermittlung politischen Führungspersonals in jene Stellen, die einer Partei aufgrund ihrer Wahlergebnisse zur Machtausübung auf Zeit zufallen. Sie sind also ‚Karrierevehikel'. Innerhalb einer solchen Rolle als ‚Personalmarkt ' haben die Parteien drei Funktionen, die das alles konkretisieren:
  – *Rekrutierung:* Parteien sind Anlaufstellen von Bürgern, die sich längerfristig politisch beteiligen wollen. Im Idealfall gehen Parteien auch selbst auf fachkompetente und wählerattraktive Personen zu, wie sie sich oft im vorpolitischen Raum oder in politiknahen Berufen finden. Allerdings ist derlei aktive Talentsuche seitens von Parteien eher selten.
  – *Sozialisation:* In der Parteiarbeit erwerben Bürger spezielles politisches Know-how, etwa praktische Erfahrungen in Konsensstiftung und Konfliktmanagement, auch mit Durchsetzungs- und (Selbst-)Darstellungspraktiken oder für den Umgang mit Parteifreunden, Journalisten, Behörden und Bürgern. Das qualifiziert über rein fachliche Kenntnisse hinaus zur Übernahme politischer Führungspositionen.

---

140 Hier ist ‚kommunikative politische Führung' gefordert.

– *Selektion und Kandidatenpräsentation:* Über den Aufstieg in Parteien, die sich ihrerseits periodischen freien Wahlen stellen und Wahlen letztlich überhaupt erst ermöglichen, über ihre Nominierung als Kandidat einer Partei sowie dank innerparteilich praktizierter Solidarität im Wahlkampf erwerben Bürger die Befugnis, in politische Ämter einzurücken und auf Zeit politische Macht auszuüben.

Dass es die Parteien sind, welche sich immer wieder mit ihren ‚Markennamen' und mit ihren Kandidaten freien Wahlen stellen, macht genau die Parteien zu den *demokratisch am besten legitimierten* Organisationen eines freiheitlichen Staates. Solche Legitimation wird allerdings dann überzogen, wenn regierende Parteien – und leider meist erfolgreich – auch noch versuchen, ihre Mitglieder und Sympathisanten bei der Vergabe von öffentlichen Ämtern, die durch Ernennung zu besetzen sind, über Gebühr zu bevorzugen. Ebenso gehen Parteien über die Grenzen ihrer legitimen Machtstellung hinaus, wenn sie von den ihnen zugefallenen Ämtern aus öffentliche Aufträge vor allem solchen Personen und Unternehmen zukommen lassen, die zur eigenen Partei oder zu deren Sympathisantenkreis gehören. Das alles ist ein zu kritisierender, durch Kontrolle zur Ausnahme zu machender *Missbrauch* einer *legitimen* Machtstellung. ‚Korruption' durch Geben und Nehmen ist die angemessene Bezeichnung dafür.

Insgesamt erfüllen Parteien in jedem demokratischen Verfassungsstaat sehr nützliche Funktionen. Wie groß die Rolle von Parteien im Vergleich zu den Rollen anderer politischer Akteure tatsächlich ist, hängt zwar ganz von den Eigentümlichkeiten des jeweiligen politischen Systems ab. Doch allgemein lässt sich feststellen, dass Massendemokratie nur als ‚Parteiendemokratie' funktionieren kann, und dass parlamentarische Regierungssysteme als ihrer Basis starker, konkurrierender politischer Parteien bedürfen. Deshalb geht es an der notwendigen und auch wünschenswerten Rolle von Parteien sehr weit vorbei, wenn man sie – wie etwa das deutsche Grundgesetz im Artikel 21, 1 – *nur* als ‚Mitwirkende bei der politischen Willensbildung des Volkes' begreift. Aus einer so verengten Vorstellung erwachsen dann leider Wünsche nach einer grundsätzlichen Beschneidung der Rolle politischer Parteien. Außerdem gehört es zu den Schwachstellen eigentlich aller demokratischen Verfassungsstaaten, dass sehr viele Bürger den politischen Parteien mit einer gleichsam ‚grundständigen Verachtung' gegenübertreten, und zwar so, als ob diese nicht aus zwingenden Gründen *gemeinsam* mit der modernen Demokratie entstanden wären.

5. Wahlen, Wahlsysteme, Wahlverhalten, Wahlkämpfe

Freie Wahlen – in nicht allzu großen Abständen durchgeführt – legen die Politikerschaft an die Leine der Regierten. Wo solche Wahlen selbstverständlicher Bestandteil eines politischen Systems sind, dort kann politische Macht nicht mehr ohne direktes oder indirektes Wählermandat ausgeübt werden. Umgekehrt kann, wer immer will, sich als Wähler, als aktives Parteimitglied oder als Kandidat für ein Wahlamt in den politischen Prozess einbringen. Außerdem haben dank periodischer freier Wahlen sogar *politisch Abstinente* die Möglichkeit, immer wieder politische Kontrolle ganz einfach dadurch auszuüben, dass sie mit ihrer erteilten oder demonstrativ verweigerten Stimme zur Verlängerung eines Regierungsauftrags, zu dessen Entzug oder zur Bekundung politischen Protests beitragen. Diese Möglichkeiten sind umso wirkungsvoller, je *mehr* Wahlen es in einem politischen System gibt. Föderale Systeme mit Wahlen auf vielen Ebenen zu unterschiedlichen Zeitpunkten erlauben eine besonders häufige politische Einflussnahme der Wähler, und zwar erst recht dann, wenn die Politikerschaft im Grunde so gut wie alle Wahlen auch noch als ‚Testwahlen' für die politische Stimmung im Lande insgesamt behandelt. Wer also wirksame Wählerkontrolle über den politischen Prozess wünscht, der sollte sich sowohl für *häufige* ‚Nebenwahlen' aussprechen als auch für möglichst *kurze* Wahlperioden. Noch mehr wird die Wählerkontrolle über den politischen Prozess gestärkt, wenn es auf allen staatlichen Ebenen auch noch plebiszitäre Instrumente mit relativ niedrigen Beteiligungsquoren gibt.[141]

Häufige Wahlen und Abstimmungen zwingen die Parteien allerdings auch dazu, politische Maßnahmen an den kurzen Zeithorizonten bis zur nächsten Wahl auszurichten. Außerdem brauchen neu gewählte Amtsinhaber oder Vertretungskörperschaften einige Zeit, bis sie wieder voll arbeitsfähig sind. Folglich muss man einen Mittelweg suchen zwischen einerseits möglichst großer Wählerkontrolle über den politischen Prozess und andererseits der Fähigkeit politischer Institutionen, stabile Führung und halbwegs konsistentes Regieren zu gewährleisten. Nur eine Wette auf gutes Gelingen ist es hingegen, einerseits durch Verlängerung der Wahlperioden sowie durch ein ‚Zusammenlegen' von Kommunal- und Landtagswahlen den über Wahlen auf die Politikerschaft ausgeübten demokratischen Druck vermindern, gleichzeitig ihn aber durch die Einführung plebiszitärer Instrumente steigern zu wollen.

Wahlsysteme haben die Aufgabe, politische Präferenzen der Bürger in zählbare Stimmen und in objektiv berechenbare Parlamentsmandate umzuset-

---

141 Senkt man aber die Quoren für das Zustandekommen gültiger Volksabstimmungen auf – wie aus guten Gründen üblich – ein Fünftel bis ein Drittel der Abstimmungsberechtigten, dann ist es wenig plausibel, eine Wahlbeteiligung von 50% als ‚beschämend gering' zu kritisieren. Immerhin geht dann nicht weniger als die Hälfte der Abstimmungsberechtigten zur Wahl. Zu einem angemessenen Urteil über die Höhe der Wahlbeteiligung kommt man tatsächlich erst dann, wenn man diese am Anteil jener Bürger misst, die von sich behaupten, sich überhaupt für Politik zu interessieren. Das sind beispielsweise in Deutschland – mit langjähriger Stabilität und abgestuft nach Bildungsschicht – kaum mehr als gut 50% der Bevölkerung. Jede Wahlbeteiligung über 50% zeigt also an, dass es gelungen ist, politisch im Grunde gar nicht interessierte Bürger zu einer nicht unwichtigen Form von politischer Aktivität zu veranlassen.

zen. Weil sie Instrumente der Machtzuteilung sind, prägen sie – einmal eingeführt und längere Zeit beibehalten – die Tätigkeit von Parteien, die Entwicklung von Parteiensystemen, die Rekrutierung von Führungspersonal und die gesamte politische Kultur. Wahlsysteme unterscheiden sich in vielerlei Hinsicht, wobei auch vermeintliche Kleinigkeiten überaus folgenreich sein können. Die grundsätzliche Entscheidung ist die zwischen *Mehrheits- und Verhältniswahlrecht*: Soll gewählt sein, wer in einem der Wahlkreise, in welche das gesamte Wahlgebiet aufgeteilt ist, die relative bzw. – meist dann in einem zweiten Wahlgang – die absolute Mehrheit der Stimmen auf sich vereinigt? Oder sollen Mandate proportional zu jenen Stimmenanteilen vergeben werden, die in einem – wie untergliederten? – Wahlgebiet auf einzelne (Partei-)Listen entfallen? Oder schafft man es, wie lange Zeit im deutschen System der ‚personalisierten Verhältniswahl', in den Rahmen eines Verhältniswahlrechts durch eine entsprechende Gliederung des Wahlgebiets wichtige Elemente des relativen Mehrheitswahlrechts einzufügen? Oder legt man sich ein ‚Grabenwahlsystem' zu, bei dem ein Teil der Mandate im Weg der Mehrheitswahl vergeben wird, ein anderer Teil aber im Weg der Verhältniswahl, wobei kein weiterer Mechanismus eine Proportionalität der vergebenen Mandate zu den auf Parteilisten entfallenen Stimmen herbeiführt?

Innerhalb der beiden Grundmöglichkeiten von Wahlsystemen ist eine Vielzahl von Feinsteuerungsmöglichkeiten verfügbar. Verhältniswahlen kann man beispielsweise mit oder ohne Sperrklauseln, in einem einheitlichen Wahlgebiet oder – mit bzw. ohne ‚verbundenen Listen' – in einem untergliederten Wahlgebiet durchführen. Zum Bezugspunkt der Stimmenzählung bei einem Verhältniswahlrecht kann man die anzukreuzende Parteiliste machen oder – wie jahrzehntelang in Baden-Württemberg – die Stimmenanzahlen für die persönlich gewählten Einzelkandidaten einer Partei. Die Wahlkreise kann man wiederum als Ein-Personen-Wahlkreise oder als Mehr-Personen-Wahlkreise ausgestalten. Ferner kann man – wie bei deutschen Bundestagswahlen – mit vom Wähler nicht zu verändernden ‚starren' Listen wählen lassen, sehr wohl aber auch – wie in etlichen deutschen Kommunalwahlsystemen – mit Möglichkeiten der Wähler, die Reihenfolge der vorgeschlagenen Kandidaten dadurch zu verändern, dass man einzelnen Bewerbern mehr Stimmen gibt als den übrigen (‚Häufeln', ‚Kumulieren'), und dass man dabei vielleicht gar noch quer über verschiedene Parteilisten hinweg die Kandidaten wählt (‚Panaschieren'[142]).

Beim argumentativen Eintreten für oder gegen ein Wahlsystem sollte man stets jene Folgen bedenken, die seine Einführung oder Abschaffung wahrscheinlich nach sich ziehen wird. Um diese Folgen zu beurteilen, sind die folgenden Gesichtspunkte hilfreich:

---

[142] Von franz. ‚panacher', d.h. etwas bunt zusammenstellen.

- Wie gut wird durch das Wahlsystem erreicht, dass die politischen Präferenzen der Bevölkerung in der gewählten Vertretungskörperschaft fair widergespiegelt werden?
- Werden stabile Parlamentsmehrheiten geschaffen, die – wie es für ein parlamentarisches Regierungssystem wünschenswert ist – verlässlich eine Regierung tragen könnten?
- Wird das veränderte Wahlsystem parlamentarische Mehrheitswechsel und Regierungswechsel wahrscheinlicher oder weniger wahrscheinlich machen?
- Welche Auswirkungen wird ein anderes Wahlsystem für den Stellenwert und für die Rolle von politischen Parteien haben? Falls das neue Wahlsystem sie vermutlich schwächen wird: Wem wird dann die den Parteien entzogene Macht zufallen, und wie gut wird sie von wem kontrolliert werden können?
- Was wird das veränderte Wahlsystem am Verhältnis der Abgeordneten zu (ihren) Parteien ändern, was an ihrem Verhältnis zu welchen gesellschaftlichen Gruppen, zu den Medien sowie zu den Wählern bzw. Bürgern im Allgemeinen?
- Welche Folgen sind für die Entwicklung der politischen Rekrutierungsmöglichkeiten der Bürger zu erwarten? Und welche, dem vorgelagert, für ihr politisches Partizipationsverhalten?

In der Regel hängt sehr stark von den Selbstverständlichkeiten einer politischen Kultur ab, welche Art von Wahlsystem als fair oder hinnehmbar gilt. Deshalb ist es wenig aussichtsreich, ein Wahlsystem, das sich im einen Land bewährt hat, in ein anderes Land mit der Hoffnung auf gleichartige Wirksamkeit und Akzeptanz verpflanzen zu wollen. Und weil die Existenz und Eigenart von politischen Parteien sehr oft davon abhängt, nach welchem Wahlsystem gewählt wird, lassen sich auch nicht für jede beliebige Änderung eines Wahlsystems die notwendigen Mehrheiten finden. Noch viel weniger frei als in der Entscheidung für ein Wahlsystem ist man aber hinsichtlich der *Folgen*, die das in Betracht gezogene Wahlsystem nach sich ziehen wird. Diese Folgen ergeben sich nämlich nicht einfach aus den Leitgedanken und Zielen des Wahlsystems, sondern erst in Gestalt der – oft rationalen – *Reaktionen* von Politikern und Wählern auf die durch ein verändertes Wahlsystem in einem bestimmten gesellschaftlichen Zusammenhang neu geschaffenen Rahmenbedingungen politischer Konkurrenz. Man sollte sich also nie von den Zielen und Leitgedanken eines Wahlsystems blenden lassen, sondern stets vorab klären, welche realistisch zu erwartenden Folgen eines Wahlsystems man für welche Zwecke benötigt oder wünscht. Dann erst sollte man – auf der Grundlage politikwissenschaftlich erarbeiteten Zusammenhangswissens – für ein Wahlsystem eintreten, das mit akzeptabler Wahrscheinlichkeit die benötigten oder erwünschten Folgen seiner institutionellen Mechanismen nach sich zieht. Einige Faustregeln sind aus den folgenden Zusammenhängen abzuleiten:

- Beurteilungsgesichtspunkt ‚*faire Widerspiegelung von Wählerpräferenzen*': Ein *Mehrheitswahlsystem* führt zu einem ungleichen Ergebniswert der Wählerstimmen, zu unfairer Widerspiegelung von Wählerpräferenzen, zu einer größeren Abhängigkeit der Abgeordneten von ihrer persönlichen Wählerbasis und zu geringerer Abhängigkeit einmal gewählter Abgeordneter von ihren Parteien. Ein *Verhältniswahlsystem* führt hingegen zu einem gleichen Ergebniswert der Wählerstimmen, zu fairer Widerspiegelung von Wählerpräferenzen, zu geringer Abhängigkeit der Abgeordneten von einer konkreten Wählerbasis und zu erheblicher Abhängigkeit der Abgeordneten von ihren Parteien.

- Beurteilungsgesichtspunkt ‚*Sicherung stabiler parlamentarischer Mehrheiten*': Ein *Mehrheitswahlsystem* führt häufig zu einem (Fast-)Zweiparteiensystem und dann auch zu absoluten Mehrheiten der einen oder anderen Partei, gibt neuen Parteien nur geringe Etablierungschancen, erlaubt deshalb stabile (regierungstragende) parlamentarische Mehrheiten, schafft eine klare Zuordnung politischer Verantwortung und steigert (deshalb) die Chancen auf häufige Regierungs- und Richtungswechsel. Ein *Verhältniswahlsystem* macht hingegen absolute Mehrheiten einer Partei unwahrscheinlich, sichert verlässlich ein Mehrparteiensystem, gibt neuen Parteien gute Etablierungschancen, verlangt für stabile (regierungstragende) parlamentarische Mehrheiten in der Regel die (vertragliche) Bildung von Koalitionen, macht die Zuordnung politischer Verantwortung unklar und bietet – bei einem Vielparteiensystem – zwar große Chancen auf häufige *Regierungswechsel*, doch geringe Chancen auf häufige grundlegende *Richtungswechsel*.

Natürlich kann man die typischen Wirkungen jedes Wahlsystems anhand der oben genannten Modifikationsmöglichkeiten abschwächen. Das kann bis zu dem Punkt gehen, dass ein Wahlsystem in sich selbst widersprüchlich wird und überaus paradoxe Folgen zeitigt. In der Regel wird man gut beraten sein, ein weitgehend akzeptiertes und funktionstüchtiges Wahlsystem selbst bei kleineren Mängeln *nicht* sonderlich zu ändern. Mit größeren Änderungen des Wahlsystems gehen nämlich meist auch so große Veränderungen der Parteistrukturen und wichtiger praktischer Regeln des politischen Spiels einher, dass es wenig rational ist, sich ohne Gewissheit erheblichen Nutzens auf derartige Transaktionskosten und Unsicherheiten einzulassen.

Politisch wirksam werden alle Überlegungen zur Ausgestaltung von Wahlsystemen in der Wahlentscheidung der Bürgerschaft. Dabei geht es einesteils um die Entscheidung, überhaupt zur Wahl zu gehen, anderenteils darum, für eine bestimmte Partei oder einen bestimmten Kandidaten zu stimmen. Besonders gut im Bereich der Wahlforschung entwickelt, hat die Politikwissenschaft diesbezüglich viele praxisnützliche Einsichten erarbeitet. Um das Zusammenspiel von Themen (,issues'), Kandidatenattraktivität und Parteienimage bei der Wahlentscheidung zu erklären, beachtet sie vier Gruppen von Einflüssen auf das Wahlverhalten: Persönlichkeitsmerkmale und psychische Dispositionen der Wähler; die soziale Umgebung der Wahlberechtigten; längerfristige gesellschaftliche, wirtschaftliche und politische Einflüsse; sowie Merkmale der jeweils aktuellen Situation. Vor allem drei Theorieschulen erlauben dann eine systematische Erklärung individueller Wahlentscheidungen:

- *Rational Choice-Ansätze* erklären Wahlverhalten dahingehend, dass Wähler, die über ihre persönlichen politischen Präferenzen, über die Politikangebote der Parteien und über die verfügbaren wahltaktischen Optionen gut informiert sind, ihre Stimme meist in rationaler Verfolgung des Ziels abgeben, auf der Grundlage des insgesamt zu erwartenden Wahlergebnisses die eigenen Interessen mit größtmöglicher Wahrscheinlichkeit im bestmöglichen Kosten/Nutzen-Verhältnis verwirklicht zu bekommen. In solchen ,instrumentellen Theorien des Wahlverhaltens' gelten im Grunde alle Wähler als potentielle ,Wechselwähler'. Im Wahlkampf gilt es deshalb darzulegen, wer von der Wahl welcher Partei mit welcher Wahrscheinlichkeit auf welche Weise profitieren dürfte – und wer gerade nicht.
- *Sozialpsychologische* Wahltheorien stellen in den Mittelpunkt ihrer Erklärungsmodelle, dass die meisten Wähler – zumal unter Vorliegen stabiler soziomoralischer Gesellschaftsmilieus und langfristig gleichbleibender Sozialisationsmuster – eine langfristige psychische Bindung an eine bestimmte Partei entwickeln werden (,Parteiidentifikation'), die dann ihrerseits wie ein ,Wahrnehmungsfilter' wirken mag. Solange sich kurzfristige Einflüsse auf diese Parteiidentifikation wechselseitig ausgleichen, wird derlei in einer Gesellschaft langfristig eine bestimmte Stimmenverteilung als immer wieder erwartbares ,Normalwahlergebnis' herbeiführen. Zwar kann es im Lauf eines Wahlkampfs zu Verschiebungen zugunsten oder zu Lasten einzelner Parteien kommen, etwa durch massenmedial hervorgehobene Schwächen eines Spitzenkandidaten oder durch besondere politische Ereignisse, welche Protestverhalten der Wähler hervorrufen. Derartige kurzfristige Effekte ändern aber nichts an der grundsätzlichen Parteiidentifikation der Wähler (,Stammwähler'). Allerdings sind von solchen Effekten grundsätzliche Veränderungen der Parteiidentifikation abzuheben, die zu langfristigen Machtverschiebungen zwischen den Parteien führen (,dealignment', ,realignment'). Im Wahlkampf kommt es jedenfalls darauf an, nicht nur jene Gesellschaftsmilieus anzusprechen, in denen eine Partei bislang verwurzelt ist, sondern auch darauf, neue oder rasch wachsende Gesellschaftsmilieus zu erreichen, in denen sich ansonsten eine konkurrierende Partei festsetzen könnte.

- *Sozialstrukturelle* Wahlmodelle heben darauf ab, Beeinflussungen aus der unmittelbaren sozialen Umwelt, aus den Primär- und Bezugsgruppen sowie aus den persönlichen Netzwerken der Wähler prägten deren jeweilige Wahlentscheidung. Wichtig ist es dann, die Wähler einer Partei nach den dafür wichtigen Merkmalen zu analysieren, vor allem nach Geschlecht und Alter, Religion und Wohnort, sozialem Status und Beruf. Dann macht man jene sich kreuzenden Einflüsse (‚cross pressures') ausfindig, welche die Wahrscheinlichkeit der Entscheidung für eine bestimmte Partei beeinflussen. Auf solcher Informationsgrundlage sind dann zielgruppengerechte Mobilisierungsleistungen bei der Wahlkampfführung der Parteien anzustreben, und ist nach der Wahl klientelorientierte Politik möglich. Beides verspricht, die eigenen politischen Einflüsse in sozialen Netzwerken zur Synergie zu bringen und so auf stabile, längerfristige Parteibindungen sowie auf eine verlässliche ‚Stammwählerschaft' hinzuwirken.

Wahlkampfführung hat die Aufgabe, im Licht derartiger Wahltheorien politische Parteien, deren Spitzenkandidaten und die eigenen Positionen möglichst vielen Wählern so zu präsentieren, dass die Chancen auf eine maximale Stimmenausbeute steigen. Professionelle Wahlkampfführung zeichnet sich heute dadurch aus, dass die programmatische Planung in den Parteien systematisch verbunden wird mit demoskopischen Untersuchungen zur Stimmungslage und zu den politischen Präferenzen der Bevölkerung, zum Persönlichkeitsprofil der eigenen und gegnerischen Kandidaten, desgleichen zum Bewertungsprofil jener Politikfelder, auf denen seitens der Bürger der eigenen Partei sowie deren Konkurrenten Kompetenz entweder zugemessen oder abgesprochen wird. Auf der Grundlage solcher, immer wieder nacherhobener Befunde werden sodann Kommunikationsstrategien sowie Werbemittel (Slogans, Plakate, Videos usw.) entwickelt. Deren Aufgabe ist es, an die vordringlich anzusprechenden Wählergruppen wirklich heranzukommen, bei ihnen das der eigenen Partei zugeschriebene Kompetenzprofil zu verbessern sowie möglichst plausible und inhaltlich attraktive Aussagen mit einem sie überzeugend verkörpernden Spitzenkandidaten zu verbinden. Ein solches Wahlkampfkonzept muss ferner mit den finanziellen und personellen Möglichkeiten der Partei abgestimmt sein. Auch sollte es für die eigene Parteimitgliedschaft mobilisierend wirken. Obendrein muss es geeignet sein, während des Verlaufs der Wahlkampfmonate eine Art Spannungsbogen aufzubauen und sichtbar zu machen.

Je nach Art der Wahlen sind die Bestandteile eines solchen Spannungsbogens unterschiedlich einzusetzen. Zu ihnen gehören stets Parteiveranstaltungen mit dem Spitzenkandidaten oder sonstigen Kandidaten. Deren Hauptzweck besteht darin, dass über sie an prominenter Stelle in den für die jeweiligen Zielgruppen wichtigsten Medien berichtet wird. Wichtig sind ferner Straßenveranstaltungen mit in der Lokalpresse berichtenswerten Bürgerkontakten der Kandidaten, auch präsenzdemonstrierende Plakate und Inserate, sowie

Werbespots in Hörfunk und Fernsehen. Hinzu kommen Aktivitäten in den sozialen Medien, in denen es teils um die Herausstellung der eigenen Stärken, teils um die Bloßstellung von Personen und Positionen der politische Gegner geht. Da zunehmend mehr über die Wahlkampfführung der Parteien als über die eigentlichen Wahlkampfinhalte berichtet wird, muss man auch für ein attraktives Wahlkampfteam sorgen. Dieses arbeitet dann vorzüglich, wenn Parteiführung, Kandidaten und Werbeagenturen gut abgestimmt zusammenwirken. Unbedingt muss es eine Partei im Wahlkampf vermeiden, den Eindruck fehlender Geschlossenheit oder gar von Zweifeln am Spitzenkandidaten oder an den zentralen Wahlkampfaussagen zu erwecken. Vielmehr muss sie mit ihren Veranstaltungen und Werbemitteln voller Selbstbewusstsein in der Lebenswelt möglichst vieler Bürger präsent sein. Das alles wird aber den Sieg dennoch nicht bringen, falls unausweichlich der Wahlkampf gegen ein der eigenen Partei ungünstiges Meinungsklima oder gegen wichtige Massenmedien geführt werden muss. Am sinnvollsten ist es deshalb, die Auswahl von Spitzenkandidaten und zentralen Wahlkampfaussagen von Anfang an danach auszurichten, was die wichtigsten Massenmedien und die tonangebenden Journalisten wohl nachhaltig unterstützen oder zumindest nicht ‚herunterschreiben' werden. Das stellt zwar die normativ angebrachte Rangordnung auf den Kopf: erst die Inhalte, dann die Personen – und abschließend die Kommunikationsstrategie. Doch die Erfahrung vieler Wahlkämpfe hat gezeigt, dass man auch hier die Eigenlogik realer Funktionszusammenhänge nur zum eigenen Nachteil ignorieren kann.

6. Repräsentation und Parlamentarismus

Wenn es in einem politischen System einflussreiche Vertretungskörperschaften und machtvolle Parlamente gibt, dann laufen dort so gut wie alle wichtigen politischen Prozesse zusammen. Deshalb lässt sich am Fall von Repräsentation und Parlamentarismus nicht nur das Zusammenwirken der Bestandteile eines komplexen politischen Systems aufzeigen, desgleichen das Wirken seiner zentralen institutionellen Mechanismen. Vielmehr wird auch sichtbar, was alles an Leistungskraft einem politischen System fehlen wird, wenn es sich die möglichen Vorteile von Repräsentation und Parlamentarismus nicht zunutze macht.

a. Repräsentation

Politische Repräsentation[143] stellt sich mancher im Sinn einer unverzerrten ‚repräsentativen Stichprobe' vor: Repräsentativ sei ein Gremium dann, wenn jeder zu Repräsentierende die gleiche Chance hatte, in dieses Gremium zu gelangen, und wenn anschließend nur der Zufall darüber entschied, wer tat-

---

143 Von lat. ‚repraesentäre', d.h. etwas vergegenwärtigen, vor Augen stellen.

sächlich in dieses Gremium kam. Wären Parlamente solche unverzerrten repräsentativen *Stichproben*, dann fänden sich – mit engen Fehlermargen – in der jeweiligen Vertretungskörperschaft die jeweils gleichen Anteile von Frauen, Minderheiten, Altersklassen, sozialen Schichten oder Bildungskompetenzen wie in der ganzen zu vertretenden Bevölkerung. So besehen, entfaltete sich Demokratie nicht nur notwendigerweise als *repräsentative Demokratie*, weil eine zahlenstarke Bevölkerung sich nun einmal nicht an einer gemeinsamen Stätte zur Willensbildung und Entscheidungsfindung versammeln kann. Sondern man könnte jene politischen Ergebnisse auch ohne weitere Argumentation als eben deshalb *demokratisch* zustande gekommen behaupten, weil sie doch nachweislich von einem ‚repräsentativen Querschnitt' der zu regierenden Bevölkerung erarbeitet wurden. Ein solcher repräsentative Querschnitt machte dergestalt etwas an sich *nicht* Gegenwärtiges in gewisser Weise eben *doch* gegenwärtig. Unausgesprochen liegt dieses Verständnis von politischer Repräsentation dem Alltagsdenken vieler Bürger zugrunde. Es prägt denn auch einen Großteil populärer Kritik an Parlamenten. Schießlich lässt sich leicht zeigen, dass weder deren Zusammensetzung[144] noch deren tatsächliche Entscheidungspraxis dem entspricht, was beim Vorliegen einer ‚unverzerrten repräsentativen Stichprobe' zu erwarten wäre. Außerdem regelt nicht allein der Zufall, wer in ein Parlament gelangt. Bestimmt wird das vielmehr durch eine – je nach Land andere – Mischung aus strukturellen Merkmalen der Wählerschaft und aus persönlichen Merkmalen von Wahlbewerbern. Also führt jene populäre Vorstellung von Repräsentation in praktische und intellektuelle Sackgassen.

Ein die Wirklichkeit weit besser treffendes Verständnis von politischer Repräsentation nimmt seinen Ausgang von der Feststellung, dass Repräsentation eine Form politischer *Arbeitsteilung* ist. Politische Repräsentanten sind nämlich jene, welche die Herstellung allgemein verbindlicher politischer Regeln und Entscheidung als *Dienstleistung* für eine Gesellschaft erledigen, sind also solche Leute, die an der Stelle und im Auftrag anderer allgemein verbindlich entscheiden.[145] Sieht man die Sache so, dann wird man sich auch keineswegs wünschen, bloßer Zufall solle darüber entscheiden, wer diese wichtige Dienstleistung erbringt; man wird vielmehr auf einer gewissen Qualitätssicherung beim Zugang zu solchen öffentlichen Ämtern bestehen. Im Übrigen tut man gut daran, Repräsentation als Systemeigenschaft aufzufassen: ‚Repräsentativ' ist allenfalls ein Parlament, nicht aber ein einzelner Parlamentarier.

---

144 Fasst man die einschlägigen empirischen Befunde knapp zusammen, so gilt: In den meisten Parlamenten der Welt findet man vor allem Männer in ihren Fünfzigern aus der Mittelschicht mit formal überdurchschnittlichen Bildungsabschlüssen.

145 Damit ist natürlich nur eine notwendige, keinesfalls eine hinreichende Bedingung formuliert: Repräsentation ist *eine* Form eines politischen Dienstleistungsverhältnisses; doch *nicht jedes* politische Dienstleistungsverhältnis ist Repräsentation. Diese ‚Dienstleistungsperspektive' wird, samt ihren Anschlussthematiken, entfaltet in der ‚Delegationstheorie' bzw. ‚Prinzipal-Agent-Theorie' von – nicht nur – Repräsentation.

Dann werden allerdings Kriterien wichtig, denen zu entnehmen ist, wann ein politisches System wohl so strukturiert sein mag, dass gerade einem Parlament die Eigenschaft zukommen kann, ‚repräsentativ' zu sein. Hanna F. Pitkin (1931-) folgend, lassen sich solche Kriterien dahingehend angeben, dass Repräsentation genau dann – und nur dann – vorliegt, wenn gleichzeitig drei Sachverhalte gegeben sind:

- *Die Repräsentanten handeln im Interesse der Repräsentierten und dabei responsiv.* Angelpunkt von Repräsentation sind die Interessen der Repräsentierten. Die zentrale Dienstleistung der Repräsentanten besteht darin, um diese – höchst unterschiedlichen, oft miteinander im Konflikt befindlichen – Interessen immer wieder genau zu wissen und sie bestmöglich zu verwirklichen, nämlich ausgehend auf das, was sich auf die Kurzformel vom ‚Gemeinwohl' bringen lässt. Dabei gehört es zur wesentlichen Leistung der Repräsentanten, in *eigener* Verantwortung auch latente Interessen der Repräsentierten hinter deren manifesten Interessen aufzuspüren, Partikularinteressen von Allgemeininteressen zu unterscheiden sowie einen klugen Kurs zwischen der Verwirklichung kurzfristiger, mittelfristiger und langfristiger Interessen zu steuern. Doch keineswegs dürfen die Entscheidungen der Repräsentanten über dies alles im Sinn einer Vorab-Bestimmung des Gemeinwohls getroffen werden. Pflicht der Repräsentanten ist es zwar, sich eine möglichst klare Vorstellung von der komplexen Interessenlage der Repräsentierten zu erarbeiten und sich von ihr leiten zu lassen. Doch dabei müssen sich die Repräsentanten zu den Interessenbekundungen der Repräsentierten *responsiv* verhalten.[146] Solche Responsivität muss nötigenfalls von den Repräsentierten auch erzwungen werden können, wofür der ‚Wiederwahlmechanismus' temporaler Gewaltenteilung ein vorzügliches Mittel ist.
- *Repräsentanten und Repräsentierte vermögen unabhängig voneinander zu handeln, so dass es jederzeit zu Konflikten zwischen ihnen kommen kann.* Voraussetzung von Repräsentation ist tatsächlich die vorgängige Erzeugung eines solchen *‚repräsentationskonstitutiven Konfliktpotentials'*. Dieses Konfliktpotential entsteht genau dann, wenn einerseits die Repräsentierten zwischen den Wahlen jederzeit für alle praktischen Zwecke über sämtliche Rechte pluralistischer Konflikterzeugung und Konfliktaustragung verfügen. Diese reichen von der Kommunikationsfreiheit über die Versammlungs- und Koalitionsfreiheit bis zum Demonstrationsrecht. Durch Wahrnehmung dieser Rechte kann die Bevölkerung ihre Repräsentanten jederzeit zur Responsivität anhalten. Von der anderen Seite her entsteht jenes Konfliktpotential genau dann, wenn die Repräsentanten kein imperatives, sondern ein freies Mandat haben. Als Faustregel lässt sich formu-

---

146 Wohlgemerkt meint Responsivität nur, dass die Repräsentanten sich auf die Interessenbekundungen der Repräsentierten ernsthaft und argumentativ *einlassen*, keineswegs aber, dass sie gehalten wären, jenen Interessenbekundungen auch *nachzugeben*.

lieren: Repräsentation kann nur dann verlässlich entstehen, wenn das gesellschaftliche und politische Konfliktpotential institutionalisiert sowie auf Dauer *maximiert* ist.

Keine Repräsentationsbeziehung, sondern eine reine Herrschaftsbeziehung liegt hingegen vor, wenn die politische *Selbst*artikulation einer Gesellschaft institutionell lahmgelegt ist und die Repräsentanten unter Verweis auf – von ihnen vorgeblich erkannte – Interessen der Repräsentierten *längerfristig* das tun und lassen können, was nur *sie selbst* für richtig halten. Daran erkennt man typischerweise autoritäre oder totalitäre Herrschaft. Eine Repräsentationsbeziehung liegt auch dann nicht vor, wenn die Repräsentanten bei solchen repräsentationskonstitutiven Konflikten letztlich *nicht* um ihr Amt zu fürchten haben. Vielmehr müssen solche Konflikte sie in ihrer Machtstellung und in ihrer politischen Existenz treffen können. Doch ebenso wenig bestünde eine Repräsentationsbeziehung dann, wenn die Repräsentanten angesichts gesellschaftlicher Selbstartikulation einfach klein beigeben und nur nachvollziehen müssten, was *von anderen* ihnen vorgegeben wird. Ein Abgeordneter wäre dann nämlich nur noch ein rein ‚technisches Glied' im Prozess politischer Willensbildung und Entscheidungsfindung. Unter solchen Umständen könnte man auf Repräsentation sogar verzichten und – heute auch gestützt auf die Möglichkeiten des Internets – zu einem System reiner Volksgesetzgebung oder zu einer völlig auf Referenden aufgebauten Demokratie übergehen. Die *besondere Dienstleistung* eigenverantwortlich agierender Repräsentanten entfiele dann, nämlich die interessenvermittelnde Arbeit am Gemeinwohl, und insgesamt wäre politische Arbeitsteilung mitsamt ihren Vorteilen rückgebaut.

Wünscht man jene Dienstleistung sowie die Vorteile politischer Arbeitsteilung beizubehalten, so ist klar, dass sich die Repräsentanten auch *gegen* alle sogar heftig bekundeten Wünsche der Repräsentierten *stellen können müssen* – nämlich dann, wenn sie zur Ansicht gelangt sind, mittel- oder langfristig wahrten ihre *eigenen* Urteile und Gestaltungsabsichten viel besser die Interessen der Repräsentierten oder das Gemeinwohl.[147] Genau dafür – und für keinen anderen legitimen Zweck – benötigen die Repräsentanten ein *freies* Mandat. Die Freiheit dieses Mandats darf allerdings nicht so weit gehen, dass die Repräsentanten um keinerlei *Folgen* der Nutzung

---

147 Die hier einschlägige, berühmt gewordene Formel von Ernst Fraenkel lautet im Wesentlichen: Parlamentarier haben nicht einfach den ‚empirisch vorfindbaren Volkswillen' widerzuspiegeln, sondern sie müssen jenen ‚hypothetischen Gemeinwillen' klären und erklären, den die Leute im Lande wohl dann hätten, wenn sie sich ebenso sachkundig machen könnten, wie das Parlamentariern möglich und von diesen auch zu verlangen ist. Mit Fraenkel lässt sich das auch so formulieren: Repräsentanten haben den empirisch vorfindbaren Volkswillen zum hypothetischen Gemeinwillen zu ‚veredeln'. Natürlich gelingt auch das Ausfindigmachen eines ‚hypothetischen Gemeinwillens' nur durch Versuch und Irrtum sowie durch Orientierung an dem, was sich bislang bewährt hat – aber vielleicht eben unter neuen Umständen sich nicht länger als tauglich erweisen mag.

solcher Freiheit fürchten müssten. Die Freiheit des Mandats gibt es nämlich nicht um der Repräsentanten willen, sondern allein zum Vorteil der Repräsentierten: Man fährt einfach besser, wenn der Dienstleister nicht *unmittelbar* von den Launen seiner Kundschaft abhängig ist, sondern wenn er – gerade im besten Interesse des Kunden – zunächst einmal dem *eigenen fachmännischen* Urteil folgen kann. Doch die Letztentscheidung darüber, ob *wirklich* dem eigenen Interesse gedient sei, muss natürlich beim Kunden liegen, hier also: bei den Repräsentierten.

Besonders folgenreich wird ein solches Urteil dann, wenn Repräsentation mit Demokratie verbunden wurde, wenn also die Repräsentanten von der (Wieder-)Wahl seitens der Repräsentierten abhängig sind. Das ‚freie' Mandat wirkt sich also gerade dann für die *Repräsentierten* nützlich aus, wenn der Repräsentant es grundsätzlich riskieren muss, für die Nutzung seines Entscheidungsspielraums anschließend durch Abwahl oder sonstigen Machtentzug bestraft zu werden. Das geschieht nämlich in der Regel dann, wenn ein Repräsentant die von ihm Repräsentierten gerade *nicht* davon überzeugen kann, im Konfliktfall zwar gegen ihr Wünsche, letztlich aber in ihrem Interesse gehandelt zu haben.[148] Damit ist offenbar das zentrale Anliegen des ‚imperativen' Mandats erreicht: Repräsentanten sollen die selbstbekundeten Interessen der Repräsentierten niemals ignorieren können. Und somit ist die Leitidee des ‚imperativen Mandats' dialektisch aufgehoben innerhalb eines ‚freien Mandats', das insbesondere durch den ‚Wiederwahlmechanismus' mit demokratischer Willensbildung rückgekoppelt und eben dadurch praktisch eingegrenzt ist. Vom Begreifen dieser Dialektik hängt das gesamte Verständnis parlamentarischer Repräsentati-

---

148 Die klassische Begründung des freien Mandats argumentiert allerdings anders, nämlich im Anschluss an Jean-Jacques Rousseau (1712–1778). Sie lässt sich so umreißen: Wenn schon nicht ein Volk sich insgesamt versammeln und demokratisch regieren kann, dann müssen an seiner Stelle zwar Repräsentanten zusammentreten; doch diese sollen ebenso wenig einzelnen gesellschaftlichen Partikularinteressen folgen wie das Volk einer *volonté de tous*. Damit sich wirklich in einer Repräsentativversammlung die *volonté générale* einstellt, müssen die Repräsentanten von allen Bindungen an intermediäre Gruppen und deren Interessen ebenso frei sein wie ein sich gemäß dem ‚Gemeinwillen' regierendes Volk. Daraus wiederum folgt, dass die Abgeordneten ein wahrhaft freies Mandat brauchen, das sie von Aufträgen und Weisungen aller Art unabhängig macht. Doch natürlich stellt sich in einer realen Vertretungskörperschaft der Gemeinwille ebenso wenig durch ein von Partikularinteressen gereinigtes Zusammenwirken isolierter Individuen ein wie bei einer Rousseau'schen Volksversammlung. Vielmehr ignoriert diese Begründung des freien Mandats schlicht die funktionslogischen Realzusammenhänge politischer Repräsentation. Deshalb widerspricht auch immer und überall die politische Praxis einer von jenen Denkfiguren genährten normativen Theorie des freien Mandats. Es gehört zu den schlimmsten Erblasten populären Parlamentsdenkens, dass es mit dem freien Mandat genau diese Denkfiguren verbindet, nicht aber das – bei Edmund Burke (1729–1797) schon so klar zu erkennende – Anliegen, den Abgeordneten eben durch ihr *freies* Mandat eine persönliche, nicht weiter delegierbare und genau deshalb von den Wählern folgenreich *einzufordernde* politische *Verantwortlichkeit* aufzuerlegen.

on ab, desgleichen jeglicher Sinn für die Tatsache, dass Abgeordnete trotz *freien* Mandats oft Fraktionsdisziplin und Parteiloyalität üben und derlei – wenigstens für sich selbst – *keineswegs* als Widerspruch auffassen.

- *Es gelingt den Repräsentanten, das repräsentationskonstitutive Konfliktpotential im Großen und Ganzen befriedet zu halten.* Hier lautet die Faustregel: Repräsentation liegt vor, wenn – bei Bestehen eines maximalen Konfliktpotentials – zwischen Repräsentanten und Repräsentierten häufige Konflikte nicht allzu heftig, heftige Konflikte aber nicht allzu häufig sind. Zu diesem Zustand führt zweierlei: einesteils *praktizierte* und *glaubhaft gemachte* Responsivität der Repräsentanten, anderntsteils real problemlösende politische Führung, die wirksames Entscheidungshandeln gekonnt mit dessen Darstellung verbindet. Ob Repräsentation besteht, erkennt man also nicht an Behauptungen und Bekundungen politischer Akteure, sondern allein anhand einer Analyse der objektiven Rahmenbedingungen des politischen Prozesses in einem Regierungssystem sowie durch eine repräsentationstheoretische Würdigung jener politischen Zustände, zu denen er führt.

Politische Repräsentation setzt offenbar ein ziemlich kompliziertes und recht störanfälliges Institutionensystem voraus. Typischerweise besteht es in demokratischen Verfassungsstaaten als *parlamentarische Demokratie* auf der Grundlage von *praktizierter pluralistischer Konkurrenz* zwischen Parteien und Interessengruppen. Ein solches Repräsentativsystem ist im Übrigen umso wirkungsvoller und stabiler, je verlässlicher zwei weitere Dinge gegeben sind:

- Die *Kommunikations- und Interaktionsnetze* der Repräsentanten reichen tatsächlich in die ganze Gesellschaft hinein, so dass von überall her Responsivität eingefordert und überall hin kommunikative politische Führung ausgeübt werden kann. Am besten gelingt derlei, wenn die Repräsentanten tatsächlich aus den verschiedensten Bereichen und Schichten der Gesellschaft stammen oder wenigstens – per Saldo – ihrer Herkunft und Karriere nach überall hin Kontakte aufgebaut haben. Das ist der vernünftige Kern jener – ansonsten aber irreführenden – ‚deskriptiven' Repräsentationsvorstellungen, die sich ein Parlament als ‚repräsentativen Querschnitt' der Bevölkerung wünschen. Zu derartiger Vernetzung können aber gerade die im Parlament vertretenen politischen Parteien durch Erfüllung ihrer Netzwerkfunktion Wesentliches beitragen. Zerstört – oder gar nicht erst geknüpft – werden solche Netzwerke hingegen, wenn Parlamentarier mit Vertretern gesellschaftlicher Interessen nicht kommunizieren wollen, sondern es vorziehen, sie auszugrenzen.

- Die Bevölkerung *empfindet* sich repräsentiert. Weil Vorstellungen über die Wirklichkeit und die Wirklichkeit selbst recht verschieden sein können, reicht es zur Sicherung der Legitimität eines Repräsentativsystems oft nicht aus, *dass* es in der beschriebenen Weise besteht. Es muss das Bestehen und Funktionieren von Repräsentation den Repräsentierten schon auch vermittelt, ihnen vor Augen geführt, zum Gegenstand populären Vertrauens gemacht werden. Wird derlei vernachlässigt oder misslingt aus anderen Gründen, so entstehen nicht nur Repräsentationslücken auf einzelnen Politikfeldern, sondern kann von vielen das Bestehen – oder zumindest die Wirksamkeit – von Repräsentation überhaupt bestritten werden. Dann entsteht populistische Systemkritik, die sich anschließend in populistischen Parteien verfestigen kann. Zur Stiftung oder Geltungssicherung eines ‚Repräsentationsglaubens', der solchen Folgen entgegenwirkte, braucht es deshalb sehr wohl, doch eben nicht allein, die wirklich Responsivität der Repräsentanten sowie deren geduldiges Erklären der tatsächlich ins Werk gesetzten Politik. Doch überdies sind Maßnahmen der symbolischen Selbstdarstellung von Repräsentationsinstitutionen und von Repräsentanten erforderlich. Typische Mittel solcher ‚Repräsentation von Repräsentation' sind die architektonische und künstlerische Ausgestaltung von Parlamentsgebäuden und ihrer Plenarsäle, sind parlamentarische Zeremonien sowie Rituale von Parlamentariern in der Öffentlichkeit, ist auch immer wieder symbolische Politik. Wo allerdings dem Gegenstand sehr unangemessene Vorstellungen von ‚richtiger' Repräsentation die Wahrnehmung realer Repräsentationsinstitutionen anleiten, etwa das eingangs umrissene populäre Repräsentationsverständnis, dort wird solche ‚Selbstsymbolisierung von Repräsentationsinstitutionen' leicht misslingen. Ansetzen müsste man dann zunächst einmal mit der Schaffung eines Repräsentationsverständnisses, das auf der Höhe seines Gegenstandes ist.

b. Parlamentarismus

Versteht man unter ‚Parlamentarismus' ganz einfach die Existenz einer Vertretungskörperschaft mit entweder nennenswerten Befugnissen oder mit einer symbolisch hervorgehobenen Rolle in einem (politischen) System,[149] so reicht er weit zurück. Dann erkennt man eine lange Geschichte repräsentativer Institutionen und fünf Wurzeln auch zeitgenössischer Vertretungskörperschaften:

- *Korporativer* Parlamentarismus. Er besteht, wo immer eine Vertretungskörperschaft Gremium der Selbstregierung oder Selbstverwaltung einer Organisation ist. Beispiele sind die Vertretungsorgane von vielerlei Groß-

---

[149] Ein solches Verständnis von Parlamentarismus ist allerdings noch nicht die politikwissenschaftliche Mehrheitsmeinung. Die lässt den Parlamentarismus in der Regel mit der Entstehung liberaler und später demokratischer Vertretungskörperschaften beginnen. Das setzt auf dem europäischen Kontinent den Anfang von Parlamentarismus mit der Französischen Revolution gleich und führt im englischen Fall zu Abgrenzungsproblemen, weil dort der Ständeparlamentarismus bruchlos in ein parlamentarisches Regierungssystem auf demokratischer Grundlage überging.

organisationen, etwa von den Delegiertenversammlungen von Parteien und Verbänden über repräsentative Universitätsgremien bis hin zu den Kapitelversammlungen religiöser Orden.
- *Föderaler* Parlamentarismus, gekennzeichnet durch eine periodisch tagende Vertretungskörperschaft, die aus den realen Machtträgern oder aus Gesandten zusammenwirkender politischer Systeme besteht. Unter diesen Typ fallen die Bundesräte der spätgriechischen Bundesrepubliken ebenso wie der Deutsche Bundesrat oder der Ministerrat der Europäischen Union.
- *Ständischer* Parlamentarismus, bei dem die rechtlich wie faktisch realen Machtträger eines Gebiets mit ineinandergreifenden Herrschaftsbefugnissen zusammentreffen, wobei teils Territorien wie Grafschaften, teils Korporationen wie Städte vertreten werden können. Die europäischen Land- und Reichsstände sind das formgebende Beispiel hierfür. Moderne Ableger einer vom Politisch-Ständischen ins rein Berufsständische gewandelten Repräsentation dieser Art sind jene Wirtschafts- und Sozialräte, die manchen Internationalen Organisationen, doch etwa auch dem französischen politischen System, beigegeben sind.[150]
- *Liberaler* Parlamentarismus, dessen Charakteristikum es ist, dass Parlamentarier als Repräsentanten unterschiedlichster Gruppen von Repräsentierten mit einem freien Mandat ausgestattet sind, sich als Sachwalter eines überwölbenden Gemeinwesens verstehen sowie in einer Vertretungskörperschaft Gegenmacht zur Exekutive institutionalisieren.
- *Demokratischer* Parlamentarismus, der sich vom liberalen Parlamentarismus nur darin unterscheidet, dass es hier im Wortsinn ‚Abgeordnete' gibt, die über gleiche, allgemeine, unmittelbare, geheime und freie Wahlen verlässlich an die Bürgerschaft rückgebunden sind.

Konkreter Parlamentarismus wächst in der Regel aus *mehreren* dieser Wurzeln. In Gestalt von ‚Bikameralismus', der Existenz von zwei ‚Häusern' eines Parlaments, zeigt sich das völlig klar. Im deutschen Frühparlamentarismus des 19. Jahrhunderts bestand etwa – wie in England schon seit dem Hochmittelalter – jeweils ein der ständischen Wurzel entsprossenes ‚Herrenhaus' neben einem aus liberalen Ideen erwachsenen, sich im Lauf der Zeit meist demokratisierendem ‚Abgeordnetenhaus'. Auch Bundesstaaten – etwa Deutschland und die USA – haben oft zwei ‚Kammern', deren eine aus einer liberalen oder demokratischen Wurzel wächst, die andere aber, mehr oder minder stimmig, aus einer föderalen Wurzel. Andere Staaten hingegen – wie etwa Frankreich und Italien in Gestalt ihrer Senate, die den Abgeordnetenkammern gegenübergestellt sind – führten bikamerale Parlamente ein, ohne auf ständische Wurzeln oder föderale Institutionen zurückzugreifen. Vielmehr

---

150 Der Bayerische Senat, jahrzehntelang die einzige Zweite Kammer eines bundesdeutschen Landesparlaments, entstammte ebenfalls der Tradition des berufsständischen Parlamentarismus.

verdoppelten sie gewissermaßen die Volksvertretung, indem sie der einen Kammer kurze Wahlperioden, der anderen Kammer aber längere Wahlperioden samt einer für die Wahldurchführung anders gegliederten Wählerschaft zuordneten. Leitgedanke ist es in solchen Fällen, eine zweite Kammer mit anderen Erfahrungs- und Zeithorizonten ihrer Mitglieder als ‚Korrektiv' der jeweils anderen Kammer zu nutzen, die ihrerseits viel stärker von jeweiligen, schnell wechselnden Stimmungslagen der Bevölkerung abhängig ist. Es geht hier also um eine zusätzliche Form horizontaler Gewaltenteilung im Bereich der Legislative.

Doch auch in *einzelnen* Vertretungskörperschaften zeigt sich immer wieder, dass sie aus *mehreren* jener Wurzeln von Parlamentarismus entstanden sind. Der Deutsche Bundesrat ist beispielsweise eine föderale Vertretungskörperschaft auf demokratischer Grundlage in der recht ungebrochenen Tradition des ständischen Reichstags des Heiligen Römischen Reiches Deutscher Nation, das englische Unterhaus eine demokratische Vertretungskörperschaft, die sich ganz nahtlos aus den einst rein ständischen Houses of Parliament entwickelte. Alle diese Wurzeln können – selbst bei oberflächlicher Ähnlichkeit – funktionslogisch recht unterschiedliche Wirkungen zeitigen, die durchaus nicht miteinander harmonieren müssen, und die sogar, auf Zeit zusammengezwungen, die Arbeits- und Leistungsfähigkeit eines Parlaments beinträchtigen können. Und weil Parlamente nun einmal keine rational ‚erfundenen' Institutionen sind, sondern solche, die in evolutionären Prozessen von Versuch und Irrtum, von Bewährung des Veränderten samt Beibehaltung des Bewährten geformt wurden, lassen sich ihre strukturellen Spannungen und prozessualen Regelkreise immer wieder besonders gut beim Blick auf ihre Wurzeln bzw. auf die Geschichte des Institutionentyps einer Vertretungskörperschaft verstehen.

Vertretungskörperschaften, wenn auch noch nicht unseren heutigen Begriff von ihnen, gab es bereits in der Antike.[151] Die damaligen Ausprägungsformen umfassen die Boulé, d.h. die beratende Versammlung, einer griechischen Polis, das Synhedrion – den Bundesrat – einer spätgriechischen Bundesrepublik, den römischen Senat zur Zeit der stadtstaatlichen Republik sowie die Provinziallandtage des Reichs zur römischen Kaiserzeit. Die Brücke von der Antike zu Mittelalter und Neuzeit schlugen die Synoden der alten öku-

---

151 Am Anfang von Parlamentarismus überhaupt, wo er sich denn über seine Anfänge hinaus entwickelte, scheint in allen Kulturen – und zwar auch in den vor-antiken sowie außereuropäischen Kulturen – das Zusammenwirken von Kriegerversammlungen und Ältestenräten gestanden zu haben. Die älteste schriftliche Quelle zum Letzteren findet sich im sumerischen Gilgamesch-Epos. Die der europäischen historischen Erinnerung wohl noch präsenteste Ausprägungsform eines solchen Zusammenwirkens ist das Zusammenspiel der Zenturiatskomitien mit dem Senat im republikanischen Rom.

menischen Kirche, die (General-)Konzilien der römischen Kirche[152] sowie jene Repräsentationssysteme, die sich die christlichen Orden in Gestalt ihrer General- und Provinzialkapitel zugelegt hatten. Das begann bei den Zisterziensern und wurde voll entfaltet bei den Dominikanern, von denen dann die Franziskaner vieles übernahmen. Ordenskapitel und Konzilien machten die abendländische Kirche – ihrerseits geprägt durch römisches Recht, föderale Struktur und päpstliche Monarchie – zu einem großen europäischen ‚Verfassungslaboratorium'. Höhepunkt dieser Entwicklung war der Streit um den Konziliarismus, bei dem es – technisch, nicht theologisch gesehen – um die Einführung eines parlamentarischen Regierungssystems auf der obersten Leitungsebene der römischen Kirche ging. Ausgetragen wurde er auf den Konzilien von Konstanz (1414–1418) und Basel (1431–1449).

Die unmittelbare Geschichte des weltlichen abendländischen Parlamentarismus setzt ein mit jenen Ständeversammlungen[153] (Provinzial-, Land- oder Reichsstände, ausgehend vom flämischen Teil des burgundischen Reiches später auch ‚Generalstaaten' genannt), in denen weltliche und geistliche Fürsten, Städte, bisweilen auch Ritter und Bauern als ‚versammeltes Land' dem Monarchen periodisch gegenübertraten, und zwar meist aufgrund einer monarchischen Einberufung. Machtgrundlage der Stände war einesteils ihre unverzichtbare Fähigkeit, in Zeiten eines fehlenden Staats- und Verwaltungsapparats für den Monarchen ‚arbeitsteilige Herrschaftsdienstleistungen' zu erbringen, andernteils ihre Wirtschafts- und Finanzkraft, die sie – anders als die oft bankrotten Fürsten – immer wieder kreditwürdig machte. Weil wiederum eine Verletzung von Eigentumsrechten der Stände die politische Position eines Monarchen untergraben musste, ließen sich vom Monarchen zusätzlich benötigte Finanzmittel nur dann erschließen, wenn diese ihm von der Ständeversammlung auf seinen Antrag hin bewilligt wurden. Das aber ging in der Regel nicht ohne rechtliche oder sonstige Zugeständnisse des Monarchen ab. Das aus diesen fiskalischen Zusammenhängen entstandene ‚Steuerbewilligungsrecht' der Stände führte somit dazu, dass ein rational handelnder Monarch die in einer Ständeversammlung dominierenden politischen Wünsche nicht mehr ignorieren konnte.

Diese Ausgangslage beinhaltete im Grunde drei Möglichkeiten einer institutionellen Weiterentwicklung des Verhältnisses zwischen Monarchen und Vertretungskörperschaft:

---

152 Am deutlichsten zeigte sich das im westgotischen Spanien nach der Konversion des Königshauses zum Katholizismus, wo eine kirchliche Reichssynode obendrein ähnlich wie ein hochmittelalterliches Ständeparlament zusammengesetzt und organisiert war.

153 Diese gehen zurück auf die in allen europäischen Reichen abgehaltenen Hoftage und später Reichstage, die ihrerseits einen ihrer Ursprünge in den germanischen Thingversammlungen haben.

- Der Monarch konnte darin erfolgreich sein, sich von der Vertretungskörperschaft eben doch unabhängig zu machen. Da deren zentraler Wert für ihn in ihrem Steuerbewilligungsrecht lag, bestand der einzuschlagende Weg darin, sich durch Landesausbau und gute Wirtschaftspolitik *eigene* Finanzquellen zu erschließen. Auf deren Grundlage ließ sich dann eine ständige Armee unterhalten, mit welcher im Konfliktfall innenpolitischer Widerstand und zumal die Macht des hohen Adels gebrochen werden konnte. Für den nämlich waren Ständeversammlungen stets eine Bühne für Machtdemonstrationen sowie ein Mittel zur Realisierung von Mitwirkungsansprüchen gewesen. In Frankreich war dieser Versuch der Krone seit dem Spätmittelalter recht erfolgreich, was anschließend die Einberufung von Generalständen des ganzen Reiches[154] entbehrlich machte und jenes Regierungssystem des Absolutismus herbeiführte, das 1789 vor allem wegen seiner Finanzprobleme zusammenbrach.
- In England hingegen rief im 17. Jahrhundert ein ähnlich auf Absolutismus abzielendes Unterfangen der Monarchie den Bürgerkrieg zwischen Krone und Parlament hervor. Der endete mit dem Sieg des Parlaments. Dieses gewann dort immer mehr Gewicht, insbesondere im Zug der ‚Glorreichen Revolution' von 1688, im Anschluss an einen – durchaus nicht den ersten – parlamentarisch bewirkten Dynastiewechsel im Jahr 1714,[155] sowie aufgrund der ganz persönlichen Konstellation zwischen dem neuen, der Landessprache nicht mächtigen Monarchen Georg I. und der starken politischen Persönlichkeit seines Premierministers Robert Walpole (1676–1745, Premierminister seit 1721 und – unter Georg II. – bis 1742). Ausgangs des 18. Jahrhunderts war es zu einem machtpolitischen Gleichstand zwischen Krone und Parlament gekommen, der in den USA dann in republikanischer Form als ‚präsidentielles Regierungssystem' nachgebildet wurde. Ab der Mitte des 19. Jahrhunderts erlangte das englische Parlament sogar ein Übergewicht im Vergleich zur Krone, welches zu Beginn des 20. Jahrhunderts zur klaren Vormacht des Parlaments wurde. Damit war der Übergang zum Typ eines ‚parlamentarischen Regierungssystems' vollendet. Seither ist es der Anführer einer durch Parlamentswahlen mit der Mehrheit im Unterhaus ausgestatteten Partei, den die Krone zum Premierminister zu ernennen hat. Gemeinsam mit anderen Parlamentariern setzt der sich dann an die Spitze des – nur noch nominell von der Krone geleiteten – Staatsapparates. Befördert hatte diesen Ausgang der einst noch unscheinbaren Machtverschiebung hin zum Parlament die Popularisierung und Durchsetzung des Demokratieprinzips. Im Unterhaus – seinerseits Teil

---

154 Zur Geschichte des französischen Parlamentarismus gehört freilich auch, dass die Krone sich fallweise die nötigen Finanzmittel über Versammlungen der Provinzialstände zu verschaffen verstand.

155 Damals wurde – im Vollzug des Act of Settlement von 1701 – der Kurfürst von Hannover, Georg Ludwig v. Braunschweig-Lüneburg (1660–1727), als Georg I. König von England.

eines bikameralen Ständeparlaments – wurde nämlich die Repräsentation von Ständen durch die Repräsentation ‚des Volkes' ersetzt. Dabei fand sich seit dem zweiten Drittel des 19. Jahrhunderts durch Wahlrechtsreformen der Kreis der Wahlberechtigten immer mehr erweitert, bis er in den Jahren zwischen dem Ende des Ersten und des Zweiten Weltkriegs schrittweise die gesamte erwachsene Bevölkerung umfasste. Einem mit dem Monopol direkter demokratischer Legitimität ausgestatteten Parlament aber wird – unter Geltung des Demokratieprinzips – jede sich anders als demokratisch rechtfertigende Staatsgewalt weichen müssen.

- Drittens konnte es zu verschiedenen Formen eines institutionell und politisch-kulturell abgesicherten ‚Waffenstillstands' zwischen der Krone und einem machtpolitisch aufsteigenden Parlament kommen. So war es etwa in Deutschland. Hier hatten im 19. Jahrhundert die meisten Staaten bikamerale Parlamente. Diese umfassten üblicherweise ein auf Abstammung, Ernennung oder korporativer Mitgliedschaft beruhendes ‚Herrenhaus'; und überdies ein – meist durch Zensuswahlrecht, d.h. abgestuft nach Besitz und Steuerlast – gewähltes ‚Abgeordnetenhaus'. Doch die politische Rolle dieser Parlamente war klar durch das sogenannte ‚monarchische Prinzip' begrenzt: Alle Herrschaftsgewalt wurde als beim Fürsten liegend gedacht, der sie mit einem Parlament nur hinsichtlich von Gesetzgebung und Budgetbewilligung teilte. Nach dem Grundsatz der ‚vorwaltenden Kronmacht' wurden überdies alle staatlichen Zuständigkeiten zunächst einmal beim Monarchen vermutet, weshalb ein jeder Zugriff des Parlaments auf die konkrete Staatsleitung als der ‚Natur der Sache' widersprechend abgelehnt wurde. Die deutsche Staatslehre sowie das deutsche politische Denken verinnerlichten diese absichtsvolle Begrenzung von Parlamentsmacht – nachwirkend bis heute – anhand des Begriffs der ‚Legislative':[156] Nur die gesetzgebende Gewalt stehe einem Parlament zu; ein Zugriff auf die Führung der Regierungsgeschäfte – in England damals längst üblich – widerspreche hingegen ‚der' Gewaltenteilung, welche ihrerseits schematisch als Dreiheit von Legislative, Exekutive und Judikative aufgefasst wurde. Machtpolitisch sicherten sich Deutschlands Monarchen außerdem dahingehend ab, dass sie in oktroyierten oder ausgehandelten Verfassungen die Übernahme von Regierungsämtern durch Parlamentarier ebenso unterbanden wie das Erfordernis, dass Regierungsmitglieder für ihr Amt nicht nur das Vertrauen des Monarchen, sondern auch eine ausdrückliche Vertrauensbekundung des Parlaments brauchten. Diese zweite Knebelung von Parlamentsmacht wurde auf Reichsebene erst durch die Verfassungsänderung vom 18. Oktober 1918 beseitigt, die – ganz kurz vor dem Ende

---

156 Eine ‚Legislative' unterscheidet man von einem ‚Parlament' dahingehend, dass sie auf die Gesetzgebung und allenfalls Regierungskontrolle beschränkt ist, ein Parlament hingegen auch auf den Bestand und die Bestellung der Regierung maßgeblichen Einfluss nehmen kann. Doch diesbezüglich gibt es keinen international einheitlichen Begriffsgebrauch.

des Kaiserreichs – das parlamentarische Regierungssystem einführte. Jene erste Knebelung der Parlamentsmacht, nämlich der in England seit dem 18. Jahrhundert undenkbare Ausschluss von Parlamentariern von Regierungsämtern, wirkt hingegen bis heute in Gestalt des populären Glaubens nach, es verlange ‚das' Prinzip der Gewaltenteilung grundsätzlich eine ‚Inkompatibilität' zwischen Regierungsamt und Abgeordnetenmandat. Diese einst von der Verfassungswirklichkeit des ‚deutschen Konstitutionalismus' geprägte Vorstellung eines auf jeden Fall erforderlichen ‚Gleichstands' zwischen ‚Legislative' und ‚Exekutive' verstellt vielen immer noch die Einsicht, dass die Bundesrepublik Deutschland seit ihrer Gründung ein ‚englisches' parlamentarisches Regierungssystem *hat*, und verhindert noch viel öfter eine wirkliche *Wertschätzung* dieses *Aufstiegs* der parlamentarischen Mehrheitsmacht. Viel öfter wird geglaubt, hier liege eine – warum auch immer hingenommene – ‚Durchbrechung' von ‚eigentlich' richtigen Prinzipien vor.

c. Parlamentarische Strukturen

Parlamente unterschiedlichster Abkunft besitzen in der Regel die folgenden, oft recht gleichartigen Gremien: eine Vollversammlung (Plenum); Ausschüsse der Vollversammlung, welche deren Beschlüsse vorbereiten; Steuerungsgremien wie ein Parlamentspräsidium, einen Ältestenrat, eine Konferenz von Fraktionsvorsitzenden oder eine Runde ‚parlamentarischer Geschäftsführer'; sowie eine Parlamentsverwaltung, welche sich um die Infrastruktur und Logistik der Institution kümmert, das Hilfspersonal für die Gremiensitzungen der Institution stellt (‚Sitzungsdienst'), nicht selten auch Öffentlichkeitsarbeit betreibt und mitunter den Parlamentariern in Gestalt von Dokumentations- oder Wissenschaftlichen Diensten auch praktisch wichtige Zuarbeiten leistet. Andere Gremien wie Fraktionen oder Arbeitsgruppen der Fraktionen kommen vor allem in gewählten Parlamenten vor. Grundsätzlich ist es für Parlamente nicht weniger als für alle anderen politischen Strukturgefüge kennzeichnend, dass formale Regelungen und formelle Handlungsstrukturen nur jenen *Rahmen* abgeben, innerhalb dessen sich die – in der Praxis meist viel wichtigere – Informalen Regeln und Informellen Handlungsstrukturen herausbilden. Die Funktionslogik eines Parlaments erschließt sich deshalb stets nur beim Blick auf das Zusammenwirken der formellen und der informellen Bereiche parlamentarischer Wirklichkeit.

Wie differenziert sich welche parlamentarischen Strukturelemente ausprägen und welche Funktionen sie in welcher Weise erfüllen, hängt einesteils von der Art des Regierungssystems ab, in welches ein Parlament eingebettet ist, andernteils von der Tradition des landestypischen Parlamentarismus. Beispielsweise nahm in der englischen Tradition, die zum parlamentarischen Regierungssystem führte, das Unterhaus den Charakter eines ‚Redeparlaments' an, in dem es viel mehr auf die argumentative Auseinandersetzung mit der Regierungspolitik als auf die detaillierte Arbeit am Gesetz ankommt. Diese überlässt nämlich die Parlamentsmehrheit der von ihr getragenen Regierung. Hingegen begründete der US-Kongress, Eckstein des allerersten präsidentiellen Regierungssystems, die Tradition eines ‚Arbeitsparlaments‘, in dessen Ausschüssen und Unterausschüssen sich überaus detailliert die Gesetzgebung und die Regierungskontrolle vollziehen. Der Deutsche Bundestag wiederum gilt Fachleuten als eine sehr erfolgreiche Verbindung der besten Elemente von Rede- *und* Arbeitsparlamentarismus, obwohl Deutschland ein klar parlamentarisches Regierungssystem besitzt. Die Praxis von Rede- bzw. Arbeitsparlamentarismus hängt also nicht zwingend mit dem Typ des Regierungssystems zusammen.

Die tatsächlichen Auswirkungen der Funktionslogik des jeweiligen Regierungssystems auf das parlamentarische Rollenverhalten lassen sich so beschreiben:

- Im *parlamentarischen* Regierungssystem besitzen die Fraktionen überragende Bedeutung. Ursache ist, dass eine Regierung nur dann zustande kommt und sich im Amt halten kann, wenn eine oder mehrere Fraktionen sie im Parlament unterstützen oder zumindest tolerieren. Deshalb sind hier die Fraktionen und – vor allem – deren Arbeitsgruppen die zentralen Stätten politischer Willensbildung. Für einen Abgeordneten ist seine Fraktion dann auch die maßgebliche politische Bezugsgruppe. Deshalb sind Loyalität, Solidarität und Mannschaftsdisziplin im Rahmen einer Fraktion meist selbstverständlich, insbesondere in Koalitionsfraktionen. Die regierungs*tragenden* Fraktionen im Fall einer – meist auf eine Koalition gegründeten – *Mehrheits*regierung, bzw. die regierungs*tolerierenden* Fraktionen im Fall einer *Minderheits*regierung, wirken dabei informell oder formalisiert sehr eng mit ‚ihrer‘ Regierung zusammen. Deren wichtigste Positionen werden in der Regel sogar von den führenden Politikern jener Fraktionen bekleidet. Die maßgebliche Kommunikations- und Interaktionsgrenze verläuft hier zwischen den regierungstragenden bzw. regierungstolerierenden Fraktionen einerseits und den Fraktionen der Opposition andererseits (‚neuer Dualismus‘), nicht aber zwischen dem Parlament insgesamt und der von den Regierungsmitgliedern geführten Exekutive (‚alter Dualismus‘). Weil ein Regierungsmitglied bei politischen Fehlern oder einer wenig zufriedenstellenden fachlichen Leistung im Grunde jederzeit von der regierungstragenden Mehrheit ausgetauscht, die Regierung selbst aber von einer sich neu zusammenfindenden parlamentarischen Mehrheit immer gestürzt werden kann, hat es als Form parlamentarischer Regierungskontrolle überaus große Bedeutung, dass die Regierung in den Arbeitsgruppen zumindest der regierungstragenden Fraktionen sowie in den Ausschüssen jederzeit intern, im Plenum aber stets auch öffentlich Rede und Antwort stehen muss. In den nichtöffentlich tagenden Versammlungen der regierungstragenden Fraktionen sowie in deren Arbeitsgruppen wird diese Verantwortlichkeit von Abgeordneten der Regierungsparteien, im Plenum typischerweise von der Opposition eingefordert. Die auf diese Weise gut sichtbare Regierungskontrolle durch die Opposition bleibt allerdings zunächst meist ohne öffentlich sichtbare Folgen, während die meist schon kurzfristig wirkungsvolle interne Regierungskontrolle seitens regierungstragender oder regierungstolerierender Fraktionen von außen schwer wahrzunehmen ist. Für die öffentliche Einschätzung parlamentarischer Regierungskontrolle hat das die populäre, doch falsche Vorstellung zur Folge, ausgerechnet im parlamentarischen Regierungssystem hätte das Parlament keine wirkungsvollen Möglichkeiten der Regierungskontrolle.

- Im *präsidentiellen* Regierungssystem ist die Zugehörigkeit eines Abgeordneten zu einer Fraktion – abgesehen von Zeiten starker Polarisierung in einem Zwei-Parteien-System – von geringerer Bedeutung. Das erklärt sich daraus, dass die Regierung – meist von einem direkt durch die Bevölkerung gewählten Staatspräsidenten geleitet – weder aus dem Parlament hervorgeht noch vom Parlament abgesetzt werden kann. Das macht eine grundsätzliche parlamentarische Mannschaftsdisziplin unnötig. Zentrale Stätten der politischen Willensbildung sind deshalb in den Legislativen präsidentieller Regierungssysteme die Ausschüsse und gegebenenfalls Unterausschüsse. Verfassungsgeschichtlich älter als die parlamentarischen Regierungssysteme, praktizieren präsidentielle Regierungssysteme genau jenen ‚alten Dualismus' zwischen Legislative und Exekutive, den manche Gewaltenteilungslehren immer noch für die einzig ‚richtige' Form von (horizontaler) Gewaltenteilung halten. Doch selbst im Fall eines präsidentiellen Regierungssystems sind die Gewalten nicht einfach getrennt, sondern bei den Prozessen der Gesetzgebungs- und Budgetpolitik eng miteinander verschränkt. Wirksame Regierungskontrolle erfolgt deshalb vor allem bei der Gesetzgebungs- und Budgetpolitik – und ferner dadurch, dass Abgeordnete die Regierung, welche von ihnen zwar nicht getragen, doch projektbezogen (‚issue-orientiert') unterstützt wird, öffentlichkeitswirksam zu bestimmtem Tun oder Lassen auffordern. Da hier aber keine parlamentarische Mehrheit die Regierungspolitik verteidigt und überdies das Parlament öfters als Ganzes der Regierung gegenübertritt, entsteht für die Öffentlichkeit viel leichter als im parlamentarischen Regierungssystem der Eindruck, es kontrolliere ‚das' Parlament ‚die' Regierung. In Wirklichkeit ist aber eine auf andauernde parlamentarische Unterstützung gerade *nicht* angewiesene präsidentielle Regierung viel *freier* von unmittelbarer parlamentarischer Einflussnahme, als das die Regierung in einem parlamentarischen Regierungssystem je sein kann.

Unbeschadet solcher Unterschiede arbeiten in *beiden* Haupttypen des verfassungsstaatlichen Parlamentarismus[157] die Steuerungsgremien der Parlamente meist überparteilich. Ebenso ist in beiden Typen *keinesfalls* die Vollversammlung des Parlaments die zentrale Arbeitsstätte. Das Plenum ist vielmehr der Ort förmlicher Wahlen und Abstimmungen, ferner die Arena von Konfrontationen, welche wechselseitig auf anschließend zu verantwortende Positionen festlegen, und obendrein die Bühne von (Schau-)Debatten oder von symbolischen Akten, die an die Öffentlichkeit adressiert sind. In der Regel kommt zur Beschlussfassung nur das ins Plenum, was dort *formal auf den Weg gebracht* werden muss wie ein Gesetzentwurf; was in und zwischen den Fraktionen zur *Entscheidungsreife* gediehen ist wie ein Wahlakt oder ein abschließend abzustimmendes, keineswegs noch wirklich zu ‚beratendes' Gesetz; was der öffentlich nachweisbaren *Bekundung von Positionen* dient wie ein Entschließungsantrag; oder was – wie ein politischer Skandal – nach *aktueller Debatte* in Fragestunden oder in Aussprachen über Anfragen (‚Interpellationen') verlangt. Was im Plenum sichtbar wird, ist also nur die *Spitze* des Eisbergs parlamentarischer Arbeit. Da aber der Bevölkerung meist nur das Plenum eines Parlaments bekannt ist, das auch noch meist mit ‚dem Parlament' gleichgesetzt wird, pflegen sehr viele ein falsches Bild von der parlamentarischen Arbeit der Abgeordneten und kommt zu irrigen Urteilen über sie.

Jedenfalls wird im parlamentarischen Regierungssystem die meiste parlamentarische Arbeit – sowohl hinsichtlich der Regierungskontrolle als auch bei der Gesetzgebung – in den *Fraktionen* geleistet. Diese bilden zu diesem Zweck fachlich spezialisierte Binnengliederungen aus, nämlich die *Arbeitsgruppen* bzw. *Arbeitskreise*. Dort werden – in großer Arbeitsteiligkeit von für einzelne Politikfelder zuständigen Abgeordneten – alle Positionen erarbeitet, die eine Fraktion auf diesen Politikfeldern im weiteren Verlauf der parlamentarischen Beratungen einnehmen wird. Einstimmigen Beschlussempfehlungen der Arbeitsgruppen stimmt die Vollversammlung der Fraktion meist ohne weitere Aussprache zu; nur die eher seltene Uneinigkeit in einer Arbeitsgruppe und der viel häufigere Streit zwischen verschiedenen Arbeitsgruppen einer Fraktion erfordern entsprechende Debatten und Beschlüsse in der Fraktionsvollversammlung. Und weil meist schon in der Arbeitsgruppe, spätestens aber in der Fraktionsvollversammlung, die Position einer Fraktion

---

157 Die Formen des semi-präsidentiellen oder semi-parlamentarischen Regierungssystems (bzw. des präsidentiell-parlamentarischen und des parlamentarisch-präsidentiellen Regierungssystems) sind – meist wenig stabile – *Mischtypen* mit viel komplexerer bzw. unklarerer Funktionslogik als die beiden ‚reinen' Typen des präsidentiellen oder parlamentarischen Regierungssystems. Systeme mit Allparteien- oder Proporzregierungen wiederum drängen die meisten wichtigen Prozesse in den Bereich des Informellen und verlangen eine viel gründlichere Beschreibung ihrer um Widersprüche zwischen formalen Rechtsnormen und informellen Prozessen gerankten Funktionslogik, als sie hier möglich ist.

abschließend geklärt ist, muss es überhaupt nicht überraschen, wenn die Abgeordneten einer Fraktion im Plenum dann auch einheitlich abstimmen.

Keineswegs bedarf dies eines gleichwie gearteten ‚Fraktionszwangs'. Schon der Begriff ist irreführend. Einesteils verlässt sich jeder Abgeordnete auf die Fachkompetenz und die politische Urteilsfähigkeit der für *andere* Politikfelder verantwortlichen Kollegen ebenso, wie er erwartet, dass man auf seinem persönlichen Arbeitsgebiet eben *seiner* Fachkompetenz und Urteilskraft vertrauen wird. Andernteils hat jeder Abgeordnete im Vorfeld der Fraktionsvollversammlungen sowie in ihnen die Möglichkeit, sich mit Nachfragen und Kritik aller Art einzubringen. Solche interne Kritik ist stets akzeptabel. Doch keineswegs wird es reaktionslos hingenommen, wenn ein Abgeordneter sich auf dem Umweg über eine persönliche massenmediale Profilierung in die internen Diskussionen einbringt. I einer Fraktion wird man in der Regel die interne Diskussion so lange fortsetzen, oder eine Entscheidung so lange vertagen, bis alle Einwände ausgeräumt sind. Zeichnet sich ausnahmsweise ab, dass dies nicht gelingen wird, so schafft eine fraktionsinterne Abstimmung Klarheit über den Mehrheitswillen der Fraktion. Von der unterlegenen Minderheit wird anschließend erwartet, dass sie diese Mehrheitsentscheidung mitträgt, sich aber wenigstens ihr nicht öffentlich widersetzt. Sollte ein Abgeordneter im Plenum dennoch nicht mit der eigenen Fraktion oder gar gegen sie stimmen wollen, so verlangen die fraktionsinternen Spielregeln, dass er diese Absicht der Fraktionsführung rechtzeitig mitteilt und dabei solche Verhaltensweisen abspricht, die sich vom politischen Gegner nicht ausnutzen lassen. Sich an die so zu umreißenden Verfahrensweisen und Spielregeln zu halten, nennt man ‚Fraktionsdisziplin'.

Für die technische und taktische Koordinierung der mitunter sehr komplexen Tätigkeit der Arbeitsgruppen, desgleichen für die gesamte Koordinierung der Parlamentsarbeit über die Fraktionsgrenzen hinweg, sind die Vorsitzenden oder gegebenenfalls ‚Parlamentarischen Geschäftsführer' der Fraktionen zuständig. Die inhaltliche Koordinierung und die Verbindung der einzelnen fachpolitischen Beschlusslagen zu einer stimmigen Position der Gesamtfraktion obliegt den (geschäftsführenden) Fraktionsvorständen sowie weiteren, oft informellen Führungsgremien der Fraktion, denen die wichtigsten Parlamentarier der Fraktion aufgrund ihrer hervorgehobenen Funktionen angehören. In alle fraktionsinternen Funktionen – vom Posten eines Arbeitsgruppenvorsitzenden bis hin zum Fraktionsvorsitz – wird man meist in geheimen fraktionsinternen Abstimmungen gewählt, die häufig nicht nur am Anfang, sondern erneut während einer Wahlperiode stattfinden. Auf diese Weise unterliegen auch die real führenden Parlamentarier der Kontrolle ihrer Kollegen, nämlich mittels des ‚Wiederwahlmechanismus'.

In den Ausschüssen läuft die in den Arbeitsgruppen der Fraktionen geleistete Arbeit, laufen auch die Ergebnisse des Zusammenwirkens von Parlamentariern und Interessengruppen interfraktionell zusammen. In manchen Parlamenten stellen stets Abgeordnete der (regierungstragenden) Mehrheitspartei(en) die Vorsitzenden der Ausschüsse; in anderen – etwa in Deutschland – werden die Ausschussvorsitze proportional zur Stärke der Fraktionen vergeben. Meist spiegeln die Ausschüsse die Mehrheitsverhältnisse des Parlaments wider. Dass sie verkleinerte Abbilder des Plenums sind, ist vor allem im parlamentarischen Regierungssystem folgenreich: Dort wird in den Ausschüssen ebenso selten ergebnisoffen gearbeitet wie im Plenum. Zwar herrscht in ihnen ein sachlicher, nicht selten über Kollegialität hinausgehender freundschaftlicher Ton. Dennoch ist auch im Ausschuss klar, dass sich die regierungstragende Mehrheit mit ihren Ansichten und Gesetzgebungswünschen durchsetzen wird und die Opposition die Regierung nicht unterstützt, sondern mit ihr konkurriert.

d. Opposition und ihre Alternativen

Überhaupt ist im parlamentarischen Regierungssystem die wichtigste Strukturierungslinie die zwischen Regierungslager und Opposition. Präsidentielle Regierungssysteme kennen ein solches Spannungsfeld nur in Zeiten starker innenpolitischer Polarisieerung. Ganz fehlt es in Systemen mit Allparteien- oder Proporzregierungen (,Konkordanzdemokratien'). Dort findet sich im Grunde auch keine parlamentarische Opposition. Als solche bezeichnet man nämlich jene Parlamentsfraktionen und ihre außerparlamentarischen Parteigänger bzw. Anhänger, welche mit der Regierung zwar vielleicht fallweise kooperieren, die Regierung aber nicht grundsätzlich unterstützen, sondern mit ihr im Wettstreit stehen und sie systematisch oder themenbezogen bekämpfen. Folglich gibt es in präsidentiellen Regierungssystemen und in Konkordanzdemokratien auch kaum Kristallisationspunkte für ein *fraktionsbezogenes* Oppositionsverhalten. Anstelle einer ,Regierung im Wartestand' findet sich im präsidentiellen Regierungssystem meist eine fallweise, themenbezogene Opposition, in deren Rahmen die Abgeordneten sogar über die parlamentarischen Parteigrenzen hinweg zusammenzuwirken pflegen (,issue-orientierte Opposition'). In Konkordanzdemokratien wiederum, wo potentielle Oppositionsparteien durch ihre förmliche Einbeziehung in die Regierungsmannschaft und Regierungsarbeit integriert werden, entfaltet sich Oppositionsverhalten als ,Bereichsopposition': Man bekämpft in kontrollierten, begrenzten Konflikten solche Bereiche der Politik, die in den Zuständigkeitsbereich eines von einer *anderen Partei* geleiteten Ministeriums fallen.

Am klarsten ist Opposition somit im parlamentarischen Regierungssystem ausgeprägt, in dem sie im 18. Jahrhundert ja auch entstand. In einem solchen System hat Opposition, gleich ob im Parlament oder außerhalb des Parlaments, die folgenden Funktionen:

- *Kontrollfunktion:* Hier geht es um die parlamentarische und außerparlamentarische Kontrolle der Regierung mitsamt der sie tragenden Parteien, geleistet durch – vor allem öffentliche – Kritik.
- *Alternativfunktion:* Gemeint ist, dass Oppositionsparteien der Öffentlichkeit sowie den Wählern Sach-, Programm- und Personalalternativen anbieten. Überzeugende Alternativen dieser Art sind meist der einzige Weg, um (erneut) eine eigene Mehrheit und damit (wieder) die Macht zu erlangen.
- *Thematisierungsfunktion:* Die Opposition versucht, der Regierung und den sie tragenden Parteien über ihre Einflussnahme auf öffentliche Debatten solche Themen aufzuzwingen, die ansonsten vernachlässigt würden (‚Initiativfunktion'). Dabei kann es sich einesteils um Probleme handeln, für welche die Regierung (noch) keine Lösungsvorschläge vorlegen kann, andernteils um Themen, bei denen es im Regierungslager keinen Konsens gibt. Dann eignen sich diese gut dafür, sowohl der Öffentlichkeit die Zerrissenheit des Regierungslagers vorzuführen als auch dessen Zerstrittenheit zu fördern. Im Übrigen wird jede Oppositionspartei sich um die Thematisierung solcher Fragen bemühen, bei denen sie selbst mit attraktiven Antworten aufwarten kann. Vorzügliche Mittel, um eine solche Thematisierung zu erreichen, sind plebiszitäre und quasi-plebiszitäre Instrumente wie etwa Unterschriftensammlungen, und zwar insbesondere dann, wenn sie an reale oder immerhin so wahrgenommene Fehlleistungen der Regierung – bzw. der sie tragenden Parteien – anknüpfen können.
- *Integrationsfunktion:* Indem Oppositionsparteien die Regierung öffentlich kontrollieren, der Regierung unangenehme Dinge in öffentliche Diskussionen einbringen sowie Alternativen in Aussicht stellen, erbringen sie mehr oder minder gut die Leistung, sogar jene Gruppen und Bevölkerungsschichten ins politische System einzubinden, welche die jeweilige Regierung ablehnen und sich als ausgeschlossen empfänden, hätten sie keinerlei Perspektive, eines Tages auch (wieder) von ihren Vorstellungen aus auf die Politik einwirken zu können. Dergestalt besitzt Opposition eine überaus große legitimatorische Bedeutung.

Alle vier genannten Funktionen machen Opposition zu einem sehr wichtigen, äußerst große Lern- und Entwicklungsvorteile erschließenden Element eines politischen Systems. Tatsächlich scheinen jene politischen Systeme *besonders* leistungsfähig zu sein, die über eine *machtvolle* Opposition verfügen – ganz gleich, ob die Opposition so klar lokalisierbar ist wie im parlamentarischen Regierungssystem, oder ob sie im Profil pluralistischer Konflikte aufgeht, wie das in präsidentiellen Regierungssystemen der Fall sein kann. Opposition ist jedenfalls ein überaus wertvoller, unbedingt zu fördernder Teil eines politischen Systems. Natürlich wird sie sich selten ohne Neuwahlen politisch durchsetzen. Das wäre unter demokratischen Prämissen aber auch gar nicht akzeptabel, da sich in Opposition eben der befindet, der entweder in freien Wahlen oder beim Streit um die Bildung einer regierungstragenden Koalition verloren hat. Doch eine starke Opposition setzt jede Regierung, die im Amt bleiben will, unter Leistungsdruck. Umgekehrt muss die Opposition in der Regel auch ihrerseits überzeugende Sach- und Programmarbeit leisten, wenn die Rückkehr an die Macht gelingen soll. Beide Wirkungen machtvoller Opposition halten die politische Klasse zur Lernfähigkeit an und *stärken* ein politisches System nachhaltig.

Schon deshalb ist es falsch, Opposition in eine begriffliche Nähe zu ‚Widerstand' oder zu ‚Extremismus' zu bringen. *Widerstand* meint nämlich den Kampf gegen ein politisches System, welches Opposition verbietet. In diesem Fall kann man gewiss nicht innerhalb eines bejahten Systems gegen die jeweilige Regierung ankämpfen. Entweder man arrangiert und duckt sich – oder man wird zum Gegner des Systems bzw. von diesem so behandelt.[158] *Extremismus* hingegen meint hingegen, dass innerhalb eines pluralistischen, Opposition befürwortenden Systems eben dieses System zu dem Zweck bekämpft wird, es zugunsten einer solchen neuen, monistisch geprägten Ordnung zu überwinden.[159] In der regiert dann die eigene politische Gruppierung im Dienst des für gut und richtige Gehaltenen. Anschließend ist Opposition nicht länger ‚nötig', weshalb man sie ‚sinnvollerweise' unterbindet. Extremismus – mit wie gutem Gewissen er auch betrieben wird – ist somit nichts anderes als der Kampf gegen die pluralistische Ordnung eines demokratischen Verfassungsstaates, oder ist zumindest ein Magnet, der zur Diktatur hinzieht. Oppositionelle tun deshalb gut daran, nicht nur gegen die jeweilige Regierung, sondern stets auch gegen Extremisten anzukämpfen – selbst und gerade dann, wenn diese ihnen inhaltlich nahestehen.

Einen nur auf die eigene Macht, nicht aber auf politische Freiheit abzielenden Kampf gegen – wirkliche oder auch nur vermeintliche – Diktaturen nennt man am besten eine *Rebellion*. Leicht ist in diesem Zusammenhang zu erkennen, dass es dort für Rebellion – und schon gar für Widerstand – keinerlei gute Gründe gibt, so man sich als legitime Opposition betätigen kann. Genau deshalb stärkt es auch nicht Demokratie, sondern nährt ‚Populismus von un-

---

158 In autoritären und totalitären Systemen kommt es mitunter zum Auftreten einer als illegitim behandelten, sich aber keineswegs als illegitim verstehenden Opposition. Das sind politische Kräfte, die sich zwar mit den Leitideen der jeweiligen autoritären oder totalitären Ordnung identifizieren, das System also aufrechterhalten wollen, diese Leitideen aber von den derzeitigen politischen Anführern schlecht ausgeführt oder gar verraten sehen. Solche von ihrem Selbstverständnis her *systemloyalen* Gruppen werden von den Regierungen autoritärer und totalitärer Systeme in der Regel besonders hartnäckig verfolgt, da sie innerhalb eines antipluralistischen Systems als ‚Renegaten' oder wenigstens als ‚Revisionisten' gelten, die ein Stück weit den Ansichten und der Propaganda des politischen Feindes erlegen wären. Derartige Oppositionelle innerhalb einer Diktatur sind besonders tragische Figuren.
159 Das ist im Übrigen jene Definition von Extremismus, die 1952 vom Bundesverfassungsgericht formuliert wurde und bis heute von den deutschen Verfassungsschutzbehörden sowie von der politikwissenschaftlichen Extremismusforschung verwendet wird.

ten' sowie rebellisches Verhalten, wenn ausgerechnet die Inhaber von öffentlichen Ämtern oppositionelle Handlungsspielräume verengen, falls sie sich davon tagespolitische Vorteile versprechen. Doch selbst dann ist es überhaupt nicht hinnehmbar, wenn Rebellen – oder gar Extremisten – es unternehmen, sich mit der Ehrenbezeichnung ‚Widerstand' zu schmücken. Diesen Begriff sollte man für nichts anderes verwenden als für den *auf Freiheit ausgehenden Kampf gegen eine autoritäre oder totalitäre politische Ordnung.*

e. Parlamentsfunktionen

Die Leistungen eines Parlaments für jenes politische und gesellschaftliche System, dessen Teil es ist, kann man in vier Gruppen gliedern: in die Vernetzungs- und Kommunikationsfunktion, in die Gesetzgebungsfunktion, in die Kontrollfunktion und in die Untergruppe der Wahlfunktionen. Unter denen ragt die – institutionell unterschiedlich auszugestaltende – Abwahl oder Wahl der Regierung deswegen heraus, weil sie stets einen besonderen Typ des Regierungssystems konstituiert.

(1) Die Wahlfunktion, ausgeprägt als ‚Regierungsbildung'

Parlamente haben eine Vielzahl von Wahlfunktionen. In den USA bedürfen viele präsidentielle Ernennungen der durch eine Abstimmung festgestellten Billigung des Senats, und in Deutschland wählt der Bundestag beispielsweise den Wehrbeauftragten, desgleichen die Hälfte der Richter am Bundesverfassungsgericht. Doch die wichtigste aller Wahlfunktionen, die ein Parlament haben kann, ist jene, die für den Typ des parlamentarischen Regierungssystems konstitutiv ist: die Wahl oder Abwahl der Regierung bzw. des Regierungschefs (‚Regierungsbildungsfunktion', ‚Kreationsfunktion'). Das kann – wie in Deutschland – als ausdrücklicher Wahlakt ausgestaltet sein, doch auch – wie in Italien – die Form einer obligatorischen oder fakultativen Vertrauensabstimmung nach der bereits erfolgten Ernennung der Regierung (oder des Regierungschefs) durch das Staatsoberhaupt annehmen. Die ursprüngliche und an sich schon den Typ des parlamentarischen Regierungssystems konstituierende Ausprägung dieser ‚Wahlfunktion' war der vom Parlament nach eigenem Ermessen bewirkte Sturz einer – wie jahrhundertelang im Vereinigten Königreich – einer nicht vom Parlament eingesetzten Regierung. In jedem Fall dieser Fälle ist es angemessen, sich die Regierungsbildung nicht als einmaligen Akt, sondern als einen längerfristigen *Prozess* vorzustellen. Voll entfaltet, sieht er so aus:

- Schon lange vor dem Wahlkampf beginnt die Regierungsbildung als Klärung grundsätzlicher Möglichkeiten einer Zusammenarbeit künftiger Parlamentsfraktionen.
- In den Wahlkampf gehen die Parteien dann mit Aussagen über Bündnismöglichkeiten, oft mit solchen erster und zweiter Präferenz. Es obliegt

dann den Bürgern, unter den von den Parteien angebotenen Bündnismöglichkeiten eine bestimmte mit klarer Wählerpräferenz auszuzeichnen.

- Nach der Wahl wird festgestellt, wer als (faktischer) Wahlgewinner welche Bündnismöglichkeiten tatsächlich verwirklichen kann. Im Idealfall haben die Wähler eine klare Präferenz erkennen lassen. Verbauen die aus der Wahl entstehenden Mehrheitsverhältnisse *alle* zuvor angebotenen Bündnismöglichkeiten, so besteht ein von den *Wählern* – nicht von den Parteien – erzeugtes Dilemma. Den Ausweg muss dann mindestens eine Partei dadurch weisen, dass sie – in der Regel anschließend mit Verdrossenheitsbekundungen überhäuft – von ihren im Wahlkampf gemachten Bündnis- oder Koalitionsaussagen abweicht.

- Nun folgen, meist Koalitionsverhandlungen genannt, Gespräche über die Schaffung eines auch in Krisenzeiten bestandsfähigen Bündnisses. Meist münden sie in einen formalen, ausführlichen Koalitionsvertrag. Zunächst werden die Inhalte der Politik für die nächsten Jahre festgelegt. Das beinhaltet vor allem Vereinbarungen über auf den Weg zu bringende Gesetzesvorhaben und deren Eckpunkte, über aufzulegende Finanzierungsprogramme, desgleichen über Themen, die ausgeklammert bleiben müssen, da kein Kompromiss möglich ist. Nach der Festlegung der Inhalte wird Einvernehmen darüber geschaffen, welche Regierungspositionen welchem Koalitionspartner zufallen sollen. Mit welchen Personen diese Positionen dann besetzt werden, bleibt in der Regel die eigene Sache jener Koalitionspartner, denen ein bestimmtes Ministerium zugewiesen wird. Üblicherweise geht man davon aus, dass die parlamentarischen Führer der Koalitionsparteien sowie fachlich qualifizierte Experten als Regierungsmitglieder nominiert werden.[160] Da aber jeder Koalitionspartner – oder, falls er das so in Aussicht gestellt hat, der Regierungschef selbst – bei der Auswahl des Führungspersonals eine Vielzahl faktischer Quotierungen berücksichtigen muss (innerparteiliche Strömungen, regionale Verteilung, Geschlecht, Alter, gegebenenfalls auch Konfession oder ethnische Herkunft), kommt es nicht selten zu wenig schlüssigen Aushilfslösungen oder gar zu Fehlbesetzungen einzelner Ministerien. In Deutschland müssen inzwischen dem Koalitionsvertrag nicht nur die beteiligten Fraktionen zustimmen, zudem auch (Sonder-)Parteitage der künftigen Koalitionspartner.

- Erst *nach* Abschluss dieser ‚informellen' Prozesse der Regierungsbildung schließen sich die formellen, ausdrücklich den Bestimmungen der Verfassung folgenden Verfahren an. In Deutschland sind das die Wahl des Regierungschefs und die Ernennung der Kabinettsmitglieder. Wurde gut verhandelt, kann es nun zu keinen Überraschungen mehr kommen.

---

160 Einige wichtige Führer der Koalitionsparteien müssen aber auf Regierungsfunktionen verzichten, da sie als Fraktionsführer unabkömmlich sind. In der Regel ist der Vorsitz der stärksten regierungstragenden Partei sogar die machtpolitisch *am meisten* begehrenswerte Funktion nach der des Regierungschefs.

- Das Regieren nimmt dann die Form der Abarbeitung des Koalitionsvertrags an. Dabei entstehen regelmäßig Konflikte. Die verfügbaren Finanzmittel mögen für die geplanten Um- und Neugestaltungen nicht ausreichen, unerwartete Skandale kommen auf, oder es ändern sich die außenpolitischen Rahmenbedingungen des Regierungshandelns rasch und tiefgreifend. Jedenfalls ist es eine Daueraufgabe, den Zusammenhalt einesteils zwischen den Koalitionsparteien, anderenteils zwischen der Regierung und den sie tragenden Parlamentsfraktionen zu sichern. Diesem Ziel dienen – erstens – informell gehaltene oder unterschiedlich institutionalisierte Koalitionsrunden bzw. Koalitionsausschüsse. Diese führen sinnvollerweise die wirklich wichtigen Politiker des Regierungslagers zusammen. Eine Schlüsselrolle spielen neben dem Regierungschef und zentralen Ministern immer die Vorsitzenden der Koalitionsfraktionen, deren (erste) Parlamentarische Geschäftsführer sowie die Vorsitzenden der regierungstragenden Parteien. Zweitens nehmen die Regierungsmitglieder möglichst oft an Sitzungen der für ihr Ressort zuständigen Arbeitskreise ihrer Parteien und Ausschüsse des Parlaments teil. Natürlich sind sie auch möglichst oft bei Vollversammlungen ihrer Fraktionen anwesend, um auch hier für eine kontinuierliche Sicherung des Zusammenwirkens von Responsivität und kommunikativer Führung zu sorgen. Gelingt das alles reibungslos, so scheint nach außen die Parlamentsmehrheit blind der Regierung zu folgen und das Regierungslager völlig geschlossen zu sein. In Wirklichkeit ist derlei alles andere als leicht zu bewerkstelligen, gelingt meist nur bei einem respektvollen Miteinander sowie wechselseitiger Rücksichtnahme – und ist deshalb höchst selten.

Solange die regierungstragenden Fraktionen und die Regierungsmitglieder reibungslos zusammenarbeiten, ist der Bestand einer Regierung ungefährdet. Im Vorfeld von Wahlkämpfen lockert sich dann solche Zusammenarbeit – entweder deshalb, um durch Neuprofilierung wählerattraktiver zu werden, oder weil der Vorrat an Gemeinsamkeiten eben erschöpft ist, weshalb der Wählerschaft neue Koalitionsmöglichkeiten angeboten werden sollen. Von diesem *nie endenden* Prozess der Bildung und Sicherung einer regierungstragenden Mehrheit wird im parlamentarischen Regierungssystem die Erfüllung aller *anderen* Parlamentsfunktionen weitestgehend geprägt, zumal die Verwirklichung der Kontroll- und Gesetzgebungsfunktion. Unübersichtlich wird die Erfüllung der Parlamentsfunktionen hingegen dann, wenn es keine berechenbare parlamentarische Mehrheit für eine Regierung gibt und eine Minderheitsregierung sich auf Tolerierungsabkommen oder stets wechselnde Mehrheiten verlassen muss. Eben deshalb scheuen in Ländern mit bislang stabilen Parlamentsmehrheiten Politiker vor Minderheitsregierungen zurück, während diese in bislang parteipolitisch flexibleren Ländern als ganz normal gehandhabt werden.

(2) Die Kontrollfunktion

Entlang den weiterhin wegweisenden Überlegungen von Winfried Steffani lassen sich die Grundformen parlamentarischer Regierungskontrolle entlang von zwei Dimensionen gliedern:

- ‚*Kontrolle als Aufsicht über fremde Amtsführung*' vs. ‚*Kontrolle durch Mitregieren*'. Die jedermann geläufigste Form von Kontrolle besteht darin, das Verhalten eines anderen an dafür vorgesehenen Maßstäben zu messen, anhand dieser Maßstäbe gegebenenfalls Kritik zu üben und auf Korrekturen zu drängen, oder angemessene ‚Bestrafungen' für Fehlverhalten (‚Sanktionen') zu fordern, zu denen auch die Entfernung eines Regierungsmitglieds aus seinem Amt gehören kann. Auf diese Weise kontrolliert im präsidentiellen Regierungssystem das – dort meist ‚Legislative' genannte – Parlament die Regierung sowie die der Regierung unterstellten Exekutivbehörden. Im parlamentarischen Regierungssystem kontrolliert auf genau diese Weise die Opposition die Regierung, die regierungstragende Parlamentsmehrheit sowie den Regierungsapparat. Nicht minder wichtig ist aber die zweite Grundform der Kontrolle, die alltagssprachlich als ‚Zwei-Schlüssel-System' bekannt ist. Das ist die ‚Kontrolle durch Mitwirkung', hier also: durch ‚Mitregieren'. Wessen Unterstützung für eine Handlung nämlich notwendig ist, der kontrolliert durch die ihm auf diese Weise zugefallene Veto-Macht jenen Akteur sehr wirksam, der etwas tun oder verhindern will, ohne das Mittun eines anderen Akteurs das aber nicht zu leisten vermag. Auch im präsidentiellen Regierungssystem kontrolliert die Legislative auf diese Weise die Regierung, denn ohne die im Rechtsstaat erforderlichen gesetzliche Grundlagen und Budgetzuweisungen kann diese eben nicht in rechtskonformer und legitimer Weise handeln. Im parlamentarischen Regierungssystem ist solche Kontrolle durch Mitregieren sogar *die typische Kontrollform der regierungstragenden* Fraktionen. Ausgeübt wird sie von den Fachpolitikern der Koalitionsfraktionen gegenüber ‚ihren' Ministerien, von den Fraktionsführern gegenüber ‚ihren' Teilen der Regierung, und obendrein von den – meist informellen – Koalitionsgremien gegenüber ‚ihrer' Regierung insgesamt.

Während im präsidentiellen Regierungssystem beide Kontrollformen – Kontrolle als Mitregierung und Kontrolle als Aufsicht über fremde Amtsführung – von der ganzen Legislative in variablen Akteurskonstellationen und mit wechselnden Prioritätensetzungen ausgeübt werden, gibt es im parlamentarischen Regierungssystem eine klare Zuweisung beider Kontrollformen: Kontrolle durch Mitregieren ist Sache der regierungstragenden Fraktionen, Kontrolle als Aufsicht über fremde Amtsführung Sache der Oppositionsfraktionen. Plausiblerweise vollzieht sich dabei die ‚Kontrolle durch Mitregieren' möglichst so, dass weder die Opposition noch die Öffentlichkeit Ansatzpunkte für eine – stets Kritik nach sich ziehende – Diagnose von ‚Zerstrittenheit im Regierungslager' findet. Das führt dazu, dass die von den regierungstragenden Fraktionen ausgeübte ‚Regierungskontrolle durch Mitregieren' zwar überaus wirkungsvoll ist,[161] doch öffentlich recht unsichtbar bleibt. Umgekehrt ist die von Oppositionsfraktionen ausgeübte ‚Regierungskontrolle als Aufsicht über fremde Amtsführung' öffentlich bestens sichtbar, doch offenkundig zunächst einmal wirkungslos. Üblicherweise scharen sich nämlich die Mitglieder der regierungstragenden Fraktionen um jeden von der Opposition angegriffenen Regierungspolitiker – allerdings vor allem dann, wenn der oppositionelle Angriff als ungerechtfertigt gilt, und obendrein stets unter dem Vorbehalt, der hier-und-jetzt verteidigte Politiker werde der Opposition fortan keine weiteren Angriffspunkte bieten, welche auf die Öffentlichkeit überzeugend wirken könnten. Nach mehr oder minder langer Zeit ist solche Solidarität aber erschöpft. Dann wird das von der Opposition angegriffene Regierungsmitglied den Rücktritt entweder vollziehen, anbieten oder nahegelegt bekommen. Klugerweise wird bei alledem möglichst so verfahren, dass für die Öffentlichkeit ein Zusammenhang mit der kontrollierenden Rolle der Opposition nicht unmittelbar sichtbar wird. Ebenso verfährt man als Regierungslager dort, wo die Opposition Schwachpunkte der eigenen Budgetpläne oder Gesetzesvorhaben ausfindig macht. Derlei bereinigt man intern, nachdem man vor der Öffentlichkeit die Kritik so gut wie möglich zurückgewiesen hat. Auf diese Weise entsteht allerdings der Eindruck, ausgerechnet im parlamentarischen Regierungssystem werde die Regierung gerade *nicht* vom Parlament kontrolliert: Wirkungen oppositioneller Kontrolle sieht man nämlich nicht, Kontrolleffekte regierungstragender Fraktionen erkennt man nicht.

- ‚Richtungskontrolle' vs. ‚Leistungskontrolle' vs. ‚rechtliche Kontrolle'
  – Mit *Richtungskontrolle* ist gemeint, dass die politische Gesamtlinie der Regierung kontrolliert wird. Dies geschieht – erstens – ‚von innen' her durch Mitregieren, indem nämlich die regierungstragenden Fraktionen oder die für eine Mehrheit bei Gesetzes- und Budgetbeschlüssen gerade noch erforderlichen parlamentarischen Veto-Gruppen überprüfen, ob der Kurs der Regierung auf den einzelnen Politikfeldern so ist, wie man ihn für richtig oder wenigstens für akzeptabel hält. Andernfalls signalisiert man in den Arbeitsgruppen und Vollversammlungen der Fraktionen, dass sich die erwünschte Geschlossenheit nicht herstellen,

---

161 Es kommt allerdings vor, dass ein starker Regierungschef durch Hinwirken auf die Wahl eines in erster Linie *ihm persönlich* loyalen Fraktionsvorsitzenden der stärksten regierungstragenden Partei solche Kontrolle durch Mitregieren lahmlegt. Damit wird der Regierungschef so lange Erfolg haben, wie er bei den Wählern hoch im Ansehen steht. Schwindet hingegen seine Fähigkeit, für die regierungstragende Fraktion Wahlen zu gewinnen, so entfällt auch jene Machtgrundlage, von der aus er der Fraktion einen solchen Vorsitzenden aufdrängen konnte, der eher dem Regierungschef die Kontrolle der Fraktion als der Fraktion die Kontrolle der Regierung ermöglicht.

eine erforderliche Mehrheit nicht finden lassen werde. Das bewirkt entweder Richtungsänderungen der auf Mehrheitsbeschlüsse angewiesenen Regierung oder führt zu einer Regierungskrise, an deren Ende auch der Sturz einer Regierung oder das Zerfallen einer Koalition stehen kann. Regierungstragende Parteien werden derlei Kontrolle möglichst intern und ohne öffentliches Aufheben unternehmen, da ihnen andernfalls Zerstrittenheit vorgeworfen werden könnte, was bei den nächsten Wahlen erfahrungsgemäß schadet. Richtungskontrolle vollzieht sich – zweitens – ‚von außen' her dergestalt, dass oppositionelle Parteien den Kurs der Regierung sowohl mit deren eigenen, meist in Koalitionsverträgen oder Regierungserklärungen bekundeten Absichtserklärungen vergleichen, als auch ihn – umgekehrt – an den *eigenen* Vorstellungen davon messen, was politisch richtig wäre. Diese Art der Regierungskontrolle ist dann besonders wirkungsvoll, wenn Regierungen von ihren ursprünglichen Gestaltungsabsichten deshalb abweichen, weil die gesetzten Ziele unrealistisch oder die genutzten Mittel verfehlt waren. Oppositionsparteien werden auf beides möglichst öffentlichkeitswirksam hinweisen und entweder den unzureichenden Realitätssinn der Regierung oder deren mangelnde Prinzipientreue herausstellen. Mit alledem können sie – oft erfolgreich – versuchen, im Wechselspiel mit öffentlicher Meinung, demoskopischen Umfragen und ‚Nebenwahlen' erheblichen politischen Druck auf das Regierungslager auszuüben.

- *Leistungskontrolle* bezieht sich auf die konkreten Auswirkungen der Regierungstätigkeit. Hier geht es darum, ob die Regierung ihre Ziele wirklich erreicht, und ob die von ihr geführte Exekutive in der Praxis so zuverlässig und fehlerarm arbeitet, wie es eine Gesellschaft von ihren politischen Institutionen zu erwarten pflegt. Leistungskontrolle bezieht sich also einesteils auf alles, was am Regierungshandeln objektiv vorwerfbar oder skandalisierbar sein mag, und andernteils auf alles, worauf eine Regierung stolz sein kann. Folglich kommt es hier ebenfalls zu einem spiegelverkehrten Kontrollverhalten von regierungstragenden und oppositionellen Fraktionen. Regierungstragende Fraktionen werden nämlich alle Schwierigkeiten, Probleme, Unzulänglichkeiten und Fehler der Regierungstätigkeit möglichst intern behandeln, Oppositionsfraktionen sie hingegen – so gut das nur geht – an die Öffentlichkeit tragen. Umgekehrt werden regierungstragende Fraktionen alles der Regierung Gelungene möglichst deutlich herausstellen, Oppositionsfraktionen es indessen hinterfragen. Ein wirkungsvolles Mittel ist es dabei, die Erträge der Regierungsarbeit an den – meist viel weiter gesteckten – Zielen des Regierungslagers messen und sie dann als unzulänglich zu kritisieren. Wo die Opposition reale Probleme und Fehler entdeckt und von deren Vorliegen die Öffentlichkeit auch überzeugt, führt dies zu einem erheblichen politischen Druck auf das Regierungslager. Dessen übliche, durchaus rationale Reaktion besteht darin, oppositionelle Kritik nach außen hin zurückzuweisen oder zu relativieren, sie intern aber sehr ernst zu nehmen und anschließend, möglichst rasch, die Ansatzpunkte berechtigter Oppositionskritik zu beseitigen. Zwar ist dieses Rollenspiel sehr sinnvoll, ja für die Lern- und Leistungsfähigkeit eines politischen Systems auch überaus vorteilhaft. Doch derlei führt eben auch zur Ausprägung heuchlerischer Züge auf *beiden* Seiten.[162] Und weil solche Unterschiede zwischen Rollendarstellung und Realverhalten nicht nur den politischen Akteuren vertraut sind, sondern auch in der Öffentlichkeit nicht unbemerkt bleiben, entfremdet derlei alle im Parlament agierenden Parteien ein Stück weit voneinander und ebenso von der Bürgerschaft. Letzteres führt dauerhaft zu Glaubwürdigkeitsproblemen der Politikerschaft sowie und zu Zweifeln am Vorliegen jener Vernunft, die man sich in der Regel hinter der Konstruktion und Praxis seines politischen Systems wünscht.

– *Rechtliche Kontrolle* war in der Frühzeit des Parlamentarismus so lange eine als ständige *Möglichkeit* wichtige Form wirksamer[163] Regierungskontrolle, wie es noch keinen direkten parlamentarischen Machtzugriff auf die Regierung gab. Die typische Form rechtlicher Regierungskontrolle ist dabei die Anklage des Inhabers eines Regierungsamtes (‚impeachment') vor einer zur Rechtsprechung zusammentretenden Versammlung. Im altertümlichen präsidentiellen Regierungssystem der USA gibt es sie als Kontrollinstrument gegenüber dem Präsidenten bis heute, als eine Art ‚Verfassungsfossil' auch in weiteren politischen Systemen, in Deutschland etwa als Möglichkeit der Anklage des Bundespräsidenten vor dem Bundesverfassungsgericht. Diese Kontrollmöglichkeit hat aber nur einen äußerst eingeschränkten Nutzen, weil sich die Anklage ja auf *Rechtsbrüche* beziehen muss, nicht aber damit begründet werden kann, die Regierungspolitik sei *inhaltlich* falsch oder einfach anders, als man sie haben möchte. Im Rahmen eines Obrigkeitsstaates, der sich gleichsam von Amts wegen ‚richtige Politik' zuschreibt, mag zwar die Vorstellung noch nachvollziehbar sein, man müsse die Regierung ‚eigentlich nur auf Rechtsbrüche kontrollieren'. Doch im Rahmen eines liberalen demokratischen Verfassungsstaates entspringt das Recht auf wirksame parlamentarische Regierungskontrolle ganz einfach dem völlig berechtigten Wunsch der Bürgerschaft, auf die Inhalte der Regierungspolitik ihrerseits nachhaltig *Einfluss* zu nehmen, sowie nach *rein politischen* Gesichtspunkten zwischen solchen Alternativen auszuwäh-

---

162 Etwas weniger gilt das für das präsidentielle Regierungssystem, wo – falls es kein klares Gegenüber von Regierungslager und Opposition gibt – auch die Rituale eines von Angriff und Verteidigung lebenden *Mannschafts*wettbewerbs entfallen.

163 ‚Wirksam' bezeichnet hier eine über ihre *Voraus*wirkung – d.h. über eine ‚Antizipationsschleife' – wirkende Kontrollform.

len, die *allesamt* rechtlich nicht zu beanstanden wären. Im Grunde war die Einräumung rechtlicher Kontrollmöglichkeiten bei gleichzeitiger rechtspositivistischer Verengung des Bereichs *justiziabler*[164] politischer Entscheidungen eines der Mittel des Obrigkeitsstaates, unter Verweis auf formale Rechtsstaatlichkeit und Gewaltenteilung parlamentarische bzw. demokratische Mitspracheansprüche abzublocken.

Mit dem Aufkommen von Verfassungsgerichtsbarkeit wurde allerdings eine zweite Form rechtlicher Kontrolle der Regierungstätigkeit überaus wichtig, nämlich in Gestalt der ‚abstrakten Normenkontrolle'. Durch Nutzung dieses Kontrollinstruments lassen – meist oppositionelle – politische Akteure, die entsprechend antragsberechtigt sind, vom zuständigen Verfassungsgericht überprüfen, ob ein von der regierungstragenden Mehrheit beschlossenes Gesetz, oder auch eine Handlung der Regierung, als vereinbar mit einschlägigen, nun vom Gericht auszulegenden Verfassungsnormen gelten kann. Vor allem der materielle Rechtsstaat bietet für solche abstrakte Normenkontrolle vielerlei Ansatzpunkte. In der Praxis kann man hieraus eine Fortsetzung des verlorenen parlamentarischen Kampfes mit anderen, nämlich verfassungsjuristischen Mitteln machen. Doch auch dem Regierungslager bieten diese verfassungsrechtlichen Kontrollmöglichkeiten jenen überaus willkommenen institutionellen Mechanismus, der oben schon umrissen wurde und nur das Gewand einer rechtlichen Regierungskontrolle trägt, obwohl er mit ihr substanziell nichts mehr zu tun hat: Eine politische Entscheidung, die eine Regierung aus gleich welchen Gründen nicht selbst treffen will, wird in eine verfassungsrechtliche Streitfrage umgeformt und dann in taktisch geeigneter Weise, am besten durch ein von der Opposition angestrengtes Normenkontrollverfahren, vor das Verfassungsgericht gebracht. Auf diese Weise wird bewirkt, dass nicht auf Wiederwahl angewiesene Politiker, sondern Richter, die niemandem verantwortlich sind, jene Entscheidung treffen müssen. Ist sie unpopulär, lässt sich nun – durch geeignete ‚Urteilsschelte' – entlastender Unmut nicht nur gegen die Richter mobilisieren, sondern auch gegen die Opposition: Sie habe ein ‚unnötiges' Urteil ‚provoziert' bzw. verweigere sich einer Verfassungsänderung, die das Verfassungsgericht zu einem anderen Urteil bringen würde. Schon mittelfristig ein solches politisches Spiel aber zur rechtlichen Einengung *legitimer* politischer Entscheidungsspielräume. Das untergräbt zunächst die Autorität des Rechtes, dann die des Verfassungsgerichts und am Ende einer Politikerschaft, die offenbar nicht länger den Mut hat, wichtige Dinge selbst zu entscheiden und sich dann vor der Bürgerschaft dafür zu verantworten.

---

[164] ‚Justiziabel' heißt: rechtlich klärbar, vor ein Gericht bringbar, richterlich entscheidbar.

Innerhalb dieser Grundformen parlamentarischer Regierungskontrolle gibt es eine Vielzahl konkreter *Kontrollinstrumente*. Bei allen Unterschieden sind ihnen drei Züge gemeinsam:

- Sie wirken stets in der Weise, dass dem Regierungslager bzw. den eigenen Regierungsmitgliedern glaubhaft Schaden angedroht oder in Aussicht gestellt wird für den Fall, dass bestimmte Dinge getan oder unterlassen werden. Sie funktionieren also auf der Grundlage von – gegebenenfalls durch Erfahrung erlernten – *rationalen Interessenkalkülen* politischer Akteure.
- Ihre Wirkung entfalten sie meist schon mittels *taktischer Antizipation* („Antizipationsschleife', ,Vorauswirkung'), also allein schon durch ihre Existenz und Nutzbarkeit. So wie früher das Vorzeigen der Folterwerkzeuge als erster Grad der Folter oft deren eigentliche Anwendung unnötig machte, verhält es sich auch hier. Deshalb sollte man nie aus der Häufigkeit der Anwendung bestimmter Kontrollinstrumente schon auf deren Wichtigkeit schließen: Wenn ein seit langer Zeit *unbenutztes* Kontrollinstrument entfernt wird, mag allein das schon jenes rationale Verhaltenskalkül verändern, dessen Bestandteil eben jenes Kontrollinstrument war. Weil nun aber die parlamentarischen Kontrollinstrumente ihren Nutzen sehr oft gerade über ihre ,Vorauswirkung' – sozusagen: mittels ,vorauseilenden Gehorsams' – entfalten, ist es nicht verwunderlich, dass in der Öffentlichkeit ihre Wirksamkeit stark unterschätzt und auch diesbezüglich das Kontrollvermögen von Parlamenten verkannt wird.
- Wichtig an den parlamentarischen Kontrollinstrumenten sind meist jene *informellen* Prozesse, die allein aufgrund der Existenz formaler Möglichkeiten zustande kommen.

Vor diesem Hintergrund lassen sich – neben den erwähnten Formen rechtlicher Kontrolle – die vielfältigen, weiteren parlamentarischen Kontrollmöglichkeiten in drei Gruppen zusammenfassen:

- Das *Budgetrecht*. Dies ist das älteste parlamentarische Kontrollmittel. Aus ihm erwuchs – in hier nicht nachzuzeichnenden, doch politikwissenschaftlich höchst aufschlussreichen Prozessen – die Macht von modernen Parlamenten. Die hier einschlägigen Kontrollmöglichkeiten ergeben sich aus der weithin beachteten Regel, dass die Regierung die für ihre Politik nötigen Finanzmittel in Form eines detaillierten Haushaltsplans beim Parlament beantragen muss, und dass sie ohne einen genehmigten Haushaltsplan („Haushaltsgesetz') einen Teil ihrer Tätigkeiten schlechterdings nicht durchführen kann.[165] Also muss die Regierung den Haushaltspolitikern und einer großen Mehrheit zumindest der regierungstragenden Fraktio-

---

165 Um die Staatstätigkeit nicht zum Stillstand zu bringen, gilt in vielen Ländern die Regel, dass beim Fehlen eines vom Parlament beschlossenen Haushalts die Regierung monatlich ein Zwölftel der für ihre einzelnen Aufgaben im letzten gültigen Haushaltsplan

nen immer wieder überzeugend erklären, warum sie Mittel welcher Höhe wofür ausgeben will – und wofür eben nicht. In die Haushaltsberatungen fließen so alle politischen Gestaltungswünsche zumindest der regierungstragenden Fraktionen und ihrer wichtigsten Veto-Gruppen ein, wobei die Regierung zwar das erste Wort hat, das Parlament aber stets das letzte Wort behält. Gegebenenfalls kann ein Parlament Haushaltsmittel auch mit ‚qualifizierten Sperrvermerken' bewilligen, d.h. deren Verausgabung daran binden, dass die Regierung zuvor bestimmte Wünsche der Parlamentsmehrheit erfüllt. Auf diese Weise ist sogar eine fallweise parlamentarische Feinsteuerung der Regierungstätigkeit möglich.

- Die Nutzung des ‚*innerparlamentarischen Erpressungspotentials*'. Dieses Kontrollmittel ergibt sich daraus, dass für alle parlamentarischen Entscheidungen Mehrheiten erforderlich sind. Das beginnt damit, dass die Fachpolitiker einer Fraktion in ihren Arbeitsgruppen zur Durchsetzung ihrer Position eine Mehrheit brauchen, und setzt sich fort in der Notwendigkeit, innerhalb der Fraktionsvollversammlung eine verlässliche Mehrheit für jede Position zustande zu bringen, welche die Fraktion im Plenum vertreten soll. Das Ringen um eine Mehrheit reicht anschließend in die Ausschussarbeit hinein und wird fortgesetzt beim Zustandebringen gesamtparlamentarischer Mehrheiten für Gesetzesbeschlüsse sowie parlamentarischer Sach- oder Personalabstimmungen. Zu den letzteren gehört im parlamentarischen Regierungssystem auch die so wichtige Abwahl, Bestätigung oder Wahl einer Regierung. Zu Mehrheiten gelangt man aber nur in einem Prozess des Gebens und Nehmens, also durch Kompromissbildung, bei welcher jene Minderheiten bzw. ‚Veto-Gruppen'), auf deren Zustimmung man gerade noch angewiesen ist, klar überproportionalen Einfluss erhalten. Wenn nun Abgeordnete ein *freies*, d.h. rechtlich nicht einschränkbares Mandat haben, sich dann im Einzelfall gerade *nicht* auf die beschlussvorbereitenden Fachpolitiker ihrer Fraktionen verlassen wollen und im Übrigen politische Missstimmung sich selbst gegenüber, vielleicht auch erhebliche persönliche politische Nachteile, *in Kauf zu nehmen bereit sind*, dann können besonders große, nur sehr mühsam zu lösende Probleme beim Versuch entstehen, im Arbeitskreis, in der Fraktionsvollversammlung, im Ausschuss oder im Plenum auch *deren* Stimmen zu erhalten. Und falls – wie in Koalitionsverträgen oft sogar *ausdrücklich festgelegt* – im parlamentarischen Regierungssystem noch die Erwartung hinzukommt, dass die regierungstragenden Fraktionen im Plenum grundsätzlich *nicht* mit wechselnden, also nur mit Oppositionsstimmen zustande kommenden Mehrheiten arbeiten, dann steigen die Anforderungen an die Kompromissbildung in und zwischen den regierungstragenden Fraktionen noch mehr. Folglich steigt auch der Einfluss gut zusammenhaltender *Min-*

---

vorgesehenen Finanzmittel ausgeben darf, sofern das Parlament nicht ausdrücklich anderes beschließt.

derheiten und – bei sehr knappen Mehrheitsverhältnissen – sogar der von *einzelnen* Abgeordneten. Freies Mandat und Fraktionsdisziplin sind deshalb als *dialektische Einheit* zu sehen: Wessen Mitwirkung man *braucht*, aber *nicht* erzwingen kann, der besitzt großes Erpressungspotential. Dieses Potential zwar kollegial, doch wirkungsvoll zu nutzen, ist ein zentrales Instrument parlamentarischer Kontrolle. Es kann sowohl gegen die eigene Fraktionsführung als auch gegen die eigene Regierung eingesetzt werden. Im auf *Mannschafts*spiel angewiesenen parlamentarischen Regierungssystem scheint dieses Erpressungspotential sogar noch wirkungsvoller zu sein als im präsidentiellen Regierungssystem, bei dem die Anzahl *individueller* Akteure viel größer ist, womit die Verhandlungsmacht jedes Einzelnen sinkt.

- Die *Einforderung von Verantwortung* und der ‚*Gang an die Öffentlichkeit*'. Jemandem verantwortlich zu sein heißt, auf dessen Fragen antworten und unangenehme Folgen befürchten zu müssen, falls die Antworten nicht überzeugend ausfallen. Verantwortlichkeit der Regierung vor dem Parlament meint also, dass man die Mitglieder der Regierung zu Antworten auf – gerade auch unangenehme – Fragen der Parlamentarier zwingen kann sowie in der Lage ist, bei unbefriedigenden Antworten den entsprechenden Regierungsmitgliedern, bzw. einer mit ihnen Solidarität praktizierenden Regierung, spürbaren Schaden zuzufügen – ganz gleich, ob in Gestalt ausbleibender parlamentarischer Unterstützung, einer Verweigerung von Haushaltsmitteln oder kunstvoller Aufstachelung massen- oder sozialmedialer Kritik. Geht es um die Erzeugung solchen Drucks, so bieten sich die folgenden, oft überaus wirkungsvollen Mittel an, um massenmediale Aufmerksamkeit und möglicherweise aus ihr folgende Kritik auf die Regierungsarbeit zu lenken: skandalisierende Einsetzung von Untersuchungsausschüssen, öffentlichkeitswirksame Plenardebatten (in Deutschland etwa ‚Aktuelle Stunden'), Große und Kleine Anfragen sowie mündliche und schriftliche Fragen an die Regierung, auf welche diese im Plenum oder schriftlich antworten muss. Ergänzt wird dies alles durch die sonstigen Formen der Öffentlichkeitsarbeit von Fraktionen, Parteien und einzelnen Politikern: Presseerklärungen, Pressekonferenzen, spektakuläre Aktionen wie Demonstrationen oder Unterschriftensammlungen, über welche in den Massenmedien breit berichtet wird. Die Skandalisierungs- bzw. Diffamierungsmöglichkeiten sozialer Medien runden derlei inzwischen höchst wirksam ab. Wichtig für die Wirksamkeit dieser Gruppe von Kontrollinstrumenten ist vor allem, dass die parlamentarischen Möglichkeiten, eine Regierung durch nicht abzuweisende Fragen zu öffentlichen, überprüfbaren und im politischen Streit weiterverwertbaren Antworten zu zwingen, als *Minderheiten*rechte ausgestaltet sind, welcher sich gerade die *Oppositionsfraktionen* bedienen können. Und natürlich werden die Möglichkeiten, an die Öffentlichkeit zu gehen, von regierungstragenden und oppositionellen Fraktionen ganz unterschiedlich genutzt: von den einen, um die

Leistungen und Verdienste der eigenen Regierung herauszustellen, von den anderen hingegen zum Nachweis der Fehler und Versäumnisse der gegnerischen Regierung. Der Bürger kann sich dann sein Urteil bilden sowie bei Wahlen und Abstimmungen – oder schon bei demoskopischen Umfragen – nach eigenem Ermessen Macht entziehen bzw. erneut anvertrauen.

(3) Die Gesetzgebungsfunktion

Ein Parlament, das im Wesentlichen auf seine Gesetzgebungsfunktion und die allein mit ihr verbundenen Möglichkeiten der Regierungskontrolle beschränkt ist, sollte man eine ‚Legislative' nennen. Doch ganz gleich, ob es sich um eine ‚Legislative' oder um ein Parlament mit dem Recht auf Regierungssturz bzw. Regierungsbildung und gar mit machtvoller (Mit-)Regierungsfunktion handelt: Stets läuft der Gesetzgebungsprozess zwar an der Oberfläche recht unterschiedlich, im Kern aber sehr ähnlich ab. Typischerweise vollzieht sich die parlamentarische Gesetzgebungsfunktion nämlich so, dass die *Initiative bei der Regierung* liegt. Weit davon entfernt, als eine bloße ‚Exekutive' die von einer anderen staatlichen Institution beschlossenen Gesetze nur ‚auszuführen', ist die Regierung stets das Organ der *Gesamtleitung aller staatlichen Tätigkeiten*. Dazu gehört ganz wesentlich, solche allgemein verbindlichen Regelungen und Entscheidungen vorzuschlagen, nicht selten auch auszuarbeiten, deren die regierte Gesellschaft bedarf, sowie die für eine Erfüllung der politischen Gestaltungsaufgaben nötigen Finanzmittel zu verplanen und zu verwalten. Deshalb werden sowohl die Haushaltsgesetze als auch die meisten sonstigen Gesetze in der Regel von den *Regierungen* vorbereitet. Solche – in enger Kooperation mit den dafür wichtigen Abgeordneten – gesetzesinitiierenden Tätigkeiten werden sogar von den Regierungen präsidentieller Regierungssysteme erwartet, und zwar selbst dann, wenn – wie in den USA – der Präsident gar nicht das Recht hat, seinerseits einen Gesetzentwurf in die Legislative einzubringen. *Informelle* Praktiken stellen dann sicher, dass die Regierung ihre funktionslogisch angemessene Rolle sogar unter solchen Umständen spielt, in denen sie ihr *formal verwehrt* ist.

Im parlamentarischen Regierungssystem sind solche Umgehungsstrategien ohnehin nicht nötig. Hier hat die Regierung – gleichsam ein geschäftsführender und die Exekutive leitender ‚Ausschuss' des Parlaments – von vornherein ein *eigenständiges* Recht, Gesetzentwürfe auszuarbeiten und diese nach eigenem taktischen Ermessen in die parlamentarische Willensbildung und Entscheidungsfindung einzuführen. Oft ist das sogar ihre im Koalitionsvertrag festgelegte Pflicht. Der nähere Blick zeigt somit: Im parlamentarischen Regierungssystem bedienen sich die regierungstragenden Fraktionen des von ihnen beherrschten Regierungsapparats und seines Expertenwissens bei der gesetzesvorbereitenden Verwirklichung einer Politik, die *im Parlament beginnt* und dort auch stets der Unterstützung bedarf. Deshalb kommen im parlamentarischen Regierungssystem Gesetzesinitiativen nur aus drei Gründen bisweilen auch formal ‚aus der Mitte des Parlaments', also nicht von der Regierung.

- Erstens kommt es vor, dass eine regierungstragende Fraktion einen Gesetzentwurf *ohne* formale Beteiligung der Regierung einbringt, doch sehr wohl *nach Absprache* mit ihr, falls dies die von der Verfassung verlangten Fristen der Gesetzesberatung verkürzt.[166]
- Zweitens ereignet es sich bisweilen, dass Abgeordnete aus regierungstragenden *und* oppositionellen Fraktionen einen *gemeinsamen* Gesetzentwurf vorlegen, der in Deutschland dann ‚Gruppenantrag' heißt. Zwei Gründe gibt es dafür. Entweder soll, vor allem bei stark symbolisch aufgeladenen Gesetzesmaterien oder bei Dingen, die das Parlament insgesamt betreffen, eine *tatsächlich gemeinsame* Position der Fraktionen erreicht bzw. demonstriert werden. Oder es muss dringend ein Problem geregelt werden, dessen Lösungsvorschläge nun allerdings quer zu den von den Parteien repräsentierten politischen Spannungslinien liegen. Dann nämlich lässt sich allenfalls *quer über verschiedene* Fraktionen, nicht aber *innerhalb der regierungstragenden* Fraktionen die nötige Mehrheit schaffen. Falls nun die führenden Politiker in Parlament und Regierung zur gemeinsamen Ansicht kommen, dieser zweite Fall läge vor, werden sie versuchen, innerhalb ihrer Fraktionen sowie in der Öffentlichkeit die Diskussion so zu steuern, dass die beabsichtigte Abstimmung ‚über die Koalitionsgrenzen hinweg' nicht als eine ‚Verletzung des Koalitionsvertrages' gedeutet werden kann, und dass die jetzt klar hervortretenden Meinungsunterschiede innerhalb der Fraktionen vom jeweiligen politischen Gegner nicht als ‚Zerstrittenheit' hingestellt werden. Gelingt dies, so werden *einzelne* Abgeordnete von Regierungslager *und* Opposition einen entsprechenden Gesetzentwurf vorlegen, andere Abgeordnete beider Lager hingegen mindestens einen konkurrierenden Gesetzentwurf. Solche Anträge haben genau deshalb Chancen auf eine Mehrheit sowohl von regierungstragenden als auch von oppositionellen Abgeordneten, weil sie eben *nicht* von der *Regierung* vorgelegt wurden. Beide Fälle kommen allerdings ziemlich selten vor.

Im Übrigen werden sie von der Bevölkerung in der Regel missverstanden. Einesteils trägt dazu die populäre und von den Medien immer wieder völlig irreführend verbreitete Formel bei, in solchen Ausnahmefällen werde ‚der Fraktionszwang aufgehoben'. Doch in Wirklichkeit existiert Fraktionszwang überhaupt nicht; also kann er auch nicht ‚aufgehoben' werden. Es

---

166 Beispielsweise muss in Deutschland ein von der Bundesregierung eingebrachter Gesetzentwurf erst dem Bundesrat vorgelegt werden, der dann mindestens drei Wochen Zeit zur Beratung im ‚ersten Durchgang' hat. Ein unmittelbar aus dem Bundestag hervorgehender Gesetzentwurf kann hingegen theoretisch sogar noch am selben Tag vom Bundestag und spätestens am Folgetag auch vom Bundesrat beschlossen werden, was in extrem seltenen Fällen auch so vorkommt.

geht allein darum, dass die Fraktionen übereinkommen, im konkreten Fall gerade *nicht* das ansonsten – aus guten Gründen – übliche politische *Mannschaftsspiel* zu betreiben. Andernteils glaubt die Öffentlichkeit in solchen Ausnahmefällen, sie erlebe ‚Sternstunden des Parlamentarismus'. In Wahrheit *versagt* nur die normale, üblicherweise erfolgreiche intrafraktionelle Willensbildung, was zum Griff nach einer *Ausweichstrategie* zwingt. Die aber ist mit so extrem hohen *Transaktionskosten* an zusätzlichen Verhandlungen zwischen den Fraktionen und ihren Abgeordneten verbunden, dass es das Parlament lahmlegte, wenn bei jedem Gesetzgebungsprozess so verfahren würde.

- Drittens kann eine *Oppositionsfraktion* einen Gesetzentwurf vorlegen. Dabei geht die Absicht dahin, das *eigene Profil* kenntlich zu machen. Ein solcher Entwurf hat allerdings so gut wie nie eine Chance, zum Gesetz zu werden, weil nun einmal die Opposition die dafür notwendige Mehrheit nicht besitzt. Einen solchen Gesetzentwurf werden die regierungstragenden Fraktionen üblicherweise niederstimmen oder während der Ausschussberatungen durch schlichte Nichtbefassung vermodern lassen. Doch enthält der oppositionelle Gesetzentwurf zielführende und wählerattraktive Ansätze, so werden diese von den regierungstragenden Fraktionen nach einiger Zeit meist ihrerseits aufgegriffen und – mittels einiger Änderungen der eigenen Politik angepasst – in Gestalt eines *eigenen* Gesetzentwurfs ins Parlament eingebracht. Das versetzt die Opposition vor der Öffentlichkeit dann in die unangenehme Lage, entweder den einst eigenen Vorschlägen widersprechen oder dem politischen Gegner zustimmen zu müssen. Beides fühlt sich nach einer politischen Niederlage an, die man besser vermieden hätte. Also wird sich jede Oppositionsfraktion hüten, in eine derartige Situation zu geraten, wird also einen eigenen Gesetzentwurf nur ausnahmsweise vorlegen.

Vergegenwärtigt man sich alle diese funktionslogischen Zusammenhänge, so wird klar, von einem wie geringen Verständnis des parlamentarischen Regierungssystems es zeugt, in der überragenden gesetzesinitiierenden Rolle der Regierung einen ‚Verfall' parlamentarischer Macht oder gar eine ‚Funktionsstörung' dieses Systemtyps zu sehen. Tatsächlich *entsteht* ein Gesetz aus einer *Kette von Beratungen* in formellen und informellen Gremien sowohl der Regierung als auch des Parlaments, und zwar zumal in den Ministerien, in innerfraktionellen Arbeitsgruppen, in Ausschüssen, Fraktionen, Koalitionsrunden und im Plenum des Parlaments. In einer gut geführten Regierung werden Gesetzentwürfe – in der Regel auf der Grundlage des Koalitionsvertrags und auf Initiative eines zuständigen Ministers – zunächst zwischen den Fachpolitikern der regierungstragenden Fraktionen und den Experten des betroffenen Ministeriums soweit vorgeklärt, dass ein Ministerialbeamter einen ersten Entwurf als Grundlage weiterer Diskussionen aufsetzen kann.

Dieser ‚Referentenentwurf'[167] wird dann zwischen den für ihn zuständigen Ministerien und den Koalitionsparteien abgestimmt. In der Regel werden in diese Beratungen ebenfalls die wichtigsten einschlägigen Interessengruppen formell oder informell einbezogen, gegebenenfalls auch sonstige wichtige Politiker der regierungstragenden Fraktionen, mitunter sogar der Opposition. Erst wenn alle wesentlichen Züge eines Gesetzentwurfs sowohl in den regierungstragenden Fraktionen auf Einvernehmen treffen als auch die Gesetzesvorlage in keinem Ministerium mehr auf Widerspruch stößt, ist sie ‚kabinettsreif'. Nun wird sie in die Tagesordnung einer Sitzung des Kabinetts aufgenommen und auf ihr als Gesetzentwurf der Regierung beschlossen (‚verabschiedet'). Damit ist sie auf jenen Weg des Gesetzgebungsverfahrens gebracht, der in der jeweiligen Verfassung vorgesehen ist. Wenn dieser *formal* geregelte Prozess des Gesetzgebungsverfahrens beginnt, sind also die wesentlichen Weichenstellungen längst vollzogen. Deshalb vollzieht sich in manchen Parlamenten, vor allem in denen vom Typ des ‚Redeparlaments', in dieser formalen Phase des Gesetzgebungsverfahrens kaum mehr etwas Neues. Anders ist es in Legislativen, die sich als ‚Arbeitsparlament' verstehen. Dort gehört es zum parlamentarischen Ehrgeiz und meist auch zum Komment der regierungstragenden Fraktionen, dass keine Regierungsvorlage genau so den formellen parlamentarischen Beratungsprozess verlässt, wie sie in ihn gelangte.

Auch in den parlamentarischen Beratungsprozess werden – wie zuvor schon in den Ausarbeitungsprozess eines Gesetzentwurfs in den Ministerien – meist die wichtigsten jener Interessengruppen einbezogen, die für den Gestaltungsbereich des Gesetzes zuständig sind. Das vollzieht sich nicht nur informell, sondern vielfach auch formell und somit in seinen Grundzügen transparent. Oft geht die Einbeziehung von Interessengruppen auf Initiativen der Opposition zurück, die auf diese Weise Detailinformationen zu den möglichen Auswirkungen eines Gesetzes sowie Unterstützung für ihre Bedenken sucht.

Die tatsächlichen Beratungen über einen Gesetzentwurf finden stets in den Arbeitsgruppen der Fraktionen statt, bei wichtigen und umstrittenen Gesetzentwürfen auch in den Vollversammlungen der Fraktionen. So gut wie völlig formalisiert, d.h. von den Fraktionen anhand fraktionsinterner und interfraktioneller Absprachen ‚inszeniert', sind die Beratungen (‚Lesungen') eines Gesetzentwurfs im Plenum des Parlaments. Dort vollzieht sich deshalb nur äußerst selten eine tatsächliche *Beratung* eines Gesetzentwurfs.[168] Deren

---

167 Dieser in Deutschland gebräuchliche Name kommt daher, dass ein solcher Gesetzentwurf im einschlägigen Referat eines Ministeriums vom zuständigen Referenten aufgesetzt wird.

168 Ausnahme sind die oben geschilderten Gesetzentwürfe aus der Mitte des Parlaments, in denen die Befürworter und Gegner eines Gesetzes sich quer über alle – oder die meisten – Fraktionen verteilen. Auf solche Ausnahmefälle passt nämlich die übliche, fein ausdifferenzierte Beratungsstruktur des normalen Gesetzgebungsverfahrens

Stätte sind regelmäßig jene Diskussionen, die in den Arbeitskreisen der Fraktionen, in den Fraktionsvollversammlungen, in den Ausschüssen und immer wieder in informellen und formellen Koalitionsgremien geführt werden. Zur Schlussabstimmung im Plenum kommt es deshalb meist erst dann, wenn hinsichtlich eines Gesetzentwurfs alle Klärungen erfolgt und sämtliche Willensbildungsprozesse abgeschlossen sind. Deshalb können Plenardebatten im Gesetzgebungsprozess kaum einmal Neuigkeitswert haben, weswegen ein rational arbeitender Abgeordneter auf sie auch nur möglichst wenig Zeit verwendet.

Im Übrigen werden konkrete Gesetzgebungsprozesse von den folgenden, je nach politischem System unterschiedlichen Faktoren geprägt:

- Welchen *machtpolitischen Stellenwert* hat das Parlament überhaupt? Ist es ein ‚Minimalparlament' wie die Volkskammer der DDR, hinter dessen Fassade sich im Grunde keine wirkliche institutionelle Macht befindet? Ist es eine (mehr oder minder machtvolle) ‚Legislative'? Oder handelt es sich, wie im parlamentarischen Regierungssystem, um eine Vertretungskörperschaft, deren wichtigste Anführer *selbst* regieren?

- Wie übt ein Parlament seine Rolle aus? Wird es eher als ein ‚*Arbeitsparlament*' mit einem hochdifferenzierten Ausschusssystem tätig, in dem sich Politikfeldexperten an Detailberatungen machen? Oder agiert es eher als ‚*Redeparlament*', in dem es vielleicht gar keine wirklichen Fachausschüsse gibt, weshalb unter den Parlamentariern dann auch der Typ des Fachpolitikers selten ist, und wo insgesamt die debattierende Auseinandersetzung mit dem politischen Gegner viel mehr als die detaillierte Arbeit am Gesetz gefragt ist?

- Gibt es ein *Einkammer- oder ein Zweikammersystem* (‚Bikameralismus')? Im letzteren Fall: Sind die Kammern gleichberechtigt, und falls ja: Wie lassen sich Entscheidungsblockaden zwischen ihnen auflösen? Falls es sich nicht um gleichberechtigte Kammern handelt: Welche Möglichkeiten des absoluten oder aufschiebenden Vetos lassen sich im Zusammenwirken der Kammern taktisch oder strategisch für die Regierungskontrolle bzw. den Parteienwettbewerb nutzen? Und grundsätzlich: Welches politische Gewicht vermag welche Kammer im Konfliktfall aufgrund ihrer Zusammensetzung, Legitimitätsgrundlage und Kompetenzen wirklich aufzubringen? In der Regel können sich dabei, wegen ihrer größeren öffentlichen Unterstützung, auf direkten Wahlen beruhende Kammern leichter durchsetzen

---

nicht, vor allem nicht die Vorklärung aller wichtigen Fragen im Rahmen der Fraktionen. Deshalb bleibt für die tatsächliche gemeinsame Beratung eines Gesetzentwurfs eben kein anderes Gremium als das Plenum des Parlaments. Somit ist es einen gut nachvollziehbaren Grund, dass derlei auf die öffentliche Meinung wie eine ‚Sternstunde des Parlaments' wirkt. Doch in Wirklichkeit ist das allenfalls eine Sternstunde des *Plenums* – das aber hoffnungslos überfordert wäre und dann auch übel aussähe, würde ein *jeder* Gesetzentwurf dort wirklich *beraten* werden.

als solche, die durch indirekte Wahlen oder gar nur durch Ernennung bestellt werden.
- In welchem Umfang gibt es *eigenständige Rechtsetzungs- oder gar Gesetzgebungsbefugnisse der Regierung*? Ist es eher so wie in Deutschland, wo die Regierung Rechtsverordnungen nur auf der Grundlage und nach Maßgabe eines Gesetzes erlassen kann? Oder ist das Parlament eher auf die in der Verfassung ausdrücklich aufgeführte Gesetzgebungsmaterien beschränkt, während alle sonstige Rechtsetzung seitens der Regierung durch Dekrete, Ordonnanzen oder sonstige Erlasse erfolgen kann? Im ersten Fall trägt das Parlament eine erhebliche Gesetzgebungslast, hat aber auch gute Möglichkeiten der Regierungskontrolle. Im zweiten Fall sind die im Modus der Gesetzgebung möglichen Kontroll- und Mitsteuerungsmöglichkeiten eines Parlaments sehr begrenzt, und es mag auf den Typ eines ‚Minimalparlaments' einschrumpfen.
- Gibt es unter den Abgeordneten der einzelnen Parteien Zusammenhalt, vielleicht sogar Fraktionsdisziplin? Wie kohärent, diszipliniert und kompromissfähig agieren die Parlamentsfraktionen deshalb sowohl im Inneren als auch nach außen? Wie gut benutzbar sind somit verhandlungsdemokratische Instrumente, wie berechenbar deren Ergebnisse?
- Und schließlich: In welchem Umfang müssen bei Prozessen parlamentarischer Gesetzgebung die Möglichkeiten einer konkurrierenden Volksgesetzgebung oder verfassungsrechtliche Notwendigkeiten berücksichtigt werden, parlamentarisch beschlossene Gesetze dem Staatsvolk zur nachträglichen Billigung in einem obligatorischen oder fakultativen Referendum vorzulegen? Und in welchem Umfang können parlamentarische Oppositionsparteien durch geschickte Nutzung plebiszitärer Möglichkeiten fallweise außerparlamentarische Macht hinzugewinnen, was es dem Regierungslager meist nahelegt, sie schon vorab in die gesetzgeberische Willensbildung und Entscheidungsfindung einzubeziehen?

(4) Die Vernetzungs- und Kommunikationsfunktion (‚Repräsentationsfunktion')

Der große Nutzen, den eine Vertretungskörperschaft für ein politisches System durch die kompetente Wahrnehmung ihrer Kontroll- und Gesetzgebungsfunktionen stiften kann, beruht ganz wesentlich auf jener – von anderen Institutionen keineswegs zu ersetzenden – Vernetzungs- und Kommunikationsleistung, die gerade ein Parlament zwischen einer Gesellschaft und deren zentralem politischem Entscheidungssystem zu erbringen vermag. Diese Funktion lässt sich vierfach untergliedern:

- *Vernetzungsfunktion:* Sie besteht zunächst einmal in der Bindeglied- und Netzwerkfunktion der politischen Parteien, deren regionale und nationale Führer sehr häufig Mitglieder von Parlamenten sind. Sodann sind

Parlamente, zumal ihre Fachausschüsse und die fachlich spezialisierten Arbeitsgruppen der Fraktionen, eine überaus wichtige Anlaufstelle von Interessengruppen (,Lobby', ,Lobbyismus'). Auf diese Weise entstehen sehr feingliedrige Vernetzungen der Parlamente zu nachgerade allen Bereichen gesellschaftlichen Lebens. Zu diesen Kommunikations- und Interaktionsstrukturen tragen ferner die regelmäßigen Kontakte von Parlamentariern auf den von ihnen bearbeiteten Politikfeldern mit idealerweise allen praktisch wichtigen nationalen und internationalen Institutionen oder Organisationen bei. Außerdem wird durch intensive Wahlkreisarbeit, wie sie für die meisten Abgeordneten typisch ist, ein sehr feinmaschiges Netzwerk zwischen den Parlamentariern und den wichtigen Organisationen, Institutionen und Unternehmen ihrer Wahlkreise gesponnen, mit sehr dichten Maschen hin zu den Kommunen, und mit fallweise durchaus wichtigen Fäden sogar hin zu einzelnen Bürgern, für die sich die meisten Abgeordneten generell gut zugänglich machen. In parlamentarischen Regierungssystemen sind es sodann die Vernetzungen zwischen den regierungstragenden Fraktionen und ,ihrer' Regierung, in präsidentiellen Regierungssystemen kaum minder die dort den politischen Prozess prägenden Gewaltenverschränkungen zwischen Legislative und Exekutive, welche einen Großteil der in den *parlamentarischen* Netzwerken ablaufenden Kommunikation mit jener Kommunikation zusammenschalten, die im *Regierungsapparat* – nämlich über dessen Behörden – zwischen dem zentralen politischen Entscheidungssystem und der Gesellschaft aufrechterhalten wird. Auf diese Weise kann schon im Parlament, erst recht aber im Zusammenwirken von Parlament und Regierung, *alles* das ,präsent' sein, was es in einer Gesellschaft an politisch zu lösenden Problemen und an durch Politik zu befriedenden Interessenkonflikten gibt. Vorbedingung dafür ist freilich, dass in einer politischen Kultur die diskursive Einbindung von Gegnern und Konkurrenten als Richtschnur dient, und dass es nicht selbstverständlich geworden ist, sich von Rivalen oder sachlich Andersdenkende erst einmal abzugrenzen und sie dann nach Möglichkeit auszugrenzen.

- *Responsivitätsfunktion:* Hier setzt sich auf der Ebene staatlicher Willensbildung und Entscheidungsfindung die Responsivitätsfunktion der Parteien fort. Es geht darum, Anliegen und Sorgen, Wünsche und Meinungen aus allen Kreisen der Bevölkerung aufzunehmen, für Problemlösungen und Interessenverwirklichung sachdienliche Informationen aus allen Teilen der Gesellschaft zu sammeln, und das alles – orientiert an der regulativen Idee eines durch Versuch und Irrtum ausfindig zu machenden Gemeinwohls – in den vom Parlament (mit-)gestalteten politischen Willensbildungs- und Entscheidungsprozess einzubringen. Werden vom Parlament hingegen Anliegen und Sorgen, Wünsche und Meinungen als unbeachtlich oder als nicht weiter diskussionswürdig behandelt, die in breiteren Kreisen der Bevölkerung durchaus für wichtig gehalten werden, so entsteht aus fehlender parlamentarischer Responsivität eine ,Repräsentationslücke'. In der kommen dann erfahrungsgemäß populistische Bewegungen auf. Wird auf diese nicht mit gleichsam ‚nacheilender Responsivität' reagiert, so verfestigen sich diese Bewegungen bzw. populistische Parteien immer wieder. Das kann dann einen Prozess politischer und gesellschaftlicher Polarisierung auslösen, an dessen Ende weithin der Legitimitätsglaube schwindet und gar Lust am Rebellieren aufkommt.

- *Darstellungsfunktion (‚Öffentlichkeitsfunktion'):* Damit die Macht eines Parlaments bzw. einer vom Parlament getragenen Regierung als *zu Recht ausgeübt* gilt, d.h. als *legitim*, reicht es nicht aus, Responsivität nur zu *praktizieren*. Vielmehr muss der Bevölkerung auch immer wieder *gezeigt* werden, *dass* die Politikerschaft sich responsiv verhält, und dass dies auch nicht ohne Folgen für ihr politisches Handeln bleibt. Es geht also um die Stiftung von Repräsentations*glauben*. Dem Nachweis, im Parlament wisse man um die vielfältigen Sorgen und Anliegen, um die Meinungen und Wünsche der Bevölkerung Bescheid, man nehme sie auch ernst und bemühe sich – ebenso streitend wie die Gesellschaft selbst – um eine alledem angemessene Politik, dient die Widerspiegelung und Bekundung all dessen in den parlamentarischen Plenardebatten sowie in der Öffentlichkeitsarbeit der Fraktionen. Eben deshalb schadet es nicht nur dem Vertrauen in ein Parlament, sondern auch dessen Fähigkeit, eine Gesellschaft zusammenzuhalten, wenn in ihm nicht ebenso breit und offen debattiert wird, wie sich das in den Reihen der Bürgerschaft vollzieht. Allerdings würde ein Parlament seinen Möglichkeiten gerade nicht gerecht, wenn es die empirisch vorfindbaren Willensbekundungen der vertretenen Bevölkerung einfach nur widerspiegelte. Vielmehr müssen Parlamentarier schon auch danach streben, durch Rede und Gegenrede zu jenem ‚hypothetischen Gemeinwillen' (Ernst Fraenkel) vorzudringen, den die von ihnen Repräsentierten wohl dann hätten, wenn sie sich ebenso sachlich und gründlich mit anstehenden Entscheidungen befassen könnten, wie das Abgeordneten möglich und von diesen auch zu verlangen ist. Indem dieser ‚hypothetische Gemeinwille' mitsamt den ihn plausibilisierenden Argumenten von den Abgeordneten öffentlich dargestellt und vertreten wird, erfüllen sie genau das, was Walter Bagehot (1826–1877) einst als die ‚teaching function' eines Parlaments hervorhob. Allerdings sind – auch wenn sie sich um dies alles redlich bemühen – aus einer ganzen Reihe von Gründen die Parlamente nicht überaus erfolgreich beim Versuch, auf diese Weise Repräsentationsglauben zu stiften. Erstens braucht es schon auch seitens der Bevölkerung Interesse für Parlamente und ihre tatsächliche Arbeit, um dergleichen auch nachhaltig wahrzunehmen. Solches Interesse ist aber – wiederum erfahrungsgemäß – noch weniger verbreitet als das Interesse an Politik ganz allgemein. Und wo es immerhin vorhanden ist, dort konzentriert es sich meist auf die Oberfläche des Streits um Personen und auf pointierende Polemik zur Sache. Zweitens wird jene Qualitätspresse, die über Parlamente durchaus verlässlich berichtet, nur von einer Minderheit der Bürger gelesen, während in Lokalzeitungen, in den Fernseh- und Hörfunknachrichten sowie schon gar in den sozialen Medien, was allesamt die wichtigsten politischen Informationsquellen der allermeisten Bürger sind, das parlamentarische Geschehen aufgrund von deren Zielgruppenbindung, zeitlichen Möglichkeiten oder erwartbaren Aufmerksamkeitsspannen kaum eine Chance hat, angemessen und kontinuierlich dargestellt zu werden.

- *Kommunikative Führungsfunktion:* Es reicht nicht, der Bevölkerung einfach nur *darzustellen*, was man tut. Man muss – ob als regierungstragende oder oppositionelle Fraktion – seine Politik schon auch *erläutern* und für sie *werben*. Das heißt: Man muss die eigenen Problemwahrnehmungen mitteilen, seine Präferenzen offenlegen, die für realistisch gehaltenen Entscheidungsalternativen vor Augen führen, die getroffene Entscheidung begründen und für die durchgeführte Politik auch nachhaltig eintreten. Letzteres ist vor allem dann wichtig, wenn diese Politik auf Widerspruch trifft, (noch) keine Wirkung aufweist oder unerwartete, unvorteilhafte Nebenwirkungen zeitigt. Wenig beschädigt die Glaubwürdigkeit der Politikerschaft so sehr, wie wenn sie sich vor dieser kommunikativen Führungsfunktion drückt, indem sie Positionen leichtfertig bezieht und bei Widerstand schnell wieder räumt, oder wenn sie – etwa mit Zahlenspielereien oder mit populistisch am Kern der Dinge vorbeigehenden Argumentationen – reale Probleme des eingeschlagenen politischen Kurses beschönigt. Glaubwürdigkeit wird ebenfalls dann beeinträchtigt, wenn Politiker eigene Lernergebnisse nicht ebenfalls der Bürgerschaft nachvollziehbar darlegen. Und schon gar nicht wird die kommunikative Führungsfunktion von Parlamenten und Parlamentariern erfüllt, wenn diese auf der Grundlage demoskopischer Umfragen, experimentell getesteter politischer Formeln oder im Zusammenwirken mit ihnen nahestehenden Medienleuten der Bevölkerung einfach dasjenige nach- bzw. vorsagen, was es eben an – wieder in Ernst Fraenkels Begriff – ‚empirisch vorfindbarem Volkswillen' gibt. Die parlamentarische Führungsaufgabe wird gegenüber der repräsentierten Bevölkerung jedenfalls erst dann richtig wahrgenommen, wenn – auch gegen diskursive Widerstände – dasjenige klar und nötigenfalls mutig vertreten wird, was man als den ‚hypothetischen Gemeinwillen' erkannt zu haben glaubt.

Generell ist für Parlamente festzustellen, dass sie oft ihre Gesetzgebungs- und Kontrollfunktionen, nicht selten auch ihre Vernetzungs- und gegebenenfalls sogar Regierungsbildungsfunktionen recht gut erfüllen, dass sie hingegen meist Schwächen bei der kommunikativen Führungsfunktion aufweisen, und dass sie an der Darstellungsfunktion oft scheitern. Das lässt Parlamente für die Öffentlichkeit meist viel schlechter aussehen, als sie tatsächlich sind, und führt zu zwar nicht stichhaltiger, doch überaus populärer Parlamentarismuskritik.

7. Regierung und Verwaltung

Wer eine Regierung nur für eine ‚Exekutive' hält, der verkennt ihre Aufgaben und Eigenart gründlich. Denn keineswegs ist eine Regierung eine Institution, welche die Vorgaben einer anderen Institution – etwa der ‚Legislative' – bloß ‚exekutiert'.[169] Auf den insbesondere ‚ausführenden' Charakter ihrer Tätigkeit verwiesen zwar im sich demokratisierenden 19. Jahrhundert besonders intensiv die monarchischen Regierungen. Doch das hatte vor allem den Zweck, die machtpolitisch aufsteigenden Parlamente auf den Bereich der Gesetzgebung zu *beschränken* und von einer wirksamen politischen Kontrolle des laufenden Regierungshandelns *abzuhalten*.[170] Solches aber kann angesichts des vielfältigen Nutzens, den Parlamente einem politischen System zu stiften vermögen, keinesfalls wünschenswert sein.

a. Was ist Regierung?

Jeder Blick auf die Wirklichkeit stabiler politischer Systeme zeigt: Die Regierung[171] ist jene Institution, welche in einer funktionierenden Herrschaftsordnung die *umfassende politische Führungsrolle* ausübt, und der legitimerweise die *Gesamtleitung aller staatlichen Tätigkeiten* zukommt. Im Rahmen dieser Rolle besteht zwar *eine* Funktion der Regierung darin, jene allgemein verbindlichen Regelungen und Entscheidungen anzuwenden und durchzusetzen, die innerhalb des politischen Systems getroffen wurden oder weiterhin getroffen werden. In Ausübung genau dieser *Durchführungsfunktion*, insbesondere als politisch verantwortliche Verwaltungsführung, ist Regierung tatsächlich ‚Exekutive'. Doch diese Durchführungsfunktion setzt ihrerseits voraus, dass ein halbwegs stabiles politisches System mit einer Ausdifferenzierung administrativer Strukturen sowie mit einem gewährleisteten staatlichen Monopol legitimer Zwangsgewalt bereits besteht, innerhalb dessen überhaupt eine Verwaltung zu führen ist. Solche Systeme sind aber keine Selbstverständlichkeit, sondern für manche Geschichtsepochen sogar die Ausnahme.

Auf dem Weg *zu* einem solchen stabilen System, und stets auch *in* ihm, tritt dann eine *weitere*, nämlich die zentrale Funktion einer Regierung her-

---

169 Von lat. ‚exsèqui', d.h. etwas ausführen, vollziehen.
170 Es ist deshalb eine merkwürdige Pointe dieses bis heute nachwirkenden, überaus engen Regierungsverständnisses, wenn inzwischen ausgerechnet Befürworter parlamentarischer Regierungskontrolle diese dahingehend ‚verbessern' wollen, dass sie die Regierung zunächst als ‚Exekutive' verharmlosen und dann vorschlagen, dem Parlament den unmittelbaren Zugriff auf die Exekutive wie ‚im Grunde unnötig' zu verwehren. Wer beispielsweise für die Trennung von Regierungsamt und Abgeordnetenmandat eintritt, sollte lieber gleich für die Einführung des präsidentiellen Regierungssystems plädieren, denn genau dieses ist die funktionslogisch stimmige Erfüllung jenes Wunsches nach dem ‚alten Dualismus'.
171 Von lat. ‚règere', d.h. etwas leiten, führen, verwalten.

vor. Das ist ihre *Steuerungsfunktion*, die Ausübung allgemeiner politischer Führung. Die Regierung ist nämlich genau jene Institution, von der die Bürgerschaft erwartet, dass sie angesichts – gleich welcher – innen- oder außenpolitischer Herausforderungen *handelt*, dabei vielleicht Unzulängliches oder Falsches tut, doch keineswegs die Regierten tatenlos ihrem Schicksal überlässt. Regierung ist also jenes Element eines politischen Systems, das nicht nur das Recht, sondern auch die Pflicht zur *Prärogative* hat. Dramatisch wird diese Pflicht zur Aktivität zwar nur in Krisen- oder Umbruchszeiten. Doch auch in normalen Zeiten gibt es stets genug an zu bewältigenden ‚öffentlichen Aufgaben', gilt es nämlich vielerlei an Vorsorge und Planung zu leisten, an Förderung und Überwachung, an Absicherung und Reform, wenn eine Regierung das Wohl der Regierten mehren und Schaden von ihnen wenden will. Mindestens das Letztere wird aber zu Recht von ihr erwartet. Wird eine Regierung dem nicht gerecht, oder agiert sie eher als Regierung einer Klasse, ethnischen Gruppe oder Partei als des gesamten Landes, so wird zunächst ihre Legitimität und alsbald die des gesamten politischen Systems brüchig.

Natürlich darf man einen solchen Begriff von Regierung nicht formalistisch auffassen. Nicht jede Institution, die ‚Regierung' heißt, übt – über eine Durchführungsfunktion hinaus – auch eine Steuerungsfunktion aus, ist somit Regierung im *materiellen* Sinne. Die Analyse von Regierungen und Regierungshandeln muss sich deshalb auch auf jene Institutionen oder Organisationen erstrecken, die gegebenenfalls *hinter* dem formalen Regierungsapparat stehen und ihn gegebenenfalls – vielleicht gar auf allen seinen Ebenen – ‚anleiten'. So war es beispielsweise in den realsozialistischen Staaten. Dort übte jeweils die kommunistische Partei die politische Führungsrolle aus und leitete den Staatsapparat auf jeder Verwaltungsebene an. Auf oberster staatlicher Ebene befolgte der jeweilige Ministerrat und dessen Vorsitzender die Weisungen des Politbüros oder Zentralkomitees der kommunistischen Partei und setzte sie in den ihm unterstellten Behörden und Betrieben mittels staatlichen Anordnungsrechts um. Die hieraus entstehende Praxis wurde dann von weisungsgebundenen Parteikadern vor Ort auch noch überwacht. Deshalb reicht es – beispielsweise – für eine empirische Analyse des Regierungsprozesses der DDR nicht aus, nur den Ministerrat als ‚Regierung' zu untersuchen. Vielmehr muss der gesamte Handlungskomplex aus Ministerrat, Zentralkomitee und Politbüro sowie aus Staatsverwaltung und Parteiapparat betrachtet werden, und zwar auf allen territorialen Ebenen.

In demokratischen Verfassungsstaaten ist – aufgrund rechtsstaatlicher Klärungen – eine Institution, die Namen wie ‚Regierung', ‚Kabinett' oder ‚chief executive' trägt, meist wirklich mit der Regierung im materiellen Sinne identisch.[172] Das ist allerdings der Endpunkt einer längeren Entwicklung, doch kein selbstverständlicher Zustand. In einem noch im Werden befindlichen politischen System wie dem der Europäischen Union ist es beispielsweise schwierig, überhaupt einen klaren ‚institutionellen Ort' ihrer Regierung zu lokalisieren. Das verweist darauf, dass Regierung zunächst einmal ein *Prozess* ist. Für ihn wird, gerade auch in Anwendung auf Wirtschaftsunternehmen oder auf sonstige komplexe Organisationen, inzwischen oft der englische Begriff der ‚governance' verwendet. Im einfachsten Fall prägen einen solchen Regierungsprozess bloß *Grundsätze*, die das Ziel und die grundlegenden Formen dieses Prozesses beschreiben, ferner *Regeln*, welche die Rechte und Pflichten der im Regierungsprozess zusammenwirkenden Akteure beschreiben, sowie *Verfahren* der Festlegung und Durchsetzung allgemein verbindlicher Regeln und Entscheidungen, auf welche sich politische Akteure bis auf Weiteres geeinigt haben. In Form genau solcher Prozesse vollzieht sich derzeit auf internationaler Ebene – nämlich in ‚internationalen Regimen' – eine Art von ‚Regieren ohne Regierung'.[173] In den Vorgängern heutiger Staaten bildeten sich erst im Lauf längerer Entwicklungen solche Rollen und Rollengefüge heraus, oder gar erst feste Institutionen und Institutionengefüge, in denen der Regierungsprozess von jenen *konkreten* Personen weitgehend *unabhängig* sein kann, die am Prozess des Regierens jeweils mitwirken. Der hochmittelalterliche Feudalstaat war beispielsweise erst auf dem Weg zu einem solchen Zustand; der dualistische Ständestaat hatte ihn dann im 15. Jahrhundert erreicht. Ist in solchen Entwicklungen immerhin ‚Regieren als verlässliche Erfüllung der politischen Steuerungsfunktion' entstanden, dann muss also noch lange nicht in Gestalt einer ‚Regierung' oder eines ‚Kabinetts' eine eigenständige, von anderen Institutionen klar abgehobene Regierungsstruktur erwachsen sein. In der Europäischen Union teilen sich bislang beispielsweise der Europäische Rat und die Europäische Kommission in die Rolle einer Regierung, wobei keineswegs der einen Institution die Steuerungsfunktion, der anderen die Durchführungsfunktion zugewiesen ist. Dass es also überhaupt in einem politischen System *eine* Institution gibt, die sich klar als ‚Regierung' von anderen Institutionen abgrenzen lässt, und dass diese dann auch noch einen nach rationalen Grundsätzen zu führenden Verwaltungsapparat unter sich hat, ist ein Ergebnis der kunstvollen Schaffung

---

172 Für die englische politikwissenschaftliche Fachsprache ist darauf hinzuweisen, dass der deutsche Begriff der ‚Regierung', verstanden im Sinne der Bundesregierung oder einer Landesregierung, mit ‚cabinet' zu übersetzen ist. ‚Government' meint hingegen das gesamte zum Regieren eingesetzte Institutionengefüge und besitzt somit eine Bedeutung, die im Deutschen nur noch in Begriffen wie ‚Bezirksregierung', ‚Regierungspräsidium' und ‚Regierungspräsident' aufscheint.

173 Auf Englisch drückt man das meist aus als ‚governance without government'. Hat sich ein solches internationales Regime *weiterentwickelt*, etwa zu einem supranationalen politischen System wie dem der Europäischen Union, wären Begriffe wie ‚governance without cabinet' oder ‚government without cabinet' angemessener.

und Evolution politischer Systeme, niemals aber eine Tatsache, die man bei politikwissenschaftlichen Analysen einfach voraussetzen sollte.

In Deutschland – beispielsweise – entstand die Institution der Regierung im absolutistischen Fürstenstaat als ‚Ministerium' eines Monarchen, d.h. als ein kollegiales Beratungsgremium seiner wichtigsten Mitarbeiter (‚Minister'[174]), dessen Sprecher (‚Erster Minister' bzw. ‚Premierminister', auch ‚Ministerpräsident' oder ‚Kanzler' genannt) dadurch in eine hervorgehobene Stellung rückte, dass seit der Einführung von geschriebenen Verfassungen im 19. Jahrhundert immer mehr Verfügungen eines Monarchen – um rechtlich bindend zu werden – der Gegenzeichnung (‚Kontrasignatur') eines Ministers bedurften. Besaß dann ein ‚Erster Minister' dank politischen Geschicks so viel persönliche Autorität, auch so große Unterstützung seitens der politischen Eliten eines Landes und später so erhebliches öffentliche Ansehen, dass er sich zutrauen konnte, ohne großes Risiko der Entlassung seine Unterschrift unter eine monarchische Anweisung auch zu verweigern, ja gar schon im Vorfeld seiner Unterschrift den Monarchen zur Unterlassung oder Abänderung seiner Anweisung zu veranlassen, so wurde dieser ‚Premierminister' mehr und mehr – an Stelle des Monarchen – seinerseits zum zentralen Akteur im Regierungsprozess. Rechtstechnisch ließ sich das auf die Formel bringen, der entsprechende Minister übernähme die ‚Verantwortung' für das politische und rechtliche Tun des Monarchen. Das reduzierte gestalterisches ‚Regieren' auf monarchisches ‚Herrschen' und ließ den Monarchen, wo immer es so kam, in eine Stellung ‚oberhalb' der (Partei-)Politik aufrücken. Im Grunde wurde das zu einer Art Lebensversicherung für die Institution der Monarchie.

Die entscheidende Frage war allerdings, was denn die Rede von der Verantwortlichkeit des Premierministers *genau* meinen sollte, d.h.: *wem* dieser verantwortlich war, also auf *wessen Fragen* er Rede und Antwort stehen musste, und *wessen Urteil* dann über seine politische Zukunft befand. Letztlich brauchte die Vertretungskörperschaft eines Landes nur noch durchzusetzen, dass der Premierminister *ihr* verantwortlich wäre, also: dass kein Premierminister ohne *Vertrauen des Parlaments* im Amt bleiben könne. War diese Situationsdefinition erst einmal als politische Selbstverständlichkeit herbeigeführt, dann hatte die – bei einer entsprechenden Vertrauensabstimmung erforderliche – Mehrheit der Parlamentarier, falls sie als kollektiv agierende Mannschaft zusammenhielt, ihrerseits kontrollierenden Einfluss auf den Regierungsprozess gewonnen. Genau so entstanden die ‚parlamentarische Kabinettsregierung' mitsamt jenem *parlamentarischen* Regierungssystem, in welchem die Staatsleitung der Regierung *und* dem Parlament *gemeinsam* zusteht. Von heute aus wirkt wie eine fast ‚zwangsläufige' Entwicklung, was in Wirklichkeit gar nicht so leicht zu erringen und durchzusetzen war.

---

174 Von lat. ‚minister', d.h. Gehilfe.

b. Regierungsstrukturen

Die Regierung eines demokratischen Verfassungsstaates, mit einigen Abstrichen auch die von Diktaturen, ist typischerweise so aufgebaut:

- An der Spitze steht ein Regierungschef. Im präsidentiellen Regierungssystem ist das meist der vom Volk direkt gewählte *Präsident*, der – wie früher der Monarch – gemeinsam mit loyalen Vertrauten die Staatsgeschäfte leitet. Chef der Regierung ist in parlamentarischen Regierungssystemen ein – landestypische Titel führender – *Ministerpräsident*, den das Parlament ins Amt bringt und an der Macht hält. In semi-präsidentiellen Regierungssystemen steht an der Spitze der Regierung ein – je nach Land auch anders betitelter – *Premierminister*,[175] der des Vertrauens sowohl des Staatsoberhaupts als auch einer Parlamentsmehrheit bedarf. Da zwei Herren zu dienen immer schwer ist, können die Regierungen semi-präsidentieller Regierungssysteme in große Handlungsschwierigkeiten dann geraten, wenn Staatsoberhaupt und Parlamentsmehrheit politisch Gegensätzliches wollen. Im Frankreich der V. Republik, wo es zur parlamentarischen Mehrheitsbildung befähigte Parteien gibt, führt eine solche Situation zur sogenannten *cohabitation*, d.h. zum Zusammenwirken politisch gegnerischer Parlaments- und Präsidialmehrheiten. Dort entsteht beim Rückzug des Präsidenten auf für ihn verfassungsmäßig ‚reservierte' Zuständigkeiten eine Regierungsstruktur, die weitgehend wie ein parlamentarisches Regierungssystem funktioniert. In der Weimarer Republik führte die mangelnde Bereitschaft der Parteien, entschlossen auf die – anschließend zu verantwortende – Regierungsmacht zuzugreifen, hingegen dazu, dass die Reichskanzler bald keine verlässlichen parlamentarischen Mehrheiten fanden und entweder handlungsunfähig oder von jenen Machtmöglichkeiten des Reichspräsidenten abhängig wurden, die nur für Ausnahme- und Notstandsfälle vorgesehen waren, jetzt aber zum Instrument normaler Regierungspraxis wurden. Dies brachte jenes semi-präsidentielle Regierungssystem völlig um seine beabsichtigte Balance.

- Im präsidentiellen Regierungssystem stehen dem Staatschef ‚Minister' oder ‚Sekretäre' mit sehr verschiedenen Amtsbezeichnungen als Leiter der Ministerien und obersten Behörden zur Seite. Sie führen ihre Ämter auf der Grundlage eines individuellen Vertrauensverhältnisses, das zwischen ihnen und dem Staatsoberhaupt besteht. In semi-präsidentiellen und parlamentarischen Regierungssystemen, desgleichen im Fall von Proporzsys-

---

175 Winfried Steffani machte einst den Vorschlag, die Begriffe des Premierministers und des Ministerpräsidenten wie folgt zu unterscheiden: Premierminister ist, wer für seine Ernennung und Machtposition vom Staatschef abhängt, Ministerpräsident hingegen, wer sein Amt einer Parlamentsmehrheit verdankt. Obwohl diese Unterscheidung systematisch einleuchtend ist, kommen ihr vielfach die historisch tatsächlich verwendeten Amtsbezeichnungen in die Quere.

temen, bilden die Minister hingegen meist eine rechtlich eigenständige Körperschaft, die dann in der Regel ‚Kabinett' oder ‚Regierung' heißt.

- Sein eigenes Ressort leitet ein Minister – in der oben beschriebenen Weise parlamentarisch kontrolliert – üblicherweise eigenständig (‚Ressortprinzip'). Das – jeweils von der Geschäftsordnung der Regierung geregelte – Zusammenwirken der Minister untereinander sowie mit dem Regierungschef kann zwischen zwei Polen gelagert sein. Einerseits ist es möglich, dass alle Regierungsmitglieder gleichrangig sind, der Regierungschef also nur Erster unter Gleichen ist. Dann bedürfen Regierungsentscheidungen in jedem Fall einer Mehrheit im von allen Ministern gebildeten Kabinett (‚Kabinettsprinzip'). Andererseits kann der Regierungschef eine herausgehobene Rolle haben. Etwa kann er – innerhalb der parlamentarischen Kontrollmöglichkeiten – das Recht haben, die Richtlinien der Politik zu bestimmen (‚Richtlinienkompetenz'), die ausschlaggebende Stimme im Kabinett zu führen, Entscheidungsmaterien aus den Ministerien an sich zu ziehen oder den Zuschnitt der Ministerien durch eigenen Erlass festzulegen (‚Organisationsgewalt'). Je mehr von diesen Rechten ein Regierungschef besitzt, desto mehr kann er zum Angelpunkt der gesamten Regierung werden. Falls er großes politisches Geschick besitzt sowie der Fraktionsvorsitzende der (stärkeren) Koalitionspartei (politisch) schwach ist, oder wenn dieser sich dem Regierungschef persönlich unterordnet, dann kann der Regierungschef sogar die ihn tragende Parlamentsfraktion dominieren. In England nennt man das ‚prime ministerial government', in Deutschland ‚Kanzlerdemokratie'. Je nach dieser internen Organisation und Machtverteilung werden Regierungen also sehr unterschiedlich funktionieren.

- Zu den wichtigsten Pflichten eines Regierungschefs gehört die Koordination der gesamten Regierungstätigkeit. Weil die einzelnen Ministerien in der Regel solche Interessen vertreten, die einander widersprechen oder zumindest schwer kompatibel zu machen sind, ist es die Aufgabe des Regierungschefs, Interessen-, Sach-, Finanz- und Personalkonflikte zwischen den Ministern rechtzeitig zu erkennen, zu entschärfen und zu managen. Solcher Koordination, welche die systematische Bewältigung großer Informationsmengen voraussetzt, dienen Regierungsbehörden wie das deutsche Bundeskanzleramt. Dort sind – meist spiegelbildlich zu den Ministerien – solche Abteilungen oder Referate eingerichtet, welche die erforderlichen Kontakte zu den Ministerien halten, stetige Kommunikationsflüsse organisieren, als Frühwarnsysteme dienen und Führungsmittel sind, die Kabinettssitzungen vor- und nachbereiten sowie in jeder Hinsicht der politischen Leitungsebene zuarbeiten. Der fachlichen Integration der Regierungsarbeit dient es im Übrigen, wenn Spitzenbeamte immer wieder von einem Ministerium in ein anderes oder von einem Ministerium in die Regierungszentrale und von der wieder in ein Ministerium versetzt werden, da auf diese Weise Ressortegoismen gemindert werden können. Politische Integration wird in Koalitionsregierungen mitunter auch dadurch zu bewerkstelligen versucht, dass man Politiker der einen Partei an Spitzenpositionen eines solchen Ministeriums platziert, das von einem Minister einer anderen Partei geleitet wird. Integrierende Wirkung sowie Vetomöglichkeiten haben im Kabinett oft von Amts wegen der Finanz- und der Justizminister: der eine, weil von seiner Zustimmung die Verausgabung sogar bereits bewilligter Haushaltsmittel abhängig gemacht werden kann, der andere, weil – meist – alle Gesetzentwürfe vom Justizministerium auf Übereinstimmung mit dem übrigen Recht überprüft werden müssen.

- In den Ministerien selbst wird regelmäßig eine ‚Leitungsebene' von der ‚Arbeitsebene' unterschieden.
  - Die *Arbeitsebene* ist stets hierarchisch aufgebaut. Im deutschen Fall, der – abgesehen von den Amtsbezeichnungen – als weithin typisch gelten kann, unterstehen dem Minister ein oder mehrere beamtete Staatssekretäre, diesen jeweils mehrere fachlich gegliederte Abteilungen, welche ihrerseits aus inhaltlich spezialisierten Referaten bestehen. Referenten und Sachbearbeiter sind dort die unterste Hierarchieebene. Im Idealfall gibt es nicht nur keinen Bereich öffentlicher Belange und staatlicher Aufgaben, der nicht innerhalb eines Referats der Regierung ‚abgebildet', beobachtet und begleitet würde, sondern sind auch die Referate, Abteilungen und Ministerien so zugeschnitten, dass die Regierungsstruktur weitgehend der tatsächlichen gesellschaftlichen Problemstruktur entspricht. In diesem Fall kann nämlich stets rasch erkannt werden kann, welche politischen Maßnahmen erforderlich wären bzw. sich wie auswirken dürften. Innerhalb der Arbeitsebene erfolgt Regieren so, dass Anweisungen von oben nach unten – samt spiegelbildlichen Berichtspflichten von unten nach oben – zwar nicht die stets wünschenswerte Eigeninitiative auf der Arbeitsebene unterbinden, dass jegliche ‚Selbstführung der Verwaltung' aber ausgeschlossen wird und sichergestellt bleibt, dass bei Missständen und Fehlern stets die Spitze des Ministeriums, konkret der jeweilige Minister, aufgrund von Tun oder Lassen die Verantwortung trägt. Solche Verantwortung kann dann auch folgenreich von den Parlamentsfraktionen oder Massenmedien eingefordert werden – worum zu wissen jeden rational handelnden Minister zu größerer Sorgfalt und zu stärkeren Anstrengungen veranlassen wird, als sich ohne solche klar zuzuweisende und einzufordernde Verantwortung wohl erwarten ließe. In der Praxis wird das leider oft anders gehandhabt: Eigeninitiative im Ministerium wird als störend empfunden, während zugleich Verantwortungsketten kunstvoll so angelegt werden, dass bei politischen Fehlern sich der jeweilige Minister durch – so das Bild aus der Sprache des Schachspiels – ‚Bauernopfer' aus der Schusslinie bringen kann.
  - Während auf der Arbeitsebene eine Regierung im Schwerpunkt ihre ‚Durchführungsfunktion' erfüllt und in der Tat großenteils ‚Exekutive' ist, wird auf der *Leitungsebene* Regieren durch die Ausübung der ‚Steuerungsfunktion' vollzogen. Für deren Erfüllung stellt die Arbeitsebene

– aufgefordert oder unaufgefordert – Informationen und Ratschläge, Denkschriften und Gesetzentwürfe zur Verfügung. Recht verschieden lässt sich regeln, wie die Leitungsebene in Einzelnen über die Arbeitsebene gesetzt wird. Im britischen System mit seiner Verpflichtung der Ministerialränge auf völlige parteipolitische Neutralität genügt im Grunde die Besetzung der politischen Leitungspositionen mit Regierungsmitgliedern. In Frankreich hat jeder Minister Anspruch auf ein mehr oder minder umfangreiches ‚persönliches Kabinett', in dem er politische Vertraute um sich scharen und die normale Zuarbeit seines Ministeriums durch die interne Willensbildung und Entscheidungsfindung im persönlichen Kabinett überlagern kann. In Deutschland wiederum können die leitenden Ministerialbeamten, üblicherweise die beamteten Staatssekretäre und Abteilungsleiter, jederzeit in den einstweiligen Ruhestand versetzt und anschließend – unter Beachtung von oft weit gedehnten Bestimmungen des Dienstrechts – durch Vertrauensleute des Ministers ersetzt werden. Überdies kann sich ein deutscher Minister in seinem ‚Ministerbüro', oder auch in Gestalt eines ‚Planungsstabes', mit einer vergleichsweise kleinen Gruppe sonstiger Vertrauter umgeben. Auf der Leitungsebene der Ministerien wird dann die Regierungspolitik koordiniert und mit den politischen Vorgaben und Wünschen sowohl des Regierungschefs als auch der regierungstragenden Fraktionen abgestimmt. Deshalb ist die Leitungsebene eines Ministeriums stets der zentrale Angriffspunkt für parlamentarische Regierungskontrolle.

- Den Ministerien unterstehen – in Deutschland meist auf Landesebene – jene Ämter und Verwaltungsbehörden, über welche die Regierungspolitik konkret umgesetzt und durchgesetzt wird. Gegebenenfalls unterstehen solche Ämter und Behörden auch kommunaler Selbstverwaltung. Dann unterliegen sie aber weiterhin einer Rechts-, Finanz- oder Fachaufsicht höherer staatlicher Behörden. Informeller ‚Querverkehr' zwischen den unterschiedlichen Verwaltungszweigen, desgleichen über die Hierarchieebenen hinweg, ist als ‚kleiner Dienstweg' nicht nur üblich, sondern erweist sich – wie jeder alternative ‚Dienst nach Vorschrift' zeigt – auch als überaus funktional, nämlich als Ergänzung oder Begleitung der formalisierten Verwaltungsabläufe. Im Rahmen solcher Verwaltungsstrukturen unterscheidet man, unter anderem, die ‚Ordnungsverwaltung' (z.B. die Polizei), welche bestehende Vorschriften verhaltensregulierend umsetzt, und die ‚Leistungsverwaltung' (z.B. ein Sozialamt), die zur Aufgabe hat, den Bürgern die ihnen zustehenden staatlichen Leistungen auf Antrag oder von Staats wegen zukommen zu lassen. Im Idealfall vollzieht sich auf der Verwaltungsebene der Prozess des Regierens ohne Ansehen der Person und frei von jeder Form aktiver oder passiver Korruption. In einigen – zumal in etlichen ‚westlichen' Staaten – kommt man diesem Ziel durchaus nahe. Im Übrigen variieren die ‚Verwaltungskulturen' verschiedener Staaten beträchtlich zwischen einem Selbstverständnis – und einer Verhaltensweise – einesteils als ‚Obrigkeit', andernteils als ‚Dienstleistungsunternehmen'. Für einen demokratischen Verfassungsstaat ist nur die letztere Art von Verwaltungskultur akzeptabel. Ein liberaler Staat wird überdies viele seiner Dienstleistungen von öffentlichen, politisch geführten Anbietern auf private, wirtschaftlich kontrollierte Anbieter verlagern – und macht dabei immer wieder die Entdeckung, dass dies durchaus nicht ‚wie von selbst' zu besseren Ergebnissen führt.

- Die besonderen Leistungen, die ein *Minister* im Prozess des Regierens zu erbringen hat, lassen sich so zusammenfassen: Er muss sich rasch mit den Regelungsmaterien seines Hauses vertraut machen und einen verlässlichen Überblick zu den aktuellen Problemlagen erwerben, einschließlich der unhintergehbaren Wirkungs- und Funktionszusammenhängen sowie der Bilanz bisheriger Politikansätze auf seinem Arbeitsgebiet; er muss nicht nur loyale, sondern auch tüchtige Mitarbeiter für die Leitungsebene seines Ministeriums rekrutieren und sich umgekehrt entschlossen von illoyalen oder ihren Aufgaben nicht gewachsenen Mitarbeitern trennen; er muss auf der Arbeitsebene seines Hauses durch eigene Sachkompetenz und Kommunikationsfähigkeit umfänglich Autorität und Loyalität erwerben; er muss engen Kontakt zu den für sein Ministerium wichtigen Fachpolitikern im Parlament halten, vor allem zu jenen der regierungstragenden Fraktionen; er muss gute, doch distanzierte Beziehungen zu den im Zuständigkeitsbereich seines Ministeriums tätigen Interessengruppen pflegen; er muss die Interessen seines Hauses in der Konkurrenz mit den Interessen der anderen Ministerien wirkungsvoll durchsetzen, ohne es dabei an Kollegialität zu den anderen Regierungsmitgliedern oder an Loyalität zum Regierungschef mangeln zu lassen; er muss gute Beziehungen zu wichtigen Journalisten unterhalten, um klar mit plausiblen Positionen identifiziert zu werden, für die er steht; er muss die politischen Ziele der Regierung und der eigenen Partei im Zuständigkeitsbereich seines Ministeriums nicht nur anstreben, sondern in überschaubarer Zeit wenigstens teilweise erreichen, muss gegebenenfalls aber auch durch Versuch und Irrtum lernen, was ‚eben doch nicht geht', und hat dann für notwendige Zielkorrekturen in Fraktion und Partei Rückhalt zu stiften; ihm sollen weder von der Opposition ausbeutbare Ungeschicklichkeiten noch von den Bürgern nachvollziehbare Fehler unterlaufen; und er muss seiner Partei das Gefühl geben, dass er nicht auf eigene Rechnung nach politischem Erfolg strebt, sondern durch eigenes Prestige das Ansehen und die Wählerattraktivität seiner Partei zu steigern versucht.

Alle diese Anforderungen, verbunden mit meist gewaltigem Zeitdruck, sind an sich schon nicht leicht zu erfüllen. Angesichts schwieriger Gestaltungsaufgaben, aktueller Krisen und der Hektik nicht zu ignorierender tagespolitischer Themen ist es erst recht schwierig, ein Ministerium wirklich gut zu führen – und gar erst ein großes, das vielerlei Zuständigkeiten besitzt, beim Umgang mit welchen sich vergleichsweise leicht unerwünschte Nebenfolgen durchaus erwünschten Tätigwerdens zeigen können. Aus allen diesen Gründen scheitern nicht wenige Minister in eher kurzer Zeit[176] und werden – nach einer Frist solidarischen ‚Durchtragens', die sich ganz nach taktischen Überlegungen bemisst – von ihren Fraktionen fallengelassen oder weggelobt. Wer es hingegen schafft, über längere Zeit und in verschiedenen Ministerien gut zu regieren, der kann in der Tat als außergewöhnlicher Leistungsträger gelten. Dann ist er vermutlich auch für das noch schwierigere Amt eines Regierungschefs qualifiziert. Dort kommen allerdings noch weitere Forderungen hinzu, nämlich danach, ein wirkungsvoller Parteiführer zu sein, in den Massenmedien möglichst täglich eine gute Figur zu machen, und die komplexen Zusammenhänge internationaler Beziehungen so gut zu durchschauen, dass konstruktives Mitgestalten möglich wird. Selbst wer sich als Minister bewährt, mag deshalb als Regierungschef scheitern.

c. Prägefaktoren des Regierens

Sieben zentrale Prägefaktoren des Regierens sind – nicht nur bei vergleichenden Analysen des Regierungsprozesses – stets zu bedenken:

- Am folgenreichsten ist die Struktur des politischen Systems, in dem zu regieren ist. Denn natürlich hängt sehr viel davon ab, ob eine Regierung in einem eher pluralistischen oder in einem eher monistischen System agiert, ob also beispielsweise – gar noch von Verwaltungsgerichten gesichert – Rechtsstaatlichkeit sowie praktizierte Demokratie den politischen Steuerungsmöglichkeiten vergleichsweise enge Grenzen setzen, oder ob – wie in autoritären Systemen – die staatlichen Machtmittel im Grunde nach Belieben zur Verfügung stehen. Nachhaltig prägt auch die Struktur des Regierungssystems – präsidentiell, semi-präsidentiell, parlamentarisch oder ein Proporzsystem – die konkrete Regierungsarbeit. Und während kompetentes Regierungshandeln im Prinzip mit *jedem* funktionslogisch *stimmig* konstruierten Systemtyp zurechtkommen kann, wird ein Großteil der Aufmerksamkeit und Arbeitskraft der Regierungsmitglieder dann verschlissen, wenn eine *funktionslogisch unstimmige* Verfassungsstruktur eher innenpolitisches Taktieren als engagiertes Problemlösen verlangt. Um derlei zu vermeiden, sollte man bei Prozessen der Verfassungsgebung und Verfassungsreform funktionslogische Einsichten der vergleichenden empirischen Politikwissenschaft ernstnehmen und es als Politiker oder

---

[176] In Deutschland betrug die mittlere Amtsdauer von Bundesministern zwischen 1949 und 1998 rund sechs Jahre, was im internationalen Vergleich eine relativ lange Frist ist. Zu der trugen nicht zuletzt fünf Bundesminister mit Amtszeiten von 16 Jahren bis hin zu 23 Jahren bei, nämlich der einstige CDU-Politiker Gerhard Schröder als Innen-, Außen- und Verteidigungsminister, Norbert Blüm als Arbeitsminister, sowie Hans-Dietrich Genscher als Innen- und Außenminister.

Verfassungsjurist nicht mit der Hoffnung bewenden zu lassen, jeweils *für sich* funktionstüchtige und wünschenswerte institutionelle Mechanismen würden ebenfalls in jeder beliebigen *Kombination* ein wirksames Regierungssystem ergeben, das die mit ihm verbundenen Erwartungen dann auch erfüllt.

- Sodann setzen technische und wirtschaftliche Rahmenbedingungen Prioritäten oder Grenzen des Regierens. Unter anderem das brachte Karl Marx auf die Formel von jener ‚ökonomischen Basis', auf welcher sich der gesamte ‚Überbau' auch der politischen Institutionen erhebt. Der kann mit jener Basis in ‚Widerspruch' geraten, mag als Fessel von wirtschaftlicher Dynamik wirken und dürfte etliche Zeit später dann auch seinerseits ruiniert werden. Der Prozess des Regierens lässt sich deshalb ebenso wenig wie Politik insgesamt unter Absehung von wirtschaftlichen Gegebenheiten und Zusammenhängen angemessen verstehen, oder abseits von Betrachtungsweisen und Einsichten der Politischen Ökonomie sinnvoll studieren. Auch stellen sich in Zeiten von Wirtschaftskrisen oder Mangel sehr andere Herausforderungen für eine Regierung, als wenn Zuwächse gesellschaftlichen Reichtums zu verteilen sind. Vor allem Letzteres macht Regieren dann vergleichsweise einfach, weil sich zu solchen Zeiten die für Politik typischen Verteilungskonflikte unschwer beilegen oder immerhin halbwegs leicht handhaben lassen. Im ersten Fall sind hingegen sehr schwierige Prioritätssetzungen erforderlich, welche die Abwahl einer Regierung oder gar eine Legitimationskrise des Systems nach sich ziehen können.

- Auch gesellschaftliche Gemeinwohlvorstellungen prägen Regierungsprozesse ungemein. Herrschen liberale Wünsche nach einem zwar wirkungsvollen, doch schlanken Staat vor, so kann eine Regierung es in vielen Bereichen von Wirtschaft und Gesellschaft mit Rahmenregeln bewenden lassen, also Regieren in Gestalt von ‚Ordnungspolitik' betreiben. Diese setzt vor allem Rahmenbedingungen, an denen sich die Bürger in eigener Verantwortung zu orientieren haben, und zwar gerade hinsichtlich der sie betreffenden persönlichen Folgen. So zu verfahren, hält eine Regierung aus ziemlich vielen Konflikten heraus, erleichtert sparsame Haushaltsführung und erlaubt sogar eine vergleichsweise niedrige Besteuerung. Wünscht eine Gesellschaft sich hingegen einen stark umverteilenden Sozialstaat, oder gar einen möglichst alle Lebensrisiken absichernden ‚Daseinsvorsorgestaat', so kann das Regieren extrem schwierig werden – zumal dann, wenn es kein sonderliches Wirtschaftswachstum *und* bereits große Staatsverschuldung gibt, angesichts welcher die Zins- und Tilgungszahlungen öffentlicher Kassen schon ihrerseits einen großen Teil der Staatseinnahmen verschlingen. Innerhalb sozialstaatlicher Gemeinwohlvorstellungen wird nämlich von der Regierung – ‚Interventionismus' genannt – eine in sehr viele Lebensbereiche eingreifende und diese dann detailliert steuernde ‚Prozesspolitik' verlangt. Das aber konfrontiert die Regierung mit so gut wie allen gesellschaftlichen und wirtschaftlichen Problemen in der Erwartung, es lasse sich durch politische Mittel in absehbarer Zeit Abhilfe schaffen. Derlei lässt sich auf den Begriff der ‚Politikillusion' bringen. Im schlimmsten Fall erweckt eine Regierung sogar selbst den Eindruck, sie könne und werde im Grunde alle Lebensrisiken absichern (‚Verantwortungsimperialismus'). Wo das – wie es höchst wahrscheinlich ist – dann trotzdem nicht gelingt, wird es seitens der Bevölkerung zu Vertrauensverlusten gegenüber der Politikerschaft und zu Legitimitätseinbußen des politischen Systems kommen. Im Übrigen führt sozialstaatliches Streben nach Einzelfallgerechtigkeit einesteils zu einem sehr unübersichtlichen Rechtssystem, andernteils zu einer ausgedehnten, im großen Umfang personenbezogene Daten sammelnden Bürokratie. Auch diese zwei Züge eines aktiven Daseinsvorsorgestaates fördern Politikverdrossenheit. Also wirkt ein Sozialstaat als Versprechen und Programm zwar überaus attraktiv; er schneidet aber, sobald man ihn zu verwirklichen sucht, so gut wie immer schlecht ab: einesteils gemessen an seinen eigenen Ansprüchen, andernteils an den Ansprüchen der Bürger, für welche es allenfalls abstrakt, doch in der Praxis so gut wie nie ‚natürliche Grenzen' gibt. Solche Unzufriedenheit der Bürger lässt sich wiederum in der Parteienkonkurrenz ausnutzen, insbesondere seitens populistischer Bewegungen. Einesteils kann man stets Lücken staatlicher Daseinsvorsorge oder Mängel bei der Verwirklichung ‚sozialer Gerechtigkeit' kritisieren und sie dem politischen Gegner anlasten. Andernteils mag man ‚Mitnahme-Effekte' bzw. eine ‚Trittbrettfahrer-Kultur' kritisieren und deren Beseitigung in Aussicht stellen – entweder durch den immer feineren Ausbau des Sozialstaates, oder umgekehrt durch dessen Rückbau, was beides ebenfalls zu heftigen innenpolitischen Auseinandersetzungen führt. Das alles befördert erst recht wechselseitig überzogene Kritik und vielleicht gar eine manichäische Politikillusion, die im Wesentlichen nur gut oder schlecht, doch keine vom Realismus nahgelegten Abstufungen kennte: Regierten nur die *Richtigen*, dann ließen sich solche Probleme bestimmt lösen. Am Ende derartiger Überforderung von Staat und Politikerschaft mögen *Sorgen* um die Regierbarkeit schlechthin stehen, im schlimmsten Fall sogar die – bei Beschränkung auf freiheitliche Mittel – Erfahrung der tatsächlichen *Unregierbarkeit* einer Gesellschaft. Dann werden Rückfälle in ein autoritäres Regime wahrscheinlich. Eine Alternative zu jener Sackgasse mag die Rückbesinnung auf liberale Grundsätze gesellschaftlicher Eigenverantwortung und staatlicher Subsidiarität weisen.

- Ein Teil seiner Problemlösungsfähigkeit wird dem Regierungshandeln auch vom Takt der Wahlen vorgegeben. Hier besteht ein unaufhebbares Dilemma. Nach dem Demokratieprinzip sind Wahlen und Abstimmungen ein überaus zu befürwortendes Mittel, um die Regierenden fest an die Wünsche oder – zumindest – die Akzeptanzbereitschaft der Regierten zu binden. Doch als verantwortliche politische Anführer müssen die Regierenden sowohl Wahlen zu gewinnen versuchen als auch vielerlei Kenntnis- und Einsichtsmängel der Bürger in Rechnung stellen. Das legt es nahe, unpopuläre Entscheidungen immer wieder auf eine ‚Zeit nach den Wahlen' zu verschieben und deshalb so lange wie möglich zu unterlassen. Erst recht werden eine zuwartende Grundhaltung samt politischem ‚Durchwursteln' (‚muddling through') für die Politikerschaft rational, wenn ein instabiles Parteiensystem die Eigendynamik von Wahlkämpfen und deren Ergebnisse schwer absehbar macht. Dergestalt kommt das Demokratieprinzip unausweichlich dem Wunsch nach jenem ‚gutem Regieren' in die Quere, das heute ‚good governance' heißt und in der frühen Neuzeit ‚gute Policey' genannt wurde. Dieses Dilemma muss man schlechterdings aushalten, weil es zu ihm keine wünschenswerte Alternative gibt. Die Vorzüge von Demokratie sind nämlich nicht ohne Einbußen an kurzfristiger Steuerungseffizienz, die Vorteile einer starken Regierung hingegen nicht ohne Verzicht auf Freiheit und praktizierten Pluralismus zu erlangen. Allerdings zeigt der Blick in die Geschichte, dass die Demokratie hier letztlich nur kurz- und allenfalls mittelfristig Nachteile in Kauf nimmt. Auf lange – und meist schon mittlere – Frist wirkt sich für ein pluralistisch-demokratisches System nämlich jener Zwang sowohl zur legitimitätssichernden Kompromissbildung als auch zum Lernen sehr vorteilhaft aus, den einem Staatswesen responsivitätssichernde Wahlen und konkurrierende Personal- wie Politikangebote auferlegen.

- Bundesstaatliche Strukturen können das Regieren ebenfalls schwierig machen. Erstens erhöhen sie die Häufigkeit der ins politische Kalkül einzubeziehenden Wahlen. Zweitens kann zumal Mischföderalismus zu so engen gegenseitigen Interessenabhängigkeiten führen, desgleichen zu so wirkungsvollen wechselseitigen Erpressungsmöglichkeiten, dass die Politikerschaft in die ‚Politikverflechtungsfalle' geraten mag. In ihr sitzt man, wenn es aufgrund abschreckender Transaktionskosten und unüberschaubarer, doch jedenfalls riskanter Nebenwirkungen selbst dann irrational wird, an Einzelregelungen etwas zu ändern, wenn ihretwegen das Gesamtsystem schlecht funktioniert und unbefriedigende Ergebnisse zeitigt. Drittens kann ein föderales Institutionensystem, vom Parteienwettbewerb überlagert, zeitweise zu Politikblockaden führen. Wann immer in Deutschland beispielsweise einer stabilen sozialdemokratisch geführten Bundestagsmehrheit eine stabile Stimmenmehrheit unionsgeführter Länder im Bundesrat gegenüberstand, erschien es als parteipolitisch opportun, den Bundesrat über seine suspensiven und absoluten Vetomöglichkeiten im Gesetzgebungsprozess als ‚zweite Opposition' zu nutzen. Im Grenzfall ließ sich damit jegliche Regierungsdynamik stoppen. Natürlich ist derlei bei *jeder* funktional äquivalenten parteipolitischen Konstellation möglich und entfaltet seine Wirkung allein schon über die *Antizipation* solcher Nutzungsmöglichkeit eines Verfassungssystems.

- Eine in demokratischen Staaten nicht zu ignorierende Grenze setzen aller Regierungstätigkeit ferner die Struktur und Eigendynamik öffentlicher Meinung, die Gepflogenheiten massenmedialer Berichterstattung sowie die Wirkungsketten der sozialen Medien. Getragen von journalistischem Vertrauen oder gar Sympathie können einer Regierung sogar schwierige und unpopuläre Reformen gelingen, während andernfalls schon geringe Fehlleistungen, unplausible Reformfolgen und auch letztlich grundlose ‚shitstorms' so viel an öffentlicher Unterstützung zu entziehen drohen, dass politische Maßnahmen zurückgenommen oder gleich ganz unterlassen werden. Deshalb ist ein zentraler Bestandteil aller Regierungstechnik der Umgang mit Journalisten, das Einwirken auf die öffentliche Meinung sowie die publizistische oder in den sozialen Medien unternommene Begleitung politischer Planungen und Akte.

- Zumal für kleine, doch auch für mittlere und – in manchen Bereichen – auch für große Staaten wird zur wichtigsten Grenze des Regierens die transnationale Verflechtung im Zeitalter der Globalisierung. Weltweit vernetzte Güter-, Dienstleistungs-, Finanz- und Energiemärkte behindern nämlich nicht nur eine eigenständige Stabilität jener gesellschaftlichen Basis, auf welche Regierungen nachhaltig problemlösend einwirken könnten, sondern sie vermögen Regierungsmaßnahmen auch durch deren Antizipation, oder durch Reaktion auf sie, weitgehend wirkungslos zu machen. Wenige Beispiele genügen: Bei freier Mobilität von Kapital und freier Wahl des Wohn- oder Unternehmenssitzes geraten Besteuerungsmöglichkeiten an ihre Grenzen; Wirtschaftsgesetzgebung kann zur Verlagerung von Unternehmen ins Ausland führen; und attraktive Sozialstaatlichkeit mag Zuwanderung großen Stils auslösen, die ihrerseits dann gesellschaftliche Strukturen labil macht und – über Akzeptanzprobleme seitens der Bevölkerung – alsbald zu Legitimitätseinbußen des politischen Systems führt. Das im Hintergrund stehende Problem lässt sich dahingehend zusammenfassen, dass ein halbwegs verlässliches und demokratisch kontrollierbares *Regieren* immer noch im *staatlichen* Rahmen abläuft, hingegen die durch Regierungstätigkeit zu lösenden *Probleme* oft im *inter- und transnationalen* Rahmen erzeugt werden – und es hier erst *Ansätze* institutioneller Problembearbeitung gibt, die sich außerdem demokratischer Kontrolle noch weitestgehend *entziehen*.

d. Regierungstechnik und Politikprogramme

Im so komplexen Geschäft des Regierens muss jeder Spitzenpolitiker seine eigene Regierungstechnik finden. Diese muss möglichst guten Gebrauch machen von den *persönlichen Stärken*, über die ein Politiker verfügt, weil dies die einzige Chance ist, in der harten Konkurrenz mit anderen zu bestehen. Dabei ist es die *erste* Aufgabe von Regierungstechnik, dem jeweiligen Amtsinhaber – gleich ob Regierungschef oder Minister – eine Basis *persönlicher* Macht zu schaffen und zu sichern. Außerhalb des Obrigkeitsstaates führt Amtsgewalt allein nämlich *nicht* weit – und schon gar nicht in Spitzenämtern. Die Macht des Fraktionsvorsitzenden einer großen regierungstragenden Partei übertrifft beispielsweise die Macht der meisten Regierungsmitglieder und beruht auf nichts anderem als auf dem – in die entsprechende Wahlentscheidung umgemünzten – Vertrauen, das ihm von seinen Abgeordnetenkollegen entgegengebracht wird. Und die praktische Bedeutung der Richtlinienkompetenz des deutschen Bundeskanzlers gründet keineswegs auf der sie einführenden Formulierung des Grundgesetzes, sondern allein auf der sicheren Chance, dass solche Richtlinien der Politik auch *wirklich* von denen ernstgenommen und befolgt werden, die den jeweils gegenwärtigen Regierungschef auch jederzeit durch einen anderen ersetzen *könnten*. Zumal in parlamentarischen Regierungssystemen ist deshalb die wichtigste Machtbasis eines Regierungschefs oder Regierungsmitglieds *nicht* sein Staatsamt, sondern die Verankerung in seiner Partei.[177]

Regierungstechnik, hier entfaltet als eine ständige, zum wechselseitigen Vorteil betriebene Beziehungspflege, hat deshalb die Gewissheit des Amtsinhabers zum Ziel, bei Fraktionssitzungen, bei Delegiertenversammlungen und auf Parteitagen auch gegen Widerstände eine Mehrheit zu erringen. Vorbedingung dessen wird die Erwartung der den Amtsinhaber jeweils tragenden Gefolgschaft sein, mit diesem Regierungsmitglied werde man die kommenden Wahlen nicht verlieren, sondern gewinnen. Unbedingt muss man die *Dialektik* einer solchen Machtbeziehung verstehen: Zwar handelt es sich um die Machtbasis eines *Regierungsmitglieds*, das nun von Amts wegen die Chance besitzt, den eigenen Willen auch gegen Widerstreben durchzusetzen; doch unter der Geltung des – letztlich auch die Bürgerschaft einbeziehenden – ‚Wiederwahlmechanismus' wird diese Machtbasis rasch zerfallen, sobald die innerfraktionelle oder innerparteiliche Wählerschaft des Regierungsmitglieds daran zu zweifeln beginnt, der Mächtige befördere auch *ihre* Interessen und Ziele durch seine Politik sowie durch seine allgemeine Wählerattraktivität. Die aus der Parteiführungsrolle eines Regierungsmitglieds entspringende *Macht* und die *Kontrolle* dieser Macht durch die Partei, ihrerseits von regierungsbedingter Wählerattraktivität abhängig, sind also zwei Seiten derselben Medaille.[178]

Die *zweite* Aufgabe von Regierungstechnik besteht darin, mittels des Regierungsapparates möglichst gut die Amtspflichten eines Regierungsmitglieds zu erfüllen, und außerdem wirksam an der Erreichung jener politischen Ziele

---

177 Im Vereinigten Königreich und in Japan ist diese Abhängigkeit des Staatsamtes vom Parteiamt auch weitestgehend institutionalisiert.
178 Wer derartige Verbindungen zwischen Parteiamt und Staatsamt auflöst, wird deshalb entweder die Inhaber eines Staatsamtes um einen großen Teil ihrer aus der eigenen Partei stammenden Macht bringen, welche sich dann – wohl viel weniger klar kontrollierbar – anderswohin verlagern oder von anderswoher kommen wird, oder er wird den Bürgern die Möglichkeit nehmen, Regierungsmitglieder, die aufgrund anderer als parteipolitischer Machtgrundlagen einflussreich sind, mittels freier Wahlen zu beeinflussen und mittelbar zu kontrollieren.

zu arbeiten, derentwillen man sein Amt anvertraut bekam. Konkret nimmt das die folgenden Formen an: Man sorgt für einen ständigen, die für eigenes Tun und Lassen wesentlichen Dinge herausfilternden, doch nicht schönfärberisch fehlinformierenden Kommunikationsprozess von der Arbeitsebene der Ministerien hin zur Leitungsebene; man lässt sich von den Ministerien, Abteilungen und Referaten Sachstandsberichte und Problemdiagnosen, Handlungsalternativen und Entwürfe von Gesetzen und Verordnungen vorlegen; man berät dies alles sorgfältig mit seinen engsten Mitarbeitern, mit den zuständigen Fachpolitikern in Parlament und Partei, mit den Vertretern der einschlägigen Interessenverbände, nötigenfalls auch mit den Kollegen im Kabinett und auf jeden Fall mit den Führungen regierungstragender Fraktionen; dann trifft man Entscheidungen, zu denen man anschließend auch steht und für die man kämpft; und im Übrigen sorgt man durch gute, vertrauensvolle Kontakte zu Journalisten sowie durch eigene Internetpräsenz für eine zwar kritische, doch insgesamt wohlwollende publizistische Begleitung der eigenen Person und des eigenen Handelns.

Von der Warte des politischen Systems aus kann man den durch solche Regierungstechnik zu bewerkstelligenden Prozess des Regierens – also den ‚Politikzyklus' – in die folgenden Phasen gliedern:

- *Problemwahrnehmung:* Hier geht es darum, dass ein Problem wirklich als ein solches erkannt und auf den politischen Arbeitsplan gesetzt wird. Für viele Probleme geschieht das in der Weise, dass Parteien und Kandidaten sie bereits im Wahlkampf thematisieren und sie dann – etwa im jeweiligen Koalitionsvertrag – zu den ersten oder hauptsächlichen Aufgaben ihrer Regierungsarbeit machen. Andere Probleme hingegen drängen sich aufgrund aktueller Krisen auf. Im Übrigen sorgen Interessengruppen für einen ständigen ‚Nachschub' an Problemen, um welche sich eine Regierung kümmern soll. ‚Politische Schwungkraft', die auch über Widerstände hinweghilft, gewinnt ein Problem hingegen meist erst dann, wenn es auch von den Massenmedien bzw. von einflussreichen sozialen Medien aufgegriffen und zum politischen Alltagsgespräch gemacht wurde. Auch Pseudo-Probleme, die so gar nicht vorliegen, können solchermaßen auf die unabweisbare Agenda der Regierungsarbeit gelangen. Umgekehrt kann eine massenmediale Abwehrhaltung zu einzelnen Problembereichen (‚gate keeping', De-Thematisierung) einer Regierung dringend davon abraten, an ein bestimmtes Problem überhaupt zu rühren. Üblicherweise versuchen politische Akteure nämlich – durch mehr oder minder spektakulär gemeinte öffentliche Auftritte, durch Interviews, Presseerklärungen und Auftritte in sozialen Medien – erst einmal zu erkunden, welche öffentlichen Wahrnehmungschancen ein bestimmtes Problem bzw. eine zu dessen Bearbeitung gedachte politische Handlungsweise überhaupt hat, und machen dann vom Schicksal eines solchen ‚Versuchsballons' abhängig, wie sie mit diesem Problem auf absehbare Zeit umgehen.

- *Vorabschätzung der Handlungsalternativen:* Sobald ein Problem als eines auf der politischen Tagesordnung steht, das wirklich mit Nachdruck anzugehen ist, wird von den zuständigen Ministerien einesteils ausfindig gemacht, was man denn aufgrund der Natur der Sache und der in Rechnung zu stellenden realen Wirkungszusammenhänge im Prinzip tun könnte. Andernteils wird geklärt, was man angesichts der verfügbaren finanziellen, sachlichen, organisatorischen und zeitlichen Ressourcen, auch aufgrund der vermuteten öffentlichen Akzeptanz oder Nicht-Akzeptanz bestimmter Maßnahmen sowie angesichts der politischen Machtverhältnisse und gegebenen Veto-Möglichkeiten, wohl wirklich zu bewerkstelligen vermag. Ersteres gehört zu jenen Aufgaben, die auf der Arbeitsebene von Ministerien zu erledigen sind; Letzteres ist hingegen die unabweisbare Pflicht der Leitungsebene sowie der führenden Politiker einer Regierung sowie der regierungstragenden Mehrheit. Meist zeigt sich, dass keine Handlungsoption völlig überzeugend ist. Zu den typischen Gründen gehört, dass so manches Problem sich ohnehin nicht durch politische Maßnahmen in den Griff bekommen lässt; dass vermutlich wirksame Maßnahmen sich oft nicht finanzieren oder im Rahmen eines Rechtsstaates nicht durchführen lassen; oder dass die Bevölkerung, die öffentliche Meinung oder die eigenen, regierungstragenden Parteien schwerlich akzeptieren würden, was wirklich erforderlich wäre, weshalb man Stimmenverluste bei den nächsten Wahlen oder gar ein Ende eigener Regierungsmacht riskieren müsste. Im letzten Fall wird man auf der Leitungsebene eines Ministeriums, im Rahmen des Kabinetts oder im Rahmen einer Koalitionsrunde nicht selten zum Urteil gelangen, sachlich erforderliche Maßnahmen seien zwar prinzipiell möglich, doch nicht ‚öffentlich darstellbar' – und deshalb derzeit eben ‚politisch nicht machbar'. Dann mag es naheliegen, rein symbolische Maßnahmen zu ergreifen (‚symbolische Politik'), um wenigstens den *Eindruck* zu erwecken, das politische System sei handlungswillig und handlungsfähig. Oft gelingt es, auf diese Weise den öffentlichen, meist von der Opposition nach Kräften verstärkten, Erwartungsdruck auf die Regierung zu *mindern.* Mitunter hat das Streben nach einer politischen Problemlösung damit auch schon sein Bewenden, und zwar vor allem dann, wenn weder die Opposition noch die Massenmedien ihre Aufgaben von Kontrolle und Kritik zureichend erfüllen. Nur wo Politik redlich betrieben wird, kommt es dazu, dass nach einer ersten Welle beruhigend wirkender symbolischer Politik, also im Windschatten abgeklungener öffentlicher Aufmerksamkeit, die Möglichkeiten instrumentell aussichtsreicher politischer Maßnahmen ausgelotet und dann Schritte zu deren Umsetzung unternommen werden.
- *Programmbildung:* Die technokratische Idealvorstellung sieht hier so aus, dass man zunächst abschätzt, welche problemlösenden Maßnahmen erforderlich sind, dass man sodann ein präzises Handlungsprogramm erarbeitet und anschließend dessen Finanzierung durch die Einstellung entsprechender Mittel in den Haushalt sichert. Als *Planning-Programming-Budge-*

ting System (PPBS) war derlei in den 1960er und 1970er Jahren überaus populär und gewissermaßen die demokratisch-verfassungsstaatliche Variante der aus totalitären Regimen und Modernisierungsdiktaturen bekannten Mehrjahrespläne. In Gestalt einer mittelfristigen, jährlich fortgeschriebenen Finanzplanung wirkt dieser Ansatz rationaler Regierungstechnik bis heute fort. Allerdings zeigte die praktische Erfahrung, dass sich im Wechsel öffentlicher Meinungskonjunkturen und politischer Mehrheiten längerfristige Politikprogramme nur selten durchhalten lassen. Deshalb werden die Grundgedanken des PBBS inzwischen nur noch mit pragmatischen Abstrichen verfolgt. Typischerweise ergibt sich die folgende Praxis:

- Fachpolitiker aus Parlament und Regierung, Vertreter von Regierungsbehörden, Interessengruppen und sonstige Experten wirken politikfeldspezifisch in mehr oder minder ausgedehnten, mehr oder weniger feinmaschigen Netzwerken zusammen ('Policy-Netzwerk', 'Politiknetz'). In diesen Kommunikations- und Interaktionsgeflechten werden, nach Maßgabe der jeweiligen Interessenlagen und Perzeptionswirklichkeiten, auf den entsprechenden Politikfeldern die zu erreichenden Ziele sowie die vermutlich zielführenden Maßnahmen festgelegt. Dabei werden die zu erwartenden finanziellen Rahmenbedingungen bisweilen realistisch, mitunter entlang von politischem Wunschdenken berücksichtigt.

- Erforderliche Rechtsverordnungen, Verwaltungsvorschriften oder gesetzliche Regelungen werden anschließend, unter parlamentarischer und innerparteilicher Rückendeckung, von den zuständigen Ministerien vorbereitet und dann – politisch-taktisch möglichst geschickt – auf den von der Verfassung vorgesehenen Weg gebracht. Falls die Neugestaltung von Rechtsregeln, also die Veränderung gesetzlicher Bestimmungen oder allein schon die Modifikation von Verwaltungsvorschriften, ausreichen sollten, um das jeweilige Problem zu lösen, tritt der Politikprozess in sein nächstes, unten beschriebenes Stadium ein.

- Falls aber für die Problemlösung überdies – oder überhaupt nur – Finanzmittel nötig sind, werden sie entweder vom zuständigen Ministerium aus einem schon bestehenden Haushaltstitel bereitgestellt oder – soweit möglich – in den nächsten Haushaltsplan dieses Ministeriums aufgenommen. Dann kommt alles darauf an, diese Mittel in den Haushaltsberatungen sowohl dem Finanzminister als auch dem Parlament abzuringen. Beides gelingt in Zeiten von Wirtschaftskrisen oder einer gewollten Konsolidierung öffentlicher Kassen viel schwerer als in Perioden großen Wirtschaftswachstums bzw. einer Finanzpolitik, die auf Staatsverschuldung setzt ('deficit spending').[179]

---

179 Das hat zur – zunächst paradox erscheinenden – Folge, dass sich gesellschaftliche Probleme besonders dann leicht durch Politik lösen lassen, wenn sie selten oder wenig drückend sind, überaus schwer aber dann, wenn politische Lösungsversuche besonders wünschenswert wären. Die hieraus zu ziehende Lehre wäre zwar, in wirtschaftlich

- Sind die finanziellen, nötigenfalls auch die rechtlichen Voraussetzungen geschaffen, so wird vom zuständigen Ministerium typischerweise ‚ein Programm aufgelegt'. In der Regel heißt das: Jenen, bei denen oder mittels welcher man Probleme lösen will, wird – oft über ihre Interessengruppen – mitgeteilt, unter welchen Bedingungen sie zu welchen Zwecken in den Genuss welcher öffentlichen Zuschüsse kommen könnten, und was von ihnen zur Verwirklichung einer solchen Absicht konkret zu unternehmen wäre. Bei diesem ‚Auflegen eines Programms' verlässt man sich also für den Zweck der Problemlösung überwiegend auf finanzielle Anreize, welche die gewünschte, erhofft problemlösende Verhaltensänderung bewirken sollen. In Einzelfällen beschränkt sich ein Programm auch dahingehend, auf Antrag oder von Amts wegen bei Vorliegen rechtlich spezifizierter Bedingungen Zuschüsse zu gewähren.
- *Programmvollzug:* Auch ‚Implementation' genannt, besteht der Programmvollzug im Wesentlichen darin, die neuen oder geänderten Rechtsregeln administrativ anzuwenden, auch die in Antwort auf ein ‚aufgelegtes Programm' eingehenden Anträge zu bearbeiten, sowie die korrekte Auszahlung und programmgemäße Verwendung der bereitgestellten Mittel zu gewährleisten. Nicht selten müssen im Vollzug eines Programms, aus dessen Schwierigkeiten lernend, aber auch Defizite in den administrativen Informationsströmen, bürokratische Hürden sowie den Programmvollzug hemmende Verwaltungsvorschriften beseitigt werden. Im Übrigen ist stets ein Zusammenwirken mit Interessengruppen oder sonstigen Organisationen der Adressaten des Programms hilfreich – und mitunter sogar erforderlich, um das Politikprogramm nicht an seiner Zielgruppe vorbeilaufen, unterschwellig sein oder gar verpuffen zu lassen. Dennoch kommt es nicht selten genau dazu, wenn nämlich dem Programm solche Vorstellungen von den tatsächlichen Bedürfnislagen, Anreizstrukturen und Wirkungsmechanismen zugrunde lagen, die sich als falsch erwiesen. Die Implementation eines Politikprogramms ist jedenfalls keine ‚technische' oder einfach ‚administrative' Angelegenheit, sondern auch ihrerseits ein überaus störanfälliger, aktive Responsivitäts- und Führungsleistungen verlangender politischer Prozess.
- *Wirkungskontrolle (‚Evaluation'):* Hier geht es darum, die *tatsächlichen* Auswirkungen eine Politikprogramms festzustellen, also seinen Beitrag zur angestrebten Problemlösung sowie seine möglicherweise auftretenden unerwarteten, mitunter gar kontraproduktiven Nebenwirkungen ausfindig

---

guten und gesellschaftlich unkomplizierten Zeiten die Rolle des Staates und seine Verpflichtungen so weit zu reduzieren, dass in Krisenzeiten ‚zugelegt' werden kann. In Wirklichkeit aber scheint es den meisten Politikern und Bürgern besonders wünschenswert zu sein, die Tätigkeit eines umverteilenden Daseinsvorsorgestaates gerade in solchen wirtschaftlich und gesellschaftlich unproblematischen Zeiten *auszuweiten*, in denen aufgrund allgemeinen Wohlstands der Staat sich eigentlich auf eine subsidiäre Rolle *zurückziehen* könnte.

zu machen. Typischerweise nimmt das die Form von Berichtspflichten der vom Programm Begünstigten an, desgleichen von amtlichen Umfragen unter ihnen, mitunter sogar von Begleitforschung. Solche Informationen, gesammelt insbesondere von staatlichen Behörden und Interessengruppen, sind eine wichtige Grundlage parlamentarischer Leistungskontrolle. Die Folge dessen ist allerdings, dass die *empirische Aufklärung* der tatsächlichen Wirkungszusammenhänge eines Programms und die *politische Bewertung* seiner Folgen einander oft durchdringen und deshalb zu Evaluationsaussagen führen, die zwar nicht falsch sind, aber dennoch – solange unerwähnt gebliebene Gesichtspunkte nicht auch noch einbezogen werden – kein wirklich richtiges Bild ergeben. Mehr noch als die Implementation eines Programms wird deshalb dessen Evaluation zur Schwachstelle eines Politikprozesses.

- *Politisches Lernen:* Im – praktisch nicht vorkommenden – Idealfall werden aus einer Politikevaluation, die von politischen Hoffnungen oder von Aversionen unberührt blieb, Lehren darüber gezogen, welche Wirkungszusammenhänge auf einem Politikfeld tatsächlich bestehen und vordringlich in Rechnung zu stellen sind; welche Mittel mit welcher Wahrscheinlichkeit wie wirken; und welche politischen Ziele sich mit den akzeptablen oder verfügbaren Mitteln gar nicht, welche anderen Ziele sich hingegen nur zu untragbaren Transaktionskosten erreichen lassen. Auf diese Weise vollzieht sich dann politisches *Lernen*: als persönliches Lernen von *Entscheidungsträgern* und Mitgliedern von Policy-Netzwerken, als strukturelles Lernen von implementierten Entscheidungs- und *Handlungsregeln*, sowie als Veränderung der kollektiven *Vorstellungen* vom tatsächlich realisierbaren Gemeinwohl oder von den zu ihm führenden Wegen. Dieser Idealfall wird aber äußerst selten erreicht. Erstens nehmen neue Probleme die Aufmerksamkeit neuer politischer Führungskräfte meist lange schon in Anspruch, bevor sich Lehren aus Versuchen zur Lösung früherer Probleme ziehen lassen. Dann gibt es einfach keinen *praktischen* Ansatzpunkt für politisches Lernen, und gemachte Erfahrungen verfallen dem Vergessen – jedenfalls dann, wenn sie nicht im Rahmen der Verwaltungsbehörden weitergegeben werden. Selbst dann ist aber nicht gewährleistet, dass man auf der politischen Leitungsebene auf solches Erfahrungswissen der Arbeitsebene zurückgreift oder überhaupt zurückgreifen will. Zweitens lernt auf solche Weise – nämlich durch Versuch und Irrtum, durch Bewährung und Beibehaltung des Bewährten – ohnehin meist nur die jeweilige Regierung, weil die Opposition in der Regel glaubt, eine unzulängliche Zielverwirklichung gehe vor allem auf einen falschen *Ansatz* der Regierung, nicht aber darauf zurück, dass *reale Funktionszusammenhänge* ein bestimmtes Ziel überhaupt für alle praktischen Zwecke unerreichbar machten. Hoffnung auf Lernprozesse möglichst *großer* Teile der Politikerschaft erfüllen sich deshalb nur bei *regelmäßigen Regierungswechseln* mit dennoch eher *langen* Amtszeiten der einzelnen Regierungen. Nur dann sind nämlich *viele* Politiker – samt ihren Wählern – zur Auseinandersetzung mit jener ‚Operationswirklichkeit' *gezwungen*, die *unabhängig* von ihren Wünschen und Illusionen besteht; und nur unter solchen Umständen können *dauerhaft* der politischen Perzeptionswirklichkeit widersprechende Politikfolgen sogar tiefverwurzelte falsche Vorstellungen ins Wanken bringen.

Arbeitsgebiete des Regierens, auf denen in der beschriebenen Weise die Lösung bestehender oder neu auftretender politischer Probleme versucht wird, heißen ‚Politikfelder'. Sie sind die tatsächlichen Betätigungsfelder politischer Steuerung und Verwaltungsführung. Dass auf ihnen Politik ganz konkret wird und für die Regierten wirklich wichtig ist, geht schon aus den Namen solcher Politikfelder hervor. Sie heißen nämlich – beispielsweise – Wirtschaftspolitik, Finanzpolitik, Sozialpolitik, Gesundheitspolitik, Wohnungsbaupolitik, Verkehrspolitik, Agrarpolitik, Industriepolitik, Strukturpolitik, Bildungspolitik, Forschungspolitik, Verteidigungspolitik, Außenpolitik oder Migrationspolitik.

e. Politikfeldanalyse

Die Aufgabe der politikwissenschaftlichen *Politikfeldanalyse* (engl. ‚policy analysis') ist es, über alles das, was sich auf einem Politikfeld ereignet, belastbares Tatsachen-, Zusammenhangs- und Erklärungswissen sowie halbwegs verlässliche Prognosen zu erarbeiten. Zu den Gegenständen der Politikfeldanalyse gehören die jeweiligen Regelungsmaterien, die auf sie bezogenen Prozesse des Regierens sowie das Zusammenwirken der jeweils beteiligten Institutionen, Organisationen und Personen.

Die erste Leitfrage der Politikfeldanalyse lautet: *Was* tun Regierungen eigentlich auf den einzelnen Politikfeldern, und *wie* tun sie das? Hier geht es einesteils – als ‚Implementationsforschung' – um die Prozesse und Ergebnisse der politischen Entschlussfassung, anderenteils um die verwaltungsmäßige Umsetzung der beschlossenen Politikprojekte und Politikprogramme.

Die zweite Leitfrage lautet: *Warum* tun Regierungen genau das, was sie tun, und weshalb unterlassen sie etliches von dem, was sie eigentlich unternehmen könnten? Um diese Frage zu beantworten, muss jenen Denkweisen und Diskursen nachgegangen werden, in denen sich eine bestimmte Problemsicht und Problemdefinition entwickelt sowie gegen konkurrierende Problemsichten oder Problemdefinitionen durchsetzt. Dem dient die Analyse politischer Diskurse bzw. von ‚policy-Diskursen'. Dabei blickt man darauf, wer denn alles – formell und insbesondere informell – auf einem konkreten Politikfeld an den dort einschlägigen Willensbildung beteiligt ist und in sie seine eigenen Deutungswünsche und Interessen einbringt. Es kommt also darauf an, die realen Akteursgruppen im Prozess des Regierens herauszufinden, indem sorgfältig auf jene Diskurse geblickt wird, die sich innerhalb konkreter ‚policy-Netzwerke' vollziehen. Solche Untersuchungen erstrecken sich auf jene ...

- *Wirklichkeitsbilder und Sinnbehauptungen*, die in politischen Prozessen wort- oder bildsprachlich verwendet werden;
- *Interessen*, entlang und wegen welcher um konkrete Politik gerungen wird;
- *Machtkämpfe*, die im Modus des Kommunizierens über die durchzuführende Politik oder mittels entsprechender Kommunikationsverweigerung ausgetragen werden;
- *Regeln und Praxen,* entlang welcher bei alledem gestritten, kooperiert oder auf Regeleinhaltung ausgegangen wird;
- *Machtverhältnisse* und allgemein jene *institutionellen Strukturen* in Politik, Wirtschaft, Kultur und Gesellschaft, die solches Kommunikationsgeschehen samt seinen Formen und Akteuren prägen;
- *Inhalte,* die zum Gegenstand von solchen politik-, partei- oder personenbezogenen Machtkämpfen werden, in denen bestehende Machtverhältnisse bestritten, restabilisiert oder verändert werden;
- *Resonanzen und Verbreitungsmuster*, in denen um bestimmte Inhalte herum geführte Machtkämpfe sich in einer Gesellschaft oder Kultur auswirken;
- *Prägungen von Politikerschaft und Bürgern*, die auf derlei Machtkämpfe zurückgehen und obendrein politisch folgenreich werden.

Aufgefunden werden jene Informationen, die es zur Beantwortung dieser Fragen braucht, in für den Untersuchungszweck jeweils einschlägigen Textkorpora (Dokumente von Parlamenten, Parteien oder Interessengruppen, verschriftlichte Talkshowbeiträge oder Interviews, Beiträge und Kommentare in sozialen Medien …). Die dort als ‚Diskursfragmente' fassbaren ‚Diskursstränge', verfertigt von ‚Diskursakteuren' mit unterschiedlichen, oft rivalisierenden ‚Diskurspositionen' auf unterschiedlichen ‚Diskursebenen', untersucht man darauf, welche Wirklichkeitssichten und Argumente wie miteinander zusammenwirken, und mit welchen Machttechniken jeweils die einen zu Lasten der anderen durchgesetzt werden, woraufhin sie dann die jeweils durchgeführte Politik prägen können.

Die dritte Frage der Politikfeldanalyse bezieht sich auf die *Folgen* jenes Tuns und Lassens, aus dem der Regierungsprozess besteht (‚Evaluationsforschung'). Es ist ausfindig zu machen, ob – und welche – Unterschiede zwischen den geplanten und den ungeplanten, den erwarteten und den unerwarteten Folgen der ergriffenen politischen Maßnahmen auftreten. Zu klären ist, ob sich wohl auch stimmig *entworfene* Politikprojekte in der *Praxis* ganz anders auswirken, als man das zuvor erwartete. Zu untersuchen ist, worin genau solche Unterschiede bestehen und warum es zu ihnen kam. Außerdem ist herauszufinden, was sich an den untersuchten Einzelfällen wohl über die *allgemeinen* Möglichkeiten und Schwierigkeiten planmäßiger staatlicher Systemsteuerung im Dienst von ‚gutem Regieren' lernen lässt.

Konkret geht Politikfeldanalyse so vor, dass sie als Fallanalyse entweder *beschreibend* und *nachvollziehend analysierend* die oben beschriebenen Phasen des Regierungsprozesses sowie die einzelnen Schritte im ‚Politikzyklus' entlang der eben umrissenen Fragestellungen untersucht. Oder sie entfaltet sich *präskriptiv und vorausdenkend* als *Problemanalyse*. Eine solche beginnt stets mit einer *Situationsanalyse*: Was ist das auf dem jeweiligen Politikfeld zu lösende Problem? Wie kann dieses Problem – mit welchen Folgen – strukturiert werden? Sodann folgt die *Optionsanalyse*: Was alles könnte wenigstens im Prinzip getan werden, um dieses Problem zu lösen? Und was davon kann hier und jetzt auch wirklich unternommen werden, nämlich in Anbetracht der gegebenen Interessenlagen und Mehrheitsverhältnisse, der bestehenden rechtlichen, technischen und finanziellen Möglichkeiten? Den dritten Schritt bildet die *Folgenabschätzung*: Welche Folgen und Nebenwirkungen dürften welche der real möglichen Maßnahmen haben? Und wie passten die Folgen oder Nebenwirkungen welcher Maßnahmen mit den ansonsten proklamierten – oder wirklich verfolgten – Wertgrundlagen bzw. Zielen der jeweiligen Politik zusammen? Am Ende einer solchen Problemanalyse steht dann ein *Entscheidungsvorschlag*: Was sollte tatsächlich von wem wann wie getan werden? Offenkundig sind solche Problemanalysen von großem praktischem Wert. Tatsächlich vollzieht sich ein Großteil ministerieller oder politischer Zuarbeit zu Regierungsentscheidungen in Gestalt derartiger Problemanalysen, die idealerweise – doch nicht immer in der Praxis – von einer ungeschminkten Situationsanalyse bis hin zu einem praktikablen Entscheidungsvorschlag reichen.

Von durchaus nicht geringerem wissenschaftlichem und erzieherischem Wert, und überdies von großem praktischen Nutzen, ist eine als *Fallanalyse* ausgeprägte Politikfeldanalyse. Auch sie setzt mit der Frage ein, was denn genau das zu lösende *Problem* bzw. der ausgetragene *Streitfall* wäre. Sodann wird geklärt, welche *Akteure* aus welchen Politiknetzwerken an diesem Problem bzw. Streitfall beteiligt sind. Den dritten Schritt bildet eine Analyse dessen, was das Handeln dieser Akteure konkret prägt: ihre *Perzeptionen* des Falles und sowohl der eigenen Lage als auch jener der anderen Akteure; ihre *Interessen*; sowie ihre tatsächlichen Absichten und *Ziele*. Viertens geht es um jene *Mittel*, die den beteiligten Akteuren für die Verfolgung ihrer Interessen zur Verfügung stehen: beginnend mit guten Argumenten, und sich fortsetzend über ausreichend viel Geld bis hin zu militärischer Macht. Bei der Analyse jener Mittel ist stets auch deren konkreter ‚Gefechtswert' zu betrachten: Auf die Erpressung durch eine Terroristengruppe kann man nämlich wirkungsvoll nicht durch Atomwaffen, auf eine militärische Invasion nicht erfolgreich mit Argumenten reagieren. Ferner muss auf die Nachhaltigkeit des Mitteleinsatzes geachtet werden: Wie lange lässt sich welches Mittel überhaupt einsetzen? Was werden die Langfristfolgen seines Einsatzes sein? Und welche Vorauswirkungen werden solche Überlegungen in der konkreten

Problem- oder Konfliktsituation für welche Akteure haben? Am Ende steht dann eine Untersuchung dessen, wie sich der betrachtete Fall auf der Grundlage all dieser Handlungsumstände *entwickelt* hat, gerade entwickelt und wohl weiter entwickeln wird. Diese Untersuchung hat die folgenden Fragen zu beantworten: Wer tut was, warum und mit welchen Folgen? Wie weit wird das Problem durch die bisherige Politik gelöst? Und was sollte man angesichts all dessen wohl anders, was überhaupt neu versuchen?

Offensichtlich wäre es gut, wenn ein nennenswerter Teil der politikwissenschaftlichen Ausbildung in der Durchführung von Analysen verschiedener Politikzyklen und von derartigen Problem- und Fallanalysen bestünde. Bei der Arbeit an ihnen wird nämlich besonders klar, wie kompliziert konkretes politisches Gestaltungshandeln ist, und wieviel Fachwissen man braucht, um weder bei praktischen Ratschlägen noch bei politischen Diskussionen aufs Geratewohl zu dilettieren.

8. Massenmedien und soziale Medien

Massenmedien, inzwischen auch soziale Medien, sind ein überaus wichtiger Bestandteil eines politischen Systems. Zumindest die politische Rolle der sozialen Medien ist unbestritten. Zu offensichtlich sind seit einigen Jahren die – mitunter dramatischen – Folgen dessen, wenn über soziale Medien die Mobilisierung für politisches Protestverhalten und die Skandalisierung solcher Positionen oder Personen gelingt, die man politisch kaltzustellen wünscht. Auch beobachten nicht wenige einen Zerfall von ehedem als gemeinsam behandelten Wissensbeständen, Deutungsschemata und Gesprächsstoffen. Der setzt etwa dadurch ein, dass viele Leute sich nicht mehr entlang einem allgemeineren Interesse aus weitverbreiteten Massenmedien informieren, sondern entlang von sehr eng beschnittenen Interessen aus von ihnen bevorzugten sozialen Medien oder Internetquellen. Jedenfalls vollzog sich inzwischen ein weiterer ‚Strukturwandel der Öffentlichkeit' (Jürgen Habermas, 1929-), bei dem sich zu den seit Jahrzehnten selbstverständlich gewordenen Formen von Öffentlichkeit weitere ‚Filterblasen' von an sich herangelassenen Informationen sowie von ‚Echokammern' persönlich gern gehörter Deutungen gesellten. Zugleich ist seit einigen Jahren eine wachsende Unwilligkeit gerade auch kultureller, intellektueller und akademischer Kreise zu beobachten, sich außerhalb der Komfortzone der eigenen ‚Meinungshöhle' zu bewegen. Wo das dennoch geschieht und man auf die Bewohner anderer ‚Meinungshöhlen' trifft, dort ist die Bereitschaft gering, sich mit jenen anders als abwehrbereit oder angriffslustig auseinanderzusetzen, obwohl doch Neugier die eigene Haltung ebenso prägen könnte wie der Wille, sich gerade von Andersdenkenden zur Weiterentwicklung eigener Positionen anhalten zu lassen. Alle diese Veränderungen wandelten die politische Kultur westlicher Gesellschaften ebenso sehr wie jene kommunikative Umwelt, in der die Politikerschaft die ihr zukommenden Rollen zu erfüllen hat. Also ist auch die Politik selbst anders geworden – seit vielen Jahren durch das Aufkommen der sozialen Medien, und seit vielen Jahrzehnten ohnehin durch das Aufkommen der modernen Massenmedien.

Die politische Bedeutung gerade der letzteren wird weiterhin leicht übersehen. Ein erster Grund ist, dass die politische Rolle der Massenmedien – anders als die der sozialen Medien – sehr selten ihrerseits zum Gegenstand massenmedialer Berichterstattung wird. Ganz im Gegenteil mühen sich Journalisten in der Öffentlichkeit regelmäßig, Aussagen über eine nennenswerte politische Rolle der Massenmedien – etwa für den Auf- und Abstieg von Politikern und Parteien – möglichst zu relativieren oder gar zurückzuweisen. Zweitens gelten Journalisten den meisten nur als *Beobachter* von Politik und als *Berichterstatter* über sie. Der Gedanke, Journalisten könnten auch selbst politische *Akteure* sein, liegt dann fern. Drittens erschließt sich die politische Wichtigkeit von Massenmedien nur aus jener analytischen Distanz zu ihnen, welche zwar oft den Kommunikations- und Politikwissenschaftler, viel seltener hingegen den Journalisten oder Bürger kennzeichnet. Doch tatsächlich sind Massenmedien nicht nur ein Spiegel, sondern auch ein *Konstrukteur* von Wirklichkeit; stets weist Medienwirklichkeit sehr besondere, eine bloße ‚Abbildung' der Operationswirklichkeit schlechterdings übersteigende Konstruktionsmerkmale auf; und immer wirkt bereits die bloße Existenz freier Massenmedien verändernd auf politische Prozesse ein. In demokratischen Verfassungsstaaten lassen diese sich ohnehin erst dann verstehen, wenn man – über die sozialen Medien hinaus – auch gerade die Massenmedien und deren wirklichkeitskonstruktive Rolle in die Analyse einbezieht.

a. Die wirklichkeitskonstruktive Bedeutung von Medien

Insbesondere die folgenden, oben bereits eingeführten Begriffe sind für jede Analyse der wirklichkeitskonstruktiven Rolle von Massenmedien und sozialen Medien hilfreich:

- *Lebenswelt und Alltagswirklichkeit:* ‚Lebenswelt' ist jener Ausschnitt der Welt, in dem man selbst lebt, und den man aus eigener Anschauung kennt. Die dort bestehende Wirklichkeit ist jedermanns ‚Alltagswirklichkeit'. Für sie ist jeder Experte aus eigener Erfahrung. Für *Politik* aber sind die meisten Bürger keineswegs Experten aus eigener Erfahrung, interessiert sich doch in der Regel weniger als die Hälfte überhaupt für Politik und beteiligt sich ein noch geringerer Teil der Bürgerschaft selbst am politischen Leben.
- *Operationswirklichkeit:* Sie ist jene Wirklichkeit, in der Menschen handeln, in der sie mehr oder minder erfolgreich ‚operieren'. Natürlich ist die eigene Alltagswirklichkeit ein sehr gut bekannter Teil der Operationswirklichkeit. Doch der größte Teil der Operationswirklichkeit liegt nun einmal *außerhalb* der eigenen Lebenswelt. Für ihn ist man nicht Experte aus eigener Erfahrung, sondern bleibt auf die Vermittlungsleistungen anderer ange-

wiesen. Für die meisten gilt das hinsichtlich der Lebenswelt von Politikern, also für die Alltagswirklichkeit der Politik. Darüber *können* sie Wissen schlechterdings *nur* aus zweiter oder dritter Hand haben.

- *Medienwirklichkeit:* Unter diesem Begriff ist jene Wirklichkeit zu verstehen, die in den Massenmedien und in sozialen Medien als so und nicht anders bestehend aufgewiesen wird. Wie jede Wirklichkeitsbeschreibung sind auch die Narrative der Medienwirklichkeit perspektivisch und selektiv. Das hat im Einzelfall sogar weniger mit den politischen Darstellungswünschen von Medienleuten zu tun als vielmehr damit, dass Medienwirklichkeit – je nach den Konstruktionsmerkmalen des jeweiligen Mediums – die Operationswirklichkeit anders oder, im Grenzfall, gar nicht wiedergibt. Aktuelle Entwicklungen in Krisengebieten oder auf Kriegsschauplätzen werden etwa in einer Hauptnachrichtensendung und in einer großen Tageszeitung unterschiedlich dargestellt, und zwar vor allem deshalb, weil Fernsehnachrichten wenig Zeit für ein Thema haben, dafür aber viele – mit gesprochenem Text zu unterlegende – Bilder bringen können, eine große Qualitätszeitung hingegen viel mehr Platz und zugleich weniger Bedarf an Bildern hat. In sozialen Medien wiederum, und gar erst in den dort verlinkten Internetquellen, lassen sich auch sehr kleine Ausschnitte der Operationswirklichkeit wie große Panoramagemälde ausgestalten, was zur Illusion eines ‚Verständnisses aus der Nahperspektive' verleiten kann, während jenes größere Ganze recht unbekannt bleiben mag, aus dem ein Teil sehr eindringlich geschildert wird. Erfahrungsgemäß fördert das die Neigung, vielerlei im Internet aus der Nähe Betrachtetes entlang von sachfremden Deutungsmustern miteinander in Beziehung zu setzen, weil einem das Wissen über jene größeren Funktions- und Wirkungszusammenhänge schlechterdings fehlt, in denen die gekannten Einzelheiten sich zu einem wirklichkeitsnahen Bild zusammenfügen könnten. Politisch höchst folgenreich ist Medienwirklichkeit mit ihren Merkmalen aber deshalb, weil für *jeden* die *meisten* Bereiche der Operationswirklichkeit eben *nur* über Medienwirklichkeit zugänglich sind, darunter insbesondere die ‚Welt der Politik', und weil in solchen Fällen die Medienwirklichkeit gerade *nicht* mit Wissen aus der eigenen Lebenswelt abgeglichen werden kann. Unter solchen Umständen können Ideologeme und ‚Verschwörungstheorien' Plausibilität und Anziehungskraft entfalten. Sie sind gleichsam Pathologien, die von hypertrophierten Diskursprozessen erzeugt werden.

- *Perzeptionswirklichkeit / Wahrnehmungswirklichkeit:* Damit ist jene ‚Abbildung' der Operationswirklichkeit im Bewusstsein gemeint, die – gesteuert vom eigenen Interesse und Vorverständnis – zu mehr oder minder selektiven, *stets* perspektivischen Wahrnehmungen der Operationswirklichkeit führt. Zwar kann man sich in der Regel gut auf die Perzeptionswirklichkeit hinsichtlich der eigenen Lebenswelt verlassen, obwohl sich auch da immer wieder Anlass zur Verwunderung darüber findet, wie zwei Leute denselben, gemeinsamen und alltäglichen Sachverhalt ganz unterschiedlich sehen können. Doch alle Wahrnehmungen von Operationswirklichkeit *außerhalb* der eigenen Lebenswelt beruhen allein auf Medien- und Redewirklichkeit, weshalb sie unvermeidlich deren perspektivische und selektive Konstruktionsmerkmale teilen. Gerade jene Leute, die sich *besonders intensiv* aus *einzelnen* Arten von Massenmedien über Politik informieren – die meisten bis vor kurzem aus Hörfunknachrichten, Fernsehnachrichten und der Lokalzeitung, inzischen aber mehr und mehr aus den von ihnen bevorzugten sozialen Medien – werden deshalb ein Politikbild besitzen, das in erster Linie von den Eigentümlichkeiten der von ihnen genutzten Medienwirklichkeit, doch nur *mittelbar* von der Beschaffenheit der politischen Operationswirklichkeit selbst geprägt ist. Solcher Prägung der eigenen Perzeptionswirklichkeit durch die Medienwirklichkeit ist man sich allerdings meist ebenso wenig bewusst wie der Luft, die man atmet.

- *Redewirklichkeit:* Menschen bestätigen einander in ihren Gesprächen immer wieder, dass die Wirklichkeit, die sie selbst als bestehend und in bestimmter Beschaffenheit vermuten, *tatsächlich* im Großen und Ganzen so bestünde und wäre, wie sie sich das wechselseitig beschreiben. Wer hingegen für seine Beschreibungen der Wirklichkeit andauernd *keine* Bestätigung seitens eines anderen findet, der wird entweder seine Perzeptionswirklichkeit verändern, sich also der Redewirklichkeit der für ihn wichtigen ‚Anderen' anpassen. Oder er wird sich mit jenen, die er als seinesgleichen kennenlernt, in besonderen Echokammern und Meinungshöhlen zusammentun, um dann eben in einer Sonderwirklichkeit genau so zu leben und zu kommunizieren, wie die Mehrheitsgesellschaft in der ihren. Findet er aber nicht in solche Kreise, muss er wohl zum Außenseiter oder Sonderling werden. Jedenfalls leistet man im Reden miteinander seinen eigenen, lebensweltlich meist wichtigen Beitrag zur Konstruktion gesellschaftlicher Wirklichkeit. Gerade so findet man nämlich heraus, was man – in einem wie großen oder kleinen Kreis auch immer – *gemeinsam* als ‚selbstverständlich so und nicht anders' ansehen kann, bzw. was man ‚*unter vernünftigen Leuten wie wir*' als ‚Tatsache' oder als ‚Lüge' behandeln soll. Jener große Teil der Operationswirklichkeit, der *außerhalb* der eigenen Lebenswelt liegt und über den man sich *nicht* persönlich über Medienwirklichkeit informiert, gelangt zur eigenen Kenntnis ohnehin *nur* in Gestalt von Redewirklichkeit. Teils speist diese sich aus dem eigenen Erleben von Wortführern. Zum größeren Teil beruht sie allerdings auf der *Medienwirklichkeit* – und oft auch ihrerseits *nur* auf Redewirklichkeit sowie darauf, was man an ihr für plausibel hält. Man kennt eben vieles bloß ‚vom Hörensagen', verfügt über keine eigene, angesichts von Kritik belastbare Deutungskompetenz, vertraut deshalb mitunter auch reinen Schönschwätzern und gelangt zum Stolz auf vermutliches Wissen besonders leicht dann, wenn man – anders als andere – jene ‚hintergründigen Machenschaften' oder ‚Verschwörungen' erkannt zu haben glaubt, die dem wechselseitigen Gerede eine bedeutungsvolle Struktur zu verleihen scheinen. Auf solcher Redewirklichkeit und auf *deren* Konstruktionseigentümlichkeiten beruht ganz offensichtlich ein Großteil des im Umlauf befindlichen politischen Wissens der Bürger, desgleichen ein Großteil der von Politikern in Rechnung zu stellenden Wahrnehmungswirklichkeit in der von ihnen zu regierenden Bevölkerung.

Somit hat auch politische Kultur im *engeren* Sinn, verstanden als die Gesamtheit der auf Politik bezogenen Vorstellungen und Einstellungen einer Bürgerschaft, zuallererst Medienwirklichkeit und Redewirklichkeit zur Grundlage, also in erster Linie Massenmedien, soziale Medien und jene Diskurse, die von beidem genährt werden. Aktuelle politische Lagebeurteilungen der Bevölkerung gründen also ganz wesentlich auf dem, was von Medien vermittelt wird.[180] In einer Demokratie sind deren Urteile von allergrößter Bedeutung, denn sie prägen die öffentliche Meinung sowie die Ergebnisse demoskopischer Erhebungen, worauf die Politikerschaft stets sehr sensibel reagiert. Ausgedrückt als Wahlentscheidung, verleihen oder entziehen massenmedial oder über das Internet (mit-)geformte Bevölkerungsurteile dann unmittelbar politische Macht. Massenmedien und soziale Medien *können* also gar nicht anders, als – zumal in einer Demokratie – eine *große* politische Rolle zu spielen. Ein sehr überzeugender Hinweis darauf ist es, dass autoritäre und totalitäre Regime regelmäßig versuchen, über Zensur, technische Beschränkungen und vorauseilenden Gehorsam, durch exemplarische Bestrafungen sichergestellt wird, eine wirkungsvolle politische Kontrolle über Massenmedien und Journalisten sowie über das Internet und seine Blogger zu gewinnen.

Medien und jene, welche die über sie zugänglich gemachten Inhalte prägen, spielen eine große politische Rolle aber nicht nur insofern, als sie an der Konstruktion jener Wirklichkeits*vorstellungen* entscheidend mitwirken, auf deren Grundlage anschließend die Operationswirklichkeit sozial konstruiert wird. Sie wirken vielmehr auch *unmittelbar* an der gesellschaftlichen Konstruktion politischer Wirklichkeit mit. Tatsächlich stellte sich seit der Herausbildung politischer Systeme, zumal eines institutionalisierten zentralen politischen Entscheidungssystems, regelmäßig die Frage, wie man Regierende und Regierte kommunikativ aufeinander beziehen solle. Die lange Zeit übliche Antwort auf diese Frage besagte, die ‚Staats- und Regierungskunst' sei nichts für das gewöhnliche Volk, weil dieses von Politik einfach nicht genug verstehen könne. Im Übrigen dürften Staatsgeheimnisse (die ‚*arcana imperii*') Unbefugten ohnehin nicht bekannt werden; und deshalb entziehe man *gerade um des* Gemeinwohls *willen* die Politik am besten der öffentlichen und freien Erörterung durch jedermann. Unter solchen Umständen muss die Politikerschaft ihre in Information und Kommunikation geborgene Macht

---

180 Die Koppelung systematischer Medieninhaltsanalysen mit demoskopischen Umfragen hat diesen bereits theoretisch völlig plausiblen Zusammenhang inzwischen über alle vernünftigen Zweifel hinaus empirisch nachgewiesen.

auch mit niemandem teilen. Solange weder der Buchdruck erfunden noch der größte Teil der Bevölkerung des Lesens kundig war, konnte derlei Monopolisierung politischer Kommunikation seitens einer meist recht kleinen Politikerschaft auch gelingen.

Alles änderte sich, als Massenkommunikationsmittel – vom Buch- und Flugblattdruck über die Tagespresse bis hin zu Hörfunk, Fernsehen und Internet – aufkamen, und als sodann Publizisten und Journalisten, getragen von den Ideen der großen Revolutionen des 18. Jahrhunderts sowie von liberalen Überzeugungen, die Forderung nach Informations-, Meinungs- und Medienfreiheit (,Pressfreiheit') populär machten. Nach etlichen Kämpfen auch durchgesetzt, untergrub diese Kommunikationsfreiheit seit dem zweiten Drittel des 19. Jahrhunderts jedes obrigkeitliche Monopol darauf, die politischen Vorstellungen und Einstellungen der Regierten zu prägen. Im Gegenteil wurden seitens der Gesellschaft – zunächst seitens ihrer Elitegruppen – *eigene* politische Vorstellungen artikulierbar. Sobald dann auch noch mit dem Aufkommen der ,Abgeordnetenkammern' des Frühparlamentarismus Wahlen häufiger wurden, entstand so die *grundsätzliche* Möglichkeit, durch ein Zusammenwirken von Wahlkämpfen, Parteien und Massenmedien eine Massenbasis für politische Gestaltungswünsche zu erzeugen und aufrechtzuerhalten. Im Grunde waren es erst die Massenmedien, welche die Voraussetzungen für einen über Elitenkartelle hinausreichenden Pluralismus schufen. Heute wird für autoritäre Diktaturen – wie etwa China – obendrein die Kontrolle der Internetkommunikation zu einer vordringlichen Aufgabe. Längst nämlich haben sich die Möglichkeiten von Handynutzung in Verbindung mit ins Netz gestellten Videoclips als wirksame Hebel im revolutionären Kampf erwiesen, auch für die Legitimierung und Delegitimierung von Kriegen, desgleichen für die Erringung oder Verhinderung situativer kommunikativer Hegemonie im Bereich der Innenpolitik.

Schon dank den frühen Massenmedien entstanden also erstmals weit verbreitete Diskurse über die Handlungen der Regierenden. Und im Umfang, in dem die Reichweite und Suggestionskraft der Massenmedien sich von den Flugblättern der Reformationszeit bis zu den Newsshows im Fernsehen des späten 20. Jahrhunderts vergrößerte, gar erst seit dem Aufkommen der sozialen Medien, nahm auch die Reichweite und politische Wucht öffentlicher Diskurse über Politik zu. Das hatte die folgenden, überaus wichtigen Konsequenzen:

- ,Geheimes', nicht öffentlich erörterbares Regierungshandeln wurde immer schwerer möglich und galt irgendwann als einer besonderen Rechtfertigung bedürfend. Dort, wo diese nicht überzeugend ausfällt, gilt Geheimhaltung mehr und mehr als illegitim. Zensur konnte diesen Prozess lediglich eindämmen, doch nirgendwo aufhalten.

- Wo immer Zensur *nicht* bestand oder unwirksam war, *mussten* deshalb die Regierenden zu ihren Handlungen öffentlich Stellung nehmen. So entwickelte sich das, was seither die *Verantwortlichkeit* der Politikerschaft vor der Öffentlichkeit heißt. Ein wesentliches Mittel zu deren Herstellung bestand im 19. Jahrhundert darin, Regierungen zunächst einmal dem Parlament gegenüber verantwortlich zu machen, und dann die wahrheitsgetreue Berichterstattung über Parlamentsverhandlungen von jeder Zensur freizustellen. Seither müssen alle Politiker mit erheblichen Einbußen an Popularität und an politischer Unterstützung rechnen, wenn sie auf öffentlich aufgeworfene Fragen keine überzeugenden Antworten finden.

- Eine überaus *rationale* Reaktion der Regierenden hierauf war es, aus Eigeninteresse solche Handlungen *möglichst* zu unterlassen, die sich öffentlich vermutlich nicht rechtfertigen ließen. Sich anders zu verhalten, machte nämlich bewusste Geheimhaltung unverzichtbar – und zog das Risiko nach sich, bei Verdacht auf Verborgenes einen investigativen Journalismus nachgerade zu provozieren. Auf diese Weise änderte sich vieles an der Politik selbst, und zwar unter Einwirkung der bloßen *Existenz* von massenwirksamen Medien, sowie angesichts einer nicht abzuwehrenden *praktischen* Verantwortlichkeit von Politikern gegenüber deren einflussreichen Wortführern.

Eine weitere, überaus folgenreiche neue Rahmenbedingung des Handelns politischer Eliten entstand durch das Zusammenwirken des ‚Wiederwahlmechanismus' mit der Prägung politischer Perzeptionswirklichkeit durch massenwirksame Medien. Wo nämlich politische Macht nur auf Zeit und über Wahlen vergeben wird, ist es Politikern unabweisbar auferlegt, sogar alle jene populären Ansichten und Urteile sehr *ernst* zu nehmen, die man selbst für falsch hält, oder die auch objektiv falsch sind. Weil nun aber populäre politische Vor- und Einstellungen sehr stark von den Massenmedien sowie von sozialen Medien geprägt werden, muss, wer immer Macht erringen oder behalten will, stets die Reaktionen der führenden Journalisten oder Blogger auf seine Aussagen und Handlungen antizipieren. Gerade so, wie der ‚Wiederwahlmechanismus' Macht in die Hände der *Regierten* legt, tut das – insbesondere – zugunsten der *Journalisten* reichweitenstarker Medien deren Rolle als Vermittler und Ausdeuter von Handlungen oder Aussagen der Politikerschaft.

Ferner erlegt gerade der *massenmedial* geführte und jederzeit durch die Nutzung sozialer Medien mit neuen Akzenten versehbare Diskurs der Politikerschaft ganz besondere Darstellungs- und Handlungsnotwendigkeiten auf. Diese betreffen gerade auch die Kompromissbildung. Zunächst die Massenmedien, inzwischen ebenfalls die sozialen Medien, haben nämlich für politischen Pluralismus eine massenwirksame Plattform geschaffen, auf welcher Minderheiten, die wirkungsvolle Öffentlichkeitsarbeit betreiben, erhebliche Veto- und Blockademöglichkeiten erringen können. Angesichts periodischer freier Wahlen mit dem anschließenden Zwang zur Mehrheitsbildung hält das *rational* agierende Politiker zur Integration von politisch wirksam agierenden Minderheiten aller Art an. Sobald aber politische Entscheidungen sogar Minderheiten einbeziehen, verschaffen sie sich auch eine ziemlich stabile und belastungsfähige Basis. Das kann anschließend politischen Maßnahmen auch unangenehmer Art Akzeptanz sichern, stiftet immer wieder Legitimitätsglauben und mindert regelmäßig die Notwendigkeit, Gehorsamsbereitschaft durch Repression zu substituieren. Freie politische Kommunikation und politisch folgenreiche Massenmedien sind dergestalt nicht nur ein *Ausdruck* politischer Freiheit, sondern auch von deren besonders wichtigen *Quellen*. Diese fließen besonders ertragreich, wenn Massenmedien wie Presse und Rundfunk ihre politisch bedeutenden Funktionen gut erfüllen: erstens die *Information, Meinungsbildung* sowie *politische Bildung* der Bürgerschaft, und zweitens die *Kontrolle* und *Kritik* politischen Handelns.

b. Politisch wichtige Merkmale von Medienwirklichkeit und Massenkommunikation

Medienwirklichkeit kennzeichnet sich, politisch folgenreich, durch einige besondere Konstruktionsmerkmale und medienspezifische Darstellungszwänge. Derentwegen kann Medienwirklichkeit *grundsätzlich nicht* den Charakter einer ‚bloßen' – und somit politisch ‚neutralen' – ‚Widerspiegelung' der Operationswirklichkeit haben. Insbesondere vier Folgen der *Konstruktionsmerkmale von Medienwirklichkeit* sind analytisch stets in Rechnung zu stellen:

- Nicht alles, was geschieht und im Prinzip berichtenswert wäre, hat die gleiche Chance, in den *Massenmedien* tatsächlich mitgeteilt zu werden. Zunächst einmal unterhalten viele Medien kein oder kein allzu ausgedehntes politisches Korrespondentennetz mehr, weswegen sie für ihre politische Berichterstattung von einer vergleichsweise kleinen Gruppe von Nachrichtenagenturen und Film- bzw. Bilderdiensten abhängen. Was also nicht von einer Nachrichtenagentur verbreitet wird und somit zuvor schon von deren Journalisten aufgegriffen wurde, hat dann auch keine sonderlichen Chancen mehr, ein breiteres Publikum zu erreichen. Innerhalb des im Prinzip Berichtbaren aber orientieren sich viele Massenmedien an besonders prestigeträchtigen oder wirkungsvollen ‚Leitmedien', so dass wiederum wenige Journalisten übergroßen Einfluss erlangen. Der Grund liegt darin, dass Nachrichtenauswahl und Kommentierung stets mit ziemlich großer Unsicherheit einhergehen, ob man wohl das ‚Richtige' ausgewählt bzw. mit überzeugenden Gründen kommentiert hat. In dieser Lage reduziert sich das Risiko, irgendwie ‚falsch zu liegen', recht stark, wenn man sich einem ‚anerkannten Meinungsführer' anschließt. Und ‚läuft' erst einmal ein Thema, so kommt es leicht zum Phänomen des ‚Rudeljournalismus', insofern nämlich die meisten Journalisten sich den gleichen Inhalten widmen, während zur selben Zeit vieles andere Wichtige unbeachtet bleibt. Zeiten des ‚Rudeljournalismus' sind für Politiker, die von ihm gerade nicht behelligt werden, deshalb sehr gute Gelegenheiten,

auf gerade unbeachteten Politikfeldern solche Dinge voranzutreiben, die ansonsten massenmediale Aufmerksamkeit, Kritik und Kontrolle auf sich zögen, weshalb sie dann vielleicht unterblieben.
- Besonders großen Informations- und Nachrichtenwert hat – neben dem offensichtlich Wichtigen und vermutlich Folgenreichen – stets das Unübliche, das aus dem Rahmen Fallende, und somit auch das Neue oder Schlechte. *Vernünftigerweise* von solchen Auswahlgrundsätzen geprägt, kann Medienwirklichkeit gar nicht anders, als ein entsprechend *verschobenes* Bild der Operationswirklichkeit zu zeichnen. Dieses wird dann – meist ohne dass jene ‚Verschiebung' bemerkt oder gar bedacht wird – zur Grundlage persönlicher und gesellschaftlicher Wahrnehmungs- bzw. Redewirklichkeit. Unter der Geltung der praktisch bewährten Journalistenregel ‚*Hund beißt Mann* ist keine Meldung, *Mann beißt Hund* ist eine Meldung!' sind die Medien sozusagen voller Berichte über hundebeißende Männer. Das spiegelt dann ein Handlungsproblem vor (‚Schützt die Hunde endlich vor den Männern!'), das so gar nicht besteht, und dessen gehäufte Erwähnung in den Medien nur eine Folge massenmedialer Aufmerksamkeits- und Berichtsregeln ist. Erst recht gilt das für jene Vorlieben, gemäß denen in den sozialen Medien Inhalte verfügbar gemacht oder mit anderen so oft geteilt werden, dass sie im Einzelfall sogar tagespolitisch wirksam werden. Zwar müsste die oft mangelhafte Deckungsgleichheit von realen Problemen mit deren medialer Gewichtung nicht an sich schon zu politischen Handlungsproblemen führen, falls nämlich die Mediennutzer jene völlig *rationale* Abweichung der Medienwirklichkeit von der Operationswirklichkeit wirklich als *Abweichung* erkennen würden, und wenn sie bei ihren politischen Deutungen und Folgerungen deshalb entsprechende Abstriche vornähmen. Doch nur wenigen sind die Abweichungen zwischen Medienwirklichkeit und Operationswirklichkeit praktisch bewusst, weswegen es oft zum *Fehlschluss* von der Medienwirklichkeit auf die Operationswirklichkeit kommt. Diesbezüglich aber ist es nun einmal so: Wenn Menschen eine Situation (= Operationswirklichkeit) als so und nicht anders beschaffen *definieren* (= Perzeptionswirklichkeit, Redewirklichkeit), und wenn sie von dieser ‚Situationsdefinition' ausgehend *handeln*, dann sind die *Folgen* solchen Handelns *real*, ganz gleich wie *irreal* die Situationsdefinition war. Wenn also viele Bürger der Medienberichterstattung – im Anschluss an jene erwähnte Journalistenregel – als politisch zu lösendes Problem entnehmen ‚Schützt die Hunde endlich vor den Männern!', und wenn anschließend demoskopische Erhebungen ebenso wie die Tätigkeit von Bürgerinitiativen oder von Interessengruppen als einen anscheinend weit verbreiteten gesellschaftlichen Wunsch hervorheben, genau *dieses* Problem solle nun endlich vom politischen System aufgegriffen und gelöst werden, dann *ist* etwas zu einem politisch zu bearbeitendes Problem geworden, was in der Wirklichkeit als Problem *vielleicht gar nicht existiert*. Wenigstens ‚symbolische Politik' wird dann nötig. Im schlimmeren Fall ändert man

auch noch die Gesetze, und im schlimmsten Fall zieht man knappes Geld von der Arbeit an realen gesellschaftlichen Problemen ab – und gibt es aus für ein massenmedial glaubhaft gemachtes Pseudo-Problem. Leider kommt derlei massenmedial erzeugter Handlungsdruck gar nicht selten vor und bindet dann viel politische Aufmerksamkeit und Arbeitskraft.

- Ein Sonderproblem dieser durchaus rationalen Auswahlpraxis massenwirksamer Berichterstattung ist ihr ‚Negativismus'. Systematische Inhaltsanalysen zeigen seit Jahren, dass bei der massenmedialen Berichterstattung über Politiker, über politische Parteien, über politische Institutionen sowie über konkrete Politikprozesse die meisten Meldungen und Kommentare in den Massenmedien zwar neutral sind, dass aber die Anzahl der Meldungen über Schlechtes sowie der Anteil negativer Kommentare bei der Politikberichterstattung die Anzahl der Meldungen über Gelingendes und den Anteil positiver Kommentare fast immer deutlich übersteigt. Wenn politische Inhalte von sozialen Medien aufgegriffen werden, dürft das kaum anders sein. Die Folge dessen ist aus demoskopischen Untersuchungen seit langem bekannt: Die Lage in der eigenen Lebenswelt, die man aus persönlicher Erfahrung kennt, wird stets als wesentlich besser eingeschätzt als die allgemeine Lage, über die man aus der Medienwirklichkeit und aus der davon geprägten Redewirklichkeit erfährt. Dieser systematische Zusammenhang ist den meisten Bürgern allerdings ganz unbekannt. Auch wird er, obwohl empirisch nachgewiesen, von Journalisten immer wieder in Abrede gestellt. Wenn also seitens eines großen Teils der Bürgerschaft die allgemeine Lage im Land als schlechter eingeschätzt wird als ihre persönliche Lage, dann wird das oft eben nicht auf jene Medienwirklichkeit zurückgeführt, anhand welcher man zum eigenen Urteil kommt. Für die vermutete Überdurchschnittlichkeit der eigenen Lage ist man dann nicht nur einfach dankbar, sondern führt sie auf zufälliges Glück oder auf die eigene Tüchtigkeit zurück. Umgekehrt gibt es dafür, dass die Lage außerhalb der eigenen Lebenswelt klar schlechter ‚ist' als die eigene Lage, sehr wohl einen Verantwortlichen – nämlich die Politikerschaft. Ihr wird die Schuld an den ‚verbreiteten Missständen' umso eher zugeschrieben, je mehr Politiker zwar ‚verantwortungsimperialistisch' die Lösung von im Grunde allen wirtschaftlichen und gesellschaftlichen Problemen durch die Mittel der Politik versprochen haben. Hier hat weit verbreitete Politikerverdrossenheit eine ihrer Ursachen.

- Falls nun aber die allgemeinen Zustände gemeinhin gar nicht so schlecht sind, wie das die Bürger auf der Grundlage der von ihnen genutzten Medienwirklichkeit vermuten, sondern wenn im Grunde eher die Beschreibungen der *eigenen* Lebenswelt seitens der Bürgerschafft die allgemeine Lage treffen, dann wird offenbar ‚der Politik' ganz zu Unrecht ‚Versagen' vorgeworfen. Umgekehrt wird es ‚der Politik' gerade nicht auf ihr Leistungskonto gebucht, wenn in der persönlichen Lebenswelt der Bürger mehr als bloß akzeptable Zustände herrschen. Das politische System erntet dann nicht jenen Legitimitätsgewinn, den es sich eigentlich erarbeitet hat; im Gegenteil wird es nach Missständen beurteilt, die in Wirklichkeit gar nicht so – oder nicht so dramatisch – bestehen, wie die Bevölkerung das nun freilich vermutet. Derlei Wirkungszusammenhänge bugsieren das politische System in eine virtuelle[181] Performanzfalle, aus der es – eben wegen ihrer Virtualität – kaum einen Ausweg gibt. Die einzige Lösung, die sich weisen ließe, bestünde darin, genau diese umrissenen Zusammenhänge zum populären Allgemeinwissen zu machen. Doch solche Versuche waren bisher nicht erfolgreich.

Massenwirksame Medien können im Übrigen zwar nur sehr eingeschränkt beeinflussen, *wie* über etwas geurteilt wird, sehr umfänglich aber – ‚agenda setting' genannt – dasjenige, *worüber* gesprochen und geurteilt wird. Solche Themen stehen dann weit oben auf der Agenda einesteils öffentlicher politischer Diskurse, anderteils politischer Handlungsaufgaben. Anschließend kommt es zu einer gewissen Eigendynamik der Nachrichtengebung in Massenmedien und sozialen Medien. Sobald nämlich kaum mehr Neues zu melden ist, wenn alles mehrfach berichtet und kommentiert wurde, ist ein Thema gewissermaßen ‚abgegrast'. Auch verliert sich öffentliches Interesse, falls nur noch wenig Personalisierbares, Dramatisierbares oder Skandalisierbares zu erfahren ist. Themen beenden dann – sozusagen – ihre Karriere, die kometengleich begonnen haben mag. Über ein solches Thema weitere Meldungen ‚durchzubekommen' – allgemein als Journalist, außerhalb seiner Echokammer als Blogger, oder im politischen Alltag als Politiker – kann anschließend nachgerade unmöglich werden. Ein Grund kann darin liegen, dass ein Thema wirklich niemanden mehr interessiert – und ein anderer darin, dass inzwischen neue Themen die Aufmerksamkeit von Journalisten und Bloggern, den Platz in Zeitungen oder die Zeit in Hörfunk- und Fernsehsendungen beanspruchen. Keineswegs muss damit aber auch schon der vom Thema angestoßene politische Prozess beendet sein. Im Gegenteil wird er – jenseits rascher *symbolischer* Handlungen – meistens dann, wenn sich die Karriere eines Themas dem Ende zuneigt, überhaupt erst in seine *Planungs*phase gelangen. Sollte es dann zum problemlösenden Handeln, gar zu einer Problemlösung kommen, so ist meist jenes Thema schon vergessen, das einst zur problemlösenden Politik führte. Es bedarf dann einiger Anstrengung, sogar ein einst für große Aufregung sorgendes Thema wieder in Erinnerung zu rufen – und überdies noch zu vermitteln, was inzwischen hinsichtlich seiner geleistet wurde. Denn *dass* ein Problem gelöst wurde, oder dass Politik sich darum wenigstens *bemühte*, hat stets einen viel *geringeren* Nachrichtenwert, als ihn einst jenes Problem oder der Skandal besaß, von

---

181 ‚Virtuell' meint ‚nur vorgestellt, doch für wirklich gehalten', also: ‚rein imaginär, doch wie eine Tatsache behandelt'. Hier schließt sich analytisch der vom Thomas-Theorem beschriebene Zusammenhang an.

dem die Themenkarriere ausgelöst wurde. Also wird über erfolgsorientierte politische Bemühungen, auch über erfolgreiche Politik, aus durchaus rationalen journalistischen Gründen deutlich seltener berichtet als über Missstände und über Dinge, die scheitern.

Wer in dieser Lage die Medienwirklichkeit für alle praktischen Informations- und Kommunikationszwecke wie eine ‚Widerspiegelung' der Operationswirklichkeit behandelt, der wird unvermeidlich Politik mitsamt ihren Anstrengungen und ihrem Leistungsvermögen *unterschätzen*. Dass genau das der Normalfall ist, zeigen vielerlei demoskopische Umfragen. Erst in Wahlkämpfen, wenn politische Parteien aktiv ihre Leistungen hervorkehren, haben politische Erfolge dann wieder gute Chancen, berichtet und wahrgenommen zu werden. Deshalb ist es auch nicht verwunderlich, dass die Zufriedenheit von Bürgern mit der Leistungsfähigkeit ihres politischen Systems und das Vertrauen zu dessen Institutionen regelmäßig im Lauf von Wahlkämpfen zunehmen – und anschließend wieder absinken. Was sich *außerhalb* von Wahlkämpfen ausbreitet, sind stattdessen oft Politikverdrossenheit und Vertrauensprobleme, zumal hinsichtlich der den politischen Streit führenden Institutionen wie den Parteien und den Parlamenten. Das aber geht nicht spurlos an der politischen Kultur einer Gesellschaft und an der Legitimitätslage ihres politischen Systems vorbei.

Nicht minder wichtig sind die überaus problematischen politischen Folgen *medienspezifischer Darstellungszwänge*. Sie lassen sich knapp in vier Punkten zusammenfassen:

- Nicht nur in den Massenmedien, sondern viel mehr noch in den auf kurze Aufmerksamkeitsspannen ausgelegten sozialen Medien gibt es *nicht* genügend Platz oder Zeit zur Darstellung der Vielfalt dessen, was berichtet werden könnte und tatsächlich berichtenswert wäre. Es muss also sowohl in den populären Massenmedien als auch im Internet streng ausgewählt werden, was in welcher Differenziertheit abgehandelt werden kann. Zusammen mit den Verzerrungen durch eine bevorzugte Darstellung des gerade Aktuell-Interessanten, des aus dem Rahmen Fallenden sowie des Negativen ist die Folge solchen Platz- und Zeitmangels ein sehr zerstückeltes, überaus vereinfachtes und stark auf Einzelfälle gegründetes Bild politischer Wirklichkeit. Dessen Lücken füllt man mit Alltagswissen und Alltagsvermutungen aus der eigenen Lebenswelt. Weil aber den meisten Leute aus ihrer Lebenswelt die politische Wirklichkeit gerade *nicht* bekannt ist sowie ihre vereinzelten Kontakte mit der Welt der Politik meist ebenfalls *bruchstückhaft* sind, muss es nicht wundern, dass die massenmedial vermittelten Ausschnitte politischer Operationswirklichkeit oft nach Maßgabe unpolitischer, naiver oder recht simpler Deutungsmuster zusammengesetzt werden.[182] Daraus entsteht als politische Perzeptionswirklichkeit teils ein sehr oberflächliches, teils auch hochgradig verzerrtes Bild politischer Operationswirklichkeit. Politisches Handeln erscheint vielen Bürgern dann als ‚eigentlich leicht', denn ‚im Grunde müsste man ja nur …'. Wer so denkt, wird es freilich umso weniger akzeptieren, dass Politiker ‚so viele Worte um eine an sich doch klare Sache machen', also dass sie nicht ‚einfach etwas tun'. Die Leistungen der Politikerschaft werden dann nicht an den *realen* Handlungsproblemen gemessen, sondern am Maßstab einer zwar aus vernünftigen Gründen, doch trotzdem *überaus* vereinfachten Medien- und Redewirklichkeit, welche den eigenen ‚gesunden Menschenverstand' eher bedient und bestärkt als belehrt und korrigiert. Und weil Journalisten sowie Blogger sehr oft den ‚gesunden Menschenverstand' ihrer Adressaten teilen, tritt dieser Effekt umso nachhaltiger auf.

- Journalistisch ist alles das besonders *gut* darstellbar, was sich an *Personen* aufzeigen, in Form betroffen machender *Geschichten* erzählen oder als Unterschied zwischen Norm und Wirklichkeit aufbereiten lässt, d.h. als *Skandal*. Viel *schlechter* lassen sich hingegen *langfristige Entwicklungen* darstellen (etwa die allmähliche Erosion soziomoralischer Milieus), *strukturelle Zusammenhänge* (z.B. die zwischen den Standardbiographien in einer Gesellschaft und der Reproduktion der Bevölkerungszahl) und generell alle jene Dinge, deren systematische Gestalt sich viel weniger am konkreten Gegenstand selbst als vielmehr anhand *abstrakt-verdichtender Begriffe* beschreiben lässt (beispielsweise die Folgen einer Inkompatibilität zwischen Parteiamt und Parlamentsmandat für die Sicherung politischer Verantwortlichkeit). Politische Probleme, welche die Tagesaktualität überdauern und genau deshalb besonders wichtig sind, werden nun aber sehr häufig von langfristigen Entwicklungen, von strukturellen Zusammenhängen und von im Grunde nur abstrakt-verdichtend erklärbaren Dingen erzeugt. Vor allem auf *diese* muss langfristig gestaltungswillige Politik also einwirken. Entsprechende Politikprogramme zu erläutern, bedarf somit der Bezugnahme gerade auf das, was massenmedial besonders *schlecht* zu vermitteln ist. Einesteils besteht eine rationale Reaktion der Politikerschaft auf diesen Zusammenhang darin, vordringlich das massenmedial Thematisierte abzuarbeiten, das massenmedial schwer Thematisierbare aber hintanzustellen oder es vor allem in ‚kommunikativen Nischen' vor

---

182 Wer solche Mangelhaftigkeit fühlt, ohne wirklich in die realen politischen Zusammenhänge einzudringen, wird oft ‚Verschwörungstheorien' attraktiv finden. Diese geben nämlich einen Verständnisschlüssel an die Hand, den man anderen dann voraushat, und sie vermitteln das – an sich ja nicht falsche – Gefühl, man verstehe Politik nun viel besser, weil man nicht länger in den Denkfiguren des apolitischen Alltagsdenkens befangen sei. Zwar ist das der richtige Ansatz einer Emanzipation aus den Fesseln des ‚gesunden Menschenverstandes'. Allerdings führt er, da vorschnell mit dem erstgefundenen Deutungsschlüssel zufrieden machend, in die falsche Richtung und verstellt in der Regel sogar den weiteren Weg hin zur ernsthaften Analyse politischer Inhalte, Prozesse und Strukturen.

anzutreiben, also unter Ausschluss der Öffentlichkeit – und somit ohne demokratische Kontrolle. Politiker wiederum, die derlei vermeiden und im Grunde ‚richtig' handeln wollen, laufen unter den beschriebenen Kommunikationsbedingungen leicht in die folgende Falle: Wenn sich Politik langfristige, strukturelle, im Grunde nur abstrakt-verdichtet ansprechbare Aufgaben vornimmt, und wenn folglich die von der Politikerschaft bearbeiteten Probleme und Lösungswege in der Medienwirklichkeit nicht gut darstellbar sind, dann entsteht beim Hörer oder Zuschauer überaus leicht der Eindruck, es redeten ‚die Politiker' schlicht an den ‚wirklichen' Problemen der Menschen vorbei – an jenen nämlich, die an *konkreten* Personen, Geschichten und Skandalen sichtbar werden. Auf diese Weise verstärkt sich erst recht der Eindruck, die Politikerschaft bekomme gar nicht mit, worum es für die Regierten wirklich gehe, weil sie sich eben in einer ‚Kunstwelt' abstrakter, ein Stück weit eingebildeter, nur für Politiker selbst wichtiger Probleme verfangen habe. Das lässt Vertrauen zur Politikerschaft erst recht nicht entstehen oder gar sinken. Die Pointe dessen besteht darin, dass hier eben der Versuch nicht-populistischer Politik klar populistische Kritik hervorruft.

- In besonderer Weise stellen sich jene Probleme bei politischen Nachrichten und Magazinsendungen im Fernsehen. Dort bedarf nämlich vieles der Visualisierung, und zwar möglichst *nicht* durch einen ‚redenden Kopf', also durch einen für eine kurze Aussage eingeblendeten Experten. Leicht visualisierbar ist aber meist das Personalisierbare und Dramatisierbare – ein kriegerischer Konflikt etwa durch Soldaten, fahrende Panzer, zerstörte Gebäude und verwundete Zivilisten. Von dem, was hinter alledem an Problemen, Motiven und taktischen Zügen steht, wird auf diese Weise nichts sichtbar. Derlei behandelt man in der Regel im Text, der zum Bild gesprochen wird. Empirische Forschungen zeigen nun aber, dass bei einer solchen ‚Bild/Ton-Schere' vor allem die Bilder in Erinnerung bleiben, doch viel weniger die Worte. Die Wahrnehmungswirklichkeit wird dann durch den zwar eindrucksstärkeren, doch weniger informationshaltigen Teil der Medienwirklichkeit geprägt. Und ein Politiker, der sich im Nachgang zu aufrührenden Bildern über die Hintergründe und Handlungsoptionen eines so präsentierten Krieges äußert, hat deshalb in der Regel nur geringe Chancen zu überzeugen, falls er eine *gegen* die Bilder sprechende politische Aussage vermitteln will. Womöglich scheint er dann ‚in ignoranten politischen Spielen' befangen zu sein, während in der Wirklichkeit ‚doch die Menschen leiden' – und die Politikerschaft nichts daran ändern will. Dass auch Bilder ‚lügen können wie gedruckt', ist anscheinend noch nicht zum selbstverständlichen Alltagswissen geworden.

- Im Übrigen gibt es *adressatenorientierte Darstellungsgrenzen*, und zwar in den sozialen Medien nicht minder als in den Massenmedien. Während man ersten Fall die Grenzen von Echokammern oder Meinungshöhlen beachtet werden müssen, gilt im Fall von Massenmedien, dass sie *Produkte* sind, die immer wieder ihren *Markt* finden müssen. Finanziert werden Printmedien und Fernsehsendungen nämlich zu einem großen Teil aus Werbeeinnahmen. Werbekunden wollen aber genau wissen, welchen Personenkreis sie mit welchem Medium ansprechen können. Hat nun einmal ein Medium eine wirtschaftlich sinnvolle Konstellation aus Werbekunden und Adressaten gefunden, dann ist es überaus rational, bei dieser Konstellation zu bleiben. Es legt somit der Adressatenkreis durch Veränderungen seines – stets auf der Grundlage von Marktanteilen und Einschaltquoten beobachteten – Nachfrageverhaltens fest, *was ihm auf welche Weise im Medium vermittelt werden kann*. Also bleiben Journalisten durch diese *sinnvollerweise* nicht zu ignorierende Adressatenorientierung selbst dann in ihren politischen Darstellungsmöglichkeiten begrenzt, wenn sie über Politik anderes und mehr berichten *wollen*. Auf diese Weise wird *der Bürger selbst* zum Mitverursacher der ihn irreführenden Medienwirklichkeit.

Tatsächlich ist es vor allem die Bürgerschaft, die durch ihren *Umgang mit Medienwirklichkeit* die Macht sowohl der Massenmedien als auch der sozialen Medien von einer bloß berichtenswerten Tatsache zu einem wirklichen politischen *Problem* macht. Auch hier lässt sich in drei Skizzen zusammenfassen, worum es vordringlich geht. Erstens kennzeichnet sich der Umgang der meisten Leute mit Medienwirklichkeit durch große, oft gar nicht sonderlich bedachte *Selektivität*. Das betrifft einesteils die Nutzung von Medien. Einst informierten sich die meisten aus Hörfunk- sowie Fernsehnachrichten, daneben aus meist nur einer einzigen Zeitung. Inzwischen meiden gar nicht wenige diese Medien, weil sie sich lieber auf von ihnen abonnierte Kanäle im Internet oder auf das verlassen, was ihnen aus jenen Echokammern oder Meinungshöhlen zugetragen wird, zu deren Bewohnern sie geworden sind. Anderenteils wirkt Selektivität beim *Behalten* des Aufgenommenen. Abgewiesen wird üblicherweise, was ‚kognitiv dissonant' ist, also den eigenen Sichtweisen und Erwartungen widerspricht. Derlei wird lso allenfalls zur Kenntnis genommen, doch meist nicht zur Überprüfung oder gar Erweiterung bisheriger Selbstverständlichkeiten genutzt. Die reale Pluralität des Mediensystems setzt sich also in der Regel gerade *nicht* um in eine Pluralität des persönlich zur Meinungsbildung *benutzten* Angebots an Massenmedien oder an sozialen Medien. Das Ergebnis auch eines pluralen Mediensystems ist somit nur im Ausnahmefall ein vielseitiges, plurales Informationsverhalten der Bürger. Viel eher kommt es einerseits zur Dominanz von sozial akzeptierten ‚Leitmedien' wie den großen Fernsehanstalten für die Masse sowie der Qualitätspresse für die Elitegruppen, und andererseits zur selektiven Nutzung eines sehr kleinen, inzwischen oft aus dem Internet abgerufenen Ausschnitts aus dem eigentlich verfügbaren Informationsangebot, was beides in der Regel die schon gehegten Ansichten verstärkt.

Überaus wichtig ist – zweitens – eine Art ‚Spiralprozess' im Zusammenwirken von Medienwirklichkeit und Redewirklichkeit. Man kann ihn eine

,Schweigespirale' oder eine ,Redespirale' nennen. Im Einzelnen geht es um die folgenden, empirisch gut belegten Zusammenhänge, die ein jeder auch unschwer selbst überprüfen kann:

- Menschen wollen sich meist nicht isolieren, in der Regel schon gar nicht durch politische Ansichten, mit denen sie alleine dastünden.
- Menschen haben die Fähigkeit, in ihrer sozialen Umgebung recht genau zu erspüren, welche politischen Positionen ,ankommen', mit welchen anderen man aber eher aneckt oder unter Rechtfertigungsdruck gerät.
- Redewirklichkeit speist sich sehr stark aus Medienwirklichkeit. Wenn also Menschen in der von ihnen wahrgenommenen Medienwirklichkeit ihre eigenen Positionen eher selten vorkommen sehen, so werden sie diese Positionen zwar nicht gleich aufgeben, sie aber sehr wohl zurückhaltender äußern, als wenn sie aus der Medienwirklichkeit den Eindruck gewönnen, im Grunde jedermann teile ihre Überzeugung.
- Auf diese Weise werden – angestoßen von Veränderungen in der Medienwirklichkeit – bestimmte Positionen auch in der Redewirklichkeit seltener vorkommen.
- Wer dies bemerkt, wird – um sich in seinem sozialen Umfeld nicht zu isolieren – nach gewisser Zeit überprüfen, ob die eigene, immer seltener zu vernehmende Position denn wirklich so gut begründet ist, dass man sie trotz des Risikos eigener Isolation weiterhin vertreten sollte. Zumindest wird er sie weniger offensiv vertreten als bislang.
- Berichten gar noch Massenmedien über den Rückgang der Zahl derer, die jene Position vertreten, so gibt es erst recht gute Gründe, sich mit ihr zurückzuhalten und sie möglicherweise aufzugeben. Damit wird zur Wirklichkeit, was zunächst nur eine Definition der Situation war.

Durch solches Zusammenwirken von Medien- und Redewirklichkeit, von menschlicher Isolationsfurcht und von persönlicher Lernfähigkeit, wird ein *Spiralprozess* in Gang gesetzt. Der kann zum Verstummen, vielleicht gar zum Verschwinden von Positionen führen. Dann liegt ein – häufig zu erlebender – ,Schweigespiralenprozess' vor. Ein solcher Spiralprozess kann aber ebenso bestimmte Positionen popularisieren, so dass man sie alsbald auch selbst – wenn auch zunächst zögerlich-ausprobierend – vorbringt, doch später vielleicht gar als aufrichtige Überzeugung übernimmt. Dann handelt es sich um einen ,Redespiralenprozess', wie er in Gestalt jeweils modischer Diskurse ebenfalls immer wieder zu beobachten ist. Wer solche Prozesse anzustoßen oder mitzusteuern versteht, der übt ganz klar kommunikative Macht aus. Konkret zeigt sich hier, was an anderer Stelle das ,dritte Gesicht' der Macht genannt wurde. Und weil die öffentliche Meinung in einem demokratischen Staat der Politikerschaft überaus wirkungsvolle Rahmenbedingungen schafft, also insbesondere schwer abzuweisende Anreize sowie kaum überwindbare Hürden setzt, liegen politisch ungemein wichtige Prozesse vor, sobald es *politische* Positionen sind, um deren Popularisierung oder Verdrängung es in solchen Spiralprozessen geht.

Und obschon – drittens – *alle* hier erwähnten Zusammenhänge weithin *bekannt* sein könnten, und obwohl sich die meisten von ihnen bewirkten Probleme durch relativierende ‚Dekodierungskompetenz' beim aufgeklärt-kritischen Umgang mit den benutzten Medien *neutralisieren* ließen, ist das alles oft gerade *nicht* der Fall. Vielmehr schwanken nicht nur die meisten einfachen Leute, sondern auch viele Elitenangehörige beim Umgang mit Medien zwischen fundamentalem Misstrauen im einen Augenblick, doch ziemlich naivem Vertrauen im anderen Augenblick; und sie machen dabei zum Kriterium ihrer Akzeptanz von Medieninhalten vor allem, ob die Nachricht oder Kommentierung in das eigene Vorverständnis passt oder ihm widerspricht. Dann allerdings schlagen *sämtliche* politisch problematischen Merkmale von Medienwirklichkeit *voll* auf den politischen Prozess durch. Genau das macht ihn dann noch komplizierter und noch schwerer zu beherrschen, als er das ohnehin schon ist.

c. Medialisierung von Politik als Kontrollproblem

In Reaktion auf diese Schwierigkeiten hat die Politikerschaft inzwischen großes Erfahrungswissen und Können bei ihrerseits zielgerichteter Öffentlichkeitsarbeit und Politikvermittlung erworben. Gute Politiker pflegen eine sehr geschickte Differenzierung ihrer Kommunikationsstile danach, um welchen Zweck von Kommunikation es sich handelt. Das kann die sachliche, ergebnisoffene Arbeit in formellen und informellen Gremien sein (‚Arbeitskommunikation'). Es kann aber auch darum gehen, sich durch eine Mobilisierung kommunikativer Macht und durch eine Funktionalisierung massenmedialer Möglichkeiten gegen Widerstreben durchzusetzen (‚Durchsetzungskommunikation'). Oder das Ziel kann sein, sich und die eigene Politik möglichst konsistent, schnittig und erfolgreich zu präsentieren (‚Darstellungskommunikation'). Im Bereich von Durchsetzungs- und Darstellungskommunikation findet sich oft eine gekonnte ‚Kommunikationsdramaturgie', die schon das politische Handeln selbst an den Erfordernissen massenmedialer Präsentation ausrichtet. Als Vervollkommnung von Kommunikationsdramaturgie und zugleich als deren Wendung ins sachlich Absurde gibt es inzwischen sogar die Inszenierung von ‚Pseudo-Ereignissen', die im Grunde nur zum Zweck der Berichterstattung und als Formen symbolischer Politik stattfinden. Nicht nur viele Pressekonferenzen und Expertenanhörungen, sondern auch öffentliche Kundgebungen, ja mitunter sogar internationale Begegnungen fallen in diese Kategorie inszenierter Pseudo-Ereignisse und binden erhebliche politische sowie journalistische Energie. Vor allem aber hat sich zwischen Politikern und Journalisten, die einander für die jeweils eigene Arbeit dringend brauchen, eine Vielzahl symbiotischer Beziehungen entwickelt. Freilich gilt das vor allem für Politiker, die in der politischen ‚Kommunikationshierarchie' sehr weit oben stehen, und Spitzenjournalisten. Die so gewonnene zusätzliche kommunikative Führungsmacht von hochrangigen Politikern hebelt allerdings die Einflussmöglichkeiten ihres massenmedial weniger privilegierten ‚Fußvolks' aus, wodurch Massenmedien nicht unerheblich zu einer Re-Aristokratisierung von Politik beitragen. Gewiss sichern dabei Regeln professionellen Umgangs zwischen Politikern und Journalisten einen weiten Bereich überaus funktionaler Kooperation zwischen der Politikerschaft, den politischen Institutionen und dem journalistischen Teilsystem des gesamten politischen Systems. Keineswegs ist es so, als *hinderten* Journalisten und insbesondere die Massenmedien an guter Politik oder an gutem Regieren. Sehr wohl aber setzen sie alledem überaus wichtige und – zumal seit dem Aufkommen von Fernsehen und Internet – im Vergleich zur Zeit vor vierzig, siebzig oder hundert Jahren ziemlich veränderte *Rahmenbedingungen*. Auf diese aus sehr vernünftigen Gründen zu reagieren, prägte die Akteure und die Praxis demokratischer Politik nachhaltig, und zwar sowohl zu ihrem Vorteil als auch mit erheblichen Folgeproblemen. Politik wurde unter dem Einfluss der Massenmedien nämlich durchaus anders, als sie ehedem war. Eben das bezeichnet man, und zwar durchaus kritisch, als ‚Medialisierung'[183] von Politik. Was daraus entstand, heißt „Mediokratie" und stellt eine große Herausforderung sowohl derzeitiger politischer Praxis als auch politikwissenschaftlicher Analyse dar.

Zum einen setzte solche Medialisierung eine Prämie auf die Telegenität und die massenmediale Gewandtheit von Politikern. Das führte unter der Politikerschaft zu einem ganz andersartigen Selektionsdruck, als er früher bestand. An die Stelle der Protektion durch Monarchen trat jene durch die Medien, um deren Gunst man aber ebenfalls buhlen muss, und bei welchen man genauso rasch in Ungnade fallen kann wie einst bei seinem Fürsten. Zum anderen, und vor allem, wurde Politik viel schnelllebiger und komplexer. Denn ob willentlich oder ohne Absicht: Durch die von Journalisten – oder in den sozialen Medien – geleistete Kreation und Moderation von Medienwirklichkeit *wird* in den Prozess der Herstellung und Durchsetzung allgemein verbindlicher Regelungen und Entscheidungen mit kommunikativer Macht eingegriffen. Massenmedien, Journalisten und Blogger *üben* also politisch wirksame Macht aus. Es ginge ebenso an der Wirklichkeit vorbei, diese von Journalisten oder Bloggern ausgeübte politisch wirksame Macht *keine* ‚politische Macht' zu nennen, wie das der Fall wäre, wollte man die gewaltige, vom Wirtschaftssystem ausgehende Macht eines Landes nicht *auch* als ‚politisch' bezeichnen. Doch beide prägen die Herstellung allgemeiner Verbindlichkeit.

Sowohl jene *wirtschaftliche* Macht als auch die in Massenmedien und sozialen Medien geborgene, von Spitzenjournalisten oder populären Bloggern

---

183 Mitunter auch ‚Mediatisierung' genannt, was wegen der anderweitigen historischen Belegung dieses Begriffs nicht wirklich günstig ist.

ausgeübte *kommunikative* Macht ist aber – ganz im Unterschied zur Macht von Politikern – *nicht* demokratisch legitimiert. Doch nicht das Fehlen demokratischer Legitimation ist hier das zentrale Problem. Es besteht vielmehr darin, dass zwar die Macht vor allem der Politik, spürbar auch die Macht der großen Wirtschaftsunternehmen, durch die Macht der Massenmedien begrenzt und in Schach gehalten werden kann. Doch der Macht von Massenmedien und Spitzenjournalisten, von sozialen Medien und von populären Bloggern, steht *keine* sie in *transparenter* Weise begrenzende Gegenmacht gegen. Vielmehr *bedürfen* alle *anderen* politisch wichtigen Akteure der *Kooperation* mit – zumindest einigen – Massen- und sozialen Medien, desgleichen mit nicht allzu wenigen Journalisten und Bloggern. Diese üben in ganz besonderer Weise *Macht ohne Mandat* aus. Das fällt umso mehr ins Gewicht, je weniger sich Journalisten oder Blogger als den Tatsachen verpflichtete Reporter verstehen oder als ‚Moderatoren des Zeitgesprächs', die auch den Positionen *anderer* eine Bühne bieten, sondern vielmehr tätig werden als *Anwälte* der von ihnen selbst bevorzugten politischen Positionen (‚anwaltschaftlicher Journalismus'). Besonders übel wirkt sich das aus, wenn es zur gesellschaftlichen Selbstverständlichkeit wird, dass politisch Andersdenkenden mögliche Auftritte zu verwehren sind (‚de-platforming', auch ‚cancel culture' genannt), und wenn es bei dann doch nicht vermeidbaren Konfrontationen vor allem darum zu gehen hat, den anderen auch menschlich auszugrenzen. *Unmittelbar* politisch wird das alles, wenn – wie empirische Untersuchungen zeigen – in einzelnen Ländern, darunter auch in Deutschland, die politische Meinungsverteilung unter den Journalisten nicht dem Durchschnitt der politischen Meinungsverteilung in der Bevölkerung entspricht, sondern klar nach einer Seite des politischen Spektrums hin verschoben ist. Dann kommt es vor, dass sich den ‚offiziellen Medien' gegenüber dann ein rivalisierendes Bündnis aus ‚alternativen Meinungshöhlen' mit ‚alternativen Fakten' bildet, woraufhin der gesellschaftliche Diskurs zerfällt.

Kontrolle von Medien-, Journalisten- und Bloggermacht durch Zensur oder zensurähnliche Maßnahmen verbietet sich in einem freiheitlichen Staat natürlich, wenn er seinen Leitideen und Geltungsprinzipien treu bleiben will. Die an deren Statt durchaus praktizierte Kontrolle über die Macht von Massenmedien und Journalisten seitens von Politikern durch informationelle ‚Geschäfte auf Gegenseitigkeit' führt aber geradewegs in jene Bereiche von politischer Intransparenz und vorauseilendem Gehorsam, die kritischer Journalismus eigentlich ausleuchten und einengen sollte. Die ‚politisch ausgewogene' Auswahl von Journalisten für führende Funktionen in öffentlich-rechtlich betriebenen Rundfunkanstalten ist – beispielsweise – zwar ein plausibler Kontrollversuch demokratisch legitimierter Parteien im Hinblick auf Medienmacht. Er führt aber zu mitunter schwer fassbaren und gleichwohl folgenreich-selektiven politischen Loyalitäten von Spitzenjournalisten, die sich der Transparenz und öffentlichen Kontrolle entziehen. Außerdem ist es problematisch, wenn große Parteien – und sei es aus historisch sehr einleuchtenden Gründen – bedeutende Anteile an Verlagen und Medienkonzernen besitzen, und wenn solche Parteien obendrein, vermutlich nicht ohne Zutun ihnen wohlgesonnener Journalisten, eine massenwirksame Aufklärung über derlei Kapitalverflechtungen so weit unterbinden, dass politisch wirksame Ansatzpunkte für eine öffentliche Kontrolle möglicher parteipolitischer Einflussnahme auf Redaktionen schon gar nicht mehr entstehen. Allenfalls verpufft oder bricht sich Medienmacht am öffentlichen Desinteresse an einzelnen Themen zu bestimmten Zeiten. Solches Desinteresse ist aber viel weniger berechenbar oder zielgerichtet herbeifzuführen, als es sich mit der Schaffung öffentlichen Interesses für einzelne Themen verhält.

Weil die – im Vergleich zur politischen Operationswirklichkeit – systematisch so stark verzerrte Medienwirklichkeit in einer Demokratie überaus folgenreich und dann schädlich ist, wenn es sehr viele Bürger ohne sonderliche Medienkompetenz gibt, dürfte sich hier eine wichtige Schwachstelle im so komplexen Räderwerk eines demokratischen Verfassungsstaates liegen. Es handelt sich dabei um ein stets nur *provisorisch im konkreten Störungsfall* und *bestenfalls teilweise* zu behebendes Funktionsproblem. Tatsächlich scheint es *keinerlei* mit Pluralismus und Freiheit vereinbaren institutionellen Mechanismen zu geben, die geeignet wären, die mitunter fatalen Nebenwirkungen auch völlig fachgerecht verfertigter Medienwirklichkeit zu kurieren, oder die in den Massenmedien geborgene Macht zu relativieren. Im Grunde kann man nur zu zwei Aushilfen greifen. Die erste ist die Förderung von kritischer Medienkompetenz seitens der Bürger, was eine wichtige Aufgabe von Kommunikationswissenschaft, Politikwissenschaft und politischer Bildung ist. Das zweite ist ein von *Vertrauen* zu Journalisten getragener Versuch, im öffentlichen Diskurs über die Aufgaben von Journalismus die Funktion einer *dienenden* Freiheit der Massenmedien plausibel zu machen – und für Journalisten zur selbstverständlichen Verhaltensnorm die Rolle eines solchen Akteurs zu machen, der gerade in *diesem* Dienst politisch wichtig und eben darum zur *Rollendisziplin* aufgerufen ist. Verhielten sich die meisten Journalisten so, dann verminderte das jene politischen Risiken, die von der Funktionslogik und Eigendynamik von Massenmedien und sozialen Medien unweigerlich herbeigeführt werden.

VIII. Forschungsfelder politikwissenschaftlicher Systemanalyse im Überblick

Aus historischen und guten systematischen Gründen immer noch geprägt vom geschichtlichen Erfahrungshorizont heutiger demokratischer Verfassungsstaaten, machen sich die *spezialisierten Unterdisziplinen* des Teilfachs ‚Politische Systeme' daran, die mannigfaltigen Bestandteile der verschiedensten Varianten politischer Systeme möglichst zutreffend zu beschreiben, ihre Funktionen sowie ihr tatsächliches Funktionieren zu erkunden, und das mehr oder minder störanfällige Zusammenwirken solcher Einzelelemente empirisch zu erforschen. Zweck all dessen ist es, die Grundlagen und Rahmenbedingungen der Funktionslogik politischer Systeme verschiedenster Art zu ermitteln sowie zu erklären; und das Ziel besteht darin, für Politikberatung und politische Bildung wichtige Einsichten vorzuhalten bzw. zu mehren.

Die zu bearbeitenden Forschungsfelder, deren Erträge sich dann die *vergleichende* Systemforschung zunutze macht, lassen sich dreifach gliedern: in die *Unterdisziplinen* des Teilfachs ‚Politische Systeme', in *Politikfeldanalysen*, und in *zusammenfassende Studien von Systemgruppen*. In der Praxis lassen sich die vorzustellenden Forschungsfelder sowohl untereinander als auch von der vergleichenden Systemforschung nicht streng trennen. Außerdem betätigen sich die meisten Politikwissenschaftler auf *mehreren* Forschungsfeldern und verstehen sich selten als ausschließlich *deren* Spezialist. Auch deshalb ist die nachstehende Auflistung von Unterdisziplinen des Teilfachs ‚Politische Systeme' nicht trennscharf und hat rein pragmatischem Charakter:[184]

- *Politische Soziologie:*[185] Forschungsgegenstände sind hier die gesellschaftlichen und sozioökonomischen Grundlagen politischer Systeme, z.B. der Schichtaufbau einer Gesellschaft und dessen politische Prägekraft, oder verfestigte gesellschaftliche Konflikte (‚cleavages') samt ihren politischen Folgen; die Vernetzungen des politischen Systems in die Gesellschaft hinein; gesellschaftliche Probleme als Ursache und Folge von Politik; die alltagspraktischen Auswirkungen politischer Systeme und deren Rückkopplungen mit dem politischen Prozess.

- *Erforschung politischer Kommunikation, Propaganda und Sprache:* Hier geht es um die jeweilige Struktur und Nutzung von Massenmedien und sozialen Medien; um deren technischen, wirtschaftlichen, gesellschaftlichen, kulturellen und politischen Grundlagen bzw. Rahmenbedingungen; um die Auswahlkriterien der Berichterstattung über Politik in massenwirksamen Medien; um die Formen und Auswirkungen von medialer Politikvermittlung und Propaganda; um das Rezeptionsverhalten der Bevölkerung und dessen Folgen; desgleichen um sprachliche und symbolische Codes sowie um Kommunikationspraktiken im politischen Prozess.

- *Erforschung politischer Kultur:* Forschungsgegenstände sind hier politisch bedeutsame Werte und Wissensbestände, politische Vorstellungen, Einstellungen und Haltungen der Bevölkerung; die Formen politischer Aktivität und Partizipation; die öffentlich bekundeten und praktisch benutzten

---

[184] Zu allen angeführten Unterdisziplinen gibt es leicht ausfindig zu machende Einführungen, Lehrbücher, Nachschlagewerke und Webseiten, mitunter auch auf sie spezialisierte Fachzeitschriften.

[185] Hier als Unterdisziplin des politikwissenschaftlichen Teilfachs ‚Politische Systeme' aufgelistet, kann man sie von der Perspektive eines Soziologen aus ebenso gut als Teildisziplin der Soziologie auffassen.

Spielregeln des politischen Prozesses; die alltagspraktischen Grundlagen politischer Systeme, u.a. die kulturelle und ethnische Zusammensetzung der jeweils zu regierenden Gesellschaft. Werden – v.a. durch Umfragen – hauptsächlich Ansichten und Einstellungen untersucht, so nimmt die Erforschung politischer Kultur die Form der *Meinungsforschung* (,Demoskopie') an; stehen politische Handlungsmuster im Vordergrund, so gelangt man in den Bereich der politischen *Verhaltensforschung*. Indem zeitgenössische politische Theorien, Ideologien und Doktrinen, welche die politische Kultur einzelner Systeme prägen, zum Untersuchungsgegenstand gemacht werden, geht diese Unterdisziplin in jene mehr oder minder historisch orientierte Erforschung systematischen politischen Denkens über, die eine Unterdisziplin des Teilfachs ,Politische Theorie' ist.

- *Politische Psychologie:* Hier geht es um die seelischen Grundlagen politischen Handelns sowie um psychische Auswirkungen politischer Systeme auf die von ihnen regierten Menschen. Betrachtet man diesen Forschungsgegenstand und seine politische Bedeutung in sehr langer Zeitperspektive sowie bezogen auf die ganze menschliche Spezies, nicht aber allein auf die Lebensgeschichte von Einzelmenschen, so gelangt man in den Bereich der Evolutionspsychologie, die ihrerseits Teil der allgemeinen Evolutionsforschung ist.

- *Erforschung politischer Sozialisation:* Untersucht werden hier die Prozesse und Institutionen der Vermittlung politisch folgenreicher Vorstellungen und Einstellungen, Haltungen und Wissensbestände, desgleichen die politisch bedeutsamen Entwicklungen von altersgleichen Personen (,Kohorten') über längere Zeiträume. Letzteres läuft hinaus auf eine Analyse der Prägung – sowie der daraus folgenden Besonderheiten – ganzer ,politischer Generationen'.

- *Elitenforschung:* Gegenstände sind die Zusammensetzung, Rekrutierung, Sozialisation und Qualifikation von politischen oder politisch wichtigen Eliten in gesellschaftlichen und politischen (Sub-)Systemen, desgleichen ihre Karrieren, ihre Einstellungen, ihr Habitus, ihr Zusammenhalt sowie ihre Responsivitäts- und Führungsleistung, natürlich samt den von alledem bewirkten politischen Folgen.

- *Erforschung sozialer Bewegungen:* Es geht hier um die Anliegen, Arten, Funktionen, Strukturen, rechtlichen Grundlagen, Vernetzungen und Aktionsweisen von sich immer wieder neu formenden Gruppen von Bürgern (Bürgerinitiativen, Bürgerbewegungen usw.), die bislang noch nicht abgedeckte Interessen vertreten wollen und dazu politische Organisationen bilden. Weil deren Auftreten oft Protest gegen bestehende Zustände samt Veränderungswünschen bekundet, gehen entsprechende Untersuchungen in die Protest-, Populismus- oder Extremismusforschung über.

- *Verbände- und NGO-Forschung:* Gegenstände sind hier die Anliegen, Arten, Funktionen, Strukturen, rechtliche Grundlagen, Vernetzungen und Aktionsweisen von Interessengruppen, Nichtregierungsorganisationen (NGOs) und zivilgesellschaftlichen Organisationen (CSOs) aller Art. Solche Studien sind inhaltlich oft eng mit der Erforschung sozialer Bewegungen verbunden.

- *Parteienforschung:* Hier geht es um die Anliegen, Arten, Funktionen, Strukturen, rechtlichen Grundlagen, handlungsleitenden Ideologien, gesellschaftlichen Vernetzungen und Aktivitäten usw. von Parteien und ihren Mitgliedern, desgleichen um Parteiensysteme samt deren geschichtlicher Entwicklung, sowie um die kulturelle, wirtschaftliche, gesellschaftliche und politische Prägung von Parteien und ihren Anhängerschaften.

- *Wahlforschung:* Zu den Forschungsaufgaben gehören die Dokumentation und Untersuchung von Wahlkämpfen und von Wahl- bzw. Abstimmungsverhalten, ferner die Analyse der Grundlagen und Bestimmungsfaktoren des Wahlverhaltens, insbesondere von Wahlsystemen, desgleichen die Prognose von Wahlergebnissen. Besonders praktisch und unmittelbar wichtig wird die Wahlforschung dort, wo sie praxisnützliche Hinweise auf erfolgversprechende Strategien bei der Wahlkampfführung erarbeitet.

- *Parlamentarismusforschung:* Hier geht es um die Funktionen, Befugnisse, Strukturen, Arbeitsweisen und Wirkungen von Parlamenten, ihrer Fraktionen und ihrer Abgeordneten, und zwar auf allen Ebenen politischer Systeme, d.h. von kommunalen Vertretungskörperschaften bis hin zum Europäischen Parlament oder zur Generalversammlung der UNO.

- *Regierungslehre:* Gegenstände sind die Aufgaben, Organisationsformen und Arbeitsweisen von Regierungen auf allen Ebenen, einschließlich ihrer Prägefaktoren,[186] desgleichen die von Regierungen geleisteten Planungstätigkeiten sowie die Rückwirkung von deren Folgen auf weiteres Regierungshandeln (‚Planungsforschung').

- *Politische Verwaltungsforschung:* Hier geht es um die Funktionen, Strukturen, Arbeitsweisen und Wirkungen von politisch bedeutsamen Verwaltungen aller Art.

- *Erforschung ‚lokaler Politik':* Gegenstand sind politische Prozesse und Strukturen auf kommunaler Ebene, desgleichen die politischen und – damit zusammenhängend – die sonstigen Machtstrukturen in der Lebenswelt der Bürger.

- *Föderalismusforschung:* Hier geht es um die Strukturen und Funktionsabläufe von mehr oder minder bundesstaatlich aufgebauten politischen Systemen, um die Formen und Probleme vertikaler Gewaltenteilung sowie allgemein um die politischen Prozesse in Mehr-Ebenen-Regierungssystemen.

---

186 Im Unterschied zu dieser *objektbezogenen* Beschreibung wird unter ‚Regierungslehre' vielfach auch eine teils empirische, teils normative Theorie der *Gesamtsteuerung* politischer Systeme und der Erfüllung von Staatsaufgaben verstanden.

- *Politische Rechtslehre:* Erkundet werden die rechtlichen Grundlagen politischer Systeme; die Prozesse ihrer Schaffung, Benutzung und Sicherung; desgleichen das normative und institutionelle Rechtssystem eines Staatswesens oder einer inter- bzw. supranationalen Organisation. Die politische Rechtslehre verbindet sich oft mit der juristischen Disziplin der *Allgemeinen Staatslehre.*
- *Transformationsforschung:* Erforscht werden tiefgreifende Wandlungsprozesse im Bereich von Gesellschaft, Wirtschaft, Kultur und politischem System, desgleichen deren wechselseitigen Auswirkungen. Vermag ein Staatswesen gesellschaftlichen oder kulturellen Wandlungsprozessen solcher Art nicht durch Reformen zu folgen und bricht es dann zusammen, so entsteht der Gegenstand der *Revolutionsforschung.*

Natürlich geht es bei alledem nicht nur um das Zusammentragen von Tatsachen- und Zusammenhangswisssen, sondern auch um – auf Erklärungen ausgehende – *Theoriebildung* hinsichtlich der Beschaffenheit jener Teile von politischen Systemen. Solche Theoriebildung fasst die Forschungsergebnisse der genannten Einzeldisziplinen in allgemein-abstrakter Weise zusammen und stellt für die vergleichende Erforschung politischer Systeme analytische Kategorien bereit.

Eine weitere Liste von Forschungsgebieten des Teilfachs ‚Politische Systeme' lässt sich anhand jener *Inhalte* erstellen, die durch politische Prozesse gestaltet werden sollen. Dies ist das Arbeitsgebiet der *Politikfeldanalyse.* Auf ihm wird ein Politikwissenschaftler zum Spezialisten etwa von Bildungspolitik, Forschungspolitik, Finanzpolitik, Wirtschaftspolitik, Sozialpolitik, Gesundheitspolitik, Wohnungsbaupolitik, Agrarpolitik, Verkehrspolitik, Klimapolitik, Energiepolitik, Industriepolitik, regionaler Strukturpolitik, Rechtspolitik, Außenpolitik oder Sicherheitspolitik. Solche Spezialisierung kann einem Studierenden den späteren Zugang zu bestimmten Berufsfeldern erschließen und ihn alsdann zu einem wichtigen und gefragten politischen Berater machen.

Eine dritte Liste von Forschungsgebieten entsteht insbesondere im Bereich der vergleichenden Politikforschung daraus, dass mehrere politische Systeme einer bestimmten Region oder eines bestimmten Typs *gemeinsam* erforscht werden, dass man also eine ganze *Gruppe* von politischen Systemen – und nicht nur ein *einzelnes* politisches System – zum Untersuchungsgegenstand macht. Der Übergang zur weniger beschreibenden, sondern eher auf Erklärung und Theoriebildung ausgehenden vergleichenden Systemforschung ist dabei fließend. Nur auf drei Arten solcher Studien sei – unter Angabe exemplarischer Themen – verwiesen:

- *Vergleichende Staatenkunde,* etwa: ‚Die politischen Systeme postsozialistischer Staaten', ‚Parlamentarische Regierungssysteme Westeuropas', ‚Militärdiktaturen der Dritten Welt'

- *Systemübergreifende Politikfeldanalysen*, etwa: ‚Bevölkerungspolitik in Lateinamerika‘, ‚Sozialpolitik in Industriegesellschaften‘, ‚Innere Sicherheitspolitik autoritärer Regime‘
- *Querschnittsanalysen im Sinn der Unterdisziplinen* des Teilfachs ‚Politische Systeme‘, etwa: ‚Politische Willensbildung in Osteuropa‘, ‚Parteien in Erziehungsdiktaturen‘, oder ‚Politische Sozialisation in scheiternden Staaten‘.

Bildet man die Gruppen der gemeinsam untersuchten politischen Systeme nach *geographischen* Gesichtspunkten, so spricht man von ‚Regionalstudien‘ (‚area studies‘). Dabei gewonnene Ergebnisse sind besonders nützlich für die Politikberatung und für die politische Bildungsarbeit, desgleichen als Grundlagenmaterial der vergleichenden Systemforschung. In diese geht die Untersuchung von Systemgruppen ohnehin über, sobald die Gruppenbildung nach *typologischen* Gesichtspunkten vorgenommen wird, etwa bei der vergleichenden Diktatur- oder Demokratieforschung. Als weiteres Einteilungsmerkmal kann die Zielsetzung der vorgenommenen Untersuchungen dienen: Soll durch Betrachtung verschiedener politischer Systeme allgemeineres *Zusammenhangs- und Erklärungswissen* erarbeitet werden, so liegt vergleichende Systemforschung vor; und von der sind dann vergleichende *Beschreibungen* mehrerer politischer Systeme bzw. *parallele Einzelfallstudien* abzuheben.

Allzu selten führt man Forschungen im Teilfach ‚Politische Systeme‘ überdies in *historischer Perspektive* durch. Doch auch englischer Parlamentarismus der Gegenwart erschließt sich sehr gut, wenn man die Wege seiner geschichtlichen Herausprägung kennt; dem Verständnis von Sozialpolitik ist es förderlich, wenn man ihre derzeitigen Gestaltungsaufgaben als zeitspezifische Ausprägungen recht alter Probleme betrachtet; bei Regionalstudien müssen die oft gemeinsamen geschichtlichen Wurzeln derzeit getrennter politischer Systeme beachtet werden; und bei der Analyse von typologisch zusammengestellten Systemgruppen erweisen sich ihre unterschiedlichen historischen Voraussetzungen oft als sehr wichtige Schlüssel zum Systemverständnis. So zeigt sich die Geschichtswissenschaft sehr wichtiges Nachbarfach bzw. als unverzichtbare Hilfsdisziplin des Teilfachs ‚Politische Systeme‘. Gute Kenntnisse zumindest der Neueren Geschichte und der Zeitgeschichte sollte ohnehin ein jeder Politikwissenschaftler besitzen.

Kontrollfragen:

(1) Grundlagen

- Worum geht es im Teilfach ‚Politische Systeme‘?
- Was versteht man in der Politikwissenschaft unter einem ‚System‘, was unter einem ‚Staat‘?
- Wie wirkt ein System mit seiner Umwelt zusammen?

- Was versteht man bei einer Systemanalyse unter den Begriffen ‚Funktion' und ‚funktionelles Äquivalent', und welche Arten von Funktionen unterscheidet man dabei?
- Welche Vielfalt von politischen Systemen erkennt man, wenn man die Elemente eines politischen Systems als Variablen auffasst sowie sich deren Spannweite anhand von Beispielen aus Gegenwart und Vergangenheit vor Augen führt?
- Was sind die wichtigsten Spielregeln, nach denen man politische Systeme ausgestalten kann, und welche Bandbreite von politischen Systemen entsteht abhängig davon, wie man diese jene Spielregeln konkret ausgestaltet?
- Was sind die wichtigsten Forschungsfelder politikwissenschaftlicher Systemanalyse?

(2) Vergleichende Systemforschung

- Was ist der Zweck von Systemvergleichen?
- Was ist der Unterschied zwischen ‚Vergleichbarkeit' und ‚Ähnlichkeit'?
- Welche Arten von Ähnlichkeit gibt es?
- Wie hängt bei Systemvergleichen die Fragestellung mit einesteils den Vergleichskategorien, andernteils den Vergleichsfällen zusammen?
- Wie führt man einen Systemvergleich konkret durch?
- Was meint bei Systemvergleichen ‚Konkordanzanalyse' im Unterschied zu ‚Differenzanalyse', und was ist der Zweck des jeweiligen Vergleichsansatzes?
- Welche Grenzen von Vergleichbarkeit gibt es?

(3) Arten politischer Systeme und ihres Wandels

- Nach welchen Gesichtspunkten kann man politischen Systeme typologisch gliedern? Welche Grundformen von politischen Systemen lassen sich dann unterscheiden?
- Was ist ein ‚liberaler demokratischer Verfassungsstaat'?
- Was ist ein ‚Regierungssystem'?
- In welchen Zusammenhängen entstanden das präsidentielle, das parlamentarische und das ‚semi-präsidentielle' bzw. ‚semi-parlamentarische' Regierungssystem, und in welchen Zusammenhängen kommt es zu ‚Konkordanzsystemen'? Welche jeweils besonderen Eigentümlichkeiten weisen diese Typen von Regierungssystemen auf?
- Was versteht man unter ‚Demokratie', und welche Arten von Demokratien werden üblicherweise unterschieden?
- Was sind die wichtigsten Formen und Eigentümlichkeiten von plebiszitären Instrumenten?

- Was ist eine ‚totalitäre Diktatur'? Wie entsteht sie? Welche Entwicklungswege nimmt sie üblicherweise?
- Was ist eine ‚autoritäre Diktatur'?
- Nach welchen Gesichtspunkten kann man autoritäre Diktaturen typologisch gliedern? Welche Grundformen von autoritären Diktaturen lassen sich dann unterscheiden?
- Warum sind autoritäre Diktaturen so häufig?
- Was ist eine Revolution? Unter welchen Bedingungen kommt es typischerweise zu ihr, und welche Entwicklungswege nehmen Revolutionen üblicherweise?
- Was versteht man – im Unterschied zu einer Revolution – unter ‚Regimewechsel' bzw. ‚Transition'?
- Welche Übergangsformen gibt es zwischen ‚Diktatur' und ‚Demokratie'?
- Was sind die typischen Formen ‚defekter Demokratien'?
- Was versteht man unter ‚Staatszerfall', und wie kommt es zu ihm?

(4) Ziele und Spielregeln von Politik

- Was ist der Wert von ‚Staatlichkeit'?
- Wie wirken bei der Entstehung von Staatlichkeit ‚Sozialität' und ‚Xenophobie' zusammen?
- Was meint ‚Legitimität'?
- Was meint ‚Souveränität'?
- Was meint ‚Gewaltenteilung', und welche Formen von Gewaltenteilung unterscheidet man?
- Was hat ‚temporale Gewaltenteilung' mit Demokratie zu tun?
- Was meint ‚Liberalismus'?
- Was ist ein Rechtsstaat, und wodurch unterscheidet sich ein ‚formaler' Rechtsstaat von einem ‚materiellen' Rechtsstaat?
- Was meint der Unterschied zwischen ‚Gemeinwohl a priori' und ‚Gemeinwohl a posteriori', und weshalb ist dieser Unterschied wichtig?
- Warum kann man politischen Streit befürworten?
- Was versteht man unter ‚Minimalkonsens', und in welchen Zusammenhängen ist er wichtig?
- Was sind die Leitgedanken des Mehrheitsprinzips, und in welchen Zusammenhängen sind sie wichtig?
- Was meint ‚Monismus', und was – im Unterschied dazu – ‚Pluralismus'?
- Welche Folgerungen für die Bürgerrolle und für den Staatsaufbau ergeben sich aus einer monistischen Politikvorstellung, welche aus einer pluralistischen Politikvorstellung?

(5) Bestandteile von – und wichtige Prozessabläufe in – politischen Systemen

- Was meint ‚Föderalismus', und welche Formen nimmt er in der Praxis an?
- Was sind die Vorzüge, was die Nachteile von Föderalismus?
- Was meint ‚politische Kultur', und welche Ausformungen politischer Kultur werden unterschieden?
- Was meint ‚politische Sozialisation'?
- Was meint ‚politische Rekrutierung', und was sind ihre wichtigsten Prägefaktoren?
- Was versteht man unter ‚Eliten', und warum sind welche Arten von Eliten wichtig?
- Was sind Interessengruppen/NGOs? Welche Arten von ihnen gibt es? Welche Funktionen erfüllen sie? Was ist an ihrem Wirken lobenswert, was kritikwürdig?
- Was sind Parteien? In welchen Zusammenhängen entstanden sie? Welche Arten von ihnen gibt es, und geprägt wodurch? Welche Funktionen erfüllen sie?
- Welche Funktionen erfüllen Wahlen?
- Welche Formen von Wahlsystemen gibt es, und wie hängen sie einerseits mit der politischen Kultur eines Landes, andererseits mit dessen Parteiensystem zusammen?
- Nach welchen Gesichtspunkten kann man Wahlsysteme beurteilen?
- Was alles prägt das Wahlverhalten?
- Was sind die Aufgaben und wichtigsten Mittel der Wahlkampfführung?
- Was meint (politische) ‚Repräsentation'? Was meinen insbesondere die Begriffe der formalen, symbolischen, deskriptiven und interaktiven Repräsentation?
- Was meint ‚Parlamentarismus'? Wie hat er sich seit wann entwickelt?
- Welche Formen von Parlamentarismus unterscheidet man?
- Welche Funktionen erfüllen Parlamente?
- Wie sieht der Gesamtprozess parlamentarischer Regierungsbildung aus?
- Welche Formen und Instrumente parlamentarischer Regierungskontrolle unterscheidet man?
- Wie verläuft in Abhängigkeit von welchen Rahmenbedingungen der Prozess der Gesetzgebung?
- Was versteht man unter der ‚parlamentarischen Repräsentationsfunktion'?
- Auf welche Weise kann sich ein Parlament mit der Gesellschaft vernetzen? Wodurch entstehen gegebenenfalls parlamentarische Repräsentationslücken?

- Aus welchen Strukturen besteht typischerweise ein Parlament, und welche Eigentümlichkeiten nehmen diese in Abhängigkeit von welchen Umständen an?
- Was ist Opposition, im Unterschied etwa zu ‚Extremismus' oder ‚Widerstand'? Welche Formen nimmt oppositionelles Verhalten an?
- Welche Funktionen erfüllt die Opposition teils im Parlament, teils außerhalb des Parlaments?
- Was versteht man unter ‚Regierung'?
- Wie sind Regierungen in Abhängigkeit von welchen Rahmenbedingungen aufgebaut?
- Von welchen Faktoren wird geprägt, wie der Regierungsprozess jeweils abläuft?
- Was meint ‚Regierungstechnik'?
- Was versteht man unter einem ‚Politikzyklus', und welche politischen Aufgaben gilt es während dessen Vollzug durch Regierungstechnik zu lösen?
- Was versteht man unter einer ‚Politikfeldanalyse', und wie geht man politikwissenschaftlich bei ihr vor?
- Warum sind Massenmedien und sozialen Medien wichtig?
- Wie lässt sich die wirklichkeitskonstruktive Rolle von Massenmedien und sozialen Medien beschreiben?
- Wie haben sich politische Prozesse unter dem Einfluss jeweils neuer Medien verändert (Print, Hörfunk, Fernsehen, Internet …)?
- Was sind die politisch wichtigsten Merkmale von Massenmedien und sozialen Medien?
- Was versteht man unter einer Schweige- bzw. Redespirale, und weshalb sind solche Erscheinungen politisch wichtig?
- Was versteht man unter der ‚Medialisierung' von Politik, und was ist daran womöglich problematisch?

Empfehlungen für weiterführende und vertiefende Lektüre:

- Bergem, Wolfgang/Diehl, Paula/Lietzmann, Hans (Hrsg.) (2019): Politische Kulturforschung reloaded. Neue Theorien, Methoden und Ergebnisse. Bielefeld: transcript Verlag.
- Beyme, Klaus von (1980): Interessengruppen in der Demokratie. 5., völlig umgearb. Aufl., überarb. Neuausgabe, München: Piper.
- Croissant, Aurel/Merkel, Wolfgang (2006): Defekte Demokratie 2 – Regionalanalysen. Wiesbaden: VS Verlag für Sozialwissenschaften.
- Derichs, Claudia/Heberer, Thomas (Hrsg.) (2006): Wahlsysteme und Wahltypen. Politische Systeme und regionale Kontexte im Vergleich. Wiesbaden: VS Verlag für Sozialwissenschaften.

- Detterbeck, Klaus (2011): Parteien und Parteiensystem. Konstanz: UVK Verlag, Stuttgart UTB GmbH.
- Feld, Lars P./Köhler, Ekkehard A./Schnellenbach, Jan (Hrsg.) (2016): Föderalismus und Subsidiarität. Tübingen: Mohr Siebeck.
- Fraenkel, Ernst (2011): Deutschland und die westlichen Demokratien. 9., erw. Aufl., Baden-Baden: Nomos.
- Johnson, Chalmers (1971): Revolutionstheorie. Köln u.a.: Kiepenheuer & Witsch.
- Kollmorgen, Raj/Merkel, Wolfgang/Wagener, Hans-Jürgen (Hrsg.) (2015): Handbuch Transformationsforschung. Wiesbaden: Springer VS.
- Kreiner, Maria (2013): Demokratie als Idee. Eine Einführung. Konstanz u.a.: UVK Verlag.
- Lauth, Hans-Joachim (Hrsg.) (2014): Politische Systeme im Vergleich. Formale und informelle Institutionen im politischen Prozess. München: de Gruyter (online-Ausgabe).
- Leisner, Walter (2018): Föderalismus. Begründung – Bedeutung – Wirkung. Berlin: Duncker & Humblot.
- Linz, Juan (2009): Totalitäre und autoritäre Regime. 3., überarb. u. erw. Aufl., Potsdam: WeltTrends.
- Mergel, Thomas (2022): Staat und Staatlichkeit in der europäischen Moderne. Göttingen: UTB, Vandenhoeck & Ruprecht.
- Merkel, Wolfgang/Puhle, Hans-Jürgen/Croissant, Aurel/Eicher, Claudia/Thiery, Peter (2003): Defekte Demokratie 1 – Theorie. Wiesbaden: Springer.
- Merkel, Wolfgang/Ritzi, Claudia (2017): Die Legitimität direkter Demokratie. Wie demokratisch sind Volksabstimmungen?. Wiesbaden: Springer VS.
- Oberreuter, Heinrich (1980): Pluralismus. Grundlegung und Diskussion. Opladen: Leske + Budrich.
- Patzelt, Werner J. (2020): Parlamentarismusforschung. Einführung. Baden-Baden: Nomos.
- Rhomberg, Markus (2009): Politische Kommunikation. Eine Einführung für Politikwissenschaftler. Stuttgart: UTB GmbH, Paderborn: Fink.
- Riklin, Alois (2006): Machtteilung. Geschichte der Mischverfassung. Darmstadt: Wissenschaftliche Buchgesellschaft.
- Schiffers, Maximilian (2019): Lobbyisten am runden Tisch. Einflussmuster in Koordinierungsgremien von Regierungen und Interessengruppen. Wiesbaden: Springer Fachmedien.
- Schmid, Josef/Buhr, Daniel (2006): Wirtschaftspolitik für Politologen. Paderborn u.a.: Verlag Ferdinand Schöningh.

- Schwan, Alexander (1992): Ethos der Demokratie. Normative Grundlagen des freiheitlichen Pluralismus. Paderborn u.a.: Verlag Ferdinand Schöningh.
- Weigl, Michael/Klink, Jule (2021): Parteien. Unverzichtbar – überholt? Eine problemorientierte Einführung. Paderborn: UTB GmbH, Brill/Fink.
- Winter, Thomas von/Blumenthal, Julia von (2014): Interessengruppen und Parlamente. Wiesbaden: Springer VS.

Kapitel 4: Internationale Beziehungen
I. Zentrale Fragestellungen und deren geschichtliche Prägefaktoren

Zwar waren die Beziehungen zwischen mehreren Gesellschaften oder deren politischen Systemen immer schon Gegenstand systematischen politischen Denkens.[1] Doch solange aufgrund von Kommunikations-, Verkehrs- und Transportbedingungen ohne Telegraph, Telefon, Telefax und Internet, ohne Eisenbahn, Auto und Flugzeug, ohne Tanker und Containerschiffe die Gesellschaften der Erde und ihre politischen Systeme einander noch nicht so nahe gerückt waren, wie dies seit dem 19. Jahrhundert, dann seit dem Zweiten Weltkrieg und erst recht seit dem Ende des Ost/West-Konflikts der Fall ist, hatte dieser Gegenstand eine viel geringere Bedeutung als im Zeitalter zunächst des Imperialismus und inzwischen der Globalisierung. Vielmehr stand er im Schatten der zunächst dominierenden Frage, wie sich auf Gebieten, die durch einzelne Völker zunächst einmal in Besitz genommen waren, überhaupt verlässliche Strukturen wirtschaftlicher, gesellschaftlicher und politischer Ordnung schaffen ließen. Entsprechend dominierten solche Fragen, die der ‚Systemlehre' zugeordnet werden können, die Entwicklung jenes politischen Denkens, aus dem die heutige Politikwissenschaft entstand. Auf diese Weise entwickelte sich eine Wissenschaft von den ‚internationalen Beziehungen' auch nur gleichsam am Rande der Politikwissenschaft. Der Blick auf die Doppelgeschichte der Entwicklung ihres Gegenstandes und ihrer selbst macht klar, warum das schwerlich anders sein konnte. Und zugleich zeigt er, wie aus jeweils neu hinzukommenden Problemen die Fragestellungen des neuen Lehr- und Forschungsgebiets sowie viele für deren Beantwortung nützlichen Konzepte entstanden. Diese Doppelgeschichte reicht vom Ringen um Friedensstiftung oder wenigstens um eine Einhegung von Gewalt über das Aufkommen einer ‚Weltgesellschaft' bis hin zu den Herausforderungen internationaler oder transnationaler Strukturbildung.

1. Friedensstiftung

Im ‚klassischen' Griechenland zwischen dem 8. und 4. vorchristlichem Jahrhundert, also vor der erstmals ‚globalisierenden' Epoche des Hellenismus, konnte sich die Analyse ‚internationaler' Beziehungen auf relativ wenige Themen beschränken, wenigstens aus der Warte der *unsere* Tradition begründenden Griechen. Denn ‚nach außen' ging es um Abgrenzung, Friedenssicherung und Diplomatie zwischen Griechen und Barbaren, und ‚nach innen' genügte das Denken in den Kategorien von mehr oder minder losen Polis-Bünden, wobei es um Fragen von Solidarität oder Misstrauen ging, auch von Hegemonie oder Gleichgewicht zwischen den ‚Stadtstaaten' und ihren Bünden.

---

1 Zur Herausbildung speziell der modernen Wissenschaft von den Internationalen Beziehungen siehe S. 439–441 der 7. Aufl. meiner ‚Einführung in die Politikwissenschaft'.

Unverkennbar sind das bis heute zentrale Fragen jeder Analyse internationaler Politik.

Hingegen wurde ‚internationale Politik' immer mehr zu einem Geflecht zunächst ‚internationaler Beziehungen' und dann nur noch ‚staatsrechtlicher' Beziehungen, als – nach den Eroberungszügen von Alexander d. Gr. (356-323) im vierten vorchristlichen Jahrhundert – zunächst im östlichen Mittelmeerraum die zivilisatorisch einander eng verwandten hellenistischen Großreiche der Makedonen, Seleukiden und Ptolemäer entstanden, und als sodann im westlichen Mittelmeerraum Rom sein Reich begründete. Das Ausgreifen der Römer in den Osten seit dem zweiten vorchristlichen Jahrhundert führte alle diese Großstrukturen unter römischer Oberherrschaft zusammen. Nach der letzten großen Phase römischer Expansion im ersten nachchristlichen Jahrhundert fanden sich die gesamte Mittelmeerwelt, Gallien, der größte Teil Englands, vom heutigen Deutschland die westlichen und südlichen Landstriche sowie das Donaugebiet, letzteres nach Osten hin sogar bis zum Schwarzen Meer, in das *Imperium Romanum* eingegliedert. So war ein Reich entstanden, das im Norden, Westen und Süden die ganze als zivilisiert bekannte Welt umfasste. Als einzigen ebenbürtigen Gegner kannte es im Osten, im Gebiet des heutigen Iran, das Reich der Parther. Ein Problem ‚internationaler Politik' oder ‚internationaler Beziehungen' stellte sich hier im Grunde gar nicht mehr. Vielmehr ging es um die Bildung zusammenhaltender Strukturen im Inneren, und ansonsten um die militärische Sicherung der Außengrenzen gegen Barbaren im Norden sowie kulturell Gleichrangige im Osten.

Dieser universalistische, kosmopolitische Anspruch des Römischen Reiches prägte das politische Denken im ‚lateinischen Europa' selbst dann noch als Vision einer ‚richtigen' internationalen Ordnung, als sich die Lage völlig verändert hatte. Das war der Fall, als seit dem späten 5. Jahrhundert die Westhälfte des Römischen Reiches von germanischen Völkern erobert wurde. Diese gründeten eigenständige, einander nicht selten bekämpfende Reiche, z.B. die der Ostgoten und später der Langobarden in Italien, der Westgoten in Südfrankreich und in Spanien, der Wandalen in Nordafrika, der Franken am Rhein und in Nordgallien, viel später der Normannen in Unteritalien. Einige dieser Reiche führten sowohl den – erst sehr spät und nur auf fränkischem Gebiet erfolgreichen – Abwehrkampf gegen die seit dem 7. Jahrhundert expandierenden islamischen Araber und ihre Heere. Keines jener germanischen Reiche kam umhin, für sich ein plausibles Verhältnis mit dem als ‚Rhomäisches Reich'[2] noch fast ein Jahrtausend weiterbestehenden, nun von Konstantinopel aus regierten *oströmischen* Reich zu finden, das inzwischen meist das ‚Byzantinische Reich' genannt wird.

---

2 Von griech. ‚rhomaîos', d.h. römisch. Das Lateinische hatte sich in der – seit dem Hellenismus griechischsprachigen – Osthälfte des römischen Reiches eigentlich nie über den Rang einer Rechts-, Verwaltungs- und Militärsprache sowie einer Zweitsprache der Eliten

Die ‚Erneuerung' des *(west-)römischen* Reiches durch den Franken Karl d. Gr. (747/748–814) im Jahr 800, fortgeführt im 10. Jahrhundert durch den Sachsen Otto d. Gr. (912–973), nachleuchtend bis zum Beginn des 19. Jahrhunderts im Namen ‚Heiliges Römisches Reich', letzteres seit dem Westfälischen Frieden mit dem Zusatz ‚Deutscher Nation' versehen, gab dann bis hin zu Dante Alighieri (1265–1321) der Vorstellung Nahrung, *oberhalb* der bestehenden, nicht allzu stabilen Reiche ließe sich durch die Errichtung einer überwölbenden politischen Struktur wieder *Frieden* stiften. Wie jeweils ein Echo aus jener friedlichen Einheit der im zivilisierten ‚römischen' Europa lebenden Völker, die seit der Spätantike verloren war, tauchten auch danach in der Geschichte des politischen Denkens immer wieder Wünsche nach einem ‚Völkerbund' oder nach einer ‚Weltregierung' als Mitteln der Friedenssicherung auf. Zu ihren Zeiten konnten sie kaum anders, als völlig utopisch zu erscheinen – gleich ob formuliert von Maximilien de Béthune, Herzog von Sully (1560–1641), von Émeric Crucé (1590–1648) oder vom Abbé de Saint-Pierre (1658–1743). In der Schaffung von Völkerbund, Vereinten Nationen und Europäischer Union, auch durch die Ausformung ‚internationaler Regime' im Vorfeld aller festeren Strukturbildung, fanden dann im 20. Jahrhundert solche Hoffnungen und Wünsche mehr als nur Ansätze ihrer Verwirklichung. Derartige Visionen einer zunächst regionalen, am Ende weltweiten Friedensordnung vorzustellen, zu rechtfertigen sowie Wege zu ihrer Verwirklichung aufzuzeigen waren – waren und sind weiterhin – Kernbereiche der Wissenschaft von den internationalen Beziehungen. Sie stehen auch im Mittelpunkt ihrer ‚Großtheorie' des Institutionalismus.

2. Einhegung von Gewalt

Zunächst aber war – nämlich seit Völkerwanderung, arabischer Expansion und normannischen Invasionszügen – kriegerische Gewaltanwendung wieder zur Praxis von Politik und zum Thema politischen Denkens in Europa geworden. Derartige Gewalt war üblich als Mittel von Landnahme und Abwehr, von Rückeroberung und Prävention, von ‚innenpolitischer' Machtsicherung oder Machterringung, ja in Gestalt der germanischen Fehde sogar als Mittel der Rechtswahrung. Mehr noch: Zumindest mit als *legitim* geltenden Herrschaftspositionen ging stets ein völlig unbestrittenes *Recht* auf Kriegführung einher (,jus ad bellum'[3]). Sowohl innerhalb der Königreiche und Fürstentümer, die seit der Spätantike entstanden waren, und die erst seit dem 16. Jahrhundert der aus den Religionskriegen erwachsene neuzeitliche Staat mehr und mehr ablöste, als auch – und vor allem – *zwischen* ihnen galt es deshalb, das Problem häufiger kriegerischer Gewaltanwendung wenn schon nicht zu lösen, so doch anhand plausibler Normvorstellungen einzuhegen.

---

hinaus durchgesetzt. Nach der germanischen Eroberung der westlichen Reichshälfte kam im Osten die lateinische Sprache mehr und mehr außer Gebrauch.
3   Dieser lateinische Ausdruck meint wörtlich ein ‚Recht *auf* Kriegführung'.

Hier spielte die seit Augustinus (354–430) entwickelte und von Thomas v. Aquin (1225–1274) systematisch ausformulierte Lehre vom ‚gerechten Krieg' eine zentrale Rolle. Sinn dieser ‚bellum justum-Lehre' war gerade nicht die Rechtfertigung, sondern die *Begrenzung* von Krieg. Ihre Leitsätze waren: *Ausschließlich* dann dürfe Krieg geführt werden, wenn der Zweck des Krieges die Verwirklichung oder Wiederherstellung eines gerechten Zustandes sei; wenn alle alternativen Möglichkeiten, einen solchen gerechten Zustand herbeizuführen, erschöpft wären; wenn der zu führende Krieg eine plausibel große Erfolgschance habe; und wenn das Unrecht, das der Krieg unweigerlich mit sich bringe, geringer sei als jenes Unrecht, das aus der Hinnahme des bestehenden – und nur durch Krieg zu ändernden – Zustandes erwachse. Bis heute prägt diese Lehre von den Rechtfertigungsgründen eines Krieges das praktische politische Denken und ist eine dauernde Herausforderung für die Wissenschaft von den internationalen Beziehungen, vor allem in ihrer normativen Ausprägung, sowie für die mit ihr verbundene Politische Philosophie.

Die Entwicklung staatlicher Strukturen seit der Renaissance und den Religionskriegen führte sodann das sehr wichtig werdende Konzept der *Souveränität* in das Nachdenken über ‚internationale' Beziehungen ein. Zunächst als *innenpolitischer* Leitgedanke staatlicher Ordnung entstanden, fixierte es die den modernen Staat ankündigende Vorstellung, auf einem bestimmten Territorium solle es für eine klar abgrenzbare Bevölkerung eine eindeutige Herrschaftsordnung geben. Vom Inhaber der Spitzenposition dieser Herrschaftsordnung – dem ‚Souverän' – werde die oberste, keiner anderen Instanz Rechenschaft schuldende Gewalt ausgeübt. Dieser ‚Souverän' war somit zwar allen *seinen* ‚Untertanen' übergeordnet, den *anderen* ‚Souveränen' aber rechtlich gleichgestellt. Allenfalls fanden sich Abstufungen des Ranges, etwa zwischen Kaisern und Königen, und natürlich gab es unterschiedliche Grade von Macht und Durchsetzungsfähigkeit gegenüber seinesgleichen. Als ‚Souveräne' *inner*staatlich mit der *Friedens*wahrung beauftragt, *zwischen*staatlich aber mit dem *jus ad bellum* ausgestattet, warfen diese Rollen der Staatsoberhäupter das Problem zwischenstaatlicher Friedenssicherung nun mit umso größerer Schärfe auf. ‚Souveräne' – gleich ob Monarchen oder Führer souveräner Republiken wie jener von Venedig – konnten nämlich das Recht auf Kriegführung ganz nach Maßgabe reiner Nützlichkeitserwägungen im Sinne ihrer Staaten – d.h. gemäß der jeweiligen ‚Staatsräson' – nutzen oder ruhen lassen, hatten also das Recht, *rein willkürlich* eine kriegerische *oder* friedliche Außenpolitik zu führen. Eine dieses Recht beschneidende, übergeordnete Macht widersprach völlig dem eben erst durchgesetzten – und zum Zweck der *innenpolitischen* Friedenssicherung auch ganz unabdingbaren – Prinzip der Souveränität. Allenfalls ließ sich solche Souveränität, die das Recht auf außenpolitische Kriegführung *beinhaltete*, durch *Verzicht* auf sie beseitigen, und zwar friedlich durch den Eintritt in eine – dann ihrerseits mit

Souveränität ausgestattete – Föderation, oder durch die – meist kriegerische – Absetzung eines Souveräns samt Eingliederung seines Herrschaftsgebietes in das des Siegers.

Unter diesen gewollt herbeigeführten und wechselseitig akzeptierten Bedingungen ‚zwischenstaatlicher Anarchie' entsteht unweigerlich ein folgenreiches ‚Sicherheitsdilemma':[4] Indem man sich – und angesichts des Fehlens einer überstaatlichen Instanz mit dem Monopol legitimer Zwangsgewalt im Grunde alternativlos – um der eigenen Sicherheit willen zur Kriegführung geeignete Machtmittel zulegt, erzeugt man unter seinen Nachbarn Misstrauen ob der eigenen Absichten. Die Folge ist ein Streben auf *deren* Seite nach besseren Möglichkeiten, im Krieg zu bestehen. Das macht wiederum einen selbst misstrauisch und führt so zur weiteren Steigerung des eigenen militärischen Potentials. Unter solchen Umständen auf Sicherheit auszugehen, führt unweigerlich zu ‚Rüstungswettläufen', zur Vergrößerung von Unsicherheit und dergestalt in ein Dilemma.

Auf dreifache Weise ließ sich allerdings, unter Wahrung der die ‚internationale Anarchie' bewirkenden Souveränität von Staaten, das durch eben sie selbst erzeugte Sicherheitsdilemma zumindest mildern, ließ sich Friedenssicherung wenigstens vorstellbar machen und unvermeidlicher Krieg immerhin ein wenig bändigen:

- Erstes Mittel war die Schaffung und Aufrechterhaltung von *Gleichgewichtssystemen* zwischen Souveränen bzw. souveränen Staaten. Dazu konnten Bündnisbildungen ebenso dienen wie starke eigene Armeen, desgleichen die präventiv-kriegerische Schwächung einer möglicherweise aufsteigenden Hegemonialmacht. Jenes sogenannte ‚Konzert der Großmächte' des späten 18. und dann auch des 19. Jahrhunderts, in dem – nach dem Machtaufstieg Preußens – einander Frankreich, Österreich, Preußen, Russland und England (dieses als ‚Balanceur') wechselseitig in Schach hielten, ist das bekannteste Beispiel für eine flexible Bewältigung dieser Aufgabe. Das ‚Gleichgewicht des Schreckens', Kennzeichen der nach dem Zweiten Weltkrieg einsetzenden Phase des Ost/West-Konflikts, ist umgekehrt das markanteste Beispiel für ein – höchst wirksames – starres Gleichgewichtssystem.

- Zweitens ließ sich das Recht auf Kriegführung einhegen durch *Verträge*, die zwischen den Souveränen bzw. den souveränen Staaten geschlossen

---

4 Mit diesem Begriff ist auf der Ebene des Staates im Grunde dasselbe gemeint, was Thomas Hobbes auf der Ebene von Individuen den ‚Naturzustand' nannte: Akteure gehen miteinander um, ohne eine übergeordnete Instanz zu besitzen oder sich auf allgemein verbindliche Regelungen verlassen zu können. Unter solchen Umständen geben sie wechselseitig Anlass für Misstrauen, geraten beim Umgang mit solchem Misstrauen in Unsicherheit über die erwünschte eigene Wohlfahrt oder Bedrohungslosigkeit und finden einen Ausweg aus dieser Lage erst dann, wenn sie es schaffen, überwölbende politische Strukturen zu schaffen und intakt zu halten.

wurden, also durch die Schaffung von *Völkerrecht*. Wichtige Stationen dieser Art von ‚Verregelung' internationaler Politik sind – nach dem Westfälischen Frieden von 1648, der den 30jährigen Krieg beendete – die Haager Abkommen von 1899 bzw. 1907, der Briand-Kellogg-Pakt von 1928, sowie das Verbot von Angriffskriegen in der Charta der Vereinten Nationen von 1945. Zwar ist Krieg zur Selbstverteidigung nach wie vor erlaubt. Doch schon hinsichtlich einer *Nothilfe* im Fall der Selbstverteidigung eines anderen Staates bedarf es, so eine weit verbreitete Position, einer ausdrücklichen völkerrechtlichen Ermächtigung.

- Drittens konnte man, wenn schon Kriege selbst unvermeidlich oder gar ‚normale Instrumente' der Außenpolitik waren, durch völkerrechtliche Vereinbarungen (‚Kriegsrecht', *jus in bello*[5]) den Kreis derer einengen, die zur Führung und Durchführung eines Krieges tatsächlich befugt sind, also der ‚Kombattanten'.[6] Derlei Gedanken hatten bereits im rationalistischen 17. und 18. Jahrhundert den sogenannten ‚Kabinettskrieg'[7] geprägt, der politische Ziele zwar mit kriegerischen Mitteln, doch bei möglichst geringen Begleitschäden an Menschen und Sachwerten zu erreichen versuchte. Diese Art einer ‚eingehegten Kriegführung' wurde ermöglicht durch Söldnerheere, die aufgrund von Geldknappheit nicht allzu groß sein konnten, durch beschränkte Kriegsziele, durch die Abkoppelung des Krieges und seiner Motive von der – ohnehin erst im Entstehen befindlichen – ‚öffentlichen Meinung', sowie durch untereinander zurückhaltende Kriegführung eines adeligen Offizierskorps, das sich oft familiär und ohnehin durch Standesbewusstsein verbunden wusste. Das Ziel, einen Krieg vor allem durch Truppenbewegungen sowie Belagerungen, doch möglichst ohne Schlachten und somit wie auf einem Schachbrett zu führen, wurde trotzdem selten erreicht. Auch die als Kabinettskriege zwischen 1688 und 1779 geführten pfälzischen, spanischen, polnischen und bayerischen Erbfolgekriege, oder gar der Siebenjährige Krieg zwischen 1756 und 1763, hinterließen schlimme Blutspuren und große Verwüstungen. Ohnehin endete dieser Ansatz einer Domestizierung des Krieges mit der ‚levée en masse' der Französischen Revolution.[8] Diese führte das Zeitalter der Weltanschauungskriege herauf: Nicht mehr um rational kalkulierbare Ziele,

---

5 Lat. für ‚Recht *im* Krieg'.
6 Von franz. ‚combattre', d.h. gegen jemanden kämpfen.
7 Benannt nach dem ‚Kabinett' heißenden Beraterkreis absolutistischer Monarchen, in dem solche Kriege erwogen und geplant wurden.
8 Nach Niederlagen im Ersten Koalitionskrieg gegen das revolutionäre Frankreich erlegte im August 1793 der Nationalkonvent allen unverheirateten Männern zwischen 18 und 25 Jahren den Kriegsdienst auf. Weil die auf eine Woge patriotisch-revolutionärer Begeisterung traf, erlaubte diese Maßnahme nicht nur die Aufstellung zahlenstarker Heere, sondern auch neue Strategien der Kriegführung: Man musste in der Schlacht nicht mehr zum Dienst gepresste Soldaten unter Kontrolle halten, sondern konnte auf große Opferbereitschaft zählen. Das machte die französischen Truppen höchst erfolgreich und zum Vorbild für ähnliche Veränderungen im Militärwesen anderer Staaten. Gleichsam Musterschüler

I. Zentrale Fragestellungen und deren geschichtliche Prägefaktoren

sondern um die Vernichtung des im Gegner personifizierten Bösen ging es mehr und mehr. Das erlaubte es, den Krieg auf die Begeisterungsbereitschaft von Menschen ‚für die gute Sache' zu gründen, und war eine kulturelle Vorbedingung für die Einführung der allgemeinen Wehrpflicht in immer mehr Ländern. Letztere erlaubte die Aufstellung von Massenheeren und – über die seit den antiken Stadtstaaten geläufige Verbindung der Wehrpflicht mit politischen Mitspracherechten zumindest der wehrpflichtigen männlichen Bevölkerung – nicht nur die Nationalisierung, sondern nachgerade die Demokratisierung des Krieges. ‚Totaler Krieg' war der Abschluss dieser Entwicklung. Doch schon bevor dieser 1943 vom nationalsozialistischen Regime Deutschlands ganz real ausgerufen wurde, schreckten seine absehbaren Folgen. Also wurde nach rechtlichen Beschränkungen der Kriegführung verlangt, wo die sozialen und kulturellen Einhegungen des Krieges entfallen waren. Ergebnisse solcher Bemühungen waren die Haager Landkriegsordnung von 1907 sowie, unter dem Eindruck des Zweiten Weltkriegs, die Genfer Konventionen von 1949. Das alles sollte jene Schäden mindern, die Kriege unvermeidlich mit sich bringen. Doch die Weltkriege des 20. Jahrhunderts brachten an den Tag, dass moderne Waffentechnik der schadensbegrenzenden Wirkung des Kriegsrechts einfach die Grundlage entzogen hat. In den ‚asymmetrischen Kriegen' der Gegenwart hat das Kriegsrecht seine Bindekraft ohnehin weitgehend eingebüßt: Kombattanten lassen sich nicht mehr verlässlich von Zivilisten unterscheiden; statt staatlich kontrollierten Soldaten gibt es bandenmäßig zusammenwirkende ‚Kämpfer'; und der ehedem staatlich geordnete Krieg zerfällt in eine Reihe von Einzelaktionen, die sich kaum mehr unter einheitlicher Leitung koordinieren und schon gar nicht von einer zentralen Stelle aus verlässlich beenden lassen. Auf diese Weise sind in einigen Regionen der Erde Anarchie und – kurzfristig unbeseitigbare – Sicherheitsdilemmata gerade so zurückgekehrt, wie sie vor der ‚Erfindung' und praktischen Durchsetzung von Souveränität als eines Mittels zur Gewalteinhegung verbreitet waren.

Das macht wirklich alte Fragestellungen der Politikwissenschaft neu aktuell. In Reaktion darauf entstand im Bereich der ‚Internationalen Beziehungen', und freilich mit wechselnden Schwerpunkten zu unterschiedlichen Zeiten, die empirische Friedens- und Kriegsursachenforschung. Sie hat sich mit traditionellen Ansätzen geopolitischen und militärstrategischen Denkens ebenso verbunden wie mit der Untersuchung erfolgversprechender Diplomatie sowie mit der Klärung von friedenssichernden Möglichkeiten des Völkerrechts.

Doch inzwischen hat die Wissenschaft von den ‚Internationalen Beziehungen' auch noch andere Vorstellungen darüber entwickelt, wie sich kriegeri-

---

war Preußen – und legte damit die Grundlagen für seine Erfolge in den Kriegen von 1864 gegen Dänemark, 1866 gegen Österreich und 1870 gegen Frankreich.

sche Gewalt einhegen ließe. Nicht nur durch Gleichgewichtspolitik oder durch machtgestützte Vertragspolitik kann man nämlich auf einen friedfertigen Umgang zwischen Gesellschaften und Staaten ausgehen, sondern auch dadurch, dass man das Übel wechselseitiger Gewaltanwendung an einigen seiner Wurzeln packt. Einesteils lässt sich das Sicherheitsdilemma dadurch verringern, dass man die *inner*staatliche Politik durch Schaffung geeigneter Institutionen sowohl machtpolitisch halbwegs berechenbar werden lässt als auch dem Zwang unterwirft, Argumente für ihre Entscheidungen einer pluralistischen Öffentlichkeit plausibel zu machen. Beides gelang vielfach durch den Übergang zu liberaler demokratischer Verfassungsstaatlichkeit. Entsprechend wurde – gerade in den Jahrzehnten nach dem Ende des Ost/West-Konflikts – die Demokratisierung von immer mehr Staaten als Königsweg der Friedenssicherung angesehen. Verbindet sich die Funktionslogik demokratischer Verfassungsstaaten obendrein mit einer engen Vernetzung – sowie mit der aus ihr hervorgehenden engen Interessenverflechtung – zwischen vielen sich freiheitlich regierenden Gesellschaften, so wird es unwahrscheinlich, dass aus der Warte solcher politischer Systeme eine wechselseitige Gewaltanwendung als plausibles Politikkonzept erscheint, oder dass solche Politik in periodischen demokratischen Wahlen politikprägende Mehrheiten findet. Tatsächlich ist zu erkennen, dass demokratische Verfassungsstaaten sehr verlässlich auf Kriegführung untereinander verzichten.

Die seit langem in der Wissenschaft von den internationalen Beziehungen populären ‚Theorieschulen' des Institutionalismus und Liberalismus rücken solche Möglichkeiten der Gewalteinhegung sogar in den Mittelpunkt ihrer Analysen und Ratschläge. Noch tiefer setzt die ‚Großtheorie' des (Sozial-)Konstruktivismus an: Ihr geht es um jene handlungsleitenden Selbstverständlichkeiten, von denen ausgehend soziale Wirklichkeit und politische Strukturen überhaupt erst hervorgebracht und aufrechterhalten werden. Zur wichtigen Frage wird dabei, ob – und wie – solche politisch-kulturellen Grundlagen internationaler Beziehungen gefördert werden können, die ein freundschaftliches, auf Interessenausgleich und auf Kooperation ausgehendes Verhalten der außenpolitisch wichtigen Akteure sowohl entstehen lassen als auch zur Gewohnheit machen. Eine Hoffnung ist dabei, dass man sich auf gemeinsame Werte einigt und, entlang einer ihnen folgenden Zusammenarbeit auf immer mehr Politikfeldern, von einem – als ‚Abwesenheit von Gewalt' verstanden – ‚negativen' Frieden zu einem ‚positiven' Frieden konstruktiven Miteinanders gelangt. Während der (Neo-)Realismus mit seinem ‚engen' Sicherheitsbegriff schon die Sicherung von ‚negativem Frieden' als eine große politische Leistung ansieht, gilt das den konkurrierenden Theorieschulen als zu wenig.

3. Die Entstehung der ‚Weltgesellschaft'

Ohnehin kam es in den letzten zwei Jahrhunderten zu immer engeren wirtschaftlichen – und später auch kulturellen und politischen – Verflechtungen zwischen einzelnen Gesellschaften und ihren politischen Systemen. Ursächlich dafür waren langfristig jene friedlichen Gesellschaftsentwicklungen, die der neuzeitliche Staat zu gewährleisten verstand, ferner die weltweite Erweiterung von Handel und wirtschaftlicher Verflechtung durch Kolonialismus und Imperialismus, zudem die Beschleunigung arbeitsteiliger Spezialisierungsprozesse – gerade auch zwischen Staaten – durch die Industrielle Revolution, vor allem aber die Entwicklung überaus leistungsfähiger Transport-, Verkehrs- und Kommunikationstechnologien. Trotz des völkerrechtlich bis ins 20. Jahrhundert nur eingehegten, nicht aber abgeschafften staatlichen Rechts auf Kriegführung wurden dergestalt Frieden, zwischenstaatliche Regelungen und internationale Organisationen zur Sicherung von Kommunikation und Freihandel erstrebenswerter denn je. Vor allem begannen die wirtschaftlichen und gesellschaftlichen Dimensionen internationaler Beziehungen im Vergleich zum zwischenstaatlichen Verkehr internationaler Politik eine immer stärkere Rolle zu spielen. Wo es einst vor allem *persönliche* Beziehungen zwischen ‚Souveränen' und – oft als Diplomaten eingesetzten – adeligen Führungsschichten gegeben hatte, wo später *geschäftsmäßige*, von Amtsinhabern verwaltete und vom Völkerrecht geregelte Beziehungen zwischen *Staaten* entstanden waren, dort wurde aus internationaler Politik allmählich ein weit ausgreifendes, überaus dichtes Geflecht von – im Grunde anonymen – inter- bzw. transnationalen *Beziehungen*.

Es entstand auf diese Weise – wenn auch nicht überall, nicht gleichzeitig und keineswegs alle Länder einbeziehend – ein immer weiter um sich greifender, ein sich immer mehr beschleunigender Entwicklungsprozess hin zu einer internationalen Gesellschaft bzw. ‚Weltgesellschaft'. Die findet sich vernetzt durch mobile Eliten und Güter sowie durch gewaltige Kapital- und Informationsströme, die inzwischen durch die Möglichkeiten des Internets unglaublich schnell und – bislang – schwer kontrollierbar geworden sind. Gekennzeichnet ist diese Weltgesellschaft heute durch vielfach schwache, vom Scheitern bedrohte Staatlichkeit in nicht wenigen ehemaligen (Halb-)Kolonien, durch das Ende des – im Imperialismus auf seinen Höhepunkt gelangten – ‚europäischen Zeitalters' der Weltpolitik, ferner durch die Globalisierung sowie durch die Inter- und Transnationalisierung der wirtschaftlichen, gesellschaftlichen, kulturellen und politischen Beziehungen in einem weltumspannenden Netz von Kommunikationsmitteln und Verkehrsbewegungen, von Märkten und von Kapitalströmen. Hinzugekommen sind auch militärische Bedrohungszusammenhänge ganz neuer Qualität. Sie reichen vom – aus scheiternden Staaten als ‚Slums der Weltpolitik' ausgehenden – internationalen Terrorismus, der sich mehr und mehr mit globalen Verteilungskonflikten, Migrationswünschen sowie kulturellen Inkompatibilitäten verbindet, über die Wirkungslosigkeit klassischer Militärmacht in den häufiger werdenden ‚asymmetrischen Kriegen' zwischen traditionellen Armeen und neuen Formen des Partisanentums bis hin zum drohenden Ende nuklearer Stabilisierungsmechanismen angesichts des Erwerbs von Atomwaffen durch Staaten mit – womöglich – wenig rational agierenden Führungseliten.

Der Bedarf der so zu umreißenden, neuen ‚Weltgesellschaft' an allgemein verbindlichen Regelungen und Entscheidungen macht zwar internationale Politik weiterhin zu deren Rückgrat, und zwar ebenso, wie in Einzelgesellschaften das politische System um des gesellschaftlichen Regelungsbedarfs willen besteht. Doch national wie international wirken die Eigenlogiken wirtschaftlicher und gesellschaftlicher Vernetzung eigenständig sowie weit über diesen Bereich des rein Politischen hinaus. Also wurde gerade die aufwachsende internationale Gesellschaft zum Gegenstand der – ihr im Grunde nacheilenden – Wissenschaft von den internationalen Beziehungen. Bei alledem zeigt sich: Gerade so, wie die Analyse politischer Systeme erst in Verbindung mit Soziologie und Wirtschaftswissenschaft ein halbwegs vollständiges Bild der politisch (mit-)gesteuerten Entwicklung gesellschaftlicher Prozesse zeichnet, muss auch die Analyse internationaler Politik sich um eine Soziologie internationaler Beziehungen und um eine Politische Ökonomie des internationalen Systems erweitern, um den historisch neuen Gegenstand der ‚Weltgesellschaft' angemessen zu erfassen.

4. Internationale und transnationale Strukturbildung

Auf die einsetzende Entstehung der ‚Weltgesellschaft' als eines eigendynamischen Bereichs internationaler Beziehungen, der erhebliche Auswirkungen in den jeweils eigenen Staat hinein zu entfalten versprach, reagierten die weltpolitisch dominierenden – damals vor allem westlichen – Staaten ziemlich schnell und ergebnisorientiert. Eine erste Reaktion bestand im Versuch, die internationalen Beziehungen durch eigene Machtentfaltung jenseits eigener Grenzen möglichst stark mitzuprägen. Von dieser *außen*politischen Absicht her wurde oft sogar abgeleitet, was *innen*politisch nötig oder gerade noch akzeptabel wäre, um eben die *Voraussetzungen* für eine tatkräftige außenpolitische Mitgestaltung im internationalen Umfeld der eigenen Gesellschaft schaffen und sichern zu können. So entstand die von der zweiten Hälfte des 19. Jahrhunderts bis weit in die zweite Hälfte des 20. Jahrhunderts dominierende Lehre vom ‚Primat der Außenpolitik', die sich in der Regel mit geopolitischen Überlegungen verband. Eine belastbare innenpolitische Basis für machtvolle Außenpolitik zu schaffen, nahm dabei oft die Form an, dass zur innerstaatlichen Integration und Mobilisierung aller verfügbaren Ressourcen *Nationalismus* gefordert und gefördert wurde. Das war umso erforderlicher, je mehr Repräsentativverfassungen, die der jeweiligen öffentlichen Meinung starkes politisches Gewicht verschafften, zur Grundlage staatlicher Machtausübung wurden. Anschließend trat eine öffentlich erörterte, deshalb aber auch nicht mehr ohne populäre Unterstützung auskommende, Außenpolitik an die Stelle früherer Geheim- und Kabinettspolitik. Besonders vorteilhaft war es in einer solchen Lage, möglichst klare Vorstellungen von

‚nationalen Interessen' zu entwickeln, sie öffentlich glaubhaft zu machen und den eigenen Staat auf sie so festzulegen, dass Nachfolgeregierungen von ihnen schwerlich abrücken konnten. Im machttechnischen Idealfall entstand in einer ‚nationalen Gemeinschaft' Konsens über ihre ‚außenpolitische Staatsräson', mochte diese geopolitisch, wirtschaftsimperialistisch, zivilisationsmissionarisch oder ethnisch definiert sein.

Die solcher Staatsräson folgende Außenpolitik bestand meist in offensiven oder defensiven Bündnisbildungen, die dem nationalen Interesse dienlich zu sein schienen. Je nach Machtlage eines Staates konnte es auch zu imperialistischen Ausgestaltungsversuchen eines diesem Staat möglichst günstigen internationalen Umfeldes kommen. Solche Versuche zu beschreiben, zu erklären, zu kritisieren oder zu rechtfertigen, sie gegebenenfalls aus der Perspektive der eigenen Nation auch zu fordern, trat fortan – als Lehre von der ‚Geopolitik' – zu jenen Gegenständen hinzu, mit denen sich das auf internationale Beziehungen gerichtete politische Denken zu beschäftigen hatte. In diesem Zusammenhang wurden wirtschaftswissenschaftliche, wirtschaftsgeographische und geostrategische Untersuchungen für die Klärung von nationalem Interesse und Staatsräson wichtig, desgleichen historische Rückvergewisserungen der eigenen kulturellen Identität für die Begründung einer nicht nur machtpolitischen, sondern auch zivilisatorischen Mission jenseits der eigenen Staatsgrenzen. Auch aus allen diesen Wurzeln entstand die moderne Wissenschaft von den internationalen Beziehungen. Ihrer Schule des (Neo-)Realismus ist das bis heute anzusehen.

Die zweite folgenreiche Reaktion der Staaten auf die Entstehung des Geflechts internationaler Beziehungen setzte wirkungsvoll ein, als ihre erste Reaktion zum Hochimperialismus des späten 19. Jahrhunderts und zur Zerstörung des alten Europa geführt hatte – zunächst im Ersten, dann im Zweiten Weltkrieg. Diese zweite Reaktion bestand darin, die alten Utopien von einem ‚Völkerbund' aufzugreifen und sich an den Aufbau von inter- und supranationalen[9] Strukturen der Willensbildung und Entscheidungsfindung zu machen. Sie sollten friedliche Konfliktaustragung und nachhaltige Konfliktregelung auf einer Ebene des ‚Regierens ohne Regierung' oberhalb der Staaten ermöglichen. Im Grunde wurde damit jener Prozess des Aufbaus ordnungsstiftender Herrschaftsstrukturen fortgesetzt, welcher – um der Sicherheit und um des Friedens willen – in den Religionskriegen des 16. und 17. Jahrhunderts zum neuzeitlichen Staat geführt hatte. Das geschah aber weitestgehend ohne das Ziel, Eigenstaatlichkeit aufzugeben oder über allenfalls staatenbündische Steuerungsstrukturen hinauszugehen. Nach dem Ersten Weltkrieg wurde der-

---

9 Bei *inter*nationalen Strukturen arbeiten Staaten oder Regierungen zusammen, ohne eine Ebene zur Herstellung allgemeiner Verbindlichkeit einzurichten, die über ihrer eigenen Entscheidungskompetenz steht. Wo – wie in der EU – genau das geschieht, liegen *supra*nationale Strukturen vor (von lat. ‚supra', d.h. oberhalb von etwas stehend).

Kapitel 4: Internationale Beziehungen

lei ohne nachhaltigen Erfolg in Gestalt des Völkerbundes versucht, nach dem Zweiten Weltkrieg – diesmal mit größerem Erfolg – durch die Gründung der Vereinten Nationen und ihrer Unterorganisationen.

Weniger die UNO selbst als vielmehr dieser *grundsätzliche* Weg internationaler Friedenssicherung wurde nachhaltig durch den Ost/West-Konflikt gefördert.[10] Dieser legte derartige Zusammenschlüsse gerade aus Gründen

---

10 Er entstand 1917 mit der kommunistischen Machtergreifung in Russland und der als glaubwürdig akzeptierten Ankündigung der KPdSU, durch Revolution oder Expansion das sowjetische Modell auch in möglichst vielen anderen Staaten einführen zu wollen. Jene europäischen Gesellschaften, in denen der Liberalismus noch nicht zu demokratisch-verfassungsstaatlichem Selbstbewusstsein geführt hatte, reagierten hierauf oft, indem sie Zuflucht bei faschistischen Bewegungen suchten. Diese versprachen einesteils jene sozialen Probleme zu lösen, deren Offenheit den Kommunismus attraktiv machte, und stellten anderenteils in Aussicht, ihren Gesellschaften den Wirrwarr und Terror der Sowjetisierung Russlands zu ersparen. Der deutsche Faschismus – seine zentrale Organisation treffsicher ‚Nationalsozialistische Deutsche Arbeiterpartei' nennend – gewann nicht zuletzt mit diesem Doppelargument seine Massenbasis. Für kurze Zeit aus außenpolitischen Motiven mit der Sowjetunion verbündet, suchte das nationalsozialistische Deutschland einen auch machtpolitisch irrsinnigen Krieg mit sowohl den westlichen Demokratien als auch der Sowjetunion. Deren nur in gemeinsamer Feindschaft gegen den deutschen Faschismus geeintes, ansonsten aber von ganz entgegengesetzten Interessen belastetes Bündnis zerbrach ziemlich rasch nach dem Sieg über Deutschland, als nämlich die Sowjetunion die revolutionären Ankündigungen von 1917 wahrmachte und bis 1948 in allen sowjetisch besetzten Teilen Europas kommunistische Parteien an die Macht brachte. Deren hauptsächliche Loyalitäten galten der KPdSU und ihren Zielen. Nun gestaltete sich die nächste Phase des Ost/West-Konflikts als ‚Kalter Krieg' aus, der von seiner Frontlinie quer durch Deutschland und Europa sowie von seinen Machtzentren in Moskau und Washington aus zeitweise die gesamte Weltpolitik strukturierte. Alsbald war er gekennzeichnet durch das strategische Patt wechselseitig garantierter atomarer Vernichtungsfähigkeit zwischen USA und Sowjetunion und durch ein – vom Streben nach günstigen Optionen im Abschreckungskalkül getriebenes – Wettrüsten. Bei ihm rang der Westen die Sowjetunion im Lauf der Zeit wirtschaftlich nieder. Akzentuiert durch einen Wechsel von Krisenzeiten und Entspannungsphasen, letztere seit den 1970er Jahren mit erheblichem Ansehensgewinn kommunistischer Staaten in den westlichen Ländern belohnt, ein letztes Mal aufgipfelnd Anfang der 1980er Jahre im Streit um eine westliche Nachrüstung mit Mittelstreckenraketen und Marschflugkörpern, begann das Ende des Ost/West-Konflikts in der zweiten Hälfte jener 1980er Jahre, als die Sowjetunion unter dem KPdSU-Generalsekretär Gorbatschow nicht mehr den Willen und die Kraft zur außenpolitischen Durchsetzung ihrer Macht aufbrachte. Das Ende des Ost/West-Konflikts kam, als 1989 die Sowjetunion in ihren osteuropäischen Satellitenstaaten antikommunistische Revolutionen duldete, wenig später selbst zerfiel, und Russland sich von seinen 1917 propagierten kommunistischen Zielen verabschiedete. Neben seinen ruinösen humanen, wirtschaftlichen, atomaren und ökologischen Spuren bleibt heute vom Ost/West-Konflikt im Grunde nur sein geopolitischer, vor- wie nachideologischer Kern: die Frage nämlich, ob oder wie sich einesteils das bikontinentale Russland in eine europäische Sicherheitsarchitektur einfügen lässt, und welchen Platz diese ehemalige Weltmacht im Spiel der derzeit noch – doch immer weniger – US-dominierten globalen Großmachtpolitik einnehmen kann. Dass geographische Gegebenheiten und deren geopolitische Deutung auf lange Frist noch wirkungskräftiger sind als ideologische Zielsetzungen, zeigt der außenpolitische Weg Russlands seit dem Ende des Ost/West-Konflikts. Zu groß, um in die EU integriert zu werden, zu wenig demokra-

des *nationalen* Interesses nahe, und zwar so sehr, dass sich 1955 selbst die ‚blockfreien' Staaten in loser Form zusammenschlossen, nämlich in der nach ihrem indonesischen Gründungsort so genannten ‚Bandung-Bewegung'. Insbesondere die westlichen Staaten sammelten anhand von NATO (North Atlantic Treaty Organization), EGKS (Europäische Gemeinschaft für Kohle und Stahl) und EWG (Europäische Wirtschaftsgemeinschaft), später von EG (Europäische Gemeinschaften) und EU (Europäische Union), überaus wichtige Erfahrungen mit auf Freiwilligkeit beruhenden, doch erhebliche Souveränitätsabgaben mit sich bringenden supranationalen Organisationen, Institutionen und nachgerade Regierungssystemen. Auch die integrativ viel weniger anspruchsvolle, nicht supra-, sondern nur internationale OSZE (Organisation für Sicherheit und Zusammenarbeit in Europa) zehrt ganz wesentlich von solchen Erfahrungen.

Der europäische Weg *supra*nationaler Strukturbildung, auf den sich nach dem Ende des Ost/West-Konflikts auch die ehemaligen Satellitenstaaten der Sowjetunion sowie etliche ihrer Nachfolgestaaten begeben haben, ist aber international die Ausnahme. Er wird ohnehin nur verständlich vor dem Hintergrund der europäischen Geschichte, die ihrerseits gekennzeichnet ist durch *starke kulturelle Gemeinsamkeiten* der europäischen Gesellschaften bei *zerklüfteter politischer Organisation*. Global viel häufiger, und für das entstandene internationale System deshalb kennzeichnender, sind auf vergleichsweise eng definierte Zwecke abgestellte, von *Regierungen* getragene, also zwischenstaatliche internationale Organisationen: die sogenannten ‚IGOs' (International Governmental Organizations). Ein Beispiel dafür ist die überaus wichtige Welthandelsorganisation WTO (World Trade Organization), ihrerseits 1995 hervorgegangen aus dem 1947 abgeschlossenen GATT (General Agreement on Tariffs and Trade), das als – mit einem ständigen Sekretariat ausgestatteter – völkerrechtlicher Vertrag als Ersatz für eine damals nicht zustande gekommene ‚Internationale Handelsorganisation' diente. Andere Beispiele für IGOs sind die ‚Organisation für Sicherheit und Zusammenarbeit in Europa' (OSZE, ihrerseits 1995 hervorgegangen aus der durch Nachfolgekonferenzen verstetigten ‚Konferenz über Sicherheit und Zusammenarbeit in Europa', die

tisch-verfassungsstaatlich für einen völligen Abbau von politischem Misstrauen, erfuhr Russland die Neuordnung Europas vor allem als Verlust von Territorium und Ansehen, auch als schmerzliche Demütigung und Ausgrenzung einer kulturell großen Nation. Reagiert wurde auf diese Situationsdefinition durch neoimperialistische Grenzkriege, durch die schrittweise Annexion ukrainischen Territoriums und durch einen Angriffskrieg gegen die Ukraine. Ihn versteht die russische Führung als neuerliche Absicherung der russischen Westgrenze, erreicht aber genau das Gegenteil: NATO und EU gelangen zu einem neuen Selbstverständnis als tatsächlich nötigen Schutzbündnissen gegenüber Russland. Letztlich kehrte so ein zentrales geopolitisches Ordnungsproblem Europas in die Tagespolitik zurück: Wie lässt sich dauerhafter Frieden sichern zwischen dem großen, bestenfalls autoritär zu regierenden Russland, und den – oft russophoben – Staaten im Osten und Zentrum des europäischen Kontinents?

zwischen 1973 und 1975 in Helsinki tagte) oder Mercosur (Mercado Común del Sur), die 1991 gegründete Binnenmarktorganisation Südamerikas.

Hinzu kommen von international bzw. transnational zusammenarbeitenden *Interessengruppen* getragene Organisationen, nämlich die – abgekürzt ‚INGOs' bzw., NGOs'[11] genannten – internationalen Nichtregierungsorganisationen. Beispiele sind Amnesty International (gegründet 1961) und Greenpeace (gegründet 1971). Von ersten Ansätzen im 19. Jahrhundert ausgehend – bahnbrechend war das 1863 gegründete ‚Internationale Komitee vom Roten Kreuz' – und in der zweiten Hälfte des 20. Jahrhunderts aufblühend, wurden sie inzwischen zu sehr beachtlichen Akteuren auf der internationalen Bühne. In ihrer Gestalt entstand die erste Form eines die Staatsgrenzen übergreifenden Systems weltgesellschaftlicher Interessengruppen, wie wir es als innerstaatliches System gesellschaftlicher Interessenvertretung längst kennen. Noch fehlen allerdings – vom politischen System der EU einmal abgesehen – weitgehend jene international wirksamen Entscheidungsstrukturen, auf welche die INGOs nachhaltig einwirken könnten, und die ihrerseits die so vertretenen ‚weltgesellschaftlichen' Interessen dann systematisch aufnehmen und verlässlich verarbeiten könnten.

Doch auch Prozesse zu deren Schaffung haben mittlerweile begonnen, nämlich als Aufbau von ‚internationalen Regimen'. Darunter versteht man vertraglich geschaffene Verflechtungen mehrerer Staaten in ausgewählten Politikbereichen, etwa der Rüstungskontrolle oder des Klimaschutzes, die künftig einer als legitim geltenden nationalen *Allein*steuerung entzogen sind. Solche internationalen Regime umfassen typischerweise gemeinsame Ziele, Regeln sowie Verfahrensweisen. Mitunter sind sie sogar mit Entscheidungsinstanzen oder Schiedsstellen ausgestattet, wenigstens aber mit Verhandlungsgremien, in denen zumindest die beteiligten Regierungen vertreten sind, mitunter auch beratend die einschlägigen INGOs. Zu den wichtigsten dieser internationalen Regime zählen das Nichtverbreitungsregime für Nuklearwaffen, verschiedene Abrüstungsregime, das Menschenrechtsregime der UN sowie – mit jeweils regionaler Bedeutung – das Ostsee-Anrainer-Regime oder das

---

11 Das sind Abkürzungen von ‚(International) Non-Governmental Organizations'. Inzwischen wird der Begriff der NGO, also einer ‚Nicht-Regierungsorganisation', auch innerstaatlich im Sinn von ‚Interessenverband' benutzt. Im Bereich der internationalen Beziehungen ist es allerdings viel angebrachter, von NGOs zu sprechen, als das im Bereich der Innenpolitik der Fall ist. Zwischenstaatlich waren es in der Tat zunächst einmal die Regierungen von Staaten, die miteinander Interessenkonflikte austrugen, während eine globale Gesellschaft erst anschließend entstand und sich dann auch eigene, von Regierungen unabhängige internationale Interessengruppen zulegte. Über diese gewinnen innenpolitisch erfolglose Interessengruppen nicht selten Unterstützung auf inter- oder gar supranationaler Ebene. Solchermaßen können, beispielsweise, NGOs in der EU von ihren Interessen geleitete Gesetzgebungsprozesse auslösen, deren Ergebnisse anschließend in nationales Recht umzusetzen sind – doch nie nationale Gesetzeskraft erlangt hätten, wäre nicht für die Willensbildungs- und Entscheidungsprozesse der Weg über die EU-Institutionen genommen worden.

Regime zur Sauberhaltung des Rheins. Vielfach dienen internationale Regime entweder der Bewältigung des Sicherheitsdilemmas oder der Lösung von Kollektivgüterproblemen, also dazu, kollektive Güter wie ‚saubere Umwelt' oder ‚stabile Währung' sowohl herzustellen als auch gegen ihre Übernutzung abzusichern.

Solche neuartigen, oft unübersichtlichen, zunächst nachgerade experimentellen Strukturbildungen zu beschreiben und zu erklären, sie mit Kritik und Verbesserungsvorschlägen zu begleiten sowie Konzepte für weitere wünschenswerte Steuerungsstrukturen einer globalisierten Weltgesellschaft und Weltwirtschaft zu entwickeln, ist das zentrale Anliegen der ‚Institutionalismus' genannten ‚Schule' der internationalen Beziehungen. Des Näheren widmen sich diesem Anliegen die gegen Ende der 1970er entstandene ‚Regimetheorie' sowie überhaupt die Interdependenzforschung. Sich mit alledem beschreibend, Zusammenhänge erkennend, die Befunde erklärend, realistische Prognosen erarbeitend und Handlungsempfehlungen fomulierend zu befassen, macht die moderne Wissenschaft von den ‚Internationalen Beziehungen' zum forscherisch wohl anspruchsvollsten Gebiet der Politikwissenschaft und prägt sie über ihre schon genannten Ansatzpunkte hinaus. Als solche zeigten sich insbesondere die Politische Philosophie und die Völkerrechtslehre, die – vor Jahrhunderten schon in Gestalt der ‚Universitätsstatistik' betriebene – Auslandskunde, die dieser eng verwandte politische Geographie, desgleichen eine Politische Ökonomie, die den Rahmen der staatlich umgrenzten Volkswirtschaften überschreitet, außerdem seit langem die Staats-, Diplomatie- und Kriegsgeschichte. Offenbar gehört das alles zu jenen ‚politischen Wissenschaften', die im 19. Jahrhundert in vollends verselbständigte Einzeldisziplinen zerfallen waren. Nicht nur für die innere Funktionslogik politischer Systeme, sondern auch für die Strukturierungsmöglichkeiten internationaler Politik und internationaler Beziehungen war damals leider keine alles einschlägige Wissen zusammenführende, alle hilfreichen Betrachtungsweisen integrierende wissenschaftliche Disziplin zuständig. Eben das hat sich durch das Aufkommen des politikwissenschaftlichen Lehr- und Forschungsgebiets der ‚Internationalen Beziehungen' geändert.

II. Untersuchungsgegenstände und Arbeitsgebiete

Gegenstand des politikwissenschaftlichen Teilfachs ‚Internationale Beziehungen' sind die *Akteure* internationaler Beziehungen; die von ihnen geschaffenen, genutzten, aufrechterhaltenen, immer wieder auch veränderten oder zerstörten *Strukturen* internationaler Beziehungen; sowie jene politischen bzw. politisch wichtigen *Prozesse*, die in diesen Strukturen ablaufen, und welche – unter anderem – als unterschiedliche *Formen* internationaler bzw. transnationaler Politik beschrieben werden können. Im Einzelnen werden untersucht ...

- die *Interaktionen* von staatlichen, nichtstaatlichen und individuellen Akteuren im Bereich der internationalen Beziehungen, darunter nicht zuletzt das Zusammenwirken von gesellschaftlich-innerstaatlicher sowie staatlich-internationaler Willensbildung bzw. Entscheidungsfindung (,linkage politics');
- die einseitige oder wechselseitige *Durchdringung* der beteiligten Akteure, und damit die mögliche *fremd*gesteuerte Beeinflussung eines Akteurs ,von innen heraus' (,transnationale Politik'), d.h. das komplexe Zusammenwirken staatlicher und nichtstaatlicher Akteure aus mehreren Ländern;[12]
- die Inhalte, Prozesse und (Netzwerk-)Strukturen der *faktischen Verflechtung* der Akteure internationaler Beziehungen, und zwar vor allem dort, wo nationalstaatliche Entscheidungsstrukturen durch multinational (mit-)gesteuerte Entscheidungsstrukturen auf internationaler Ebene ergänzt oder gar ersetzt wurden. Dann entsteht tatsächlich eine – mehr oder minder wirksame – *Regierungsebene oberhalb nationalstaatlicher Regierungen*. Internationale Politik ist dann keine *internationale Politik* mehr, sondern *multi*nationale Politik, bei welcher – so eine oft zitierte Formel von Karl Kaiser (1934–) – die gesellschaftlichen und innenpolitischen Prozesse eines oder mehrerer nationalstaatlicher Systeme mit den nach außen gerichteten Aktivitäten anderer nationalstaatlicher Akteure oder internationaler Organisationen ein interdependentes Handlungssystem bilden.

1. Akteure internationaler Beziehungen

Nationalstaaten, vertreten durch ihre *Regierungen*, sind als mit Souveränität ausgestattete Völkerrechtssubjekte immer noch die zentralen Akteure internationaler Beziehungen. Natürlich sind in der Regel nur die größten und wirtschaftlich wie militärisch wichtigsten Staaten tatsächlich bedeutende Akteure internationaler Beziehungen. Die meisten Staaten hingegen, etwa die Republik von Trinidad und Tobago oder ein Land wie Burkina Faso, sind in überaus vielen praktischen Zusammenhängen internationaler Beziehungen schlechterdings unwichtig. Doch im Rahmen regionaler Konflikte, die sich ihrerseits zu internationalen Konflikten ausweiten können, vermögen immer wieder auch sonst eher unbedeutende Staaten – wie bei Balkankrisen Serbien – zu wichtigen Akteuren internationaler Beziehungen zu werden. Doch selbst große Staaten wie Deutschland, und im Grunde sogar Weltmächte wie die USA und China, sind nicht mehr in der Lage, ganz ohne Rücksicht auf andere Staaten ihre Rolle in den internationalen Beziehungen zu spielen:

---

12 Transnationale Politik kann u.a. eine der beiden folgenden Formen annehmen. *Einesteils* mag ein vom Staat A kontrollierter Konzern K (oder eine von A finanzierte NGO) im Staat B tätig sein und dort eine auch politisch wichtige Rolle spielen; dann könnte A über K auf B Einfluss nehmen. *Andernteils* können freie Massenmedien im Staat A Verhältnisse im Staat B kritisch thematisieren und dadurch die Regierung von B dazu veranlassen, den aufgeworfenen Problemen nachzugehen.

einesteils, weil sie rein wirtschaftlich von möglichst ungestörten Handels- und Kommunikationsverbindungen abhängen, und andernteils, weil Territorium und Bevölkerung keines Staates mehr seitens eines anderen Staates oder einer international agierenden terroristischen Vereinigung unverwundbar sind. Auch mächtige internationale Akteure können sich deshalb nicht mehr *jede* Form der Interessenwahrnehmung ohne ernsthafte Beachtung von Folgelasten leisten. Somit läuft das völkerrechtliche Prinzip der souveränen Gleichheit aller Staaten realpolitisch ins Leere. Allerdings ist ‚Souveränität' ein überaus wichtiger Rechtstitel, und zwar gerade für die schwächeren Staaten. Er zwingt nämlich zum offenen Bruch mit völkerrechtlichen Normen, wenn Macht vor Recht gehen soll, und löst auf diese Weise Solidarität solcher Staaten aus, in deren Interesse eine Schädigung der etablierten Völkerrechtsordnung gerade nicht liegt.

Allianzen wie die NATO oder supranationale Zusammenschlüsse wie die EU können ebenso wichtige Akteure internationaler Beziehungen sein wie machtvolle Nationalstaaten, wenn sie nach außen geschlossen auftreten. In ihrem Fall wird aber besonders deutlich, was natürlich auch für Nationalstaaten gilt: Das internationale Handeln politischer Systeme ist *keineswegs* aufzufassen wie – so ein lange Zeit in der Analyse internationaler Politik beliebtes Bild – das Verhalten von Billardkugeln, bei denen die eine Kugel ihren Bewegungsimpuls durch den Stoß einer anderen Kugel oder jenes Queues erhielte, mit dem ein ‚Staatsmann' - gar als ‚Meister der Diplomatie' – die Strukturen internationaler Politik gestaltet. Allenfalls die Außenpolitik zu Zeiten des Absolutismus mit seiner auf dem Corpsgeist der internationalen Adelsgesellschaft beruhenden Geheim- und Kabinettsdiplomatie konnte durch ein solches Modell halbwegs korrekt erfasst werden. Doch seit der Einführung parlamentarischer Regierungskontrolle, und spätestens seit dem Aufkommen demokratischer Rückbindung politischer Führungsgruppen an die Zustimmungsbereitschaft der öffentlichen Meinung, wird das nach außen gerichtete Verhalten von Nationalstaaten stark von *innenpolitischen, gesellschaftlichen* und *wirtschaftlichen* Prozessen geprägt. Diese sind einesteils Thema des Teilfachs ‚Politische Systeme', andernteils – im Anschluss an James N. Rosenau (1924–2011) – Gegenstand der sogenannten ‚Linkage-Analyse' im Teilfach ‚Internationale Beziehungen'. Für Allianzen und supranationale Zusammenschlüsse, bei denen mehrere auf innenpolitische Absicherung ihrer Handlungsfähigkeit angewiesene Regierungen zusammenwirken, gilt erst recht, dass nicht nur auf die exogenen, sondern überaus stark auch auf die endogenen Prägefaktoren ihres Handelns zu achten ist. Außenpolitik ist somit in keinem Fall mehr *Außenpolitik* allein. Vielmehr zieht solche innenpolitische Prägung außenpolitischer Willensbildung im Fall von Bündnissen oder von supranationalen Zusammenschlüssen oft erhebliche Interessengegensätze und mitunter faktische Handlungsunfähigkeit nach sich.

Im Übrigen beeinflussten schon von jeher die Perzeptionen und Fehlperzeptionen politischer, gesellschaftlicher und wirtschaftlicher Führungsgruppen nicht weniger das außenpolitische Verhalten eines politischen Systems, als das jene realen Probleme oder Interessenlagen tun, die ja erst durch den Filter ihrer Wahrnehmung, Interpretation und Bewertung hindurch außenpolitisch handlungsleitend werden. Über solche Perzeptionen und Fehlperzeptionen kommt der ‚subjektive Faktor' auf Seiten jener Personen ins Spiel, die folgenreich an der außenpolitischen Willensbildung und Entscheidungsfindung beteiligt sind. ‚Ideologie' gleich welcher Herkunft oder inhaltlichen Prägung ist somit eine Grundlage auch außenpolitischen Handelns, internationaler Politik und internationaler Beziehungen. Dabei sind auf Seiten der Staaten vor allem jene Erscheinungsformen von Ideologie wichtig, die so selbstverständlich geworden sind, dass sie als stereotype Wahrnehmungen anderer Gesellschaften und ihrer Regierungen, als möglicherweise gar erfahrungsresistente Freund- und Feindbilder oder als routinemäßig befolgte ‚außenpolitische Traditionen', die Willensbildung und Entscheidungsfindung in internationalen Angelegenheiten sogar angesichts veränderter Handlungsumstände nachhaltig beeinflussen.

Solche Stereotypen und Traditionen prägen oft auch die ‚außenpolitische Infrastruktur' von Staaten oder Allianzen. Darunter versteht man alle jene politischen Strukturen, in denen sich außenpolitische Willensbildungs- und Entscheidungsprozesse vollziehen. Zu diesen gehören in Staaten die Regierungszentralen, die Außenministerien, oft auch die Verteidigungs- und Wirtschaftsministerien, die diplomatischen Vertretungen, Geheimdienste, die außenpolitischen Ausschüsse der Parlamente, die außenpolitischen Arbeitskreise von Parteien sowie staatliche und private außenpolitische Forschungseinrichtungen. ‚Außenpolitisches Entscheidungszentrum' heißen dabei jene Bereiche der außenpolitischen Infrastruktur, in denen die Entscheidungen konkret fallen; deren zentrale Akteure sind die ‚außenpolitischen Entscheidungsträger'. Im Grunde lassen sich alle diese Begriffe auch auf die Willensbildungs- und Entscheidungsprozesse von IGOs und INGOs übertragen. Die ihnen entlang identifizierten Entscheidungsträger sind die ‚realen' Akteure internationaler Politik, weil nämlich Nationalstaaten, IGOs und INGOs nur über – und durch – jene Personen handeln können, die in ihnen Schlüsselstellungen innehaben oder für sie auftreten.

Wenn man erkennt, dass aus machtpolitischen Gründen keineswegs *alle* Staaten wichtige Akteure internationaler Beziehungen sind, wird auch schnell klar, welche Gruppen von *nicht*staatlichen Akteuren wohl gleich *nach* den globalen oder regionalen Führungsmächten wichtig sein werden. Zum einen sind das die *global agierenden Unternehmen* (‚*multinationale Unternehmen*', ‚*global players*'). Auch kleine und machtpolitisch unbedeutende Staaten sind zwar immer wieder wichtig als – mehr oder minder leistungsfähige – Verwalter der von ihnen regierten Territorien sowie als erfolgreiche oder scheiternde (Mega-)Institutionen zur Wahrung von Recht und Ordnung auf ihren Staatsgebieten. Doch an internationaler Macht sind viele Staaten den global agierenden Unternehmen wie Shell oder Google weit unterlegen, und zwar vor allem dann, wenn es um konstruktiven – und gerade nicht aber um destruktiven – Einfluss geht. Sogar bei *innen*politischen Willensbildungsprozessen können die Regierungen von Staaten machtpolitisch nachrangig werden, sobald nämlich global agierende Unternehmen durch aktive Korruption oder durch – gegebenenfalls gar nur in Aussicht gestellte – Investitions- bzw. Konsumtionsentscheidungen in die Wirtschaft und Gesellschaft eines Staates hineinzuwirken beginnen. Dann können multinationale Unternehmen für solche Staaten sogar wichtigere Partner werden, als das ein Großteil der übrigen Staatenwelt ist. Im Unterschied zu den territorial gebundenen Staaten sehr beweglich und oft von viel größerer Organisations- und Finanzkraft als jene, gehören global tätige Unternehmen sogar zu den *besonders* wichtigen Akteuren zeitgenössischer internationaler Beziehungen.

Die zweite Gruppe von wichtigen Akteuren internationaler Beziehungen unterhalb der Machtstellung globaler oder regionaler Führungsmächte, bzw. von nach außen geschlossen auftretenden supranationalen Zusammenschlüssen oder Allianzen, sind die *Internationalen Regierungsorganisationen* (IGOs). Derzeit mehrere Hunderte, von Regierungen im Namen ihrer Staaten aufgebaut und betrieben, agierend auf der Basis souveräner Gleichheit ihrer Mitgliedstaaten oder in vertraglicher Absicherung von Einflussunterschieden, können sie – wie die UNO und ihre Sonderorganisationen – bei der Herstellung international verbindlicher Entscheidungen oder bei der Durchsetzung von international bindenden Regeln eine sehr wichtige Rolle spielen. Die einen tun das eher im Bereich von ‚high politics' wie der Sicherheits-, Finanz- und Wirtschaftspolitik, die anderen eher im Bereich von ‚low politics', wo beispielsweise die Weltgesundheitsorganisation WHO und die Internationale Atomenergie-Kommission IAEA agieren. Welche *machtpolitische* Rolle eine internationale Organisation konkret übernehmen kann, hängt ganz vom Einzelfall ab, insbesondere von der jeweiligen Wichtigkeit und vom Grad der Vergemeinschaftung des ihr übertragenen Politikfeldes, von der Ausgestaltung ihrer Kompetenzen sowie – vor allem – vom Ausmaß an Interessenkonvergenz, zu dem ihre Mitgliedsländer routinemäßig gelangen können.

Eine weitere Gruppe von immer wichtiger werdenden Akteuren internationaler Beziehungen bildete sich sowohl in Reaktion auf Probleme, die nur im Zusammenwirken über Grenzen hinweg gelöst werden können, als auch als Antwort auf das sich tatsächlich verdichtende Zusammenwirken von Regierungen bei der Arbeit an solchen Problemen. Es sind dies die INGOs, die *Internationalen Nicht-Regierungsorganisationen*, in ihrer Vielfalt reichend von der *International Trade Union Confederation* über *die International Anti-Drug Organization* und die *International Association of Judges* bis hin zur *International Corrections and Prisons Association* und zur *International Political Science Association*. Mehrere Tausende INGOs mit weltweiter, interkontinentaler oder regionaler Mitgliedschaft, sowie wesentlich mehr NGOs mit überwiegend einem einzigen Land zuzurechnender, doch international tätiger Mitgliedschaft, agieren derzeit auf internationaler Ebene, und zwar durchaus als Seitenstücke zu den längst innerstaatlich tätigen Interessengruppen. Sie sind tatsächlich die Vorboten einer sich zu auch realer politischer Handlungsfähigkeit organisierenden Weltgesellschaft. Es fehlen ihnen aber – abgesehen von der EU – auf internationaler Ebene noch als politisches Gegenüber wirksame Entscheidungsstrukturen, mit denen sie ebenso routinemäßig Kontakte pflegen könnten, wie das innenpolitisch zwischen Interessengruppen und Ministerien, Parlamentsausschüssen oder Fachvereinigungen politischer Parteien möglich ist. Die Aufnahme von INGOs in die Wirtschafts- und Sozialräte, oder in sonstige nichtstaatliche Konsultativgremien, die mitunter bei IGOs angesiedelt sind, stellt einen nur unzulänglichen Ersatz für den innerstaatlich selbstverständlichen Zugang von Interessengruppen zu politischen Entscheidungsträgern dar. Deshalb bleibt INGOs oft kein anderes Mittel wirksamer Einflussnahme auf internationale Willensbildungsprozesse, als sich anlässlich der Konferenzen von IGOs anhand von Parallelaktionen, darunter auch spektakulären und mitunter gar gewalttätigen Auftritten, an die Massenmedien und somit – politisch nicht zu ignorieren – an die Öffentlichkeit in den Mitgliedsstaaten der jeweiligen IGO zu wenden. Ansonsten stehen ihren nationalen Gliederungen zwar wechselseitig abgestimmte Versuche der Einflussnahme auf die jeweiligen Regierungen frei; diese sind ohne massenmediale Unterstützung aber nicht sehr wirksam.

An derartigen Schwierigkeiten von INGOs, als internationale Akteure Einfluss auf die politische Gestaltung internationaler Beziehungen zu nehmen, erweist sich der noch ziemlich unterentwickelte Stand der institutionellen Strukturen internationalen Regierens. Das betrifft sowohl die technische als auch die demokratisch-legitimatorische Seite einer inter- und multinationalen *governance without government*. Die Beratungs- und Entscheidungsgremien von IGOs lassen sich nämlich allenfalls von einflussreichen – gegebenenfalls ja demokratisch legitimierten – Regierungen kontrollieren, kaum aber von innerstaatlichen Parlamenten. Zwar ist mancher geneigt, in der Gestalt von INGOs wirksame Institutionen zur Vermittlung demokratischer Legitimität auf die Entscheidungsebene von IGOs zu sehen. In Wirklichkeit erkennt man aber rasch, wie fragwürdige Legitimationsgrundlagen die meisten INGOs ihrerseits besitzen: Ihrer – mitunter sogar folgenreichen – Einmischung in internationale Politik liegen oft Beschlüsse zugrunde, die in recht kleinen Zirkeln selbstrekrutierter Aktivisten und oligarchischer Anführer getroffen wurden. Das ist zwar auch nicht anders bei Interessengruppen, die im Bereich der Innenpolitik tätig sind. Doch dort werden – ungleich der Lage auf internationaler Ebene – die Mitgestaltungsansprüche von Interessengruppen sowohl durch Parteien als auch durch von Parteien gesteuerte Parlamente sowie durch parlamentarisch kontrollierte Regierungen aufgefangen, sodann untereinander sowie mit öffentlich zu verantwortenden Gemeinwohlvorstellungen abgeglichen und anschließend erst in Entscheidungen umgesetzt. Parteien aber stellen sich – wenigstens in demokratischen Staaten – immer wieder freien Wahlen und können deshalb – über ihre Mandatsträger und über deren Arbeit an parlamentarischer Gesetzgebung und Regierungskontrolle – das Regierungshandeln an die Wünsche bzw. die Folgebereitschaft der Bürger rückkoppeln. Deshalb vermitteln Parteien demokratische Legitimität. Doch im Bereich der internationalen Politik gibt es noch überhaupt kein Gegenstück zu jener Rolle, die Parteien als Akteure der Innenpolitik spielen. Ganz im Gegenteil fehlt diese überaus wichtige und nützliche Akteursgruppe auf internationaler Ebene so gut wie vollständig.

Sie fehlt vor allem deshalb, weil es auf internationaler Ebene – anders als im Rahmen der EU – auch noch nicht jene Strukturen gibt, aus denen innenpolitisch die Parteien einst entstanden sind: nämlich gewählte, nicht nur mit Regierungsdelegierten beschickte Repräsentationsinstitutionen. Auf diese Weise zeigt sich auch im Bereich der internationalen Beziehungen der – ohnehin aus der Systemlehre bekannte – Zusammenhang zwischen dem Grad der institutionellen Strukturbildung und der Art von Akteuren, die sich um politische Strukturen herum entwickeln können. In der – ein Stück weit freilich fiktiven – ‚hobbesianischen' Welt des ‚Naturzustandes' einander belauernder und bekämpfender ‚Souveräne' war ohnehin kein Platz für andere Akteure. Doch sobald die ‚Souveräne' ihre Gesellschaften aus dem Würgegriff monopolisierter Willensbildung entlassen mussten, und seit außerdem internationale Strukturen zur zwischenstaatlichen Kooperation geschaffen waren, besiedelten sich diese rasch mit mehr und mehr Akteuren auch eigenen Rechts und eigener Macht. Es ist zu vermuten, dass sich dieser Prozess fortsetzen wird, dass also eine weitere Ausdifferenzierung internationaler Strukturen erneut zur Vermehrung der Akteure internationaler Beziehungen führt. Nicht der ‚Große Leviathan' ist hier also in Sicht, sondern autopoietische Systembildung. Das wird deutlich beim Blick auf eine letzte Gruppe von ‚Akteuren' internationaler Beziehungen, die man ihrerseits auch als eines der ‚Strukturmuster' internationaler Beziehungen auffassen kann. Das sind die in anderem Zusammenhang schon erwähnten ‚internationalen Regime'.

Ein *‚internationales Regime'* ist eine vertraglich festgelegte (‚verregelte') Form der Kooperation zwischen Regierungen auf einem mehr oder minder umfangreichen Politikfeld. Solche Verregelungen von Politikfeldern reichen, beispielsweise, von mehreren Rüstungskontroll- und Klimaregimen über das Basler Übereinkommen zur Kontrolle der grenzüberschreitenden Verbringung gefährlicher Abfälle bis zum zwischen 1945 bis 1971 bestehenden Währungssystem von Bretton Woods. Hinsichtlich der jeweils zu bewältigenden Probleme höchst vielgestaltig, besteht ein derartiges ‚Regime' regelmäßig aus *Grundsätzen*, die das Ziel und die grundlegende Form der Zusammenarbeit beschreiben; aus *Regeln*, welche die Rechte und Pflichten der zusammenwirkenden Staaten formulieren, zumal die von diesen sich selbst auferlegten Gebote und Verbote; und aus *Verfahren*, anhand welcher die Ziele und Regeln der Zusammenarbeit festgelegt, die Politiken der Partner auf ihre Vereinbarkeit mit den festgelegten Zielen und Regeln überprüft sowie Regelverstöße geahndet werden sollen. Nicht selten stellt ein vergleichsweise kleiner Verwaltungsapparat solches Zusammenwirken mehrerer Staaten organisatorisch sicher. Ob ein solches internationales Regime ‚wirklich' oder nur fiktiv besteht, hängt ganz vom Ausmaß seiner tatsächlichen Wirksamkeit ab, diese aber davon, ob es gemeinsame Interessen sowie zusammenpassende Erwartungen der Teilnehmerstaaten an das wechselseitige Verhalten gibt, und ob diese Erwartungen auch routinemäßig erfüllt werden. Die sichtbaren Teile eines internationalen Regimes sind Konferenzen der Teilnehmerstaaten, in denen Grundsätze, Regeln und Verfahrensweisen beschlossen oder verändert werden, und auf denen es gegebenenfalls um Sanktionen für Regelverstöße geht. Funktioniert ein internationales Regime, so findet gewissermaßen geräuschlos ‚Regieren ohne Regierung' statt. Es ist dann ein recht anonymer, doch mitunter sehr wirksamer Akteur internationaler Beziehungen entstanden, dem man zu Recht das Mitwirken an ‚global governance' zuschreiben kann. Unter diesem letzteren Begriff versteht man einen supranationalen, kontinuierlichen Prozess des Ausgleichs von Interessen, des Initiierens kooperativer Handlungen sowie der Herstellung zumindest ansatzweise verbindlicher Regelungen, an dem private ebenso wie öffentliche Institutionen teilnehmen können, und INGOs ebenso wie staatliche Behörden und internationale Organisationen.

Im Rahmen eines für den Zweck von ‚global governance' geschaffenen, zunächst vielleicht recht anonymen internationalen Regimes können später IGOs zur Effektivierung oder Verstetigung von dessen Wirkungsweise eingerichtet werden, womit ein auch *institutioneller* Akteur entsteht. Das wohl wichtigste Beispiel solcher Struktur- und Akteursbildung ist die Entstehung der einflussreichen Welthandelsorganisation WTO aus dem – zunächst nur durch ein beobachtendes Sekretariat organisatorisch untersetzten – General Agreement on Tariffs and Trade (GATT). Alles in allem ist die Leistungsbilanz von internationalen Regimen oder internationalen Reglerungsorganisationen bei der Handhabung internationaler Politik, ja sogar bei der Bearbeitung zwischen- wie innerstaatlicher Konflikte, vor allem dann gut, wenn keine konfligierenden Großmachtinteressen im Spiel sind. Das aber entspricht ganz den Verlaufsmustern einst ‚innerstaatlicher' Strukturbildung und Friedenssicherung: Nie konnte sie *gegen*, immer nur zusammen *mit* den tatsächlichen Machthabern gelingen.

2. Strukturen internationaler Beziehungen

Die *Strukturen internationaler Beziehungen* sind zunächst einmal jene Beziehungen, die zwischen den gegenwärtig knapp 200 politischen Systemen, ihren Gesellschaften sowie den Hunderten von IGOs und den inzwischen vielen Tausenden von INGOs bestehen. Beziehungen, die speziell zwischen Regierungen unterhalten werden, heißen ‚intergouvernemental'. Will man hingegen nur jene Beziehungen ansprechen, die zwischen Gesellschaften oder gesellschaftlichen Subsystemen verschiedener Staaten bestehen sowie sich ziemlich unabhängig vom außenpolitischen Handeln der politischen Systeme entwickeln, benutzt man den Begriff der ‚transnationalen' Beziehungen. In der Tat sind dort, wo offene Grenzen bestehen, die Wirtschaftssysteme und Gesellschaften zumal benachbarter Staaten meist eng transnational verflochten. ‚Verflechtung' meint dabei grenzüberschreitende Austauschprozesse aller Art, reichend vom Austausch von Kapital und Dienstleistungen bis zu solchem von Informationen und Menschen. Mit wachsender Verflechtung nimmt dann auch die ‚Transaktionsdichte' zu. Als deren Folge können wechselseitige, nicht notwendigerweise symmetrische Abhängigkeitsbeziehungen entstehen. Solche bezeichnet man als ‚Interdependenz'.[13] Letztere wiederum zieht – neben der Erschließung vielfältiger Vorteile – auch eine Reihe von Kosten nach sich. Einesteils müssen sich interdependente Staaten, Gesellschaften, Wirtschaften und Kulturen immer wieder an veränderte Umwelten und somit auch an veränderte Transaktionen mit ihrer Umwelt anpassen, etwa an erhöhte Rohstoffpreise oder an eine sinkende Nachfrage nach eigenen Dienstleistungen. Anderntreils kann es sehr aufwendig werden, in einer solchen Lage gerade jene Spielregeln ändern zu wollen, die zu einer bestimmten Transaktionsdichte und zur – inzwischen vielleicht lästig gewordenen – Interdependenz führten. Eben solche erhöhten Kosten einer Veränderung der Grundlagen und Spielregeln ihrer wechselseitigen Verflechtung legen rationalen Akteuren dann den Versuch nahe, lieber innerhalb der erreichten Interdependenz nach Kompromissen zu suchen und die schon bestehende, mehr oder minder partielle Integration weiter zu fördern, als das – bislang meist zum wechselseitigen Vorteil – bereits Erreichte aufs Spiel zu setzen. Dergestalt können – müssen freilich nicht – Interdependenz und Integration ihrerseits zu Stabilisatoren eines auch weiterhin friedlichen Miteinanders werden.

Das Gesamtgefüge solcher trans- und internationaler Beziehungen ist die *Weltgesellschaft*. Offensichtlich ist dieser Begriff keineswegs eine Leerformel, sondern bezieht sich auf etwas, das durchaus und sehr folgenreich besteht. Moderne Transport- und Kommunikationstechnik führen zur Durchdringung bislang peripherer Gesellschaften; Arbeitsteilung im produzierenden Gewerbe und bei Dienstleistungen umfasst die gesamte Erde und wird in-

---

13 Von lat. ‚dependēre', d.h. von etwas abhängen, und ‚inter', d.h. dazwischen.

nerhalb weltumspannender Unternehmen praktiziert; Lieferketten für Güter umfassen, durchaus störanfällig, die ganze Erde; Finanzmärke interagieren global; Massenmedien sowie das Internet machen die Welt virtuell recht klein, ja verbreiten quer durch bislang getrennte Kulturen die gleichen Ikonen zeitgenössischer Lebensstile; und mehr als nur Elitegruppen erkennen inzwischen Seuchen, Umweltverschmutzung, Klimaveränderung oder allmählich fühlbar werdende ökologische Knappheit als *weltweite* Wirkungszusammenhänge.

Außerdem ist die Weltgesellschaft eine *extrem geschichtete* Gesellschaft. Die Teilgesellschaften der – meist nördlichen – Industriestaaten stehen (noch) an der Spitze, die Gesellschaften der – vor allem schwarzafrikanischen – Länder der sogenannten ‚dritten Welt'[14] befinden sich weit unten. Auch ist die Weltgesellschaft keine völlig integrierte Gesellschaft. Hochgradig interdependent sind nur die Teilgesellschaften in den ‚Metropolen' der Weltgesellschaft, d.h. in den ‚nördlichen', reichen Industriestaaten Europas, Ostasiens Amerikas. Diese ‚Metropolen' sind ihrerseits eng vernetzt mit den ‚Metropolen in der Peripherie', nämlich mit den – an die meist ‚westliche' oder asiatische Elitegruppe der Weltgesellschaft angeschlossenen – wirtschaftlichen, politischen und kulturellen Elitegruppen der sogenannten ‚Entwicklungsländer'. Hingegen ist der größte Teil der Gesellschaften der letzteren Staaten ‚Peripherie der Peripherie', d.h. weitgehend abgeschnitten teils von den Güter- und Finanzströmen, teils auch von wichtigen Informationsströmen der Weltgesellschaft. Zwar gibt es auch die ‚Peripherie der Metropolen', d.h. von wirtschaftlichem Niedergang, sozialem Abstieg oder fortbestehender Unterentwicklung gekennzeichnete Regionen des Nordens, in Südamerika oder in Asien. Doch aus der Warte der ‚Peripherie der Peripherie' ist selbst deren Lage noch ziemlich begehrenswert. Historisch aus Kolonialismus, Imperialismus und asymmetrischen Nutzenstrukturen der Weltwirtschaftsordnung zu erklären, ist diese Weltgesellschaft bisher ganz zentral durch die Abhängigkeit des ‚Südens' vom ‚Norden' gekennzeichnet, desgleichen durch eine – ganz und gar nicht den Erwartungen der Modernisierungstheorie entsprechende – ‚Entwicklung der Unterentwicklung'. Die nämlich verschärft solche Ungleichheit weiterhin. Hinzu kommt eine ungleiche Bevölkerungsentwicklung: Schrumpfung und Alterung in vielen reichen Staaten, vor allem in Europa, doch Wachstum und Massen junger, mit ihrer Lage unzufriedener Leute in den armen Staaten. Das birgt für die Zukunft gewaltigen Sprengstoff und lässt den ‚Nord/Süd-Konflikt' in eine neue Dimension wachsen.

---

14 Dieser Begriff stammt aus der Zeit des Ost/West-Konflikts: Die westlichen Staaten waren die ‚erste Welt', die kommunistischen Staaten die ‚zweite Welt', und die ‚blockfreien' Staaten zählten als ‚dritte Welt'. Inzwischen meint der Begriff jene Länder, die klar hinter dem Entwicklungsniveau westlicher Staaten oder von Ländern wie Japan, Korea und Singapur zurückgeblieben sind.

II. Untersuchungsgegenstände und Arbeitsgebiete

Der ‚globalen Unterschicht' angehörend, werden die jungen und armen Bevölkerungen vieler Staaten des globalen Südens diese ungerechten Strukturen der Weltgesellschaft nämlich nicht auf Dauer widerstandslos hinnehmen. Jetzt schon zeitigt diese Lage erheblichen, vielerlei Befürchtungen auslösenden Einwanderungsdruck auf die nördlichen Staaten, der – auf unabsehbare Zeit verursacht durch Flucht, Vertreibung und Armutsmigration – gewiss zunehmen wird. Auf Europa wirkt er vor allem an den Grenzen zur Türkei sowie an den südlichen Küsten der Mittelmeerhalbinseln, die sich – anders als der Süden der USA – schwerlich durch Sperrzäune sichern lassen. Abgewendete und gelungene Terroranschläge in westlichen Staaten dürften außerdem Vorboten der nächsten Eskalationsstufe des Nord/Süd-Konflikts sein: Es ist nicht unwahrscheinlich, dass es – über die jetzt schon immer wieder problemerzeugende Piraterie am Horn von Afrika und in der Straße von Malakka hinaus – alsbald auch zu Terroranschlägen auf die maritimen Handels- und Versorgungswege der nördlichen Staaten kommen wird. Das wird über steigende Versicherungsprämien und schrumpfenden Handel deren Lebensweise hart treffen und diese zu Zugeständnissen oder zur Abgrenzung bewegen. Es ist ein zentrales Anliegen der – zur Zeit allzu wenig beachteten – ‚politisch-ökonomischen Schule' der Wissenschaft von den internationalen Beziehungen, die Ursachen des Fortbestands dieser unausgewogenen und ungerechten Strukturen der Weltgesellschaft ausfindig zu machen sowie Vorschläge für bessernde Reformen auszuarbeiten.

Als *Regionalsystem* bezeichnet man das inter- und transnationale Handlungsgeflecht zwischen einer Gruppe benachbarter oder besonders eng in eine bestimmte Region hinein vernetzter politischer Systeme. Darüber hinaus werden Begriffe wie *Gleichgewicht der Kräfte, Bi-, Tri- und Multipolarität, Hegemonie, Imperialismus* oder *Abhängigkeit* dafür benutzt, wichtige Strukturmerkmale von Regionalsystemen, doch auch des gesamten internationalen Systems, zu beschreiben. *Gleichgewicht der Kräfte* ist eine der oben umrissenen Methoden, das internationale Sicherheitsdilemma dahingehend zu lösen, dass kein an ihm teilhabender Staat – kluge nationale Politik vorausgesetzt – eine Überrumpelung oder Übervorteilung durch einen anderen Staat befürchten muss. Wird das globale oder regionale Gleichgewicht im Wesentlichen von zwei Mächten gehalten – von den USA und der Sowjetunion im Kalten Krieg, von Athen und Sparta im 5. Jahrhundert v. Chr. – spricht man von *Bipolarität*, bei drei Machtzentren entsprechend von *Tripolarität*, bei noch mehr Machtzentren – wie im internationalen System zwischen dem Ende des Ost/West-Konflikts und dem Aufstieg Chinas – von *Multipolarität*.

Das Gegenkonzept zu dem der Polarität ist *Hegemonie*.[15] Es meint die Vorherrschaft eines Staates in einer Region. Diese kann – wie die *pax americana*

---

15 Von griech. ‚hegemonía', d.h. Vorrang, Führerschaft, Oberbefehl.

oder die *pax sovietica* zu Zeiten des Ost/West-Konflikts – ein regionales Staatensystem stabilisieren und in gleichsam hobbesianischer Weise dort das Sicherheitsdilemma lösen, indem nämlich die Hegemonialmacht die Rolle des ‚Großen Leviathan' übernimmt. Hegemonie kann aber auch selbstsüchtigen imperialen Interessen dienen, wie in Europa die langlebige Hegemonie des absolutistischen Frankreich oder die kurzlebige des nationalsozialistischen Deutschland. Mit *Imperialismus* wiederum bezeichnet man jene Prozesse, die zur ‚Reichsbildung' führen oder ein Imperium gegen Widerstand aufrechterhalten. Solcher Imperialismus kann – über seine machtpolitische Wirksamkeit hinaus – recht formeller Art sein. So war das wie einst im Fall des *Imperium Romanum* oder des Britischen Empire. Imperialismus kann aber auch informeller Art sein und einfach ein Hegemonialsystem herbeiführen sowie wirksam halten. Gerade bei dessen Analyse hilft dann der typologische Begriff des ‚Reichs':[16] Es besteht so weit, wie der maßgebliche Einfluss eines Staates auf die Politik anderer Länder reicht. Zeitgenössische Beispiele für derartige Reiche sind das nach dem Zweiten Weltkrieg entstandene, von Westeuropa bis nach Japan reichende US-amerikanische Imperium, sowie das – sich derzeit in Südostasien und Ostafrika ganz unübersehbar formierende – chinesische Imperium. *Abhängigkeit* besteht für alle Staaten, die Teile von Reichen sind oder in Gleichgewichtssystemen eine nachrangige Rolle spielen. Letzteres kann vielerlei Ursachen haben: zu geringe Wirtschafts- oder Militärmacht; ein zu kleines Territorium, um sich im Konfliktfall halten zu können; sowie Unfähigkeit oder politischer Unwille, eigentlich verfügbare Machtressourcen auch einzusetzen.

Gegen solche Abhängigkeit schützen sich Staaten oft durch *Bündnisse (‚Koalitionen')*. Solche geht man aber auch ein, um eine Hegemonialmacht niederzuringen. So hielt es etwa jene anti-französische Koalition, in der Großbritannien, Schweden, Russland, Preußen, Österreich sowie etliche deutsche Mittel- und Kleinstaaten zwischen 1812 und 1814 Napoleon bezwangen. Man kann Koalitionen aber auch dafür nutzen, selbst zur Hegemonialmacht aufzusteigen. Das unternahm einst Athen mit seinem Ersten Seebund 478–404 v. Chr. Wegen derart vielfältigen Nutzens gehören Bündnisse zu den immer wieder aufzufindenden Strukturen internationaler Beziehungen. Ebenso zeigt der Blick in die Geschichte, dass viele Bündnisse dann zerbrechen, wenn jener Außendruck entfällt, unter dem sie entstanden sind. Das galt etwa für das zum Kampf gegen das nationalsozialistische Deutschland geschlossene Bündnis zwischen einerseits den USA und Großbritannien und andererseits der Sowjetunion. Andere Bündnisse, die auf vielen kulturellen

---

16 Letztlich von keltisch ‚rig', d.h. Macht, und unmittelbar von althochdeutsch ‚rîhhi', d.h. Gebiet, über das die eigene Macht reicht. Insofern entspricht der Begriffskern jenem des französischen bzw. englischen ‚empire', der vom lateinischen Begriff ‚impérium' stammt. Dieser meint Amtsgewalt, Oberbefehl, Herrschaft – und später: jenes Gebiet, über welches dieser ‚Oberbefehl' reicht.

Gemeinsamkeiten aufbauen, können sich aber – wie die EGKS auf ihrem Weg zur EU – auch zu supranationalen Strukturen oder sogar zu Bundesstaaten weiterentwickeln, wie einst der Deutsche Bund über den Norddeutschen Bund zum (zweiten) Deutschen Reich. Für die vielfältigen Prozesse und Formen, in welchen innerhalb so mannigfaltiger Bündnisstrukturen allgemein verbindliche Entscheidungen herbeigeführt und durchgesetzt werden (sollen), wird inzwischen oft der Begriff der ‚governance' verwendet, der als ‚corporate governance' auch die Regeln und die Praxis der Unternehmensführung bezeichnet. Sobald politische Willensbildung und Entscheidungsfindung dabei auf zwei und mehr Ebenen erfolgen, spricht man von ‚multi-level governance' bzw. von einem Mehr-Ebenen-Regierungssystem. Solches ‚Regieren auf mehreren Ebenen' ist einesteils typisch für die Politik in IGOs und supranationalen Institutionen, andernteils für die Politik in Staatenbünden oder Bundesstaaten mit Mischföderalismus, etwa in der EU und in Deutschland.

Das alles sind offenbar sehr wichtige Gegenstände der Wissenschaft von den ‚Internationalen Beziehungen'. Ihnen widmet sich vor allem deren (neo-)realistische ‚Schule'. Zu den dort behandelten Themen gehören u.a. die Folgen dieser so unterschiedlichen machtpolitischen Ausgestaltungsmöglichkeiten internationaler Strukturen für jene Stabilität, die es in einem regionalen oder internationalen System zu bewahren gilt, auch für die in ihm verfügbaren Möglichkeiten der Sicherung von Frieden, sowie für die Anfälligkeit eines solchen Systems für kriegerische Konfliktaustragung. Insbesondere die Befunde von historisch-vergleichenden Untersuchungen zur Dynamik von Gleichgewichts- und Hegemonialsystemen gehören zu den praxisnützlichsten Ergebnissen der Wissenschaft von den internationalen Beziehungen. Deshalb tut ein Politikwissenschaftler gut daran, sich anhand der genannten analytischen Begriffe nicht nur *zeitgenössische* internationale Strukturen vor Augen zu führen, sondern bei jedem der genannten Begriffe auch dessen *historische* empirische Referenten vergleichend zu betrachten. Beispielsweise ist es sehr lehrreich, die europäischen Gleichgewichtssysteme von der Welt der norditalienischen Republiken während Spätmittelalter und Renaissance über die europäische Pentarchie[17] des 18. Jahrhunderts (England, Frankreich, Österreich, Preußen, Russland) bis hin zum globalen Gleichgewichtssystem des Kalten Krieges vergleichend zu analysieren. Gleiches gilt für vergleichende Studien zu den europäischen Hegemonialsystemen, etwa von der stabilen französischen Hegemonie seit Ludwig XIV. über die labile Vormachtstellung des kaiserlichen Deutschland an der Wende zum 20. Jahrhundert bis hin zur auf Jahrzehnte nachhaltigen Supermachtrolle der USA nach dem Zweiten Weltkrieg.

---

17 Von griech. ‚pénta', d.h. fünf, und griech. ‚árchein', d.h. herrschen.

Das *internationale politische System* besteht aus allen Strukturen, anhand welcher supranationale Akteure und Allianzen, Regierungen und Regierungsbehörden, IGOs und auch viele INGOs, halbwegs dauerhaft bei der Herstellung und – versuchsweisen – Durchsetzung international verbindlicher Regelungen oder Entscheidungen zusammenwirken. Das kann mit oder ohne völkerrechtliche Grundlage, institutionell oder informell, mit umfassendem oder partiellem Gestaltungsanspruch geschehen. Ingesamt handelt es sich um ein *im Entstehen* befindliches, erst *ansatzweise* eingerichtetes politisches System, das von der strukturellen Stimmigkeit, legitimen Stabilität und ordnungs- wie prozesspolitischen Leistungsfähigkeit vieler nationaler politischer Systeme noch sehr weit entfernt ist. Außerdem gibt es keinerlei Gewähr dafür, sondern allenfalls eine plausible Wahrscheinlichkeit, dass sich mit dem entstehenden internationalen politischen System wirklich weiterkommen lässt. Zwar mag man – angesichts des durch Interdependenz und transnationale Verflechtung erzeugten, auch immer weiter wachsenden Bedarfs an allgemein verbindlichen Regelungen für die Weltwirtschaft und für internationales Zusammenwirken – inzwischen mit plausiblen Gründen von einer ‚Weltinnenpolitik' sprechen, betrieben innerhalb eines ‚internationalen politischen Systems'. Doch solche ‚Weltinnenpolitik' ist noch weit davon entfernt, jene unhintergehbare Interdependenz verschiedener Politikfelder herbeizuführen, oder jenes institutionelle Instrumentarium aufzubauen, das *nationale* Innenpolitik vergleichsweise rational steuerbar und obendrein demokratisch kontrollierbar machen kann. Deshalb ist die Rede von einer ‚Weltinnenpolitik' einstweilen eher ein Vorgriff auf womöglich Kommendes als die Bezeichnung für eine nicht nur ‚an sich', sondern auch schon ‚für sich' bestehende politische Wirklichkeit. Tatsächlich aber hat die bereits bestehende Welt*gesellschaft* durchaus noch keine ausreichenden Möglichkeiten, zu einer auf sie bezogenen, zugleich responsiven und führungsstarken Weltinnen*politik* zu gelangen. Also wird die Lösung sogar dringlicher Probleme verschleppt.

Alles in allem hat sich das heutige internationale System nach dem Zweiten Weltkrieg entlang der Weichenstellungen des Kolonialismus sowie des Imperialismus entwickelt und befindet sich, seit dem Ende des Ost/West-Konflikts sowie durch den Machtaufstieg Chinas, derzeit in einem Wandlungsprozess. Dieser hat noch nicht wieder zu einem halbwegs stabilen Zustand geführt. Einst durch den Ost/West-Konflikt und die Entkolonialisierung geprägt, kennzeichnet sich das heutige internationale System durch die – aufgrund ihrer Staatsschuldenprobleme sowie ihrer Bevölkerungsentwicklung geschwächte, durch die Anschlussprobleme russischer Aggressionspolitik unter Druck gesetzte – Wohlstands-, Stabilitäts- und Integrationszone zunächst Europas, sodann des gesamten nordatlantischen und nordpazifischen Raums, zu dessen ‚West/West-Beziehungen' auch die Verbindungen zu Australien und Neuseeland zu zählen sind; durch den Nord/Süd-Konflikt, der neue Akzente durch die wachsende Aversion islamischer Gesellschaften gegen ‚den Westen' erhält; durch autoritäre Systemtransformationen in Russland und China als den früheren Vormächten der kommunistischen Welthälfte; durch den Zerfall von vornehmlich fremdstabilisierten oder auf korrupten Elitenkartellen beruhenden politischen Strukturen in Afrika und Südostasien; durch relative Stabilität in Südamerika; durch vielerlei Krisenherde im Staatengürtel zwischen dem Maghreb und Indien; sowie durch die nicht-kooperativen Führungsrollen der USA und Chinas in jener globalen Oligarchie, die – mit klaren Machtabstufungen – neben der EU und Russland auch Indien und Brasilien einschließt. Es zeigt sich, dass die ‚neue Weltordnung', welche auf die relativ klar strukturierten Verhältnisse des Ost/West-Konflikts folgen wird, wohl eher eine ‚Welt*un*ordnung' sein wird, zerklüftet in vielerlei, oft wenig zusammenhängenden regionalen Konfliktstrukturen.

Dabei zieht das internationale Ordnungssystem aus der – noch gegebenen – US-amerikanischen Militärdominanz vergleichsweise wenig Stabilisierungsnutzen, weil einerseits die USA ihrer wenig gedankten Rolle als ‚Weltpolizist' überdrüssig geworden sind, und weil andererseits klassische Militärmacht für die Bewältigung der auf absehbare Zeit anstehenden Konflikte in vielen Fällen wenig hilft. Wie nämlich nicht nur Somalia und Afghanistan zeigen, sondern auch etwa Mali und der Libanon, kann man mit Militärmacht weder scheiternde Staaten von außen stabilisieren noch die terrorismuszeitigenden ‚Slums der Weltpolitik' nachhaltig in Ordnung bringen. Keineswegs ist also die auf den Ost/West-Konflikt folgende Welt eine friedlichere Welt geworden. Schon gar nicht hat sie ein in weltweit freiheitliche Strukturen mündendes ‚Ende der Geschichte' gebracht. Vielmehr wurde unter dem Mehrfachdruck von Globalisierung und – seitens westlicher Staaten aufgezwungener – Liberalisierung in vielen Teilen Afrikas und Südostasiens sogar jene zuvor erreichte Staatlichkeit weiter geschwächt und gefährdet, die doch der Grundbaustein einer internationalen Friedensordnung ist. Tatsächlich waren viele Kriege nach 1945 Folgen von innenpolitischer Chaotisierung und von Staatszerfall, bzw. Ergebnisse von Transformationskrisen in Übergangsgesellschaften mit schwachen politischen Institutionen. Das Heilmittel wird in dieser Lage gewiss nicht in ‚mehr Demokratie' bestehen, sondern im Aufbau sowohl stabiler und dabei reformfähiger *autoritärer* Regime, desgleichen in der Errichtung solcher internationaler Regime und Organisationen, in denen Machtkonkurrenzen friedlich ausgetragen werden sowie die globalen Verteilungskonflikte sich durch Kompromisse lösen lassen. Dafür sind die Analysen und Handlungsanweisungen der ‚Schule' des Institutionalismus im Teilfach ‚Internationale Beziehungen' besonders wichtig.

3. Prozesse und Formen internationaler Politik

Nicht nur die Strukturen internationaler Beziehungen, sondern auch die *Prozesse* internationaler Politik sowie die *Formen des Handelns* innerhalb internationaler Beziehungen sind sehr vielfältig. Sie lassen sich aber recht übersichtlich so gliedern:

- Einesteils sind – wie im Bereich innerstaatlicher Politik – die einzelnen *Phasen* politischer Willensbildungs- und Entscheidungsprozesse voneinander abzuheben und auf ihre jeweilige Funktions- und Ablauflogik zu untersuchen. Hier geht es um Studien zu den Prozessen der Problemwahrnehmung auf Seiten der einzelnen Akteure, zu den Prozessen der Willensbildung, der Verhandlungen und Entscheidungsfindung zwischen den Akteuren, sowie zu den Prozessen der Implementation beschlossener Maßnahmen, der Wirkungskontrolle sowie der – gegebenenfalls zu Policy-Modifikationen führenden – Evaluation der ergriffenen Maßnahmen. Solche Studien sind üblich in derppolitikwissenschaftlichen ‚Schule' des Liberalismus.

- Anderntteils sind jene *Grundformen* internationaler Politik voneinander abzuheben und auf ihre je besonderen Mittel und Mechanismen zu untersuchen, in welche derartige Politikprozesse – zum Zweck der Lösung typischer Klassen von Problemen internationaler Politik – immer wieder münden. Solche Grundformen internationaler Politik reichen von der Errichtung internationaler Organisationen bis hin zur Führung von Krieg, von den Praktiken der Abschreckungspolitik bis hin zur Routinisierung des Zusammenwirkens innerhalb einer Föderation. Das sind Schwerpunktthemen der Schulen des (Neo-)Realismus sowie des Institutionalismus.

a. Prägefaktoren außenpolitischer Willensbildungs- und Entscheidungsprozesse

Bei der Analyse außenpolitischer Willensbildungs- und Entscheidungsprozesse sind einerseits die oben erwähnten Gliederungsschemata der Politikfeldanalyse nützlich. Andererseits ist bei der Untersuchung außenpolitischer Policy-Zyklen obendrein auf die *inneren* und *äußeren Bestimmungsfaktoren* von Außenpolitik sowie auf die jeweils verfolgten *Ziele* und die einsetzbaren *Mittel* zu achten.

- Als *innere* Bestimmungsfaktoren von Außenpolitik sind alle in die außenpolitische Willensbildung eingehenden *innenpolitischen* Voraussetzungen und Faktoren des politischen Prozesses in die Analyse aufzunehmen. Zu diesen gehören – neben wirtschaftlichen und gesellschaftlichen Gegebenheiten – die Struktur des jeweiligen politischen Systems, der Zustand seines Parteien-, Verbände- und Mediensystems, seine Geschichte und seine politische Kultur. Insbesondere muss darauf geblickt werden, ob oder wie weit eine Regierung beim außenpolitischen Handeln vom nationalen Parlament abhängig ist, und ebenso, in welchen außenpolitischen Bereichen sie ihren Kurs vielleicht gar vom Parlament vorgegeben bekommt. An dieser Scharnierstelle zwischen der im Parlament gebündelten Innenpolitik

und einer Außenpolitik, die gegebenenfalls absichtlich multilateral oder vertraglich in supranationale Organisationen eingebunden ist, entscheidet sich nämlich, ob Demokratie an den Grenzen des eigenen Landes endet oder auch noch dessen auswärtige Politik prägt. Es zeigte etwa die Euro-Krise mitsamt dem spannungserzeugenden Doppelversuch europäischer Staats- und Regierungschefs, sowohl anderen Euroländern ihre Haushaltspolitik vorzuschreiben als auch nationale Staatsschulden von anderen Nationen bezahlen zu lassen, dass Demokratie und staatenübergreifende Politik nicht notwendigerweise zusammenpassen, sondern recht unterschiedlichen Funktions- bzw. Entscheidungslogiken folgen können.
Gerade der Begriff der ‚*Souveränität*' als Maxime internationaler Politik sensibilisiert für die hier zu bewältigenden Probleme. In Hegemonial-, Gleichgewichts- oder Bündnissystemen schrumpft nämlich die völkerrechtlich einem Staat zugehörende Souveränität ohnehin meist auf ein von anderen Ländern – gegebenenfalls – akzeptiertes Veto-Recht, während ‚Souveränität' innerhalb eines demokratischen Verfassungsstaats ohnehin ein recht inhaltsleerer Begriff geworden ist. Dort besitzt nämlich keine Regierung – außerhalb der Zeiten eines verfassungsrechtlichen Ausnahmezustandes – eine ‚oberste und von rechtlichen Bindungen freie' Amtsgewalt. Auch handelt selbst in Demokratien das Volk, dem Namen nach dort ‚der Souverän', im weichenstellenden Alltagsgeschäft der Außenpolitik *gerade nicht*. Gleichwohl gibt es eine Möglichkeit, *innerstaatliche Demokratie* mit *außenpolitischer Regierungsprärogative* zu verbinden. Sie erschließt sich über den Begriff des ‚*nationalen Interesses*'. Besteht nämlich innerhalb eines Staatsvolks sowie unter dessen politisch wirkungsmächtigen Kräften weitgehender Konsens über die außen- oder integrationspolitische Interessenlage des Landes *und* handelt dessen Regierung auf plausible Weise entlang dieser Interessenlage, dann kann diese Regierung auch ohne im politischen Tagesgeschäft wirksame parlamentarische oder demokratische Kontrolle außenpolitisch so handeln, dass ihre auswärtige Politik demokratische Legitimität und somit eine verlässliche innenpolitische Grundlage besitzt. Wenn aber – wie beispielsweise in der Euro-Krise sowohl von der griechischen als auch von der deutschen Regierung – auf internationaler Ebene solche Politik betrieben wird, für die es allenfalls unter den politischen Eliten, nicht aber auch in der Bevölkerung eine stabile Mehrheit gibt, so kommt es zunächst zu innenpolitischen Legitimationsproblemen, dann zu mangelnder Verlässlichkeit der Außenpolitik eines Landes. Anschließend geraten bislang stabile internationale Strukturen ins Wanken.[18] Wer solche Folgen außenpolitischen Handelns antizipiert und innenpolitisch darauf hinzuwirken versucht, dass die Legitimationsgrund-

---

18 Wenn Außenpolitik innenpolitischen Mehrheitswünschen widerspricht, was sich nicht selten bei der Migrationspolitik so verhält, dann können auch innenpolitische Strukturen ins Wanken geraten, etwa durch den Aufstieg populistischer Parteien.

lagen einer dem ‚nationalen Interesse' – gleich wie definiert – dienlichen Außenpolitik gerade nicht zerfallen, der argumentiert oft anhand des Begriffs der ‚*Staatsräson*'. Unter ihr versteht man Behauptungen darüber, welches außenpolitische Handeln für einen Staat – um seiner Sicherheit und Wohlfahrt willen – erforderlich, nützlich und deshalb auch anzustreben wäre.[19]

- Wichtig für die Klärung von nationalem Interesse und Staatsräson, und somit für die Prägung von Außenpolitik, sind natürlich auch deren *äußere* Bestimmungsfaktoren. Zu diesen können kurzfristig die Handlungen anderer politischer Systeme werden, desgleichen politische Umbrüche in benachbarten, verbündeten oder gegnerischen Staaten. Mittel- bzw. langfristig wirksame äußere Bestimmungsfaktoren sind die vertraglichen Bindungen eines Staates; die Anzahl, Art, Interessen und Handlungsmöglichkeiten seiner Nachbarn, Verbündeten oder Gegner; die Struktur des ihn umbettenden Staatengefüges sowie der auf ihn Einfluss ausübenden IGOs, INGOs und internationalen Regime; das internationale Wirtschafts-, Gesellschafts-, Verkehrs- und Kommunikationssystem; sowie die – politisch-geographisch bzw. geopolitisch zu beschreibenden – Grundlagen der Beziehungen des Staates zu seinen Nachbarn.

- Orientierungspunkte der hier einschlägigen Willensbildungs- und Entscheidungsprozesse sind die auf ‚nationales Interesse' und ‚Staatsräson' bezogenen sowie dann auch konkret verfolgten *Ziele* von Außenpolitik. Diese werden sowohl von den außen- und innenpolitischen Interessen geprägt, welche die außenpolitischen Entscheidungsträger verfolgen bzw. in Rechnung stellen müssen, als auch von jenen *Perzeptionen bzw. Fehlperzeptionen*, anhand welcher die Entscheidungsträger die von ihnen zu beachtenden Interessen und die eigene Stellung in der Staatenwelt definieren. Ihrerseits sind außenpolitische Ziele äußerst vielfältig. In einer ersten Annäherung lassen sie sich in die Gruppen der wirtschaftlichen, kulturellen, territorialen, militärischen und strukturellen Ziele gliedern, unter welch letzteren eine Einflussnahme auf die zwischen Staaten oder Gesellschaften bestehenden oder entstehenden Strukturen gemeint ist. Die verfolgten Ziele prägen dann auch die inhaltlichen *Formen* von Außenpolitik. Soll beispielsweise eine bestehende internationale Lage aufrechterhalten werden, spricht man von *status quo-Politik*, während eine auf die

---

19 Schon bei Niccolò Machiavelli, dem bekanntesten frühen Vertreter der Lehre von der Staatsräson, wird diese als *Schnittstelle* zwischen Innen- und Außenpolitik kenntlich. Er benutzte nämlich die Formel vom *mantenere lo stato*, d.h.: vom ‚Aufrechterhalten des (bestehenden) Zustands'. Damit ist einesteils jener *innere* Zustand gemeint, in dem es gesicherte Regierungsgewalt über ein Land und dessen Bevölkerung gibt, und andernteils jener *äußere* Zustand, der auf den Fortbestand der eigenen Regierungsgewalt großen Einfluss haben kann, der von anderen Ländern und Völkern *in Reaktion auf eigenes Handeln* mitgeprägt wird, und welcher deshalb *prudenter loco et tempore* gepflegt werden muss, d.h. durch eine *nach Ort und Zeitpunkt kluge* Außenpolitik.

Wiederherstellung eines früheren Zustandes („status quo ante") abzielende Außenpolitik *Revisionspolitik* genannt wird. Politik, die Bündnisse aufbauen bzw. aufrechterhalten will, heißt *Bündnispolitik*, während eine Politik, welche die Einordnung eines Staates in bestehende Bündnisse vermeiden will bzw. Allianzen gegeneinander auszuspielen versucht, als *Neutralitätspolitik* bezeichnet wird.[20] Weitere von den verfolgten Zielen geprägte operative Formen von Außenpolitik sind die *Expansionspolitik* oder, als ihr Gegenstück, die *Eindämmungspolitik* („containment").

- Der außenpolitische Entscheidungsprozess wird ferner stark davon geprägt, welche *Mittel* außenpolitischen Handelns jeweils zur Verfügung stehen bzw. als akzeptabel gelten. Als Mittel der Außenpolitik ist dabei alles zu bezeichnen, was der Gewinnung oder Ausübung außenpolitischer Macht dienen kann. Zu diesen Mitteln gehören wesentlich die Diplomatie, militärische Möglichkeiten, geheimdienstliche Aktivitäten, die Außenwirtschaftspolitik einschließlich der Auslands- bzw. Entwicklungshilfe, Wirtschaftssanktionen sowie Propaganda und formelle bzw. informelle Öffentlichkeitsarbeit. Solche Mittel eröffnen *Handlungsoptionen* und können – falls sie nicht von Handlungsoptionen der konkurrierenden Mächte neutralisiert werden – effektiv und effizient zur Verwirklichung oder außenpolitischer Ziele bzw. zur Verhinderung solchen Erfolgs eingesetzt werden. Zur typologischen Einordnung außenpolitischer Verhaltensstile je nach den Mitteln, die ein Staat üblicherweise anwendet, verwendet man zwei besonders wichtige Begriffe. Als ‚Großmacht' bezeichnet man einen Staat, der das ganze Spektrum außenpolitischer Mittel einsetzen kann und auch einzusetzen bereit ist, insbesondere auch solche militärische Macht, die den entsprechenden Machtressourcen möglicher Konkurrenten zumindest gleichrangig ist. Sich auf ihre Stärke verlassend, neigen Großmächte zum ‚Unilateralismus', d.h. zu einer im Wesentlichen von den eigenen Wünschen geprägten Außenpolitik. Als – kategorial allerdings nicht ganz stimmiger – Gegenbegriff wird oft jener der ‚Zivilmacht' benutzt. Mit ihm bezeichnet man einen Staat, der das Sicherheitsdilemma internationaler Beziehungen weniger durch den Aufbau eigener militärischer Ressourcen als vielmehr durch eine friedenssichernde Verregelung seines internationalen Umfeldes sowie durch Einigung auf gemeinsame Werte bzw. Wertprioritäten zu losen versucht. An die Stelle eines zur Gewaltanwendung bereiten Verhaltens in einer als unabwendlich hingenommenen ‚internationalen Anarchie' soll solchermaßen eine ‚Zivilisierung' der internationalen Politik treten. Zentrales Mittel ist der Versuch, auch dort die selbstverständliche Befolgung solcher Normen herbeizuführen, die ihrerseits dann friedenssichernde Wirkung entfalten. Gewissermaßen sollen die Errungenschaften des innerstaatlichen Pluralismus mit seinem

---

20 Solange es noch den Ost/West-Konflikt mit seinen ‚Blöcken' gab, sprach man diesbezüglich auch von einer ‚Politik der Blockfreiheit'.

gewaltvermeidenden Zusammenwirken von Minimalkonsens und Konfliktbereitschaft auch in der internationalen Politik verwirklicht werden. Das verlangt seitens eines als Zivilmacht auftretenden Staates dreierlei Bereitschaft: Er muss zum regelmäßigen Zusammenwirken mit anderen Staaten und zum Verzicht auf Alleingänge bereit sein (‚Multilateralismus'); er muss – ganz im Sinn der hobbesianischen Theorie der Staatsgründung – willens sein, nationale Souveränitätsrechte an inter- oder supranationale Organisationen zu übertragen, damit Systeme kollektiver Sicherheit und gemeinsamen Nutzens entstehen können; und er muss sich darauf einlassen, die mit anderen Staaten gemeinsam vereinbarten Regeln auch dann einzuhalten bzw. durchzusetzen, wenn sie zeitweise gegen die eigenen Interessen wirken. Dieses Rollenkonzept prägte seit dem Wiedergewinn von Eigenstaatlichkeit nach dem Zweiten Weltkrieg die deutsche Außenpolitik. Spätestens Russlands Krieg gegen die Ukraine zeigte allerdings, dass (reine) Zivilmachtpolitik nicht in jedem außenpolitischen Umfeld erfolgreich sein wird, sondern nur dort, wo wechselseitig viel guter Wille besteht und man sich außerdem auf das künftige Ausbleiben von Gewaltandrohungen verlassen kann. Jedenfalls ist es keine normative, sondern eine empirische – und somit zum Blick auf geschichtliche Abläufe anhaltende – Frage, wie sich welche Mittel außenpolitischen Handelns unter welchen Handlungsbedingungen auswirken. Sie zu beantworten, ist die Aufgabe von vergleichenden Evaluationsstudien zu den tatsächlichen Wirkungsweisen der einzelnen Mittel von Außenpolitik.

b. Formen internationaler Politik

Schon ‚innerstaatlich' besteht die vorrangige Aufgabe von Politik darin, angesichts von stets möglichen *Konflikten* für ein ausreichendes Maß an *Sicherheit* zu sorgen. Eben als Lösung dieses Problems entstand einst der – so erfolgreiche – politische Systemtyp des ‚Staates'. Oberhalb der Handlungsebene von Staaten bestimmen weiterhin Konflikte sowie das Ringen um Sicherheit die internationale Politik. Die friedenssichernden Elemente von Staatlichkeit wenigstens ansatzweise auf die Ausgestaltung internationaler Beziehungen als einer ‚regelbasierten Ordnung' zu übertragen, ist deshalb ein wichtiges Anliegen. Vom außenpolitischen ‚Zivilmachtskonzept' sowie entsprechender ‚Zivilmachtpolitik' wird es sogar in den Mittelpunkt internationaler Gestaltungswünsche gerückt. Gleichwohl gehen auf internationaler Ebene die Konflikte weiter – so, wie sie auch in freiheitlichen Staaten plausiblerweise an kein Ende kommen. Nicht rechtzeitig entschärft und befriedet, können innerstaatliche Konflikte zum Bürgerkrieg oder gar Staatszerfall führen. Auf internationaler Ebene münden sie, falls es keine wirksamen Möglichkeiten friedlicher Konfliktbewältigung gibt, in Krisen oder gar Kriege.

Manche dieser Konflikte mögen nur Verschärfungen oder Sonderformen von Wettbewerben sein, etwa jenen zwischen auf Macht ausgehenden Staaten, zwischen auf Märkte ausgehenden Wirtschaften, zwischen auf Landgewinn ausgehenden Gesellschaften, oder zwischen auf Hegemonie ausgehenden Kulturen. Dann verlangen sie nach belastungsresistenten *Regeln* für ihre Austragung. Konflikte mögen sich allerdings auch aus Positions- und Statusdifferenzen ergeben, welche die einen Akteure einebnen, die anderen aber aufrechterhalten wollen. Auseinandersetzungen über Gleichgewicht und Hegemonie oder über Führer/Gefolgschafts-Verhältnisse in Bündnissen sind typische Beispiele dafür. In solchen Fällen braucht es eine Verständigung über solche *Formen der Austragung von Konflikten*, die alle Konfliktpartner als wenigstens so fair empfinden, dass es keine rationalen Gründe für eine Zerstörung einmal eingerichteter Konfliktformen gibt – und zwar selbst dann nicht, wenn sich im konkreten Konflikt die eigene Niederlage abzeichnet. Fener mögen Konflikte daraus erwachsen, dass der ganze, einmal entstandene Ordnungsrahmen von Regeln oder Institutionen für die Austragung von Streit von einem neu ins Spiel kommenden oder sich plötzlich anders als verabredet verhaltenden Akteur gefährdet wird, dass also die ‚Verfassung' eines Regionalsystems oder des internationalen Systems in Gefahr gerät. Dann geht es – sozusagen – um praktizierten ‚Verfassungsschutz' auf internationaler Ebene. Hier wird es ratsam sein, den ‚Störer' – wie nach 1740 Preußen oder nach 1890 das Deutsche Reich – entweder zu *zivilisieren*, also zur Einhaltung der bewährten Regeln und Konfliktaustragungsformen zu bewegen (was lange Zeit mit dem Iran angesichts seines atomaren Rüstungsprogramms versucht wurde), ihn zu *isolieren* (wie man das mit dem Deutschen Reich nach dem Ersten Weltkrieg unternahm), oder ihn als relevanten Akteur *auszuschalten* (wie das Deutschland widerfuhr durch den Zweiten Weltkrieg für etliche Jahrzehnte widerfuhr).

Im Übrigen ist es für die sich angesichts solcher Konflikte entfaltenden Formen internationaler Politik folgenreich, wie weit der *Konsens* zwischen den Akteuren über die anzuwendenden Mittel zwischenstaatlichen Verhaltens reicht. Dabei geht – wie im innerstaatlichen Bereich – auch im zwischen- und überstaatlichen Bereich erfahrungsgemäß eine gewaltförmige Konfliktaustragung der Bereitschaft voraus, sich im Konfliktfall – sogar entgegen eigenen Interessen – ohne Widerstandsversuch allgemeinen Regeln zu unterwerfen. Doch praktische Erfahrungen zeigen eben auch, dass die Transaktionskosten des Zusammenlebens drastisch und zum wechselseitigen Vorteil sinken, sobald man darauf eben verzichten kann, den eigenen Willen am Ende mit Gewalt gegen Widerstreben durchzusetzen. Voraussetzungen für ein erwartbar friedliches System der Konfliktaustragung sind allerdings vorgängige Vertrauensstiftung sowie zuverlässige Praxen des Interessenausgleichs, die sich ihrerseits auf eine Verregelung und Verrechtlichung des Miteinanders stützen können. Was in dieser Hinsicht längst innenpolitisch gelang und das so erstaunliche Gebilde des liberalen demokratischen Verfassungsstaates entstehen ließ, wird also aus sehr guten Gründen inzwischen auch außenpolitisch angestrebt – und zwar mit Erfolg, zumal zwischen demokratischen Verfassungsstaaten, deren Gesellschaften eng miteinander verflochten sind.

Aus allen diesen Erfahrungen lernend, wird rationale internationale Politik vorrangig solche Formen der Sicherheitspolitik und Friedensstiftung anstreben, die auf immer engere Integration möglicher Konfliktparteien setzen, damit einesteils Vertrauen entstehen kann und es anderteils möglich wird, immer wieder solche ‚Geschäfte auf Gegenseitigkeit' zu schließen, die Kompromisse erlauben und dazu einladen, eigene Zugeständnisse von heute mit in naher Zukunft verlässlich erwartbaren Zugeständnissen des Konfliktpartners ‚verrechenbar' zu machen. Zumal in der friedenssichernden Erfolgsgeschichte europäischer Integration erwies sich das als ein Königsweg internationaler Konfliktregelung. Allerdings kann dieser Weg, da er legitime Veto-Möglichkeiten eröffnet, auch in die Sackgasse ganz unbefriedigender wechselseitiger Politikblockaden führen. Dann mag einesteils eine Differenzierung, anderteils eine Verringerung des bislang erreichten Integrations- oder Organisationsgrades wünschenswert werden. Das Erstere thematisiert man innerhalb der EU unter dem Begriff eines ‚Europa der verschiedenen Geschwindigkeiten' und praktiziert es als ‚Europa mit variabler Geometrie': Manche EU-Staaten gehören etwa der Eurozone an, andere nicht, und ebenso verhält es sich mit dem Schengen-Raum. Den Rückbau eines einst erreichten Integrationsgrades bezeichnet man als ‚Involution', ‚Devolution' oder ‚Regression'; er kann in die Auflösung eines bislang bestehenden internationalen Ordnungsgeflechts münden. Derlei kommt vor, wenn sich internationale Organisationen als für die ihnen zugedachten Aufgaben irrelevant erweisen (wie die OSZE beim Scheitern ihrer friedenssichernden Versuche beim Zerfall Jugoslawiens), oder wenn sie – aus welchen Gründen auch immer – ihre Bindemittel und Bindekraft verlieren. Das widerfuhr dem Warschauer Pakt nach dem Zusammenbruch des Realsozialismus, ebenso dem britischen Empire nach der Erschöpfung von Großbritanniens Militärkraft durch die beiden Weltkriege.

Die bei alledem entstehenden grundlegenden Formen internationaler Politik lassen sich gut anhand eines zweidimensionalen Merkmalsraumes gliedern. Er entsteht aus der Kombination der Strukturdimension internationaler Politik mit deren Prozessdimension:

- *Strukturdimension:* Es kann das Umfeld, in welchem von den betrachteten Akteuren Außenpolitik bzw. internationale Politik zu betreiben ist, entweder eher anarchisch und in der Art des ‚hobbesianischen Naturzustandes' strukturiert sein (‚anarchisches Umfeld'), oder es kann in ihm verlässlich geregelte Beziehungen geben, gegebenenfalls sogar funktionstüchtige internationale Organisationen und Institutionen (‚verregeltes Umfeld').

- *Prozessdimension:* Die betrachteten Akteure können die Prozesse ihres Zusammenwirkens entweder eher als ein Nullsummenspiel[21] betrachten und betreiben, oder sie haben bzw. nutzen die Chance, ihr Zusammenwirken durch eine zunehmende ‚Verregelung' ihrer Beziehungen als ein zu mehrseitigen Gewinnen führendes Nicht-Nullsummenspiel auszugestalten.

Die Abbildung 2, einst entwickelt von Reinhard Meyers (1947-), stellt in diesem zweidimensionalen Merkmalsraum die Grundformen internationaler Politik zusammen und erlaubt es überdies durch seine mittlere Spalte, die unterschiedlichen Modi der Konfliktregulierung systematisch auf deren Rahmenbedingungen zu beziehen.

	internationale Politik in einem ‚anarchischen Handlungsumfeld'	Modi der Austragung bzw. Regelung von Konflikten:	internationale Politik in einem ‚verregelten Handlungsumfeld'
Nullsummenspiele	• gewaltsame Interessendurchsetzung • Rüstungswettläufe	*Krieg* *Konflikt* *Kooperation*	 • Sicherung der Abhängigkeit anderer durch formelle und informelle Vorherrschaft über sie (‚Imperialismus') • Sicherung sozioökonomischer Abhängigkeitsstrukturen durch wirtschaftliche Übermacht über andere Staaten • Sicherung beschränkter Optionen und Handlungsspielräume anderer Saaten durch vertraglich gesicherte Hegemonie
Gewinnspiele	• (stabile) Abschreckungspolitik • Gleichgewichtspolitik • Rüstungskontrollpolitik, Abrüstungspolitik • vertrauensbildende Maßnahmen, Politik kollektiver Sicherheit	 *positiver Frieden*	• Errichtung internationaler Regime • ansatzweise Integrationspolitik • supranationale Institutionenbildung • (Kon-)Föderationspolitik

Abb. 2: Grundformen internationaler Politik

Eine *erste* Aussage dieser Abbildung geht dahin, dass die Wahl einer angemessenen Form außenpolitischen Verhaltens vom – keineswegs beliebig umzuformenden – internationalen Umfeld abhängt. Weder lassen sich wünschenswerte Regeln oder Institutionen einfach hier und jetzt schaffen, noch

---

21 Der spieltheoretische Begriff des ‚Nullsummenspiels' bezeichnet ein ‚Spiel', bei dem die Gewinne des einen die Verluste des anderen sind. Das macht es wenig rational, sich auf einen Konflikt ungewissen Ausgangs einzulassen, macht aber unbedingten Siegeswillen im Konflikt überaus rational.

ist es möglich, Fehlperzeptionen oder Misstrauen kurzfristig abzubauen und solchermaßen von der Situationsdefinition eines Nullsummenspiels rasch zu einer solchen zu gelangen, in der allseitige Gewinnmöglichkeiten realisierbar erscheinen. Krieg kann also im konkreten Fall sehr wohl angebracht sein, Frieden aber unerreichbar. Die *zweite* Aussage geht dahin, dass die Schaffung von verlässlichen Regeln der internationalen Beziehungen nicht an sich schon zu wünschenswerten Formen von internationaler Politik führen muss. Auch Imperialismus und Hegemonie beruhen nämlich oft auf völkerrechtlichen Normen und auf wirksamen Institutionen. Als *dritte* Aussage legt die Abbildung 2 die Vermutung nahe, dass rationale internationale Politik sehr wohl das Ziel verfolgen sollte, von den links oben verorteten Politikformen auf jene auszugehen, die rechts unten notiert sind. Von kriegerischen Formen internationaler Politik gelangt man dann idealerweise zur Schaffung (kon-)föderativer Strukturen – doch natürlich nur unter der Bedingung, dass man das Sicherheitsdilemma der Staaten zu lösen versteht. Das gelingt einesteils durch Anreize für Kooperation in Gestalt von gemeinsamen Gewinnaussichten, anderntteils mittels der Einführung und institutionellen Durchsetzung allgemein verbindlicher Regeln. *Viertens* lässt die Abbildung nicht nur die mit den wenig wünschenswerten Nullsummenspielen verbundenen Konfliktformen erkennen, sondern zeigt ebenfalls, welche Formen internationaler Politik – je nach dem Stand der rechtlichen und institutionellen Ausgestaltung des internationalen Systems – lohnende Gewinnspiele ermöglichen. Sie reichen von stabiler Abschreckungspolitik bis hin zu vertrauensbildenden Maßnahmen, in deren Vorfeld dann schon die Errichtung internationaler Regime möglich sein mag. Die übrigen Formen der – einen positiven Frieden vermutlich auf Dauer stellenden – internationalen Kooperation setzen ihrerseits die schon gelungene Regulierung grundlegender Konflikte voraus. Eine wichtige Aufgabe der Wissenschaft von den internationalen Beziehungen besteht offensichtlich darin, alle diese Formen von Außen- und internationaler Politik so gut kennenzulernen und zu verstehen, dass sie sich – unter Berücksichtigung von Lehren aus der geschichtlichen Erfahrung – in der Gegenwart möglichst wirksam anwenden lassen.

4. Die Arbeitsgebiete des Faches im Überblick

Ziel der Erforschung internationaler Beziehungen ist es, logisch wie empirisch wahres Tatsachen-, Zusammenhangs- und Erklärungswissen zu erarbeiten über die Akteure, Strukturen und Prozesse sowie über die Formen und Inhalte internationaler Beziehungen bzw. internationaler Politik. Durch solches Wissen sollen Grundlagen für außenpolitische Diagnosen und Prognosen, für auf internationale Beziehungen bezogene Werturteile sowie für praxisnützliche Handlungsanweisungen geschaffen werden. Ein besonders wichtiges, für die Entwicklung des Teilfachs ‚Internationale Beziehungen' sogar ausschlaggebendes Interesse besteht darin, die Ursachen von Kriegen und die Bedingungen stabilen Friedens aufzuklären, d.h. die Wissenschaft von den internationalen Beziehungen als ‚Kriegsursachenforschung' bzw. als ‚Friedensforschung'[22] zu entfalten.

Ohne Anspruch auf Vollständigkeit lassen sich die nachstehenden *Arbeitsgebiete* der Analyse internationaler Beziehungen umreißen, zu verorten unterhalb von ‚Friedensforschung' als übergeordnetem Anliegen, und kontextualisiert durch den ausdrücklichen Hinweis, dass sich inzwischen gerade die Kriegsursachenforschung als ein sehr wichtiges, spezielles Arbeitsgebiet der Wissenschaft von den internationalen Beziehungen entfaltet hat. Letztlich wird nachstehend nur in sehr *gegenstandsnaher* Gliederung zusammengefasst, was bereits im jeweiligen *systematischen* Zusammenhang beim Durchgang durch die Fragestellungen und Untersuchungsgegenstände des Teilfachs ‚Internationale Beziehungen' behandelt wurde. Denn bei der Forschung und Lehre zu diesem Teilfach geht es um die ...

- Analyse der *Außenpolitik*, der *außenpolitischen Infrastruktur*, der *inneren* und *äußeren* Bestimmungsfaktoren von Außenpolitik sowie der *außenpolitischen Entscheidungsträger* einzelner Staaten oder von Staatengruppen, ferner um die Erkundung der *Politik internationaler Organisationen* sowie von INGOs, desgleichen um *Vergleiche* all dessen hinsichtlich der jeweiligen Voraussetzungen, Ziele, Strategien, Probleme und Begleit- bzw. Folgewirkungen. Etwa kann sich ein Politikwissenschaftler, gegebenenfalls auch vergleichend, auf deutsche, britische oder chinesische Außenpolitik bzw. auf die internationale Politik von EU, NATO oder UNO spezialisieren. Besonders wertvoll sind solche Kenntnisse für die Zwecke von Politikberatung und politischer Bildung.
- Analyse konkreter *Regionalsysteme* und *Konstellationen*, etwa des Regionalsystems ‚Naher Osten' oder der pazifischen Staatenkonstellation. Derartige Untersuchungen machen einen zum Regionalexperten und sind – entfaltet als ‚area studies' – die Hauptaufgabe praxisorientierter Forschung im Teilfach ‚Internationale Beziehungen'. In dieser Rolle dienen solche Studien zumal der Politikberatung, doch auch der politischen Bildung.
- Analyse von *Grundstrukturen des internationalen Systems* sowie von deren *Geschichte*. Beispielsweise werden bi- und multipolare Gleichgewichtssysteme oder Hegemonialsysteme mit schwachen bzw. starken Hegemonialmächten (vergleichend) untersucht, desgleichen die Prozesse der Herausbildung, Aufrechterhaltung, Veränderung und Zerstörung solcher Systeme. Derlei Studien bringen oft die politikwissenschaftliche Grundlagenforschung voran. Werden bis in die Gegenwart reichende Strukturen des

---

22 Die Friedensforschung als überwölbendes Anliegen der Wissenschaft von den ‚Internationalen Beziehungen' zu verstehen, entspricht ganz dem ebenfalls überwölbenden Anliegen der – eine Systemebene tiefer angesiedelten – Erforschung politischer Systeme: nämlich herauszufinden, wie stabile politische Ordnung möglich ist.

internationalen Systems analysiert, etwa die Entstehung und Entwicklung des Nord/Süd-Konflikts, so lassen sich hieraus Kenntnisse gewinnen, die auch unmittelbar für die aktuelle Politikberatung oder für die politische Bildung nützlich sein können.

- Analyse *allgemeiner Merkmale außenpolitischen Handelns*, etwa von Entscheidungsprozessen oder Krisenverhalten, von Expansionspolitik oder der rechtlichen Stabilisierung internationaler Strukturen, von Abschreckungsdyaden oder von wirksamen Verhandlungssystemen. Solche Studien verlangen – ganz parallel zur vergleichenden Erforschung politischer Systeme – umfangreiche Vergleiche, dienen der Bildung informationshaltiger sowie praktisch anwendbarer politikwissenschaftlicher Theorien und erarbeiten einen beträchtlichen Teil jener Kenntnisse, deren Besitz Grundstock politikwissenschaftlicher Kompetenz ist.

- Analyse *allgemeiner Strukturfaktoren oder Prozessmerkmale internationaler Politik*, etwa von Kriegsursachen oder der Voraussetzungen friedlicher Konfliktaustragung, von Kolonialismus oder Imperialismus, von außenwirtschaftlichen Wirkungszusammenhängen oder von außenpolitischen Machtverteilungen. Gerade derartigen Studien lassen sich immer wieder solche politikwissenschaftliche Theorien abgewinnen, die äußerst informationshaltig und praktisch anwendbar sind.

- Analyse ausgewählter *Politikfelder* der internationalen Beziehungen, etwa von Friedens-, Sicherheits-, Bündnis-, Entwicklungs-, Handels-, Energie- oder Migrationspolitik, sowie der auf diesen Gebieten gegebenenfalls eingerichteten ‚internationalen Regime'. Derartige *Regimeanalyse* ist das Seitenstück zur Politikfeldanalyse im Teilfach ‚Politische Systeme' und teilt deren Praxisnutzen für die Politikberatung.

- Analyse jener Beziehungen, die zwischen Staaten bzw. Gesellschaften *unterhalb der Regierungsebene* und *außerhalb politischen Handelns* bestehen. Beispiele sind Studien zu den wechselseitigen Verflechtungen von Wirtschaftsunternehmen und NGOs oder zu jenen Vernetzungen, die sich durch Geschäftsreisen und Tourismus, durch den Einfluss von Massenmedien und durch die Nutzung des Internet ergeben. ‚Analyse transnationaler Beziehungen' genannt, liefert dieser Forschungszweig fruchtbare Erkenntnisse für alle zuvor genannten Arbeitsfelder und teilt deren Praxisnutzen.

- *Theoriebildung* hinsichtlich der Beschaffenheit aller aufgelisteten Forschungsgegenstände des Teilfachs ‚Internationale Beziehungen', um die gewonnenen Ergebnisse in allgemein-abstrakter Weise zusammenzufassen und auch abgelöst von konkreten Untersuchungsfällen kommunizierbar bzw. nutzbar zu machen. Bei solchen Bemühungen kann die Forschung auf dem Arbeitsgebiet ‚Internationale Beziehungen' in den Arbeitsbereich ‚Politikwissenschaftliche Theorieforschung' innerhalb des Teilfachs ‚Politische Theorie' übergehen, bei der Erarbeitung normativer Theorien internationaler Beziehungen sogar in die Politische Philosophie.

Nützliche Nachbarfächer bzw. Hilfsdisziplinen politikwissenschaftlicher Analyse internationaler Beziehungen sind die Diplomatie- und Zeitgeschichte, die Militärwissenschaften, die (historische) Soziologie, die politische Geographie sowie die auf internationale Zusammenhänge spezialisierten Zweige der Wirtschaftswissenschaft. Außerdem sind völkerrechtliche Kenntnisse für ein gründliches Verständnis internationaler Politik und internationaler Beziehungen unverzichtbar, insbesondere des internationalen Vertragsrechts, des Kriegsvölkerrechts und des Neutralitätsrechts, auch der Regelungen über Aggression, Intervention und Repressalien, überdies der internationalen Gerichtsbarkeit, sowie der Voraussetzungen, Formen und Folgen einer völkerrechtlichen Anerkennung von Staaten.

III. Großtheorien und ‚Schulen'

1. Ein Überblick

Deutlicher als in den anderen Teilfächern der Politikwissenschaft orientiert man sich bei der Analyse internationaler Beziehungen immer noch an der Abgrenzung von – im Einzelnen freilich recht verschieden gegeneinander abgesetzten – ‚Schulen', ‚Großtheorien' oder ‚analytischen Grundströmungen'. Das hat mit der Geschichte dieses Teilfachs zu tun. Zentrales Motiv der nach dem Ersten Weltkrieg ausdrücklich so verstandenen Neugründung einer – bis dahin noch nicht existierenden – Disziplin ‚Internationale Beziehungen' war nämlich der Wunsch, durch die Erforschung von Kriegsursachen und Friedensvoraussetzungen zur Verhinderung von Kriegen und zur Schaffung einer internationalen Friedensordnung beizutragen, wobei die letztere überwiegend verstanden wurde als ein Zustand weitgehender Abwesenheit von Krieg sowie des Aufbaus gewaltfreier Muster der Konfliktaustragung. Die ‚Wissenschaft von den Internationalen Beziehungen' entstand somit als eine ‚praktische Wissenschaft' aus der Krise des westlich dominierten Staatensystems gerade so, wie einst die westliche Politikwissenschaft aus der Krise der griechischen Polis hervorgegangen war. Nur vollzog sich das jetzt mit Blick auf die nächsthöhere Ebene politischer Strukturbildung und Prozesssteuerung. Von Anfang an engagierten sich deshalb die Fachvertreter der neuen Disziplin mit großem Idealismus dafür, dem immer wichtiger werdenden Geflecht internationaler Beziehungen wirksame inter- und supranationale Institutionen zu schaffen, desgleichen eine – letztlich auf globale Verfassungsstaatlichkeit hinauslaufende – umfassende Völkerrechtsordnung mit verlässlichen Zwangsmitteln im Fall von Völkerrechtsverletzungen. Dieses Erbe wurde prägend für die ‚Schule' des *Institutionalismus*.

Ebenso folgenreich wurden aber die *Gründungsumstände* des neuen Forschungsgebiets. Fortschrittliche, liberale Staaten – zumal Großbritannien,

Frankreich und die USA – hatten, so ihre Selbstsicht, nach einem blutigen Kampf über kriegslüsterne Autokratien gesiegt, vor allem über Deutschland und Österreich-Ungarn. Gut zwei Jahrzehnte später galt es wieder, gegen eine aggressive Diktatur in den Krieg zu ziehen, nämlich gegen das nationalsozialistische Deutschland. Anschließend erlebte man den ‚Kalten Krieg' zwischen den liberalen westlichen Demokratien und den kommunistischen Diktaturen, allen voran der Sowjetunion. Während all dieser Jahre kooperierten liberale Demokratien friedlich, fanden sich aber bedroht durch unfreiheitliche Regime. Legte das nicht die Vermutung nahe, dass vor allem die Verringerung der Anzahl von Diktaturen, der möglichst flächendeckende Übergang von Staaten zur liberalen Demokratie sowie eine dichte Kooperation zwischen freiheitlichen Gesellschaften die wichtigsten Voraussetzungen bestandskräftigenden Friedens schaffen würden? Solchen Zusammenhängen nachzugehen, wurde zum Anliegen der ‚Schule' des *Liberalismus*. Sie entstand im Grunde gemeinsam mit dem Institutionalismus, der von ihr nur durch eine Reihe von positionspräzisierenden Etikettenwechseln geschieden wurde. Bei beiden ‚Schulen' handelt es sich nämlich um den – jahrzehntelang auch mit der Schulenbezeichnung ‚Idealismus' versehenen – Versuch, der in so viele Krisen und in den Großen Krieg von 1914–1918 hineinführenden ‚Realpolitik' eine friedenssichernde Alternative zu bieten: einesteils durch die Ausbreitung liberaler Gesellschafts- und Regierungssysteme, was zum Etikett einer ‚liberalen Theorie' der internationaler Beziehungen führte, und andernteils durch den Aufbau ordnungssichernder internationaler Institutionen, was in den 1970er und 1980er Jahren oft ‚(neo-)liberaler Institutionalismus' genannt wurde.

Geprägt wurde die Wissenschaft von den internationalen Beziehungen aber auch durch sehr reale *Erfahrungen*. Angesichts ihrer konnte man seit dem Zusammenbruch liberaler Staaten in der Zwischenkriegszeit, seit der Aggressionspolitik des deutschen Nationalsozialismus und seit dem Siegeszug des Kommunismus in Osteuropa und China schwerlich ignorieren, dass sich weder liberale Regierungspraxis noch friedenssichernde internationale Strukturen leicht schaffen und dann auch noch, angesichts gegenläufigen Machtwillens, verlässlich sichern ließen. Also tat man gut daran, sich zunächst einmal an den geschichtlich üblichen oder wiederkehrenden Tatsachen internationaler Politik zu orientieren, und dann vor allem darauf zu sinnen, wie man sich gegen jene Gefahren für Frieden und Freiheit schützen könne, die sich aus den ‚Realien' internationaler Beziehungen erfahrungsgemäß ergäben. Diese Absicht wurde zum Kern der ‚Schule' des *Realismus*. Dieser entwickelte sich später, unter Anverwandlung von Einsichten des Institutionalismus, zum *Neorealismus*.

Schon während der auf eine Entschärfung des Ost/West-Konflikts angelegten ‚Entspannungspolitik' der späten 1960er bis 1980er Jahre, erst recht aber nach dem Ende des Ost/West-Konflikts mit den sich in den 1990er

Jahren neu stellenden internationalen *Gestaltungsaufgaben*, wurde außerdem Folgendes intensiv erwogen: Wäre es nicht möglich, dass außenpolitische Akteure durch die Gesamtheit ihres Denkens, Redens und Verhaltens auf die Entstehung von solchen gemeinsamen Selbstverständlichkeiten ausgingen, die nicht nur in Konfliktfällen Konsens über die Logik von Abschreckungssystemen einschlössen, sondern auch Konsens über die Logik von verlässlich normgeleiteten, vertrauensvollen, ja freundschaftlichen Handlungssystemen? Und falls einmal derartige Handlungssysteme als verwirklichbare Alternative zum unvermeidlichen, bislang immer nur mit einer ‚Politik der Aushilfen' bewältigbaren Sicherheitsdilemma vor Augen stünden: Gäbe es dann nicht viel bessere Chancen, derartige politische Strukturen im wechselseitigen Einvernehmen zu schaffen und anschließend auf Dauer zu stellen? Im Hintergrund solcher Überlegungen standen nicht nur die Leitgedanken jenes ‚Idealismus', der die Gründungsphase der Wissenschaft von den internationalen Beziehungen prägte, sondern auch die Einsichten jener zwischen den 1960er und 1980er Jahren entwickelten konstruktivistischen Soziologie, die ihrerseits dem Kapitel über die Politische Systemlehre zugrunde liegt. Allerdings gelangten manche Gedanken aus dem Bereich des Konstruktivismus in die Lehre von den internationalen Beziehungen auch über ins Absurde führende Übertreibungen des ‚radikalen Konstruktivismus', welcher die *Konstruktion von Theorien* über die Wirklichkeit mit der *Konstruktion der Wirklichkeit* gleichsetzte.

Die *Vermengung* dieser zwei so *unterschiedlichen* Konstruktionsprozesse löste, wie in vielen Sozial- und Geisteswissenschaften, seit den 1990er Jahren auch in der Wissenschaft von den internationalen Beziehungen zunächst einmal eine recht fruchtlose metatheoretische Diskussion darüber aus, was ein sinnvolles Wissenschaftsverständnis und eine angemessene Methodologie dieses Fachgebiets wäre. Übrig blieben von diesen Debatten aber einige wichtige Einsichten soziologischer Theorien zu den *realen* – also nicht nur den ‚theoretisch unterstellten' – Prozessen der gesellschaftlichen Konstruktion sozialer und politischer Wirklichkeit. Sie lassen sich dahingehen zuspitzen, dass Krieg oder Frieden keine ‚Naturtatsachen' sind, mit denen man sich abfinden oder auf deren wiederkehrendes Eintreten man warten müsse, sondern dass auch sie – wie die gesamte soziale, wirtschaftliche, kulturelle und politische Wirklichkeit – rein *menschliche Hervorbringungen* sind, auf deren Entstehungsbedingungen und Begünstigungsfaktoren man konkreten *Einfluss* nehmen kann. Diesen Gedanken auszuarbeiten, wies bislang unzulänglich bedachte Wege zum dauerhaften Frieden und wurde zum Kristallisationspunkt der Schule des *Konstruktivismus*. Um diese Schule vom abwegigen ‚radikalen Konstruktivismus' abzugrenzen, ist es hilfreich, sie ausdrücklich als ‚*Sozialkonstruktivismus*' zu bezeichnen.

Zumal im Umfeld marxistischen Denkens war außerdem immer klar, dass menschliche Handlungen sowie die von ihnen konstruierten bzw. reproduzierten sozialen Strukturen durchaus nicht ‚von selbst', oder gar abseits wirtschaftlicher Interessen, auf der Grundlage allein von Einsicht oder gutem Willen zustande kommen. Das zu glauben, wurde von Marxisten stets als ‚Idealismus' kritisiert. Tatsächlich kann man zeigen, dass – gerade auf *wirtschaftlichen* Erfolg und auf ihn absichernde Macht ausgehende – *Interessenkalküle* ein wichtiger Prägefaktor des politischen Handelns sind, und zwar im Bereich der internationalen Beziehungen nicht minder als im Bereich der Innenpolitik. Wuchtvolle Interessen aber richten sich nun einmal auf Arbeit und Aufträge, auf Einkommen und Profit, auch auf Wohlstand und Unternehmensexpansion, was alles auf die Kurzformel von den ‚wirtschaftlichen Interessen' gebracht werden kann. Außerdem war nach vielen ernüchternden Erfahrungen mit den aus der Entkolonialisierung hervorgegangenen Staaten, Gesellschaften und Wirtschaften nicht länger zu verkennen, dass auch im Bereich der internationalen Politik viele kulturelle und institutionelle Strukturen ganz wesentlich der *Überbau* einer *Basis* von höchst ungleichgewichtigen wirtschaftlichen, gesellschaftlichen und technischen Beziehungen sind. Also muss ebenfalls *deren* Widersprüche und Eigendynamik untersuchen, wer Politik und internationale Beziehungen verstehen will. Um diese Überzeugung herum entwickelte sich die *politisch-ökonomische Schule* der Wissenschaft von den ‚Internationalen Beziehungen'. Noch in den 1980er Jahren gut sichtbar, verschwand sie mit dem Abebben der Attraktivität des Neomarxismus aus vielen Lehrbüchern des Teilfachs ‚Internationale Beziehungen' und wurde, oft um die marxistischen Fassungen ihrer Aussagen ‚bereinigt', in die benachbarte Disziplin der ‚Internationalen Politischen Ökonomie' gleichsam ausgelagert. Doch dass die politisch-ökonomische Analyse zweifellos zur politikwissenschaftlichen Beschäftigung mit internationalen Beziehungen gehört, zeigen einmal mehr jene Herausforderungen bei der Gewährleistung verlässlicher Energieversorgung, die sich nach dem Beginn von Russlands Krieg gegen die Ukraine stellten.

Wer heute der Wissenschaft von den ‚Internationalen' Beziehungen begegnet, trifft unvermeidlich auch auf diese ‚Theorieschulen'. In den Lehrbüchern werden meist der (Neo-)Realismus, der Institutionalismus, der Liberalismus und der (Sozial-)Konstruktivismus vorgestellt, mitunter in feinerer Differenzierung, doch selten gepaart mit der früher ganz selbstverständlich dazugehörenden politisch-ökonomischen Analyse. Alle diese – letztlich fünf – ‚Schulen' sollte man nicht nur kennen. Vielmehr sollte man sich auf die zentralen Denkweisen und tragenden Begriffe jeder einzelnen ‚Schule' auch einlassen, sie aber stets als Teil einer alle ‚Schulen' überspannenden Gesamttheorie behandeln. Das heißt: Man sollte den Blindstellen, Lücken und Schwächen einer jeder ‚Schule' durch die Einbringung von Gedanken der anderen ‚Schulen' abhelfen; und man sollte – je nach gestellter wissenschaftlicher Aufgabe – mit wechselnden Kombinationen der jeweils hilfreichen Konzepte und Theoreme aus *allen* ‚Schulen' arbeiten.

2. (Neo-)Realismus

Die Wurzeln der realistischen Schule reichen besonders weit in die Geschichte des politischen Denkens zurück. Sie pflegt nämlich den nüchternen Blick von Thukydides (454–399/396 v. Chr.) und von Niccolò Machiavelli (1469–1527) auf die Eigenlogik politischen Handelns. Auch teilt sie die von Augustinus (354–430) näher ausgearbeitete Einsicht, Menschen würden, falls nicht durch Autorität in den Schranken von Recht und Ordnung gehalten, allzu leicht Schlechtes tun und auf diese Weise Unfrieden in die Welt bringen. Obendrein meint sie mit Thomas Hobbes (1588–1679), ohne das Bestehen eines verlässlichen Regelwerks und von es durchsetzenden Institutionen befänden sich Staaten stets im ‚anarchischen Naturzustand' wechselseitiger Gefährdung und Unberechenbarkeit. Also sollten Politiker ihre Ordnungsvorstellungen und Handlungsmaximen auf genau dieses Sicherheitsdilemma ausrichten. Der solchen Gedanken folgende Realismus, begründet vor allem durch das Werk von Edward H. Carr (1892–1982) und Hans J. Morgenthau (1904–1980), dominierte die Wissenschaft von den internationalen Beziehungen von den 1950ern bis in die 1970er Jahre. Seit seiner Erneuerung in der von Kenneth N. Waltz (1924- 2013) im Jahr 1979 vorgelegten ‚Theory of International Politics', die ihm wichtige integrations- und interdependenzanalytische Einsichten des Liberalismus und Institutionalismus einfügte, ist er als ‚Neorealismus' eine weiterhin wichtige ‚Schule' der Wissenschaft von den Internationalen Beziehungen.

Sein zentrales Anliegen besteht darin, einesteils die realen Prägekräfte und die tatsächliche Funktionslogik von ‚Politik zwischen Staaten'[23] zu verstehen, andernteils hieraus Handlungsanweisungen für eine hier und jetzt verlässlich friedenssichernde Außenpolitik abzuleiten. Seine ursprüngliche Inspiration vor allem aus der europäischen Diplomatie- und Kriegsgeschichte sowie aus den Erfahrungen der beiden Weltkriege sowie des Kalten Krieges gewinnend, betrachtet der (Neo-)Realismus souveräne Staaten als die zentralen Akteure der internationalen Politik, deren Beziehungsgefüge aber als eine – bestenfalls – vertraglich und institutionell gebändigte *Anarchie*. Deren einstweilige Strukturen können jederzeit zerbrechen, was den bislang erreichten Frieden bedroht. Der Schlüssel zur Friedenssicherung wird deshalb darin gesehen, die von persönlichen Wünschen und Werturteilen ganz *unabhängige Funktionslogik* internationaler Politik zunächst einmal zu verstehen, und dann – ihr folgend – solche internationale Machtverhältnisse und derartige institutionelle Mechanismen zu schaffen, die in entsprechend ausgestalteten internationalen Ordnungsstrukturen Kriege unwahrscheinlich, die Friedenswahrung aber wahrscheinlich machen. Dem dienen die folgenden Einsichten:

---

23 Das war der Titel des 1948 erstmals erschienenen Hauptwerks von Hans J. Morgenthau.

Kapitel 4: Internationale Beziehungen

- In der innerstaatlichen wie in der zwischenstaatlichen Politik geht es um *Macht*, ohne die sich auch legitime Interessen nicht verwirklichen lassen. Deshalb besteht seitens der Staaten ein *vernünftiges* Interesse an der Sicherung, mitunter auch an der Ausweitung, ihrer wirtschaftlichen, militärischen und kulturellen Macht – und zwar insbesondere dann, wenn in einer anarchischen Situation nun einmal unklar ist, wie wohl die Rahmenbedingungen *künftiger* Interessenverfolgung aussehen werden. In der Regel ist es deshalb rational, auf Systeme zwischenstaatlichen *Gleichgewichts* hinzuarbeiten, ja gegebenenfalls auch *begrenzte Kriege* zur Sicherung eines nachhaltig friedensstabilisierenden Gleichgewichts zu führen. Umgekehrt sollte man lieber die eigene Position in einem Gleichgewichtssystem beibehalten (,status quo-Politik') als durch den Versuch einer Ausweitung der eigenen Macht das Risiko herbeiführen, dass alsbald dagegen gerichteten Bündnisse entstehen und auf einen Präventivkrieg oder einen ,preemptive strike' ausgehen. Im Übrigen legt die geschichtliche Erfahrung die Vermutung nahe, dass bipolare internationale Systeme, wegen ihrer größeren Berechenbarkeit, wohl besser zur Friedenssicherung geeignet sind als multipolare Systeme, in denen es viel größere Unsicherheit über die Zuverlässigkeit von Bündnispartnern gibt sowie sich viel mehr Möglichkeiten für friedensgefährdende Machtverschiebungen finden. Sehr riskant für die Aufrechterhaltung von Frieden scheinen stets die Zeiten einer Umschichtung von Hegemonialsystemen zu sein, also des machtpolitischen Umschlags im Rahmen von ,Hegemoniezyklen'. Und besonders instabil sind solche internationalen Systeme, in denen ein Staat zu schwach für eine *Hegemonie*, doch zu stark für ein stabiles Gleichgewichtssystem ist.[24]
- *Individualethische* Maximen, die den Ordnungsrahmen des Staates bereits *voraussetzen*, der seinerseits Sicherheit, Freiheit, Eigentum und Streben nach selbstdefiniertem Lebensglück gewährleisten kann, sind nicht geeignet, das Handeln von Staaten als *Kollektiven* in der internationalen Politik anzuleiten. Die nämlich weist anarchische Strukturen auf, weil auf ihrer politischen Ebene nun einmal der staatliche Ordnungsrahmen *fehlt*. An-

---

24 Das ist freilich die typische Situation Europas mit einem vereinigten Deutschland in seiner Mitte, nämlich dem mittelalterlichen Stauferreich, dem kleindeutschen Reich zwischen Bismarck und dem Zweiten Weltkrieg, und der Bundesrepublik Deutschland nach der Wiedervereinigung. Für die Letztere stellt der Institutionalismus allerdings die friedenssichernde Wirksamkeit jener ganz Europa bzw. den transatlantischen Raum überspannenden Organisationen und Institutionen in Aussicht, in welche Deutschland nunmehr – gemeinsam mit seinen Nachbarn und Rivalen – eingegliedert ist. Zerbräche dieser Handlungsrahmen, so würde die ,ungeschickte Größe' Deutschlands sofort wieder – zu Deutschlands Schaden – zum Problem europäischer und transatlantischer Politik. Doch auch innerhalb der EU vergeht Deutschlands ,ungeschickte Größe' nicht. Gerade die Einführung des Euro machte sie wieder fühlbar: An Deutschland hängt zwar Schicksal der europäischen Währung; doch Deutschland ist nicht stark genug, die Eurozone auf jenem Kurs zu halten, der zu D-Mark-Zeiten dem deutschen Wohlstand förderlich war.

ders als im Staat kann man sich in der internationalen Politik deshalb gerade *nicht* auf eine übergeordnete Instanz verlassen, die schon dafür sorgen werde, dass auch solches Handeln mittelfristig faire Ergebnisse zeitige, welches weniger den eigenen als vielmehr den gemeinsamen Interessen verpflichtet ist. Deshalb sollen Staaten gerade nicht in bloß guter Absicht und ansonsten blindlings solche Regeln befolgen, die nur *innerhalb* eines staatlichen Ordnungsrahmens rational sind. Vielmehr sollen sie, nach Maßgabe historischer und zeitgenössischer Erfahrungen, in jedem Einzelfall ergebnisoffen abwägen, zu welchen Folgen welches Handeln in der anarchischen Arena internationaler Politik *wirklich* führen kann. Deshalb ist anzuraten, dass sich Staaten und ihre Gesellschaften ganz ohne Klagen und auch ohne schlechtes Gewissen darauf einlassen, das politisch Gute *zwischen*staatlich mit durchaus anderer Elle zu messen, als sie *inner*staatlich richtig wäre. Gesinnungsethik ist nämlich schon in der Innenpolitik riskant – und in der internationalen Politik ist sie nachgerade halsbrecherisch. Dort kann allein eine *konsequentialistische Verantwortungsethik* als angemessen gelten.

- Solange unabhängig voneinander agierende Staaten mit ungebremstem Machtstreben und recht unvorhersehbar miteinander konkurrieren, muss man seine zentralen außenpolitischen Handlungsmaximen ohne Vorbehalte auf einen solchen anarchischen Wettbewerb ausrichten. Das heißt: Man hat zu akzeptieren, dass das internationale System ein dezentrales *Selbsthilfesystem* darstellt. In ihm lautet die allem anderen übergeordnete Regel ganz einfach: ‚Hilf dir selbst!' Aus diesem anarchischen Systemcharakter folgt freilich auch jene prinzipiell unaufhebbare Unsicherheit über die Absichten des jeweils anderen, die der Begriff des ‚Sicherheitsdilemmas' erfasst: Eben weil man sich, um der eigenen Sicherheitsvorsorge willen, auf Rüstungswettläufe einlässt, erzeugt man in seinem internationalen Umfeld seinerseits Unsicherheit und Misstrauen. Die Anführer anderer Staaten werden nämlich stets nach den womöglich ‚eigentlichen', doch im Verborgenen gehaltenen und deshalb mutmaßlich (!) offensiven Absichten des eigenen Tuns suchen – und zwar selbst dann, wenn man gar keine hinterlistigen Pläne hegt. Gerade das Streben nach Sicherheit führt somit zur Unsicherheit. Als Ausweg aus dem so erzeugten Dilemma bieten sich zwar Kooperation und Bündnisbildung an. Doch man sollte alle Normen solcher Zusammenarbeit vorsichtshalber nur als ein *zeitweises* Ergebnis rationaler Interessenkalküle auffassen, nicht aber als Ausdruck eines dauerhaft erreichten oder gar gefestigten Wertkonsenses missverstehen. Unter solchen Umständen gilt: Solange kein *gerade in Krisenzeiten* verlässliches internationales Gewaltmonopol errichtet ist, bleibt die Fähigkeit zur *eigenen* militärischen Gewaltanwendung die wichtigste Rückversicherung eines Staates. Deshalb kommt der Sicherheitspolitik in der Außenpolitik und in der internationalen Politik die zentrale Rolle zu.

- Um des Friedens und um gemeinsamer Vorteile willen soll man sich aber sehr wohl – und zwar möglichst auf der Grundlage gesicherter Machtpositionen und geteilter Interessen – an die Vereinbarung internationaler Rechtsnormen machen, soll man mit solchen redlich verfahren und sich guten Willens auf die Schaffung wirksamer internationaler Steuerungsinstitutionen einlassen. Zwar ist stets der Vorbehalt angebracht, man werde die eigene Mitarbeit dann aufkündigen, wenn sich die Partnerstaaten nicht ebenfalls als vertragstreu erwiesen. Doch die historische Erfahrung zeigt, dass internationale Regime und internationale Organisationen, die einen vernünftigen Interessenkompromiss verwirklichen, immer wieder so schätzenswerte Leistungen erbringen, dass rationale Akteure – aber auch nur sie – solche Ordnungsstrukturen selten in Gefahr bringen. Die Logik der innerstaatlichen Vertragstheorien wirkt also auch auf der internationalen Ebene und lässt sich dort ebenso wie bei der innerstaatlichen Institutionenanalyse durch Theorien rationaler Wahlhandlungen erklären.

Auf die letztgenannte Einsicht zu setzen und – zumal angesichts des tatsächlichen Erfolgs friedenssichernder internationaler Organisationsbildung – Brücken zum Anliegen des Institutionalismus zu bauen, zumindest aber die Schaffung internationaler Regime und Organisationen in den *Vordergrund* der vertretenen Handlungsmaximen zu rücken, entwickelte den Realismus weiter zum ‚Neorealismus'. Dieser schließt in seine Analysen – über Staaten hinaus – auch internationale Organisationen ein, die auf normativen Regelwerken beruhen, sowie INGOs, die gemeinsame Interessen transnational vertreten und ihrerseits zu machtsuchenden, mehr und mehr auch machtvollen, Akteuren internationaler Beziehungen werden. Desgleichen ignoriert der Neorealismus nicht jene Veränderungen der Funktionslogik internationaler Politik, die sich aus deren Wandlung hin zu einem *interdependenten* Netzwerk von *transnationalen* Beziehungen ergeben. Damit nähert sich der Neorealismus den Sichtweisen des Liberalismus an. Im Übrigen wendet er sich immer mehr auch den *innen*politischen Voraussetzungen und Restriktionen außenpolitischen Handelns zu. Diese machen nämlich, insbesondere für demokratische Staaten, die Behauptung einfach unrealistisch, es werde stets ein ‚Primat der Außenpolitik' praktiziert. Eben eine gewollt realistische Position führt somit zur Erwägung wenigstens des *heuristischen* Werts der Gegenthesen über den ‚außenpolitischen Primat der Innenpolitik' oder den ‚Primat der Wirtschaftspolitik'. Damit sind auch schon zentrale Erkenntnisinteressen der politisch-ökonomischen Schule erreicht.

Knapp lassen sich die Ziele der wissenschaftlichen Arbeit des (Neo-)Realismus so umreißen: Erarbeitung von – vor allem empirisch-historisch begründeten – Theorien, welche die *tatsächliche* Funktionslogik der internationalen Politik herausarbeiten, die ihrerseits vor allem durch Macht, Interessen und das Ausgehen auf – stets bedrohtes – Gleichgewicht geprägt ist; hieraus Ableitung praktisch nutzbarer Handlungsanweisungen für das außenpolitische Agieren; Kritik von außenpolitischen Positionen, die kontrafaktisch von jener Funktionslogik absehen sowie die aus geschichtlicher Erfahrung zu ziehenden Lehren ignorieren; und Einwirken auf Öffentlichkeit und Eliten im Sinn und Dienst all dessen. Ebenso wenig wie mit den anderen ‚Schulen' gehen mit dem (Neo-)Realismus exklusive Festlegungen auf bestimmte wissenschaftstheoretische oder methodologische Positionen einher. Zwar waren unter den frühen Realisten in Gestalt der Vertreter der ‚Historischen Soziologie' viele methodische ‚Traditionalisten'. Doch der große Streit zwischen diesen und den ‚Szientisten' wurde später gerade *in* den Reihen des Realismus ausgetragen. Heute sind zu neorealistischen Grundpositionen letztlich *alle* politikwissenschaftlichen Theorien anschlussfähig, wobei gerade die zum hobbesianischen Grundansatz des Realismus vortrefflich passenden Rational-Choice-Theoreme eine feste Brücke zum Institutionalismus schlagen. Abgrenzungsversuche dieser ‚Schule' sind deshalb nicht überzeugend und weder von innen noch von außen her nötig.

3. Institutionalismus und Liberalismus

In wichtigen Leitgedanken auf John Locke (1632–1704) und Hugo Grotius (1583–1645) zurückgehend, besteht das Anliegen des – ganz wesentlich von Robert O. Keohane (1941–) und Joseph S. Nye (1937–) geprägten – *Institutionalismus* darin, auch auf der internationalen Ebene solche völkerrechtlichen Normen samt deren Geltungskraft absichernden Strukturen zu schaffen, die kriegsvermeidende Wirkung entfalten können und friedliche Konfliktaustragung ermöglichen. Im Grunde geht es darum, oberhalb der Staatenwelt jenen zivilisatorischen Prozess fortzusetzen, der auf der Ebene stabiler Staaten durch die Errichtung einer wirksamen und – nach Möglichkeit auch legitimen – Herrschaftsordnung bereits abgeschlossen wurde. Also kommt es darauf an, nun ebenfalls auf inter- oder supranationaler Ebene jene Institutionen ins Werk zu setzen, die sich innerstaatlich für den Zweck der Friedenssicherung so gut bewährt haben. Diese reichen von internationalen Gerichtshöfen auf der Grundlage des Völkerrechts über internationale Repräsentationsinstitutionen als Arenen friedlicher Konfliktaustragung bis – vielleicht irgendwann – hin zur Errichtung einer Institution, die das Monopol auf legitime Zwangsgewalt oberhalb der Staaten auch faktisch besitzt und ihrerseits sowohl von den Staaten als auch von deren Gesellschaften kontrolliert wird. Schon auf dem Weg zu einer solchen neuen Strukturschicht im ‚Schichtenbau politischer Wirklichkeit' tritt an die Stelle von Kampf für oder gegen die regionale oder globale Vorherrschaft einzelner Staaten ein System der internationalen Gewaltenteilung sowie eines kooperativen – vielleicht einst gar föderativen – ‚Regierens ohne übergeordnete Regierung'.

Der Leitgedanke geht dahin, aus dem ‚Nullsummenspiel' internationaler Anarchie ein ‚Gewinnspiel' dadurch zu machen, dass man wechselseitige Abhängigkeiten schafft (,Interdependenz'), und zwar gerade auch durch transnationale Verflechtungen.[25] Auf diese Weise entstehen für rationale Akteure Anreize zur Regulierung, Kooperation, Verhaltenskontrolle und Bestrafung von Regelverletzungen. In einer solchen Lage kann dann jeder hinzugewinnen, falls – und solange – er kooperiert. Das macht die Errichtung und Aufrechterhaltung einer solchen internationalen Ordnung mitsamt ihren internationalen Regimen zu einem Ziel gerade auch des zweckrationalen, nicht allein des idealistisch-wertrationalen Handelns. Umgekehrt wird es irrational, ein solchermaßen zum wechselseitigen Vorteil arbeitendes System durch Gewaltanwendung zu stören oder gar zu zerstören. Das reduziert den Gebrauchswert militärischer Macht. Als Folge dessen, aber nicht dessen allein, verringert sich alsbald auch das Sicherheitsdilemma: Es können nämlich Staaten nun auch in anderer Hinsicht als ihrer militärischen Stärke beachtliches Gewicht gewinnen, und zwar je nach ihrer Wettbewerbsfähigkeit innerhalb der internationalen Arbeitsteilung. Das wirkt einesteils als Anreiz für eine immer bessere Nutzung der in einem Land verfügbaren Ressourcen und lässt andernteils Rüstungswettläufe unattraktiv werden. Beides zusammen führt zu einer Verbesserung der allgemeinen Wohlfahrt, die ihrerseits Verteilungskonflikte besser lösbar macht. Je länger dann ein so vorteilhaftes System besteht, umso mehr wünscht man sich seinen Fortbestand, umso schonender geht man mit ihm um, und umso mehr Vertrauen entwickelt sich darauf, auch andere würden diese Ordnung nicht gefährden. Das alles ,zivilisiert' die internationale Politik und baut einem Rückfall in die Situation der Anarchie vor.

Oberhalb der Strukturschicht von Nationalstaaten neue, schon von ihrer Funktionslogik her auf Kooperation hinwirkende Handlungsmuster hervorzubringen und zu sichern, ist der eine Weg zum Frieden. Der andere Weg besteht darin, *unterhalb* der Strukturschicht international agierender Regierungen Voraussetzungen für deren möglichst gewaltfreies, auf friedliche Konfliktregulierung ausgehendes außenpolitisches Handeln zu schaffen. Solche *innere* Ausgestaltung friedensfähiger politischer Systeme beginnt mit dem Aufbau von Rechtsstaatlichkeit, Gewaltenteilung und Demokratie als allgemeinen Weichenstellungen, setzt sich fort in der Pflege einer friedliebenden, auf Verständigung setzenden politischen Kultur – und mündet idealerweise in Verfassungsbestimmungen, welche die Außenpolitik einer wirksamen demokratisch-parlamentarischen Kontrolle unterziehen, die Planung und Führung eines Angriffskriegs verbieten, und die obendrein einen Staat auf die Schaffung supranationaler Systeme kollektiver Sicherheit festlegen. Falls nun Politiker solche Verhaltensroutinen und Verfahrensweisen, die sie in der Innenpolitik als vernünftig und zielführend erleben, auch – zunächst versuchsweise, im Erfolgsfall dann dauerhaft – auf ihr außenpolitisches Ver-

---

25 Um deren Analyse herum kann man sogar eine eigene ,Theorieschule' (re-)konstruieren, nämlich den ,Transnationalismus'.

halten übertragen, so entsteht auch ein neuer, anders als zuvor auf *friedliche* Konfliktaustragung ausgehender Politikstil in den internationalen Beziehungen. Die Wahrscheinlichkeit, dass er sich durchsetzt, ist dabei umso größer, je mehr Staaten es gibt, die ihn im Inneren bereits praktizieren und nun auch bei der Außenpolitik anwenden wollen. Aus alledem folgt: Nichts macht den internationalen Frieden sicherer als die – wie auch immer bewerkstelligte – Verbreitung des Systemtyps eines liberalen demokratischen Verfassungsstaates.

Ihre Inspiration erhielt diese Vorstellung von internationaler Politik – ebenso wie ihr Leitbild des liberalen Verfassungsstaates – aus dem Naturrechtsdenken, aus der Aufklärungsphilosophie mit ihren Theorien zum Gesellschafts- und Herrschaftsvertrag, sowie aus der liberalen bzw. utilitaristischen politischen Ökonomie des 18. und 19. Jahrhunderts. In der Fluchtlinie all dessen geht es um eine *stabile* Friedensordnung, die – aufgrund ihrer Verständlichkeit und funktionslogischen Vernünftigkeit – global den menschlichen Bedürfnissen angemessen ist und zudem internationale Gerechtigkeit in Aussicht stellt. Der anzustrebende Ordnungsrahmen wäre eine – auf universalistischen Prinzipen aufgebaute – *Verfassung der Weltgesellschaft*, die nicht nur von Staaten, sondern auch von aufgeklärten Gesellschaften, von deren Interessengruppen, Vertretungsinstitutionen und politisch organisierten Eliten getragen würde. Durch und durch sind das liberale Ideen. Ihretwegen erhielt diese ‚Schule' das – im Zusammenhang einer Analyse *internationaler Beziehungen* zunächst überraschende – Etikett des *Liberalismus*. Ihr Vordenker war Immanuel Kant (1724–1804) mit seiner Schrift ‚Zum ewigen Frieden'. In Deutschland verfasste ihre zentralen Werke Ernst-Otto Czempiel (1927–2017), in den USA Andrew Moravcsik (1958–).

Ganz offensichtlich ergänzen die Denkweisen und zentralen Handlungsanweisungen der ‚Schulen' des Liberalismus und Institutionalismus einander. Deshalb wurden sie lange Zeit auch unter den gemeinsamen Begriff des ‚liberalen Institutionalismus' gezogen. Miteinander fordern sie, erstens, intelligente inter- und supranationale Institutionen sowie föderative, zumindest aber – etwa in Gestalt internationaler Regime – wirksam kooperative Strukturen. Zweitens verlangen sie nach der Liberalisierung und Demokratisierung jener Staaten, welche – als ‚Hüter der Territorien' – die Weltgesellschaft in den einzelnen Ländern auch weiterhin regieren werden. In diesen geht es dann um Aufklärung und weltoffene Erziehung von Bürgern. Drittens muss durch die Errichtung einer fairen Weltwirtschaftsordnung, die auf Wohlfahrt auch in den noch unterentwickelten Ländern hinwirkt, die derzeit so krasse internationale Schichtung eingeebnet, weltweit gemeinsamer Wohlstand angestrebt und global eine ökologisch aufrechterhaltbare Entwicklung gesichert werden (‚Nachhaltigkeit'). Gelänge das alles, so entstünde auf internationaler Ebene ein sich selbst stabilisierendes ‚Gewinnspiel'. Auf solchen Grundlagen lässt sich dann – viertens – das der internationalen Anarchie geschuldete Sicherheitsdilemma souveräner Staaten lösen, nämlich in umsichtig verregelten und glaubwürdig wirksamen Systemen kollektiver Sicherheit. In einem engen, interdependenten Netzwerk aus inter- und transnationalen Verflechtungen wird nämlich zwischenstaatlicher Krieg ebenso unwahrscheinlich, wie er das seit Jahrzehnten zwischen den liberalen demokratischen Staaten ist.[26] Wird dieses Ziel erreicht, so ist der realpolitisch wie ordnungspolitisch überholte Grundsatz der staatlichen Souveränität im Bereich der internationalen Politik ebenso konstruktiv weiterentwickelt, wie das innenpolitisch dem Prinzip der Souveränität widerfuhr, seit an die Stelle der ‚obersten, von rechtlichen Bindungen freien Gewalt gegenüber Bürgern und Untertanen' der gewaltenteilende Verfassungsstaat trat, in dem kein innerstaatlicher Akteur mehr souverän, jeder Akteur aber vor willkürlichen Übergriffen eines anderen Akteurs geschützt ist.

‚Idealistisch' konnte man diese zwei anfangs des 20. Jahrhunderts derselben Wurzel entsprossenen Theorieschulen deshalb nennen, weil sie sich keineswegs mit der analytischen Durchdringung dessen begnügten, was damals gegeben war oder möglich schien. Vielmehr gaben sie *im Vorgriff auf die überhaupt erst zu gestaltende Zukunft* politisch griffige Antworten auf Fragen nach dem *Wünschenswerten*. Markant zurückgehend auf Woodrow Wilson (1856–1924), Politikwissenschaftler und 28. Präsident der USA, wurden von dieser ‚idealistischen' Schule der Wissenschaft von den internationalen Beziehungen Baupläne für gerade das entworfen, was inzwischen Wirklichkeit geworden ist: das System der UNO, die Friedensräume von NATO und EU, vielerlei konfliktregulierende internationale Regime. Im Rückblick erweist sich, dass es beim Institutionalismus und Liberalismus durchaus um *konkrete Utopien* geht, nämlich um die Entwicklung von Ordnungsvorstellungen, für deren Umsetzung es vielleicht in der Gegenwart, womöglich aber nicht auch in der Zukunft, an den Voraussetzungen oder am guten Willen fehlt. Ansonsten lassen sich die konkreten Ziele der wissenschaftlichen Arbeit beider einander ergänzenden ‚Schulen' so zusammenfassen: Erarbeitung normativer (Integrations-)Theorien, die plausibel machen, dass politische Gestaltungsversuche der beschriebenen Art tatsächlich vernünftig sind und auch zielfüh-

---

26 Gerade in diesem Zusammenhang lohnt zu bedenken, dass so eng vernetzte, freiheitliche Gesellschaften und Staaten besonders gute Gelegenheiten für Anschläge aller Art bieten. Terroranschläge in ihren Zentren verändern das dortige Lebensgefühl und die aus ihm folgenden Alltagspraxen, (para-)militärische Anschläge auf ihre Kommunikations-, Verkehrs- und Nachschubwege gefährden ihr Funktionieren. Massive polizeiliche und militärische Schutz- und Abwehrmaßnahmen wiederum widersprechen ihren Selbstverständlichkeiten und Präferenzen. Gerade das eröffnet die Möglichkeiten, solche Gesellschaften und Staaten samt ihren wechselseitigen Beziehungen ohne allzu großen Aufwand wirkungsvoll anzugreifen. Also muss nicht wundern, dass Terrorismus und asymmetrische Kriegführung gerade in einer auf *diese* Weise friedlicher gewordenen Welt sich als wirkungsvolle Politikinstrumente erweisen.

rend sein können; begleitende empirische Analyse der vielen, entlang von solchen Handlungsanweisungen bereits geschaffenen internationalen Rechtsordnungen und Verhandlungs- bzw. Entscheidungsstrukturen; Evaluation und Nachweis dessen, was – aus welchen Gründen – tatsächlich schon gelingt oder noch nicht funktioniert; aus solchen Befunden Ableitung von besseren Alternativen zu bestehenden Institutionalisierungen und Institutionen; Zuarbeit zur praktischen Politik durch die Erstellung von konkreten Ordnungsvorschlägen hinsichtlich weiterer, international mit Vordringlichkeit zu ‚vergemeinschaftender' Politikfelder; sowie Einwirken auf Öffentlichkeit und Eliten im Sinn und Dienst all dessen.

4. (Sozial-)Konstruktivismus

Im (Sozial-)Konstruktivismus werden Einsichten soziologischer Grundlagenforschung auf die Analyse internationaler Beziehungen übertragen. In die Diskussion eingebracht in den 1990er Jahren durch das Werk von Alexander Wendt (1958–) und seither in der Wissenschaft von den internationalen Beziehungen überaus populär, gründet diese ‚Schule' auf den Einsichten der Analyse sozialer Wirklichkeitskonstruktion. Deren Schrifttum erkennt man üblicherweise an der in (Unter-)Titeln gebräuchlichen Wendung ‚the social construction of …'. Die Leitgedanken dieses Ansatzes lassen sich so zusammenfassen: Menschen handeln auf der Grundlage von Wissensbeständen, zu denen auch Deutungsmuster und Erwartungen gehören; Menschen bringen im Fall wechselseitig nicht enttäuschter Erwartungen an das Handeln und an die Sinndeutungen anderer solche sozialen Rollen und Rollenstrukturen hervor, welche die Handelnden – oft sehr stabil – untereinander verbinden; die so entstandene ‚soziale Wirklichkeit' mitsamt ihren (politischen) Ordnungsstrukturen ‚beglaubigt' die als Handlungsgrundlagen verwendeten Wissensbestände, Sinndeutungen und Erwartungen als ‚normal', was diese als ‚Durchführungsmittel' weiterer Wirklichkeitskonstruktion stabilisiert; das wiederum stabilisiert auch die auf solcher Grundlage reproduzierbare soziale bzw. politische Ordnung; Störungen solcher Konstruktions- und Reproduktions*prozesse* führen zum Wandel, bisweilen auch zum Zusammenbruch einesteils von Ordnungsstrukturen, andernteils der durch sie als ‚normal' beglaubigten Wissensbestände (und somit der gemeinsamen ‚sozialen Wirklichkeit' bzw. ‚politischen Wirklichkeit'); aufgrund all dieser Zusammenhänge können sowohl zu verschiedenen Zeiten unterschiedliche soziale bzw. politische Wirklichkeiten bestehen als auch in der jeweiligen Gegenwart koexistieren; und folglich sind gerade die Grenzziehungen und Grenzsicherungen zwischen den Angehörigen und Trägern ‚der einen sozialen Wirklichkeit' und jenen ‚einer anderen sozialen Wirklichkeit' besonders wichtig.[27]

---

27 Eine sehr detaillierte Grundlagentheorie all dessen bietet die Ethnomethodologie.

In oft anderen Formulierungen auch bei der vergleichenden Analyse politischer Systeme verwendet, zumal bei der vergleichenden Untersuchung politischer Kultur sowie der in ihr gründenden politischen Strukturen, erweitern solche Denkweisen das theoretische Instrumentarium zur Analyse internationaler Beziehungen ungemein. Sie erlauben nämlich detaillierte Untersuchungen des Wie-es-gemacht-wird bei jenem Aufbau friedensstiftender Ordnungsstrukturen, die im Mittelpunkt des Institutionalismus stehen; sie helfen beim Erklären solcher kulturellen Prozesse, von denen die Bestandskraft jener friedenssichernden Politikstile abhängt, auf die der Liberalismus setzt; sie erweitern das Verständnis jener Vorgänge von Machtbildung und Machtanwendung, um deren Untersuchung es beim (Neo-)Realismus geht; und sie erfassen präzise das, was innerhalb der politisch-ökonomischen ‚Schule' allzu schlicht als der soziale und ideelle ‚Überbau' jener ökonomischen Basis aufgefasst wird, auf die sich dort das zentrale Interesse richtet. Zugespitzt auf die Analyse internationaler Beziehungen besagen jene grundlagentheoretischen Einsichten:

- Das Handeln von Akteuren wird nicht (einfach nur) von zweckrationalen Kalkülen bestimmt, sondern (sehr stark auch) davon, was in einem gegebenen Handlungsumfeld oder einer gegebenen Situation als ‚normal' gilt. Es folgt somit einer ‚Logik der Angemessenheit'. Deshalb gilt es herauszufinden, was die Akteure internationaler Beziehungen jeweils als ihre angemessenen Verpflichtungen bzw. als ihre hier und jetzt zu beachtenden moralischen Prinzipien ansehen. Anhand einer analytischen Rekonstruktion solcher ‚handlungsleitenden Selbstverständlichkeiten' der Akteure – also ihrer folgenreich auf eine bestimmte (und eben keine andere) Weise organisierten Wissensbestände, der von ihnen benutzten Deutungsschemata, der als nutzbar erachteten professionellen Praktiken usw. – lässt sich dann nachvollziehen, warum sie welche Handlungsoptionen anstelle anderer möglicher Verfahrensweisen gewählt haben.

- Sinn für das ‚in aller Selbstverständlichkeit' angemessenes Handeln wird durch *Sozialisation* (etwa als Diplomat) oder durch *Nachahmung* solcher Handlungsmuster erworben (etwa seitens angehender ‚außenpolitischer Experten' einer Parlamentsfraktion), die ihrerseits – da bereits etablierte Praktiken – so gut zum Sinn der ebenfalls schon etablierten Ordnungsstrukturen passen, dass sie diese über geraume Zeit hin routinemäßig und problemlos aufrechterhalten konnten. Also gilt es zu erkunden, wie – und wovon geprägt – sich eine derartige Aneignung des ‚Sinns für und von für politische(n) Strukturen' vollzieht, und desgleichen, wie sich im Fall unklarer Situationen, uneindeutiger Regeln oder konkurrierender Normen *in der Praxis* herausfinden lässt, von welcher Situationsdefinition ausgegangen, wie welche Regel angewendet und welcher Norm gefolgt werden soll.

- Man versteht die Kooperations- und Konfliktpotentiale zwischen Akteuren der internationalen Beziehungen dann besonders gut, wenn man ausfindig macht, welche ‚Wissens- und Deutungsgemeinschaften' (‚epistemic communities') es gibt, und welche Überlappungen und Schnittstellen zwischen ihnen bestehen, doch auch welche Kommunikationsbarrieren sowie welche – gleichwie bedingten – Abneigungen. (Handlungs-)Kulturen werden nämlich von solchen *in-groups*[28] getragen; und folglich gelingt friedliche Konfliktregulierung am besten im Kreis derer, *die dazugehören*. Zu den *out-groups* hingegen besteht oft ein Verhältnis des Fremdelns, der Vorsicht, des Misstrauens, vielleicht auch der Feindschaft.[29]
- Eben das führt in ein *Kooperationsdilemma*: ‚Zusammenarbeit ist gut, doch Übervorteilung eines naiven Partners ist nützlich – vor allem dann, wenn er es nicht merkt!' Falls sich solche Kooperationsdilemmata nicht abstellen lassen, endet man allerdings in genau jenem Sicherheitsdilemma, das – so der Konsens aller ‚Schulen' – die internationalen Beziehungen kennzeichnet. Den Weg zu einer Problemlösung weist im Sozialkonstruktivismus die Überlegung, dass dieses Sicherheitsdilemma ebenso wenig wie jener Zustand der ‚internationalen Anarchie', aus dem es die anderen ‚Schulen' ableiten, als eine ‚Naturtatsache' aufgefasst werden sollte. Beides sei vielmehr kulturell bedingt, sei eine soziale Konstruktion – und wäre deshalb, wenigstens im Prinzip, durch kulturelle Praktiken und durch deren politische Funktionalisierung auch abstellbar oder zumindest beherrschbar. Weichenstellend ist dabei, ob außenpolitische Eliten darauf ausgehen, übergreifende ‚Gemeinschaftskontexte' zu schaffen und einladend anzubieten, oder ob sich Wünsche nach Identitätssicherung durch Abgrenzung durchsetzen. Ersteres bringt – so auch international erhofft – eine ‚Kultur der Freundschaft' mit ihrer friedenssichernden Angemessenheitslogik hervor. Letzteres hingegen führt zu einer ‚Kultur der Feindschaft', in der man auf jene ‚Logik der (angedrohten) Konsequenzen' zurückverwiesen ist, in welcher die ‚Schule' des Realismus ohnehin das zentrale Mittel zur Friedenssicherung sieht.
- Die Strukturen internationaler Beziehungen samt den in sie eingelagerten Kooperations- und Konfliktbereichen beruhen somit und letztlich auf jenen Vorstellungen, Situationsdefinitionen, Handlungsschablonen und ‚Ideen', welche die eine ‚Wissensgemeinschaft' von anderen ‚Wissensgemein-

---

28 In der Ethnomethodologie sind für solche Untersuchungen die Begriffe der ‚Ethnie' sowie des ‚kompetenten Mitglieds einer Ethnie' verfügbar. Letztere wird verstanden als eine Gruppe von Menschen, die gemeinsame soziale Wirklichkeit aufbauen, gegen koexistierende oder immerhin vorstellbare alternative Wirklichkeiten abgrenzen, und die für alle diese Zwecke ‚kompetente Mitglieder' von (abzuwehrenden) ‚Störern' und (ignorierbaren) ‚Außenseitern' unterscheiden und dann auch unterschiedlich behandeln.
29 Hier ist die Schnittstelle zwischen dem Sozialkonstruktivismus und dem Begriff des ‚Politischen' von Carl Schmitt (1888–1985), welcher um ein politikkonstitutives Freund/Feind-Verhältnis gelagert ist.

schaften' unterscheiden, *und* welche die von den Akteuren internationaler Beziehungen – ihrerseits ja Mitglieder solcher Wissensgemeinschaften – handlungsleitend und somit rollenbildend, institutionenstabilisierend sowie wirklichkeitskonstruktiv verwendet werden. Alles, was es ‚rein materiell' an Prägefaktoren internationaler Beziehungen gibt (etwa von den Erdöl- und Erdgasreserven bis hin zu Atomwaffen, von einer starken Volkswirtschaft bis hin zur geopolitisch günstigen Lage eines Staates auf dem Globus), wirkt also nicht schon ‚an sich' auf die internationale Politik ein, sondern nur *vermittelt* über Perzeptionen und Fehlperzeptionen, über Situationsdefinitionen und über auf beides gegründete Handlungen der Akteure.[30] Deshalb bleiben allein auf die *materiellen* Grundlagen der internationalen Beziehungen beschränkte Analysen, wie sie – mitunter zu Recht – vor allem der ‚realistischen' sowie der ‚politisch-ökonomischen' Schule zugeschrieben werden, an der Oberfläche dessen, was es tatsächlich zu ergründen gilt: nämlich die anhand von *kulturellen Mustern* geleistete soziale Wirklichkeitskonstruktion mitsamt den Praktiken wirklichkeitskonstruktiver Politik.

- Ist einmal verstanden, dass das System der internationalen Beziehungen eine *reale, sozio-kulturelle Konstruktion* ist, dann begreift man auch dessen Dynamik viel besser. Zunächst einmal wird klar, dass die heutige Konstruktion des internationalen Systems – ‚Staaten' als Grundeinheiten, Rechtsregeln als Steuerungsinstrument, Wirtschaftsfreiheit als Selbstverständlichkeit, demokratische Verfassungsstaatlichkeit als Ordnungsvorgabe usw. – im Wesentlichen auf ‚westlichen' kulturellen Mustern beruht. Diese sind zwar, aufgrund der – letztlich aber nur wenige Jahrhunderte währenden – Übermacht westlicher Staaten derzeit über die ganze Erde verbreitet. Es gibt aber keine Garantie dafür, dass sie zu den außerhalb des ‚Westens' tragfähigen Kulturgrundlagen und Funktionsanforderungen passen. Zeitgenössische Beobachtungen legen eher das Gegenteil nahe: Es kommt in Afrika zu ‚prekärer Staatlichkeit', sogar zum Zerfall von vordem ‚westlich organisierten Staaten'; im Fernen Osten blühen autoritäre Regime auf; in den islamischen Ländern artikuliert sich tiefsitzende Abneigung gegen viele kulturelle Muster des ‚Westens'; und auf diese Weise werden die Grundlagen der ‚Weltgesellschaft' samt ihren – auf dem ‚westlichen Staatstyp' aufsetzenden – Ordnungsstrukturen brüchig. Zwar sind westliche kulturelle Muster bei der weltweiten Konstruktion politi-

---

30 An dieser Stelle muss man sich unbedingt vor dem in empirisch falsche Vorstellungen führenden Gedankensprung hüten, *allein* schon veränderte Perzeptionen oder Situationsdefinitionen änderten etwas an den Strukturen der sozialen und politischen Wirklichkeit. Letzteres bewirken allein *Handlungen*, die allerdings ihrerseits sehr wohl von Perzeptionen und Situationsdefinitionen geprägt werden. Eben in der Einbeziehung oder Außerachtlassung der wirklichkeitskonstruktiven Rolle des *Handelns* unterscheidet sich der – ins Absurde führende – ‚kognitive' Konstruktivismus vom – analytisch höchst nützlichen – *Sozialkonstruktivismus*.

scher Wirklichkeit derzeit noch höchst wirksam – aber nur, weil jenes internationale System, in dem sie als normal, angemessen, ja vielleicht sogar als ‚alternativlos' gelten, noch sehr stark von ‚westlich sozialisierten' Akteuren geprägt wird, und weil in ihm bislang solche ‚Wissens- und Deutungsgemeinschaften' tonangebend sind, die westliche kulturelle Muster als handlungsleitende Selbstverständlichkeiten benutzen. Doch das kann sich – und wird sich aller Wahrscheinlichkeit nach – ändern, ist die Geschichte doch voller Kämpfe zwischen auf- und absteigenden Kulturen mitsamt ihren nur eine Zeitspanne lang vorherrschenden Geltungsansprüchen und Ordnungsprinzipien.[31]

Friedenssicherung verlangt bei Wirkung solcher Zusammenhänge vor allem nach der Kultivierung des *Willens*, Frieden zu sichern; nach *Wissen* darum, durch welche kulturellen oder institutionellen Mechanismen sich das bewerkstelligen lässt; nach solcher – und auf Dauer gestellter – *Sozialisation* von Akteuren internationaler Beziehungen, die derlei Willen und Wissen zur handlungsleitenden Selbstverständlichkeit macht; sowie nach der *Machtsicherung* und *Ausdehnung* jener *Wissens- und Deutungsgemeinschaften* unter den Akteuren internationaler Politik, die genau auf derartige Friedenssicherung ausgehen. Ein wichtiges Mittel dafür ist es, in nationalen und internationalen Öffentlichkeiten solche *Diskurse* in Gang zu halten, welche den Wert des Friedens sowie gesichertes Wissen um dessen Vorbedingungen weitverbreitet zur Geltung zu bringen. Zugleich aber zeigt der Sozialkonstruktivismus, dass es weder für ein Gelingen solcher Anstrengungen noch für die dauerhafte Attraktivität einer ‚Kultur der Freundschaft' irgendwelche *Garantien* gibt. Das alles lässt sich zwar mit etlichen Einsichten der anderen ‚Schulen' verbinden, führt aber – über sie hinaus – vor Augen, dass es sich gerade bei der Friedenssicherung um das Werk des Sisyphus handelt: Jeder mühsam zum Berggipfel hochgewälzte Stein muss unter großen Anstrengungen dann auch an seinem Platz gehalten werden – und wird trotzdem wieder zu Tal stürzen, weil es auf Dauer an der dafür nötigen Kraft fehlt.

5. Politisch-ökonomische Analyse

Die vierte Großtheorie bzw. analytische Zugriffsweise bei der Untersuchung internationaler Beziehungen, nämlich die Internationale Politische Ökonomie, geht letztlich auf die klassische englische Schule der Politischen Ökonomie zurück. Deren Hauptvertreter waren Adam Smith (1723–1790), David Ricardo (1772–1823) und John Stuart Mill (1806–1873). Die in international arbeitsteiliger Spezialisierung und im Freihandel liegenden Ursachen eines ‚Reichtums der Nationen' (so der Titel des 1776 erschienenen Hauptwerks von Adam Smith) konnten in der Hochblüte des englischen Kolonialismus

---

31 Hier findet sich die zentrale Schnittstelle zwischen dem Sozialkonstruktivismus und der Geschichtstheorie des Evolutorischen Institutionalismus.

schlechterdings nicht übersehen werden. Deshalb entstanden hier auch die ersten Ansätze einer Theorie der *wirtschaftlichen Grundlagen* und – wie das immer deutlicher hervortrat – der *asymmetrischen Folgen* internationaler Beziehungen. Zu den letzteren gehört vor allem, dass enge, auf Freihandel beruhende internationale Beziehungen vor allem den *starken* Volkswirtschaften und deren Gesellschaften bzw. Staaten nützen. In *deren* Interesse liegt auch die Expansion internationaler Wirtschaftsbeziehungen, während für schwache Volkswirtschaften *zeitweise* die partielle Abschirmung noch nicht wettbewerbsfähiger Wirtschaftssektoren, etwa durch Schutzzölle, sehr ratsam sein kann (so etwa, gegen den Freihandel und für die Herstellung staatlich organisierter Wirtschaftsgroßräume plädierend, Friedrich List, 1789–1846). Andernfalls kann enge wirtschaftliche Verflechtung sogar zur ‚Entwicklung der Unterentwicklung' führen.

Mit Karl Marx nahm die Politische Ökonomie eine Wendung von der bloßen Analyse hin zur Kritik bestehender Verhältnisse. Kapitalistische Produktionsverhältnisse seien an sich schon ungerecht, da sie stets zum Vorteil nur – oder vor allem – der Kapitaleigner führten; deshalb zögen sie eine Entfremdung der von ihnen betroffenen Menschen nach sich (Entfremdung von der eigenen Arbeit, von den Mitmenschen, dann auch von sich selbst), wären nur als notwendige historische Übergangsphase hinnehmbar und müssten irgendwann zugunsten einer besseren Gesellschaft in des Wortes dreifacher Bedeutung ‚aufgehoben' werden.[32] Auf dem Weg zum – anschließend auch revolutionär herbeizuführenden – Kommunismus beziehe der Kapitalismus die gesamte, durch den Imperialismus an die kapitalistischen Staaten angeschlossene Welt als ‚Weltmarkt' in seine ausbeuterisch wirkende ökonomische Logik ein. Aus diesen Grundgedanken wurde von John A. Hobson (1858–1940) sowie – dessen Werk rezipierend – von Wladimir Iljitsch Lenin (1870–1924) und Rosa Luxemburg (1871–1919) die *Imperialismustheorie* entwickelt. Sie motivierte nicht nur den politischen Kampf gegen die kapitalistischen Staaten und ihre Regierungen, sondern war auch die erste komplexe empirische Theorie internationaler Beziehungen.

Überaus attraktiv machte sie, dass die imperialistische Expansionsphase der europäischen Staaten und der USA im späten 19. Jahrhundert mitsamt deren – letztlich zum Krieg führenden – Konflikten systematisch aus den Interessen an Kapitalexpansion und Kapitalrendite zu erklären erlaubte. Attraktiv blieb sie auch, bei einigen Weiterentwicklungen und Verfeinerungen, bis ins vorletzte Jahrzehnt des 20. Jahrhunderts. Dazu trug nicht zuletzt ihr zwingender Nachweis bei, dass Staaten nicht die einzigen – und mitunter schon gar nicht die wichtigsten – Akteure internationaler Beziehungen sind, weshalb eine Analyse der rein diplomatischen Kalküle sowie der Praxen von Regierungen

---

32 Das heißt: in ihren Ungerechtigkeiten *beseitigt*, in ihren progressiven Zügen *bewahrt*, und auf ein neues Niveau gesellschaftlicher Entwicklung *angehoben*.

für ein Verständnis von Außenpolitik keineswegs ausreicht. Vielmehr ist stets auch auf *innerstaatliche, ökonomisch* bedingte Interessenkonflikte sowie auf *wirtschaftliche* Interessenträger als Antriebskräfte außenpolitischen Handelns zu achten. Das erschloss einesteils – nach dem Blick auf die Sicherheitspolitik als ‚hoher' Politik – auch die ‚niedrigeren' Bereiche der Wirtschafts-, Währungs- und Kulturpolitik als der Beachtung werte Prägefaktoren internationaler Beziehungen, und zeigte anderntneils, wie man auch innenpolitisch-revolutionär ansetzen könnte, um auf der internationalen Ebene humanitäre Veränderungen herbeizuführen.

Allerdings machte die imperialistische Rolle der Sowjetunion die Grenzen der zumal marxistisch-leninistisch geprägten Imperialismustheorie unverkennbar. Diese Theorie konnte nämlich nicht erklären, weshalb ein politisches System auf klar nicht-kapitalistischer Grundlage eine dem Verhalten der kapitalistischen Imperialmächte so überaus ähnliche Politik betrieb. Dieses Versagen der Imperialismustheorie ist allerdings kein Argument gegen eine politisch-ökonomische Imperialismusanalyse schlechthin, sondern nur dagegen, Imperialismus *ausschließlich* aus kapitalistischen Produktionsverhältnissen erklären zu wollen. Tatsächlich ist ein Verständnis von Imperialismus allein als ‚kapitalistische Durchdringung rückständiger Gebiete' eine drastische Verengung der früher viel umfassenderen Bedeutung dieses Begriffs, nämlich der Ausweitung faktischer Gestaltungsmacht eines Staates über seine eigenen Grenzen hinaus. Wirtschaftsimperialismus ist zwar eine sehr wichtige Form einer solchen Ausweitung. Doch über ihr dürfen die Formen des Kulturimperialismus und der korrumpierenden – oder rein zivilisatorischen – Vereinnahmung der Eliten anderer Staaten keinesfalls ignoriert werden. Vor allem ist es systematisch falsch, wenn diese letzteren Formen der Einflussnahme auf andere Staaten *nicht* mit Imperialismus assoziiert werden, obwohl sie – etwa in den West/West-Beziehungen zwischen den USA und Europa nach dem Zweiten Weltkrieg, oder in den West/Ost-Beziehungen nach dem Ende des Realsozialismus – eine bedeutende Rolle spielten und überdies erhebliche politisch-ökonomische Konsequenzen nach sich zogen.

Im Übrigen wäre es ohnehin eine Engführung, die ‚politisch-ökonomische Schule' mit klassischer Imperialismustheorie oder gar mit allein der marxistischen Ausprägung Politischer Ökonomie gleichzusetzen. Ihr Anliegen ist vielmehr eine umfassende, empirisch abgesicherte und eine breite historische Perspektive durchhaltende (Interdependenz-)Theorie der wirtschaftlichen und gesellschaftlichen Grundlagen internationaler Beziehungen. Diese Theorie soll dann die Eigenart, die Widersprüche, die Spaltungen und die Dynamik der Weltgesellschaft erklären. In einer so breiten Perspektive zeigen sich dann auch die Ursachen von Krieg und die Bedingungen von Frieden als nur zwei von sehr vielen politisch-ökonomisch zu erklärenden ‚abhängigen Variablen'. Zusätzlich müssen einerseits die Ursachen internationaler Ungleichheit erklärt werden, die ja nicht nur eine machtpolitische, sondern auch eine wirtschaftliche Schichtung unter den Staaten darstellt. Obendrein verlangen jene Prozesse Erklärungen, in welchen viele ‚Entwicklungsländer' nicht nur nicht zu den wirtschaftlich führenden Industrie- und Dienstleistungsstaaten aufschließen, sondern mitunter gar eine ‚Entwicklung der Unterentwicklung' erleiden – sei es als reale Verschlechterung der in ihnen gegebenen Lebensverhältnisse, sei es in Form eines relativen Zurückbleibens hinter den sich immer schneller entwickelnden reichen Staaten. Ansonsten ist eine politisch-ökonomische Analyse internationaler Beziehungen gerade heute besonders vordringlich: Wir sind Zeugen eines – zumindest solange die Lieferketten funktionieren – entgrenzten und weitgehend ungebändigten Kapitalismus in Gestalt der Internationalisierung von Finanzmärkten und Produktionsabläufen; wir erleben eine – durch das Internet ermöglichte – Virtualisierung von Arbeits- und Sozialbeziehungen, die zu ganz neuartigen Entfremdungsphänomenen führt; und wir leiden am weitgehenden Fehlen von politischem oder organisiert-gesellschaftlichem Einfluss auf die zu alledem führenden und das alles auch ganz materiell verwertenden wirtschaftlichen Entscheidungsprozesse.

In den Arbeitsbereich einer solchen politisch-ökonomischen (Imperialismus-)Analyse gehören viele Themen der internationalen Wirtschafts-, Finanz- und Handelspolitik, gehören die Politisierung bzw. politische Instrumentalisierung der Außenwirtschaftspolitik, und gehören obendrein Fragen der Preisbildung auf den Weltmärkten (‚terms of trade'), der investiven und konsumtiven Macht multinationaler Unternehmen, der handelspolitischen Abschottung westlicher Märkte gegen Güter und Dienstleistungen aus Entwicklungsländern sowie die internationale Verschuldungsproblematik einschließlich der Rolle global agierender Banken. Ein solcher komplexer, politisch-ökonomisch-gesellschaftsanalytischer Ansatz ist umso wichtiger, als die Geschichte von vielen im Zug der Entkolonialisierung unabhängig gewordenen Staaten zeigt, dass sowohl der innenpolitischen Entwicklung als auch der internationalen Vernetzung von Staaten des globalen Südens gewaltige wirtschaftliche Zerr- und Zugkräfte zugrunde liegen, die sich keineswegs allein von deren – ihrerseits oft allzu schwachen – politischen Steuerungsstrukturen her beherrschen lassen. Nicht zuletzt die langjährigen symbiotischen Beziehungen der Regierungen und Eliten demokratischer Industriestaaten mit den Führungsschichten von kleptokratisch-diktatorischen Entwicklungsländern verlangen nach Erklärungen, die zumal im Rahmen des Liberalismus schwer zu leisten sind.

Solche Erklärungen wurden aber sehr wohl in Form von Theorien ‚struktureller Abhängigkeit des Globalen Südens von den Industriestaaten' vorgelegt, also den ‚Dependenztheorien',[33] die den Nord/Süd-Konflikt zwar in politöko-

---

33 Oft auch nach dem südamerikanischen Ursprung solcher Theorien ‚Dependencia-Theorien' genannt.

nomischen Kategorien, doch nicht einfach nur als ein kapitalistisches Ausbeutungsverhältnis analysieren. Im Kern geht es hier um Erwägungen und Untersuchungen dazu, ob, wie sehr und warum die Vernetzungen zwischen Industrie- und Entwicklungsländern ...

- die letzteren zwar unbeabsichtigt, doch rein funktionslogisch an der Entwicklung leistungs- und wachstumsfähiger Strukturen hindern;
- der Bevölkerung rückständiger Staaten Konsummuster nahelegen, die ihrem Entwicklungsstand unangemessen sind und sich deshalb für die weitere Entwicklung dysfunktional auswirken;
- dazu führen, dass in Staaten des globalen Südens dank der – gerade auch ökonomisch – privilegierten Außenkontakte ihrer Eliten solche autoritären Regime stabilisiert werden, die weniger der Wohlfahrt der regierten Bevölkerung als vielmehr den Produktions- und Handelsinteressen von Industrie- und Dienstleistungsgesellschaften bekömmlich sind.

Allerdings neigt man bei der Verwendung solcher Theorien asymmetrischer Machtbeziehungen zwischen den ‚nördlichen Metropolen' der Welt und deren ‚südlicher Peripherie' leicht dazu, den Blick von den *endogenen* Ursachen rückständiger Entwicklung abzuwenden: nämlich davon, dass in den ehedem so genannten ‚Drittweltstaaten' meist keine stabilen *und* im Dienste von Gemeinwohlvorstellungen leistungsfähigen Regierungssysteme vorhanden sind, ja dass viele dieser Staaten sogar in die Gefahr des Scheiterns gerieten. Jedenfalls fehlen bei ethnisch und kulturell heterogenen Gesellschaften, wie sie in vielen Entwicklungsländern vorliegen, oft schon die *innenpolitischen* Voraussetzungen für eine gedeihliche wirtschaftliche Entwicklung und eine aus ihr entspringende stärkere Stellung im System der internationalen Beziehungen.

Aus sowohl ihrer marxistischen als auch aus ihrer dependenztheoretischen Engführung gelöst, dafür aber viel besser zu verbinden mit der auch sehr stark auf historische Entwicklungen achtenden ‚Weltsystemtheorie' von Immanuel Wallerstein (1930–2019), befasst sich die Politische Ökonomie der internationalen Beziehungen insgesamt mit den folgenden Fragen:

- Wie beeinflussen welche mehr oder minder gut funktionierenden Staaten, bzw. welche von ihnen verursachen oder behindern politischen Prozesse, die international asymmetrische Produktion sowie Verteilung von Wohlstand und gesellschaftlichem Reichtum?
- Wie beeinflussen derartige politische Entscheidungen – im Dienst welcher Interessen – die globale Lokalisierung wirtschaftlicher Aktivitäten und die Verteilung von deren Kosten und Nutzen? Internationale Märkte welcher Art werden – mit welchen Folgen – durch Politik wie eingerichtet, funktionstüchtig gehalten, und zu wessen Gunsten verzerrt oder lahmgelegt?

- Unter welchen Bedingungen entsteht und erhält sich eine interdependente Weltwirtschaft? Welche Interdependenzstrukturen fördern nachhaltige Kooperation, welche anderen hingegen Konflikte?
- Welche Faktoren wandeln internationale Interdependenzstrukturen zu Dependenzstrukturen? Wie kann man umgekehrt internationale *Dependenz*strukturen zu fairen *Inter*dependenzstrukturen transformieren?
- Welcher Art sind auf internationaler Ebene die Auswirkungen von wirtschaftlichem Wandel auf den politischen Wandel? Wie jene von politischem Wandel auf den wirtschaftlichen Wandel? Wie wirken zumal das Weltwirtschafts- und das Weltfinanzsystem auf einzelne Volkswirtschaften zurück? Und wie wirken diese dann ihrerseits zurück auf ihre politischen Systeme – mit welchen dann politisch erzeugten Folgen für das Weltwirtschaftssystem und für die Ordnungsstrukturen internationaler Beziehungen?

Leicht ist zu sehen, dass es auch bei der Antwort auf solche Fragen keine *exklusiven* Beziehungen zwischen einer politisch-ökonomischen Analyse internationaler Beziehungen und dafür besonders geeigneten politikwissenschaftlichen Theorien gibt. Nur solange die politisch-ökonomische Analyse bloß als Imperialismusanalyse, diese aber allein in ihrer marxistischen Ausprägung als sinnvoll galt, wurden andere konzeptuelle Schnittstellen als unbenutzbar angesehen und behandelt. Über solche Gleichsetzungen und Engführungen ist das Fach aber hinaus. Im Gegenteil scheint derzeit die Neue Politische Ökonomie, ihrerseits transaktions-, vertrags- und institutionenanalytisch ausgerichtet, vorzügliche Brücken hin zu den Schulen zumal des Institutionalismus und des Neorealismus zu bauen. Auch methodisch ist die politisch-ökonomische Analyse kompatibel mit einer Vielzahl von Ansätzen – von der Historischen Soziologie und vom Historischen Institutionalismus bis hin zur quantitativen Input/Output-Analyse wirtschaftlicher Prozesse. Man kann deshalb auch im Fall dieser ‚Schule' mit guten Gründen davon absehen, sie von innen oder außen her gegen die anderen ‚Schulen' abzugrenzen.

IV. Forschungsansätze

1. Grundsätzliches

Bei der Erforschung ‚Internationaler Beziehungen' werden keine anderen Methoden verwendet, als sie in der Politikwissenschaft ohnehin üblich sind. Nur der Stellenwert der einzelnen Methoden ist etwas anders. Die Grundmethode ist die hermeneutische Methode, die auf Gestalterkenntnis in komplexen Gegenstandsbereichen ausgeht. Wegen der Herkunft der Analyse internationaler Beziehungen aus der Geschichts- und Rechtswissenschaft werden sehr oft ebenfalls die historische und die juristische Methode verwendet. Und da obendrein Aufschluss über menschliches Handeln zu erlangen gilt, wird auch das ganze Instrumentarium empirischer Sozialforschung benutzt, freilich mit einem klaren Schwerpunkt auf der Dokumentenanalyse, mehr und mehr auch auf der Diskursanalyse. Statistik spielt vor allem in den wirtschaftswissenschaftlichen Studien zu den internationalen Beziehungen eine wichtige Rolle.

Allerdings bestand über diesen Methodenfächer und über dessen wissenschaftstheoretischen Grundlagen nicht immer schon Konsens. Der stellte sich – für alle praktischen Zwecke – erst nach der Auseinandersetzung zwischen den ‚Traditionalisten' und den ‚Szientisten' unter den Fachvertretern ein. Die stand im Zusammenhang mit der die gesamte Politikwissenschaft umwälzenden ‚behavioral revolution', welche auch in der Wissenschaft von den ‚Internationalen Beziehungen' in den 1960er Jahren zu einer Grundsatzdebatte über das wissenschaftstheoretische Selbstverständnis und die angemessene Methodenlehre des Faches führte. Dabei standen die ‚Traditionalisten' für die Weiterarbeit in den bisherigen, durchaus bewährten Bahnen einesteils historischer Forschung, andernteils juristischer bzw. geistesgeschichtlich-philosophischer Reflexion gegenwärtiger Politik, während die ‚Szientisten'[34] neue Wege zu einer – vom naturwissenschaftlichen Leitbild her inspirierten – ‚wirklichen', nämlich empirisch-quantitativen Wissenschaft von den internationalen Beziehungen weisen wollten.[35]

2. Analyseebenen und Topik

Gerade bei der Analyse internationaler Beziehungen steht man vor der Aufgabe, mit besonders großer Komplexität im Schichtenbau sozialer und politischer Wirklichkeit zurechtkommen zu müssen. Immerhin geht es hier um die vielfältigsten und kompliziertesten Strukturbildungen, die zum Gegenstand

---

34 Von lat. ‚sciéntia', d.h. Wissenschaft.
35 Über weite Strecken entsprach jene Debatte dem einstigen Streit von ‚drei Schulen' – normativ-ontologische Forschung, empirische Forschung, historisch-dialektische Forschung – in der deutschen Politikwissenschaft. Ferner standen hinter ihm vielfach jene wichtigen Problemstellungen, die – in etwa gleichzeitig – im ‚Positivismusstreit' der deutschen Soziologie erörtert wurden. Im Übrigen handelte es sich bei den empirisch-analytisch gesinnten ‚Szientisten' mit ihrer ‚naturwissenschaftlich-quantitativen Orientierung' vielfach um liberale und ‚progressive' Wissenschaftler, was auch von ihren – überwiegend konservativen – ‚traditionalistischen' Gegnern so gesehen wurde. Hingegen fehlten weitgehend jene Vertreter einer ‚historisch-dialektischen Schule', die sich in Deutschland als Speerspitze ‚fortschrittlicher Politikwissenschaft' verstanden und nicht nur die – meist ‚traditionalistischen' – historisch arbeitenden Vertreter des ‚normativ-ontologischen' Ansatzes, sondern auch die – meist liberalen – Vertreter des empirisch-analytischen Ansatzes als ‚konservativ' etikettierten und angriffen. Dem vor allem in den USA ausgetragenen Grundlagen- und Methodenstreit des Teilfachs ‚Internationale Beziehungen' fehlte also weitgehend jene fundamentalmarxistische Alternative, welche in Deutschland die wissenschaftstheoretischen und methodologischen Auseinandersetzungen gleich mit grundsätzlicher politischer Konfrontation vermengte und so um jene innerwissenschaftlich klärende Kraft brachte, welche die Debatte zwischen den amerikanischen ‚Traditionalisten' und ‚Szientisten' ganz ohne Zweifel entfaltete.

sozialwissenschaftlicher Analyse werden können. Von der Gesamtheit der global vernetzten Finanzmärkte und Handelsbeziehungen, der Touristen- und Flüchtlingsströme, auch der Waffen- und Drogenlieferungen reichen internationale Beziehungen hinab bis zur persönlichen Entscheidung eines Fondsmanagers über den An- oder Verkauf von Aktienpaketen oder eines Waffenhändlers zum – nicht selten auch illegalen – Verkauf von automatischen Feuerwaffen in ein Spannungsgebiet. Umgekehrt reichen die internationalen Beziehungen von wahlkampfbezogenen Profilierungswünschen einer Partei hinauf bis zu jener Haltung, die – auf massenmediale Unterstützung angewiesene – Regierungsmitglieder bei internationalen Konferenzen einnehmen. Oder es prägen Vereinbarungen über die Beseitigung von Handelsschranken im Rahmen der Welthandelsorganisation die Konkurrenzlage von Betrieben in vielen Ländern, also die Beschäftigungs- und Lebenschancen von Tausenden von Arbeitnehmern und Familien, während Minderheiten in einzelnen Ländern durch gezielte Terrorakte inner- wie zwischenstaatliche Krisen auslösen können, auf die eine internationale Allianz sogar mit Krieg reagieren mag.

Nicht nur wirken hier höchst verschiedene Systemzusammenhänge wechselseitig zusammen, desgleichen quer über mehrere Ebenen des Schichtenbaus gesellschaftlicher Wirklichkeit. Sondern obendrein gibt es auf jeder Ebene dieses Schichtenbaus auch noch unterschiedliche Funktionslogiken der dort angesiedelten Akteure. Diese reichen von Personen an verantwortlicher Position über konkurrierende Unternehmen und gesellschaftliche Gruppen bis einesteils hin zu Staaten, die um rivalisierende Interessen streiten, und andernteils hin zu internationalen Organisationen, die sich um ihren Zusammenhalt bemühen. Deshalb ist keinesfalls auf das Handeln von Akteuren auf niedrigerer Ebene zu *reduzieren*, was konkret auf *höherer* Ebene zu beobachten, zu erklären oder zu prognostizieren ist. Dennoch reichen von den niedrigeren Ebenen aus nach oben Wirkungsketten, die man bei Erklärungen dessen, was auf höherer Ebene geschieht, in Rechnung stellen muss. Umgekehrt werden von den höheren Ebenen aus nach unten Rahmenbedingungen für vieles von dem gesetzt, was sich dort ereignen kann. Bei der Untersuchung internationaler Beziehungen hat man also von Anfang an das Problem, erst einmal die zur Beantwortung der eigenen Fragestellung – oder zur Lösung des vorgenommenen Problems – richtige(n) *Analyseebene(n)* ausfindig zu machen. Anschließend sind die *relevanten* Beziehungen zwischen einer (womöglich) zentralen Analyseebene und jenen Ebenen herauszuarbeiten, die ihr im Schichtenbau der Wirklichkeit über- oder untergeordnet sind. Außerdem geht es bei der Analyse internationaler Beziehungen um so viele gleichzeitig wichtige, da ineinander verschränkte Faktoren des zu entwirrenden Kausalgefüges, dass es sinnvoll wird, einer *bewährten Ordnung des Suchens* nach den wichtigsten Sachverhalten zu folgen. Für die Lösung beider Probleme bietet sich die Topik an.[36] Das ist die Lehre von der Arbeit mit ‚Findeorten'. In anderen Begriffen spricht man hier von der ‚Heuristik',[37] also von der ‚Findekunst', und von ‚heuristischen Hilfsmitteln'. Einesteils hilft beherrschte Findekunst dabei, die wichtigsten *Analyseebenen* ausfindig zu machen, und anderteils verhilft sie dazu, die auf jeder Ebene wichtigsten *Faktoren* in den Blick zu fassen sowie dann, ihnen entlang, die Analyseebenen aufeinander zu beziehen.

a. Klärung der wichtigsten Untersuchungsebenen

Bei jeder Analyse eines Gegenstands internationaler Beziehungen sind zumindest die folgenden Untersuchungsebenen in Betracht zu ziehen:

- Einzelpersonen, etwa außenpolitische Entscheidungsträger
- innerstaatliche bzw. innergesellschaftliche Akteure, etwa die außenpolitischen Infrastrukturen der untersuchten politischen Systeme oder solche Interessengruppen, die sich für ein bestimmtes außenpolitisches Ziel engagieren
- Nationalstaaten, IGOs oder INGOs (etwa Frankreich, die UNO oder das Rote Kreuz)
- Regionalsysteme, in die der Untersuchungsgegenstand eingebettet ist, etwa ‚Naher Osten'
- das internationale bzw. globale System, etwa die Strukturen des Nord/Süd-Konflikts.

Um zu klären, auf welchen Untersuchungsebenen an der Beantwortung einer Forschungsfrage oder an der Lösung eines gestellten Problems zu arbeiten ist, macht man sich zunächst klar, ob der von der Fragestellung festgelegte Untersuchungsgegenstand (z.B. eine Krise oder eine außenpolitische Entscheidung) nur auf *einer* der genannten Ebenen angesiedelt ist, oder ob sich eine sachgerechte Analyse von vornherein auf *mehrere* Ebenen erstrecken muss. Im letzteren Fall wird man oft *eine* Ebene aufgrund ihrer Wichtigkeit als die *Haupt*ebene der Untersuchung identifizieren können, und mag dann die anderen Ebenen ergänzend betrachten. Beispielsweise wird man bei einer Analyse des Golfkriegs von 1991 mit dem Irak und den USA die Ebene der Nationalstaaten als die hauptsächliche Untersuchungsebene wählen, sodann aber das Regionalsystem ‚Mittlerer/Naher Osten' als weitere wichtige Untersuchungsebene identifizieren, und wird dann ‚nach oben hin' sein Untersuchungsinteresse auch noch auf jene gewandelten Strukturen des internationalen Systems richten, die das Ende des Ost/West-Konflikts schuf. ‚Nach unten hin' wird der analytische Blick sich zweifellos auf die innerstaat-

---

36 Zu ihr siehe allgemein S. 37f der 7. Aufl. meiner ‚Einführung in die Politikwissenschaft', und angewandt auf die Analyse ‚Internationaler Beziehungen' dort S. 489–493.
37 Von griech. ‚heurískein', d.h. etwas ausfindig machen.

lichen Voraussetzungen und Rahmenbedingungen des Kriegsentschlusses der (mehr oder minder) beteiligten Staaten richten. Außerdem werden auf der Ebene von Einzelpersonen wegen der 1990/91 bestehenden Struktur des irakischen Regierungssystems zumindest Saddam Hussein, im Fall der USA der Präsident und seine wichtigsten Berater in die Untersuchung einzubeziehen sein.

Nicht in jedem Fall wird sich eine Analyse über *alle* Schichten politischer Wirklichkeit erstrecken. Vielmehr bestimmen allein die Frage- oder Problemstellung, die forschungsleitende(n) Theorie(n) sowie der Untersuchungsgegenstand, wie tiefgestaffelt das Forschungsvorhaben angelegt sein muss. Stets hängt aber von einer zutreffenden Feststellung der zu betrachtenden Ebene(n) die Tragfähigkeit der gewonnenen Ergebnisse ab. Achtete man bei einer Analyse des Golfkriegs von 1991 etwa nur auf die Rollen der irakischen und amerikanischen Präsidenten, so würden die Ergebnisse leicht nahelegen: ‚(Nur) Männer machen Geschichte!' Behandelte man hingegen den ‚persönlichen Faktor' grundsätzlich als vernachlässigbar, so stellte sich leicht der ebenfalls trügerische Eindruck ein, die Außenpolitik von Staaten folge unbeirrbar der jeweiligen Staatsräson – ganz gleich, wer diese interpretiert und in politische Maßnahmen umsetzt. Und ignorierte man von vornherein den analytischen Wert der Untersuchungsebene ‚Nationalstaat', so wäre rasch die Bahn für den Glauben daran geöffnet, gleichsam anonym – und staatlich-institutioneller Willensbildung unzugänglich – formten Kräfte, die unabhängig von allen Regierungen tätig würden, die internationalen Beziehungen. Um also von vornherein derartige Einseitigkeiten zu vermeiden, sollten – nach hypothetischer Festlegung der analytischen Hauptebene(n) – stets auch alle anderen genannten Untersuchungsebenen wenigstens als *mögliche Findeorte* von Betrachtungsweisen, Fragestellungen und Informationen benutzt werden. Erst der Blick auf die Tatsachen, also die Auswertung der verfügbaren oder zu beschaffenden Informationen, wird dann zeigen, ob auch Sachverhalte der niedrigeren Ebenen den interessierenden Untersuchungsgegenstand prägen, ob dessen Einbettung in die Strukturen der nächsthöheren Ebene für seine Beschaffenheit bedeutsam ist, oder ob ihn tatsächlich allein Wirkkräfte auf der hervorgehobenen Hauptebene der Untersuchung formten.

b. Topische Analyse der wichtigsten Untersuchungsdimensionen

Sobald die Analyseebenen festgelegt sind, kann man daran gehen, auf jeder Ebene die wichtigen *inhaltlichen* Dimensionen des Untersuchungsgegenstandes zu erkunden. Dafür bietet es sich an, auf jeder Ebene – erstens – ausfindig zu machen, welche Rolle dort von Machtverhältnissen (M), von Ideologie (I), von Normen (N) oder von Kommunikation (K) gespielt wird. Als ‚Landkarte' von ‚Findeorten' dienst somit das MINK-Schema. Zweitens klärt man, wie es sich auf den einzelnen Untersuchungsebenen verhält mit ...

- der Anpassung von Akteuren an die für sie jeweils wichtigen Anforderungen aus ihren politischen, gesellschaftlichen, wirtschaftlichen, kulturellen oder natürlichen Umwelten (A wie ‚adaptation'),
- dem Bestreben, ihre Ziele zu erreichen (G wie ‚goal attainment'),
- der Notwendigkeit, als Akteur den eigenen Zusammenhalt sowie die Kohärenz des eigenen Handelns zu wahren (I wie ‚integration'),
- der Wirkungskraft und der Nachhaltigkeit jener kulturellen Muster und Wertleitungen, die das eigene Handeln prägen (L wie ‚latent pattern maintenance').

Als zweiter grundlegender Katalog von Topoi dient somit, neben dem MINK-Schema, das – einst von Talcott Parsons in die Systemanalyse eingeführte – AGIL-Schema. Anschließend verbindet man so, wie das im Abbildung 3 veranschaulicht wird, mit dem Mehr-Ebenen-Modell in einem ersten Arbeitsschritt das ‚MINK-Schema', und in einem zweiten Arbeitsschritt das ‚AGIL-Schema'. Auch andere für den jeweiligen Erkenntniszweck geeignete ‚Topoi-Kataloge' können natürlich mit dem Mehr-Ebenen-Modell verbunden werden, das selbstverständlich auch fünf oder mehr Ebenen umfassen kann.

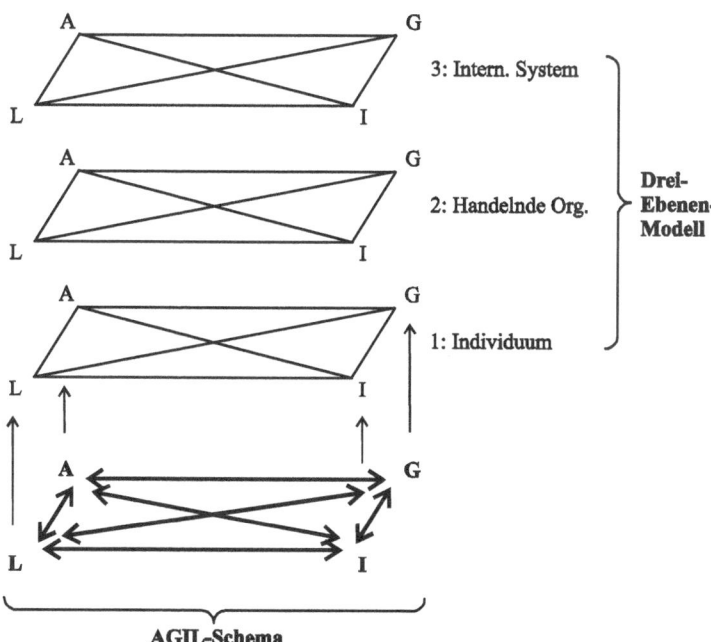

Abb. 3: Ein exemplarisches topisches Modell zur Analyse internationaler Beziehungen.

Mit einem solchen mehrdimensionalen Merkmalsraum arbeitet man anschließend – beispielsweise – wie folgt:

- Ausgehend von der als zentral angenommenen Untersuchungsebene fragt man zunächst einmal, welche Rolle jeweils Macht, Ideologie, Normen und Kommunikation spielen, und in welchen Wechselwirkungen diese Elemente von Politik im konkreten Fall stehen. Untersucht man etwa den Golfkrieg von 1991 auf der Ebene von Staaten, so wären dergestalt die Machtverhältnisse zwischen den beteiligten Staaten, ihre jeweiligen Perzeptionswirklichkeiten sowie die von ihnen befolgten bzw. zur Interpretation wechselseitigen Verhaltens benutzten Normen zu untersuchen; und ebenso wären die Kanäle, Inhalte und Verdichtungen der zwischen ihnen gepflogenen Kommunikation zu betrachten. Auf der Ebene innerstaatlicher Willensbildung wäre auf die Kräfteverhältnisse der um Einfluss ringenden politischen Kräfte zu achten, desgleichen auf deren Sichtweisen, Wertvorstellungen und Kommunikationsnetze. Sinngemäß wäre dann ebenso mit allen anderen Untersuchungsebenen zu verfahren.
- Anschließend wird anhand des AGIL-Schemas für jede Untersuchungsebene geklärt, mit welchem Gewicht die vier Grundfunktionen sozialer und politischer Systeme (adaptation, goal attainment, integration, latent pattern maintenance) sowie deren Wechselwirkungen beim Untersuchungsgegenstand im Spiel sind und folglich in dessen Analyse einbezogen werden müssen. Zu diesem Zweck fragt man auf jeder betrachteten Untersuchungsebene nach den Umweltbeziehungen der dort lokalisierten Systeme, nach deren Zielsetzungen bzw. jeweiliger Zielverwirklichung, nach ihrer Integrationsleistung sowie nach der Aufrechterhaltung ihrer Geltungsansprüche und Wertvorstellungen.

Anhand eines solchen Modells wird man sich anschließend daran machen, den zu analysierenden Fall – samt seiner Entstehung – systematisch zu durchdenken. Im Beispiel des Golfkriegs wird man beispielsweise auf der Ebene von Einzelpersonen klären, in welches Verhältnis sich Saddam Hussein zur außerhalb seiner Person bestehenden politischen Wirklichkeit setzte, welche Ziele er verfolgte, ob und wie er Konsistenz in seinen Handlungen anstrebte, sowie auf welche Weise er welche persönlichen Prinzipien unbeschadet aller Einwirkungen auf ihn aufrechtzuerhalten versuchte. Oder man wird auf der Ebene des Regionalsystems ‚Naher/Mittlerer Osten' dessen multidimensionale Vernetzungen mit anderen Regionalsystemen sowie mit dem internationalen System erkunden; man wird auf die Handlungsmuster achten, welche auf die dort vorherrschenden Zielvorstellungen und Zielkonflikte reagierten oder der Verwirklichung eigener Ziele dienten; man wird sowohl die Konfliktlinien als auch die Loyalitäten in diesem Regionalsystem herausarbeiten; und man wird desgleichen den jeweiligen Umgang mit jenen Prinzipien bzw. Wertvorstellungen ausfindig machen, welche den Strukturen dieses Regionalsystems zugrunde liegen. Nach diesem – zunächst vom MINK-Schema, dann vom AGIL-Schema angeleiteten – systematischen Durchstreifen der Dimensionen eines Untersuchungsgegenstandes wird man versuchen, sich die relative Bedeutung der entdeckten Einzelfaktoren vor Augen zu führen. Die dazu angestellten Vermutungen lassen sich graphisch veranschaulichen, indem man die Einzelfaktoren durch – je nach zugemessener Bedeutung – größere oder kleinere Kreise markiert, deren Wechselwirkungen aber durch dickere oder dünnere Verbindungslinien. Diese kann man nötigenfalls auch als Pfeile ausgestalten, um so eine jeweils vorherrschende Wirkungsrichtung anzugeben. Die so angefertigte ‚Strukturgraphik' erlaubt es dem Analytiker, sich die relevanten Untersuchungsebenen und die wichtigsten inhaltlichen Dimensionen seines Untersuchungsgegenstands *auf einen Blick* zu vergegenwärtigen. Außerdem lässt sich auf diese Weise die eigene Sichtweise viel leichter und klarer mitteilen, als das eine Beschreibung allein in narrativer Form erlaubte. Und indem man auf solche Weise das Risiko von Missverständnissen vermindert, steigert man auch schon die Chancen auf anregende Kritik und auf erkenntnisfördernde Korrekturen.

3. Konstellationsanalyse

Eine häufige Aufgabe praxisnützlicher Analyse internationaler Beziehungen besteht darin, das Verhalten von Akteuren internationaler Beziehungen innerhalb konkreter Handlungsgefüge nachzuzeichnen und zu erklären, oder jenes Handeln deutend zu verstehen und dann den eigenen Handlungsplanungen zugrunde zu legen. In diesem Fall ist die Durchführung einer Konstellationsanalyse angebracht. Im Grunde unterscheidet sie sich nicht von einer Fallanalyse, wie sie bei der Politikfeldanalyse unternommen wird. Dabei versteht man unter einer ‚Konstellation' das Beziehungsgefüge zwischen mehreren politischen Systemen und ihren Gesellschaften. Es kann sich dabei um ein Regionalsystem handeln oder um einen Ausschnitt des internationalen Systems, ebenso auch nur um die Beziehungen zwischen zwei oder drei Staaten. Eine solche Konstellation zu *analysieren* meint wiederum, die äußeren oder inneren Prägekräfte dieses Beziehungsgefüges mitsamt seinem Entwicklungspotential und seiner Entwicklungsdynamik. Dabei geht man in den folgenden Arbeitsschritten vor.

- *Erstens* ist die aufgrund der zu beantwortenden Fragestellung oder des anzugehenden Problems zu untersuchende Konstellation – etwa das Spannungsfeld im Nahen Osten oder ein Verhandlungssystem von Akteuren internationaler Beziehungen – genau *abzugrenzen*, weil man andernfalls zu keinem klar strukturierten Arbeitsprozess gelangt. Diesem pragmatischen Zweck dienen zwei Arbeitsschritte:
  - *räumliche* Abgrenzung: Welche Staaten, IGOs und INGOs, auch welche
    - wie weit reichenden – Verflechtungsstrukturen müssen in die Analyse einbezogen werden, weil sie in das zu untersuchende Regional- oder

Verhandlungssystem nun einmal in einem nicht zu vernachlässigenden Grad hineinwirken?
- *zeitliche* Abgrenzung: Zwischen welchen Jahren sollte die fragliche Konstellation untersucht werden, also: Was für plausible Periodisierungen, bzw. welche hinsichtlich der Frage- und Problemstellung wichtigen Umstrukturierungszeiträume, gibt es in der interessierenden Konstellation?

- *Zweitens* ist der *historische Kontext*, sind das Werden und die – aufgrund der Pfadabhängigkeit politischer Prozesse – zu vermutende Entwicklungsdynamik der fraglichen Konstellation herauszuarbeiten. Dazu leiten die folgenden Fragen an:
  - Wie ist die zu untersuchende Konstellation überhaupt entstanden?
  - Welche Probleme, Konflikte, Konsenspotentiale oder gemeinsamen Interessen der Akteure kennzeichnen die Entwicklung der Konstellation (‚endogene Faktoren')?
  - Welche äußeren Einflusskräfte auf die Konstellation haben sich während deren Herausbildung als wichtig erwiesen, und wie wahrscheinlich ist es, dass sie auch in Zukunft prägend sein werden (‚exogene Faktoren')?
  - Gibt es Trends in der Entwicklung der Konstellation? Wie stehen die Chancen dafür, dass diese Trends anhalten oder sich verändern? Falls Letzteres zu erwarten ist: Welche Veränderungen der Konstellation sind dann in welchen Zeiträumen zu erwarten?

- *Drittens* ist eine detaillierte Analyse der *Struktur* der interessierenden Konstellation durchzuführen. Dies geschieht so, dass man zunächst die *Einzelelemente* der Konstellation – beispielsweise die sie bildenden Staaten, IGOs und INGOs – anhand der folgenden Fragestellungen untersucht und sodann, auf der Grundlage der erzielten Befunde und gewonnenen Erkenntnisse, die *Gesamtstruktur* der Konstellation durchsichtig macht. Fünf Teilbereiche sind dabei durchzugehen sowie anhand der folgenden Leitfragen zu erschließen:
  - *Systemanalyse*: Wie sind die an der Konstellation beteiligten Akteure – Staaten, IGOs, INGOs – in außenpolitisch bedeutsamer Hinsicht beschaffen? Wie laufen in ihnen – soweit das für die zu bearbeitende Frage- oder Problemstellung wichtig ist – die Prozesse politischer Willensbildung und Entscheidungsfindung ab? Wie sehen die dafür genutzten (außen-)politischen Infrastrukturen aus? Wie funktionieren sie im Einzelnen? Welche Rolle spielen dabei organisatorische und institutionelle Rahmenbedingungen im Vergleich zum persönlichen Faktor von kooperierenden oder konfligierenden Elitegruppen?
  - *Normenanalyse*: Welche rechtlichen oder sonstigen Normen prägen das Handeln der Akteure in der betrachteten Konstellation, oder könnten es unter welchen Umständen prägen? Welche Normen werden zur Interpretation bzw. Gestaltung der Konstellation von wem herangezogen? Welche Normen sind davon innerstaatlich, welche zwischenstaatlich?

Wer kann sich gegebenenfalls wie leicht über welche Normen hinwegsetzen? Welche Spannungen zwischen den geltenden Normen, den Bekundungen normgerechten Verhaltens und dem tatsächlich beobachtbaren Verhalten lassen sich auffinden?

- *Perzeptionsanalyse*: Wie nehmen die wichtigsten (außen-)politischen Entscheidungsträger, die Funktionsträger der außenpolitischen Infrastruktur oder sonstige politische Akteure die eigene Lage und Politik wahr? Wie die Lage und Politik der anderen Akteure? Wie die ganze Konstellation? Wie die Umwelt des eigenen politischen Systems sowie der gesamten Konstellation? Welche Ideologien prägen diese Wahrnehmungen der Operationswirklichkeit? Welche Situationsdefinitionen liegen bei welchem Akteur vor, und wer hat – weshalb – welche Definitionsmacht? Gibt es innerstaatlich Kongruenz in den Perzeptionswirklichkeiten, oder herrscht Streit zwischen konkurrierenden Perzeptionswirklichkeiten, auf den man von außen – etwa durch Kommunikationsmanagement – Einfluss nehmen könnte?
- *Interessenanalyse*: Welche kurz-, mittel- oder langfristigen Interessen verfolgen die einzelnen Akteure der Konstellation, also: die beteiligten Staaten, IGOs und INGOs, die wichtigsten Akteure im jeweiligen innenpolitischen Prozess, desgleichen die individuellen außenpolitischen Entscheidungsträger? Auf welche Wertvorstellungen und Motive gründen sich jeweils die identifizierten Interessen? Und welche Interessenprioritäten lassen sich bei wem, welche innenpolitischen Durchsetzungschancen von Interessenpräferenzen wo erkennen?
- *Machtanalyse*: Welche Machtmittel können die an der Konstellation beteiligten Akteure grundsätzlich einsetzen? Welche Droh- und Handlungsoptionen eröffnen diese, gerade im wechselseitigen Vergleich? Wie sind solche Droh- und Handlungsoptionen eines Akteurs auf die parallelen Optionen anderer Akteure bezogen? Wie glaubwürdig sind wessen Drohungen mit dem Einsatz von welchen Machtmitteln, und für wie glaubwürdig werden sie von wem gehalten? Wie wahrscheinlich ist unter welchen Umständen wessen Einsatz welcher Machtmittel?

■ Beim nun folgenden Zusammensetzen der – anhand solcher Fragen erarbeiteten – Befunde zu den Einzelakteuren zum Bild der *Gesamtstruktur* der Konstellation sind die folgenden Analyseaufgaben besonders wichtig:
- Vergleichende Analysen der Perzeptions-, Interessen- und Machtlagen, die zwischen den zur Konstellation gehörenden Staaten, IGOs und INGOs bestehen
- Untersuchungen der Kooperations- und Konfliktpotentiale zwischen den an der Konstellation beteiligten Akteuren
- Herausarbeitung der die Konstellation prägenden Koalitions- und Führungsbeziehungen bzw. Rivalitäten und Obstruktionsverhältnisse.

- *Abschließend* ist herauszuarbeiten, in welchen *Kommunikations- und Handlungsprozessen* das alles wechselseitig aufeinander einwirkt und zusammenwirkt. Dabei interessiert vor allem, was zur Aufrechterhaltung bzw. zum Wandel der Konstellation beiträgt, wie sich die Konstellation angesichts der in ihr ablaufenden Prozesse verändert hat bzw. wohl ändern kann, und welche Möglichkeiten (,Handlungsoptionen') es gab bzw. gibt, um bestimmter Ziele willen auf jene Prozesse Einfluss zu nehmen.

Am besten wird man einer Konstellationsanalyse eine topische Analyse der oben beschriebenen Art *vorschalten*. Bei alledem wird oft eine Sekundäranalyse verfügbaren Schrifttums und Datenmaterials ausreichen. Bisweilen werden aber auch empirische Primärstudien nötig sein, die es dann methodisch korrekt durchzuführen sind. Auch um diese beiden Strategien einer gründlichen Analyse komplexer Gegenstandsbereiche internationaler Beziehungen an einem inhaltlich wichtigen Fall einzuüben, wäre es sehr nützlich, mindestens einmal im Studium eine vollständige Konstellations- oder Fallanalyse auszuarbeiten. Anhand ihrer wird man sich dann auch gut vergegenwärtigen können, wie überaus komplexe Aufgaben der Lagefeststellung, Lagebeurteilung und des eigenen Handlungsentschlusses von Entscheidungsträgern immer wieder zu erfüllen sind – insbesondere dann, wenn sie auf dem Feld der internationalen Beziehungen in verantwortlicher Position handeln. Zumal in Lehrveranstaltungen, an deren Ende *policy papers* zu erarbeiten sind, also Analysen mit konkreten Handlungsempfehlungen, desgleichen im Rahmen von Planspielen zu internationalen Verhandlungsprozessen, lassen sich Konstellationsanalysen mit großem Erkenntnisgewinn einsetzen.

Kontrollfragen:

(1) Grundlagen

- Weshalb entstand das Teilfach ,Internationale Beziehungen' erst vergleichsweise spät?
- Was sind die wichtigsten Arbeitsgebiete des heutigen Teilfachs ,Internationale Beziehungen'?
- Unter welchen Umständen entstanden welche theoretischen Zugriffe auf den Gegenstandsbereich des Teilfachs ,Internationale Beziehungen'?

(2) Themen- und Theoriegeschichte

- Wie prägt das Anliegen der Friedensstiftung das Teilfach ,Internationale Beziehungen' inhaltlich?
- Wie prägt das Anliegen der Einhegung von Gewalt das Teilfach ,Internationale Beziehungen' inhaltlich?
- Wie prägt die aufkommende Weltgesellschaft das Teilfach ,Internationale Beziehungen' inhaltlich?

- Wie prägten neuere internationale und transnationale Strukturbildungen das Teilfach ‚Internationale Beziehungen' inhaltlich?
- Unter welchen Umständen wurden die ‚Großtheorien' des Teilfachs ‚Internationale Beziehungen' einflussreich, nämlich der (Neo-)Realismus, der Institutionalismus/Liberalismus, der (Sozial-)Konstruktivismus und die politisch-ökonomische Analyse?
- Was sind jeweils die wichtigsten Gegenstandsbereiche, analytischen Begriffe und zentralen Aussagen von (Neo-)Realismus, Institutionalismus/Liberalismus, (Sozial-)Konstruktivismus und politisch-ökonomischer Analyse internationaler Beziehungen?

(3) Zentrale Forschungsgegenstände

- Um welche Akteure internationaler Beziehungen geht es in der Politikwissenschaft? Was sind die für deren Beschreibung und Erklärung eingeführten Begriffe?
- Um welche Strukturen internationaler Beziehungen geht es in der Politikwissenschaft? Was sind die für deren Beschreibung und Erklärung eingeführten Begriffe?
- Was sind die wichtigsten Prägefaktoren außenpolitischer Willensbildungs- und Entscheidungsprozesse?
- Was sind die wichtigsten Formen internationaler Politik, und wie kann man sie analytisch gliedern?

(4) Forschungsansätze

- Welche Forschungsmethoden werden im Teilfach ‚Internationale Beziehungen' verwendet?
- Worum ging es beim Streit zwischen den ‚Traditionalisten' und den ‚Szientisten'?
- Welche Analyseebenen unterscheidet man bei der Analyse internationaler Beziehungen sinnvollerweise?
- Wie verbindet man bei der Analyse internationaler Beziehungen die vom MINK- bzw. AGIL-Schema vermittelten politikwissenschaftlichen Einsichten mit der Unterscheidung von Analyseebenen?
- Was ist eine ‚Konstellationsanalyse'? Wie führt man sie durch? Was ist ihr jeweils besonderer Ausbildungs- und Erkenntniswert?

Empfehlungen für weiterführende und vertiefende Lektüre:

- Albrecht, Ulrich (1999): Internationale Politik. Einführung in das System internationaler Herrschaft. 5., völlig neu bearb. u. erw. Aufl., München/Wien: Oldenbourg.

- Bellers, Jürgen/Woyke, Wichard (Hrsg.) (1989): Analyse internationaler Beziehungen. Methoden – Instrumente – Darstellungen. Opladen: Leske + Budrich.
- Brand, Alexander (2012): Medien – Diskurs – Weltpolitik. Wie Massenmedien die internationale Politik beeinflussen. Bielefeld: transcript Verlag.
- Hartmann, Jürgen (2006): Internationale Beziehungen. Wiesbaden: VS Verlag für Sozialwissenschaften.
- Jetschke, Anja (2017): Internationale Beziehungen. Eine Einführung. Mit umfangreichem Download-Material unter: www.openilias.uni-goettingen.de/lehrbuch_IB, Tübingen: Narr Francke Attempto.
- Knapp, Manfred/Krell, Gert (Hrsg.) (2004): Einführung in die internationale Politik. Studienbuch. 4., überarb. u. erw. Aufl., München/Wien: Oldenbourg.
- Lemke, Christiane (2012): Internationale Beziehungen. Grundkonzepte, Theorien und Problemfelder. 3., überarb. u. erg. Aufl., München/Wien: Oldenbourg.
- Meyers, Reinhard (2007): Internationale Beziehungen. Ein Lehrbuch. Wiesbaden: VS Verlag für Sozialwissenschaften.
- Phijl, Kees van der (1996): Vordenker der Weltpolitik. Einführung in die internationale Politik aus ideengeschichtlicher Perspektive. Opladen: Leske + Budrich.
- Staack, Michael (Hrsg.) (2012): Einführung in die Internationale Politik. Studienbuch. 5., vollst. überarb. Aufl., München: Oldenbourg.
- Stahl, Bernhard (2014): Internationale Politik verstehen. Eine Einführung. Stuttgart: UTB GmbH, Opladen:. Verlag Barbara Budrich.
- Werkner, Ines-Jacqueline (2020): Friedens- und Konfliktforschung. Eine Einführung. Stuttgart: UTB GmbH, München: UVK Verlag.
- Willke, Helmut (2006): Global Governance. Bielefeld: transcript Verlag.

Nachwort: Das Erlebnis politikwissenschaftlicher Kompetenz

Die besten Anzeichen für den erfolgreichen Verlauf eines politikwissenschaftlichen Studiums sind Veränderungen des eigenen politischen Alltagsdenkens. Hinweise auf derartige Studienfortschritte stellen Erlebnisse wie die Folgenden dar:

- Bei der zweiten oder dritten Seminararbeit merkt man, dass man keinen ‚Besinnungsaufsatz' mehr zu schreiben vermag. Man hat nun nämlich Skrupel, Bildungswissen nur gefällig anzuordnen, Argumentationslücken durch Bekenntnisse zu füllen oder Sätze aufzuschreiben, ohne über deren Begründbarkeit oder Implikationen gründlich nachgedacht zu haben.
- Man schafft es nicht mehr, einfach nur zu ‚politisieren'. Bisherige Argumentationsroutinen werden schal, gewohnte Begriffe wirken billig; Freunde schelten einen, man rede seit einiger Zeit ‚viel zu theoretisch'.
- Man wird seiner politischen Ansichten unsicher, misstraut seinem bislang für selbstverständlich gehaltenen politischen Wissen, empfindet Vieldeutigkeit und Undurchschaubarkeit in den bislang als so klar wirkenden Nachrichten in Fernsehen und Hörfunk, in Presse und sozialen Medien.

In solchen Erlebnissen spiegelt sich eine Lockerung der Fesseln bisherigen Alltagsdenkens. Auf übernommene Gewissheiten verzichten zu müssen, stiftet natürlich zunächst Orientierungslosigkeit und Kommunikationsstörungen. Gut kommt weg, wer dies als ‚kreative Krise' erfährt, gleichsam als ‚Mauser'. Schlechter geht es hingegen dem, der sein Studium der Politikwissenschaft nur als Anreicherung mitgebrachten Wissens um zusätzliche Details erleben wollte. Nicht selten wird er es seinen akademischen Lehrern sogar verübeln, wenn sie ihn von vertrauten Denkgefilden wegzubringen versuchen. Wer indessen gar nichts dergleichen empfindet, sollte sich größte Sorgen um das Gelingen seines Studiums machen.

Wieder auf sicheren Grund angelangt und zur praktischen Nutzung erworbener politikwissenschaftlicher Kenntnisse ist fähig, wem Folgendes widerfährt:

- Man nimmt politische Meinungen nicht mehr so hin, als folge aus dem Recht auf freie Meinungsäußerung auch schon, dass man alle Meinungen als gleich gut begründet ansehen und als gleichwertig akzeptieren musse. Man kann einfach nicht mehr anders, als die logische Konsistenz vorgetragener Argumente zu prüfen und sich deren unausgesprochenen Voraussetzungen oder Folgerungen klarzumachen; unwillkürlich fragt man sich bei jeder vorgebrachten Behauptung, ob sie wohl mit den Tatsachen übereinstimmt; und in Diskussionen beharrt man darauf, dass Tatsachenbehauptungen nicht einfach als eine ‚legitime persönliche Meinung' zu akzeptieren sind, sondern dass man natürlich *immer* prüfen darf, ob eine solche Behauptung denn wirklich *stimmt*. Ein meist untrügliches Zeichen

Nachwort: Das Erlebnis politikwissenschaftlicher Kompetenz

für derartiges Wachsen politikwissenschaftlicher Kompetenz besteht darin, dass politische Gespräche mit alten Bekannten schwierig werden.

- Man kann nicht mehr über einen politischen Sachverhalt nachdenken, ohne routinemäßig nach den in ihm wirksamen Machtbeziehungen, Ideologien, Normanwendungen und Kommunikationsströmen zu fahnden, oder ohne ihn – in aller Selbstverständlichkeit – mittels des AGIL-Schemas abzutasten; und Sachlagen internationaler Politik kann man nicht mehr wahrnehmen, ohne unwillkürlich mit den Arbeitsschritten einer Fall- oder Konstellationsanalyse zu beginnen. Insgesamt fühlt man einen ständigen Systematisierungszwang.

- Man kennt nicht nur verschiedene Betrachtungsweisen vieler Sachverhalte, sondern benutzt auch bei jedem längeren Nachdenken über einen Gegenstand nacheinander sehr unterschiedliche Theorien und Begriffe – sei es bewusst anhand von eingeübten Topoi-Katalogen, sei es wie von selbst. Und man empfindet es nicht als belastend, sondern im Gegenteil als befreiend, wenn im Lauf solchen Nachdenkens der betrachtete Gegenstand immer wieder anders aussieht.

- Bei jeder politischen Information fragt man sich unwillkürlich: Was ist die Quelle? Was konnte der Urheber dieser Information wirklich wissen? Was wollte er mit ihrer Weitergabe bezwecken? Welche Verzerrungen mögen auf dem Übermittlungsweg unterlaufen sein? Was kann ich jener Information konkret entnehmen? Welche Verallgemeinerungsmöglichkeiten enthält sie – und worauf gründe ich meine Vermutungen über die Verallgemeinerbarkeit?

- Es gibt nur noch wenige politische Nachrichten, die man nicht in einen analytischen Rahmen einfügen kann. Liest man eine Meldung über Parteienfinanzierung, so fallen einem die Funktionen von Parteien und die Möglichkeiten von deren Erfüllung ein; hört man eine Nachricht über Streitigkeiten innerhalb der Regierung, dann interpretiert man sie anhand seiner Kenntnisse über die Funktionslogik parlamentarischer oder präsidentieller Regierungssysteme; sieht man Bilder von einem Kriegsschauplatz, so verortet man den Konflikt ganz selbstverständlich in der Geschichte der jeweiligen Region und ordnet ihn dem passenden Konflikttyp zu, so dass man rasch zu ersten Vermutungen darüber gelangt, welche Maßnahmen nun wohl schädlich, unwirksam oder eher förderlich sein dürften.

- Wird man nach seiner persönlichen Ansicht zu einem bestimmten Sachverhalt gefragt, so beginnt man fast zwanghaft mit der Aussage: ‚Mir scheint, dass hier mindestens drei (oder fünf) verschiedene Aspekte zu bedenken sind, nämlich: …'. Und warum tut man das? Weil man inzwischen weiß, dass man nicht nur selbst beim Durchdringen eines Sachverhaltes auf mehrerlei zu achten hat, sondern dass man auch den Zuhörer daran hindern sollte, das bei der Antwort zuerst Gehörte dann auch schon für das Wichtigste – oder gar für das Ganze – der eigenen Antwort zu halten.

- Wird man nach einem Lösungsvorschlag für ein politisches Problem gefragt, so prüft man unwillkürlich, über welche Informationen man verfügen müsste, um den gewünschten Vorschlag begründet formulieren zu können; man schätzt ab, in welchem Umfang man entsprechendes Wissen wirklich besitzt; und man versieht sowohl seine eigene Überzeugung von der Angemessenheit des geäußerten Vorschlags als auch dessen Darstellung mit entsprechenden Hinweisen. Anschließend nimmt man sich vor, die gröbsten Kenntnislücken zu beseitigen – und folgt diesem Vorsatz auch ziemlich oft.

Ist einem das alles in Fleisch und Blut übergegangen, so kann man recht zuversichtlich sein, dass man ein ziemlich brauchbarer Politikwissenschaftler geworden ist. Vor allem dienen Tageszeitung, Fernsehnachrichten und soziale Medien nun wie ein Lehrbuch: Nicht nur viel mehr als früher erzählt einem jede einzelne politische Meldung, und immer zutreffender werden Abschätzungen möglicher Entwicklungsverläufe, sondern immer wieder erkennt man jetzt auch am Einzelbefund vielerlei grundlegende Konstruktionsprozesse und Strukturmerkmale politischer Wirklichkeit. Nicht selten wird man sich deshalb wundern, weshalb ein anderer eine Information für belanglos halten kann, die man selbst als Schlüssel zum Verständnis einer aktuellen Lage oder grundsätzlicher Zusammenhänge zu nutzen versteht. In solchen Augenblicken wird politikwissenschaftliche Kompetenz mitsamt ihrem problematischsten Merkmal ganz dicht erfahrbar: Sie trennt – und lässt sich hier und jetzt selten vermitteln. Ein angenehmer Gesprächspartner zum bloßen Politisieren ist man jedenfalls nicht mehr. Was man aber – vielleicht – an der Zahl bisheriger Gesprächspartner verliert, gewinnt man an Tiefe der nun möglichen Gespräche zurück.

Vielleicht empfindet man eines Tages auch, man wolle Politik fortan nicht nur besser durchschauen als andere, sondern man solle sich kraft solcher Kompetenz auch in sie einmischen. Das Interesse an den ‚res gerendae‘, den zu gestaltenden Dingen, überwiegt dann jenes an den ‚res gestae‘, dem bereits Geschehenen. Der Politikwissenschaftler mag sich dann anschicken, zum Politiker werden. Das ist kein schlechter Weg – gewiesen von einer Disziplin, die wegen politischer Probleme entstand und ihr Selbstverständnis als ‚praktische Wissenschaft‘ auch nie abstreifen sollte.

Literaturverzeichnis

Achour, Sabine/Bieling, Hans-Jürgen/Massing, Peter/Schieren, Stefan/Varwick, Johannes (Hrsg.) (2022): Kursbuch Politikwissenschaft I. Grundkenntnisse und Orientierung. 2., aktual. Aufl., Frankfurt: UTB GmbH, Wochenschau Verlag.

Albrecht, Ulrich (1999): Internationale Politik. Einführung in das System internationaler Herrschaft. 5., völlig neu bearb. u. erw. Aufl., München/Wien: Oldenbourg.

Alemann, Ulrich von/Basedahl, Nina/Graeßner, Gernot/Kovacs, Sabrina (2022): Politische Ideen im Wandel der Zeit. Von den Klassikern zu aktuellen Diskursen. Opladen: Budrich.

Becker, Michael/Schmidt, Johannes/Zintl, Reinhard (2021): Politische Philosophie. 5., aktual. Aufl., Stuttgart: UTB GmbH, Paderborn: Verlag Ferdinand Schöningh.

Behnke, Joachim/Baur, Nina/Behnke, Nathalie (2010): Empirische Methoden der Politikwissenschaft. 2., aktual. Aufl., Stuttgart: UTB GmbH, Paderborn: Verlag Ferdinand Schöningh

Bellers, Jürgen/Woyke, Wichard (Hrsg.) (1989): Analyse internationaler Beziehungen. Methoden – Instrumente – Darstellungen. Opladen: Leske + Budrich.

Berg-Schlosser, Dirk/Stammen, Theo (2013): Politikwissenschaft. Eine grundlegende Einführung. 8. Aufl., Baden-Baden: Nomos.

Bergem, Wolfgang/Diehl, Paula/Lietzmann, Hans (Hrsg.) (2019): Politische Kulturforschung reloaded. Neue Theorien, Methoden und Ergebnisse. Bielefeld: transcript Verlag.

Bernauer, Thomas/Jahn, Detlef/Kritzinger, Sylvia/Kuhn, Patrick M./Walter, Stefanie (2022): Einführung in die Politikwissenschaft. 5., umfassend überarb. Aufl., Baden-Baden: Nomos.

Bevc, Tobias (2019): Politische Theorie. 3., überarb. Aufl., Stuttgart: UTB GmbH, München: UVK Verlag

Beyme, Klaus von (1980): Interessengruppen in der Demokratie. 5., völlig umgearb. Aufl., überarb. Neuausgabe, München: Piper.

Brand, Alexander (2012): Medien – Diskurs – Weltpolitik. Wie Massenmedien die internationale Politik beeinflussen. Bielefeld: transcript Verlag.

Bröckling, Ulrich/Feustel, Robert (Hrsg.) (2012): Das Politische denken. Zeitgenössische Positionen. 3., unv. Aufl., Bielefeld: transcript Verlag.

Capano, Giliberto / Verzichelli, Luca (2023): The fate of political scientists in Europe. Cham: Springer International Publishing / Palgrave MacMillan.

Croissant, Aurel/Merkel, Wolfgang (2006): Defekte Demokratie 2 – Regionalanalysen. Wiesbaden: VS Verlag für Sozialwissenschaften.

Derichs, Claudia/Heberer, Thomas (Hrsg.) (2006): Wahlsysteme und Wahltypen. Politische Systeme und regionale Kontexte im Vergleich. Wiesbaden: VS Verlag für Sozialwissenschaften.

Detterbeck, Klaus (2011): Parteien und Parteiensystem. Konstanz: UVK Verlag, Stuttgart: UTB GmbH.

Fahr, Oskar (Hrsg.) (2000): Politisches Denken Chinas in alter und neuer Zeit. Münster u.a.: Lit.

Feld, Lars P./Köhler, Ekkehard A./Schnellenbach, Jan (Hrsg.) (2016): Föderalismus und Subsidiarität. Tübingen: Mohr Siebeck.

Fraenkel, Ernst (2011): Deutschland und die westlichen Demokratien. 9., erw. Aufl., Baden-Baden: Nomos.

Hafez, Farid (2014): Islamisch-politische Denker. Eine Einführung in die islamisch-politische Ideengeschichte. Frankfurt u.a.: Lang.
Hartmann, Jürgen (2006): Internationale Beziehungen. Wiesbaden: VS Verlag für Sozialwissenschaften.
Hofmann, Wilhelm/Dose, Nicolai (2010): Politikwissenschaft. 2., überarb. Aufl., Konstanz: UVK Verlag, Stuttgart: UTB GmbH.
Jetschke, Anja (2017): Internationale Beziehungen. Eine Einführung. Mit umfangreichem Download-Material unter: www.openilias.uni-goettingen.de/lehrbuch_IB, Tübingen: Narr Francke Attempto.
Johnson, Chalmers (1971): Revolutionstheorie. Köln u.a.: Kiepenheuer & Witsch.
Knapp, Manfred/Krell, Gert (Hrsg.) (2004): Einführung in die internationale Politik. Studienbuch. 4., überarb. u. erw. Aufl., München/Wien: Oldenbourg.
Kollmorgen, Raj/Merkel, Wolfgang/Wagener, Hans-Jürgen (Hrsg.) (2015): Handbuch Transformationsforschung. Wiesbaden: Springer VS.
Kreiner, Maria (2013): Demokratie als Idee. Eine Einführung. Konstanz u.a.: UVK Verlag.
Ladwig, Bernd (2022): Moderne politische Theorie. Fünfzehn Vorlesungen zur Einführung. 3., überarb. Aufl., Frankfurt: UTB GmbH, Wochenschau Verlag.
Lauth, Hans-Joachim (Hrsg.) (2014): Politische Systeme im Vergleich. Formale und informelle Institutionen im politischen Prozess. München: de Gruyter (online-Ausgabe).
Lauth, Hans-Joachim/Wagner, Christian (Hrsg.) (2020): Politikwissenschaft. Eine Einführung. 10., aktual. Aufl., Paderborn: UTB GmbH, Verlag Ferdinand Schöningh.
Leisner, Walter (2018): Föderalismus. Begründung – Bedeutung – Wirkung. Berlin: Duncker & Humblot.
Lemke, Christiane (2012): Internationale Beziehungen. Grundkonzepte, Theorien und Problemfelder. 3., überarb. u. erg. Aufl., München/Wien: Oldenbourg.
Linz, Juan (2009): Totalitäre und autoritäre Regime. 3., überarb. u. erw. Aufl., Potsdam: WeltTrends.
Llanque, Marcus (2012): Geschichte der politischen Ideen. Von der Antike bis zur Gegenwart. München: Beck.
Mergel, Thomas (2022): Staat und Staatlichkeit in der europäischen Moderne. Göttingen: UTB GmbH, Vandenhoeck & Ruprecht.
Merkel, Wolfgang/Puhle, Hans-Jürgen/Croissant, Aurel/Eicher, Claudia/Thiery, Peter (2003): Defekte Demokratie 1 – Theorie. Wiesbaden: Springer.
Merkel, Wolfgang/Ritzi, Claudia (2017): Die Legitimität direkter Demokratie. Wie demokratisch sind Volksabstimmungen? Wiesbaden: Springer VS.
Meyers, Reinhard (2007): Internationale Beziehungen. Ein Lehrbuch. Wiesbaden: VS Verlag für Sozialwissenschaften.
Morrow, John (1998): History of political thought. A thematic introduction. Basingstoke u.a.: Macmillan.
Münkler, Herfried/Straßenberger, Grit (2016): Politische Theorie und Ideengeschichte. München: Beck.
Münkler, Herfried (2003): Politikwissenschaft. Ein Grundkurs. Reinbek bei Hamburg: Rowohlt Taschenbuch Verlag.
Oberreuter, Heinrich (1980): Pluralismus. Grundlegung und Diskussion. Opladen: Leske + Budrich.
Patzelt, Werner J. (2013): Einführung in die Politikwissenschaft. 7., erneut überarb. und stark erw. Aufl., Passau: Wissenschaftsverlag Rothe.
Patzelt, Werner J. (2020): Parlamentarismusforschung. Einführung. Baden-Baden: Nomos.

Pelinka, Anton/Varwick, Johannes (2010): Grundzüge der Politikwissenschaft. 2., aktual. Aufl., Stuttgart: UTB GmbH, Köln/Wien u.a.: Böhlau.

Phijl, Kees van der (1996): Vordenker der Weltpolitik. Einführung in die internationale Politik aus ideengeschichtlicher Perspektive. Opladen: Leske + Budrich.

Pohlmann, Markus (2022): Einführung in die Qualitative Sozialforschung. Konstanz: UVK Verlag, UTB GmbH

Prainsack, Barbara/Pot, Mirjam (2021): Qualitative und quantitative Methoden in der Politikwissenschaft. Wien: UTB GmbH.

Reese-Schäfer, Walter (2007): Klassiker der politischen Ideengeschichte. Von Platon bis Marx. München/Wien: Oldenbourg.

Rhomberg, Markus (2009): Politische Kommunikation. Eine Einführung für Politikwissenschaftler. Stuttgart: UTB GmbH, Paderborn: Fink.

Riklin, Alois (2006): Machtteilung. Geschichte der Mischverfassung. Darmstadt: Wissenschaftliche Buchgesellschaft.

Schaal, Gary S./Heidenreich, Felix (2016): Einführung in die politischen Theorien der Moderne. 3., erw. u. vollst. überarb. Aufl., Stuttgart: UTB GmbH, Opladen: Verlag Barbara Budrich.

Schiffers, Maximilian (2019): Lobbyisten am runden Tisch. Einflussmuster in Koordinierungsgremien von Regierungen und Interessengruppen. Wiesbaden: Springer VS.

Schmid, Josef/Buhr, Daniel (2006): Wirtschaftspolitik für Politologen. Paderborn u.a.: Verlag Ferdinand Schöningh.

Schwan, Alexander (1992): Ethos der Demokratie. Normative Grundlagen des freiheitlichen Pluralismus. Paderborn u.a.: Verlag Ferdinand Schöningh.

Staack, Michael (Hrsg.) (2012): Einführung in die Internationale Politik. München: Oldenbourg.

Stahl, Bernhard (2014): Internationale Politik verstehen. Eine Einführung. Stuttgart: UTB GmbH, Opladen: Verlag Barbara Budrich.

Stykow, Petra/Vrdoljak, Tihomir (2020): Politikwissenschaftlich arbeiten. Stuttgart: UTB GmbH, Paderborn: Fink.

Tausendpfund, Markus (2018): Quantitative Methoden in der Politikwissenschaft. Eine Einführung. Wiesbaden: Springer.

Weigl, Michael/Klink, Jule (2021): Parteien. Unverzichtbar – überholt? Eine problemorientierte Einführung. Stuttgart: UTB GmbH, Paderborn: Brill/Fink.

Werkner, Ines-Jacqueline (2020): Friedens- und Konfliktforschung. Eine Einführung. Stuttgart: UTB GmbH, München: UVK Verlag.

Willke, Helmut (2006): Global Governance. Bielefeld: transcript Verlag.

Winter, Thomas von/Blumenthal, Julia von (2014): Interessengruppen und Parlamente. Wiesbaden: Springer VS.

Zweierlein, Cornel (2020): Politische Theorie und Herrschaft in der Frühen Neuzeit. Göttingen: Vandenhoeck & Ruprecht.

Stichwortregister

A

AGIL-Schema 12, 435, 437, 441
Ähnlichkeit 122, 123, 125, 127, 128, 282, 362
Alltagsdenken, Alltagswissen 14–17, 30, 31, 38, 79, 80, 107, 127, 275, 348, 350
Analogie 128
Anarchie, anarchisch 51, 59, 373, 375, 401, 413, 417, 418, 420, 423
Area Studies 361, 407
Aussage, empirische 21–24, 34, 95, 123
Aussage, normative 22, 34, 82
Außenpolitik 101, 334, 360, 372, 374, 378, 379, 385, 398–402, 404, 407, 413, 415, 416, 418, 419, 427, 434
Auswahl (siehe auch Stichprobe) 16, 29, 126, 129, 216, 257, 266, 274, 295, 355
Autoritarismus, autoritär 14, 54, 59, 130, 137, 144, 151–157, 163, 167–169, 171, 172, 174–177, 180, 200, 215–218, 238, 240, 241, 244, 252, 257, 277, 293, 294, 323, 325, 341, 342, 361, 363, 366, 381, 397, 424, 429

B

Befragung 32, 130
Begriff 11, 12, 17–20, 24, 27, 29, 33, 39, 45, 46, 52, 56, 57, 62, 65–67, 69, 71, 79–81, 83, 85, 89, 94, 95, 101, 111, 112, 115, 116, 124, 127, 128, 136–139, 141, 142, 144–146, 153–155, 157, 168, 169, 179, 184, 187, 188, 191, 200–202, 216, 217, 219, 225–227, 231, 239, 247, 249, 251, 255, 260, 261, 282, 285, 290, 294, 313, 315, 316, 318, 325, 338, 339, 349, 354, 362, 364, 373, 382, 386, 390–395, 399–401, 404, 405, 412, 415, 419, 423, 427, 433, 441, 443, 444
Behavior(al)ismus 85, 88
Beobachtung 32, 33, 88, 98–100, 130, 252, 424
Beschreibung 20, 22, 27, 29, 43, 93, 98, 99, 101, 103, 116, 130, 133, 149, 240, 243, 289, 340, 346, 359, 361, 437, 441
Bundesstaat 225, 227, 228, 231–233, 257, 281, 326, 395

Bündnis 54, 132, 143, 147, 161, 218, 219, 227, 231, 250, 294, 295, 355, 373, 379, 380, 385, 394, 395, 399, 401, 403, 408, 414, 415

C

China, chinesisch 14, 15, 40, 45, 54, 78, 79, 97, 109, 128, 147, 151, 156, 228, 342, 384, 393, 394, 396, 397, 407, 410
Christentum 42–47, 67, 108, 201
Christianisierung 42
Common sense 30

D

Daten 23, 100, 124, 125, 130, 325
Definition 18, 53, 62, 71, 165, 293, 352
Definition der Situation, Situationsdefinition 11, 12, 39, 85, 317, 345, 381, 406, 422–424, 439
Demokratie 49–52, 55, 60–62, 64, 80, 81, 105, 108, 116, 131, 137, 139, 142–146, 156, 157, 159, 161–163, 169–178, 180, 191, 194, 196–199, 211, 214, 216, 218, 236, 245, 247, 251, 256, 258, 261, 266, 267, 275, 277–279, 293, 323, 326, 341, 356, 362, 363, 365–367, 397, 399, 410, 418
– defekte 138, 171–176, 363
– parlamentarische 134, 142, 279
– plebiszitäre 142, 199
– repräsentative 55, 64, 142, 143, 145, 172, 178, 198, 266, 275
Devolution 226, 404
Dezentralisierung 192, 226
Dialektik 89, 194, 195, 278, 328
Differenzanalyse 362
Diktatur 50, 60–62, 65, 66, 71, 105, 134, 136, 137, 144, 147, 149–152, 154–157, 161, 163, 165, 167, 168, 170, 171, 174, 176, 177, 188, 200, 214, 215, 217, 221, 228, 240, 243, 246, 252, 257, 293, 318, 342, 361, 363, 410
Diskursanalyse 431
Dokument, Dokumentenanalyse 23, 40, 101, 130, 286, 335, 359, 431
Dualismus, alter und neuer 178, 194, 287, 288, 314

451

Stichwortregister

Dystopie 51

E

Element 16, 41, 60, 61, 63, 111, 112, 120, 124, 129, 137, 145, 194, 205, 208, 238, 239, 269, 287, 292, 315, 362, 402, 436
Elite 38, 42, 49, 60, 62, 64, 76, 80, 81, 84, 91, 92, 101, 136, 143, 146, 147, 150, 151, 153, 154, 158, 160, 162–167, 169, 171, 177, 179, 184, 220, 242, 243, 245–247, 249, 250, 252, 256, 263, 317, 342, 343, 351, 353, 358, 364, 370, 377, 392, 397, 399, 417, 419, 421, 423, 427–429, 438
Entscheidungsfindung 90, 144, 147, 163, 192, 197, 202, 215, 248, 250, 262, 264, 275, 277, 305, 310, 311, 321, 379, 384, 386, 395, 398, 438
Erklärung, Erklärungswissen 69, 87, 90, 93, 129, 272, 334, 360, 361, 406, 441
Ethnomethodologie 85, 92, 421, 423
Europa 13, 40–42, 46, 49, 52–54, 62, 68, 76, 77, 79, 86, 104, 105, 178, 179, 182, 185, 188, 222–224, 227, 233, 256, 370, 371, 379–381, 392–394, 396, 404, 414, 427
Europäische Union, EU 22, 111, 112, 143, 192, 224–227, 231–233, 281, 316, 371, 379–382, 385, 388, 389, 395, 397, 404, 407, 414, 420
Evolution, Sozialevolution 66, 67, 87–89, 96, 157, 182, 183, 203, 317, 358
Experiment 32, 33, 126, 184, 236
Extremismus 216, 293, 365

F

Falsifikation 18
Faschismus, faschistisch 52, 82, 108, 147, 380
Fehlperzeption 385, 386, 400, 406, 424
Föderalismus 218, 220, 222, 223, 225, 226, 228, 235, 236, 364, 366
Forschung, empirische 22, 34, 98–101, 105, 431
Forschung, normative 21, 22, 34
Fraktion 233, 251, 257, 262, 279, 286–291, 295–299, 303–313, 319, 321–323, 327–329, 359
Fraktionsdisziplin 257, 279, 290, 304, 310

Führung, politische 71, 144, 158, 214, 216, 236, 250, 254, 262, 264, 266, 279, 314, 315, 333, 385
Funktion 59, 71, 114, 115, 147, 233, 264, 295, 310, 314, 356, 362
funktionelles Äquivalent 362

G

Gemeinwohl 67, 75, 200–202, 204–206, 210, 213–215, 218, 247, 251–255, 276, 277, 333, 363
Gericht, Gerichte 71, 89, 119, 121, 172, 187–190, 192, 193, 208, 258, 301, 409, 417
Geschichte, Geschichtlichkeit 26–29, 34, 37–40, 43, 48, 51, 56, 58, 62, 72–74, 76, 82, 96–98, 101–103, 108, 109, 111, 147, 157, 160, 175, 176, 178, 182–184, 186, 188, 201, 204, 211, 217–219, 222, 224, 280, 282–284, 326, 361, 366, 371, 381, 394, 397, 398, 407, 409, 413, 425, 428, 434, 444
Geschichtsgesetz 28, 29, 102, 202
Gesellschaft 12, 29, 49, 51, 52, 55, 56, 71, 75–79, 81, 92, 93, 95–97, 100, 102, 106, 108, 115–119, 121, 131–133, 135, 137–139, 142, 145–151, 153, 154, 157, 159, 162, 168, 169, 174, 175, 179–183, 185, 186, 191, 192, 196, 198–201, 203, 207, 213, 215, 216, 218, 225, 232, 234, 235, 239, 242, 243, 247, 249–253, 259, 263, 264, 272, 275, 277, 279, 299, 305, 310–312, 324, 325, 335, 337, 342, 348, 349, 357, 358, 360, 364, 369, 376–378, 380–382, 386, 387, 389, 391, 392, 397, 400, 403, 404, 408, 410, 412, 415, 417, 419, 420, 426, 429, 437
Gesetz, Gesetzgebung 27–29, 41, 46, 66–74, 77, 108, 113, 119–121, 141–144, 163, 172, 187–191, 196, 197, 199, 208, 228, 229, 231, 232, 262, 285, 287–289, 291, 294–296, 298, 301, 303, 305–310, 313, 314, 320, 321, 326, 329, 346, 364, 382, 389
Gesetzlichkeit 66, 70, 71, 73, 108, 119, 121, 187, 188, 191

Gewalt 21, 45, 55, 65, 67, 74, 96, 136, 184, 185, 189, 190, 208, 209, 285, 369, 371, 372, 376, 403, 420, 440
Gewaltenteilung 38, 45, 46, 49, 50, 63–65, 80, 118, 121, 131, 138, 141, 149, 157, 163, 172, 173, 186, 191, 192, 194–199, 208, 213–215, 236, 264, 276, 282, 285, 286, 288, 301, 359, 363, 417, 418
Gott 40, 44, 45, 66, 68, 74, 117, 121

H

Handlungsanweisung 22, 57, 95, 96, 397, 406, 413, 416, 419, 421
Handlungstheorie 84, 85, 88
Hermeneutik, hermeneutische Methode 23, 56, 125, 430
Herrschaft 20, 38, 41, 44, 46, 53, 56, 60–62, 67, 68, 72–75, 78, 94, 99, 108, 109, 116, 119, 120, 128, 137, 147–157, 163, 167, 169, 171, 172, 174, 176–180, 194, 200, 205, 210, 215–218, 238, 240, 241, 244, 250, 254, 258, 277, 394, 441
Herrschaftsstruktur 131–136, 139, 147, 149, 153, 172, 205
Heuristik 433
Historismus 66, 69, 102
Historizismus 102
Homo-Analogie 128
Homodynamie 128
Homologie 128
Homonomie 128
Hybridregime, Hybridform 171
Hypothese 23, 126

I

Idealtyp 131, 132
Ideologie 11, 20, 33, 81, 91, 94, 97, 102, 105, 152, 201, 213, 358, 359, 386, 434, 436, 439, 444
Idiographie 27
Immunisierung 25, 34
Index 129
Indikator 124, 132–135, 171
INGO 225, 234, 382, 386–388, 390, 391, 396, 400, 407, 416, 433, 437–439
Inhalt, politischer 13, 18, 28, 32, 33, 57, 82, 85, 106, 111, 200, 201, 203, 217, 239, 240, 259, 346, 349

Inhaltsanalyse 346
Input 113, 115, 116, 118, 119, 160, 430
Institution 45, 88, 89, 112, 114, 117, 185, 232, 242, 256, 286, 305, 314–317, 417
institutioneller Mechanismus 195, 196, 301
Institutionentheorie 84, 87–89, 112
Interesse 12, 13, 24, 32, 48, 55, 57, 58, 80, 89, 90, 92–94, 96, 106, 113, 115, 117, 119, 125, 132, 139, 144, 153, 160–163, 168, 169, 175, 176, 181, 184, 188, 198, 199, 204, 206, 209, 211–216, 219, 226, 232–234, 236, 238, 240, 243, 246–255, 260–263, 265, 272, 276–279, 291, 302, 308, 311, 312, 319, 322, 326, 328, 329, 331–337, 339, 345, 347, 356, 358, 359, 364–367, 376, 379–382, 385–388, 390, 394, 399, 400, 402, 403, 406, 412, 414–416, 419, 422, 426, 427, 429, 432, 433, 438, 439, 445
Interessengruppe 90, 115, 119, 132, 160, 163, 215, 232–234, 236, 246–254, 261, 263, 265, 279, 291, 308, 311, 322, 329, 331–333, 335, 345, 359, 364–367, 382, 388, 419, 433
internationale Beziehungen 91, 184, 323, 369–372, 376–379, 382–391, 393–395, 397, 398, 401, 402, 406–413, 416, 419–435, 437, 440–442
internationale Politik 184, 370, 374, 377, 378, 383–386, 388–390, 397–399, 401–410, 412–416, 418–420, 424, 425, 441, 442, 444
Interpretation 29, 187, 386, 436, 438
Interview 33
Islam, islamisch 40, 44, 45, 57, 109, 147, 167, 179, 201, 370, 396, 424

J

juristische Methode 190, 430

K

Kategorien 46, 86, 93, 131, 187, 246, 353, 360, 369, 429
Kausalaussage 126, 432
Koalition 287, 293, 299, 394

Kommunikation 11, 12, 33, 39, 80, 91, 120, 127, 149, 311, 341, 342, 344, 353, 357, 366, 377, 434, 436
Kommunikationstheorie 91
Kommunismus 20, 28, 51, 53, 54, 59, 61, 62, 71, 77–79, 105, 148, 202, 221, 227, 256, 315, 380, 392, 397, 410, 426
Kommunitarismus 56, 59, 108
Konflikt 13, 20, 26, 38, 44, 52, 70, 80, 84, 86, 88–91, 94, 132, 135, 146, 162, 176, 180, 184, 204, 206–211, 215, 216, 224, 227, 233, 253, 259, 260, 266, 276–279, 284, 291, 292, 296, 309, 324, 337, 350, 357, 369, 373, 376, 379–381, 384, 390, 392–397, 401–406, 408–411, 417–419, 423, 426, 428, 430, 433, 436, 438, 439, 442, 444
Konflikttheorie 88, 90
Konkordanzanalyse 362
Konkordanzdemokratie 134, 146, 257, 291
Konservatismus 37, 52–56, 61, 69, 77, 81, 82, 108, 154, 164, 257, 260, 431
Konstellation 284, 326, 351, 407, 437–441, 444
Konstellationsanalyse 437, 440, 441, 444
Konstruktivismus (siehe auch Sozialkonstruktivismus, Wirklichkeitskonstruktion) 13, 94, 376, 411, 412, 421, 441
Kontingenz 29
Kontrasignatur 317
Kontrolle 24, 64, 118, 141, 149, 153–155, 172, 173, 190, 191, 193, 194, 234, 237, 249, 267, 268, 290, 292, 297–302, 304, 314, 327, 328, 330, 341, 342, 344, 345, 350, 355, 356, 374, 389, 399, 418
Kooperation 198, 219, 236, 259, 305, 354, 355, 376, 389, 406, 410, 415, 418, 430
Kooperationsdilemma 423
Korporation 222, 281
Korporatismus, Neokorporatismus 90, 146, 250, 252
Korrelation 21
Krisentheorie 89, 91
Kritik 17, 24, 25, 38, 39, 45, 71, 88, 98, 149, 160, 175, 190, 206, 216, 237, 241, 246, 251–253, 265, 275, 290, 292, 297, 298, 300, 304, 325, 330, 340, 344, 345, 350, 383, 417, 426, 437

Kultur, politische 80, 82, 94, 153, 163, 176, 238–241, 269, 270, 311, 337, 341, 348, 357, 358, 364, 398, 418, 422

L

Legalität 70, 73, 187
Legislative 192–194, 282, 285, 286, 288, 297, 305, 308, 309, 311, 314
Legitimität 65, 67, 68, 73, 82, 90, 116, 157, 165, 172, 177, 180, 208, 213, 231, 235, 252, 264, 279, 285, 315, 363, 366, 388, 389, 399
Leitidee 13, 51, 53, 88, 112, 114, 162, 168, 177, 209, 257, 262, 278, 293, 355
Liberalismus 37, 49–56, 58, 61, 62, 66, 69, 72, 74, 79, 81, 82, 108, 136, 137, 139, 156, 157, 168, 174, 178, 182, 184, 186, 199, 200, 214, 215, 218, 240, 241, 257, 259, 260, 280, 281, 300, 322, 324, 325, 342, 362, 363, 376, 380, 398, 403, 409, 410, 412, 413, 416, 417, 419, 420, 422, 428, 431, 441
Lobby, Lobbyismus 252, 311, 366

M

Macht 11, 33, 52, 54, 61, 62, 72, 76, 91, 99, 117, 118, 121, 122, 131, 132, 135, 138, 140, 141, 147, 150, 153, 155, 156, 159, 166, 167, 170, 173, 177, 180, 181, 185, 186, 189, 191, 192, 194, 195, 197, 198, 203, 205, 211, 213, 214, 219, 220, 222, 231, 235, 239, 240, 249, 254, 259, 265–267, 270, 284, 292, 293, 297, 302, 305, 307, 309, 310, 312, 318, 327, 328, 336, 341, 343, 351–356, 372, 380, 385, 386, 389, 394, 401, 402, 412, 414, 416, 418, 428, 436
– drittes Gesicht der Macht 240
– Durchsetzungsmacht 11, 73
– Verhinderungsmacht, Vetomacht 11, 144, 255
Mandat 118, 142, 231, 236, 255, 256, 263, 269, 276–279, 281, 303, 304, 355, 389
Marxismus, marxistisch 53, 78, 79, 82, 84, 94, 100, 105, 106, 202, 252, 253, 411, 412, 427, 429–431
Massenmedien 120, 132, 140, 160, 175, 176, 215, 232–234, 242, 249, 251, 254, 263, 274, 304, 320, 323, 329, 330, 337–344,

346–348, 350–352, 354–357, 365, 384, 388, 392, 408, 442
Mehrheitsmechanismus 211–213
Merkmalsraum 131, 133, 134, 136, 153, 205, 405, 436
Messen 124, 181, 297, 299, 415
Meta-Aussage, Meta-Ebene 24
Methoden 17, 23, 24, 34, 35, 95, 96, 98, 103, 104, 106, 125, 133, 150, 177, 190, 365, 393, 430, 431, 442
Methoden der Datenanalyse 23, 34, 125
Methoden der Datenerhebung 23, 34
Minimalkonsens 52, 204, 206, 207, 215, 216, 363, 402
MINK-Schema 12, 434, 435, 437
Modell 87, 103, 125, 126, 132, 380, 385, 435, 436
Monarchie 60, 61, 131, 140, 141, 155, 283, 284, 317
Monarchisches Prinzip 285
Monismus 200, 205, 214, 216–218, 246, 363

N

Narrativ 80, 339
Nation 224, 227, 282, 371, 379, 381
Nationalismus, nationalistisch 17, 53, 186, 187, 374, 375, 377, 378, 418, 428
Nationalsozialismus, nationalsozialistisch 51, 54, 55, 70, 71, 73, 82, 104, 105, 123, 136, 147, 188, 375, 380, 394, 410
naturalistischer Fehlschluss 22
Naturrecht 43, 46, 49, 61, 63, 66, 69–73, 77, 108, 188, 189, 419
Netzwerk 81, 92, 117, 194, 219, 249, 254, 263, 273, 279, 310, 311, 331, 333, 334, 384, 416, 420
Neue Politische Ökonomie 93, 430
NGO (siehe auch Interessengruppe) 358, 382, 384
Nische 92, 113, 237, 349
Nomothetik, nomothetisch 27
Norm, Normen 11–13, 33, 63, 71, 73, 90, 133, 137, 159, 163, 175, 188–190, 241, 272, 301, 348, 349, 367, 370, 371, 385, 401, 406, 415, 417, 422, 434, 436, 438, 439, 444
normative Brauchbarkeit 21, 22, 34, 51, 82

O

Obrigkeitsstaat 138, 153, 157, 300, 301, 327
ökologischer Fehlschluss 16
Ökologismus 82, 108, 419
Operationalisierung 17
Operationswirklichkeit 17, 201, 334, 338–341, 344, 345, 348, 349, 356, 439
Opposition 21, 75, 76, 107, 122, 133, 140, 146, 171, 194, 203, 208, 233, 250, 256, 257, 262, 287, 288, 291–293, 297–301, 303, 304, 306–308, 310, 322, 326, 330, 333, 365
Organisation 12, 13, 30, 33, 84, 91, 94, 112, 115, 119, 121, 122, 132, 138, 160, 166, 174, 183, 186, 197, 209, 215, 218, 225, 230, 236, 238, 242, 247–249, 251, 253, 255–258, 263, 267, 280, 281, 311, 315, 316, 319, 332, 334, 358–360, 377, 380–382, 384, 387, 390, 397–399, 402, 404, 407, 414, 416, 432
Outcome 113, 118
Output 113, 115, 116, 118, 119, 430

P

Parlament 12, 13, 26, 47, 55, 61, 62, 71, 87, 89, 112, 115, 118, 121, 126, 128, 132, 139–145, 160, 161, 163, 171, 173, 187, 188, 192, 194, 197, 199, 209, 231–233, 249, 255–257, 262–264, 268, 270, 274–291, 294, 296–298, 300, 302–314, 317–320, 322, 329, 331, 335, 343, 348, 349, 359–361, 364–367, 386, 388, 398, 422
Partei 12–14, 20, 21, 28, 50, 53, 54, 62, 71, 77–79, 81, 85, 87, 90, 94, 112, 114, 115, 117–119, 121, 122, 124, 128, 132, 134, 138, 140, 142–144, 147, 149, 153, 154, 160, 161, 163, 175, 176, 198, 202–204, 209, 214, 215, 217, 221, 227, 228, 231–234, 236, 238, 242, 247, 249–251, 254–274, 279–281, 284, 288, 291, 292, 294–296, 298–300, 304, 306, 309–312, 315, 317, 318, 320, 322, 323, 325, 326, 328–330, 335, 338, 342, 346, 348, 349, 355, 356, 359, 361, 364, 366, 367, 380, 386, 388, 389, 398, 399, 432, 444
Partizipation 111, 116, 135, 139, 153, 154, 157, 177, 197, 236, 239, 357
Perspektivität 17, 24, 25

Perzeption 11, 16, 17, 201, 331, 334, 336, 339, 340, 343, 345, 349, 385, 386, 400, 424, 436, 439
Perzeptionswirklichkeit 11, 17, 201, 334, 339, 340, 343, 345, 349
Pfadabhängigkeit 29, 438
Philosophie 37, 58, 67, 94–97, 99, 107, 108, 112, 372, 383, 409
Plebiszit, plebiszitär 142, 173
plebiszitäre Instrumente 64, 145, 236, 268, 292
Plenum 286–291, 303, 304, 307–309
Pluralismus 55, 81, 121, 132, 133, 159, 175, 180, 181, 192, 198, 200, 206, 208, 214, 215, 217, 246, 252, 253, 326, 342, 343, 356, 363, 366, 367, 401
Pluralismustheorie 89, 90
Politik 11, 12, 14, 15, 24, 27, 28, 30, 33, 38, 41, 43–45, 48, 53, 56, 58–60, 63–67, 71, 74, 75, 79, 80, 83, 90, 93, 94, 96–100, 102–106, 108, 111, 124, 135, 148, 151–154, 157, 159–161, 163–165, 178, 181, 184, 187, 190, 197, 200–202, 204–206, 209, 212–217, 231–233, 235, 238–246, 250, 252, 253, 261, 265, 266, 268, 273, 280, 291, 292, 295, 300, 302, 305, 307, 311–313, 317, 319, 324, 328, 330, 331, 334–343, 345–351, 353–355, 357, 359, 363, 365, 370, 371, 374, 376–378, 383–386, 388–390, 393–395, 397–416, 418–421, 424, 425, 427, 429, 431, 436, 439, 441, 442, 444, 445
Politikberatung 357, 361, 407, 408
Politikfeld 12, 92, 146, 171, 232, 250, 273, 280, 289, 290, 298, 309, 311, 331, 333–336, 345, 357, 360, 361, 365, 376, 387, 389, 396, 398, 408, 421, 437
Politikfeldanalyse 92, 334–336, 357, 360, 361, 365, 398, 408, 437
Politikzyklus 329, 336, 365
politische Bildung 105, 241, 344, 356, 357, 407, 408
politische Führung 71, 144, 158, 214, 216, 236, 250, 254, 262, 264, 266, 279, 314, 315, 333, 385
politische Korrektheit 135, 240
politischer Prozess, politische Prozesse 13, 33, 82, 91, 93, 95, 103, 111, 120, 121, 145, 146, 193, 197, 203, 231–233, 237, 238, 240, 243, 249, 250, 252, 254, 268, 274, 279, 311, 332, 335, 338, 347, 353, 357–360, 365, 366, 398, 429, 438
Populismus, populistisch 139, 160, 175, 261, 263, 266, 280, 293, 312, 313, 325, 350, 358, 399
Positivismus 69–71, 73, 188, 202
Primärforschung 23
Prognose, Vorhersage 21, 22, 28–30, 32, 86, 129, 334, 359, 383, 406

R

Radikalismus, radikal 216
Rational Choice-Ansätze 84–89, 93, 272, 417
Realtyp 131, 133, 134
Recht 46, 49, 63, 66–75, 98, 108, 116, 121–123, 138, 165, 175, 180, 187–193, 197, 205, 208, 210, 221, 228, 230, 238, 240, 246, 251–253, 256, 262, 283, 300, 305, 312, 315, 319–321, 371–374, 382, 385, 386, 390, 399, 413, 424, 443
– positives 66, 69–73, 108, 188
Rechtspositivismus 66, 69, 70, 73, 240
Rechtsstaat, formal und materiell 55, 67, 73, 74, 157, 187–191, 199, 208, 297, 301, 363
Redespirale (siehe auch Schweigespirale) 352, 365
Redewirklichkeit 340, 341, 345, 346, 349, 351, 352
Referendum 143, 144, 310
Referent, empirischer 18, 87
Regelkreislauf 113
Regierung 13, 15, 18, 20, 44, 47, 50, 52, 53, 55, 62, 64, 68, 73–76, 87, 88, 111, 113, 115, 116, 118, 119, 121, 126, 131, 132, 134, 136, 137, 139–146, 153, 156, 160–164, 166, 168, 170–175, 179, 183, 186, 189, 191–194, 197, 199, 203, 204, 208, 215, 218, 225, 231–234, 236, 247, 248, 251, 252, 254, 256–258, 262–265, 267, 268, 270, 271, 279, 280, 283–289, 291–331, 333–336, 341–343, 359, 360, 362, 364–366, 379, 381, 382, 384–391, 395, 396, 398–400, 408, 410, 417, 418, 426, 428, 429, 432, 434, 444

Regierungssystem 13, 15, 20, 44, 47, 74, 76, 111, 115, 116, 118, 131, 134, 139–142, 145, 161, 168, 192–194, 218, 233, 257, 267, 270, 279, 280, 283, 284, 286–289, 291, 292, 294, 296–298, 300, 303–305, 307, 309, 311, 314, 317, 318, 323, 324, 328, 359, 360, 362, 381, 395, 410, 429, 434, 444

Regierungstechnik 183, 327–329, 331, 365

Regionalisierung 118, 226, 228

Regionalstudien 361

Reich 40–44, 46, 47, 64, 65, 67, 72, 73, 97, 98, 111, 116, 128, 148, 170, 178, 187, 195, 201, 220–223, 226, 227, 230, 251, 255, 281–285, 318, 324, 342, 370, 371, 394, 395, 403, 414, 425, 429

Rekrutierung 42, 91, 242–246, 266, 269, 270, 358, 364

Reliabilität 23, 34

Religion 14, 39, 42, 44, 45, 48, 49, 52, 61, 65, 67, 75, 81, 95, 117, 132, 135, 148, 151, 156, 159, 178, 185, 201, 202, 217, 218, 223, 273, 371, 372, 379

Repräsentation 38, 46, 62, 118, 274–281, 285, 364

Repräsentationslücke 261, 263, 280, 311, 364

Responsivität 113, 116, 160, 162, 261, 264, 276, 279, 280, 296, 311, 312

Revolution 13, 47, 50–54, 61, 62, 64, 69, 74, 76–79, 81, 118, 147, 158, 165–168, 176, 184, 224, 280, 284, 363, 374, 377, 380

Rolle, Rollenstruktur 12, 21, 25, 26, 30, 33, 42, 52, 61–67, 71, 72, 75–77, 85, 88, 102, 107, 108, 112, 115, 117, 120, 132, 140, 145, 146, 155, 175, 193, 215, 218, 221, 224, 232, 233, 237, 242, 243, 245, 247, 248, 251, 254, 257–260, 266, 267, 270, 280, 285, 287, 298, 300, 305, 307, 309, 314, 316, 319, 332, 337, 338, 341, 343, 356, 365, 372, 377, 384, 387, 389, 394, 397, 402, 407, 415, 421, 424, 427, 428, 431, 434, 436, 438

Rückkopplung 113, 118

S

Schichtenbau 70, 84, 89, 182, 191, 417, 431, 432

Schweigespirale (siehe auch Redespirale) 352

Sekundäranalyse 23, 130, 440

Selektivität 16, 17, 24, 25, 351

semiparlamentarisch 141, 289, 362

semipräsidentiell 141, 289, 318, 323, 362

Signifikanztest 16

Situationsdefinition 11, 12, 39, 317, 345, 381, 406, 422

Souveränität 38, 49, 52, 61, 65, 81, 108, 185, 186, 363, 372, 373, 375, 384, 385, 399, 420

Sozialdemokratie 53–55, 60, 63, 259, 326

soziale Medien 12, 337, 341, 445

Sozialisation 30, 80, 91, 238, 241, 266, 358, 361, 364, 422, 425

Sozialismus, sozialistisch 30, 37, 51–55, 58–60, 63, 65, 69–71, 73, 76–82, 91, 104, 105, 108, 119, 123, 136, 147, 148, 152, 157, 169, 179, 187, 188, 217, 227, 238, 241, 242, 244, 253, 257, 258, 266, 272, 315, 358, 360, 361, 364, 375, 380, 394, 404, 410, 422, 425, 427

Sozialkonstruktivismus (siehe auch Konstruktivismus, Wirklichkeitskonstruktion) 88, 411, 423–425

Sozialstaat 117, 137, 324, 325

Sozialtechnologie 48

Soziobiologie 66, 203

Spieltheorie 85, 86, 89, 203

Staat 12, 15, 16, 20, 21, 32, 41, 42, 45, 47–56, 59–61, 63–65, 70–74, 76, 78, 79, 84, 85, 89, 90, 93, 94, 98, 101–103, 105, 106, 108, 111, 112, 114, 115, 119–122, 129–132, 136–147, 152, 153, 155–159, 163–167, 169, 170, 172, 174–181, 183–194, 197–199, 201, 204, 214, 215, 218, 222–228, 231, 235–238, 240, 241, 244, 247, 251–253, 255–257, 263–267, 281, 283–285, 288, 294, 302, 310, 315–318, 320–322, 324–328, 331, 332, 341, 352, 355, 359–361, 363, 366, 371–374, 376–387, 389–397, 399–402, 404, 406–410, 412–420, 424, 426–429, 432, 434, 436–439

Staat, scheiternder 361, 377, 397

457

Stichwortregister

Staatszerfall 178, 180, 181, 238, 363, 397, 402
Stand, Stände 192, 193, 222, 250, 251, 283, 388, 406
Ständestaat 65, 185, 222, 226, 316
Statistik 23, 101, 103, 431
Steuerung 41, 88, 89, 91, 94, 95, 113, 114, 117, 133, 157, 159, 161–163, 165, 170, 171, 186, 220, 225, 232, 234–237, 249, 252, 286, 289, 315, 316, 320, 323, 326, 334, 379, 383, 416, 424, 428
Stichprobe (siehe auch Auswahl) 16, 103, 126, 127, 129, 274, 275
Struktur 24, 64, 70, 93, 112, 115, 168, 257, 283, 323, 326, 340, 357, 371, 390, 398, 400, 434, 438
Subsidiarität, Subsidiaritätsprinzip 119, 121, 192, 199, 236, 325, 366
Subsystem 93, 114, 117, 119, 133, 135, 218, 225, 228–232, 236, 263, 391
Suprasystem 111, 114, 135, 220, 228–234
Symbol 54, 85, 114, 229
symbolische Politik 164, 266, 280, 330, 345, 353
System 12, 26, 37, 44, 47, 49, 51, 60, 65, 72, 73, 76, 78, 80, 82, 84–86, 88–97, 106, 111–124, 126, 128–139, 141–143, 145–150, 152–171, 173, 175, 177, 178, 181–185, 187, 189, 191–194, 196, 197, 199, 200, 203–205, 211, 213–239, 241–249, 252–254, 256, 257, 263, 264, 267–269, 274–277, 280, 281, 288, 289, 291–294, 297, 300, 307, 309, 310, 314–317, 321, 323–327, 329–331, 335, 337, 341, 345–348, 354, 356–362, 364–366, 369, 376–378, 381–386, 389, 391, 393, 395–398, 400, 402, 403, 406–408, 411, 414, 415, 417–420, 422, 424, 425, 427, 429, 430, 432, 433, 435–439, 441, 444
Systemtheorie 84, 92, 93, 106, 112
Systemvergleich (siehe auch Vergleich, Vergleichsforschung) 111, 122–124, 131, 238, 362
Szientismus, szientistisch 417, 431, 441

T

Theorie 21, 34, 37, 38, 40, 43, 45, 46, 49, 52–54, 60, 62, 68, 72, 74, 75, 77–86, 92, 94, 95, 107–109, 125, 131, 134, 156, 158, 169, 193, 256, 275, 278, 358, 359, 366, 402, 409, 410, 426, 427, 434
Topos, Topik 431, 433
Totalitarismus, totalitäre Herrschaft, totalitäre Diktatur 51, 53, 136, 137, 147–152, 154–156, 167, 177, 178, 200, 214, 216–218, 238, 277, 363
transnational 327, 369, 377, 378, 382–384, 391, 393, 396, 408, 416, 418, 420, 441
Transzendenz 117
Typ 14, 62, 87, 95, 126, 131, 133, 136, 137, 139, 141, 142, 144, 145, 147, 154–156, 167, 169, 172, 224, 237, 240, 243, 255, 257, 258, 261, 279–281, 284, 287, 289, 294, 305, 308–310, 331, 333, 360, 362
Typologie 131, 133, 169

U

Umwelt 12, 88, 92, 94, 97, 112–114, 158, 159, 161, 165, 273, 337, 361, 383, 391, 392, 435, 436, 439
Untersuchungsfall 16, 124–126, 129, 130, 408
Utopie, utopisch 49, 51–53, 59, 78, 108, 371, 379, 420

V

Validität, valide 17, 34, 246
Variable
– abhängige 124–126, 239, 427
– intervenierende 125
– unabhängige 124, 126
Verband 114, 143, 248
Verfassung 41, 46, 50, 60, 61, 63–65, 74, 120, 138, 140, 142–144, 174, 187, 190, 191, 196, 227, 229, 232, 295, 306, 308, 310, 331, 403, 419
Verfassungsstaat 76, 131, 136–138, 152, 163, 167, 171, 174, 181, 182, 200, 214–217, 238, 240, 241, 246, 257, 267, 322, 362, 420
Vergleich, Vergleichsforschung 19, 28, 31, 87, 99, 106, 122–130, 134–136, 142, 149, 217, 246, 267, 284, 323, 354, 356, 360, 362, 365, 366, 377, 407, 408, 438, 439
Vergleichbarkeit 122, 123, 127, 128, 362
Verifikation 18

Verschwörung, Verschwörungstheorie 339, 340, 349
Vetogruppe, Vetospieler 121, 163, 174, 211, 245, 251
Volksabstimmung (siehe auch Plebiszit, plebiszitäre Instrumente) 143, 144, 268, 366
Volksgesetzgebung (siehe auch plebiszitäre Instrumente) 142–146, 199, 277, 310
Volkssouveränität 38, 61, 121, 186, 208

W

Wahl, Wahlen 118, 121, 122, 124, 130, 142, 144, 147, 163, 164, 171–173, 176, 193, 195, 196, 198, 209, 211, 215, 231, 233, 245, 254–258, 260, 262, 267, 268, 271–273, 276, 278, 281, 289, 293–295, 298, 299, 303, 305, 309, 310, 325–328, 330, 342, 343, 359, 364, 376, 389, 405
Wahlforschung 101, 271, 359
Wahlkampf 172, 209, 210, 245, 267, 272, 274, 294, 295, 329
Wahlrecht 138, 172, 173, 258
Wahrheit 18, 19, 22, 23, 25, 34, 98, 147, 202, 206, 211, 307
Wahrheitsgehalt 18, 19, 22, 23, 25, 147
Wenn/Dann-Aussage (siehe auch Zusammenhangsaussage) 20, 22
Wertbindung 76
Werturteil 21, 22, 57, 95, 96, 203, 406, 413
Widerstand 13, 44, 55, 75, 76, 99, 100, 105, 148–150, 158, 164, 217, 256, 284, 293, 294, 313, 365, 394
Wiederwahlmechanismus 196, 198, 212, 264, 276, 278, 290, 328, 343

Willensbildung 33, 90, 118, 120, 132–136, 138, 139, 144, 147, 149, 153, 176, 191, 192, 197, 202, 205, 215, 248, 250–252, 262, 264, 267, 275, 277, 278, 287, 288, 305, 307, 310, 311, 321, 334, 361, 379, 384–386, 389, 395, 398, 434, 436, 438
Wirklichkeit 11, 16, 17, 19, 21, 25–32, 34, 45, 47, 52, 79, 81, 84, 85, 89, 90, 95, 96, 99, 112, 116, 120, 122, 129, 131, 142, 144, 151, 178, 182, 195–197, 200, 201, 203, 213, 239, 275, 279, 286, 288, 296, 306, 309, 314, 317, 332, 338–341, 345, 347–350, 352, 354, 376, 388, 396, 411, 417, 420, 421, 423–425, 431, 432, 434, 436, 445
Wirklichkeitskonstruktion, wirklichkeitskonstruktiv 92, 148, 150, 151, 421, 424
Wissenschaft 11, 14, 15, 17–19, 24, 27, 33, 46, 81, 83, 97–99, 102–106, 123, 201, 202, 241, 246, 369, 371, 372, 375, 376, 378, 379, 383, 393, 395, 406, 407, 409–413, 420, 421, 431, 445
Wokeismus, woke 37, 82, 123, 148

Z

zentrales politisches Entscheidungssystem 115, 118
Zentralismus 119, 228
Zentralstaat 223
Zivilgesellschaft 169, 170, 173, 247
Zusammenhangsaussage (siehe auch Wenn/Dann-Aussage) 20

Personenregister

A

Adorno, Theodor W. 78
Alexander d. Gr. 370
Almond, Gabriel A. 92
Althusius, Johannes 48
Anastasios I. (Kaiser) 45
Arendt, Hannah 60, 83
Aristoteles 39, 41, 43, 58–63, 66, 67, 72, 76, 83, 95, 97, 99, 131, 182–184
Arnisaeus, Henning 64
Aron, Raymond 83
Arrow, Kenneth J. 94
Augustinus v. Hippo 43, 44, 58, 59, 67, 75, 95, 372, 413
Augustus (Kaiser) 48, 220

B

Babeuf, François-Noël 77
Bagehot, Walter 312
Bakunin, Michail A. 51, 59
Barber, Benjamin 56
Bentham, Jeremy 60, 61, 71
Berger, Peter 92
Bergstraesser, Arnold 104
Bernstein, Eduard 63
Béthune, Maximilien de, Herzog von Sully 371
Bèze, Théodore de 75
Bismarck, Otto v. 223, 414
Blanqui, Auguste 62, 77, 256
Bobbio, Norberto 83
Bodin, Jean 48, 50, 59, 61, 65, 72
Bolingbroke, Lord Henry St. John 256
Bossuet, Jacques Bénigne 61
Brecht, Arnold 104
Buchanan, James M. 93
Burgess, John W. 104
Burke, Edmund 53, 62, 255, 278

C

Calvin, Johannes 59, 75
Campanella, Tommaso 51
Carlyle, Thomas 59
Carr, Edward H. 413
Chateaubriand, François 53, 62
Cicero, Marcus Tullius 41, 60–63, 66, 67
Coase, Ronald H. 94
Comte, Auguste 201
Condorcet, Marquis de 62, 69
Constant, Benjamin 62–64
Contarini, Gasparo 63
Coser, Lewis A. 90
Crouch, Colin 176
Crucé, Émeric 371
Czempiel, Ernst-Otto 419

D

Dahl, Robert A. 83, 139
Dahlmann, Friedrich Christoph 102
Dahrendorf, Ralf 90
Dante, Alighieri 371
Derrida, Jacques 92, 95
Deutsch, Karl W. 91, 164, 201, 202, 219
Dionysius Exiguus 43
Downs, Anthony 94
Drath, Martin 147
Durkheim, Émile 92
Duverger, Maurice 141

E

Easton, David 92, 112
Edinger, Lewis E. 91
Engels, Friedrich 51–53, 59, 77, 78, 100
Etzioni, Amitai 56
Eulau, Heinz 104

F

Fanon, Frantz 79
Filmer, Robert 61
Fisher, Ronald A. 103
Foerster, Heinz v. 94
Foucault, Michel 92, 179
Fraenkel, Ernst 71, 89, 104, 201, 252, 277, 312, 366
Friedrich, Carl Joachim 104

G

Gandhi, Mahatma 76
Garfinkel, Harold 85

Personenregister

Gelasius I. (Papst) 45, 67
Georg I. (König) 284
Georg II. (König) 284
Gerber, Carl Friedrich v. 69
Gianotti, Donato 63
Giddens, Anthony 92
Goffman, Erving 85
Gramsci, Antonio 79
Gratian 46
Green, Thomas H. 59
Grotius, Hugo 49, 59, 68, 417
Guicciardini, Francesco 63

H

Habermas, Jürgen 83, 85, 90, 91, 94, 337
Hamilton, Alexander 50
Harrington, James 61, 63
Hart, Herbert L.A. 69
Hättich, Manfred 131
Hauriou, Maurice 89, 112
Hayek, Friedrich August v. 60, 74
Hegel, Georg Wilhelm Friedrich 52, 58, 59
Heller, Hermann 83, 93, 104
Herzog, Dietrich 91, 371
Heuss, Theodor 104
Hitler, Adolf 59
Hobbes, Thomas 44, 48, 50, 58, 59, 61, 65, 68, 72, 83, 86, 93, 95, 176, 183, 184, 186, 373, 413
Hobhouse, Leonard T. 63
Hobson, John A. 426
Hooker, Richard 72
Horkheimer, Max 78
Hotman, François 75
Humboldt, Wilhelm v. 50
Hume, David 60, 73, 93

J

Jaspers, Karl 83
Jay, John 50
Jefferson, Thomas 69
Jellinek, Georg 93, 111, 178
Jesus v. Nazareth 43, 44, 148
Johannes v. Salisbury 74
Johannes v. Segovia 47
Johnson, Chalmers 158, 366
Jouvenel, Bertrand de 83

Justinian (Kaiser) 41, 46

K

Kaiser, Karl 384
Kant, Immanuel 49, 59, 93, 96, 131, 419
Karl d. Gr. (Kaiser) 19, 371
Kautsky, Karl 77
Kelsen, Hans 69, 93, 104
Keohane, Robert O. 417
King, Martin Luther 76
Kirchheimer, Otto 260
Konfuzius 40
Konstantin (Kaiser) 42, 47
Kropotkin, Peter 59

L

Laband, Paul 69
Lasswell, Harold 104
Lehmbruch, Gerhard 90
Lenin, Wladimir Iljitsch 58, 62, 65, 77, 78, 166, 426
Lévy-Strauss, Claude 92
Lijphart, Arend 90, 146
Limnaeus, Johannes 64
Lipset, Seymour M. 169
List, Friedrich 426
Locke, John 48, 50, 58, 59, 64, 68, 75, 81, 93, 183, 184, 417
Loewenstein, Karl 144
Lorenzen, Paul 94
Lovenduski, Joni 91
Luckmann, Thomas 92
Luhmann, Niklas 83, 85, 91, 92, 94
Luther, Martin 45, 59, 75, 76
Luxemburg, Rosa 426

M

Machiavelli, Niccolò 48, 58, 59, 61, 63, 76, 400, 413
MacIntyre, Alasdair 56
Madison, James 50, 62, 64
Maistre, Joseph de 61
Malinowski, Bronislaw 92
Man, Paul de 95
Mani (Religionsstifter) 148
Mao, Zedong 65, 78, 151, 156, 202
Marcuse, Herbert 78, 104

Marsilius v. Padua 49, 59, 72, 74, 186
Marx, Karl 51–53, 58, 59, 77, 78, 81, 93, 100, 109, 324, 426
Maturana, Humberto 85
Maurras, Charles 59, 61
Mead, George Herbert 85
Meinecke, Friedrich 102
Merkel, Wolfgang 172, 365, 366
Merriam, Charles E. 104
Merton, Robert K. 92
Meyers, Reinhard 405, 442
Michels, Robert 91, 242
Mill, John Stuart 50, 59, 60, 62, 63, 425
Mills, C. Wright 91
Mohammed (Prophet) 40
Montesquieu, Charles-Louis de Secondat 50, 61, 64, 138, 141, 193
Moravcsik, Andrew 419
Morgenstern, Oskar 86
Morgenthau, Hans J. 104, 413
Morrow, John 56, 109
Morus, Thomas 51
Mosca, Gaetano 62, 91, 242
Mussolini, Benito 59

N

Neumann, Fritz 104
Neumann, John v. 86
Neumann, Siegmund 104
Nicolaus Cusanus 47
Nietzsche, Friedrich 62
Niskanen, William A. 94
Noelle-Neumann, Elisabeth 91
Norris, Pippa 91
Nozick, Robert 83
Nye, Joseph S. 417

O

Ockham, Wilhelm v. 74
Olson, Mancur 94
Ortega y Gasset, José 242
Otis, James 77
Otto d. Gr. (Kaiser) 371
Overton, Richard 62
Owen, Robert 63

P

Paine, Thomas 59, 62, 69, 77
Paley, William 60
Pareto, Vilfredo 62, 91, 242
Parsons, Talcott 12, 85, 92, 169, 435
Paulus (Apostel) 43, 75
Pearson, Karl 103
Petrus (Apostel) 44
Pitkin, Hanna F. 276
Platon 39, 41, 58–60, 66, 67, 72, 76, 83, 95, 97, 109
Polybios 60, 61, 63, 76
Popper, Karl 58, 83, 135
Proudhon, Pierre-Joseph 51, 59
Publius, Valerius Poplicola 50
Pufendorf, Samuel v. 48, 67, 68
Putnam, Robert D. 91

R

Radbruch, Gustav 70
Radcliffe-Brown, Alfred R. 92
Rawls, John 59, 60, 95
Ricardo, David 425
Robespierre, Maximilien de 77, 150
Rosenau, James N. 385
Rotteck, Carl v. 50
Rousseau, Jean-Jacques 51, 59, 61, 64, 81, 93, 184, 251, 278

S

Saint-Pierre, Abbé de 61, 371
Sandel, Michael 56
Sartori, Giovanni 83
Savigny, Carl v. 69
Schmitt, Carl 47, 83, 93, 423
Schumpeter, Joseph A. 94
Seyssel, Claude de 65
Sidgwick, Henry 60
Sieyès, Emmanuel Joseph 62, 77
Smend, Rudolf 93
Smith, Adam 93, 425
Spencer, Herbert 92
Stahl, Friedrich Julius 53, 381, 442
Stalin, Joseph W. 65, 78, 156, 202
Steffani, Winfried 191, 297, 318
Stirner, Max 59
Strauss, Leo 40, 92

Suárez, Francisco 49, 68
Sybel, Heinrich v. 102

T

Taylor, Charles 56
Theoderich (König) 45
Thomas, William I. 12, 347
Thomas v. Aquin 43, 59–61, 63, 66–68, 70, 72, 74, 372
Thoreau, Henry David 76
Thukydides 413
Tocqueville, Alexis de 50, 63
Treitschke, Heinrich v. 102
Tullock, Gordon 93

V

Vanhanen, Tatu 170

Voegelin, Eric 40, 104

W

Wallerstein, Immanuel 429
Walpole, Robert 284
Waltz, Kenneth W. 413
Walzer, Michael 56
Weber, Max 11, 40, 83, 85, 91
Welcker, Karl Theodor 50
Wendt, Alexander 421
Wiener, Norbert 12
Williamson, Oliver E. 94
Wilson, Woodrow 420
Wolff, Christian 49